光 緒
嘉興府志

第二册

[清] 許瑤光　修　吳仰賢　等纂

嘉興市地方志編纂室　編校

上海古籍出版社

嘉興府志卷十八

寺觀一

後世佛盛而道微，故天下寺多而觀少。舊志云：晉唐名流，捨宅爲寺。吳越建國，置刹尤多。碑記詩歌，燦焉可觀，以是爲足徵風尚。愚意以爲非禾人獨尚佛也。象教初入，合宙景從，不獨凌轢老氏，幾駸駸乎突儒術之上。今則儒崇儒而釋崇釋，各寺興廢，繫之住持。雖朝廷間有賜勅，不過爲民祈福，而特建不聞焉，搢紳鮮與焉。識其顛末，亦以見斯道之日明也。志寺觀。

嘉興縣

東塔講寺　在縣東六里。《至元志》漢朱買臣故宅。有買臣墓，詳冢墓。梁天監中建寺。《名勝志》。隋仁壽辛酉建塔。《隋書》：仁壽元年，詔分舍利于江南等五十三州，各建一塔。塔前二池，清涼國師所鑿。分青白色。劉《志》。大業間燬。唐武德甲申重建。廣德中，大理寺丞朱自勉新塔宇，奏請報國禪院額。會昌間廢。大中初重建，後黃巢焚燬。宋元豐己未重建，賜名泗州大聖塔院。崇寧癸未，因在城壽聖教院改爲崇寧寺，案《至元志》作"政和六年，因在城壽聖教寺改爲天寧萬壽寺"。以壽聖教院額就塔院立之。政和丙申，廢教院爲神霄玉清萬壽觀。宣和中復額，後燬。壬子，僧可觀重建于塔東。嘉興湯《志》。紹興三十二年，改名東塔廣福教院。《至元志》。孝宗初，榜鐘樓曰"景龍"。舊名景陽。案《揮麈錄》載孝宗嘗登鐘樓，誤行至中間，竟墜于地，旁觀失色。孝宗屹然不動，即東塔寺之景陽鐘樓。王明清以爲真如寺，誤。淳熙戊申，僧清雅重建。鮑義叔記：嘉禾郡之東偏，距關五里而遙，有廣福賢首教院，幽閴僻左，居無囂塵。僕記少時偕伯仲氏肄業于斯，比竹茇草之室，不支風雨，魚鼓罷響，齋廚弗充。至院西南相界之內，僅有廢塔二級，餘悉神林鬼冢，蛇虺所孕育，污萊不食，多歷年所。僕既長立，宦學飄零，二十年間家居官居，足跡未始一踵舊遊也。側聆里閈士女話，謂是院旬歲典刹得人，輪奐日新，龍象雲集，強僕往臨觀之。至則寂照法師清雅肅客而入。外敞三門，金篆高揭，天魔鎮守，萬法之要關也。門內即塔院，露盤市地，風鈴韻天，羣迷之標指也。塔院直北建大悲寶閣，浮空百尺，俯瞰日星，清淨之目，母陀之臂，具足妙相，普現神通，正覺之道場也。獻殿八楹，枕閣前軒，鑿池引流，芙蕖自然，可以建齋行道，燒香散花，精于佛事之宇也。閣後飛橋鈴空，過華嚴堂，高廣宏曠，金碧璀璨，貌座巍峨，莖廣周繞，敷演聖言之所也。堂後輦土爲臺，以建上方，燕安身心，瓶錫是寄。東闢一軒，軒外鉅竹千挺，扶疎晝陰，人天尊仰之居也。廊廡臂伸，齋房指列，窗牖虛明，巾單整潔，諸教比邱體用雙脩之地也。西則有大天龍，背負踴起，輪藏在焉。東則有香積妙供，苾茩芬芳，庫司在焉。以至綱統之寮，伊蒲之舍，澡潔之室，溷湢之軒，莫不重深壯麗，甲乙于諸山。其他小物細故，動欲垂示久遠，未嘗苟且。僕既周遊觀覽，乃慨嘆而謂雅曰："昔黃太史有'毀中民百家之產而成一屋，奪農夫十口之飯而飯一僧'，況受供于日中，託宿于林下，續穰籸以斷薪，繞飢腹于三簸，皆師宗門故事也。向者敗屋數區，不猶愈乎？"雅炷香合爪，言曰："毘盧遮那，宮殿樓閣，充遍十方，無所分別。一彈指頃，三昧現前，詎與夫人間世經紀究度，規畫主辦，然後成就者之比哉？是刹故基境塉庳陋，狸鼠庭除，蝸蚓几席，誠不可與一朝夕雜處也。況欲闡揚宗風，安集徒侶，其可耶？茲地爽塏高明，故命工撤取之。凡棟楹樑桷，蓋瓦級塼之具，皆長者自爲布金，舍己愛樂，無所靳惜。領徒以來，檀信施入，悉助其費，不銖黍留，故能奮其慮于創殘摧敗之餘，而無屬民騷衆之舉。適歲旱潦，此方貧弱不自存者，厚以役直，使食其力，俱知心競，不敢告勞，亦我大雄氏慈憫方便之一也。居士以斯言爲信，其爲證明之。”僕曰：“有是哉。汝佛如來嘗示不誑語之戒，僕倘未信而言，于心有負。”故摭實以爲之記。師，崑山人也，純直簡古，于華嚴宗旨，川流電激，學者坐夏，無慮千指，是豈特能繕弊支傾而已云。慶元庚申二月。開講堂趙《圖記》。 宋婁機《東塔寺置田度僧記》：吾鄉州近城有教院曰賢首，住持僧曰清雅。院久傾圮，風披雨沐，僅支數椽。雅不堪陋，捐施金一新之。寶殿雕楹，繡栯鏤棨，次舍甲乙，步櫚周流，皷林規橅，色色差備，黽勤經始，至矣。又念歲入無銖粒寸産，僧供不贍，苦行相與，精進佛事，不祝髮受戒，以繁其徒。祖印不傳，無以善後，于是置常住田，置度僧局。吾鄉州人往來，習聞其概，不深[1]孰何。一旦書來乞記，反覆顛末，信其言尤詳，曰：“清雅入院，更十有八夏，極力苦心辦緣爲鍾魚。主省帖，舊以嫡枝差次住持，不容異泒旁睨。雖吾祖師浮雲太空，受十方施，無所執著。吾去就非所計，第院故貧陋，僅僅苟全，非如名山大禪林施厚力豐，可易置如傳舍。院一失主盟，焚脩不虔，苴漏不補，私所有以自膏潤，輕去迭來，則日就淪落。故往年尚書郎王使君慨念之，復理前語，丁寧申曉，刻之堅珉，以爲表經。先是，有持僧牒一道，不著姓氏，欲以佐工役費。清雅不敢私，轉以授吾徒，則施狹院，固貧自若。因出意合千人各持緡錢千，焚香探籌以取之，以其爲求田根蘗。或相繼出力助施，得租糧以斛計者四百，就以先所有鮑氏諸家田米二百餘斛，歸度僧局。籍净人氏名，鱗以高下，持帖爲據，知事僧掌之，給先出局者披度，禮本院爲師。有羸金勿擅支與以濟私用。不幸有亡歿，則以次繼承，取米十斛爲送終費。院間有儉凶，或公私百費，勿得造爲名色耗用，規隱不償。設有是，許持據與刊碑，鳴之有司以請。凡度僧局之羸金，儲以增田。足十年，則盡歸公，以給僧供，惟所用此。清雅所爲規式示山門，俾遵守者如此。幸爲清雅書之。”機憮然曰：“自金仙氏入中土，老氏與吾儒之教鼎峙。吾儒嘗貶釋氏，謂其馮虛洸洋，無所考詰。引繩披根，麾使不得。近我于中常持衡焉，世變日久，澆詭日滋，吾聖人語不及怪，不以幻異示人，而後釋氏禍福之説行，葢爲權以濟經之所不及，指異而同歸，要使人遷善遠罪而已。見不必偏，況人居天地間，孰不嘉生惡死？釋氏獨以寂滅爲樂，覺觀湛然，不種愛根，不淪慾海，其事爲甚難。世人重財纖嗇，倍力爲巧，市賈則争分銖，飢丐在側，靳一錢不與。而精舍山立棊置，備極莊嚴，朱碧焕爛，率借資于人以廣費。傾郡邑有餘資者，不命而獻力，不祈而薦貨，輪運輻集，色無留難，其致此必有道。彼釋氏納輕，皆其徒致之，無一切世間苦樂愛欲，締歡喜緣，宜無毫髮固悋心。而或者蝸旋繭裹，用財自衛，一鉢一衣之儲，植豐矜隆，甚至割衆施利以肥已，是謂無達識者。清雅刻以大慧自奮，孤立一意，視所居院如世之欲持其家者，務使經久悠遠，囊槖無遺餘不顧也。豈爲釋者難之，世葢亦鮮矣！機與雅相習知，自官中都，謦言日聞，每傾駭浮慕，恨不即聳瞻罄折。龕僧燈一，道故舊爲笑樂，因其有所請焉，于是乎書。歲次甲子仲夏初吉。”寧宗召講華嚴經，賜紫衣，號寂照，御書“華嚴經閣”、“雷音海印”二堂名賜之。嘉興何《志》。 案：趙《圖記》作理宗，誤。旋遭兵火。元皇慶癸丑，僧德虔大搆殿閣、輪藏、法堂。至正己亥，僧守良重建佛殿僧寮。高巽志《遊廣福寺記》：士之有志于斯文者，蓽門蓬户而弗陋，穴衣襲食而弗耻。晝誦暮維，服勤靡懈，鑽研六藝以究其説，蒐獵百氏以成其能。孜孜矻矻，刓精竭慮，錙積而銖累之，日儲而月盈之，蓋亦勞且艱矣。于是協之以動静張弛之道，和之以藏修遊息之宜。凡嘉時令節，春秋清明之際，則必與良朋篤友相徜徉乎郊垧牧野，間求幽遐奇絶之槩，瑰偉宏廓之觀，而肆其登覽臨眺之勝，以見夫堪輿之無窮，寒暑之相代，洪纖之勞瘁，動植之屈伸。所以開聰發明，祛蔽抉滯，疎瀹其心，宣通其氣，擴其志而充其才也。豈若藝人逸士，遊目騁懷，流連光景，羣嬉屬好之比者哉？甲辰歲之九月九日，河東牛憲使伊甫諒，武林陳編修彦博世昌，天台徐教授大章一夔，四明周教授致堯渠，釋良琦元樸興聖住持暨巽志六人者，同爲廣福寺之遊。廣福距城東三里許，乃泛舟，由春波門擊檝鼓枻，沿流而東，未移時已至其處。咸連袂徐行，遥睇旁矚，涉荒蹊，度危橋，敗礎殘甓翳于蓁莽，而豐堂廣宇之存者數十楹而已。獨浮屠巋然兵燹之餘，飛金湧碧，穹淩丹霄。因竚立瞻仰，而員頂方袍之衆屣履出迎，延憩西序。適偕賈以香來貨，薰而爇之，絪緼馥郁，氣馨而韻遠。披圖啜茗，列坐以自休。既而主僧玉田師導客登浮圖，洒摳衣揚裳，聚足連步，傴僂縈紆，聲屬函道，逮其三級而止。時玄霾晝羃，厲風西來，繼以霡霂，皆循欄環楯，徘徊四望，洞庭羣峯，隱約微茫，騰伏天末，而畎畝町畦，衡亘從合，禾稼之植，芃芃幪幪，連隰接畛，莫窮其涯。至于村墟野茇之遠近，風颿雨舶之往來，農人行旅之斷續，一舉皆而盡得之。已而，層陰解駁，陽景暫漏，興有未及，盤桓忘返，因濡毫書名氏及遊之歲月而降。惟伊甫疾趾弗克登，促嬲久之而莫敢强焉。乃爲之設醴，殽蔌雜陳，獻酢有序，雄談放論，出經入史，歡乎其相得，邈乎其相忘，超乎若脱埃氛而絶塵囂也。巽志舉觴言曰：“諸君子咸以中州之英，炎虚之秀，遭時繹騷，適寄兹土，其緝學厲行，固非朝夕之所致。或輔法風紀，或載書華清，或職教庠序，而文章德業，莫不流聞于時。今迺伏聞隱隩視世之窮達,得喪不少易其志,而存養踐履之久學,成行尊方將入仕。王庭當大任,發揮其所藴,于以端本而整棼,于以興教而崇化,豈得一游一衍,以自適而已乎?元樸雖寄跡方外,而博通載籍,善歌詩,疎蕩超邁,議論灑然,故魁公碩儒,多與之遊。若巽志之鄙陋,謏聞寡學,欿然不知其不足,何足以厠于諸君子之間哉?然邂逅一日之樂,則不可以不識也。于是咸引觴滿酌,就醉而歸,因用杜少陵'玉山高並兩峯寒'之句,各取其一言爲韻以賦之,得古詩七首,巽志復爲之記云。" 牛諒《廣福寺分韻詩》:"挐舟出東城,秋高氣應肅。雖無龍山境,華林亦不俗。雙池水青白,于以濯纓足。飛觴坐苔石,寒泉薦幽菊。迺登梁朝塔,觀海望天目。諸賢快先步,嗟予苦跲跼。不及終雅興,徒倚欄干曲。分題紀游勝,抛磚引羣玉。" 周棐《廣福寺分韻詩》:"東往有高塔,名與福城並。九日陪諸賢,登臨期絶頂。秋深木葉落,不覺天地迥。涼飈灑林霏,咫尺衣裳冷。玉田好開懷,何止供香茗。幽軒賞佳菊,竟夕忘酩酊。昔人晝遊此,衣錦寧尚褧。寥寥千載間,視若空華等。清境素情愜,塵心未全屏。感彼興我懷,鈎詩記深省。"明洪武初,殿墖燬。壬子,僧若允重建,定爲東墖廣福華嚴講寺。永樂丁酉,僧德祥經營普光明殿。曾棨《記》略:普光明殿者,佛説華嚴經之地也。以其殿衆寶所成,光明朗徹。又謂佛于此説法,普放光明,故其得名以此。宋慶元間,雅法師主寺事,日與其徒講説華嚴妙義,四方緇流從之學者川匯雲集,因創普光明殿以爲講經之所,宏壯鉅麗,雄于一方。元季兵興,寺亦蕪廢,其後草創遺基,誅茅結茇,若融室行師、時庵允師、性海澄師,雖克承厥宗,而營建之功有所不逮。洪武中,併爲叢林,住持舉岩力師與其師無際潤師,捐施營泉庵,始克叶謀,首創法堂,懺室、方丈,以次畢舉,一夕塔頂現五色瑞光,輝映林木。永樂初,滄海深師以兹塔顯異,撤而新之,且欲重建普光明殿,志弗果遂。後雲谷祥師發念募衆,庀財鳩工,弗遑寧息。己亥,祥師承召,校讐藏典,乃舉玄中猷師補其席。師至,遂奮然相繼,其志始得完美,高七十五尺,廣八十二尺,工計一萬二千零。瑰奇閎偉,金彩照耀,東南諸刹,莫有過焉。洪熙乙巳,僧正猷修建殿堂、門廡。王英《記》略:玄中猷法師,别號復闇。永樂庚子,主嘉禾東塔華嚴講寺。曩因兵燹,殿宇傾廢,師至,憮然有感,遂捐衣鉢之贏,及募諸施者,簡才鳩工,薙荆棘,畚瓦礫,鼎建山門,題曰"福城東塔"。且其地據鳳凰山之勝,一水環抱,前通指南橋,北峙天王殿。殿後浮屠七級,達于普光明殿。殿前有方池二所,水分青白,因名其軒。次築别室于殿東,扁曰"聽玉"、曰"環碧",皆舉其勝而名之。普光明殿成,塑三聖調御暨諸十地菩薩,師象蓮座,經藏旛幢,棟接甍連,深嚴弘邃,髹彤黝堊,金輝碧暎,儼若竺乾、鷲嶺之勢。工興于是年秋,訖于宣德戊申冬,凡十載,宗風大振。復建一室,顔曰"環碧"。吕原有《記》。景泰壬申,僧守倫重建華嚴經閣。吕原《記》略:華嚴經閣在郡城東五里,内奉太宗所頒大華嚴經故額,宋寧宗御書宸翰尚存。天下華嚴五山,東墖實居其一。住持倫公嗣法玄中猷公,首住硤川之崇惠,再主秦溪之興善。及來東塔,道價益隆,乃復修塔架廡,增餙五百聖僧,鼎新方丈厨庫。惟閣之役甚鉅,久乃克成,奉華嚴大經、毘盧聖像,又作千佛列供左右。閣之崇八仞六尺,其廣袤若干。命之建立者,太守南昌舒公也。重書華嚴五山者,鎮守番陽孫公也。萬曆丁亥,僧芳蕖重修清白池亭,龔勉有《記》。并舍利墖。袁黄有記。辛亥,改置禪堂于買臣墓後。朱國祚有記。知縣陸獻明給帖免役。董其昌《東塔寺免役碑記》略:古者佛法付國王大臣,故唐有裴休之與黄蘗,宋有蘇子瞻之與了元、辨才,張無盡之與兜率悦,其名位勛德皆號稱偉人,獨好方外奇衲之遊,擁護叢林,如衛頭目,以三昧力搏取萬釋龍王之宫,置于人天,末法教衰無復,大總持出而羽翼之。而里胥狡獪者,眈眈睨于其中,踐更鉢貲不繼,則悉鬻常住物應之。婁江陸侯令嘉禾,編審寺中,手出印帖,蠲除徵賦。舊禪堂西址可十丈許,令議創屋三楹,曰金湯别室祠侯。侯乘慧力作宰官,乘願力爲嘉禾福興,又以餘力爲汝寺之金湯大護法,此裴休、蘇子瞻、張無盡之流也。崇禎十年,重新寶墖。嘉興湯《志》。國朝乾隆間重修。伊《志》。道光間,僧正方重修禪堂。咸豐兵燬,僅存寶墖。同治,僧正方重建山門、禪堂。伊《志》。 元張憲《題東墖》詩:"嘉禾名勝地,遊賞惜無山。偶上東城墖,全吴在此間。" 陸景龍詩:"我愛福城東,巍然墖指空。燈光摇白雁,潭影浸滄龍。鈴梵和天樂,經函閟地宫。誰知賢守宅,化作五山雄。" 明劉圻《登東墖》詩:"浮屠百尺壯天涯,我特來登步月梯。身在太虚紅日近,手攀星漢白雲低。城開水市鴛湖北,樓揭風光秀水西。回首北荒歸一覽,令人從此小山溪。" 洪元基詩:"振衣高睨水雲東,山海微茫窣堵雄。擬向初禪明指月,欲窺兜率趁罡風。諸天總在虚無外,萬象都收舍利中。檇李點煙何處是,吴亡越霸古今空。" 楊瑞枝《登東墖寺佛閣》詩:"飛閣侵霄佛火懸,攬衣直上思俱騫。平蕪眼底皆凝碧,流水村前一放船。去國人疑春雨外,負薪歌在夕陽邊。只今天半遥揮手,頭上星辰若可搴。" 國朝王士禄《晚過東塔寺》詩："蘭若蕭梁古,風流想六朝。化城圍綠水,孤塔上青霄。珠閣浮林影,金園絕市囂。依幡看刹近,緣嚮趁鐘遥。樹偃時遮磡,途紆屢過橋。到門苔滑滑,入寺竹翛翛。古碣何年失,塵襟此際消。皺痕迴側柏,暮色隱甘蕉。長史遺墳在,諸天法界標。跨虹通石逕,對砌敝松寮。居士才還辨,頭佗偈定超。禪燈龍象黯,佛日鼓魚銷。洗鉢成微尚,長齋況久要。劫波巾擬解,屈眴服思邀。便好從初地,相依結一瓢。滄洲仍有役,白社欲無聊。怖鴿棲將穩,櫺鳥待尚遥。前期須歲月,客意向風飈。支許應非忝,宗雷倘見招。徘徊未能去,仙梵晚蕭蕭。"　　錢載《獨遊東塔寺》詩:"毘盧閣轉夕陽虛,複道平橋步正徐。百五雨收翁子冢,兩三松覆雪庵書。綻衣僧老默窺牖,啄粒鳥輕紛躍除。方丈十年前數叩,花枝應訝面生疏。"

【校注】

　　[1] 不深:至元《嘉禾志》卷二十二《碑碣·嘉興縣》錄婁機《東塔置田度僧記》作"不審",當作"不審"。

　　漏澤教寺　在縣東二里三十步。宋崇寧三年置,賢良陳舜俞孫捨宅爲之。《至元志》。明洪武二十四年定爲教寺。柳《志》。弘治癸丑,僧道貞重建山門。徐璘《記》:郡治之東北有名藍曰漏澤,乃前賢山陰令舜俞陳公捨宅所建也。歷年既久,廢興不一。天順八年,天章彧公任本府都綱,覩殿宇卑隘,弗足觀瞻者之敬,乃與其徒謀一新之。遂中建大雄寶殿,東則伽藍,西則圓通,各肖像設次建天王殿外,山門、廊廡甃砌之類,罔不畢具,金碧輝煌,視昔百倍。弘治壬子冬,有隣不戒于火,災及山門。寺僧道貞能歷清苦,力欲新之,以壯乎寺。聞者樂然響應,經始于次年癸丑正月,落成于四月。嘉靖甲寅,寺廢。萬曆壬寅,里人馮夢禎等同僧廣誠恢復。鄭一先[1]《漏澤寺承佃管[2]地歸寺記》:漏澤園爲掩骼埋胔之所,佛家謂之尸陀林,亦曰逝多林。其地穢至不凈,而精藍在焉。豈佛之類脩白骨等觀,即境注心三昧,易就故耶?世尊說華嚴七處九會,逝多林其一也。寺故爲舜俞宅,非漏澤園明甚。自宋歷元,佛法方隆,龍象輩出,豈無名緇住持其地。嘉靖倭變,寺僧流亡,其地半爲居民所得,餘悉沒入官,寺僅存正殿。僧居惟西廡數椽,湫隘不稱焚脩。于是大司成馮公夢禎等,願得官地如干畝以拓寺址,官房五十餘間并基地歸之寺,以爲常住永業。甲辰,僧道梅建金湯室。馮夢禎記。天啟丙寅,僧大賢建接引彌陀殿于禪堂之左。寺側有三賢祠。嘉興湯《志》。　詳《祠祀》。國朝順治三年,住持僧性琮重建天王殿、大殿、禪堂、東西方丈。《浙江通志》。咸豐兵燹,同治重建三官殿。新纂。　　明釋斯學《漏澤寺》詩:"一徑草蕭蕭,山門歲月遥。白雲非舊主,黃葉自前朝。有法空高座,無燈掩破寮。朅來生感慨,暮雨作花飄。"　高承埏《重建漏澤寺落成》詩:"形勝依東閣,山林紀宋年。斷碑留日月,古樹歷風煙。鹿女擎花果,天人繞法筵。重開幽敞地,長此奉金仙。""蓮社中興日,桑門自有人。忽看初地復,轉憶劫灰新。妙法歸支遁,清言共許詢。虎溪精舍近,早晚得相親。"　國朝高佑釲《重建漏澤寺》詩:"幽棲兵革後,偶步法堂前。山礐疎秋色,爐香接曉煙。重開蓮社日,得見雨花天。我亦逃禪者,悠悠忘歲年。"

【校注】

　　[1] 按:崇禎《嘉興縣志》卷七《寺觀》"漏澤教寺"條作"鄭振先",所錄鄭振先《嘉興縣漏澤教寺承佃官地歸寺碑記》,即本《志》所錄之文。末云:"萬曆三十二年甲辰春仲,賜進士第、文林郎知嘉興縣事鄭振先撰。"光緒《嘉興縣志》卷十七《官師表·知縣》(萬曆)"鄭振先字太初。武進進士,二十五年任。顏欲章字伯闇。安福進士。三十二年任。"故此文當爲鄭振先所撰,"鄭一先"誤。

　　[2] 管:崇禎《嘉興縣志》卷七《寺觀》"漏澤教寺"條錄鄭振先《嘉興縣漏澤教寺承佃官地歸寺碑記》作"官",當作"官"。

　　白蓮講寺　在縣東八里。舊名接待院,後廢,爲趙倅儁之錦莊。宋紹興二年,郡父老請于朝,重建。《至元志》。　案趙《圖記》:元末,誠意伯劉基嘗寓于此。明洪武二十四年,定爲講寺。建文中重修。永樂、成化間，僧宗鏡等復修建。姚綬有《記》。正德年，僧智果重修。天啟癸亥，邑令湯齊改名法蓮，僧脩恒重葺，并建三寶堂于殿後。嘉興湯《志》。　明岳駿聲有《重建法蓮寺禪堂記》。國朝乾隆間重修。伊《志》。咸豐兵燬。同治重建金剛、地藏殿。新纂。　明常繼瓚《遊白蓮寺》詩："净界盤蒼檜，澄波浸白雲。齊梁遺古刹，漢魏入溪分。旛影沉龍窟，鐘聲散鶴羣。遠公無酒禁，應許醉斜曛。"　屠助《白蓮寺次韻》詩："不到東林寺十載，馳驅王事敢深嗟。最佳篁竹此時景，無數白雲何處家。野逸衹須歌白石，山林聊復醉流霞。布金卓錫空塵眼，寶幪珠幡亂雨花。"　吕營《送僧住持白蓮寺》詩："東郭人煙到盡頭，水分龍舌作雙流。已稱勝地雄他寺，新得高僧慰倦遊。此後有尋詩料處，我來先問酒沽不。挂冠所與聊方外，三笑圖從世上流。"　國朝朱彝尊《鴛湖櫂歌》："秋晚東林落木疎，白蓮僧寺水中居。昏鐘不隔魚莊火，古殿猶存日本書。"　陳忱《櫂歌》："東林禪宇白蓮開，魚版纔停午復催。坐久雙溪明夕照，布帆一半鷀湖來。"

　　會龍山寺　在縣東五里，漢、魏二塘水中央。相傳元末建，屢遭兵燹。明嘉靖間，張太僕重建，旋燬于倭寇。萬曆乙酉，郡守龔勉命僧弘棣重建觀音閣、真武殿暨文昌、武安二殿。天啟癸亥，邑令湯齊捐俸贖田，給帖作常住。嘉興湯《志》。　湯齊有《記》。國朝雍正五年重修。伊《志》咸豐兵燬。同治重建山門。新纂。　國朝高孝本有《記》。明殷仲春《泛湖至白蓮寺因登會龍山》詩："暮春歷幽尋，尋遊興不輟。停策憩遠坰，亂流泛輕枻。遥遥至叢林，清磬傳濬沴。灌木蔭石梁，渚篁媚淳澈。振衣叩禪關，復值同心哲。晤言析勝義，蓮社欣復結。沂泂登孤嶼，迅湍分流決。野日淡清暉，林薄映嵾嵲。幽窈響葱蒨，狎鷗戲清洌。景落判中流，登艫望猶觖。擬將學無生，相隨味禪悦。"　國朝徐昭《會龍山櫂歌》："櫂歌唱破碧琉璃，千頃澄波拍兩堤。紺宇琳宫雲際出，平分一水作雙溪。"

　　先福寺　在縣東一十八里。唐乾元二年創，會昌間廢。咸通六年復建，後爲先福院。長興三年，錢文穆王重立。宋治平元年賜名"惠寂"，崇奉靈感觀音大士。邦人遇歲旱，祈之必應。宋慶元丁巳，郡守王補之寫相刊石。王補之《惠寂院觀音記》：補之猥以疎庸，蒙恩假守。到郡之初，時適閔旱，既視事，德薄不能召和，偏祈靡應。于是恭詣惠寂行道觀音，致禱焉。未及城而雨至，優渥霑足，農不失時，他郡雖接壤亦不及，非大士之力而誰歸？行殿闕典，創而新之，以嚴將迎香火之所。涓日奉安，已訖厥事。雖然祈而必報，人事固不敢不盡，若智慧無邊，豈一物所能報哉？因命祥符主僧師源恭寫瑞相，刊諸樂石，以廣其傳。丙子兵燬。案：嘉興湯《志》作"德祐丙子"。僅存山門水陸院。近寺僧了悟等重建殿宇。《至元志》。元末兵燬。明正統二年僧道澄重建。嘉興何《志》。國朝乾隆間重修。伊《志》。　明徐弘澤《先福寺題壁詩》："一徑殘陽接暝煙，小橋斜對寺門前。草深庭立驕狐泣，樹老堦閒宿鶴旋。古淡野情圍四水，孤清僧味透三玄。若爲寂寂跌禪夜，月色昏黄冷暮田。"

　　圓通教寺　在縣東三十六里，舊有廢址。周顯德五年，里民茅承翰申漢南王，乞于舊基立寧國寺。宋治平元年，改名圓通。劉《志》。元燬。明洪武己巳，僧嗣昌重建。辛未定爲教寺。歲久傾廢。成化甲午，僧景瑩等重建。弘治間復修建。徐春有《記》。天啓中，里人陸焴募建山門并地藏殿。嘉興湯《志》。寺有銀杏二株，歷唐宋至今。柳《志》咸豐兵燬，同治間重建山門、大殿、禪堂。新纂。　明曹勛《重過圓通寺贈松臺和尚》詩："獨向寒林問老松，一龕曾憶舊相從。寺于荒後惟存址，禪到真時不露鋒。明月石梁他日夢，秋風破衲昔時容。十年蠆粉空山鉢，寂寞猶聞午後鐘。"

　　興善教寺　在縣東南三十里。梁天監二年置，周顯德五年改報恩院，宋治平元年改興善院。《至元志》。舊有佛殿、法堂暨舍利雙墻，遭元兵火。明洪武二十四年重建，定爲教寺。景泰辛未，僧守倫創建佛閣。天順丁丑，僧文傑等重建。吕原有《記》。嘉靖間，僧道洧募修佛閣。嘉興湯《志》。錢芹有《記》。崇禎七年，置常住田。李日華《禪堂齋僧田碑記》略：善信盛肖野等陸續捐田五十九畝，畀堂行人耕植刈穫，以資香積。國朝順治三年，重修大殿、山門。葉紹遠有記。康熙中，先後修建大殿、天王殿、毘盧閣。朱彝尊《記》略：寺爲嘉海叢林之一，其開山者爲坦法師，而秋江、天彝及道泳、圓鏡相繼成之。迨國朝，有馥生募粟重修法堂，方丈更爲擴充，惟毘盧漸成傾圮。康熙辛酉、壬戌間，有濟爲同師可如經營修葺，鳩工于甲子之春，落成于丙寅之秋。繼以雪介禪師整飭，始稱大備。雍正十三年，重修伽藍堂、三官殿、禪堂。乾隆二年，重葺天王殿、佛閣。九年，復修大殿。《興善寺志》。　明李應徵《過興善寺登閣眺望遂宿蘿軒》詩："歷覽周初地，登臨出化城。半空標法界，一氣接金莖。遥海浮天闊，寒林拂檻平。山川扶繡栱，河漢插雕甍。皮閣虛龍藏，憑欄落雁聲。九霄瞻浩蕩，雙墖表崢嶸。峍崒凌空起，巍然礙日撐。時聞舍利影，常繞法幢明。蓮宇投僧社，松寮載酒鎗。還憐後池水，猶借昔人名。薜荔侵堦上，煙霞引幔成。綠陰晴覆屋，蒼雪暝垂楹。貝葉遥開帙，醍醐藉解酲。月沈秋墅白，霜入夜鐘清。院竹留雲臥，園葵折露烹。落英餐晚秀，蒸菌悟朝榮。愛網捐諸障，迷津導寶篊。何時超有漏，九品證無生。"　許詢《題興善寺水竹居》詩："四面清泉竹一叢，幽居有路小橋通。半灣嫩綠分禪座，數畝涼陰護梵宮。徹底净時方見性，虛心透處始知空。平生我亦耽佳興，願得長來近遠公。"　國朝姜楗《遊興善寺》詩："浮屠參碧漢，梵宇志蕭梁。古柏盤青蓋，殘碑有斷章。鼓鐘羣籟寂，猿鳥獻花香。落日霞光爛，雙橋帶水長。"　彭孫貽《同友人遊興善寺》詩："蕭梁遺跡鎖荒臺，共叩山扉竹院開。脱甲虹龍摧古柏，殘鷗樓閣擁蒼苔。名僧乞食齋鐘冷，詞客乘春野棹來。舉似禪機無一字，空堂香雪墜紅梅。"

法華寺　在縣東三十里。趙《圖記》。宋天聖四年，僧清朗建，後遭兵燹。明洪武間，僧志明重建。劉《志》後更名獅吼。嘉興何《志》。

登雲寺　在縣東三十里新豐鎮之東，舊名正覺期堂。元至正間建，明嘉靖甲寅倭燬，乙丑僧一元重建。嘉興湯《志》。　明王俸《記略》：新豐爲梵宇者二，登雲寺居左，妙峯寺居右，皆創自至正間，越今幾三百載。而登雲雄鎮水口，尤稱要焉。世廟時倭夷犯順，登雲竟以燬墜。主僧一元毅然以鼎建爲任，時五臺陸公等捐貲鳩工，規制未備者創而舉之，秩有次第。門之外有亭以憩征旅，亭之中有井以資綆汲。更始于嘉靖乙丑歲之仲冬，歷三載而告成。

妙峯寺　在縣東三十里新豐鎮。元至正間創，遭兵燹。明吳元年寺僧重建，後廢。萬曆己未，僧明預等復建。嘉興湯《志》。歲久殿圮。國朝乾隆五十年，僧道山重建。伊《志》。咸豐兵燬。同治間重建山門、禪堂。新纂。

净土教寺　在縣東三十六里，邑人陸求宅。案：柳《志》作"陸裘公宅"。曾得唐咸通十二年石幢。清泰元年，奏漢南王，捨爲南福寺。宋祥符元年賜今名。内有亭名"碧鮮"，多奇竹。《至元志》。　宋聞人安道《碧鮮亭》詩："植竹敞虛亭，清幽滌襟滓。盛暑生涼陰，窮冬見蒼翠。我愛主人賢，堅如雲箭美。願師持此心，與境長無愧。"　陳舜俞詩："瀟灑闌干碧玉鼗，頻來遊賞是兒童。縈迴修竹含清影，刻畫新詩繞翠筒。十載雪霜林色改，幾番風月酒樽空。子猷老去心長在，終擬爲隣作醉翁。"明弘治中，僧惠亮增建觀音殿，嘉靖重修。張大忠有記。萬曆間，重葺碧鮮亭。嘉興湯《志》。　沈懋孝《修復净土教院碧鮮亭坡公井記》略：予水雲精舍之西南有净土寺，暇日以小艇行遊其間，曲澗環林，頗幽閴有致。始至寺門，行竹林中，如有數里之遥。四面古木陰森，前有三石梁，景色清曠。寺僧爲指點碧鮮亭舊址，其南有坡公井。公常游覽寺中，有碧鮮亭詩。今志稱碧蘇亭，或者合井與亭，俗稱訛異耳。寺僧欲先浚井甃治，環以石欄，樹竹千个，縈水爲帶。乃始治亭其上，勒長公詩，使如見碧鮮昔日之致焉爾。咸豐兵燬，僅存僧舍。新纂。

净相教寺　在縣東南三十六里。《至元志》。古名永福庵。齊丞相解景榮祈嗣靈應，于梁天監中重建。嘉興湯《志》。武帝賜額爲梁福寺，後廢。五代漢南王重立。天福七年，忠獻王重修。宋祥符戊申改今名。《至元志》。元中統初燬，至元間僧大隆等重建。牟巘爲《記》。明洪武十五年定爲教寺。成化間，遇火殿焚，而大士像獨存。辛卯，僧一清重建。鄒幹有《記》。嘉靖間重修。嘉興湯《志》國朝康熙十七年，僧超基重建大殿。四十三年，置常住田。伊《志》。　僧超基有《記》。　明陳萬錦《重過净相寺》詩："小橋曲水尚依然，坐看萍開又一天。老去無如懷酒聖，狂來常欲挾飛仙。花黃有恨含疇昔，月白無情逝歲年。寂寂禪關僧不啟,一庭松影臥寒煙。"　高道素《净相寺示虛山秋月古風三上人》詩:"寓居蕭寺僻,漸與世相忘。灑墨追詩史,焚香禮法王。疎松過雨暗,新竹掃雲長。漫笑謀生拙,還期到石梁。"

石佛教寺　在縣東南二十七里。唐至德初除基,獲四石佛,因創石佛院。宋天聖元年,賜名保聖院。《至元志》。元燬。明洪武壬戌,定爲石佛教寺。正統中,僧子敬重建,嘉靖間重修。姚弘謨爲《記》。萬曆間,邑令張問達、郡守龔勉准追復田。孫植有記。内有金御史燦讀書臺。嘉興湯《志》。　明沈謐《讀書臺和韻詩》:"沙灣九曲向明開,天放山人特地來。公斂經綸參石佛,春風時爲掃靈臺。"國朝康熙五十年,僧一斑重建大士殿。石佛惟此一尊。乾隆間,重修正殿。嘉慶十三年,重建山門。道光間,重修天王殿。咸豐九年,僧樞堂重建藏經室。十年冬,正殿燬。同治八年,里人募修小山門、先臨廟、齋堂。十三年,重葺大士殿。新纂。　明洪炎《石佛寺》詩:"萍鄉迴合罩煙林,石立金身象自森。山殿風旛吹柏子,冰窗臥鉢下春禽。綠蘿夜鎖巖頭月,清磬遥傳定後音。猶有重橋人隔斷,可能容我碧雲深。"　洪元基詩:"人外言尋別洞天,聞雲野鶴伴爐煙。風清竹樹鐘聲遠,光透松蘿佛火懸。僧出洞來參棒喝,客投間處覓詩篇。山深徑僻無人到,月下池心石上禪。"　岳元聲詩:"十年清夢到禪林,移書下榻西溪岑。有時自發鐘磬響,頹然一醉風雨心。持鉢傳燈青竹杖,汲水煮茗孤桐琴。臥聞靈籟不知處,石佛樓頭著布衾。"　國朝彭孫貽《舟經石佛寺》詩:"翔風摇晚色,獨鳥下寒流。山徑積黃葉,離人成白頭。苔荒石佛古,水折寺門幽。徙倚林塘暮,羈懷不可留。"　朱彝尊《鴛湖櫂歌》:"伍胥山頭花滿林,石佛寺下水深深。妾似胥山常在眼,郎如石佛本無心。"

永慶寺　在縣南二十五里。唐太和元年,僧净簡開山。元燬。明洪武初,天界寺僧宗密重建。劉《志》。嘉靖甲寅,倭變燬。萬曆庚申,僧圓慧復建。嘉興湯《志》。咸豐兵燬,僅存僧舍。新纂。

定隱禪寺　在縣東南感化六都北荒字圩。元泰定丁卯,僧崇榮建。二石碣,今尚在山門左。嘉興湯《志》。咸豐兵燬。同治間,重修一殿。新纂。

高提寺　在縣東南里仁十都宇字圩。嘉興湯《志》。

德雲寺　縣東胥山都稱字圩。舊傳爲宋時徐婆舍基建,故又名徐婆寺。後廢。明萬曆重建。

永興禪寺　胥山上。宋隆興李觀察創,今廢。以上嘉興何《志》。　案:嘉興湯《志》:李觀察,名春,郡人。

太慈寺　在縣東里仁十都,原名太乙。國朝康熙間,里人募修。嘉興何《志》。咸豐兵燬,僅存僧舍。新纂。

普光寺　在縣南二十里。趙《圖記》。晉天福元年,僧道坦建。明洪武初賜額。嘉興湯《志》。

普明寺　在縣東南十五里。趙《圖記》。晉天福元年,僧惠明建。元遭兵火。明正統丙辰,僧宗琳重建。嘉靖中倭燬。嘉興湯《志》。崇禎間,里人嚴鞥棄復基。國朝順治五年,僧仁領重建。吳《志》。　譚貞默爲《記》。

永昌寺　在縣西南三十里。趙《圖記》。本石塪庵基。宋嘉定己巳,有僧智圓建永昌院于鹽官馬牧村,額曰"敕永昌院"。壬午,海濤衝毀,僧道欽徙建于此。後殿堂傾圮。紹定壬辰,僧道一等重建。許應龍爲記。　吳《志》:紹興中僧道欽移此,誤。明洪武初,賜永昌寺額。崇禎間,僧德權募修。嘉興湯《志》。

智覺教寺　在縣南二十三里。案:趙《圖記》作二十里,誤。舊爲營田都務。宋開寶八年,立爲梵刹。咸平六年,賜太平天壽院。治平元年改智覺院。《至元志》。元延祐甲寅,僧文彬有常住田狀。明洪武初,勅賜智覺教寺。嘉興湯《志》。二十四年,併歸資聖禪寺。永樂元年,里人張福信重建。柳《志》歲久傾圮。萬曆,僧如紀等重修。嘉興湯《志》。　明袁黃有《記》。

瑤寶寺　在縣東南三十一里。舊名智遠院。吳《志》。宋端平三年,僧志翁開山。案:嘉興湯、何二志俱作宋隆興四年普照禪師創建。明洪武初,寺僧廣純等重建殿宇、齋堂。二十四年,併歸天寧寺。成化十二年,僧宗智重修。鄒《志》嘉靖間,被倭燬,僅存正殿。崇禎九年,里人曹谷倡議重建。嘉興湯《志》山門大殿久圮,殿西佛樓一座,國朝乾隆戊子,燬于火。《梅里志》。　國朝蔣薰《瑤寶寺》詩:"竹院梅溪北,龍宮鴛水西。秋深聞木葉,野色入簽題。神以淡無累,津從問不迷。此間可業白,何必覓岩棲。"

靈源寺　在縣東三十六里王店鎮。即期堂寺。元至正二年,翰林學士王泉案:舊作王昌、王昌源,俱誤。捨宅,僧永煇開山。鄒《志》。寺前有天王寶殿,左有觀音閣,右有禪觀堂,南有放生沼、香花橋。池東有鐘樓,西有鼓樓,規模最爲宏敞。嘉興湯《志》元末兵燬。明洪武二年,僧一真重建。七年,里人萬存善復建殿宇兩廡。鄒《志》嘉靖間,邑令黃獻可拆毀鐘鼓樓,僅存殿宇。萬曆初燬。嘉興湯《志》國朝康熙七年,里人王庭等重建。乾隆八年,鼎建山門。《梅里志》。　國朝李符《過棲公分柿山房》詩:"惜剩春三日,招遊屐幾雙。茗旗消午盌,芋火映宵釭。殘月遲侵袂,深花恰亞窗。鄉僧詩筆健,好句壓清江。"　許燦《梅里詞》:"靈源寺古響鐘魚,捨自元朝學士居。今日伽藍誰作記,望中三十六精廬。"

青林禪院　在德化都。創自唐師虔。宋紹興中,邱妙秀結茅于此,名邱庵。明萬曆間修。國朝康熙十六年重修。嘉興何《志》。　屠廷樞有《記》。

古南禪院　在王店鎮西。明崇禎二年僧依蓮募建,名社庵。長水法師時,本鎮有南庵、北庵下院,今南庵稍存,建社庵以補北庵故蹟。嘉興湯《志》。後密雲祖師過此,更今名。國朝順治初,牧雲禪師開堂,遂成名刹。王庭《記》:明季有僧依蓮者,傍橋爲亭,日施茶餌,久之闢數椽以居,取里社之議,呼社庵。迨牧雲師從古虞來,住持是方,學徒雲集,歷年載周,得法者五人,分其教庵者十餘處,歸而潛修者凡幾家。從崇禎壬申迄癸未,餘十年營建粗畢。大殿、兩廊、兩樓、前殿、方丈、闙室、禪房、客堂、雜務諸寮稱之。置常住田。乾隆四十六年,僧際凡重建大殿。五十七年,增建天王殿。伊《志》。　國朝李良年《送懸崖主席古南禪院》詩:"香林十二半東南,花雨浮杯此地堪。往日師曾留好句,重來我不爲幽探。娑羅有意栽鄉樹,釵釧無聲到古庵。欲問樗翁舊消息,竹風當戶月窺潭。"

太平禪院　在新行鎮。宋建,元燬。明弘治甲寅,僧惠郎重建。嘉靖中,吳鶴建沸雪軒。吳鵬爲記。國朝乾隆間,重建大殿、關帝殿及山門、齋堂。嘉慶二年重修。伊《志》。

積善庵　在東門外春波坊。係景德寺下院。明洪武初幾廢。萬曆二十四年,僧海仁重建。吳《志》。　明馮夢禎爲《記》。

大雲庵　在北板坊。萬曆初,僧明興號大雲創建。初名華嚴庵,後改今名。馮夢禎有《興上人禪舍記》。庚戌,詩僧寂觀闢一斗室,名曰"雲厂"。釋如奇有《記》。　周民《題內惺雲厂》詩:"層雲借翠椽,知是支公厂。夜齋理梵筴,氤氳遽難撿。窗護白疑紙,衣沾溼于染。因風作機鍵,松關未嘗掩。"湛一于右偏搆半楹,名曰"舫閣"。徐柏齡《題舫閣》詩:"坳堂縱說芥爲舟,不信移來竹枕頭。坐久怕聞林葉戰,恐隨風雨打蘋洲。"國朝乾隆間修。伊《志》咸豐兵燬。新纂。　國朝薛廷文《過大雲庵》詩:"已公有茅屋,深閉水雲鄉。霜月印溪色,露燈開竹房。談詩寒煮芋,擁衲夜焚香。不使同人在,真令與世忘。"

幻居庵　在東門外削墻坊。舊爲中峯下院。萬曆間,僧文音重葺。崇禎十年,增建佛室。嘉興湯《志》。國朝僧了蘊、道沖、純如相繼住持庵內,藏《華嚴經》全部,爲韓敬、侯峒曾諸人所書。吳《志》咸豐兵燬。新纂。　國朝萬光泰《幻居庵》詩序:庵藏《華嚴經》八十一卷,明季青鎮寶閣僧道琳乞蘇、松、嘉、湖四府能書之士所書,爲韓敬等六十六人、釋子八人、女弟子一、以父命書者二、倩人書者一、不著名者一。第七卷後有對者二人,第三十六卷二人同書,第四十九卷元缺。國朝曹三才補寫合之,共八十三人。始于萬曆壬子,迄于崇禎壬午。書成函于閣,顏曰"華嚴墨海",後歸于幻居。凡十六帙,每帙首皆趙宦光篆書"真大觀也"。　高孝本《集幻居庵》

詩："彈指春將盡，新桐綠滿簷。亂飛花落砌，雙翦燕窺簾。勝友皆園綺，深交比慶廉。攜筇尋白足，顧影笑蒼髯。箬笠風枝絓，芒鞵露草霑。門從竹下叩，香對佛前拈。蠏眼茶傾碧，貓頭笋迸尖。餅能賦束晳，酒不設陶潛。坐喜兼縞素，談無雜米鹽。清齋參玉版，名蹟閟華嚴。柳陌斜陽別，松窗竟日淹。俄看衣換袷，漸覺景逢炎。筐暖鹽蛾出，盤香豆莢甜。再邀支許會，何必雨晴占。"　　徐昭詩："項生東井文人畫，盛叟宜山處士詩。記與素公談往日，芙蓉初種幻居時。"　　沈亢秀詩："一雨洗煩暑，生衣著體和。禪林相與入，池閣得秋多。零落遺經在，風塵舊客過。維摩有弟子，瓶鉢近如何。"

初地庵　在鹽倉坊。萬曆間，僧如恒建。嘉興湯《志》。　　明沈德先有《記》。咸豐兵燬。新纂。

蓮社庵　在縣東鹽倉坊。僧廣拭建。拭，本吳氏子，性孝，捨宅爲禪院。萬曆中改建。崇禎間，平湖陸基志重修。廣拭没，其徒大本、明傑，別搆社老祠祀之。嘉興湯《志》咸豐兵燬。新纂。

降龍庵　在城東天津灣月中圩。明盛氏捨爲真如寺密隱房下。院僧純白歸隱，重修建。吳《志》。

福田庵　在感化都，舊名積慶庵。宋咸淳壬申，馬文榮捨基，秀覺禪師建。元至元間，僧如玄改建，名善住。魯天琪爲記。明萬曆間，陸光祖重修，改今名。嘉興湯《志》。

積慶庵　在縣東四十里。宋咸淳間，僧仁良建。元末兵燬，因名荒庵。明嘉靖癸丑，僧守真重建。隆慶中，里人王道等募建觀音殿、文昌閣。萬曆間，陸光祖重修，并建禪堂于殿左。嘉興湯《志》。　　明孫植《記》：庵創于宋咸淳間。僧仁良梵行修潔，享壽一百二十歲。勝國末，楊完作亂，殿毀，止存咸淳石闌，禪房、蘭刹鞠爲草莾。嘉靖癸丑，池中忽産白蓮數莖。隆慶丁卯，少槐王君道等倡義募建。萬曆己卯，五臺陸公復修殿，左起禪堂三楹，伯子基忠前起三門二楹，後起竹亭一座，名曰"綠雪亭"。仲子基恕捐置田畝。庵北有井，寒冽異常，用之輒能癒病，或歸靈于觀音大士。

法華庵　在白苧村，宋古蘆庵基。明萬曆甲戌，里人曹東捨地建，名十老庵。後掘地得殘碑，有妙法蓮華寺，因改名法華，置贍庵田。甲辰，僧如能重修。嘉興湯《志》。　　明黃承昊有《記》。國朝沈亢秀《汎舟過法華庵》詩："新晴健春遊，短棹破煙綠。樹色隱遥村，禽聲亂叢竹。湖南古招提，石徑何紆曲。法華拈妙諦，清磬敲佛屋。僧隨岫雲歸，客候茶鼎熟。尚早雪封梅，再來花映玉。"

寶華庵　在白苧村。萬曆間，僧性益字寶華創建，因名庵。性益，天台國清寺僧，先是駐錫嘉興，重修福城東塏寶殿，故庵爲東塏下院。嘉興湯《志》。

慈竹庵　在白苧十五都。明萬曆中，僧道慧參方歸省，建庵奉母。沈司馬思孝嘉其孝，因名以表之。吳《志》。　　明沈思孝有《記》。　　李日華《慈竹庵》詩："結庵究無生，不負生身處。蕭蕭慈老竹，何異菩提樹。半開彌勒龕，讓與耶輸住。聞公精茗旗，滴滴皆法乳。何日買舟過，清霜木葉雨。"

樂善庵　在里仁十都，舊名鮑塏庵。宋臨江守鮑廉死節瘞骨處。庵前有關帝廟。明嘉靖間倭燬。萬曆中，太學胡日華重建，更今名。高道素《記略》：鮑塏庵，宋恭帝時元兵徇臨江，知州鮑廉死之。此爲瘞骨處也，庵前有關帝廟，並創自景炎閒。一死漢室，一死宋時，雖名業殊異，而忠魂義魄頏頏今古。嘉靖乙卯，倭寇犯境，肆劫里中，一炬而鮑庵焦土。帝廟則巍然獨存。入夜，廟中赤光燭天空際，有干戈戛擊聲，倭始駭走，抱村之民得庇無恙。嗣後兩暘豐歉，每禱輒應。迺靈宇卑鄙，鄉人思有以宏其圖而力未逮也。神宗朝，太學生胡公日華捐橐金，鳩工庀材，不踰月而廟貌改觀再新。鮑庵顔以樂善，俾守僧焚修其中。華女常節婦十九而寡，于庵後築孝慈堂以奉父母。嘉興湯《志》。

芋香庵　在五環洞橋東。里人沈美仲捨建。竹本幽勝。詩人王蘭谷隱此，今葬庵旁。吳《志》。

錢勝庵　在郡城南。里中錢氏建，後姚元臣延僧一班住持修葺。吳《志》。　　國朝徐嘉炎有《記》。

智覺庵　在縣西二十二里。宋開寶間立。元至正中，僧克溫開山。明洪武年修。成化二十年,僧宗珊改建佛樓。鄒《志》。國朝康熙中,里人杜臻等重建。嘉興何《志》。

　　慈義庵　在王店鎮,原名武安王神祠。明嘉靖四十一年,里人李芳建。嘉興何《志》。　　明王三錫《記》:嘉靖庚戌,島寇猝起,大江以南,無處不蹂躪。尋抵王店鎮,鎮故殷饒,寇悉啖其資斧,旋加之以火。王從雲端大呼,舞偃月刀指寇,寇乃辟易羅拜。酋長謂衆寇曰:若輩適有所見否,非關王也耶。里中必有積善之家,相戒勿犯。李君敬承,素敬禮王,是夕親見我王飛舞退寇,亦親聞衆寇相戒語,于是焚香虔告于王,鼎建尚祠,以誌庇賴閤鎮生靈,永矢勿忘之意。置常住田。李原中有記。庵旁舊有慈雲庵,後併入廟中,故名慈義。後殿名梵謨堂,里人杜臻題。殿西有雲巢。國朝康熙十五年重葺。《梅里志》。　　國朝李良年《郡南關侯廟記》:祠始建于從高祖郡丞公,今[1]萬曆辛亥,神廟加尊帝號。曾王伯父助教公易塑冕旒,再廣前殿。募緇流敦素者,築室于祠左,朝夕奉侯之神。自初建及今百有四年。歲乙巳,守僧鳩工治事,凡昔圮墜罔勿鼇茸焉。　　楊謙《雨中過慈義菴》詩:"晨興罕人事,蹋雨叩禪關。要領其間趣,無如此處閑。筐中探蠹粉,碑背剔苔斑。結夏容相伴,句留未擬還。"

【校注】

[1] 今:李良年《嘉興郡南關侯祠碑記》(《秋錦山房集》卷十七)、光緒《梅里志》卷三《寺觀》"慈義庵"條錄李良年此文,均作"迨",當是。

　　石佛庵　俗稱石廟,在縣南王店鎮東北一里。創自元,後漸湮廢。明萬曆丁酉,孝廉李應徵捐貲創,復置常住田。嘉興湯《志》內有護珠堂,董其昌題。殿前有池,後有軒,秋潭上人題曰"且看竹"。國朝乾隆四十五年重葺。《梅里志》。　　國朝周篔《石佛庵》詩:"野外探梅返,精廬到日斜。迷津餘寶筏,覺路有天花。水定魚知樂,林深鳥不譁。重來許都講,底用演三車。"　李良年《過石佛庵》詩:"屋後清涼斷石凭,古牆今有倒天藤。每于消夏繙經處,想見開山種竹僧。綠字鉤摹先澤在,青蓮摒擋劫灰曾。他年作記君須共,五十真來禮夜燈。"

　　玉樞道院　在治東北二里。劉《志》。俗名天尊閣。元至正乙酉,里人張道貞捨宅建。明洪武辛未,併歸元妙觀。永樂癸未,道士宋棲雲重建。嘉靖間,藥火殿焚。萬曆丙子,道士李宗源重建。湯日新《記略》:嘉靖甲寅春,有司饗倭計,出火藥于本院中修合,執役者弗慎火,殿災。宗源竭力經營,歷十二年廟貌如故。天啟辛酉,道士俞逸建玄帝前殿、廊廡。嘉興湯《志》。咸豐兵燬。新纂。　　明項道民《過天尊閣》詩:"茗椀薰爐幽事多,虛窗窈窕碧雲阿。喻糜新試端溪紫,可許黃庭換白鵞。""一泓清碧抱琳宮,境隔仙凡事不同。忽踏青鞵塵市裏,只疑雞犬在雲中。"

　　鬱秀道院　在縣東北二里。宋咸淳三年,道士劉一清建。元至正二十七年燬。柳《志》明永樂乙酉重建。洪熙初,道士沈野雲徙建于白苧里。嘉興湯《志》復建真武祠,以厭水災。袁《志》成化丁亥重修。張寧《記》:毓秀觀,宋咸淳三年道士劉一清、樂同雲以居宅改創于由拳里。元至正二十六年燬于兵火,地址没入民業。我朝洪熙初,高士沈野雲、弟子顧正常仍舊額徙建于白苧里。野雲遭遇神廟,嘗被召寵,齎賜誥命圖書,觀因益顯著。殿像皆名匠所造,工制絕倫。第以逼際中水,隘陋蒸溼,日就崩圮。成化三年,道士王惠奎、弟子劉惟貞盡橃朽餘,易以堅木石柱,崇深宏敞,視昔不侔。又闢東西蕉地,周以翼室,表裏明爽。前後通百八十年,此觀已三變,孰謂心虛之學,當一守靜默而可以終無爲也。萬曆間燬,道士沈明德等募建。嘉興湯《志》。　　明沈懋孝《記》:浙西之水從天目來,匯于鴛湖、馬場二水間,合流春波之上。周帀闤闠,澂泓凝碧,煙雨延其勝于湖之中,鬱秀鎮其勝于城之隅,三吳諸水自西自北自海上來者,咸凝結于此矣。先有沈道士寧者閉關十年,得五龍真人召龍術。仁宗聞之,詔乘傳入,曾于太液池頭試召諸海,若空濛中似有頭角,天日爲晦,風雷起掌握,敕賜真人道號,寶軸牙章,其徒世守焉。沈道士既還山,謂郡在浩海之隅,必且世有蛟螭颺戾,吞噴洪潮,齧土析蕩,爲斯民大患。特祠北方玄武像以厭制之門,殿皆東南向,適縮分水墩鹽官塘之水口,所以世世鎮水物,除民害也。鄉賢先生張給諫載沈道士應召事,手蹟尚存。往萬曆七年，鹽官塘大決，在事者開裏湖于石塘南，以便築運。余曾見一異人過此，言海山鹵壞，國初不召佃，不開渠，自有深意。將留此大塊以障非常潮患，即噴吸之不可動。若開裏河，鹹潮必内入殺稼，海波如驟溢，裏河必且大潰，決而正南，直嘉興治之十八里橋，決而又西，直嘉興治之春波門矣。一時迂之不信，次年潮果入殺稼，郡城濱河旁皆生海錯。然鹹水竟不沁入春波門，土人怪之，以爲元真玄武之靈耶。余總丱誦讀于此，頗聞道士范士芳逮事陽明王先生，言其避瑾瑽之難，潛跡此殿後者三載，後江右定逆藩之事，還師過此，經宿乃去。道士錢志善等誠心任事，曉夜募建耆老夏黿等協力助成，蓋其成之之難如此。**國朝順治五年**，道士沈三錫等重建。蔣薰有《記》。乾隆八年，道士洪振三重葺。伊《志》。　國朝周景濂爲《記》。咸豐兵燬。新纂。

　　崇真道院　在縣東四里。柳《志》宋宣和己亥，道士沈洞雲建。元末燬于兵燹。明洪武二年重建，嘉靖甲寅倭燬。庚申，玄妙觀道士繆廷珂重建。萬曆中募修，改名聖帝觀。嘉興湯《志》國朝順治十六年增葺。吳《志》。咸豐兵燬。新纂。

　　清真道院　在縣東南二里春波門外。柳《志》。宋咸淳丁卯，經歷王仲堅捨地，道士俞虛中建。元末燬。明洪武辛未，併入玄妙觀。永樂癸未，重建。洪熙間，高士沈道寧重修。後御史姚綬讀書其中，因建祠焉。隆慶中，三元殿燬。萬曆癸酉，道士俞養正重建，嘉興湯《志》。增華光、天醫二廟。吳《志》。　明王家棟《記》：縣舊有雙桂堂，幽敞可憩，名曰"九霞丹室"，楹帖曰"堂虛客座對雙桂，松老鶴來棲九霞"，姚侍御讀書時所篆。隆慶壬申，兵家治火藥，具族居斯堂，遭鬱攸之災。今道士俞養正志在重建，凝土度木，慮財鳩庸，始于萬曆癸酉三月，落成于丁丑十月。又東葺文昌宮及華光廟，西建天醫廟。**國朝乾隆間重修**。伊《志》。咸豐兵燬。新纂。　明車大任《過清真觀》詩："江南春雨問桑麻，偶見碧桃千樹花。不用仙壇勤卜築，孤雲野鶴總無家。"　李日華《次韻贈俞羽士》詩："春來兩脚散如麻，零落玄都幾樹花。鶴家只今猶認識，碧雲多處是仙家。"

　　太古道院　在縣東北三里。元至正間道士魯遠一建。明洪武二十四年并歸玄妙觀。柳《志》。永樂元年，道士張明中重建。歷成化、正德間修。吳《志》。　明朱綬《記》[1]：院去邑治之東北幾三里，邑之東闤闠之所迤北里許，林木蔚鬱，水泉洞注，城市山林，居然一勝境。元至正庚寅，道士魯遠一復創。洪武初有道士劉浩然，嗣業建百秤壇，行五雷法，能致風雨，符水療病，民不言功，庭產碧荄翠艸，四十四代天師遠慕玄風，親臨諮訪，爲書逸潤軒，畀之而去。洪武二十四年併歸玄妙觀。永樂元年重建。歷世藏有拜章圖、玉皇幖，蓋模寫天庭之妙，爲李唐名筆，成化間致蒙朝廷取用。歷年既久，殿宇傾頹，道士王本端募諸檀越，撤其舊而鼎新之，經始于成化壬辰二月，落成于乙未之十一月。弘治間，道士金坦然復竭力殫財，于正德丙寅八月建立山門。咸豐兵燬。新纂。　徐胤胤《憩太古道院》詩："碧水縈紆院落清，古苔春繡兩三楹。欲尋賜印窺宸藻，一劍凌空上玉京。"

【校注】

[1] 按：崇禎《嘉興縣志》卷七《寺觀》"太古道院"條録朱綬《重建太古道院碑記》。末署"正德二年丁卯春三月之吉，郡人朱綬撰"。本《志》卷五十二《秀水列傳》："朱綬，字文佩。成化丁未進士。授庶吉士、國史檢討，侍岐王講讀，遷楚府長史，尋改晉府。以憂去。楚王請復相，優詔進階，先後藩府二十餘年。"當作"朱綬"。

　　净因院　在縣東二里。宋建炎兵火，此院獨存。天台海寧尉聞人偲紀其事。《至元志》。　宋聞人偲詩："湖海浮家二十年，重來春色尚依然。杏花籬落噴紅霧，楊柳林塘護緑煙。草煖邦人出遊地，鳩鳴刺史勸耕先。覺場獨在三災外，試問支郎第幾禪。"

　　賢溪禪院　在思賢橋里社壇。天啟初，密化結茅施茶，名曰太平庵。後僧息波曁其徒同塵重建殿堂，改今名。嘉興何《志》。　國朝吳偉業爲《記》。　釋通復《賢溪禪院》詩："舴艋春流駛，名藍記昔遊。

興穿沙後圃，愛倚竹西樓。定火僧寮肅，香庖飯枌幽。有懷堪盡日，把袂對閒鷗。"

崇玄道院　在縣東一里。柳《志》。宋咸淳丁卯，里人徐寔甫捨宅，道士趙一休創建。明洪武初，地產靈芝，建玄瑞堂。永樂癸未，道士朱道真修，辛丑增建玄帝殿。成化間，道士朱養中等重修。張寧《記》：嘉興崇玄道院，宋咸淳三年里人徐寔甫施宅，高士趙一休始創。常住上清大真人，張公爲立名額，是爲肇基之跡。國朝洪武初，地產芝平道原，授業朱道真作玄瑞堂并記。永樂辛丑，唐峻峯作石柱山門。宣德壬子，增廣艮隅地，構頤真堂以延天下雲水高士，重建玄帝殿。景泰甲戌，時疫流行，邑人多疾，峻峯徒屠永清以符水治效，民樂其生，施予者多，因復增坤隅地。天順戊寅，縣令李君勉爲作中門。癸未歲旱暵，永清祈禱屢感，薦任都紀。成化戊子，顧復原改造澄心堂、凝翠軒，中號小洞天。辛丑，朱養中、朱宗譽嗣業修繕石柱之門，前後左右中外至是煥焉周洽，遂爲郡城偉觀。嘉靖甲寅，倭變燬。嘉興湯《志》。

玄真道院　舊在靈光坊。元至順辛未，里人沈懷遠建。明洪武間歸併玄妙觀。永樂癸未，道士陳嗣源仍建。成化丙午，道士潘本澄搆室種竹，名曰"翠筠"。項忠爲《記》。　姚綬《題翠筠》詩："綠筠先有東坡句，道院翠筠誰似之。不見揚州騎鶴者，諸君何用更題詩。"嘉靖間，爲宦室所得，移城東北板坊。嘉興湯《志》院東有旌烈廟。詳《壇廟》。　張寧有《記》。今廢。秀水任《志》。

玄真觀俗稱南聖堂　在王店鎮。元至正壬辰，里人徐善興捨宅建。明嘉靖中，道士戴廷雲等修。劉《志》。　明李芳有《記》。今分東西二房。《梅里志》國朝康熙五十七年重修。李我郊爲《記》。雍正十二年，重葺三元閣。伊《志》。

竹林廟　在縣東南三十六里。宋初建，明嘉靖中，知州高文登讀書處。吳《志》。萬曆間，道士高九淳重修。嘉興何《志》。　明高道素爲《記》。國朝乾隆庚午殿燬，壬申，道士陸丹峰等重建。伊《志》。　明高承埏《過竹林廟》詩："市居久隔竹林廟，一倍新梢抽翠烟。舟繫柳根蛙歇吠，履穿松下鶴驚眠。石橋流水渾依舊，苔碣題名細認年。爲問白頭高道士，紫函瓊笈更誰傳。"

祇堂寺　在新行鎮。唐時建，舊名騎塘。國朝康熙四十一年，僧香懷等重建。伊《志》。

秀水縣

敕賜覺海寺舊名報忠寺。　在郡治西南一里半。宋淳祐九年，朝散大夫趙汝俳捨宅爲觀[1]，十二年賜名報忠。《至元志》。宋陸德興《記》：古之教者一，後之教者三。先王盛時，人知有儒教而已，有黨、庠、遂、序而已。自二氏以禍福之説怒世，浮屠、老子之宫徧天下。大抵資衆而成，求其不命而獻力，不祈而薦貨者葢鮮。道家者流以清浄去奢爲本，而羽翼其教者亦蕲蕲然，惟施利之爲得，凡鳩工度宇，其徒率苦心殫力，奔走四方萬里外，轉化勸募，累歲年始就。然而弗克就者亦多矣。唐以來始有舍宅爲觀者，鏡湖賀監尤表表焉。雖其非經要，亦達者所見。彼其屣脱軒冕，芥視名利，當時詔旨之褒嘉，羣公祖餞之歌詠，清風高致，夐絶出塵，視世之華一簣，侈一室，維封畛之自私，毫釐錙銖之必計，切切爲子孫遺者爲何？如孟子曰："好名之人，能遜千乘之國，苟非其人，簞食豆羹見於色。"度量相越如此。夫嘉禾趙君汝俳以公族之英，承世澤之慶，追惟先志，圖報君恩，願以所居舍作道觀，公朝可其請，敕以報忠名。地在郡之五福鄉聽履坊西，門廡殿堂，各適其序，像設器用，咸備其物。撥田十頃及長春庵隸之。斯舉也，其有得老氏去奢之旨歟。汝俳没，子崇烈加修。黄夢炎爲記。元至正二十五年，改觀爲寺。戊申兵火，惟存法堂、方丈，寺僧募化重修。明永樂十五年，僧克雋重建，後圮，僧德讚重修。嘉興湯《志》。國朝雍正十一年，奉敕改名覺海寺，發帑重建。十二年十一月，御書覺海寺匾額，《浙江通志》。並賜檀香大士一尊。伊《志》。咸豐兵燬。同治間，重建觀音殿。新纂。　伊《志》案：各舊志秀水寺觀皆先真如教寺，因城內諸寺觀列于府治，且真如創建最古也。今考覺海諸寺，並係有敕賜，改列于首。

【校注】

　　［1］按：崇禎《嘉興縣志》卷八《寺觀》及下録陸德興《報忠觀記》均作"朝請大夫"，明無"朝散大夫"，當作"朝請大夫"。

　　敕賜茶禪寺　在縣西五里。錢氏賜額，爲保安院。宋景德間，每州各立景德院，遂改名景德。宣和間燬。大觀間重建。《至元志》。　　案：《嘉禾百詠》詩註云：昔有白毫光高數丈，民以爲祥，乃作寺，有白龍潭在寺前。東坡昔過此，畫竹于壁，題詩云："聞説神仙郭恕先，醉中狂筆勢瀾翻。百年寥落何人在，只有華亭李景元。"李亦畫竹于此，以詩和之。詩傳不全，有一聯云："野人不識天人面，知是虞皇第幾元。"李，華亭名士也。元至正間，雲海寬公大構殿宇、廊廡及諸佛像。黄溍記略：嘉興郡治距西四里爲景德寺。其初蓋曰龍潭，深險莫測，往往風雨壞帆檣，雨晴則有白光三道起水上。唐季異僧行雲者日運土石以實潭，積久潭果塞，遂建三塔以鎮之。水至是迴抱灣環，利其爲大道場，乃構棟宇，祠佛菩薩而以龍護法焉。當五季吳越錢氏有國時，賜名保安禪院。宋景德中，敕天下郡縣爲景德寺，故易今額。宣和三年燬于寇。建炎三年，縣令陳少卿言于朝，始復寺基業。嘉定九年旱，邑人禱于龍，得雨，爵龍爲靈澤，而祠曰順濟，符牒具在。逮元至元中，石湖美公增置腴田，整飭架燎，後古禪性公奉璽書褒護。後至元五年，雲海寬公來主是席，既蒞事，睹殿宇敝壞，將圖更作，遂議于衆，給以寺租，助以衆施，得錢可萬緡，乃大構焉。經始于至正五年之十月，落成于明年之九月。殿之崇八十有六尺，深廣稱之，而殺十尺，中嚴靈山像，左右阿之應真，視舊有加。殿後增造觀音像，其東西翼廡則肖諸天神，金珠間錯，丹碧絢麗，煌煌如也。百廢具興，施者至不可給，師則捐棄贍之寺。故有記，漫滅不存。衆謂是役不易，非有記述，後嗣奚稽，咸願書諸石，以垂不朽。明洪武十五年，定爲禪寺。永樂初，僧真行建觀音殿于殿後。嗣建山門、方丈、兩廊。又建鐘樓、藏殿。弘治間，郡守佟珍命修三塔二殿。秀水黄《志》。　　明周用有《記》。萬曆辛卯，僧真講建大乘堂于殿右。辛亥，僧通理修觀音殿，壘石高數丈，鑿蓮千朵，名千花臺。陳懿典爲《記》。天啟甲子，重修天王殿。秀水任《志》。國朝順治初，僧恒修募茸鐘樓。盛遠有記。塔久圮，康熙十六年，里人錢江捐資鑄鐵頂重建，并修大乘堂。方丈後有趙宋衮園亭陳舜命題、蘇公煮茶亭址，今廢。嘉興何《志》。乾隆十六年，奉頒御製心經塔軸一幅。二十七年，御書"標示三乘"匾、"湧塔同參法華品，試茶分證趙州禪"對聯，賜名"茶禪寺"。伊《志》。咸豐兵燬。同治間重建山門。光緒二年，姚文柟、金涵捐資重建三塔及觀音殿。新纂。　　宋張堯同《三塔》詩："石匱埋神物，靈光照夜多。龍歸天上後，無復更風波。"　　元牛諒《西郭憩景德寺分韻詩》："靈湫閟馴龍，古殿敞金粟。僧歸林下定，雲傍檐端宿。伊余陪雅集，於此避炎酷。息陰悟道性，習静外榮辱。坐石飛清觴，堪歎白日速。別去將何如，留詩滿青竹。"　　徐一夔《景德寺分韻詩》："野曠天愈豁，川平路如斷。不知何朝寺，突兀古河岸。潭埋白氣没，林密翠霏亂。勝地故瀟灑，七月流將半。合併信難得，通塞奚足算。廣文厭官舍，亦此事蕭散。風樋爵屢行，蘿磴席頻換。但覺清嘯發，寧顧白日旰。吾欲紀兹遊，掃壁勞弱翰。"　　顧瑛《夜宿三塔寺》詩："水落南湖不露沙，又牽舫子到僧家。春浮大斗娟娟酒，寒隔虛櫺薄薄紗。半夜檐鈴傳梵語，一林江月照梅花。坐來詩句生枯吻，指點銀瓶索煮茶。"　　明王守仁《送芳上人歸三塔寺》詩："秀水城西久閉關，偶然飛錫出塵寰。調心亦復聊同俗，習定由來不在山。秋晚菱歌湖水闊，月明清磬塔牕閒。毘盧好是嵩山笠，天際仍隨日影還。"　　莫如忠《三塔》詩："三塔倚青半，淩兢躡紫煙。分標依净土，列構指諸天。一一呈金粟，亭亭間白蓮。光摇龍藏日，劫數雁王年。珠栱慈雲合，雕楹法雨懸。攀危超上界，眺迴鏡迷川。舍利存仍幻，浮屠起亦緣。我心元不二，證取一燈然。"

　　本覺寺　在縣西二十七里。此正檇李之地，舊有檇李亭。《至元志》，詳《古蹟》。唐大中間有僧冀自臨海來，道宿亭下，感夢結庵以居。事聞，賜名報本。咸通、乾符中，累賜田二千六百畝。嘉興湯《志》宋熙寧間，東坡與文長老善，常三過此，輒留詩。宣和間，改爲神霄玉清萬壽宫。建炎元年，復舊額。嘉定間，僧元澄作三過堂，樹石勒蘇詩[1]。淳祐間，守臣趙與岩請爲本覺禪院[2]。秀水黃《志》。寶祐癸丑，建長生庫廬及禪堂、僧室。宋徐聞詩《記》略：本覺創自李唐，迨今數百載，中更兵火，剎以古故尊。我朝熙寧間，命蜀僧文長老來主禪席，蘇文忠公三過門而三賦詩，地以人故勝。寺距城西南不一舍，平疇迴野，一水環抱，層樓傑閣，渺立于蒼煙白葦之中，亦檇李之奇觀也。元至正中建大悲閣。明洪武初定爲禪寺。宣德壬子，僧志嵩建山門，扁曰“萬壽山”，立石埴二座于左右。成化庚寅，僧宗瑾重修。姚綬爲《記》。嘉靖丙申，郡守鄭鋼重修三過堂。呂希周有《記》。萬曆甲申，郡守龔勉重修三過堂，以祀蘇公。鍾庚陽有《記》。國朝乾隆二十七年，御賜本覺寺匾額。四十七年，僧濟如募重建大殿、竈神殿及齋堂、五福堂。嘉慶二年，增建觀音殿，置常住田。三年，杭嘉湖道秦瀛、知府伊湯安捐俸重建三過堂，并塑東坡及文長老像，并函石像詩碑於壁。秦瀛有記，詳《古蹟》。寺有石幢二刻，佛頂尊勝陁羅尼經咒，唐咸通十年三月立。伊《志》。　詳《金石》。　明蔡旅平《本覺寺碑》詩：“古碑剥落一荒亭，野草芊芊人絶踪。欲把新詩弔坡老，暮蟬鳴處不堪聽。”　顧猷《清明過本覺寺》詩：“十里行春春水長，偶依蘭若禮空王。僧房幾見榆煙冷，村舍誰聞杏粥香。簷落青泥逢燕至，樹飛紅雨趁蜂忙。滿湖畫舫爭歸渡，高柳絲絲繫夕陽。”

伊《志》案：坡公詩題有“六年冬夜至永樂”、“七年過永樂”之語，考《至元志》，嘉興縣永樂鄉在縣西北一十五里，永樂市在縣西南二十七里，則寺在永樂鄉。王十朋註蘇詩，謬引《圖經》云：永樂寺在富陽縣，蓋誤認永樂爲寺也。至寺名本覺，乾道中已見陸游《入蜀記》，非淳祐請額，而沿慶元中住僧之名。又，蜀僧文長老，非文及翁，姚綬事蹟碑記亦誤。

【校注】
　[1] 按：崇禎《嘉興縣志》卷八《寺觀》“本覺禪寺”條：“慶元乙卯，僧本覺勒三過詩于石，後奏請爲本覺禪院。嘉定甲申，僧元澄始建三過堂。”卷五《古蹟》“三過堂”條：“慶元初，僧本覺勒東坡三詩于石。”後錄楊汝明《東坡贈文長老詩跋》：“右東坡先生遺鄉僧文老三詩，余家舊藏第三詩，以示今主僧本覺。覺遂集先生帖中字足前二詩，併刻之石。余西歸過寺，裴徊周覽，喜其能補山中之闕云。乙卯九月旦，眉山楊汝明。”至元《嘉禾志》卷二十二《碑碣·嘉興縣》錄僧居簡《本覺禪院三過堂記》：“住山元澄作堂曰‘三過’。嘉定甲申，潼川北磵居簡記。”由此，“樹石勒蘇詩”的是僧本覺，時在慶元乙卯（1195），非嘉定間。嘉定甲申（1224），“僧元澄作三過堂”，非“樹石勒蘇詩”。本《志》引萬曆《秀水縣志》，將二者的時間、作者混在了一起，誤。
　[2] 按：崇禎《嘉興縣志》卷八《寺觀》“本覺禪寺”條：“慶元乙卯，僧本覺勒三過詩于石，後奏請爲本覺禪院……淳祐辛亥（1251），知府趙與嵦命三塔僧宗遠募修寺院。寶祐癸丑（1253），建長生庫廬。”至元《嘉禾志》卷二十二《碑碣·嘉興縣》錄徐聞詩《本覺禪院記》：“淳祐辛亥，大監趙公與嵦來守是邦，禮請三塔宗遠遷住兹山。始至，相其所，旁穿上漏，四壁蕭然，如逃人家。遠老願力宏深，推所以理三塔者理斯寺。爰以明年春稍募衆力，排蓬藋，輦糞壤，補垣牆之闕嘗爲人所徑者，以杜往來。治煬竈，鑄巨鑊，斂薪米，闢一堂以聚其徒。然後庀工鳩材，葺重門步廊、法堂方丈，爲屋八十楹，蓋覆而塗墍之。又明年，鼎新長生庫廬，捐衣鉢所有，以營子本之入。”由此，知府趙與嵦命三塔僧宗遠募修寺院，非“請爲本覺禪院”。本覺禪院之名，此前已有。否則，居簡不可能于嘉定甲申（1224）撰《本覺禪院三過堂記》。且“趙與岩”是“趙與嵦”之誤。趙與嵦，即趙孟頫父。

敕賜香嚴寺　在縣北五里，舊名懶石庵。《浙江通志》。明建，僧幻也號懶石開山。國朝康熙四十四年，聖祖仁皇帝四幸浙江，住僧超述進恭頌聖駕南巡詩軸，御書香嚴寺額以賜。乾隆四十六年，併歸精嚴寺，僧時中等立石。伊《志》。

敕賜香海寺舊名福善寺　在治西三十五里濮院鎮。元至大二年己酉，濮鑑捨宅爲寺。殿梁有字，相傳爲趙孟頫書。僧志浩開山。劉《志》。寺有僧房七，深隱、崇遠、南隱、天香、永照、桂軒、鄰清，四面水環，梵舍稠密。楊述爲《記》。明隆、萬間，僧文淵重建殿閣、鐘樓。馮夢禎有《記》。國朝康熙三年,增建大悲閣。仲弘道《記略》:濮州,古橋李之墟,吳越邊鄙,爲嘉、秀、桐三邑之錯壤。無名山大川,洿池邱壑之娛。其形勝所峙,巍然甲于鎮中,爲一方擁衛者,惟福善寺。寺昉于元,有寧遠將軍濮鑑者獨力捐建,因其初有崇福、積善二庵,遂額之爲福善云。元末燬于兵。明永樂、成化時,有僧前後募修,得闢今址。歲壬子,衆請鶴峯和尚主院,師念正殿自雷震壞,門垣柱礎尚無整理,乃募施鳩工,不憚劬苦。六十年,寺西房僧湘南住天津海光寺,隨駕避暑熱河。七月,奉旨賜香海禪寺額。伊《志》。咸豐兵燬。新纂。

　　天寧禪寺　在治北里許。漢嚴助宅也。《名勝志》。舊爲施水庵,以井泉甘冽,汲飲路人得名。唐咸通中改爲院。吳《志》。宋治平中,郡人慕容殿丞請于朝,更爲十方禪刹。嘉興湯《志》。熙寧元年,賜名壽聖院。崇寧二年,賜名天寧寺。政和六年,改名天寧萬壽院。柳《志》。殿西池上建臨清軒。嘉興湯《志》。　宋王懋通《臨清軒》詩:"方池疏鑿是何年,舊是山中卓錫泉。雲氣上浮虛白室,波光倒浸蔚藍天。凭欄只許陶元亮,高枕應思謝惠連。堂爲老夫分半榻,不妨來日此逃禪。"　元楊渤詩:"池上幽軒半畝寬,老禪長對碧波寒。幾回窗外晴猶雨,道是降龍深處蟠。"紹興七年,改名廣孝院。十三年,以孝宗誕毓是地,改報恩光孝禪院,賜田二千畝。趙《圖記》。元至元初,爲天寧萬壽禪寺。至正中,僧良念重修。黃溍爲《記》:寺額在異時已屢改易,人猶稱以天寧萬壽之故號者,以祝聖都道場在是也。至元間朽庵祥公被上旨住是山,與耆舊僧智源兼任本郡僧司長副,崇護尤謹,創千佛閣於山門之東,明叟因公規恢基緒,賴源之力爲多。延祐中,千瀨慶公即方丈建圓通閣。泰定間,竺雲曇公重作僧堂衆寮。其後,月舟滿公窘於有司之征縣,引避而去。佛鑑空海禪師念公以至正四年嗣葺住持,至則繕治僧堂,斥大山門之舊址作門,以間計者五,其高七尋有半,深殺其高,尋有二尺。左右設文武官僚之次,且用陰陽家説築案阜於官河之南,培主山於丈室之北,樹以奇石,名之曰"秀玉峯"。又建静淥軒于殿左,僧力金建深雪軒于殿右。陳基有《深雪堂記》。明洪武初,增建佛殿、兩廡。辛未定爲天寧禪寺,僧弘宗復建天王殿、法堂、佛閣、方丈諸室。夏原吉記。建文中,建徹見樓。一名漢風閣。　明趙友同《記》:嘉禾宗指南上人,清雅淳厚,住天寧禪寺,不數年間,修廢舉撓,歸然爲三吳名刹。尋得隙地,于寺東北隅作樓三間,取佛書中"昇正法樓,徹見一切"語名之。永樂間建堅密軒。朱叔服有《記》。又建毘盧閣,崇奉賢劫千佛及元板藏經。胡槩爲《記》。　李應徵《登毘盧閣》詩:"高閣層霄上,登臨意渺然。慧風開白社,法雨墮青蓮。寒散千林色,秋深萬井煙。下方歸路晚,霜月漸娟娟。"　僧傳如《登毘盧閣》詩:"真參何處是毘盧,彈指重樓興不孤。上界香雲連雉堞,下方清梵徹鴛湖。淡涅半掩將軍墓,明月猶懸帝釋珠。間道釋伽能説法,卻從祇樹聽啼烏。"正統間,前後建禪堂、鐘樓、齋堂、輪藏殿及觀音、靈官諸殿。嘉靖中,修輪藏殿。釋方澤有《記》。萬曆戊午,重建禪堂。天啟丁卯,重建鐘樓。嘉興湯《志》。宋徽宗御書屏在僧舍。趙《圖記》。國朝康熙八年,僧指開募修毘盧閣,奉大銅佛供閣下。嘉興何《志》。十九年毘盧閣災。秀水任《志》。内有直郡王貝闕霞飛書額。伊《志》。咸豐兵燬。同治間重建觀音殿。新纂。　唐李諤《過施水庵》詩:"勝地開蘭若,幽尋策短筇。僧貧只施水,客至但聞鐘。講坐天花滿,香臺翠靄重。何當謝塵絆,白社此相從。"　宋曾鞏《題聖壽禪院》詩:"一峯瀟灑背城陰,碧瓦新堂布地金。花落禪衣松徑冷,日臨經帙紙窗深。幽棲鳥得林中樂,燕坐人忘世外心。應是白蓮香火社,不妨籃轝客追尋。"　元周廉《遊天寧寺》詩:"南朝古寺遠流泉,夾道長松翠插天。長者布金來梵刹,仙華散彩落經筵。自慚朱紱干微禄,誰向金瀾問別傳。他日一龕容我老,看山東上鏡湖船。"　明胡槩《重遊天寧寺》詩:"興來重過竹間軒,軒底清風鶴正眠。童子出迎相問訊,老僧延坐話因緣。臘梅冷浸銅瓶水,春茗濃烹石鼎煙。擾擾時人莫相訝,韓公自愛大顛禪。"　戚元佐《天寧寺禪堂》詩:"卓錫幾年至,松燈一草庵。榻虛雲共住,定起鳥來參。敝衲人間相,蓮文世外談。平生元寂意,長此對瞿曇。"

　　精嚴講寺　在郡治西北一百八十步。晉成帝時徐尚書別業。案舊《靈光寺實録》:尚書名恬,今《土地記》名熙。因井夜發光,奏請捨宅爲寺,賜名靈光。《至元志》。唐龍朔間,僧僧伽遊方至山,出龍救旱。貞元中,僧靈祐講經寂滅,建墖中。嘉興湯《志》。　唐沈亞之有《塔銘》。錢文穆王時立山門,掘地得一石龜,遂改靈龜寺。天福四年,復名靈光。宋祥符中,賜今額。元有沙門洪敏《靈光寺碑記》,今石刻不存。寺之西北有五臺山。詳《古蹟》。内石經屋一十二間,刻法華、維摩等經,又有大藏殿、東西墖、厨、混室、净土、水陸諸院,千佛、羅漢、大悲、天王諸堂,西南有木紋觀音殿,咸通年間立。像刻木屏上,舊傳未鐫前,其木在水濟人,遇净則浮,遇釁即沈,人知不凡,取爲尊像,鐫製纔畢,面目手指,皆有紋彩,時人稱爲木紋觀音。兵火後移于寺東廡。紹興十一年重立,凡遇水旱,郡侯必請禱以爲常。《至元志》。先是吳越王得佛舍利,内于金鐸,以小銅墖緘之,眞寺門側。二墖各有宋時石刻御讚。淳熙丁酉,郡守韓彦質請于朝,更爲十方禪刹。僧景壽建殿宇廊廡,置田二千餘畝。嘉興湯《志》。

宋王希呂爲《記》。明洪武二十四年,定爲天台講寺,今仍舊額。吳《志》。宣德間建輪藏殿。僧方澤有《記》。乙卯,重修鐘樓。萬曆間,樓復傾。郡守車大任捐俸重建。秀水黃《志》。 明馮夢禎有《記》。寺前有百丈溝,左有靈光井。吳《志》。 詳《古蹟》。國朝乾隆三十六年,重建大殿廊廡。四十二年,復建禪堂、方丈及大悲殿、香嚴大殿、佛堂、僧寮,置常住田。伊《志》咸豐兵燬。同治間,僧濟延重建,規制如舊。新纂。 唐劉長卿《秋夜雨中過靈光寺》詩:"晤語青蓮舍,重門閉夕陰。向人寒燭静,帶雨夜鐘深。流水從他逝,孤雲任此心。不能捐斗粟,終日愧瑶琴。" 明湯三俊《精嚴寺》詩:"夜唄中坐寂,小飲活枯讀。月至了不疑,宛過虛櫺六。履隨勝情發,細歷幽廊曲。殿影立高寒,臺光展空肅。草没砌痕平,倚膝藉柔緑。涼風颯銀杏,飉露響相續。因循清歌生,次以洞簫逐。驚禽起不呼,簷鈴静誆索[1]。清輝久愈出,骨冷耐亦熟。誰能老蒲團,燃燈對金粟。" 項忠《靈光寺》詩:"荆棘蕭條梵宇寒,藉君捐帑復巍然。紺園雨過琪花爛,碧殿雲閑寶樹妍。高閣夜聞禪衲頌,蠡湖時傍隱君船。已知福慶原無盡,留取餘光裕後賢。"

【校注】

[1] 誆索:崇禎《嘉興縣志》卷八《寺觀》"精嚴講寺"條録湯三俊《精嚴寺殿臺同陳獻可度曲月下》詩作"誰束",當是。

祥符禪寺 在郡治西北二里。東晉興寧間,剡山法師竺潛講《般若經》于禁中,還,止檇李魏公家,因捨宅爲精舍。梁普通中,盛行水陸法事,遂號水陸院。唐會昌五年廢,大中元年復立。宋大中祥符元年,賜名大中祥符院。柳《志》建炎間燬。紹興五年,僧法瑜重建,舊爲律寺,後改爲禪院。寶慶間,復建僧堂。元後至元年間,寺僧建雙梧堂于居室。徐一夔《記》,略曰:嘉興之祥符寺在學宫之偏。至正十九年夏,余遊學宫,既聞弦誦之美,間一過寺,時東雲海師方主寺席,而友人四明周致堯亦以文學之職僑東雲所。延坐堂上,窗牖虛敞,几榻整潔。其外碧梧二,離立若拱,交柯接葉,覆蓋堂下,地可二畝許,蓊然緑雲也。三人者危坐良久,涼飈颯至,清潤襲人,一時神思,殆若處乎塵囂之外。有頃,海師指二梧,欺曰:"吾儕今日得蒙被其蔭,夫豈偶然? 昔在仍改至元之藏前,住山既建兹堂,並植之,垂二十年矣。日者兵燹之烈,比屋皆燬,吾寺歸然獨存,而二梧得無恙。時時思之,必有神物者主焉,不可得而度也。否則曷有此哉?"致堯因命其堂曰雙梧。至正間,僧覺曇再修殿宇。方道叡有記。 又楊維楨有《大中祥符禪寺重興碑記》。明洪武二十四年,定今額。東偏有靈應蔣相公祠。嘉興湯《志》。 詳《祠祀》。國朝乾隆五十五年,重修禪堂、方丈,内有文震孟古歸雲寮額。伊《志》。咸豐兵燬,僅存大殿。新纂。 宋蘇軾《上元過祥符寺僧可久房》詩[1]:"門前歌鼓鬭分明[2],一室清風冷欲冰。不把瑠璃閒照佛,始知無盡本無燈。" 張堯同《水陸院》詩:"白晝重門寂,蒼苔古殿深。老僧香火寂,松柏夜森森。"

【校注】

[1] 按:據《蘇軾詩集》卷九《上元過祥符僧可久房蕭然無燈火》引查《注》:"《咸淳臨安志》:'西湖僧作詩者,熙寧間有清順、可久兩人。順字貽然,久字逸老。所居皆湖山勝處,而清約介静,不忘與人交。士

大夫多往就見,時有饋之米者。'《武林梵志》:'法師可久,錢唐錢氏子。天聖初,得度,學教觀於靜覺。喜爲古律詩。先生監郡日,與師爲詩友。居西湖祥符。'"蘇軾另一首《祥符寺九曲觀燈》詩,[王注李彭曰]"按《杭州圖經》:'大中祥符寺,在城北。國朝大中祥符初,賜今號。'"

　　[2] 分明:《蘇軾詩集》卷九《上元過祥符僧可久房蕭然無燈火》詩作"分朋"。"分明"是"分朋"之誤。

　　水西禪寺　在郡治西北二里。明《一統志》。與祥符並在爽溪西,故名水西。唐會昌中,黃檗禪師開山即廢。武宗會昌五年八月,大毀佛寺,復僧尼爲民。大中元年重建。相傳宣宗潛邸於此,因改爲資聖禪寺,内有宣宗御書寺額。嘉興湯《志》。其院舊在城外,乾寧三年移入城内。《至元志》。宋天聖間,僧慶暹稍加修飾。僧契嵩有《記》。皇祐間復葺精廬,以安僧衆。建炎兵燹,僅存御容、書額。紹興初,僧元祖建大殿。淳熙、咸淳間,增建山門、厨庫、僧舍、法堂。元至治中,僧資瑞置田,新佛像,設長生修造局。釋如芝有《記》。至正庚子,重建大殿。釋克新有《記》。明洪武辛未定今額。萬曆丙辰,僧達材重修。舊有御書閣、裴相祠、大中亭,俱廢。嘉興湯《志》國朝康熙十六年,里人錢江捐修大殿。嘉興何《志》。歲久傾圮。乾隆三十三年,僧靜聞重建大殿。嘉慶四年,復建東廊、接引殿,大悲、地藏、觀音諸殿。伊《志》。咸豐兵燬。同治間,重修正殿。新纂。　國朝譚貞默《記》略云:據今秀水李《志》、何《志》皆云爽溪在縣西北二里,與寺跡不同。或謂宣宗遁跡本宣城水西寺,宣《志》辨之甚詳。蓋因歲久蹟湮,城移寺改,嘉《志》無定論,而宣《志》遂爲此紛紛也。考宣宗爲光王,避武宗害,祝髮爲沙門,更名瓊俊。先從香嚴、黃檗兩禪師遊,迨宣宗崩,乃爲詩寄長安示朝臣云:"殿閣凌霄接爽溪,鐘聲還與鼓聲齊。長安若問江南事,報道風光在水西。"由是迎歸即位,敕水西爲資聖禪寺,至今有宣宗遺像及御書寺額在焉,於宣城何涉?獨爾時郡城尚在胥山,而今日爽溪亦不在城内,御像、書特隨寺移耳。常聞之故老,參之逸志,水西舊址在爽溪,爽溪舊蹟即月河,因寺移入城,溪遂没其名。今俗呼月河一帶尚有殿基灣之號,鄉音譌爲田鷄,實殿基也。又,元人林輔和周内翰《遊月河》詩有"露冕行春到月河,僧房寂寂少人過"之句,則知爾時此地尚有廢寺遺址。今之梵受接待禪院,實爽溪水西之故刹也。　元成廷珪《題水西寺爽溪樓寄新仲銘長老》詩:"新公邀作爽溪遊,爲説前朝有此樓。雲氣遠看天北極,風光仍在水西頭。虚簷古瓦緣蒼蘚,曲澗輕波漾素鷗。宸翰僅留飛白在,煙塵漠漠使人愁。"　虞堪《題水西寺》詩:"宣城水西不可到,秀州水西今獨遊。太白才情真放逸,牧之人物更風流。諸天問法原無相,千載題詩在上頭。人世古今同一夢,刼灰煙暝五湖秋。"　明李季宣《水西寺訪太白故址》詩:"青蓮居士昔留題,題處青蓮開滿溪。問遍山僧都不記,溪邊春鳥向人啼。"[1]　李培《水西寺與達觀禪師夜話》詩:"幾年踪跡水西東,一點禪燈此夕同。坐對空山天籟寂,滿林風雨月明中。"

【校注】

　　[1] 按:崇禎《嘉興縣志》卷十九《藝文》録此詩,作"李先芳"撰。嘉慶《寧國府志》卷三《職官·同知》:(嘉靖四十四年)"李先芳,字伯承,濮州人。進士。詩名藉甚。修太白墓。"卷二十五《藝文·詩》收李先芳《水西寺》《賞溪》等詩十七題十九首,《賞溪》之二云:"青蓮居士昔留題,題處青蓮開滿溪。問遍山僧都不記,溪邊春鳥向人啼。"即本《志》所收詩。但詩題不同。李先芳任過寧國府同知,抑或《寧國府志》所收李先芳《水西寺》《賞溪》詩,所咏的是寧國府的水西寺、賞溪(實際在寧國府屬涇縣城西)。李季宣,即李枅,生平見道光《儀徵縣志》卷三十六《文學》:"李枅,字季宣。萬曆元年(1573)舉人。任山東濟陽令,爲蜚語所中,竟飄然而歸,高卧田間。"今本《湯顯祖集》箋注稱《玉茗堂文》之七《青蓮館記》是爲李季宣所作,或許李季宣崇拜李太白,亦有題詠太白故址的詩作,但不是此詩。且嘉興水西寺不聞有太白故址。故疑無論是李先芳,還是李季宣,此詩均不當收入本《志》。

　　楞嚴講寺　在郡治西北二里三十步,舊稱楞嚴院地。地勢爽塏,林木翁鬱,石橋流水,似不與人境接。《名勝志》。宋嘉祐八年，百姓鈕咸有地在慈恩墖東，因捨入本院。熙寧間，有旨一應寺院有屋及三十間者，並以壽聖爲額。僧無擇請聞於朝，存之。後僧永和在院講《楞嚴經》，蔡丞相書楞嚴牌揭諸門，遂以爲名。《至元志》。元末兵燬。明洪武初，僧善修重建。辛未定爲今額。宣德間，復建殿宇，新佛像。成化己丑，僧净惠建金剛殿，搆雨花堂。僧方澤有序。癸卯，僧智覺修佛殿，建方丈。項忠《記》略：楞嚴寺自宋迄今五百年，根運興廢，莫知其幾。宣德甲寅，住持道異創建殿宇，繼異有净惠，惠所度弟子曰知覺，補席以來，慨然以興復爲已任，罄捐已橐，兼裒衆施，閱二寒暑，克底于成。嘉靖間倭燬。萬曆甲申，僧真可等先建禪堂、經室，馮夢禎有記。後郡守蔡承植命住持僧募建大殿，規制宏敞，範銅肖像。案姚士粦云：其像中範釋迦佛，左右則二十五圓通也。時沈司馬繼山方抽簪家食，偶閱胡元瑞《甲乙剩言》，有道者稱在朝同時公卿多仙聖星曜託化，謂司馬是優波羅尊者，政圓通之一也。比鑪韛經始，司馬欣然曰：“近世六尺，盡付爍金，倘借尊者託身，金不易銷也，敢冒清修第一之云乎。”今優波銅像，司馬獨鑄也。十五年，慈聖太后頒賜觀音大士畫像一軸，紫衣袈裟一領于住持能弘。傅光宅并藏經四十一函，舊刻藏經六百三十七函[1]。秀水任《志》。　明神宗母后敕建禪堂及天王殿，遣內臣齎賜藏經五千卷，有護藏御敕，后復敕刻大藏方冊。臣庶協力付梓，至國朝康熙六年告竣。板藏徑山化成、寂照二寺，流通于楞嚴講寺。考陳懿典記，天王殿乃白法禪師所建，王世貞、汪道昆藏經序乃密藏師所刻，並無敕建敕刻之文。天啟間，僧性琮募建天王殿。陳懿典有《記》。崇禎己巳復建笠院于殿後，譚貞默有序。置禪堂、常住田。嘉興湯《志》。　明李日華有《記》。國朝康熙四十四年，御賜藏海慈波額。《浙江通志》。咸豐兵燬。同治間重建禪堂。新纂。　明傅光宅《贈楞嚴寺住持授紫衣》詩：“鎮日空林掩竹扉，蒲團深處水雲飛。楞嚴寶地開華藏，忉利天宮授紫衣。”　釋真可《過楞嚴廢寺》詩：“百花叢裏畫樓新，玉女霓闌天上春。明月一輪簾外冷，夜深曾照坐禪人。”“曾見名園全盛時，春遊公子醉芳菲。於今鹿苑花無主，惟有杜鵑枝上飛。”　國朝譚吉璁《鴛湖櫂歌》：“迦文鏤竹竹光牋，不讓生天靈運前。蕭寺楞嚴開貝葉，書籤原是定林編。”　伊《志》：宋熙寧間建楞嚴寺，以僧永和講楞嚴經得名，見《至元志》。至明柳、劉等《志》，俱作永智，此猶字畫之譌。自僧方澤《雨花堂序》妄謂長水子璿法師，而馮司成《初建禪堂碑記》、陳學士《重建大殿天王殿碑記》因之。不知子璿講楞嚴經乃在精嚴寺，卒于寶元初，至熙寧後已越三十餘年矣，蔡丞相因永和講楞嚴經，遂書楞嚴牌于門，始以名寺。方澤謂璿公之名于焉不朽，以譌傳譌，均未考耳。

【校注】

[1] 按：崇禎《嘉興縣志》卷八《寺觀》“楞嚴講寺”條，“頒賜觀音大士畫像一軸，紫衣袈裟一領于住持能弘”後有夾註：“傅光宅《贈楞嚴寺住持授紫衣》詩：‘……’”字體用小一號字排。然後接“壬辰頒賜藏經敕諭”，用正常字號排。故疑本《志》“能弘”與“並藏經”之間的“傅光宅”三字是夾註內容，應改用小一號字排，且應補出傅光宅詩的內容。但文後已錄傅光宅詩，此處“傅光宅”應刪去。

金明寺　在郡治西南二里。《至元志》。相傳范蠡故宅。嘉興湯《志》。宋乾道八年創，開禧元年賜額。趙《圖記》。紹定辛卯，僧祖壽建千佛閣。明卜曰又《金明寺佛閣》詩：“和風香閣一簾開，城上湖光入酒杯。震澤晚煙歸畫舫，吳宮殘月照粧臺。雲迷驛路春帆遠，地盡南天越鳥來。往事千秋何處是，夕陽疎影下蒼苔。”“高閣凌空百雉分，湖天晴靄散氤氳。僧歸橋李城邊月，鳥帶秦溪渡口雲。春樹幾家依綠水，海門千嶂送斜曛。憑欄無限鄉關思，日暮鐘聲兩岸聞。”明洪武辛未定爲教寺，燬於火。正統中，僧文琇建大雄殿。景泰、天順間，增建三大士殿、祖師伽藍殿及天王殿。林茂爲《記》。嘉靖戊子，僧子正重修佛閣，匾曰“湖天海月”。戴經爲《記》。萬曆六年，僧真性重修。鍾一元有《記》。十年，郡守龔勉於閣後復創一軒，曰“憑虛攬勝”。二十八年，僧智舷重修。閣下有范蠡祠。詳《祠祀》。祠前即范蠡湖。詳《古蹟》。諸寺皆南向，此寺獨北向，亦一異也。嘉興湯《志》。國朝康熙十六年，里人錢江重修禪堂。嘉興何《志》。

咸豐兵燹，僅存僧舍。新纂。　　明高道素《訪秋潭舷公金明寺》詩：“春城細水流，古寺到門幽。臥柳沙邊渡，夕陽江上樓。翻經雙樹暝，放鶴五湖秋。黃葉新吟好，清音擬惠休。”　朱國祚《金明寺訪秋潭上人》詩：“不遠金明寺，支公舊法堂。鷗夷范蠡宅，程〔桯〕史岳珂坊。過雨花盈砌，抽稍竹過牆。由來方外社，主客意都忘。”　沈嗣選《送香祖禪師歸金明寺》詩：“昔賢曾此結茅庵，法嗣重歸整佛龕。幾載梵宮成馬廄，今宵清磬到龍潭。梅花窗外拈新句，柏子庭前識舊參。蓮社和風知不墜，時時攜麈聽玄談。”　國朝譚吉璁《櫂歌》：“斗門水勢到今平，兩岸條桑鳩婦聲。嶢峭春風帆滿腹，微茫煙樹露金明。”

　　興聖禪寺　在郡治東北二百步，舊爲嘉興縣丞廳。《至元志》。宋建炎丁未十月二十二日，孝宗誕育於此。嘉定戊辰，郡守趙希道請改爲興聖禪院。婁機爲記。淳祐辛亥，賜額“流虹聖地，興聖之寺”，理宗御書。程公許爲《記》。寶祐間燬。景定庚申，嗣秀王與澤請原額立之，命寺僧重建。周方有《記》。明洪武二十四年定爲禪寺。嘉靖乙未，知縣王獻可上聞張御史，改爲嘉興縣儒學。嘉興湯《志》。遷其寺於北，今俗稱地藏禪院。流虹興聖原額在焉。秀水任《志》。今流虹亭尚存。嘉興何《志》。　詳《古蹟》。　明范言《西墅張侍御遷儒學興聖寺》詩：“虹流帝子宅，天闕素王宮。日月丹梯上，雲霞碧牖中。孤城雄海岱，節使重河嵩。霽色含庭翠，分明化雨功。”

　　慈恩寺　在郡治西北一里，楞嚴寺之西。宋開寶六年，漢南王時攝刺史丁太尉在任，買磚壜一所，尋掘壜基，得石無量壽佛一，石相輪一，石香爐一，舍利一，龕一，因立爲無量壽壜院。《至元志》。宋治平中，改爲慈恩壜院。建炎兵火。嘉定丙子，重建佛殿、僧堂。嘉熙庚子，重建鐘樓庫院，後廢。嘉興湯《志》。　宋趙孟堅有《記》。

　　惠安禪寺　在郡治西二百五十步。古傳蕭王捨宅爲之。唐光化間名興善院。宋祥符元年改今名。《至元志》。明嘉靖中，郡守蕭世賢改爲察院。秀水何《志》。　宋劉阜民、元楊維楨皆有《記》。

　　招提講寺　在郡治西二里。唐光啟四年，曹刺史珪捨宅爲院，始名羅漢院。宋治平四年改招提寺。《至元志》。元祐間，僧本瑩號慧空住院，建靜照堂，一時名公卿皆有題詠。蘇軾《題靜照堂》詩：“鳥囚不忘飛，馬繫常念馳。靜中不自勝，不若聽所之。君看厭事人，無事乃更悲。貧賤苦形勞，富貴嗟神疲。作堂名靜照，此語子謂誰。江湖隱淪士，豈無適時資。老死不自惜，扁舟自娛嬉。從之恐莫是，況宜從我爲。”　王安石詩：“任公蹲會稽，海上得招提。靜照堂新構，幽棲客屢攜。飛簷出風雨，灑翰落虹霓。投老黃塵陌，東風路恐迷。”　蘇轍詩：“有僧訪我攜詩卷，自說初成靜照堂。已得篇章書壁素，不論塵土漬衣黃。故山別後成新歲，歸夢春來繞舊房。看取盈編定何益，客來無語但循牆。”司馬光《悼靜照堂僧》詩：“寶閣灰寒靜照新，馬蹄從此踏涼塵。金門乞得詩千首，蕭寺歸時老一身。弟子去來渾領袖，交朋存歿半簪紳。西風又蔽梧桐葉，不見蒲團舊主人。”建炎年遭兵火。紹定壬辰，寺鄰吳供檢煥搢貨助，僧懷敞重建。嘉熙己亥，僧懷禮募置常住田。徐植爲《記》。明洪武辛未，定爲華嚴講寺，後復爲招提，今廢爲鹽運分司。嘉興湯《志》。今爲楊公祠。新纂。　詳《祠祀》。

　　真如教寺　在縣南四里。唐至德二年立。大中十年，裴相休捨宅爲至德院，無著大師住持。宋大中祥符元年改今名。《至元志》。　有蔡元長、周開祖、范德鎮留題小石刻。皇祐壬辰，僧清辨等重拓講堂。司馬光《記》：壬辰歲夏四月，有僧清辨踉蹌來告，曰：清辨，秀州真如草堂僧也。真如故有講堂，庳狹不足以庥學者，清辨與同術惠宗治而新之，今高顯矣。願得子之文刻諸石，以諗來者。光固辭不獲，乃言曰：“師之爲是堂也，其志如何？”曰：“清辨之爲是堂也，屬堂中之人而告之曰：二三子苟能究明吾佛之書，爲人講解者，吾且南鄉坐而師之。審或不能，則將取於四方之能者。皆伏謝不能，然後相率抵精嚴寺，迎沙門道歡而師之。又屬其徒而告之曰：凡我二三子肇自今以後，相與協力同志，堂圮則扶之，師闕則補之，以至於金石可磨，山淵可平，而講肆之聲不可絕也。”光曰：“師之志則美矣。抑光雖不習佛書，亦嘗剽聞佛之爲人矣。夫佛蓋西域之賢者，其爲人也，清儉而寡慾，慈惠而愛物，故服敝補之衣，食疏糲之食，巖居野處，斥妻屏子，所以自奉甚約而憚于煩人也。雖草木蟲魚不敢妄殺，蓋欲與物並生而不相害也。凡此之道，皆以涓潔其身，不爲物累，蓋中國於陵仲子、焦光之徒近之矣。後世之爲佛書者，日遠而日訛，莫不侈大其師之言而附益之以淫怪誣罔之辭，以駭俗人而取世資，厚自豐殖，不知厭極，故一衣之費或百金不若，綺紈之爲愈也；一飲之直或萬錢不若，膾炙之爲省也。高堂巨室以自奉養佛之志，豈如是哉？天下事佛者莫不然，而吴人爲甚。師之爲是堂，將以明佛之道也。是必深思于本原，而勿放蕩于末流，則治斯堂之爲益也，豈其細哉？”皇祐四年立。嘉祐壬寅，僧自南募建仁王護國般若寶墖。元祐戊辰，高麗僧統重修長水墖亭。章衡有《記》。　詳《冢墓》。宣和庚子，兵燬，僅存地宫冶銀墖像。案：真如墖起於嘉祐七年南法師者，募缘興建，燒造五色琉璃瓦以爲莊嚴。宣和三年，遭方臘之亂燬，僅存故址。五年，寺僧整葺，掘其下，於地窖中得銀墖一座，凡七層，高五尺，重千兩，相輪欄楯，無不周備，刻畫佛像極爲精巧，而無鐫記。至淳熙十年，主者智炬夢一僧紫衣暖帽，宛若大聖之像，指示墖基曰：“此地久廢，可爲興復。”既寤，啟心募化，歷十五歲而成，制範悉仿銀墖不少異，相輪合尖，以佛牙銀佛藏于地中爲鎮。傍有一冢，乃宗室子恭之祖塋也。後析爲三，南則爲賢首十方教院。淳熙乙未，僧戒月建華嚴閣于其西。商逸卿《記》略：嘉興之南門外數里所，有精舍曰真如，湖光墖影，映帶蕩摇，絶無俗塵，合是佛境。繫船其下，登臨静深，傑閣在巔，俯瞰荒忽。至其棟宇精密，化樂天宫之幻成；步履安平，堅牢地神之擎戴。金碧晃耀，位置森然，晨香夕燈，霧横星燦，信一方之殊勝也。寺自紹興間有僧用智者，草草重葢於兵火之餘，號智華嚴。今戒月自淳熙二年爲主席，建華嚴閣，凡五間。他如盧舍那殿、十六觀堂及僧之居處一新之，總爲屋四十八間。戒月謂未嘗持疏登人門，特以講説所得襯施不爲己有，費約十萬四千餘緡。寺無常産，戒月又辦田，歲可收米三百斛，今之仰食其香積者已百五十餘人。慶元三年，僧智炬又建寶墖于其北。鮑義叔爲《記》。元末兵燬。明洪武二十四年修復，定爲教寺。萬曆丙戌，僧真謐建長水法堂。龔勉有記。丁酉，僧海滄等重修。史叔成有碑。天啟乙丑，僧道耕重建禪堂，郡守詹應鵬扁曰“水雲禪院”。嘉興湯《志》。　明岳和聲有《記》。寺内有雪峯井、綵雲橋、東坡煮茶亭、裴丞相清暉堂。秀水黄《志》，並詳《古蹟》。國朝順治乙酉墖燬，己亥僧明句重建。《浙江通志》。　國朝張有譽《記》。　朱彝尊《真如寺墖重建》詩：“舊湧仁王墖，今開帝釋宫。蜂臺重攬勝，龍藏古稱雄。歷歷時堪紀，高高望未窮。地猶丞相宅，石是上軍功。戰火臨城日，飛塵浩劫中。魚羊乘乙酉，象馬失西東。匠訝吴寬巧，圖看郭恕工。經營還故蹟，髣髴像新豐。點墨遺千界，梯雲上半空。燈前招怖鴿，烏下數歸鴻。不有危標建，安知寶鏡崇。火珠將月滿，金冶與天通。盤峻宜承露，幡欹定繞風。留題存片碣，高詠後羣公。白髮愁韋誕，炎飈静祝融。伽藍如可記，應比洛陽同。”乾隆六十年，重建華嚴經閣。伊《志》。咸豐兵燬，僅存寶墖。新纂。　元周棐《遊真如》詩：“幽賞殊未窮，揚舲濟南湖。載瞻裴公宇，蕭條乃禪居。緬思太和年，秩班百寮初。晚懷超俗緣，息心究空虚。歲月既云邁，世事亦已徂。峩峩清輝堂，遺構委榛蕪。斯人不可作，慨傷獨在余。”　明戚元佐《真如擊竹山房》詩：“松杉翳叢薄，鳳刹臨蘭澳。幽潛梵帝域，法藏應天竺。兩湖夾迴抱，五龍前起伏。高平散禾壠，清遠控蕘牧。化墖曉言躋，日月手可掬。慈雲幕虚圅，香花湧晴陸。林深時鳥懽，砌繞羣芳馥。四運肇陽韶，客子改春服。觀空理無主，來遊慮有復。永言依像數，白業兹惟俶。超晤夙所短，忍辱方自勗。西土不在遥，大覺吾本足。”　李日華《獨游真如墖院》詩：“秋來風日好，散慮出林郊。僧院房房竹，沙村處處橋。清吟黄葉句，雅坐白雲寮。妙悟仍相許，時煩遠社招。”　賀燦然《夜遊真如寺》詩：“晚風野寺生微波，溪煙水月交寒莎。鐘聲出林山雨細，墖影入閣秋雲多。臺荒白石老僧卧，徑偏清夜幽人過。茫茫世事何所底，争如此地披松蘿。”

譻泉寺　在郡治西南二里。趙《圖記》。宋景定元年建，元末兵燬。明洪武元年，僧普潤重建。嘉靖間倭燬。崇禎癸酉，僧性琮重建。秀水任《志》。　明李日華、高承埏各有《記》。

能仁教寺　在縣西北二十七里新城市。吴《志》舊名福業院。唐會昌五年廢，大中二年給原額。五代開運二年改爲報國院，宋大中祥符元年改承天院，政和七年改能仁院，《至元志》。明洪武二十四年，定爲教寺。内有陸宣公祠，宣德中建。嘉興湯《志》。　詳《壇廟》。嘉靖間增建禪堂、静堂、齋堂。陸光祖有記。國朝順治四年重修。蔡聯璧有《記》。乾隆二年改爲禪寺。嘉慶二年，重修大殿、鐘樓。伊《志》。同治二年，里人集資重修。新纂。

保安寺　在縣西北五十里。吴《志》。舊爲通聖蘭若，在北秋原。東晉里人卜本常捨地，僧雪巢創建。唐至德間,改爲保安禪院。會昌五年廢,大中元年重建。宋乾道七年,僧普誠重修,請額爲講寺。張浚有記。元末遭兵燹,僧性宗復建。明洪武初仍舊額。成、弘間僧中悦重建。秀水任《志》。　明吕懲有《記》。咸豐兵燬。同治間重建觀音殿。新纂。

東禪講寺　在治北三十里。趙《圖記》。宋元祐間建。明洪武初重修,宣德間奏請賜額。隆慶年,新建法雲堂於殿左,以藏諸經板。嘉興湯《志》。　明陸光祖《記》略:嘉靖、隆慶間,太師張文忠公與余暨大慈興禪師月亭得禪師共刻《五燈會元》《華嚴合論》《妙宗鈔》《維摩經註》《金光明疏鈔》《顯密圓通釋迦成道記》《慈心功德録》《净土或問》《法寶壇經》《續原教論》《原人論》《金剛心經註》《雪巖語録》《十明論》《唯心訣》諸書,少師存齋徐先生又刻《圓覺經疏鈔》成,迺贖得東禪寺殿左隙地,建法雲堂以藏經板。堂凡五楹,門廡厨湢俱完,遂請月亭禪師居之。禪師因罄鉢資買田三十畝捨施本堂,永爲守堂僧蘿粥香燈之費。寺有修竹軒。秀水任《志》。　宋蘇軾《東禪寺修竹軒》詩[1]:"清風蕭蕭摇牕扉,牕前修竹一尺圍。紛紛蒼雪落夏簟,冉冉緑霜沾人衣。日高山蟬抱葉響,人静翠羽穿林飛。道人絶粒對寒壁,爲問鶴骨何緣肥。"　明孫植《夏日過東禪寺》詩:"空林僧夏永,來過贊公房。雙樹槲陰合,諸天花雨香。一燈明夕照,孤磬發清涼。白社千年在,時聞説法長。"

【校注】

　[1]按:蘇軾《東禪寺修竹軒》詩,《蘇軾詩集》卷三二收此詩,題作《壽星院寒碧軒》,文字有三處不同。宣統《聞川志稿》卷二《寺觀》:"東禪寺在涇西南十里許,宋元祐間建。寺有修竹軒,俗傳爲蘇東坡留題之處。""壽生寺在大中結字圩,元至正間創。梵音閣在壽生寺後殿,乾隆初建,西有修竹軒。嘉興張廷濟書額。楊象濟《修竹軒記》:'東禪寺舊名延福,建於宋元祐初,有修竹軒。蘇子瞻曾一至。郡《志》引"清風蕭蕭摇牕扉"一詩爲證。考蘇集此詩爲《壽星院題壁》作。地在今西湖上,修志者合而爲一,誤也。丙午歲,嘗與同里諸君一造其寺,而屋廬頹壞,無有存者,念興作之難,乃乞嘉興張叔未解元重書一額,即溪南壽生寺旁舍葺而懸之。既訂前人之誤,復識其改置之故於石,雖不知于古何如,而竹木深秀,頗極幽深之樂。余非好蘇氏之舉者,特以舊跡不忍廢棄,亦幸今時於世無□,優遊田間,得與諸同志於此作文酒避囂之地,則亦不可少已。昔朱文公移蘇文定直節堂於廳事之西,仍其題名,然則余之所舉,其非無謂哉!時道光二十五年夏四月。'"由此,此詩所書指杭州西湖壽星院,非秀州東禪寺。似不當收入本《志》。

壽生禪寺　在縣北王江涇鎮。元至正間創,明嘉靖中當湖陸莊簡、萬曆年吳中申文定先後倡捐重建。沈珣有《記》。　朱文恪題古壽生庵額,今不存。國朝乾隆年間,增建梵音閣,置常住田。伊《志》。咸豐兵燬。同治間,重建觀音殿。新纂。　國朝彭孫遹《宿壽生禪院》詩:"風急天昏下夕曛,上方一宿未離羣。窗虛遠受鴛湖月,閣迥長含雁蕩雲。暝際漁燈摇滉瀁,定中爐氣徧氤氲。松陵明發應回首,煙樹微茫杳不分。"

棲真禪寺　在治東二十七里。趙《圖記》宋開寶二年,僧寶月開山。元末兵燬。明洪武三十一年,鹽官慧律寺僧慧海募建。隆慶二年,僧法寅增建禪堂於殿右。嘉興湯《志》。　明陸光祖爲《記》。天啟中,僧如山募修大殿。秀水任《志》國朝乾隆九年,僧大鑑重葺。范長發有《記》。四十三年再修。伊《志》。　國朝曾廷棟有《記》[1]。

【校注】

　[1]按:原嘉興攬秀園南園場地有曹庭棟撰《重修棲真寺記》碑,末署:"乾隆四十三年　歲在著雍閹茂之皋月　慈山居士曹庭棟撰並書　時年八十。"故"曾廷棟"是"曹庭棟"之誤。

廣仁寺　在郡治東北二里,舊名廬山庵,久圮。國朝乾隆五十八年,僧了根重建,并建骨塔四座,杭嘉湖道秦瀛改今名。秦瀛《碑記》:嘉興之爲郡,衢市闐溢,民物輻輳,又四面皆水,溝涂川瀆,畇畎阡陌,回互參錯,是以民無隙土。巨室富家之饒于貲者,親死,不惜金銀購善地以廣堂斧。而貧民力絀不克葬,灌莽田野之間,溪溝之側,暴槥纍纍,雨淋日炙,遇水漲輒漂没。乾隆乙卯,余分巡浙西道嘉郡,見而傷之。越嘉慶元年丙辰春,嘉之人士僉名呈請于余,曰:嘉興郡城東北二里許有廬山庵者,僧了根住持于是。庵甚狹,了根居之,始建大殿五楹,翼以廊廡。基漸廣,了根憫骸骼之多暴露也,于殿之後港拓地百弓,取郡中暴槥之不克葬者,將設塸四座聚而瘞,諸郡人重其義,敢請于公,勸成之。余聞而善焉。閱數月塸成,了根乞爲文記其事。余惟先王之教,於人爲最重,生則爲衣食以瞻之,死則棺槨以葬之,所爲養生送死,以求無憾于仁人孝子之心者甚詳且備。若釋氏則外形骸,一死生,解脱焚化,身且不有,又何有於他人之身? 然聖人言仁,釋氏言慈悲,目之所觸,動於慈悲之念,而亟爲之所思所以安之而後已。此則釋氏之教之無戾于聖人,而未始不爲功於世者也。三代以降,民既失其養生送死之具,往往王政所不能及,而佛之徒能及之如了根者,可謂賢矣。庵之名不見於志乘,舊傳宋南渡時扈蹕,諸縉紳奉檀香大士像來此,要亦無可考。了根爲悟修禪師嗣法弟子,歷主覺海、聖因、法華諸方丈。余既諾其請,爲易庵名曰廣仁寺,而并記其掩埋事顚末如此,俾鑱諸石。寺内有悟修禪師塸,敬刊世宗憲皇帝敕書并祭文一道於石。伊《志》。咸豐兵燬。同治間重建觀音殿。新纂。

碧光禪院　在縣南三里。宋嘉祐七年敕建,爲崇慧華嚴講寺下院。明萬曆間,秋水禪師開堂拓基,接衆與梵受,並稱接待名藍。寺内有金魚池,蓄魚甚衆。秀水任《志》。國朝順治辛卯,僧心傳建大殿山門、雲水堂、功德林。王庭有《記》。雍正壬子,復建後殿。伊《志》。咸豐兵燬。同治間重建觀音殿。新纂。

梵受禪院　在治北二里。相傳爲爽溪資聖寺。語詳水西寺譚貞默碑記。後廢,僅存爽溪殿基灣之名,相沿爲天寧寺僧基。國朝順治初,僧宜盂開堂,後主席多名僧,屢加修葺,遂稱禾中名刹。秀水任《志》。咸豐兵燬。同治間重建。新纂。

太平禪院　在縣北三里。相傳唐陸宣公讀書處,因名思賢鄉院即其地。明萬曆中,僧念初建。秀水任《志》。國朝順治中,僧息波恢之。吳《志》。　國朝吳偉業有《記》。咸豐兵燬。同治間重建。新纂。

炒麩庵　在報忠坊。唐咸通間,宰相裴休女名祖貞,棄俗學道,舍基創建。祖貞持行清苦,炒麩爲食,故名。明洪武壬申,比邱尼道欽重建佛殿、兩廡,後廢,移建于衆賢[1]都西區,今名崇福庵。嘉興湯《志》。　明許恂如《炒麩庵》詩:"沽名不許齊眉案,苦行甘爲辟穀人。休笑於陵陳仲矯,炒麩咽李總非情。"

【校注】
　[1] 衆賢:崇禎《嘉興縣志》卷七《寺觀》"妙麩庵"條作象賢。本《志》卷三《疆域》:(明初嘉興縣)"象賢鄉治南三里。"(明分縣後,秀水縣)"象賢鄉二十二都。東區里二十,西區里十。"故"衆賢"是"象賢"之誤。

資福庵　在德化一都。宋景定元年,僧源開山。明洪武二十四年,僧文彥重修。秀水任《志》。

正福庵　在縣東北三里。明洪武間建,後廢。國朝乾隆二十一年,僧净心、省源重建正殿,二十七年復建前殿山門。伊《志》。　國朝沈鑑有《記》。

真聖庵　在縣東北十里思賢鄉。元至正六年,僧圓楷創建。明洪武十六年,僧如松重修。嘉興湯《志》。　明呂原有《記》。咸豐兵燬。同治間重建。新纂。

觀音庵　在治東北五里南呂字圩。元至正初僧志源建。明宣德中修。國朝順治六年,僧建。一名圓通。秀水任《志》。

鏡寶庵　在縣南。宋紹定間,尚書聞人建女姪名如證學佛,請于朝,得度建庵。元大德庚子,鑿井得古鏡,因改今名。嘉興湯《志》。　元趙雍有《記》。咸豐兵燬。新纂。

津梁庵　在縣南二里白苧都。里人葉公茂捨基。秀水任《志》。國朝順治十五年,僧幻如創建。其徒月生增置禪舍,爲城南勝處。吳《志》。乾隆三十六年重建。伊《志》。

寧慶庵俗稱汪童庵　在永樂三十一都。元至正壬午,僧善友創建。明洪武甲寅,僧永盛修。永樂間燬。宣德中重建。俞山有《記》。崇禎間復燬,壬申僧會心修建。嘉興湯《志》。

黃葉庵　在三塔後藏南圩。明天啟中,金明寺詩僧智舷結茅於此。秀水任《志》。庵側有智舷墓。伊《志》。　明釋大持《過黃葉庵》詩:"未知有水可通船,先問桑田細路偏。門帶夕陽敲樹底,人隨宿鳥到籬邊。瘦瓢再食便終日,禪榻初安已老年。地不近山無怪石,夜來留得斷雲眠。"　釋文貞《秋潭師黃葉庵落成詩》:"一瓢一笠挂西林,不負生平有此心。易補高低籬作障,難分新舊竹爲陰。瓶添水滿澆松大,杖撥雲開引步深。愧煞我儕諸弟子,相依難學樹棲含。"　國朝朱彝尊《鴛湖櫂歌》:"桑邊禾黍水重圍,時有秋蟲上客衣。三過堂東開夕照,滿村黃葉一僧歸。"　王又曾《舷公舊隱題壁詩》:"說法滿天下,塊然公獨吟。水空無住相,灰死得寒心。牕外老梅瘦,門前黃葉深。千秋詩兩卷,正不要知音。"

西津庵　在縣西二里。明萬曆間全營捨建,朱文恪、陳宮詹題額,有鶴閒橋、魚樂渦。國朝康熙五十八年重修。吳《志》。咸豐兵燬。新纂。

餘慶大佛庵　在縣西二十里。宋嘉祐辛丑,陳舜俞捨基爲之,僧文更建佛殿、齋堂。元至順間兵燬,惟存孤松亭及大佛殿。正統間復建,世傳石像大佛從地湧出,故名大佛。嘉興湯《志》天啟二年,建前殿,供賜子觀音,改今名。秀水任《志》。

香萃庵　在縣西北三里。明嘉靖間,天寧僧法舟掩關處,後有金山僧妙用卓錫于此。國朝順治初,僧慈生重修。秀水任《志》。

通濟庵　在復禮鄉二十九都,精嚴寺下院。宋慶元戊午創建,明天順間燬。弘治戊午,僧道俊重建。項經有《記》。萬曆間重修。嘉興湯《志》。　明曹谷有記。

福全庵　在桃花里金家亭子橋,明萬曆末建。國朝康熙四十一年,僧心乘焚修其中。吳《志》。

水天庵　在北門外。唐神龍二年創,後燬,明建。國朝乾隆九年,僧林燈重修。伊《志》。國朝諸錦有《記》。咸豐兵燬。同治間重建。新纂。　國朝吳光昭《過水天庵》詩:"問渡尋遊水上洲,蒼林閒寂好勾留。竟忘白髮殘年叟,同賞黃花九月秋。僧飯闍黎聊可給,儒餐粗糲復何求。平生識得清涼趣,未許塵埃翳遠眸。"

孝親庵　在縣北二十里范灘。宋淳熙三年創,元末兵燬,明洪武間僧志宏重建。秀水任《志》。

玄妙觀　在郡治東北三里。舊址在碧漪坊。宋大中祥符間建,復改爲天福寺。元大德五年,楊道録重建于天星湖。秀水任《志》。　元顧文琛有《記》。至正十八年兵燬。明洪武元年,道士趙雲軒首建三清祠,永樂十年,住持趙宗純重建。柳《志》。正德丁丑,住持周景常修。嘉興湯《志》。明董穀有《記》。後爲冷仙祠。詳《祠記》。國朝康熙十年殿圮,復建聖帝殿、文昌殿。秀水任《志》。乾隆間重修。伊《志》。咸豐兵燬。同治間重建冷仙祠。新纂。

隱真道院　在郡治東南六十步。宋崇寧間造。建炎兵火,巋然獨存。相傳紹興初純陽真人到此,故名。案:明正德間,長洲唐寅繪有《隱真仙蹟圖》,并題詩云:"仙機變幻真灘測,呂字分明現在哉。何事世人皆不識,尚留餘迹與人猜。"一時如屠勳、姚綬、朱朴、張寧諸人,俱有題詠,後經散失。近里人復購得之,藏之院中。仙人劉高尚夜宿院中,晨起援筆題四十三字於柱間,筆畫透柱如點漆,郡人有疾者刮其字,煎飲之即愈。《至元志》。　宋關栻《記略》：紹興歲在丁卯之七月，一道友戴青巾，披青氅，自言姓劉，居濱州，留數日而去，雲堂柱間題四十有三字，曰："行方便，坐方便。諸聖察，上天見。得道安，得身健。但能晨朝洗面，水不得浪淵起盜，玉津能顯九霄雲事。劉卞功來。"仙語隱微，衆亦莫曉。信道不篤者，爪剔水湔，鈎畫透柱，如點漆然。方争先快覩間，若有六字，可起沉疴，開矇瞽，試者輒效。郡人余元輔幼入學館，實鄰道院，嘗言有一老媪丐諸塗，腹大若妊，非杖不行，止則仆地。忽遇青衣人叱起，予藥如芥子，使吞之，有水腹中出，尋即平復。問姓不答，但云在隱真道院。其遁身濟人累如此。真人居濱之安平鎮，徽廟朝屢詔不起，守臣奉旨寫真，藁呈，真人即自讚曰："韜光晦迹居環堵，閉息凝神事事踈。謾許丹青傳道貌，難將塵筆寫真如。"奏上，降敕云："朕高古人，修真勵行。道興於世，今乃見之。爾趣操不凡，蕭然一室。招聘屢往，辭避不回，宜錫美名，用彰清節。雖云沖嗇，尚克欽承。可特授高尚處士。"時政和六年八月十九也。明弘治丙辰，道士盛道隆等重修。嘉興湯《志》。國朝雍正六年，郡守閻堯熙於觀南倚城培址，建閣三層，中奉文昌神，并祀魁星於其上。《浙江通志》乾隆二十年，里人陳經猷捐資重建山門，并修殿宇。伊《志》。咸豐兵燹。新纂。　國朝王庭《題隱真道院》詩："背於廛市即山林，門對高城晝有陰。小徑未教荒草没，閒房常見白雲深。樓頭鶴過聞吹笛，池畔魚遊聽鼓琴。咫尺蓬萊真福地，他年劉吕幾相尋。"　譚吉璁《鴛湖櫂歌》："隱真古院一清池，雲影松聲禮磬時。鶴羽歸來人不識，玉簫閒按步虚詞。"

崇道宫　在郡治西南二里。柳《志》。吴越武肅王時建在南城外，後移入城古萬壽宫基。舊名崇福宫，宋治平初敕賜崇道宫額，俗稱爲南宫。内有一枝堂，每大比，邦人士取南宫一枝之讖，多會此，後廢。明正統間，張復字復陽爲朝天宫道士歸，郡人爲新一枝堂，建棲玄樓以居之。萬曆戊戌，道士許廓無建斗閣于拱辰堂後。當閣未建時，學士朱國祚過，見紅燈七盞懸于中天，以爲異語。一府吏登譙樓望之，亦如所見，嗣是每夜望之無不然，閣建後始隱。崇禎間，增建兩廡，十王、太乙、九天、三官、純陽、伽藍六殿，後建玄帝殿，塑三十二天像于兩旁。里人岳元聲施道藏于斗閣，因改名藏閣。舊有繼秀堂、來鶴亭、慵齋、拙齋。嘉興湯《志》。國朝順治十一年，道士馬顯科等建鉢堂。秀水任《志》。咸豐兵燹。新纂。

洞真道院　在府治西南二里。元至正癸卯，道士趙雲軒創建。明洪武庚戌，禱雨有驗，建聽雨軒。吴《志》後并歸玄妙觀。永樂癸未，道士趙宗純仍建。嘉靖中道士徐志寧等重葺正殿。崇禎間，道士褚紹徵重建山門，並修正殿及聽雨軒。嘉興湯《志》。　國朝顔鼎受《碑記》略：觀之始建在宋大中祥符間，詔立真武祠于城西隅，賜名洞真。越元至明五百餘載，洊歷兵火。永樂初，有雩軒趙真人結茅於此，能捍災致祥。遊京師，時溽暑亢旱，疾癘流行，上問師，師曰："惟雪可解。"乃壇南郊祈雪，登壇而雪下盈尺，疾者皆起。是歲大稔，上嘉其有功於民，厚禮之，遂敕有司重建洞真觀。師既羽化，賜祭葬，御製碑碣，以示寵榮。歷歲久遠，堂殿復圮。至崇禎丁丑，傳有神降於殿中，時相國養淳朱公爲之鳩工度材，合衆力而舉之[1]。咸豐兵燹。同治間改建忠義祠。新纂。

【校注】

[1] 按：崇禎丁丑，即崇禎十年(1637)。朱國祚卒於天啟四年(1624)，云崇禎十年(1637)"爲之鳩工度材，合衆力而"重修洞真道院，與理不合。

三元閣　在郡治西南。吴《志》。宋開禧年創建水府，以鎮寶帶湖。遭宋季兵火。元至正間，道士殳以誠建閣三層，奉三官大帝。明永樂中修。嘉靖乙酉，道士鄒景雲復建。萬曆辛巳重修。嘉興湯《志》。　明邵陛《記略》：嘉郡治西南半里許爲南薫橋，橋之趾爲三元閣，其來舊矣。考方輿氏，午、辛二水合流橋下，折而北之寶帶湖，周遭郡北，葢此湖靈脈，爲一方維奠，故宋時建水府，爲寶帶羅星鎮于瀰涯。遭宋季兵火之厄，昇真福地蕩焉爐熖中矣。元至正間，有羽客殳以誠者，風巾雲衲，一日遇純陽師，得鍼灸法，試者咸以爲神仙。

迺經始建閣三層。明世廟四年,閣復殘於火。有鄒景雲輩嗣之,迨今五十餘載。而張敏學士詩聖虔修上清之教,復創層樓以妥大帝之靈,余友馬如麟等捐助之,閱月而成。後兵燬。國朝順治五年重建。秀水任《志》。咸豐兵燬。同治間重修。新纂。

成真道院　在府治西北一里。宋建。吳《志》。明成化間修。天啟丁卯焚燬。崇禎初,道士錢復宗重建。嘉興湯《志》。今名天醫道院。伊《志》。咸豐兵燬。新纂。

長生道院　在縣東一里許。舊在天星湖上,即楊婆施水庵也。明洪武間移建于此。柳《志》。正統己未,評事浦會川等同道士吳正常重建,今廢。嘉興湯《志》。　明項忠有《記》。

玄寧觀　在縣北楊舍溪。元至正壬午,單瓢道人建。明萬曆間,道士顧恂如重修。秀水任《志》。國朝乾隆五年,道士莫鳴山重建。五十年,增建關帝、觀音二閣。伊《志》咸豐兵燬。同治間重建。新纂。

純真道院　在王江涇鎮。宋淳熙中建。嘉興湯《志》。陶菊隱捨基,傍有陶祠。吳《志》。　國朝宋國顯《純真觀》詩:"舊是遺民宅,今爲羽客壇。黃花零落後,清磬一聲寒。"咸豐間兵燬。同治間重建一殿。新纂。

福德道院　在新城鎮。咸淳二年,里人馮案吳《志》。作"楊"百六捨地,道士李嘯雲創建。嘉興湯《志》。　明岳元聲有《記》。咸豐兵燬。同治間重修。新纂。

翔雲觀　在縣西三十里濮院鎮。秀水任《志》。舊名玄明觀,元濮鑑捨宅建。前殿供真武像,覆蓋皆琉璃瓦,兩廡塑諸天像。元統中,濮允中又建三清閣于殿後,閣後有翔雲石。詳《古蹟》。楊鐵崖匾其山門曰"翔雲勝境"。明景泰時復葺,尋燬。萬曆辛巳,馮孜重修。崇禎六年再葺。岳駿聲有記。國朝康熙二十九年,程士樞修三清閣。三清寶閣、三元寶殿兩額並董文敏書。乾隆四十一年重修。伊《志》。咸豐兵燬。同治間重建。新纂。

南涇道院　在縣西南五十里之南。元至元丙戌,里人張全真建。嘉興湯《志》鮑仲孚題"南涇漁艇"是也。伊《志》。　元趙孟頫有《記》。

嘉興府志卷十九

寺觀二

嘉善縣

　　敕賜性覺寺　在縣東北二十里，即月明庵。案：吳《志》云：舊名圓明庵，誤。係明顧備像家。隆慶間，子州判誠心捨地建。伊《志》。萬曆間，僧性本改建爲庵。嘉善戈《志》國朝康熙四十四年，聖祖仁皇帝南巡，僧本沖迎駕雲間，御賜今額。吳《志》并賜"净域長齡"匾額、唐人詩對聯、綠石硯、五百羅漢卷、《心經》一卷。伊《志》。

　　慈雲禪寺　在縣西北數十步。三國時創。唐名保安禪院。宋治平元年改今額。嘉善倪《志》。元初兵燬，止存甎塔二座。延祐丙辰，僧宗敬復蓋正殿，修增甃階。至治辛酉，重葺華嚴大殿。泰定甲子，重新大法輪藏。嘉興湯《志》。　周伯琦有《重修慈雲禪寺記》。又，泰定元年，釋宗敬亦有《記》。明洪武初，定爲教寺。二十四年併歸大聖寺。永樂元年重建。劉《志》。　嘉善章《志》：殿後有千佛閣，萬曆三年燬。前月臺中甃甓方可丈許，遇晴反濕，雨則乾，俗謂之龍膽。正德二年，僧德海等重修二塔。周澤有《記》。萬曆中圮。崇禎四年，曹勔延僧海藏主持重建接引佛樓、長生堂、天王殿、東禪堂、齋堂。國朝康熙十一年，僧㑅亭興建叢林，改爲禪寺。國朝曹爾堪《記略》：慈雲寺建於吳赤烏間。宋建炎，元延祐，明景泰、正德因時建造。寺僧最著者，唐爲道安，宋爲永寺主，元爲宗敬，明爲宗澤、德海等，秀峯其最後也。增建西禪堂、韋馱、文昌等殿。嘉善崔《志》。　元黃魯德《慈雲寺》詩："唐朝古寺已千年，兵寇來時火欻然。殿閣尚存遺跡在，何期一夜逐風烟。" 明沈度《宿慈雲恢上人房》詩："紺園春静白雲深，琪樹陰陰晝漏沈。我亦清修林下客，澹然無語契禪心。" 國朝錢澄《登慈雲寺千佛閣》詩："武塘彌望盡平疇，高閣憑欄指顧收。殘暑已應辭薄暮，驚飈陡覺入新秋。千家樹簇孤城静，百道溪穿滿邑流。最是下方憂旱切，雨壇鈴盞晚來愁。" 案秀水任《志》于保仁寺下載唐陸贄《保安禪院記》，蓋好事者因宋張俊《保安寺記》有"唐丞相陸公曾爲記"之語而譌造者，審其文義可見，故已删去。而嘉善章《志》以慈雲寺唐名保安，亦載宣公記，則訛之訛矣。考張俊《記》，係秀水保安寺也，國初曹爾堪又謂慈雲初名通聖，不知秀水保安舊爲通聖蘭若，未聞慈雲亦名通聖。至謂昔魏武窺江南，駐蹕於此，有五鳳鐘樓尚其遺跡。果武捨身同泰，重興此刹，因有保安之號，皆屬傅會。

　　景德講寺俗稱小寺。　在縣東二里。唐天寶元年，案：《浙江通志》作"天寶二年"，此承嘉興湯《志》之誤。嘉善章《志》謂景德寺先一年建，當作元年爲是。鑑禪師建。時有弟兄二人同業焚修，各捨宅建寺。兄昭創大勝，弟鑑創本寺，稱昭、鑑二禪師。咸通間賜額。案：柳《志》作"宋雍熙五年，昭禪師開山，景德間賜額。"誤。明洪武二十四年定爲講寺。吳《志》。天順間，僧宗瑨重建。嘉靖中復圮，僧世奇重修。隆慶間，達觀可禪師閉關於此。萬曆八年，僧即空募建禪堂。嘉善章《志》。崇禎間，僧性賢增建藥師堂、白衣大士堂。孫詢有《記》。寺有幽瀾泉盛唐《記略》曰：幽瀾泉有三異，大旱不涸，爐茗無滓，盛夏經宿而味不變，游覽者必叩欄汲水飲而甘之。其上有亭，嘉靖甲寅倭劫，邑亭因毀。寇平城完，居民復集。適余謝政還，浚之得泉，而復亭其上、大悲閣魏驥有記、翻經室性賢請陳繼儒等三十二人書《金剛經》，末附董其昌書《心經》，刊石庋藏於内。大悲閣西偏爲放下庵，里人錢士升建。内有錢相國手書《法華經》。搆堂三楹，曰"更雨"。　國朝康熙五十八年，相國從孫以塔重修。置常住田。錢佳有《記》。國朝康熙八年，僧寂定復建前佛堂、韋馱堂、大悲壇、三元、文昌閣、觀堂、齋室。嘉善崔《志》。乾隆初，三元、文昌閣燬，僧續寧改建鐘樓。伊《志》。　元黃魯德《景德泉》詩："幽瀾遠引曹溪水，此是人間第幾泉。一吸清涼除熱惱，不妨頻候煮茶烟。"　明龔勉《贈僧東暉》詩："夫子道圓通，上人見超絶。一語各了心，從此便相結。行行東泖濱，幽瀾堪駐錫。因彼雨花臺，建此翻經室。長流抱危城，古木出高墻。閉關即入定，開牖亦面赤。夜静明月來，照見天地色。此色有真空，了悟三生畢。無幻亦無真，不生亦不滅。身同老木枯，心同寒潭澈。孰設山河大，總是天根闊。孰設世界多，唯我空身一。欲問忘所問，不荅如真荅。嗒然吾喪我，默默坐苔石。"

大勝講寺俗稱大寺。　在縣東二里。唐天寶二年，昭禪師建。咸通間賜額。宋熙寧乙卯重修。嘉善章《志》。　案：柳《志》作"宋熙寧八年開山，元豐二年立"，誤。崇寧二年改大勝院。柳《志》增建藏殿、鐘樓、僧寮、静室。嘉善章《志》。淳熙十四年，僧清梵起浮屠七級，元燬于兵。明洪武十四年定爲教寺。正統間，住持宗勝請爲講寺。柳《志》。嘉靖甲寅倭燬，甲子僧方軷建。陸光祖有《記》。萬曆間，僧法本重建，并創禪堂，徙墳于堂後。國朝康熙三十五年，邑人陸士榮等修。乾隆三十五年，僧清輝重脩。天啟中，邑人錢士升于殿西南隅建我雲室。錢佳有《記》。崇禎間，錢士晉捐金建藏經閣，請南藏全部貯其中。嘉善崔《志》。　明董其昌有《記》。國朝康熙五十五年，錢煐重建禪堂。伊《志》。元黃魯德《大勝寺墖》詩："高標千尺插晴空，俯仰人寰一氣中。終日無風鈴自語，不知火起梵王宫。"　明袁黃《大勝禪房》詩："樹遶清溪溪遶門，疎桐滴露月黃昏。蒲團昨夜開金鑰，一寸春風徧八垠。緑楊冉冉草萋萋，讀罷楞嚴日未西。斗柄已隨黃葉轉，玉繩今後爲誰低。"

大雲寺　在縣東南一十八里，舊名净衆。柳《志》。宋乾德二年，李德榮捨宅爲大聖寺。治平二年改今名。《至元志》。元末兵燬。明洪武初，歸併興聖寺。永樂元年仍建。嘉靖間，雲谷會禪師始建禪堂、静室。嘉善崔《志》。　明姚綬《記》：宣德間，主僧道震號東洲者頗知文墨，來搆方丈，與先子松雪公爲方外交，甚善。其别館有竹深處，予尚童丱，常侍先子往返其間，吟嘯竟日。僧宗彙嗣之，精於内典，誠確澹泊。天順間，僧净筲相繼亦涉獵書史，交士大夫頗衆，其孫讓清代之持身不苟，傳至宗哲，行業尤優。崇禎九年，禪堂燬。國朝康熙間，僧獅幢等重建。乾隆中重修大殿、山門、彌勒、大悲二殿并禪堂。伊《志》。　明徐弘澤《過大雲寺懷姚穀庵》詩："水静天貌澄，岸肅林容寂。倦帆理遐思，野寺恣探歷。念我雲東仙，讀易露珠滴。苦吟立松根，醉墨舞虯蜥。紛紛百年遠，遺迹掃如滌。僧殘四五輩，眼漆頭半皙。拱揖樸言詞，羲皇視非逖。信哉文人勳，高風起沈溺。移立悉無語，朗月銜葦荻。"　陳顯《大雲寺》詩："日暮尋幽到竹深，竹烟晴巘寺門陰。苔荒路絶行人跡，月出潭空静老心。清供一盂香積飯，閒情半榻白雲衾。留詩已與青山約，莫厭頻來訪道林。"

定慧教寺　在縣東北四十里清風涇，即白蓮寺。伊《志》。宋咸淳二年，有僧德趺坐三日，地出白蓮三莖，衆異之，共建寺，故名。嘉善章《志》。元末兵燬。明洪武初，僧大通重建。辛未定爲教寺。嘉靖甲寅倭燬，萬曆間重修。劉《志》。國朝雍正九年，僧德恒募資復建。嘉善戈《志》。乾隆二十六年，僧慧力重修大殿。三十七年，募建禪堂、十閻王殿。嘉慶四年，知縣萬相賓改今名[1]。伊《志》。　明姚綬《白蓮寺》詩："琅玕滿院未全貧，節下題詩意自新。入社也知須我輩，逃禪不識是何人。東樓獨倚千山雪，北郭空飛十丈塵。侵曉春風吹棹發，曹溪一派正無津。"

【校注】

[1] 按：光緒《嘉善縣志》卷六《寺觀》：分"定慧教寺"、"白蓮寺"兩條列出。"定慧教寺　在治西北下保東區距城三十六里。宋乾道五年，僧廣濟創建。明洪武初，僧衡琬重建。章《志》""白蓮寺　在縣東北奉四中區清風涇，距城十二里。宋咸淳二年，僧德山趺坐三日，地出白蓮三莖，衆異之，建寺，稱今名。《浙江通志》參章《志》。元末兵燬。明洪武初，僧大通重建。二十四年，定爲教寺。嘉靖間倭燬，隆慶間僧性源復建。萬曆間重修。袁《府志》。參章《志》。歲久傾頽。國朝雍正九年，僧德恒募貲里人褚建侯等勸助重葺。

戈《志》。乾隆三十九年，僧際智募建方丈、齋堂、十王殿。嘉慶四年，知縣萬相賓改名定慧教寺。"由此，定慧教寺、白蓮寺，當列爲二條介紹。本《志》合而爲一條，誤。

　　大聖寺　在縣西北一十二里，又名北大聖寺。宋熙寧間，兜率寺僧智微建。智微母張氏搆庵奉泗州大聖菩薩，數有靈異，知州吳司文聞于朝，曹太后賜粟帛，造像及殿。紹興三年，智微弟奉珍聞於朝，改今名。吳《志》。明洪武二十四年，併修三塔寺。永樂元年仍建。柳《志》。內有千佛閣，久圮，里人姚懋行倡修。嘉善章《志》。國朝康熙二十年，寺燬，僧式玉募建。國朝錢黯《碑記》：寺創於唐貞觀十三年，宋至道中始建佛閣。繼此修整，則元御史陳崇龍暨錢夫人也。國初僧普慈等修之，未幾，靈巖山卑牧和尚法嗣古薪再修，漸復舊觀。厥功未竟，殿閣盡燬，獨韋馱尊者之像，數十人轝之不動，竟無恙。嗣後大示靈應，住持式玉募緣，鳩工藏事。嘉慶四年，里人捐置常住田。伊《志》。　案：錢碑云寺創于唐貞觀十三年，與《至元志》、歷代舊志俱異。

　　東林禪院　在東關外二里。宋乾道時創。吳《志》。後廢。國朝里人張德涵捐基重建。伊《志》。

　　西林禪院　在西關外二里。宋建炎中，將仕郎周元愷爲西南坤水所衝，因捐地創院以鎮之。嘉善章《志》元末兵燬。明宣德五年，邑人鄒士衡重建。吳《志》。　明范之箴爲《記》。

　　地藏禪院　在西關外二里許，一名四名禪院。丁彥有記。宋時建。嘉善崔《志》初在河之南岸，明天啟間，邑人莊氏捨宅移建百步外。國朝順治間增建正殿、山門，置常住田。伊《志》。　國朝周宸藻有《記》。

　　準提禪院　在西關外三里。明萬曆間建。嘉善崔《志》。國朝康熙五十五年，僧慈舫重建正殿、山門。雍正七年，復建後殿，置常住田。嘉善戈《志》。

　　永裕禪院　在縣西北二十四里。宋咸寧二年建[1]。僧性忍有戒德，善士茅伯鑿井築塔以居之，遂有院。元延祐二年，安山主闢田增舍。山主乃杭州高麗寺僧，至庵，樂其清净，居焉。駙馬王璋有疏記其事。後兵燬，觀音殿獨存。明初僧繼善、如玉相繼修復。嘉善章《志》。

【校注】
　　[1] 按：崇禎《嘉興縣志》卷七《寺觀》"永裕禪院"條、光緒《嘉善縣志》卷六《寺觀》"永裕禪院"條作"咸淳二年"。宋無"咸寧二年"，當作咸淳二年。

　　雁塔禪院　在縣西北二十里斜塘鎮，舊爲歸真院。元至正甲辰創，後圮。明永樂間，僧德弘復建。嘉善章《志》。　案：此地相傳舊有塔，落成之日羣雁翔集，因名。崇禎間，里人沈大政等復創禪堂、靜室，山門前作放生河，後僧濟喬增建大悲殿。嘉善崔《志》。　明周鼎《雁塔禪院》詩："古塔倚清灣，行人指點間。雁飛秋水闊，僧定白雲閒。望遠孤山碧，憑高落照還。幾回看不盡，江上釣魚還。"

　　永壽禪院　在縣西北二十里斜塘鎮。元季創。國朝康熙五十三年，僧慧雨重建。吳《志》。雍正三年，鑄洪鐘一座。嘉善戈《志》。

　　寶積禪院　在縣西北三十六里，舊名漏澤寺。宋建炎四年，僧德性建。范宗尹有《記》。明洪武四年歸併天寧寺，後沈惠和重建，改今名。嘉善崔《志》。

　　定慧禪院　在縣西北三十六里。宋乾道五年，僧廣濟自西來，卓錫搆院，聞於朝，賜今額。明洪武二十四年，僧衡琬重建。嘉善章《志》。　黃中有《記》。

　　水月禪院　在縣西北三十六里。宋紹定間，僧允諒建。碧漪圍環，形如圓月，因名。元末兵燬。

明洪武初,僧蓮齻重建。萬曆間,僧法雷重修。嘉善章《志》。　明盛周《水月禪院》詩:“光發千峯霽,聲涵萬壑秋。坐來無一事,悟入虎溪頭。”　章士雅詩:“滉瀁湖光遠接天,坐來水月境疑仙。一程蘆荻寒相映,半壁松蘿靜可憐。孤磬自懸開士榻,浮雲不繫使君船。西山遥望青如黛,愁入鄉關倚惘然。”

圓覺禪院　在縣西北三十六里陶莊鎮。宋景定三年,僧如照建。有明賜璽、回文詩、《荷雨軒記》。嘉善章《志》。　元楊維楨《圓覺禪院》詩:“圓覺招提隔市喧,潮音滿座自晨昏。雨來寶地天花墜,風動珠林貝葉翻。供養奇方憑白鹿,齋分珍果仗黃猿。從今結卻淵明社,净土修持禮法門。”

妙常庵　在縣東北二十里風涇鎮。唐太和中創。相傳爲船子和尚説法處。後廢。元大德間,僧净輝重建。嘉善章《志》。嘉靖間,僧方遂始建禪堂。萬曆中,僧妙峯復建寂照堂。伊《志》。　袁黄爲《記》。

梅花庵　在縣東百步,元隱士吳仲圭墓。詳《冢墓》。明萬曆間,諸生袁士龍等請於官,建庵守之。董文敏題額曰“梅花庵”。嘉善章《志》内有石刻梅道人竹八幅。吳《志》。　明周鼎《梅花庵》詩:“梅花庵戲墨,零落滿人間。紙壞光逾潤,雲空鶴未還。野園荒冢在,文碣古苔斑。結伴尋幽去,聊乘半日閒。”　國朝許遇《題梅花庵壁》詩:“道人別有胸襟在,游戲逢場度歲華。世上可憐矜墨妙,知君心事只梅花。”

甘露庵　在東關外三里。明萬曆間,孫朝寵等捐田建。嘉善崔《志》。國朝康熙間,孫衍景澤等移建北數十武。吳《志》。

香和庵　在縣東南一十五里。元至正間創,明正德中燬。嘉靖壬子,僧顯忠募修。嘉善章《志》。　明袁仁《香和庵》詩:“竹鎮茅庵野水邊,松篁滿地護茶烟。三千法界元非遠,五百聲聞別有緣。斷碣卧雲疏雨裏,香臺橫艸落花前。山人自證無生訣,不學空門五味禪。”

圓覺庵　在西關外百步,俗稱羅張庵,又名報本庵。宋咸淳二年,僧慧良創。明成化六年,僧宗紀重建。嘉靖十三年倭燬。萬曆五年,僧性懂復建。嘉善章《志》。崇禎十一年,增建圓覺殿、彌勒殿及山門、東西齋堂。伊《志》。　明周宗文有《記》。

福星庵　在西關外三里。明萬曆間,里人錢象乾等募建。嘉善章《志》。國朝康熙十四年,僧三禪闢地增建。嘉善崔《志》。　國朝周宸藻有《記》。

智證庵　在縣西關外東南二里。明萬曆間,獻縣尹周宗武建。嘉善崔《志》。有静室曰“寶樓”,魏忠節在詔獄中書額。後跋云:有衆居士結茅于巘,大家團欒,説無生話,來日大難,無負斯暇。崇禎四年,建藏經閣,相國錢士升捐置大藏經一藏。國朝康熙間,里人周振瑗重修。伊《志》。　國朝釋宗杲《題智證庵壁》詩:“柏子拈來香滿爐,蒲團静裏結跏趺。三年遮眼千千卷,此際分明一字無。”

慶壽庵　在縣西一十五里,一名崇福庵。元時建。慈雲創殿,主僧宗澤骨塔在焉。明嘉靖戊子廢,萬曆十六年重建。舊有梓樹,庵興復榮。遊僧越凡欲修庵乏資,忽鋤地獲金百餘兩。有鐵鐘被盜,賣桐鄉某家,冶之不燬,感夢復歸。　嘉善章《志》。

靈塔庵　在西關外西北二里,嘉善崔《志》。元義士吳森墓。詳《冢墓》。當時因涇水衝突,作石塔鎮之。明萬曆末,邑人則孝等創建。國朝康熙間,僧顯微、紹宗相繼增葺。乾隆四十五年,僧道本重修。伊《志》。　國朝曹庭棟有《記》。

馬鳴庵　在縣西北二十四里。唐開元中,有一石馬沈水底,夜聞馬鳴,鄉人以爲馬鳴菩薩化現,乃創今庵。嘉善章《志》。明嘉靖中廢。萬曆八年,通判陸敷錫建。光緒二年重建。伊《志》。參新纂。　國朝蔣士宏《馬鳴庵》詩:“極浦憑初地,真如已離空。禪棲翻鱷塢,僧定倚鮫宫。晶浪射天白,漁燈入殿紅。瞻依向彼岸,水月妙明中。”

洪澤庵　在縣西北三十六里,即圓照觀音堂。宋景定三年建。明洪武五年改今名。有敕諭二章,賜金身大士。嘉興湯《志》。

直指庵　在北關外。明崇禎間,舉人周丕顯建,僧豀然焚修于此。_{嘉善崔《志》}國朝乾隆十七年,僧普達重置常住田。_{伊《志》。}　國朝釋普達有《記》。

問心庵　在北關外。國朝康熙三十五年,僧宗敬建。_{吳《志》。}後徒恒輝增築净業堂、乾隆二十八年,僧文瀾重建。十笏山房、護珠室。_{伊《志》。}

神仙宮　在東關外二里許。唐錢朗飛昇處。開耀間創,垂拱間敕賜今額。宋治平間兵燹。元至正間重建。明洪武初,道士王宗元領劄住持。永樂中,水衝廢,道士安里重修。_{嘉善章《志》。}國朝康熙間,邑人陸志等重建玉皇殿。嘉慶二年,置常住田。_{伊《志》。}　明袁仁《神仙宮看竹》詩:“仙家有地只種竹,多少清風激懦夫。滿院緑陰餘晚節,桃花應合笑玄都。”

澄真道院　在縣東一十二里,舊名高真聖堂。漢時創。_{嘉善崔《志》作東漢時建。}元延祐間,黄巾兵過院不焚,鄉人以爲有靈,請賜今額。_{吳《志》。}

仁濟道院　在縣東北二十里風涇鎮。梁天監初創。唐貞觀十九年,道士許拱明建。_{案:明周鼎《玉虛觀記》有“掌教道士許拱盟在洪熙宣德間”,此作拱明,當即其人,而云“唐貞觀十九年”,必有一誤。}宋建炎間賜額。_{案:柳《志》作“淳祐八年建”,誤。}明嘉靖三十六年,寇亂院廢。隆慶六年,道士張大經募資復建。_{嘉善章《志》}宣德五年,建三清殿。_{吳《志》。}　萬曆間,太僕顧際明重修殿壁,畫諸天及十殿閻王,傳爲仙蹟。內有高王祠_{國朝乾隆三十年重建}、四香亭。_{嘉善崔《志》。}　明周文襄忱治水時建。亭後爲古桂軒。_{明顧備施藥處。}國朝康熙三十五年,改爲文昌閣。_{閣西爲顧備祠,舊有陟翠丹房,傳爲唐道士許拱明修煉處,今廢。}乾隆二年,御賜住持妙正真人婁近垣“澡雪心神”額、“千章樹影屏間緑,百道泉聲雲外清”對聯,供奉三清殿。七年,婁近垣捐資重修。_{伊《志》。}　國朝錢陳羣有《記》。　_{案:仁濟道院舊志皆云唐貞觀時建,吳《志》作宋淳祐建,考邑人戴賓谷重新殿宇,恰當宋淳祐時,蓋誤以重建爲創建,今據虞伯生《碑記》正之。}

玉虛觀　在縣東北二十里風涇鎮。舊爲真武祠。宋靖康間廢。嘉熙間重建。元末又圮。明宣德初復建。洪熙元年賜今額。_{嘉善章《志》。}　明周鼎《記》:洪熙初,集京師羽流,赴靈濟宮齋祠四十四代真人奉詔處右席,從掌書許拱盟之請,改風涇鎮真武祠之額曰“玉虛觀”,俞道宗爲住持,備行在禮部下之本郡縣紀、會二司,俾遵守之,一如真人言。國朝乾隆四十二年,重建山門。_{伊《志》。}

寧和道院　在縣西一百步,舊爲元壇廟。宋建炎四年,道士蔣曉山創。_{案:柳、吳二《志》俱作咸淳間建,誤。}元季罹兵燹,而廟獨存,人以爲異,改今名。明宣德四年,道士沈嗣昌重建。_{案:柳《志》作“宣德五年,道士李以寧重建。”}五年設道會司。_{嘉善章《志》}嘉靖四十三年,倭燬山門,道士張仁恩募資復建。_{劉演爲記。}萬曆三十一年重修。_{陳國是有《記》。}國朝乾隆十五年,道士吕琳書募建斗母閣,置常住田。_{伊《志》。}

玉虛道院　在縣西二百步。元至正丙午,里人劉守暘創。_{舊《浙江通志》。}明洪武間賜今額。_{嘉善崔《志》}二十四年,併歸崇道宮。永樂元年,道士戴福全仍建。_{柳《志》。}　明張益有《記》。國朝雍正四年,里人倪友彭重建三清殿。_{伊《志》。}

太平道院　在縣西一里。元至正間,道士陳福源創。明洪武間,其徒張士元增葺。_{嘉興湯《志》。}　明高慶有《記》。崇禎八年,道士李養默重修。國朝康熙間,道士顧元禮增建斗母閣、文昌閣。_{伊《志》。}　國朝張五典爲《記》^[1]。

【校注】
　　[1] 按:光緒《嘉善縣志》卷六《寺觀》“太平道院”條作“録吏垣張王典《記略》”。本《志》卷五十四

《嘉善列傳》："張王典，字堯若。康熙丁丑進士。授山西平順縣。陞吏部主事，旋擢吏科給事中。官京七載，賃屋數間，僅可容膝。"故"張五典"是"張王典"之誤。

瓶山道院　在縣西南一里，一名洞虛道院。宋季爲官酒庫，後棄瓶盎，積成土阜。元至正癸卯，里人章舜卿捨地，道士張隱芝創道院，號瓶山。明宣德四年，劉沖虛重建，更名平山真境。嘉善章《志》。　明江吉爲《記》。山上有玉皇殿國朝乾隆三十七年重建。及文昌閣，乾隆三十八年重建。左有銀杏一本，二榦大數圍，歲旱枝梢有氣絪縕如烟。天啟間，里人潘炳孚於此結社。胡燮有《記》。國朝順治十五年，邑人曹爾堪建關帝廟於院西。嘉善崔《志》。康熙中重修。曹鑑倫有《記》。雍正八年，邑令郚煜倡修三清殿。嘉善戈《志》。乾隆間，道士顧沛霖、張鼎等相繼增葺，置常住田。舊有樂真堂，乾隆五十四年道士鍾耀辰改建觀音呂祖殿。伊《志》。

南隱道院　在縣西北二十里，舊名真武祠。明永樂三年，張志和建。吳《志》。

福源宮　在縣西北二十五里斜塘鎮。嘉善章《志》。宋咸淳元年，邑人唐介福捨宅創建。咸淳二年賜今額。歲久頹損。明洪武二十四年，併歸玄妙觀。永樂元年，道士徐道宗重建。柳《志》。　明周鼎有《記》。國朝順治間重修。舊有得月樓，康熙中燬。乾隆元年里人管盈谷重建文昌閣。伊《志》。　元錢惟善《福源宮得月樓》詩："明月未離海，幽人先倚樓。清臨半江水，高占一天秋。太白偏能賦，元規亦共遊。何人夜吹笛，柳下暫維舟。"案：嘉善章《志》：福源宮，宋咸淳間大姓唐介福捐宅建。明成化間唐道錄重建，賜額。考《名勝志》，唐介壽，號隱梅，咸淳中授道錄，並非兩人。

禮妙觀　在縣西北二十七里，舊爲禮廟。成化十六年，道士吳用端因舊址葺之，併修三清殿。嘉善章《志》。歲久就圮。國朝康熙初，道士倪永超募資重建，改今名。後復建玄武殿於左。伊《志》。

清寧道院　在縣西北三十六里，即土穀神祠。宋熙寧九年，道士張惟言建。嘉興湯《志》。院有石鼎，龍頭豕腹，即創院時所置。嘉善章《志》。　明王貞《清寧道院石鼎歌》："老年落魄獨非昔，破帽遮頭誰識得。不問水郭與山村，杖藜到處尋陳迹。清寧仙觀柳谿阿，松扉晝掩縈藤蘿。玄聖之前石爲鼎，蘚痕雲色何其多。蒼烟騰入蒼虹口，神氣沖天貫牛斗。奕傳鞏固不知年，斷送幾人先白首。歎余老眼空摩挲，暈碧重重奈爾何。古往今來成一嘆，不須見此興悲歌。"

海鹽縣

金粟寺　在縣西南三十六里金粟山下。吳赤烏中建。劉《志》。　明宋濂《太平萬壽寺記》：吳時江以南尚無佛寺。赤烏中，康居沙門僧會爲吳大帝祈，獲釋迦文佛真身舍利，始創三寺，一爲金陵之保寧，一爲太平之萬壽，其一即海鹽之金粟。宋開寶己巳，錢武肅王賜號施茶院。案：吳任臣《十國春秋·吳越世家》：開寶二年，王幸海鹽金粟寺，令寺僧設衆施茶。《澉水志》亦作武肅。《海鹽圖經》云：當時忠義王，則以開寶爲宋太祖年號，不當武肅時故也。《金粟寺志》云：僧會杖策遊茲，時當盛夏，搆亭施茶。其說不同，故柳《志》但云吳越有國時，嘗因施茶賜名云。大中祥符初，始改爲廣惠案：《浙江通志》作"廣福"。禪院。舊有含輝堂，今廢。紹興二十五年，降御書法帖一十軸于本院奉安。《至元志》。明永樂元年，僧道雍重改法堂。七年，住持僧宗尚建方丈。宣德、正統間，相繼修葺。胡淡有《記》。萬曆中，久圮，邑人蔡聯璧重建大殿、正殿、大悲閣、禪堂、方丈、祖師堂及僧寮，延雲棲大蓮開堂説法。《海鹽圖經》。　明趙國琦有《記》。天啟間，密雲重葺禪堂、丈室、天王寢殿。國朝順治己亥，敕賜寺僧圓悟之徒道忞宏覺禪師號，併賜"敬佛"二字,有道人款寶篆曰“太和之印”。《金粟寺志》:刊碑高六尺,闊二尺五寸,墨寶供奉寧波太白山天童宏法禪寺。康熙五年,重修山門。二十八年,賜金粟方丈僧天岸墨寶《心經》一卷。三十三年,敕追諡圓悟慧空大師。雍正十一年,頒賜金粟寺對聯曰:“不佛求不法求不僧伽求早已過去,無我相無人相無眾生相却是未來。”案《浙江通志》:雍正五年,欽命玄覺禪師賫奉御書對聯,敬懸方丈。年分似誤。乾隆十六年,巡幸浙江,天寧寺僧源瀚、金粟寺僧源達在蘇州觀音山上恭迎聖駕,敕賜墨寶《心經》各一卷。伊《志》。咸豐兵燹。今重建一塸。新纂。　宋李正民有《捨維摩居士像記》。　唐司空曙《送準上人歸金粟寺》詩:“昨聞歸舊寺,暫別欲成年。樵客應同出,隣僧寂伴禪。後峯秋有雪,遠澗夜鳴泉。豈藉公卿論,人間事共傳。”　宋周壽《遊金粟寺》詩:“清池帶蒼巘,結構俯林麓。扶疎竹外山,相向隔羅縠。老禪謝人境,歲晚收白足。誰憐登然音,息影尚爭逐。道塲伴十劫,不媿桑田宿。定中觀潮汐,絶事心已熟。”　元邵亨貞《海鹽道中》詩:“聞道夾山金粟寺,一如兜率淨居天。雲藏衲子煎茶屋,春著山翁載酒船。打破斷碑何代始,種來高樹百年前。錢郎詩裏曾相約,蠟屐因循未了緣。”　明張寧《金粟寺》詩:“金粟名山碧海邊,上方樓閣近諸天。人推轉藏間清梵,自洗殘碑認往年。南渡龍章千古在,西來象法一燈懸。登臨不見懷人處,回首孤雲思惘然。”　王守仁詩:“獨上高峯縱遠觀,山雲不動萬松寒。飛崖溜碧雨初歇,古澗流紅春欲闌。佛地潛移龍窟小,僧房高借鶴巢寬。飄然便覺離塵世,萬里長空振羽翰。”　董雲詩:“梵音滄海近,年紀赤烏深。山水人兼勝,烟霞我獨尋。藥欄留鳥語,棊局轉花陰。風景間邊好,誰應共此心。”

資聖寺　在縣治西五十步。晉右將軍戴威宅,因井中五色光現,捨爲寺。司徒王珣以威爲伽藍神,名光興寺。五代乾祐中改重光,宋祥符中改普明院,天禧二年賜今額。《至元志》。紹興十五年重修。《海鹽圖經》。　宋李正民有《記》。元末兵燹。明洪武初定爲教寺,僧法亮重建佛殿、山門、鐘樓。永樂九年,又建方丈,重修觀音殿。海鹽陳《志》。洪熙元年,僧會法昶重建大雄殿、方丈、觀音殿。正統七年燬於火,宗玘等重建鐘樓、輪藏及彌陀殿、山門、廊廡、方丈、僧寮,凡百餘楹。寺有寶塔,塔極高峻,層層用燈點照,東海行舟者望此爲標的。舊有吳郡陸崧《塔記》。大隱禪室元末寺僧壽量題其棲禪之室曰“大隱”,宣城貢師泰作《大隱記》。儀仗庫、祝聖道場朝賀習儀之所,萬曆四十二年,知縣何早捐俸所成。古杏樓。《海鹽圖經》。國朝順治七年,破顏和尚啟建禪堂。乾隆二十四年重修正殿。《海鹽續圖經》。咸豐兵燹,僅存僧舍。新纂。　明王守仁《寓資聖寺》詩:“落日平堤海氣黃,短亭衰柳艤孤航。魚蝦入市乘潮晚,鼓角收城返棹忙。人世道緣逢郡博,客途歸夢借僧房。一年幾度頻留此,他日重來是故鄉。”　張岐《資聖寺重光井》詩:“石井荒涼古寺邊,偶因鑿翠得甘泉。斷碑剥落埋衰草,猶記將軍捨宅年。”

天寧永祚禪寺　在縣西三里。初名禪悦院,宋崇寧四年案《至元志》作“宣和二年”。賜今額。淳熙己酉,僧長溪創建佛殿、山門、寶塔。嘉定二年,永模建圓通殿。明洪武初,梵琦重建佛閣、法堂,并塔七層。二十五年,正觀建方丈。宣德間,僧惟軾建僧堂。正統七年,僧宗瑍建西方殿、山門,道彝、文勝建鐘樓、輪藏殿、廊廡。成化九年,德傑重建方丈。海鹽陳《志》。嘉靖三十年,浩大修正殿,易木柱以石。董毅《記》。三十九年,守朴易塔中版臺以石,置守塔僧舍。萬曆三十七年,思達修正殿、轉藏殿、鐘樓、山門、兩廊及建準提閣。大殿後千佛閣相傳僞吳取爲宮殿,遂廢。宋濂《記》:梵琦創大寶閣,範銅鑄賢刼千佛,而毘盧遮那及曼殊師利、普賢、千手眼觀音諸像。寺中鎮海塔,僧琦募建,高二百四十尺。萬曆三十一年,僧性募修。吳中偉有《記》。國朝順治初,僧源受葺。康熙十七年重修。乾隆八年,塔燬,僧源瀚募建,并修千佛閣。　元僧梵琦《鎮海浮屠頌敍》:梵琦九歲出家,便聞建塔功德最大,往往默感于心。天曆元年住持此寺,時年三十四矣。至元統二年,夢龍王獻寶,因募塔緣,檀施日臻;後至元二年春,龍化蜿蜒之形于丈室,五彩畢備,四方來觀之,凡兩月而去。其夏填築塔基,三年丁丑九月二十三日起工建塔,至辛巳歲塔成。凡七層八面,高二十四丈,莊嚴綺麗,見者無不頂禮瞻仰。龍子復來,隱現非一,因祀爲應夢龍王。越二十年兵興。己亥秋失寶鉼,計白金兩者二百。時謝事于郡城結庵,衆請再領寺事,而造鎗石寶鉼。以至正二十四年秋九月二十四日奉鉼修塔,天雨寶花,明年乙巳七月泥蓋方畢,自丁丑至乙巳,凡二十有九年矣。　明陳善《天寧雁塔》詩:“永祚招提建海濱，浮屠七級倚晴雲。危梯曲繞龍蛇窟，絕頂高樓鸛鵲羣。金鐸遥聞鳴斷續，天花曾見落繽紛。題名未躡慈恩上，間凭闌干對夕曛。"西有西齋，琦師念佛處，後召入金陵，示寂歸葬，即起塔于此。宋濂立銘。萬曆中僧廣化重建。東有古東林。雪浪恩公爲涵碧題所構念佛處。《海鹽圖經》。國朝康熙八年，重建鐘樓，有獨柱盤梯最工巧。袁《志》。十八年，邑人張元熠捐貲重建。乾隆三十六年，澉浦觀音山僧重建山門、大殿。伊《志》。道光十八年，僧無礙重修寶塔，道可繼之，重修大殿。咸豐兵燬，僅存大殿。同治間，僧玉峯重建禪堂、廊廡。新纂。　明王世貞《天寧寺》詩："東風依步屧，受此禪房幽。一雨忽秋色，諸天來暝愁。鳥隨托鉢下，僧逐鳴鐘求。尚有三軍喻，能同信宿留。"　祝祺詩："歸雲征路晚，雲裏問僧家。獨樹臨秋水，孤城上暮霞。山池芳草没，疎磬夕陽斜。獨坐談經處，天風送落花。"

　　福業院俗名南觀音堂　在縣西南二里。本華嚴庵焚化院，宋紹興五年改今額。《至元志》。僧善孚開山。紹定元年，僧智光重修。常棐有《記》。元末兵燬。明洪武二年，僧應善募建觀音殿。海鹽陳《志》。嘉靖三十八年，僧法霈、明通建經閣，王文禄有《記》。復建香花殿。萬曆二十二年，僧文穆等重修正殿、兩廊。邑人朱學忠、鍾兆斗建禪堂。《海鹽圖經》。國朝乾隆三十七年，住持聖韜募建大殿。伊《志》。　案：《海鹽圖經》：大士殿俗稱爲接梁殿。咸豐兵燬。同治重建大殿、廊廡、禪堂、山門。新纂。

　　净業寺　在縣南一里。舊名無礙浴院，宋治平元年改今名。《至元志》。元延祐間[1]，僧元照重建殿宇、廊廡。洪武六年，得珉又建山門、方丈。正統間，如雍重建山門、殿閣、方丈。天順間，請額净業寺。萬曆四十三年，里人呂鳴治請大藏，寘經閣。《海鹽圖經》。俗名南寺。《海鹽續圖經》。宋葛繁有《記》。道光間，正殿燬於火，僅存僧舍。新纂。　明鍾夏《遊南寺遇荆上人》詩："孤城東望海漫漫，五月空中帶雨寒。幽榻草香詩就早，古松風静鶴眠安。碑文剥落仍難讀，廟貌崔巍亦壯觀。邂逅高僧持鉢至，向余親指看龍蟠。"

【校注】

　　[1] 按：光緒《海鹽縣志》卷七《寺觀》"净業寺"條作"元祐間"。至元《嘉禾志》卷二十三《碑碣》録葛繁《净業院結界記》："秀州海鹽縣净業院久爲僧坊，而界相不具。元照律師從衆請，以秉持法事。儀范既圓，屬余爲之記，於是書以告諸學者云。元祐元年五月甲子，通直郎、知廣德軍廣德縣事葛繁記。"故"元延祐間"是"元祐間"之誤。

　　慶壽寺　在縣治西北。宋治平三年，僧弘教開山。元末兵燬。明洪武四年，僧永福重建。海鹽陳《志》萬曆四十六年，僧恒憶募印大藏寘閣。是年有芝産殿柱，疊生五臺，沈孝徵有《歌》。見海鹽仇《志》。國朝嘉慶三年，僧福巖等募建大殿。伊《志》。咸豐兵燬。今稍葺僧舍。新纂。

　　慈會寺　在縣治西三十步，思魯橋東。《海鹽圖經》。　明陳善《記》：邑治之西南有橋曰思魯，宋魯簡肅公嘗宰斯邑，遺愛在民，故名其橋，示不忘也。橋之東有祠，中塑真武像，旁列四將，居民禱之，其應不爽。歲久祠宇將傾，海寧衛左所正千户王侯鎮歟曰：得人而司其香火，庶幾不墜。時有陳善明者，從幼持齋辭俗，居天妃行宮，王侯請主祠事。明季傾圮。康熙二十二年，給諫張惟赤捐修。海鹽仇《志》。咸豐兵燬。新纂。

　　法喜寺　在縣西南三十里，舊名通玄寺。吳大帝孫權吳夫人捨宅置。晉建興二年，郡東南滬瀆漁人夜見海上光明，照水徹天，明日睹二石神像浮水上，衆人海迎之，載入郡城。像至通元寺前，牽拽不動，衆議元像應居此寺。言畢數人舁試，像乃輕舉，便登寶殿。梁簡文帝制石佛，碑曰有迦葉佛、維衛佛，梵字刻于像背，唐東宫長史陸東之書碑。唐載初元年，則天皇后遣使送珊瑚鏡一面、鉢一副，宣賜供養，改爲重雲寺。開元五年,賜金魚字額。《吳地記》:舊通玄寺移鹽官縣東四十里鮑郎市。宋祥符元年,賜額法喜寺。紹興九年,改禪寺,內有準高僧塔。李正民有《記》。明洪武三十年,處純重建山門、方丈。海鹽陳《志》。嘉靖三十五年,僧戒楫重修,增建觀音堂、達摩院。許相卿有《記》。萬曆二十九年,邑人顧所有捐貲建閣,請大藏儲其上。徐紹曾有《記》。又六年,前殿火,復捐貲新之。《海鹽圖經》。國朝乾隆間,僧衡峯募建後殿。嘉慶時,僧巨慧始竣事。咸豐初,僧鶴松重建經閣、前後殿、禪堂,旋悉燬於兵。同治五年,僧松復建造山門。新纂。　唐錢起《題準上人蘭若》詩:"向山看霽色,步步豁幽性。返照亂流明,寒空千嶂净。石門有餘妍,霞殘月欲映。上詣遠公廬,孤峯懸一徑。雲裏隔窗火,松下間山磬。客到兩忘言,猿心與禪定。"　李端《題準上人房》詩:"高僧居處似天台,錫杖銅鉼對綠苔。竹巷雨晴春鳥囀,山房日午老僧來。園中鹿過椒枝動,潭底龍游水沫開。獨夜焚香禮遺像,空林月出始應回。"

寧海寺　在縣西南二十五里法喜寺東。宋紹熙五年,賜額爲寧海院。明初定爲教寺。海鹽陳《志》。後住持玉峯秀重建。吳《志》。　明陸深爲《記》。國朝乾隆間大殿火,嘉慶間僧樸賢等重建。新纂。　明馮皐謨《寧海寺》詩:"踏遍青山不問名,夕天沙岸雨初晴。停橈月向松間落,借榻雲從卧裏生。詩到上方俱入悟,客逢高衲更多情。獨余伏枕春風後,薛荔空裁野服成。"　鍾夏詩:"遠山層疊石橋斜,古樹參天集暮鴉。落葉亂飛秋水闊,不知何處是僧家。"

悟空寺　在縣西南四十五里荆山。宋建隆二年,僧德升開山,爲永安寺。治平元年賜今額。《澉水志》。　案:寺有靈官廟,甚靈,見宋《武原志》。明初定爲教寺。《海鹽圖經》。國朝乾隆四十九年,僧九成重建天王殿。伊《志》。　宋沈叔虞《悟空寺》詩:"碧梧低地一聲鵲,白鳥浮空三四鷗。澉墅湖邊松石底,有人領略暮天秋。"　明馮皐謨《悟空寺》詩:"野客聊乘秋興餘,白雲重訪舊禪廬。溪邊路失衝泥後,谷口寒生入夜初。清供爇檀茶未熟,幽篁市徑葉全疎。來遊悟得空門意,一笑浮生萬事虛。"　國朝吳夑《悟空寺訪梅》詩:"松竹參差遶寺斜,湖濱霽日盡雲沙。最憐幽境人稀到,寂寞空山獨樹花。"

禪悅寺　在澉浦市中。宋元祐二年,僧惠林建,名施水院。建炎元年,僧法奥請院額。乃本鎮祝聖行香處。《澉水志》。　案《續澉水志》:禪悅教院在北門內,俗謂之大寺,以其居天下十剎之數,靖康元年賜額。明洪武三年,僧善良建殿宇、方丈、庫堂。《海鹽圖經》。　案:寺有神鐘,元宣慰楊梓用海外銅五千四百八十觔範鑄,建六丈樓懸之,聲聞數十里。明豐坊有《神鐘記》,董澐有鐘樓圖跋。國朝康熙十七年,僧道嵩募修佛殿、鐘樓、毘盧閣。乾隆五十九年,僧惺塵等重建鐘樓。海鹽仇《志》。咸豐兵燬。今重建一堁鐘樓,尚存。新纂。

海門寺古祐福庵。　在縣南三十六里澉浦城中。宋延祐,當作"寶祐二年"。僧永固開山,名祐福庵。元大德六年,中峯於此説法,重建殿宇。至正癸卯,又建山門、僧堂、明樓、廊廡。明洪武十六年,重建大悲閣、方丈、庫堂。宣德十年,宗福請今額。海鹽朱《志》。　明張寧有《記》。國朝康熙十四年,雲間僧恒可募修。案:《續澉水志》內有雪堂春社,僧明琇、法累集緇素修净土之所。古柏二株,三百餘年物也。乾隆二十六年,僧心如重修大殿。以上伊《志》。同治間,僧文秀建樓五間。新纂。　明胡虛白《海門大悲閣》詩:"寶閣凌空十丈高,倚闌南望杳鯨濤。天花散處紛晴雪,海月生時見玉毫。夜氣澄清龍在窟,秋深蕭爽鶴鳴皋。丹梯咫尺諸天近,香霧濛濛浥苧袍。"

惠泉寺　在金牛山之陰。宋南渡初,僧魯一建。內供大士像,屢著靈異,禱雨尤驗。國朝乾隆二十七年,山門燬于火,正殿亦廢。三十三年,海寧吳東山、邑人張彥遠捐貲重建。《澉水遺聞》。

覺林寺　在治南二十里豐山。趙《圖記》元至正中,梵琦結庵于此,一名寶相庵。明宣德戊申,如性建大殿、山門、法堂、輪藏殿、佛閣。劉《志》云:洪武初,僧敬中等增建殿閣、法堂。天順二年請今額。《海鹽圖經》。　明呂原有《記》。國朝雍正五年,邑人蔣達庵重修大殿、法堂、山門、樓閣。乾隆二十年,僧一清募修。伊《志》。　明陳善《覺林夕照》詩:"青山寂寂謝塵氛,人世光陰易夕曛。漁父短歌臨水聽,牧童長笛隔林聞。天邊淡影明鴉背,松杪餘光認鶴羣。記得尋幽遇支遁,卧分禪塌半間雲。"　朱佐詩:"竹院春深長碧苔,乾坤萬里獨登臺。潮生絕地魚龍近,雲掩諸峯罨畫開。習靜喜逢僧共話,看山兼得鳥飛來。狂歌逸興忘歸去,日暮詩成雨又催。"

靈祐寺　在縣西南一十二里。宋咸平間,僧道暹開山,名圓明庵。紹興二年,僧行翁重建。明洪武七年,僧得寬建佛殿、廊廡、僧堂。天順八年,道琳請今額。海鹽陳《志》。萬曆中,慈會寺僧斯學重建佛殿。寺旁有庵曰"道林",斯學偕弟斯道建。殿梁產芝。《海鹽圖經》。今燬。

鹿苑禪院　在縣西北三十六里。舊名金明寺,宋咸平元年改賜今額。有一擊軒李長民詩:"我聽風篁是梵音,如何俗耳等閒聞。自來擊處無人會,千古知心只有君。"及應夢羅漢祠。魯簡肅公初宰斯邑,夢僧來迎,參政反瞻羅漢像,與所夢符合,施俸修寺,因榜曰"應夢尊者",後竟參大政。何清源公爲此立祠,楊傑留題,見《海鹽圖經》。景德中,魯簡肅公請爲禪刹,嘉祐八年仍改今名。《至元志》後寺廢,額爲嘉興金明寺移立。明天順間,僧惠正復于故址茸殿三楹,餘址悉没民間,錢太常薇贖還之。萬曆四十年,太常子端晼孫陞捨田十六畝,移建于舊址西南,以僧正念住持鼎新佛殿及僧堂寮舍。《海鹽圖經》。

宋聞人宇《鹿苑寺》詩:"郡邑相望路半停,屹然香刹聳林坰。罷參釋子忘情久,應供山僧入夢靈。東去無情水繚繞,西來有意柏葱青。定知俗駕經過少,月上松扉不用扃。"

霑雲寺　在治西北三十里。趙《圖記》。元至正間,僧妙用開山,名瞻雲庵。明天順二年,僧智清奏請今額。《海鹽圖經》。　明僧斯學《過陳泰初讀書霑雲寺》詩:"山中芳草欲生庭,有客移舟江上停。一水到門容問字,千花擁帳過談經。維摩對塌開禪月,太史占來聚德星。今日津梁疲卧者,賴君物外眼雙青。"

普明寺　在縣西四十五里,舊普明院也。寺前有荷花池,俗因名荷花池寺。國朝乾隆元年重修。《橫山紀略》。　國朝崔學洪《曉過荷花池寺》詩:"平疇交遠風,蘭若初陽上。坐愛一池香,兼挹雙峯爽。白雲有閒意,緑竹成清響。得句聊自怡,奚待知音賞。"

禪寂寺　在縣西南五十里橫山。本興福院,宋治平元年改賜今額。祠顧況爲伽藍神,況舊居寺側故也。《至元志》。日久頹落。國朝乾隆壬申,後殿火,住持僧募建。癸未,前殿復火,古碑碣皆不復存。《橫山記略》。

碧雲禪院　在治西五十里,即峽山寺。趙《圖記》。唐大曆三年,俱胝崇惠禪師開山。元末兵燬。明洪武二年,僧懷忠建殿宇、齋堂。萬曆四十四年,重建佛殿、僧寮,雄壯修潔,遂擅一方蘭若之勝。《海鹽圖經》。崇禎八年,僧雲浪建藏經閣于俱胝巖下。國朝順治間,僧漢文募修,并禪堂、僧寮新之。《峽川圖志》。乾隆四十七年,僧秉義重建大殿、齋堂。五十六年,山門火燬。嘉慶六年,僧月輪募建。新纂。　明朱朴詩:"塔影蕭蕭夕照間,碧雲黃葉滿秋山。空堂夜冷無燈火,惟有貧僧乞米還。"

實相寺　在治南三十六里。宋淳熙間,僧禪悅開山。劉《志》。本覺林庵。明洪武七年僧法鼎重建。《海鹽圖經》。國朝嘉慶中,僧宗源募修。新纂。

修隱庵　在縣治西一里,舊名西焚化庵。宋紹熙四年立,元至正中更今名。《海鹽圖經》。

雲岫庵一名雲鷲。　在縣南三十里鷹窠頂最高處,九曲而上。《續澉水志》。宋建隆間創。元至正二年,僧本原開山。海鹽陳《志》。明天順八年燬于兵。隆慶辛未,杭州百法寺僧明堅主此,里人許翶捨山重建。沈友儒有《記》。萬曆甲午,募貲新之垂成,缺二梁,海上浮異材至,分寸不爽。又請大藏,庋閣中。《雲岫庵志》。　明李當泰有《記》。國朝康熙二十三年,修松寮竹徑,迥在雲表。

吳《志》。　明彭宗孟《雲岫庵》詩："深林絶巘古珠宫,策杖幽探一徑通。石竹迎人當户綠,山花供佛上堦紅。鐘回轉覺諸天静,月出真看萬品空。便欲皈依尋了義,閒雲無著與心同。""春山石磴自紆斜,一上蓮峯望不遮。初地俯臨雲際樹,香厨新試雨前茶。徵心不染觀澄水,喻法無生破幻花。向晚經聲纏谷出,懸知僧律禮袈裟。"　國朝吳文暉詩:"月出未出山烟蒼,須臾流照十笏房。滄溟龍吟聲應磬,松樹鶴樓影在牀。磨衲爲衾亦自好,醍醐灌頂如此涼。老僧徐從定中起,笑指火堆煨芋香。"

玉芝庵　即湖海山居。嘉靖初,僧法聚買荆山一畝,築精舍修禪。吳熙《春星草堂詩》注:有芝産座下,因名玉芝庵。碧梧翠竹,頗極幽勝。法聚行脚武康,庵遂廢。《續澉水志》。　明王守仁《題玉芝庵》詩:"塵途駿馬勞千里,月樹鵾鵷寄一枝。身既了時心亦了,不須多羨碧霞池。"　董澐《湖海山居》詩:"山居星漢邊,湖海望中連。鶴立衝潮石,僧看挂壁泉。本非修福侣,聊記種松年。了了無文字,惟應卦畫前。"

金牛庵　金牛山頂。舊有金牛庵,創自石晉,基址具存。明初遷于二浪山之麓改建,殿宇偉麗,年久傾圮。國朝乾隆三十八年,里人張彦遠重建。伊《志》。

法雲庵　在秦駐山頂刀鎗庫之右。明萬曆中僧靈修建。《海鹽圖經》。

半潮庵　在秦駐山麓。初,馮豐陽爲居士,張峯捨山建,名積善庵。僧廣賢、廣怙重修。朱元弼改今名。《海鹽圖經》。國朝康熙己巳燬於火,僧允瞻重建。伊《志》。

茆庵　在秦駐山。宋建。中有泉,後有黑龍潭,禱雨輒應,爲一山古刹。吳《志》。　國朝朱愻《宿茅庵》詩:"健步披榛上,看穿萬仞梯。穿雲抔屐碎,近寺覺天低。老衲松陰出,新詩石壁題。爲言歸路晚,聊借一枝棲。"

梵潮庵　在縣南十六里。初名萬壽庵,不詳所始。明永樂中,僧慈照重建,改今名。《海鹽圖經》。國朝康熙己酉,僧德峯重建後殿。伊《志》。

法華庵　在縣南十八里,在豐山下。元至正五年,僧文敏開山。明萬曆中,善士鍾以榖重葺,焚誦於此。《海鹽圖經》。

雲谷庵　在縣南二十里。元大德二年,僧可行開山。明洪武九年,僧思純建佛宇。《海鹽圖經》。

若山庵　舊名普明院,縣南三十六里若山上。周顯德六年,僧實强建。宋治平中賜額。今移山麓。明洪武間,僧文序、宗正重建。《海鹽圖經》。國朝乾隆三十八年山門燬,僧松霞重建。伊《志》。　宋常令孫《若山庵》詩:"菖蒲花中燕子飛,旌旗小隊到招提。客車陸續匏重席,僧饌雍容藿間藜。文奕已先元墅奪,詩壇漸壓魯山低。歸來醉步誰扶杖,月在牛欄東復西。"

玉庵　在北門外。明季生員朱嘉鈖創。國朝康熙中,天台僧全彰建三殿兩廡。袁《志》。僧震威嗣新之。吳《志》。咸豐兵燬。同治,嘉鈖六世孫元翰重建一埭。新纂。　國朝朱丕烈《遊玉庵》詩:"梵宇無塵垢,西來此地偏。鳥呼林影外,門揜水聲邊。曲折紆樊圃,清泠沸汎泉。迴頭城市遠,少住一悠然。"

放雲庵　在縣北關外。明崇禎間,嘯雲乾禪師結茅於此。一夕雷雨,忽長靈芝,光燿映日,形如祥雲初出,遂顔"放雲"。國朝康熙辛酉重修。伊《志》。

包道亭庵　在北門外半里。明宣德中,里人王姓捨建,供白衣大士,延道士包姓者居之,亭遂以名。萬曆中,當湖僧洪野達西挂錫,憲副沈公孝徵倡,買亭後地,建大殿、經閣、三官樓、山門。默印繼加修葺,塑大士像及三十二應化身,儼成雄刹。《海鹽圖經》。里人徐明祥捐貲重建,顔爲通濟禪院。

鮑涇庵　在縣東北十八里。宋熙寧間,僧寂源募建。明萬曆中重修,易名乘庵。以上海鹽仇《志》。

味庵　在縣治西二里。宋永祚寺晚方下院,勝甲諸方。僧孤峯坐化。有楊編修《味庵記異》文。吳《志》。

環秀庵　在縣西一十八里。元至正十一年,僧海月開山。明洪武四年,僧法傳重修。《海鹽圖經》。

妙光庵　在縣西三十里宋坡湖上。元至正二年建。明嘉靖中燬于倭。萬曆三十八年,僧原朗重建。俗名南化城庵。《海鹽圖經》。嗣有雲衢、觀如續建大殿、佛堂。海鹽仇《志》。

净華庵　在沈蕩鎮。國朝順治初建。吳《志》。

福田庵　在縣西三十五里。元至元二年,僧得翁開山。明洪武八年,僧思祥重建。正統間,僧宗班、文勝復建殿宇,俗號柏婆亭。內有關帝祠,甚著靈赫,憲副沈原萬募葺。《海鹽圖經》。國朝乾隆六十年,僧誠可重建大帝殿。伊《志》。

檀庵　在縣西四十五里,一名甄照庵,在錢橋崔氏宗祠之右。建於明洪武三十年,其後屢圮屢修,皆崔氏為之倡。乾隆初,前殿燬,僧宏章等修復之。《橫山記略》。

德雲庵　在縣西五十里,又名仙居庵。元至正間建。《海鹽圖經》。

崇福庵　在縣西北二里。宋建炎二年,僧得實開山。明洪武七年,克實重修。《海鹽圖經》。明胡震亨有《記》。咸豐兵燬。同治間,僧松泉重建。新纂。

永慶庵　在九都,俗名劉家亭。宋治平中,僧月庵建。元至正中重葺。明隆慶中,立社學。萬曆中,志奇修。《海鹽圖經》。

蓮社庵　在篁墅蕩東。國朝乾隆間,里人任永治修建精廬,頗具勝槩。伊《志》。

紫虛道院　在縣西南二百步。海鹽徐《志》。元至正間,全真道士彭圓隱建。明洪武十年,增置元壇、武安二祠。十五年,於院置道會司。永樂十年,增建真武殿。萬曆三十四年,邑人鍾兆斗建三官明樓,塑諸天神像。四十三年,造兩廊、山門,修葺大殿、明樓,建戟門及改造元壇耳殿。《海鹽圖經》。國朝乾隆十八年,道士何兆賢重建元壇殿。五十二年,再建元帝殿、天將堂。嘉慶二年,復募建山門、儀門、兩廊。伊《志》。咸豐兵燬,僅存玄帝殿。同治間,里人馮肇曾葺之。新纂。

文始道院俗稱玄帝廟　在治西二百五十步。趙《圖記》。元至正間,道士趙守直建。《海鹽圖經》。國朝乾隆二十三年,院圮,僅存三元閣,道士鍾巢雲重建。伊《志》。

棲真觀　在治西北一百步。趙《圖記》舊本真武廟。宋乾道二年,道士郭宗諒請廣陳廢額為之。《至元志》。明萬曆壬辰,道士徐月汀盡撤而新之,特為宏麗。時方伯劉炘、憲副沈孝徵大為檀施,而月汀宣力尤多。《海鹽圖經》。　明李當泰有《記》。國朝康熙十一年,楊起震搆斗母壇。袁《志》。給諫張惟赤造彌羅閣。十五年,道士顧名思修大殿。咸豐兵燬。光緒元年,重建正殿。新纂。

醫靈道院　在澉浦鎮青山西南。宋開禧三年,里人孟毅感夢吳真君,捨基創殿,祈療疾病甚驗。《澉水志》。明萬曆丁亥,道士沈岐山重建。沈友儒《記》:嘉靖甲寅,倭寇猝至澉城東門,縱火焚祠,火不能然,遂駭去,此神之賜也。神嘗授邑人丁義符水療病,大行於吳、晉間。嗣以授旌陽誅蛟斬蛇,拯危祛害,益衍厥澤,其反風濟舟,籲天活慶,晝水渡江,於人為奇,於神為細,惟懼蚊噬,親寧不去。已,王敦稱兵,一木破天之夢,首以未字為解,折其逆謀,非篤忠孝者乎? 神名猛,吳其姓,字世雲,章章武寧人,宋政和二年封神烈真人。開禧三年,澉人孟毅感夢,始于青山王家畹西建殿崇奉。俗呼為真君堂。廟前有井水,能愈疾,人多汲之。《海鹽圖經》。　國朝釋戒言《醫靈聖水》詩：“古甃沈沈不計年，傳聞仙吏浴丹泉。一瓢臙有刀圭妙，不羨如船玉井蓮。”嘉慶七年，道士黃延年、董瑞徵重建。《澉水新志》。咸豐兵燬，存後房兩進。新纂。

延真道院　在縣西南三十六里澉浦鎮，即宋淳祐中真武廟故址也。元延祐三年，里人王樞 案：海鹽仇《志》作“楊福”。重建。明萬曆丁未，里人吳中偉募修。《海鹽圖經》。　案：《澉水志》真武祠在澉市浦東。淳祐五年，鎮守澉浦鎮統領水軍南京指揮尚景捨貲塑真武像并龍虎君。又《續澉水志》：其地後爲元土官楊宣慰所得，建十間樓以處姬妾，號爲梳粧樓。明初革土官，楊氏遠徙。正統間遂爲延真觀，則院名延真當始于此。國朝乾隆四十二年，道士潘正中重修。伊《志》咸豐兵燬。今重建一埭。新纂。　明董澐詩：“蓬萊何處訪仙真，翠幰朱扉碧海濱。僻地烟霞宮殿古，清朝香火歲時新。星壇劍氣寒衝夜，玉洞琪花暖媚春。更愛栽梅仙客雅，祇應原是種桃人。”

全真道院　在縣西南四十五里。元至正癸卯，道士徐守誠建。劉《志》内設真武像，俗名仙壇廟。《海鹽圖經》。

平湖縣

敕賜棲心寺　舊名化城庵。在東湖弄珠樓東南。明弘治間，邑令羅尚忠生祠，後改爲寺，旋圮。僧是岸重建。國朝康熙四十二年，聖祖仁皇帝南巡，召寺僧元璟至吳門 案：舊志作金山，誤，今從平湖王《志》改正行宮，賜書“棲心寺”額。《浙江通志》。　僧元璟《隨駕紀恩》詩：“脫白當湖水一灣，蒼松翠竹掩雙關。至尊恩眷親題額，祇要棲心不買山。法王心印帝王心，一字蓮花一字金。本是靈山新付囑，流通震旦到于今。”又賜砥石硯及御製《製硯説》。恭紀卷首元璟因恭勒御書於寺門，復築室寺中，曰“賜硯齋”。雍正三年重修。平湖張《志》。　國朝查慎行《重宿化城精舍和紅椒上人初自嶺外歸》詩：“化城庵外水如天，每到東湖愛泊船。禪老羸償行脚債，詩翁重續對牀緣。”　張雲錦《泛舟棲心寺示詩僧》詩：“重陰如作暝，一望滿平蕪。精舍不通市，昏鐘時過湖。雀喧知雪近，地冷種梅無。贏得殘僧在，清吟與客俱。”　張世昌《題棲心寺》詩：“十年曾憶叩禪門，此日相看景尚存。旛彩低縈經數卷，爐烟高遶佛三尊。風翻古柏餘新蔭，露折空花長舊痕。只有紅椒肥遯處，廢鐘敗鈸自朝昏。”

德藏教寺　在當湖市。唐會昌元年立。案松風臺舊碑：唐會昌二年，僧道宣開山，本名法界庵。光啟初廢，後唐清泰中鄉民邱邵請即故基新之，名曰“寶興”。宋大中祥符八年改今名。景祐初復葺之。隆興二年，重修殿宇。《至元志》。　宋魯衢有《記》。元至正十六年燬。明洪武初重建，定爲教寺。宣德間立僧會司。柳《志》。寺有雙塔、清泰中建，名寶興塔。宋元祐七年，魯壽方兄弟重修。紹興三年，魯珙再新之。山門、弘治間重建。天王殿、萬曆丁未重建。鐘樓、久廢。華光閣、久廢。大殿、永樂三年重建。萬曆癸卯重建。　馬維銘有《記》。東殿今亦改祀關帝。大悲閣、二山門、趙孟堅題曰“德藏講院”。後殿、成化二年重建。萬曆辛丑重修。陳萬錦有《記》。千手觀音殿、成化間重建。地藏殿、禪堂、萬曆庚子重建。楊府有《記》。雲水寮、鄭龍光有《記》。水陸齋壇久廢。及松風臺、山月池、梓樹坪、雨花亭、菊坡、浦花堂、竹庵，支院一十有四。國朝乾隆五十二年，知縣王恒重修後殿。《德藏寺志》。　國朝彭孫貽《宿當湖德藏寺》詩：“一榻掩雲臥，藤花眠竹牀。庭陰生古檜，客夢出山房。枯磬身心寂，孤梅寢食香。幽沈數年事，未忍對空王。”

福源普慧禪寺　在縣東南一里。元皇慶元年建。明永樂二十年重修。陳循有《記》。正統十二年，僧本澄重建藏殿。柳《志》。嘉靖間改爲兵備司署，乃移建二十三都圓珠圩。今名圓通寺。有浮圖七級，井名福源泉，水旱不竭。平湖朱《志》。　明徐階有《記》。

福臻禪寺　在縣北四里。宋紹興六年，僧宏宣建，名福臻院。元末兵燬。明洪武初重建，定爲禪寺。柳《志》。後復廢。萬曆二十三年,陸基誠重建。平湖程《志》。　明陸錫恩有《記》。國朝乾隆五十三年,知縣王恒重修。平湖王《志》。

大乘禪寺　在縣東北二十七里。元延祐二年,僧頑石建。内有玉泉池。柳《志》。

青蓮教寺　在縣西南二十里,本石佛寺。唐咸亨中建。宋治平元年改今名。明洪武初定爲教寺。柳《志》。　國朝李天植《遊青蓮寺》詩:"香刹從來古,春風客到稀。溪光平入座,竹色冷侵衣。地僻鳥無語,林深花自飛。相過逢勝侶,並坐話清機。"

普照教寺　在廣陳鎮,爲東寺。平湖程《志》。本僧伽院,宋治平元年改今名。《至元志》。明洪武初定爲教寺,有塔巍然。嘉靖間,慮倭寇登瞭,燬之,殿宇亦漸圮。萬曆十八年,知縣江環立石,優免基糧。平湖程《志》。　宋程珪有《記》。

萬壽教寺　在廣陳鎮,爲西寺。平湖程《志》。本保國勝利院,宋大中祥符元年改今名。《至元志》。洪武初定爲教寺。東西寺殿俱香楠樹叠斗成,屋中虛無樑,相傳得公輸之巧。平湖程《志》。康熙間圮。乾隆四十一年重建。平湖王《志》。

西林寺　在西門外。宋紹興五年建。明洪武間圮,後改爲倉,復爲厲壇。萬曆二十八年,知縣王義民重建,邑人過庭訓捨附寺東北偏田,擬建華嚴樓。平湖朱《志》。　案《武原志》:舊爲西林院,宋紹興五年賜額,後分隷平湖。歲久圮。正統六年,即其地葢造倉廠。嘉靖三十二年改厲壇,萬曆間復爲寺。國朝乾隆五十二年,知縣王恒重修。平湖王《志》。

南禪寺　福源舊基,爲陸莊簡宅,後捨宅爲寺。袁《志》。乾隆四十一年重修。平湖王《志》。

長福寺　在城北二十四里泖浦塘東。梁天監末建。明嘉靖間,倭寇踞爲巢,一夕燬,故址漸廢。萬曆四十七年,邑人林士奇捐田重建。平湖朱《志》。

圓證寺　在顧書堵。明嘉靖間,邑人沈宏光重建。平湖朱《志》。

瑞祥寺案:平湖程《志》作"祥瑞庵"。　舊在湯山巔。火于倭,移築稍下。《乍浦志》。

潮音寺　在雅山下塘口,爲宋元古刹,火于倭。《乍浦志》。明崇禎中,僧海潮修建。吳《志》。

西林禪院　在西門外西南隅。相傳魯簡肅西皋園舊址。平湖程《志》。　明包世杰有《記》。國朝順治十八年重建。吳《志》。

東林禪院　在東門外。相傳魯簡肅東皋園舊址。明萬曆間重建。平湖程《志》。　明馬維銘有《記》。國朝康熙十九年燬于火,復葺。一在新倉。平湖朱《志》。

紫青禪院　在石莊南,舊名北聖堂。平湖程《志》。又有東聖堂,即蘭若庵,爲俞氏香火,俞錫齡復建茶亭。吳《志》。

通真禪院　在鳳凰基西圩,舊名南聖堂。邑人陸懋學重建,有斷碑。吳《志》。

報本塔院　在當湖沙盆圩。有磚塔七層。明嘉靖間,邑人陸杲建。劉《志》。　明孫植有《報本塔記》。萬曆間,侍郎陸長庚增建後樓七間。範銅佛七尊,大鐘磬各一。國朝順治十六年塔圮,十七年諸生林喬、舉人馮洪業重建,歷久未竣。康熙二十五年,翰林陸葇勸輸經理,改七層爲五,置常住田。陸世楷有《記》。乾隆十八年,知縣翟天翱葺之。三十四年,知縣周昭仔又葺。平湖程《志》乾隆五十三年,知縣王恒重修。平湖王《志》。　國朝董含《遊常湖塔院眺乍浦諸山》詩:"登臨還極目,浩蕩踏金鼇。近海濤聲壯,連山霧氣高。岸腥魚集網,霜冷雁投壕。野渡歸來晚,秋風繞桔橰。"　沈初《九日登報本寺浮圖》詩:"岧嶢古塔聳禪關,百里西風眺望間。樹影紅藏湖外寺,天邊青出海門山。荒田看盡饑烏噪,小市相逢醉客還。莫漫登高悲舊侶,芬然霜菊對人間。"

興福院　在陳山。俗呼陳山寺。宋紹興間建，基最廣，山門在牛橋，殿凡十八，相接至山頂，田畝甚多。明洪武二年，以寺僧道遵不法事籍没，寺以有龍祠得不廢。殿後爲積翠軒，李天植築。國朝順治四年重修。《九山補志》。

湖隱庵　一名祈堂。在梯雲橋南。宋慶曆五年，僧黃龍建。明洪武間重修。雄麗宏敞，後居民侵削過半。平湖程《志》。

飛錫庵　在當湖東岸。湖有潛龍，以錫杖制之。平湖程《志》。住持心鑑旅亭置基田，張明宇、金繼山各捨田畝。平湖朱《志》。

萬峯庵　在飛錫庵北圩。僧元洪募建。平湖朱《志》。湖中無山，以庵當之。《當湖風土記略》。乾隆五十三年，知縣王恒重修。平湖王《志》。　國朝盧生甫詩："一僧斷指開金碧，海國鄉園棄若漚。湖上市收人寂後，疎鐘來打夢回頭。"

普濟庵　在化城庵南。昔曾設壇祈雨于此，後有白衣觀音像，禱之多男。平湖程《志》。　國朝沈修齡詩："亞字紅欄樓角東，靈旗不滿一竿風。鐘聲初靜潮聲打，春雨祠堂碧草中。"庵爲僧行堅自焚處，其北爲湖濱香阜。平湖王《志》。　《東湖志》：俗呼三官堂，神俱石像飾之，以金祈禱靈應。相傳明正、嘉時，湖稱白洋渡，最險，有客夜被盜，投水，若有神扶之以行，遂至東岸，得不死，乃捐金建廟。

散花庵　在小南門外二里百步橋南。平湖程《志》。　明陸澄原有《記》。

三聚庵　在城外西南隅。當漢水東流之委，形家謂其地宜隆起，邑人李夢秦、周應仁、張廣裁建。平湖程《志》。

竹溪庵　在小南門外葛家橋。國朝康熙間建。陸萊有《記》。其旁爲香嚴庵，康熙十九年建。平湖朱《志》。　國朝過銘簠有《記》。

柳溪庵　在柳莊塘南。元至正間建。平湖朱《志》。

圓通庵　在虹霓堰東。康熙間建。右爲潘氏宗祠，其南爲白龍潭，有報本靜室。平湖朱《志》。

永福庵　在毛家匯橋西。元至正間建。其東爲聚福庵，有懺田三十畝。平湖朱《志》。

會濟庵　在乍浦北門內，俗名齊觀廟。明洪武二年建。又有梵音庵，俗名茶亭；古峯庵，俗名草庵，並康熙末建。《乍浦志》。

海會庵　在高公山南麓。萬曆末，遊僧攜一大士像結茅居此，有草一枝，土人病，來卜者，僧以草與之即愈，後草絶，以大士前香爐灰丸與服，亦無不愈者，遠近施捨，不日成庵。知縣羅尚忠聞之，疑其惑衆，遷像于德藏寺，凡三十年。國朝順治十八年，移歸，香火復盛。《九山志》。

鎮海庵　在獨山東。居民唐子耀、子才捨基，柯孫氏建。嘉靖三十五年，有滅倭異跡。平湖朱《志》。

般若庵　在縣東北二十五里。新帶西。元皇慶間建。劉《志》。

復庵　在新帶。明崇禎五年建。康熙間重修，置有常住田。平湖朱《志》。　國朝曹志周有《記》。

聚秀庵　在二十二都南瑤池浜，創自宋時。蕩塌已久，惟佛像猶存。明萬曆四十七年，僧果圓募葺。平湖程《志》。

觀音堂　在喜雨巷。清水浜明嘉靖四十年，邑人陸杲建，像係範銅爲之，水旱祈禱，頗著靈應。國朝乾隆五十三年，知縣王恒重修。一在當湖西南隅。芙蓉堤北，一名古福庵，又名蓮光境。邑人陸長庚建，今廢。平湖王《志》。

三元堂　在儲家灣。明洪武十九年建。隆慶間，居民儲湘重建。國朝乾隆四十二年，建文昌閣于殿左。平湖張《志》。

　　賓王林　在菜圩處士王端墓東。端子王漣建以祠端,有祠田十畝。平湖張《志》。

　　法慶林　在南門外。順治間僧遠鑑募建。吳《志》。　案:平湖張《志》作"康熙五年,僧霽瑩募建。"嚴思位有《記》。

　　佑聖宮　在縣治西一里梯雲橋北。宋景定間,魯璠捨基,道士陳道正創建。明洪武二十四年,歸併佑聖道院。宣德間立道會司,重建殿宇、山門。平湖朱《志》。　明周時樂有《記》。國朝乾隆二十八年,重修其附于宮者,東爲長生閣康熙間建閣,前有聖母殿、痘神殿康熙間建、財神殿舊名瞻月房,乾隆五十三年,知縣王恒重修,一在乍浦南門外、華陀廟、藥王廟,西爲真武殿、文昌殿。平湖王《志》。

　　壽康道院　在漢水橋東,北自按察分司,西至申明亭,皆道院基。明宣德間設縣,廢,附德藏寺西偏。平湖程《志》。

　　松塵道院　在北門外。順治間,邑人喻源捐別業,馮洪業、張翼成、張有孚共捐資落成。值張真人過訪,題曰"松濤洞天"。康熙四年,顧明傑倡建斗閣。平湖朱《志》。

　　崇真道院　在乍浦南門內。元至正十二年,邑人馮秀一建。洪武二十四年,併入海鹽全真道院。柳《志》。俗名道觀。《乍浦志》。

　　元真觀　在新倉。元至正間建。平湖朱《志》。

石門縣

　　廣法寺　在縣東北三百步。崇德洪《志》。唐咸通九年建,名修證。宋治平元年改今額。李嵩叟有《記》。建炎,邑市之艱,兹寺巍然靈光也。《至元志》。俗稱東寺。建炎兵火,縣治寄于此,黃令楊[1]創建縣治,僧如琳以重屋五十間助之。萬曆間燬,僧圓神、祖梅重建。崇德靳《志》。國朝乾隆三十三年殿燬,住僧募建。咸豐兵燬。新纂。

【校注】

　　[1]按:"楊"爲"揚"之誤。至元《嘉禾志》卷二十五《碑碣·崇德縣》錄《縣記》,末署"紹興乙亥六月甲申,右文林郎、知秀州崇德縣、主管勸農公事黃揚記。"光緒《石門縣志》卷十一《寺觀》"廣法寺"條:"建炎四年,邑遭兵火,寺巋然獨存。縣寄治於此者二十餘年。黃令揚創立縣治,僧如琳以重屋五十間助之。"

　　南廣福寺　在縣東南二百步運河之東。本梁朝天監古寺。梁開平二年置,名寶壽。宋治平元年改壽聖。案:《浙江通志》作"聖壽"。紹興三十二年改今名。《至元志》。俗稱南寺。崇德靳《志》。寺左有進龍港,久淤,明萬曆間重開。石門鄺《志》。咸豐兵燬。新纂。

　　崇福寺　在縣西八十步。梁天監二年建,名常樂寺。唐會昌間廢。大中十年重立。宋大中祥符二年,改爲悟空院。天禧二年改今名。建炎燬,後重立。《至元志》。　宋釋妙寧有《記》。陸埈有《崇福田記》。元延祐末,僧本然建鐘樓于寺東南,募銅冶鐘,重萬觔,聲聞十里。趙《志》寺東北隅有九品觀堂,案:崇德靳《志》云今廢。明洪武二十四年併歸普慈寺,案:趙《圖記》作"慈惠寺"。永樂元年重建。柳《志》。前殿額爲趙子昂書,東西列七級浮屠,殿北有藏經閣,嘉靖中建。東南有鐘樓,隆慶中移建關王廟前。崇德靳《志》。國朝康熙五十七年,大殿災。乾隆五十八年,邑人田尹

衡等勸募重建。伊《志》。咸豐兵燬,僅存山門。同治五年,知縣楊恩澍建前殿三楹。新纂。 宋姚
舜陟《題常樂寺五雲堂》詩:"虛堂本無雲,一氣誰所主。雲空兩無礙,起滅自散聚。吾聞心歸原,空隙亦無所。應知不
空者,物感自如雨。君看賢首師,自視木與土。與雲亦奚期,況問色有五。云何坐説法,瑞應乃如許。休疑諸天集,天必
稟龍吐。雲空法如是,我説無説故。堂中嫡孫在,客至當問取。" 趙汝龍[1]《題崇福寺羅漢閣》詩:"閣上殊因仔細看,
幻成羅漢幾多般。休驚五百神通異,自是三千世界寬。粉壁龍蛇渾欲動,石橋雲水亦生寒。香消日晚僧歸去,無限奇光
發夜闌。"

【校注】

[1] 按:《至元嘉禾志》卷三十二録《題崇福寺羅漢閣》詩,作者"趙汝能";《檇李詩繫》卷二《題崇福
寺羅漢閣》詩:"趙汝能字公舉。海鹽人,贅居崇德。紹興末舉進士,知海陵,改鬱林州,削平巨寇。調守全
州,歷浙西沿海議幕。自號雲谷道人。"故"趙汝龍"是"趙汝能"之誤。

演教寺　在縣東一十八里。晉天福八年置,爲保安院。宋治平元年改今名。《至元志》。本
晉銀青光禄大夫尚書李孟之宅[1],有祠在千佛閣之前。柳《志》。

【校注】

[1] 按:光緒《石門縣志》卷十一《寺觀》"演教寺"條作"李益之";卷一《古蹟》:"李益之故宅　在縣
東十八里,本晉銀青光禄大夫、尚書李益之宅。天福八年置爲保安院,今名演教寺。"本《志》卷十五《古
蹟·園宅》:(石門縣·五代)"李益之故宅　在縣東十八里,晉銀青光禄大夫、尚書李益之宅。天福八年,
置爲保安院。"故"李孟之宅"是"李益之宅"之誤。

福嚴禪院　在縣東北一十二里。唐乾符三年置,爲千乘院。宋大中祥符元年,改今名。先
是,真覺禪師志添雲遊,至京師,徽宗時在潛邸,陳太后病,因真覺咒水治療有功,許其指占名山
住持,真覺乞來此,是爲本院第八祖。所賜金環磨衲袈裟一條,上題"遂寧郡王陳美人,願福壽
延長,施真覺道者,當來同成佛果"二十三字。師有《草庵歌》,元祐己巳,黃山谷爲之書,皆藏在
院。真覺《再題草庵》詩:"道人自結把茅新,坐斷溪山秋復春。夾竹日開梅數朵,此中曾否著香塵。"又,真覺請到
汀州定光佛,專爲祈禱道場,雨暘之愆,請禱輒應。舊有七級浮圖,久廢,後重建。《至元志》。 宋
陳舜俞有《記》。元末燬於兵火。柳《志》。千佛閣,嘉靖中廢。崇德靳《志》。國朝順治丁酉重創。《浙
江通志》。鑄鐘一座。康熙四十七年,御賜《心經》一卷。伊《志》。寺後有阜,題曰"天中山"。舊
有留翠亭,竹木陰翳,爲邑中勝跡。五十九年,郡守吳永芳改葺爲止亭[1],伐石勒詩,以紀其事。
吳《志》。 宋楊萬里《崇德道中望福嚴寺》詩:"一徑青松露,三門白水烟。殿橫林外脊,塔漏隙中天。地曠迎先見,村
移眺更妍。客程坐行役,不得泊春船。"院中羅漢堂,僧天行建,尋圮。嘉慶六年大殿燬。道光二十五
年,僧悟善重建,并增羅漢堂、地藏殿於西南隅。鑿池架屋爲放生所,池中峙英石峰,即縐雲石。
東爲挂瓢亭,勒費隱師像於石。光緒二年觀音殿燬。新纂。

【校注】

[1] 按:光緒《石門縣志》卷十一《寺觀》"福嚴禪院"條:"天中山在寺后,止翁亭峙其上。"本《志》卷
八十六《金石·石門縣》:"福嚴寺止翁亭碑記康熙五十九年,知府吳永芳撰。"故"止亭"是"止翁亭"之誤。

崇勝寺　在縣東南三里。晉開運二年，吳越陪臣徐顥捨宅爲之，名法華。宋治平元年賜今名。《至元志》。俗稱三里庵。崇德靳《志》。

資福禪院　在西門外二百步。宋嘉祐四年創建。元至元二年改普門庵。明永樂間，復今額。崇德靳《志》。西廡有軒瞰流，扁曰"平綠"。《至元志》。　宋蔡開《平綠軒即事》詩："瞰水地仍敞，開窗望不迷。良疇連遠近，秀野混高低。曉起烟千樹，春耕雨一犂。道人深樂此，壞衲且幽棲。"　陳炳《平綠軒》詩："水屋圍春綠，雲岑送曉青。無心向朝市，信步到禪扃。野意連天遠，疏鐘隔岸聽。杯行莫辭醉，簷月笑人醒。"　陸德輿詩："帶市人烟遠，連村野色幽。山從天際出，水向檻前流。茆屋無端礙，松醪有意留。因懷陵谷感，無語對歸鷗。"　曾揆詩："終日勞勞雁鶩行，偶然來訪贊公房。扶疏草木四圍合，縈繞溪流一帶長。倚檻豈能成傑句，把杯多是說名方。問師乞取安心法，晏坐蒲團對佛香。"　張掞詩："禪窗虛敞瞰西南，野色溪光接畫簷。雲去碧天無間斷，一眉依約見山尖。"国朝乾隆三十四年重修大殿。伊《志》。

演慶寺　在縣西北九里。宋寶祐二年，僧性澄開山。柳《志》。国朝乾隆三十五年，僧净因重修。伊《志》。今毁。新纂。

祇園寺　在縣西北三十五里洲錢村。舊經云：本梁朝天監古寺，周廣順三年修置，爲大善寺。宋大中祥符元年改今名。殿西南隅有梁朝檜，皮剝殆盡，堅踰鐵石，虬枝奮迅，若爪距攫，附根子幹，倒偃蒼葢，奇偉特甚。朱勔之黨嘗加緘護，會臘寇作而止。丞相趙福王祠在廡東。《至元志》。明嘉靖中廢，萬曆二十二年，海曙廷璋重建。石門廊《志》。後圮。國朝乾隆五十四年，僧汝安募修。咸豐兵燬。同治四年，重建山門、大士殿、文昌閣。新纂。

接待寺　在玉溪鎮。宋紹興中，僧慧梵建。建炎中燬，重建。正德初燬，復建。萬曆間燬，僧如梅、文慶重建。石門廊《志》。國朝康熙間燬。乾隆二十八年，邑令夏文廣捐俸重建。六十年，山門火。嘉慶四年修葺。咸豐兵燬。同治七年，重葺大士殿。新纂。

靈安古寺　在千乘鄉。南宋建。明嘉靖間廢。萬曆初復建。石門廊《志》。

靈濟院案：崇德靳《志》作"雲濟"。　在縣東北三里，舊謂之馬嵫庵。宋嘉定間移請今額。《至元志》。

澄寂院　在縣西北一十二里羔羊村。梁天監二年置，爲静林寺。開平二年改爲雙林院。宋祥符元年改今名。《至元志》。咸豐兵燬。新纂。

崇慶院俗稱華光寺。　在十四都。宋開慶初建。崇德靳《志》。今廢。新纂。

順慶院　在縣北二十里。宋淳祐間建。崇德靳《志》。

澄聖院　在縣北三十里錢林村。吳越錢王鏐微時有舊館於此，後貴，改爲祖祠。已而道宏師結庵祠側。王聞其道行孤高，乾寧二年建寺居之，曰"寶林"。方丈後園有清樂亭，前有池，種千葉蓮，園多語兒梨、千葉無核棗，歲獻錢王。宋大中祥符元年改今名。《至元志》王有回翰，存石碑，向稱錢林寺。崇德靳《志》。咸豐兵燬。新纂。　五代錢師悅《清樂亭》詩："林亭虛敞依金地，終待休官此結廬。因共支公語空理，人中清樂更無如。"

妙智院　在十五都一啚。宋澄祐[1]初建。俗呼大沐寺。　新纂。

【校注】
　[1]按：澄祐是"淳祐"之誤，是宋理宗的年號（1241～1252）。

甘露庵　在城北五百餘步。明邑令徐穆建，靳一派定今額。崇德靳《志》。旁有靳侯祠，伊

《志》。 國朝陸典有《記》。咸豐兵燬。新纂。

法雲庵　在甘露庵東。僧成信舊爲静室,獨居焚修。國朝順治間,捐資開拓創建。流泉環繞,竹木陰森,頗有山林之致。郡人尹司理從王題今額。石門廊《志》。咸豐兵燬。新纂。

匯秀庵　在城北分水墩,俗稱虎嘯。明邑令靳一派定今額。石門廊《志》。咸豐兵燬。新纂。

翠竹庵　在十八都。宋咸淳間建。崇德靳《志》。明萬曆間,僧如松重修。今圮。新纂。

智隱庵俗稱亭子庵　在十八都。宋建。大士像相傳沈香所塑。前邑令王述古、周應秋以歲旱,迎至崇福寺,禱雨輒應,爲重堂給區。崇德靳《志》。咸豐兵燬。同治間,張品三倡捐重建。新纂。

崇福庵　在南張村。宋咸淳間建。崇德靳《志》。

蓬居庵　在玉溪鎮西。宋紹興中,僧慧梵縛茅奉母處。石門廊《志》。明萬曆間,僧宗正建觀音堂。崇德靳《志》。同治間,僧點頑重修。新纂。　宋錢文《題梵竺卿蓬居》詩:"梅遶蓬居不計株,水仙數畹鬭芳腴。竺卿白業二香妙,世界紅塵一點無。可比遠公蓮社勝,應嗟陶令菊園蕪。爐薰清鼻茗澆舌,月浸松窗對結趺。"

天清宮　在縣西南一百步,原東嶽行宮。宋政和修廟,舊碑磨滅,猶可讀,謂淹没時久,感夢興繕,從知建立甚古。又云廟屋百楹,增修殿宇三所,崇興亭臺,連東西二所。彩飾后嬪供帳與夫百司執事、從祀之神,靡不備具。繹騷之後再創。郡志止稱聖帝廟,後之規模壯麗,有加於前。《至元志》。紹定四年,道士蘇大亨請額,建爲天清宮。元末兵火。明洪武十五年,設道會司。柳《志》。永樂中重建,嘉靖中廢。崇禎辛未,改建於崇義橋河東,關帝廟左。石門廊《志》。　宋陸宗學《遊天清宮》詩:"青鳥曾傳海外書,瀛洲消息近何如。燒丹既悟神仙訣,避地何妨水竹居。石子種來多化玉,藥苗分出半登蔬。天壇月冷秋如水,夜夜唫風起步虛。"

桐鄉縣

惠雲教寺　在縣西北一百五十步。柳《志》。周廣順二年,漢南王建,名鳳鳴院。宋治平間改今名。《至元志》。元末兵燬。明洪武十三年,僧曰賓重建雙塔。程本立《惠雲塔》詩:"老禪西來兜率宮,金曇舍利開芙蓉。平地起作寶光相,七級上淩天九重。摩尼頂珠現穹碧,丹霞掩映雞足峯。八窗玲瓏懸皎月,層闌翠滑扶神龍。我欲乘虛求帝釋,雲梯高峻紅塵隔。簷鈴停語寂籟冷,白鶴飛下蒼烟夕。"　沈輝《雙塔禪院》詩:"誰從寶塔結龍宮,塔影亭亭勢入空。賸有黃塵飛不到,講經人在白雲中。"設僧會司,又鑿池左右,名龍眼池。詳《古蹟》。旁有雪佛堂。程本立《雪佛碑》詩:"天花墮虛空,平地忽三尺。異哉西方神,現此水精域。胎非託摩耶,意巨勞刻畫。乃瞻白玉相,安用黃金飾。一洗熱惱心,悉依清淨力。紅日起扶桑,終焉化無跡。其無本非空,其有亦非色。君看東遊波[1],滄海不可測。我來鳳凰溪,古寺久荆棘。摩挲雪佛碑,碑斷字莫識。金石亦已壞,況非金石質。萬事等泡影,感之三歎息。"萬曆二十九年,再新前後兩殿。崇禎間,鼎修大士殿并禪堂,集邑之能文者課文結社於此,名鳳凰社。桐鄉徐《志》。國朝康熙四十六年,建華嚴藏經閣。江文柏[2]有《記》。乾隆三十四年,僧際玉重興大殿、鐘樓,建方丈、客堂。嘉慶三年,重建鴛香閣。伊《志》。　明劉湘《登鴛香閣》詩:"烟村背郭人家遠,松壑蘿崖獨自登。門外泊船秋水寺,溪頭洗鉢夕陽僧。買山有意逢支遁,入社無詩繼薛能。啼鳥催人歸去晚,疎林落葉漏寒燈。"　國朝高孝本《宿鳳鳴山房》詩:"黃葉溪西竹逕遶,維摩丈室小於船。繙經榻借半龕火,洗硯池分一縷泉。已許招尋廬嶽社,未離文字石門禪。松窗話到宵殘後,莫怪三竿客晏眠。"　案《鳳鳴寺志》:稱歐陽《五代史》周廣順二年,太祖得風痺疾,僧天集以秘方進,疾遂平,特旨使擇形勝,樹刹居之。馳傳歷江左,西抵鳳鳴里惠雲亭,遂駐錫,詔置殿堂。顯德中,敕爲惠雲院。考《五代史》,並無其事。邑人錢煌《寺碑考》云:五代之際，吳越地爲南唐所隔。周世宗顯德二年，廢天下佛寺，毀銅佛像，豈有更詔外域建刹哉？吳越崇佛事，創建寺刹至多，茲寺當爲吳越王所建。然《至元志》云廣順二年，漢南王建寺。志固謬妄，必謂“爲吳越王建”者，亦非也。

【校注】

〔1〕東遊波：光緒《桐鄉縣志》卷五《寺觀》“惠雲教寺”條録程本立《雪佛碑》詩作“東逝波”，當作“東逝波”。

〔2〕按：光緒《桐鄉縣志》卷五《寺觀》“惠云教寺”條作“汪文柏”，下録《惠雲教寺華嚴藏經閣碑記》全文。本《志》卷六十一《桐鄉文苑》：“汪文柏，字季青。附貢生。官北城兵馬司指揮三載，爲同官牽累，改散曹，始歸。詩能抒寫性情，興到即就，與兄文桂、森暨同人酬唱，稿輒先成。餘事畫蘭，亦妙得生意。”故“江文柏”是“汪文柏”之誤。

　　龍翔教寺　在阜林北二里。桐鄉徐《志》。舊龍吟寺，本淮海王祖祠，置爲龍翔寺。宋祥符元年改爲寧國院。《至元志》。明洪武二十四年，僧寶昌重建，定今額。桐鄉徐《志》。嘉靖間廢。國朝康熙三十三年，僧慶雲重建。吳《志》。乾隆間，建前後殿，重新山門。伊《志》。　　案：寺碑稱西晉永和淮海王捨宅爲基。考晉無淮海王。永和，晉穆帝年號，非西晉。錢煌以西晉爲石晉，永和爲吳越自紀年號，引《通鑑》吳越王錢俶曾封淮海，捨基建寺，即吳越王。然謂石晉都汴在建康西，故稱西晉，殊屬附會。永和爲吳越國號亦無據。《至元志》云本淮海王祖祠，置爲龍翔寺，並不紀年代，此碑記之謬也。

　　廣福講寺　在縣西北青鎮。宋慶曆二年建，爲多寶佛塔。至和間，改接待講院，内建浮圖，高一十七丈有奇。明王濟《壽聖文塔》詩：“相陪小艇出溪橋，誰使孤村有使軺。荒圃一區春艸碧，高峯千載白雲遙。幽篁曲水尋遺蹟，敗壁殘綃紀昔朝。日落躊躇歸去晚，長歌到處起漁樵。”熙寧元年，改壽聖塔院。紹興壬午，以壽聖字同徽號，改今名。參政陳與義肄業于院，既貴，建閣以讀書名之。詳《古蹟》。　宋陳與義《懷葉大經西庵智老》詩：“今年二月凍初融，睡起苕溪綠向東。客子光陰詩卷裡，杏花消息雨聲中。西庵禪伯還多病，北柵儒生只固窮。忽憶扁舟尋二子，綸巾鶴氅試春風。”　又《廣福西庵夜坐》詩：“殘年不復徙他邦，長與兩禪同夜釭。坐到更深都寂寂，雪花無數落天窗。”後燬不存。《至元志》。明洪武二十四年，定今額，後圮。國朝康熙十年，僧卓崖重修。桐鄉徐《志》。　國朝徐汝嶧爲《記》。

　　寂照教寺　在千金鄉屠甸村。晉天福八年建，名報恩院。宋治平間改寂照院。明洪武二十四年，定爲教寺。劉《志》。寺有二石佛，溫潤如玉，頂冠冕，披縵衣，古傳自海浮來，類吳中開元迦葉、維衞二如來像。《至元志》。萬曆年重修。桐鄉徐《志》。國朝嘉慶三年，僧金山重修。伊《志》。

　　普慈教寺　在石門鎮北。宋咸平四年，僧憶愚建殿塔、山門。明洪武二十四年，定爲教寺。劉《志》。萬曆年重修。桐鄉徐《志》。

　　密印教寺　在縣西北青鎮。梁朝置，名賢德寺。宋大中祥符元年改今名。舊有梁昭明太子祠。昭明讀書於此，詳《古蹟》。有無名氏《記》。内有華嚴浮圖，高一十三丈。古有聖僧入定，遊華嚴世界，窹筆諸圖，妙入神品。宋時宣入禁中，兩經御覽，復歸於寺，南渡後始失之。淳熙初，有士子十人忽來，願書經，既畢，不告而去，筆法皆一體。《至元志》。元末兵燬。明洪武三年，僧可觀重建。天啟初，僧棲雲求董其昌、陳繼儒等手書《華嚴經》藏之。桐鄉徐《志》。　國朝鈕汝騏有《記》。國朝康熙六十年，僧超言建大士殿。雍正十三年重修。乾隆八年，續置常住田。伊《志》。　宋范成大《密印寺》詩：“青堆溪上水平堤，絳瓦參差半掩扉。我與聖公俱客寓，人傳帝子尚靈威。勝緣齟齬三重障，志士辛勤十載歸。花木禪房都不見，但餘蝙蝠晝翬飛。”　明凌震《遊密印寺》詩：“溪迴路僻石橋橫，風色泠然竹院清。劫火空餘殘塔影，月華猶記舊時名。梅花小筆僧能畫，竹杖狂歌客有情。欲弔前修嗟日暮，浮雲弄水一痕明。”　國朝厲鶚詩：

"青墩烏戍近比連,蟹舍菱塘遠一川。病客愛來尋古寺,生前或有打包緣。""霜葉蕭蕭下古廊,人傳帝子讀書堂。蕩舟去後生天旱,免使青絲發壽陽。"

妙智寺　在永新鄉妙智村。吳《志》。宋嘉定間建。《至元志》。元時圮。明正德九年重建。桐鄉徐《志》。國朝順治四年建茶亭。伊《志》。　明張貢《宿妙智寺》詩:"路邊餘古寺,長日掩柴扉。野岸荒烟斷,疎鐘夜漏稀。樹間帆影出,簾外水光微。渡口春流漲,山僧帶月歸。"

馬琪寺　在東八都。宋高宗敕賜重建。國朝順治間,僧若來修。伊《志》。

覺苑寺　在西八都。宋景定間,僧普應建。明洪武十九年,僧德輔重建。國朝康熙間修。伊《志》。

福壽禪寺　在濮院鎮。一名西寺。元皇慶中,有濮氏女出家,爲古心禪師,獨力建寺焚修,請額于朝,敕賜今額。案:寺有趙子昂書《古心禪師塔銘》,現存。明改爲僧院,崇禎末燬于火。國朝康熙間重建。桐鄉徐《志》。

潮音院　在茿山。桐鄉徐《志》。　國朝仲宏道《潮音院》詩:"蘭若倚長林,潮生一院音。非關湖海近,梵響夾鳴禽。"

順慶禪院　在保寧鄉蔣宣村。明宣德七年建。吳《志》。

韋天庵　在黃麻橋。宋武帝庚申年築亭。明崇禎乙亥重建。國朝康熙十三年,增置禪寮,改亭爲庵。桐鄉徐《志》。　按:志稱庚申築亭,他無可據,宋武帝必有誤。

般若庵　在南門外。國朝順治間建。桐鄉徐《志》。雍正中建大殿、佛閣。乾隆間改建山門。伊《志》。　國朝朱桐川《登般若禪院佛閣》詩:"古木幽棲地,憑高四望通。人烟鐘磬外,僧衲水田中。宿雨添波綠,斜陽上樹紅。暮歸情未已,沈想入蒙籠。"

净土庵　即古化壇,在濮院鎮。明宋濂詩所謂"化壇楓冷"即此。宋宣和間,惠忠禪師創造。桐鄉徐《志》。　或云宋元時,經暴兵,枕屍徧野,濮氏設壇瘞之,故名。後燬。元至正間,濮司令允中復建。明正德丁卯,僧宗裕、智深先後重修。《濮鎮紀聞》。　明釋廣源有《記》。

法華庵　在三十都。宋建。國朝康熙五年重建。桐鄉徐《志》。

溽沱林　在南門外。本鄉耆焚修之所,名静室。釋佛鼎創建,題額。國朝乾隆十年,里人金宏烜重葺。伊《志》。

海會禪林　在皂林鎮。萬曆年建。明季燬于兵。國朝順治七年,移造康涇港,置常住田。伊《志》。　國朝曹谷有《記》。

佑聖宮　在縣東門外。元天曆中創。明宣德末重修,設道會司。吳《志》。

福清道院　在濮院鎮。一稱西觀。元至正丙午,里人狄守真建,請額爲院。一作"道士狄守真"。明洪武二十四年,定爲全真,道士姚道安復建。柳《志》。崇禎年重修。吳《志》。

奉真道院　在青鎮。俗名北宮。宋建炎間建,祀東平王。元末兵燬。明洪武二十四年,併歸天清宮。永樂元年重建。桐鄉徐《志》。國朝康熙二十四年,建斗姥閣。雍正二年重修。乾隆十一年,再建三元閣。伊《志》。

崇福宮　在青鎮南柵。俗稱南宮。宋紹興二十九年建殿宇,奏賜崇福宮額。元末燬于兵。明洪武二十四年,併歸天清宮。永樂元年仍建。柳《志》。國朝順治十七年建正殿。乾隆二年,增建三清、文昌二閣。伊《志》。

修真道院　在青鎮。宋咸平元年建。吳《志》。明成化三年重建。國朝乾隆十四年,鼎建山門。伊《志》。

圓凝觀　在青鎮北柵。本永鎮庵。明萬曆三年，同知羅斗善因形家言築墩水中，建廟于側。崇禎間燬，同知朱國藩重建，并後殿及三元閣。_{顔曰"奎光"。}改今名。國朝康熙六年復建前殿，祀金龍神。_{桐鄉徐《志》。}

圓真觀　在石門鎮東。舊有真武祠，明正統間改建。_{吳《志》。}

寶閣寺　在密印寺西。宋慶曆間，密印寺僧如賓建。元末兵燬。明永樂元年，僧智深重葺。成化間，僧隆祖庭重建。天啟初，僧棲雲乞名人手書《華嚴經》。國初重修普光明殿。_{周拱辰有《記》。}康熙間，僧古松募修。雍正三年，僧文然募修各殿^[1]。《烏青鎮志》咸豐間兵燬。同治十二年，僧雲泉重建大雄殿^[2]。_{新纂。}

【校注】

　　[1] 按：光緒《桐鄉縣志》卷五《寺觀》"寶閣寺"條："康熙五十九年，僧然文誓新斯刹，殿閣各工經始於雍正三年，落成於乾隆五年。"民國《烏青鎮志》卷十六《寺觀》"寶閣寺"條："僧然文誓新斯刹，於雍正三年經始墨海閣，次天王殿，次大雄殿，又次廊廡、庖湢，至乾隆五年訖事。""僧文然"是"僧然文"之誤。

　　[2] 按：光緒《桐鄉縣志》卷五《寺觀》"寶閣寺"條、民國《烏青鎮志》卷十六《寺觀》"寶閣寺"條均作"僧方谷自積醫金，建復前後殿宇"。故"僧雲泉"是"僧方谷"之誤。

嘉興府志卷二十

戶　口

　　古有戶調、戶課，半役、全役，故編戶算丁之政最密。自兵民分，而男免被甲；自雜徭除，而戶免助役矣，然丁銀尚輸也。逮國朝以康熙五十年丁籍爲額，雍正二年又均丁於田，意美法良，超越往古，閭里亦無藏丁匿口之弊矣。第周官鄉士、遂士、縣士，有掌夫家衆寡之文，鄉師稽之，鄉大夫登之，大司寇祀司民而獻之，則知民爲邦本，雖徭役無加，而乾隆至今滋生之數尚按年一編也，豈不重與？志戶口。

　　編審戶口　州縣官通稽境内民數，每百有十戶《會典則例》云：以百有十戶爲里。推丁多者十人爲長，餘爲十甲，甲繫以戶，戶繫以口，編爲一册。城中曰坊，近城曰廂，在鄉曰里。民年十六始傳《則例》云：十六以上者增注，六十以上除之。《則例》云：州縣官比照先次原册，攢造類册，解送本府。該府依定式别造總册一本，書名畫字，解送本布政使司。順治五年，題準三年一次。十一年，覆準每編審之期，察審均平，詳載原額、新增、開除、實在，每名徵銀若干，造册報部。隱匿捏報，依律治罪。十三年，覆準五年一次。十五年，議準府、州、縣編審年分借名造册科派者，從重治罪。康熙二十六年，覆準編審缺額人丁，令該撫陸續招徠，於下次編審補足。乾隆五年，議定直省於每歲十一月將各府、州、縣戶口增減繕寫黃册具奏。又題準造報民數，每歲舉行，爲時既近，戶口殷繁，若每年皆照編審造報，誠恐紛煩滋擾，各州縣設立保甲門牌，土著造報，一切臚列，原有册籍可稽，若除去流寓，將土著造報即可得其數目。令於每年將戶口實數與穀數一并造報，以免紛擾。

　　丁口出銀　例供徭役，前代相沿，載在版籍曰徭銀。自昇平歲久，生齒益繁。康熙五十二年，恩詔以五十年編册爲率，永免增丁之賦。五十六年，題準州縣將滋生人丁私行科派者即行題參。雍正二年，以册存見數，按州縣均入田賦代輸，每五年編審，丁有滋生，徭無加額。乾隆元年，議準滋生戶口，每逢五年務須據實造報，實力奉行，不得視爲具文脱戶漏口。浙江所屬人丁，每口科銀及别科米各有差，遇閏不加徵。屯丁税遇閏不加徵。

　　丁銀攤徵　康熙十一年，覆準浙江所屬食鹽、鈔銀均攤地丁内徵收。三十六年，覆準浙江匠班銀均攤通省地丁下帶辦。雍正四年，覆準浙江所屬丁銀以通省田畝均攤，每畝田賦一兩，均攤丁銀一錢四厘零不等。

　　保甲之法　戶給印單，書其姓名、習業，出注所往，入稽所來。十戶爲牌，立牌長，十牌爲甲，立甲長，十甲爲保，立保長。自城市達於村鄉，使相董率遵約法，察姦宄，勸婣睦，善則相共，皐則相及，以安保息之政。《則例》云：至於寺觀，亦分給印牌，備書僧道口數姓名，稽察出入。乾隆十一年，覆準將見行保甲門牌册籍，實力稽察，有倡爲邪説，斂錢作會，以及往來無定、行踪可疑之輩，鄉保不得徇隱，地方官立時察究。

　　客戶人丁　順治十年，題準凡外省人民附籍年久者，與土著之民一例當差。康熙四年，覆

準罷職官員寄居各省者勒令回籍，若本身既没子孫，有田土丁糧已入版圖者，聽其自便。以上《大清會典則例》

府屬總數

漢

　　會稽郡，屬縣：二十六，户：二十二萬三千三十八，口：一百三萬二千六百四。《漢書·地理志》。　案：海鹽、由拳二縣今屬府。

　　吳郡，屬：十三城，户：十六萬四千一百六十四，口：七十萬七百八十二。《後漢書·郡國志》。　案：海鹽、由拳二城今屬府。

晉

　　吳郡，統縣：十一，户：二萬四千。《晉書·地理志》。　　案：嘉興、海鹽二縣今屬府。

宋

　　吳郡，領縣：十二，户：五萬四千八十八，口：四十二萬四千八百一十二。《宋書·州郡志》。　案：嘉興、海鹽今屬府。

隋

　　吳郡，統縣：五，户：一萬八千三百七十七。餘杭郡，統縣：六，户：一萬五千三百八十。《隋書·地理志》。　　案：隋罷嘉興，屬吳縣；廢海鹽，屬鹽官。

唐

　　蘇州，舊領縣：四，户：一萬一千八百五十九，口：五萬四千四百七十一。

　　吳郡，領縣：六，户：七萬六千四百二十一，口：六十三萬二千六百五十五。以上《舊唐書·地理志》。　案：四縣復置嘉興，六縣復置海鹽。

　　開元間，户：六萬八千九十三。元和《郡縣志》。　案《太平寰宇記》云：秀州舊户載蘇州籍，唐開元户一十萬九千五百。

　　蘇州吳郡，縣：七，户：七萬六千四百二十一，口：六十三萬二千六百五十。《唐書·地理志》。　案：原注"天寶十載，析嘉興，置華亭。"

　　元和間，户：十萬八百八。元和《郡縣志》。

　　五十七鄉，二萬五千七百八十户。《嘉禾記》。　柳《志》引之。

　　案：舊志户口皆自唐始，凡列前史地理、州郡志中者概未録入，蓋以分領併省，歷代不同也。然就疆域之廣狹，可稽丁男之登耗。茲摭史乘所載,並爲補葺,俾鑒於民者得考古以驗今焉。　伊《志》。

宋

初戶:五萬一千八百六十三。《三朝國史》。　《至元嘉禾志》引之。

秀州,戶:主客共二萬三千零五十二。《太平寰宇記》。

秀州,軍戶:主一十三萬九千一百三十七,客無。元豐《九域志》。

崇寧中,戶:一十二萬二千八百一十三,口:二十二萬八千六百七十六。《宋史》。　柳《志》引之。

案:《至元志》引舊經云"主戶四萬九千八百五十九,主丁九萬八千三百九十五。"舊圖云"戶一十六萬三千四百一十五,口三十萬二千八百八十五。"　伊《志》。

元

戶:四十二萬六千六百五十六,口:二百二十四萬五千七百四十二。《元史》。　案史,松江府另載。至順錢糧戶數與《至元志》總計不符。又柳《志》引史失"六百"二字。

嘉興路,總計:四十五萬九千三百七十七戶。《至元志》分儒一千八十八戶,僧四千二百二十八戶,尼三百三十七戶,道一百五十二戶,民四十五萬三千四百二十九戶,急遞舖一百四十三戶。　案:總計內合松江府二十三萬四千四百七十戶,實計錄事司及三縣,應得二十二萬四千九百七戶。　以上伊《志》。

明

洪武初年,戶:三十二萬七千五百三十二,口:一百一十一萬二千一百二十一。

永樂間,戶:二十九萬四千四百七十一,口:九十四萬五百五十七。

宣德間,戶:二十四萬五千七百五十一,口:八十三萬三千一百五十。

正統間,戶:二十三萬九千九百三,口:八十三萬一千三百七十六。

景泰間,戶:二十四萬三百八十四,口:八十三萬八千一百八十六。

天順間,戶:二十三萬七千七百二十二,口:七十二萬八千四百六十七。

成化間,戶:二十三萬八千九百七十九,口:七十三萬五千一百九十四。以上柳《志》。

弘治間,戶:二十四萬七千六百五十九,口:七十四萬八千二百五十二。

正德間,戶:二十五萬九千八百六十五,口:七十六萬八千三百四十三。

嘉靖間,戶:二十七萬三千九百九十,口:七十九萬七千一百七十。以上趙《圖記》。　案:舊《浙江通志》作"府戶:二十七萬五百,口:七十八萬二千九百七十九。"

萬曆間,戶,不載數。口:五十六萬三千七百六十五。劉《志》。

崇禎間,戶,不載數。口:五十六萬五千六百七十五。《崇禎郡紀》。

國　朝

府原額人丁:五十六萬六千一百九口。舊《浙江通志》。　案:袁《志》原注:"順治十八年,查新定《賦役全書》，額編丁口徭銀，照均田均里事例，攤入正糧徵輪。"

康熙四十年，實該人丁：五十六萬七千九百一十七口。《賦役全書》。　案：舊《浙江通志》亦引之。此康熙六年清查各省案内清出人丁一千八百八十口，因有是數。今編入地丁内，案數攤徵，歷奉減免，依此爲額。康熙九年，奉文改女口爲食鹽課口，刊載《全書》。五十二年三月，奉旨遇編審之期，察出增益人丁，止將實數另造盛世滋生清冊，其徵收錢糧，續生人丁，永不加賦，餘詳《田賦》。各縣科徵銀米不等。

康熙六十年，實在人丁：五十五萬一千四百六丁口。《浙江通志》。　案：吳《志》於田賦人丁科徵後載有盛世滋生人丁三萬四十九丁口，外省寄居人丁二十三丁口，欽奉恩詔，永不加賦云。志即刊於康熙六十年，則實在人丁當有五十八萬一千四百，餘又有客户也。

雍正四年，實在人丁：六十萬三千八百二十六丁口。

雍正九年，實在人丁：六十萬七千二百七十五丁口。以上《浙江通志》。

原額人丁：共六十萬七千二百七十五，又滋生人丁：共二萬七千四十二。《大清一統志》。

乾隆三十四年，户：四十六萬三千二百一十一，大小丁：一百三十四萬二千六百八十二，大小口：九十七萬九百一。

謹案：乾隆三十七年六月，奉旨，嗣後五年一次編審之例著行停止，其户口人數歸入煙户，冊籍造報。

乾隆五十四年，户：四十六萬七千一百五十九，大小丁：一百三十九萬四千三百六，大小口：一百二萬一千七百九十九。

嘉慶四年，户：四十七萬四千三十一，大小丁：一百四十五萬八千五百五十四，大小口：一百七萬四千九百七十六。以上伊《志》。

道光十八年，户：五十四萬一千三百八十六，大小丁：一百六十六萬五千九百四十八，大小口：一百二十六萬七千八百十六。于《志》。

同治十二年，户：二十五萬三千四百四十七，大小丁：五十四萬六千一百六十，大小口：四十萬六千八百九十三。以上《滋生增益冊》。

軍户　案：秀水任《志》云："順治三年革除軍竈户，一例入丁。"

前志均無考，嘉興、秀水二縣舊志亦失載，餘詳各縣。

案：明制軍户有三，曰從征，曰歸附，曰謫發。又凡充發者編注籍貫，爲二冊，具載丁口，一進内府，一付該管百户。遇有逃故，按籍勾補，浙江罪犯例發川滇屬衛。明初法嚴，縣以千計，數傳之後，有丁盡户絕，止存軍産者，或併無軍産，户名未除者，歲遣御史清軍，有缺必補。每當勾軍逮補，科斂軍裝，長途押解，族屬里長，延及他甲，雞犬不寧，見《明史·刑法志》。萬曆四十三年，巡按李邦華檄行各屬，條分六欵，刻冊銷除，惟有軍在衛、有丁在籍者給循環簿稽查，以備勾補，民甚便之，見平湖王《志》。　以上伊《志》。

竈　户

場三，曰海沙，曰鮑郎，曰蘆瀝。竈丁凡二萬八百二十四户零，又橫浦、西路二場亦係郡民派充，共一萬二千七百六十三户，皆免本户二丁差役。趙《圖記》。　案：明初優恤竈户甚厚，給草場以供樵採，堪耕者許開墾，仍免其雜役。又給工本米引一石，兼支錢鈔，雜犯死罪以上止予杖，計日煎鹽以續。後設總催，多朘削竈户，至正統時竈户貧困逋逃者多，見《明史》。萬曆四十二年，巡鹽楊鶴採諸生趙志奎等議，以丁課歸入蕩地征輪,絕不波及單丁,國朝因之,見平湖王《志》。

匠戶　明初,籍諸工匠更番赴京工作,原籍有月糧,工所有直米,成化末始有出銀代班之例。

嘉靖四十一年,始定例每戶歲輸銀四錢五分,見《海鹽圖經》。

又匠戶子孫有仕至卿貳、陳情除豁者,題準開豁,見嘉興湯《志》。

　　明匠戶之別,有木匠、竹匠、鋸匠、裁縫匠、銀匠、熟銅匠、錫匠、雙線匠、鑄匠、油漆匠、五墨匠、刊字匠、熟皮匠、船木匠、瓦匠、石匠、土工匠、搭材匠、木桶匠、斛斗匠、裱褙匠、彈花匠、冠帽匠、履鞋匠、裁歷匠、紙匠、鐵匠、到磨匠、弦匠、鞔鼓匠、洗白匠、繡匠、緱匠、氈匠、刷印匠、粧鑾匠、雕鑾匠、櫓匠、木梳匠、弓匠、箭匠、穿甲匠、琉璃坯匠、合香匠、蒸籠匠、黑窯坯匠、染匠、篾匠、搯紙匠、傘匠、索匠、筆匠、刀鞘匠、黑窯匠、鏇匠、蘆篷匠、毯匠、琉璃匠、琉璃捏塑匠、線匠、艌匠、挽花匠、絡絲匠、織匠、腰機匠、簟匠、打線匠、饊金匠、捲胎匠、鍍金匠、鼓匠、針工匠,凡七十有二,闔郡計五千二百七十七戶,各以其技共役。其役於京師有輪班者,有存留者。劉《志》。

　　案:趙《圖記》作“匠戶六十六”,誤失琉璃匠、饊金匠、捲胎匠、鍍金匠、鼓匠、針工匠六匠。

　　其執役於本府織染局者曰織羅匠、打線匠、挽花匠、染匠、簟匠、絡絲匠、篾匠、絡經匠,凡八役,闔府計二百四十七戶。趙《圖記》。　　案:順治初,概徵匠班銀,《全書》纂入地丁開銷。順治十五年,奉文均攤各里。康熙六年,仍歸匠籍完納,見嘉興何《志》。康熙三十七年,布政司趙良璧從知縣王瑋議,疏請均於地丁攤徵,下部允行,詳平湖縣匠戶下。今俱入田畝帶徵,載《賦役全書》中,各縣如之,詳見《田賦》。　　以上伊《志》。

嘉興縣

《輿圖備考》編戶三百八十里,《賦役全書》今編順莊三百八十一。

唐

管鄉:五十,戶:一萬七千五十四。陸廣微《吳地記》。

宋

戶:六萬四千八百二十四,口:一十二萬二千七百四十二。舊《圖經》。　柳《志》引之。

元

戶:一十二萬七百二十二,《至元志》分儒一百五十戶,僧九百九十一戶,道一十六戶,急遞舖八十五戶,民一十一萬九千四百八十戶。口:一十八萬三千二百七十二。舊志。　柳《志》引之。

明

洪武間,戶:一十六萬五百八十三,口:五十四萬七百八十三。

永樂間，戶：一十四萬五千三百五十四，口：五十萬六千二百一。

宣德間，戶：六萬二千五百三十二，口：一十七萬六千一百三十八。案：宣德五年除析秀水、嘉善外實數。

景泰間，戶：五萬九千三百二十九，口：一十八萬五百一十三。

天順間，戶：五萬七千四十九，口：一十七萬五千七百二十一。

成化間，戶：五萬七千二百八十二，口：一十二萬五千三百八十二。以上柳《志》。

嘉靖間，戶：五萬七千三百，口：一十二萬五千二百三。袁《志》。

萬曆間，戶：六萬三千一百四十八，口：一十五萬三千七百三十四。劉《志》。

國　朝

原額戶：六萬三千一百四十八，口：一十五萬三千七百三十四。袁《志》。　案：嘉興何《志》原注"內男口十一萬一千八百七十五，女口四萬一千八百五十九。康熙二十年造册，因未清審，詳照原額申報。"

康熙六十年，原報人丁：一十六萬三千五百一十五丁口。

雍正四年，實在人丁：一十六萬四千三百二丁口。《賦役全書》：原額田八千四十六頃六十三畝七分一釐四毫，每田七畝一分九釐二毫五絲二忽四微八塵一渺七漠八埃七纖七沙，派人丁一丁；每田十九畝二分二釐三毫一絲九忽四微八塵六渺八漠四埃八纖七沙，派課口一口。

雍正九年，編審實在人丁：一十六萬四千五百一十七丁口。內實在人丁一十一萬八千八百一十七，原額完賦人丁一十一萬一千八百七十五，每丁征銀五分三釐四毫。外實盛世滋生增益人丁、內別省寄居人丁六十一，土著人丁七千二十五，共增益人丁七千八十六，永不加賦。實在食鹽課口：四萬五千四百八十五口，原額完賦課口：四萬一千八百五十九，每口徵銀二分二釐。外實盛世滋生增益食鹽課口、內別省寄居課口二十九，土著課口三千六百六十八，共增益食鹽課口三千六百九十七，永不加賦。以上《浙江通志》，餘詳《田賦》，各縣同。

乾隆三十四年，戶：八萬九千二十二，大小丁：二十六萬三千九百一十四，大小口：一十九萬九千八百四十六。

乾隆五十四年，戶：八萬九千五百九十六，大小丁：二十六萬九千三百二十一，大小口：二十萬四千八百五。

嘉慶四年，戶：九萬一千六百七十一，大小丁：二十八萬七百一十七，大小口：二十一萬一千二百六十三。以上伊《志》。

道光十八年，戶：一十萬七百四十一，大小丁：三十一萬六千七百十三，大小口：三十萬二千八百六十四。于《志》。

同治十二年，戶：四萬二千一百二十二，大小丁：八萬四千九百五十八，大小口：七萬三千七百五十六。新纂。

竈　戶

原派四場，竈丁共戶六百五。袁《志》。　案：嘉興何《志》：順治二年後一例入丁。今《賦役全書》分水鄉竈丁，入地丁科徵。

匠　戶

府織染局執役匠：七，戶：一百二十六。趙《圖記》。

縣戶：一千五百六十九。袁《志》。　以上伊《志》。

秀水縣

秀水李《志》：宣德五年分縣。《輿圖備考》：編戶二百三十五里。《賦役全書》：今編順莊三百六十六。

明

宣德間，戶：三萬九千一百六十四，口：一十六萬五千七百。

景泰間，戶：三萬七千八百一十三，口：一十六萬五千七百四十五。

天順間，戶：三萬七千八百二十二，口：一十二萬五千九百七十六。

成化間，戶：三萬二千九百四十九，口：一十二萬八千四百二十六。以上柳《志》。

正德間，戶：三萬七千八百六十三，口：一十二萬七千二百七十三。

嘉靖間，戶：三萬七千八百六十五，口：一十二萬七千五百四十八。秀水李《志》。

萬曆間，戶：三萬七千八百一十一，口：一十萬一百九十。劉《志》。

國　朝

原額戶口人丁：一十萬一百九十。袁《志》。　案：秀水任《志》"人丁：八萬一千九百一十二，女口：一萬八千二百七十八。"

康熙六十年，原報人丁：一十萬五千六百三十一丁口。

雍正四年，實在人丁：一十萬五千八百七十九丁口。《賦役全書》：原額田地共六千一百九十七頃三十四畝三分三釐七毫五絲，內除四鎮常平社倉、兵營、書院、漏澤園，共田一頃九十三畝七分六釐，義冢地三畝例不科丁，外實該田地六千一百九十五頃三十七畝五分七釐七毫五絲，每田地七畝五分六釐三毫四絲五忽三微四塵八渺七漠五埃六纖七沙，派人丁一丁；每田地三十三畝八分九釐五毫二絲六忽八塵三渺二漠六埃九纖四沙，派課口一口。

雍正九年，編審實在人丁：一十萬六千一百八十二丁口。內實在人丁八萬七千六百一丁，內除原額完賦人丁八萬一千九百一十二丁，每丁徵銀五分三釐。外實盛世滋生增益人丁、內別省寄居人丁一百七十四丁，土著人丁五千八百一十八丁，共增益人丁五千九百九十二丁，永不加賦。實在食鹽課口一萬八千二百七十八口，每口征銀二分。　以上《浙江通志》。

乾隆三十四年，戶：六萬三千六十三，大小丁：一十六萬四千三百八，大小口：一十四萬二千五百九。

乾隆五十四年，戶：六萬三千六百六十，大小丁：一十七萬七千三百三十六，大小口：一十五萬二百一十六。

嘉慶四年，戶：六萬四千五百九十七，大小丁：二十萬一千二十三，大小口：一十七萬一千七百五十四。以上伊《志》。

道光十八年,户:七萬八千九百三十四,大小丁:二十七萬六千二百三十,大小口:二十二萬六千六百三十。于《志》。

同治十二年,户:一萬九千一百六十九,大小丁:七萬九千一百一十六,大小口:五萬四千八百五十七。新纂。

竈　戶

原派四場,竈丁共一百七十八户。袁《志》。

匠　戶

府織染局執役匠:六,户:一百六。趙《圖記》。

縣户:一千九十一。　袁《志》。　以上伊《志》。

嘉善縣

嘉善倪《志》:宣德五年分縣,七年造册。《輿圖備考》:編户二百四里。《賦役全書》:今編順莊六百五十九。

明

宣德間,户:二萬七千五百三十四,口:一十萬五千五百一十八。案:嘉善楊《志》,男丁:六萬二千六百五十四,女口:四萬二千八百六十四,男丁準田三畝,女口準田一畝五分。

景泰間,户:二萬五千七百五十七,口:一十萬二千三百七十七。以上柳《志》。

成化間,户:二萬九千七百四十二,口:七萬四千三百九十六。

弘治間,户:三萬三千八百四十二,口:七萬四千六百四。

正德間,户:三萬四千六百三,口:七萬四千七百四十七。以上嘉善倪《志》。

嘉靖間,户:三萬八千四百六十七,口:一十一萬一千八百一十。嘉善于《志》。

隆慶間,户:三萬八千四百八十七,口:一十一萬一千八十三。

萬曆間,户:三萬九千八百二十四,口:一十一萬八百七十八。以上嘉善章《志》。　案:劉《志》男丁:六萬八千一十四,女口:四萬二千八百六十四。

國　朝

原額户口人丁:一十一萬八百七十八。袁《志》。

康熙六十年,原報人丁:一十一萬七千九百七十七丁口。

雍正四年,實在人丁:一十一萬八千三百三十四丁口。《賦役全書》:原額田五千九百四頃七十八畝四分一釐七毫,每田三畝六分八釐一毫七絲一忽八微七塵,派人丁一丁;每田十三畝七分七釐五毫六絲二忽五微六塵,派課口一口。

雍正九年,編審實在人丁:一十一萬九千六百三十八丁口。內實在人丁七萬二千五百二十二丁,內除原額完賦人丁六萬八千一十四丁,每丁原徵銀四分二釐。今加白糧經費,丁字沾共銀四分二釐三絲九忽四微。每丁原徵米二合三勺。今加白糧經費,食米共二合三勺一抄一撮一圭一粟。外實盛世滋生增益人丁、內別省寄居人丁六百四十七丁,土著人丁四千六百五十五丁,共增益人丁五千三百二丁,永不加賦。實在食鹽課口四萬五千八百一十二口,內除原額完賦課口四萬二千八百六十四口,每口原徵銀三分二釐。今加白糧經費,丁字沾共銀三分二釐三絲九忽四微。每口原徵米二合三勺。今加白糧經費,食米共二合三勺一抄一撮一圭一粟。外實盛世滋生增益課口、內別省寄居課口二百五十口,土著課口三千二百八口,共增益課口三千四百五十八口,永不加賦。以上俱《浙江通志》。

乾隆三十四年,戶:五萬四千三百九十四,大小丁:一十五萬三千七百一十九,大小口:一十一萬八千九百五十七。

乾隆五十四年,戶:五萬五千九十六,大小丁:一十七萬九千七十五,大小口:一十四萬七千四百四十六。

嘉慶四年,戶:五萬五千八百七十五,大小丁:一十九萬三千,大小口:一十六萬一千六十三。以上伊《志》。

道光十八年,戶:六萬八千四十九,大小丁:一十五萬七千四百八十三,大小口:一十一萬九千五百三十。于《志》。

同治十二年,戶:一萬六千三百七十九,大小丁:五萬三千四百九十九,大小口:四萬二千九百七十九。新纂。

軍　戶

計二百三十戶。嘉善章《志》各注都區,分列衛所。

竈　戶

原派四場,竈丁共一百六十戶。袁《志》。　案:嘉善于《志》分濱海七水鄉一百五。

匠　戶

府織染局執役匠:三,戶:六十一。趙《圖記》。

縣戶:七百六十六。袁《志》。　案:趙《圖記》注列七百六十四戶。嘉善章《志》作"八百七十五戶,分住坐兩京九十六,輪班七百三十二,存留四十七。"各注都區。

海鹽縣

《輿圖備考》:編戶一百六十一里。《賦役全書》:今編順莊一百五十九。

唐

戶：一萬三千二百。陸廣微《吳地記》。

案：《唐書·地里志》：吳郡，縣：七，口：六十三萬二千六百五十。又《雲間志》《松江志》云：舊經華亭，戶：五萬四千九百四十一，口：十一萬三千一百四十三，則天寶十載以前海鹽戶口當不止是，《吳地記》恐未實也。　以上伊《志》。

宋

戶：一萬三百六十四，口：二萬五千八百六十六。宋《嘉禾志》。　海鹽仇《志》引之。

紹熙間，戶：一十一萬七百零一，主戶：一十萬九千一百一十六，客戶：一千五百三十五。宋《武原志》。　案：袁《志》引此云“口無考”，蓋紹興後盛時戶籍也。又“一十六”作“六十六”，與海鹽仇《志》異，海鹽徐《志》引此作“戶一十一萬七百”。

元

戶：四萬二千二百五。《至元志》分儒一百五十三戶，僧五百三十戶，尼四十九戶，道一十戶，民四萬一千四百六十三戶。

案：《元史》元貞元年詔：縣五萬以上升州。海鹽戶滿六萬，改爲海鹽州，則相距僅五六年，不應驟增至三之一也。

明

洪武間，戶：八萬四千九百二十八，口：二十六萬六千四百七十九。

永樂間，戶：七萬一千五百五十九，口：二十萬七百五十九。以上柳《志》。

宣德間，除分平湖縣外，戶：二萬七十三，口：八萬一千四百九十六。《海寧衛志》與劉《志》同。

景泰間，戶：二萬六千六百五，口：八萬一千五百五十七。

天順間，戶：二萬六千五百一十八，口：七萬五千七百七十一。

成化間，戶：二萬六千六百五十四，口：七萬五千八百一十。以上柳《志》。

嘉靖間，戶：二萬五千五百八十四，口：七萬七千一百九十一。海鹽仇《志》。

萬曆間，戶：二萬一千三百二十五，口：四萬八千六百五十九。《海鹽圖經》。

國　朝

原額人丁：四萬八千六百五十九。袁《志》作“六千”，誤，今從《通志》改正。

康熙六十年，原報人丁：五萬二千八丁口。

雍正四年，實在人丁：五萬二千四百九十八丁口。《賦役全書》：原額田地加新陞實該田地六千七頃六十七畝一分二釐四忽，每田地一十二畝二分四釐八毫五忽五微四塵五渺四漠四埃三纖四沙，派人丁一丁口。

雍正九年,編審實在人丁：五萬二千九百六十二丁口。内原額完賦人丁四萬九千五十丁口,每丁原徵銀七分三釐七毫。今加白糧經費,丁字沽共銀七分三釐八毫六絲九忽一微九塵二渺九漠二埃四纖五沙。每丁原徵米五合。今加白糧經費,食米共五合三抄九撮三圭四粟三粒三秭六糠九秕。外實盛世滋生增益、土著人丁三千九百一十二丁口,永不加賦。以上《浙江通志》。

乾隆三十四年,户：八萬六千八百九十七,大小丁：二十三萬五千七十九,大小口：一十五萬七千七十一。

乾隆五十四年,户：八萬七千四百九十七,大小丁：二十三萬六千五百七十二,大小口：一十五萬七千三百三十七。

嘉慶四年,户：八萬八千三百二十,大小丁：二十四萬二千一百五十七,大小口：一十六萬六百三十六。以上伊《志》。

道光十八年,户：九萬七千二百三十二,大小丁：三十一萬九千六百七十八,大小口：二十萬三千七百八十三。于《志》。

同治十二年,户：五萬一千九百六十七,大小丁：一十萬五百八十七,大小口：八萬二百六十二。新纂。

軍　戶

明洪武來充發者七千二百八十二户,萬曆間又三十三户。《海鹽圖經》：萬曆四十三年,御史李邦華清查應勾軍户,合新舊僅二百有奇。

竈　戶

原派四場,竈丁共一千九十三户。袁《志》。　案：《海鹽圖經》作"一千三百九十三户"。

匠　戶

府織染局執役匠：四,户：三十。趙《圖記》。

縣額户：一千一百九十一,故絶者多,僅存四百零九。袁《志》。　案：《海鹽圖經》天啟間僅餘户三百九十七。　以上伊《志》。

平湖縣

柳《志》：宣德四年析壤置縣。《輿圖備考》：編户一百二十一里。《賦役全書》：今編順莊七十三。

明

宣德間,户：一萬八千九百三十三,口：四萬四千二百七十九。

正統間,戶：二萬三百,口：七萬三千六百九十三。劉《志》同。

景泰間,戶：二萬四百六十七,口：七萬四千七百五十七。

天順間,戶：二萬,口：五萬九千五百七十九。

成化間,戶：一萬九千七百三十七,口：五萬九千一百二十四。以上柳《志》。

嘉靖間,戶：一萬九千三百五十八,口：五萬六千八百三十五。

萬曆間,戶：一萬五千九百三十一,口：三萬六千三百九。平湖程《志》。　案：劉《志》作"戶一萬七千一百七十六"。

崇禎間,戶：一萬二千五百一十一,口：三萬六千九百一十九。平湖朱《志》。

國　朝

原額人丁：三萬六千九百一十九。袁《志》。

康熙六十,年報人丁：四萬四百六十五丁口。

雍正四年：實在人丁：四萬五百七十八丁口。《賦役全書》：原額田地五千二百七十三頃九十六畝五釐八毫,每田地一十三畝七分五釐七毫二絲九塵九渺九漠九埃三纖三沙,派人丁一丁口。

雍正九年,編審實在人丁：四萬六百八十九丁口。內原額完賦人丁三萬八千三百三十六丁口,每口原征銀七分一釐。今加白糧經費,丁字沽共銀七分一釐一毫九絲一忽九塵九渺五埃四纖七沙。每口原徵米一升二合五勺。今加白糧經費,食米共一升二合五勺五抄五撮五圭五粟四粒五黍一秭一糠一粃。外實盛世滋生增益人丁、內別省寄居人丁一百五十五丁口,土著人丁二千一百九十八丁口,共增益人丁二千三百五十三丁口,永不加賦。　以上《浙江通志》。

乾隆三十四年,戶：六萬七千八百七十,大小丁：一十七萬三千六百七十四,大小口：九萬二千七百四十七。

乾隆五十四年,戶：六萬八千五百二十,大小丁：一十七萬六千六百八十二,大小口：九萬四千六三十五。

嘉慶四年,戶：六萬九千三百三十八,大小丁：一十八萬六千六百八十五,大小口：九萬六千九百七十八。以上伊《志》。

道光十八年,戶：七萬三千八百三十九,大小丁：一十九萬四千四百二十二,大小口：一十萬九千八百八十四。于《志》。

同治十二年,戶：三萬七百五十三,大小丁：六萬四千三百二十三,大小口：四萬五千六十七。新纂。

軍　戶

明洪武來充發者三千七百二十一戶,歷有充發計共四千一百一十八戶。平湖程《志》。　案：萬曆四十三年,清查應勾軍戶,合新舊僅一百九十四。

竈　戶

原派五場,竈丁共一千七百五十戶。袁《志》。　案：平湖朱《志》萬曆初核實八千七百八十四戶,八千八百一十一丁。

匠　戶

府織染局執役匠：二，戶：一十九。趙《圖記》。

縣戶：六百七。案：趙《圖記》額設四十三役，六百三十戶。後故絕，僅存三百二十五戶。袁《志》。

案：平湖程《志》除詳豁及府局執役外，餘匠二百九十五戶。又平湖高《志》：康熙三十七年，知縣王瑋採邑人議，詳請題準歸併地丁攤徵。王瑋《碑記》曰：聞之利不十不興，害不十不革。蓋法有所窮，勢必更張，要其通變宜時，嘉惠黎庶，毋庸膠柱爲也。浙省匠班，自明成化年間，將應解工匠每名折銀四錢五分以抵京都僱募之費，案名定額，相沿已久。迄今代隔年遠，或子孫徙業，匠籍仍存，或人戶逃亡，鬼名空寄，以致徵解無從，累波宗黨，怨咨之聲日聞。歷來有司束於舊例，莫可如何，通省皆然，非獨平湖一邑矣。瑋自康熙乙亥承乏茲邦，察訪閭閻休戚，即知此項之苦我父老非復一日，擬將銀兩均於地丁攤徵，計每畝不過絲毫，而通邑易舉，窮民息累，是或一道也。適巡撫線公一信下咨民間利弊，爰集紳衿糧里議之，僉曰，便時有陸清、高陞、楊林等合嗣懇詳，幸邀布政使趙公良璧仿江右成例疏請。而皇仁浩蕩，下部允行，於三十七年爲始，東西兩浙渥澤均沾，皆我皇上勤恤民隱，及各慮釐剔弊政之恩。瑋，下邑小吏，不過因民欲行者代爲轉籲而已。至文移往還，身任奔走，則義民楊林勞苦居多云。　　以上伊《志》。

石門縣

《輿圖備考》：編戶三百十一里。《賦役全書》：今編順莊五百二十六。

宋

淳熙間，戶：二萬八千九百二十，口：二萬九千六百二十一。崇德洪《志》。

淳祐間，戶：五萬一千二百二十一，口：一十七萬九千三百六十六。《語溪志》。　柳《志》引之。

元

至元間，戶：五萬五千四百。《嘉禾志》分儒一百一十戶，僧九百一戶，尼一百六十六戶，道六戶，急遞舖五十八戶，民五萬四千一百五十九戶。

元貞間，戶五萬五千五百。柳《志》。

延祐間，戶，未詳數。口：三十五萬九千九百一。元俞鎮《修辭稿頌州守盧公詩序》。

明

洪武間，戶：八萬二千二十一，口：三十萬四千八百五十九。

永樂間，戶：七萬七千五百五十八，口：二十三萬三千五百九十七。

宣德間，戶：六萬八千三百四十五，口：一十四萬五千八百六。案：宣德五年析置桐鄉，戶有三萬三千餘，則既析後不應仍有六萬餘戶也。

正統間，戶：三萬六千六百四十九，口：一十三萬六千七百四。

景泰間，戶：三萬六千六百五十五，口：一十三萬七千三百三十五。

天順間，戶：三萬六千九百三十二，口：一十萬五千三百三十五。

成化間，戶：三萬八千八百九十，口：一十萬七千五百二十二。以上柳《志》。

弘治間，戶：三萬九千一十三，口：一十萬二千八百八十九。

正德間，戶：三萬九千四百八十九，口：一十萬二千九百三十一。

嘉靖間，戶：三萬六千七百一十三，口：一十萬六千二百七十三。

隆慶間，戶：三萬九千五百五十四，口：一十一萬二千九百九十五。以上崇德靳《志》。

萬曆間，戶：三萬九千六百五十四，口：六萬六千四百四十七。劉《志》。

國　朝

原額人丁：六萬六千四百四十七丁口。袁《志》。

康熙六十年，原報人丁：七萬一百七十九丁口。

雍正四年，實在人丁：七萬三百八十三丁口。《賦役全書》：原額田地除荒連加陞科實徵銀四萬八千九百八十六兩三毫五絲八忽二微六塵四渺八漠七埃三纖二沙，實徵米六萬二千八百九十一石一斗五升一合三勺一抄二撮五圭二粟五粒九黍八秒八糠四粃。每銀七錢三分七釐二毫一絲九忽一微四塵二渺四漠四埃八纖三沙，米九斗四升六合四勺八抄五撮九圭四粟五黍六秒三糠，派人丁一丁口。

雍正九年，編審實在人丁：七萬八百二十二丁口。內原額完賦人丁六萬六千四百四十七丁口，每丁原徵銀五分六釐六毫。今加白糧經費，丁字沽共銀五分六釐六毫九絲一忽四微七塵七渺二漠二埃六纖二沙。每丁原徵米三合八勺。今加白糧經費，食米共三合八勺二抄二撮九圭八粟九粒二黍八秒六糠四粃。外實盛世滋生增益、土著人丁四千三百七十五丁口，永不加賦。　以上《浙江通志》。

乾隆三十四年，戶：四萬八千九百五十四，大小丁：一十九萬五千一百十四，大小口：一十六萬三千二百九十七。

乾隆五十四年，戶：四萬八千九百七十二，大小丁：一十九萬五千四百一十二，大小口：一十六萬三千四百九十九。

嘉慶四年，戶：四萬九千五十五，大小丁：一十九萬六千八十四，大小口：十六萬四千二十三。以上伊《志》。

道光十八年，戶：五萬四千四百四十，大小丁：二十萬六千八百九十三，大小口：一十七萬二千五百二十九。于《志》。

同治十二年，戶：四萬二千五百，大小丁：九萬四千一百一十三，大小口：六萬四千二百六十三。新纂。

軍　戶

凡二千八百八十戶，故絶後僅存六百六十。

竈　戶

原派五場，竈丁共六十三戶。袁《志》。　案：石門郟《志》作"七十一戶"。

匠　戶

府織染局執役匠：四，戶：三十。趙《圖記》、袁《志》。　案：石門鄺《志》共六十一戶。

縣戶：三百九十八。趙《圖記》。　案：石門鄺《志》五百四十九戶。

桐鄉縣

桐鄉徐《志》：宣德五年分設。《輿圖備考》：編戶一百七十九里。《賦役全書》：今編順莊二百五十六。

明

宣德間，戶：三萬三千六百五十一，口：九萬二千一百二十七。案：桐鄉徐《志》合軍、寵、匠戶共戶：三萬三千六十六，口：八萬五百七十三，與柳《志》、劉《志》均不符。

正統間，戶：三萬三千六百五十九，口：九萬二千二百五十。

天順間，戶：三萬二千六百四十四，口：八萬三千七百一十八。

成化間，戶：二萬九千八百三十七，口：四萬六千四百二十。以上俱柳《志》。　案：桐鄉徐《志》載成化八年、十八年戶俱三萬二千餘，口俱八萬三千餘。

弘治間，戶：三萬四千六百九十五，口：八萬三千一百二十九。

正德間，戶：三萬三千二百四十五，口：八萬三千七百二十五。

萬曆間，戶：二萬八千七百二十三，口：四萬七千五百四十八。劉《志》。　案：桐鄉徐《志》萬曆四十八年後荒疫，戶口大損。

國　朝

原額戶口人丁：四萬九千二百八十二丁口。袁《志》。　案：原額不符，舊志無考。

康熙六十年，原報人丁：五萬一千六百三十一丁口。

雍正四年，實在人丁：五萬二千八百五十二丁口。《賦役全書》：原額田地五千一百九十一頃九十畝五分六釐三絲二忽，每田地十畝五分三釐五毫九忽五微二塵五渺，派人丁一丁。

雍正九年，編審實在人丁：五萬二千四百六十五丁口。內原額完賦人丁四萬九千二百八十二丁口，每口原徵銀六分八釐。今加白糧經費，丁字沽共銀六分八釐五絲三忽三微六塵九渺一埃四纖五沙。每口原徵米三合六勺。今加白糧經費，食米共三合六勺一抄三撮二圭二粒八黍一秭一糠六粃。外實盛世滋生增益人丁、內別省寄居人丁二百七十六丁口，土著人丁二千九百七十三丁口，共增益人丁三千一百八十三丁口，永不加賦。

乾隆三十四年，戶：五萬三千一十一，大小丁：一十五萬六千八百七十四，大小口：九萬六千四百七十四。

乾隆五十四年，戶：五萬三千八百一十八，大小丁：一十五萬九千九百八，大小口：一十萬三千八百六十一。

嘉慶四年，戶：五萬五千一百七十五，大小丁：一十六萬五千五百六十七，大小口：一十萬九千二百五十九。以上伊《志》。

　　道光十八年，戶：六萬八千一百五十一，大小丁：一十九萬四千五百二十九，大小口：一十三萬二千五百九十六。于《志》。

　　同治十二年，戶：五萬五百五十七，大小丁：六萬八千五百六十四，大小口：四萬五千七百九。新纂。

<h2 style="text-align:center">軍　戶</h2>

分縣時戶四百三十五。桐鄉徐《志》。　案：後無考。

<h2 style="text-align:center">竈　戶</h2>

原派四場，竈丁共九十一戶。袁《志》。　案：桐鄉徐《志》作"五十五戶"。

<h2 style="text-align:center">匠　戶</h2>

府織染局執役匠：七，戶：五十九。

縣戶：三百六十五。以上趙《圖記》。　案：桐鄉徐《志》合府匠戶作"一千一百五十戶"。　以上伊《志》。

嘉興府志卷二十一

田賦〔一〕

嘉興古揚州域，厥田下下，厥賦下上上錯，古賦蓋輕甚也。今者賦額之重，群謂始於南宋之官田。第考《文獻通考》，北宋熙寧十年，兩浙路已有官田之目九百六十四頃四十一畝。至南宋紹興二十三年，秦檜爲相，兩浙州縣別科米、麥，有一畝地納四五斗者。而檜又根括隱田，增添租米，加重於舊，則其由來久矣。明嘉靖年扒平田則，聖朝雍正年減額銀，同治年減額漕，又免嘉善之賠虧，真千載一時也。能知舊弊，始感新恩，其始末不可不詳也。志《田賦》。

明洪武至宣德五年

嘉興府原額官民田地、山蕩等項共四萬五千六頃八十三畝八分三釐。

嘉興縣田地、山蕩等項，除分秀水、嘉善縣外，共八千四百一十六頃九十七畝六分五釐八毫。

秀水縣田地等項共七千六頃一十一畝九分七釐五毫。

嘉善縣田地等項共六千二百六十二頃六十二畝七分三釐。

海鹽縣田地、山蕩等項，除分平湖縣外，共六千八百四十九頃三十二畝八分一釐一毫。

平湖縣田地、山蕩等項共六千五十頃五十六畝一釐六毫五絲。

石門縣田地、山蕩等項，除分桐鄉縣外，共五千三十五頃二十六畝三釐九毫。

桐鄉縣田地、山蕩等項共五千三百七十六頃三十四畝六分六毫。

嘉靖二十六年，郡守趙瀛扒平田則。

隆慶二年，奉布政司編定賦役成規，額該本府派徵扒平田地、山蕩等項共四萬四千四頃四十畝五分七釐五毫二絲。

嘉興縣田地合爲一則，共八千六百四十四頃五十九畝一分九釐七毫。

山蕩合爲一則，共五十七頃六十五畝四釐六毫。

蕩地：一十四頃九十畝六分四釐一毫。

秀水縣田地合爲一則，共六千一百七頃二十三畝六分六釐五毫。

蕩灘合爲一則，共二百二十九頃九十九畝四分二釐一毫。

嘉善縣田地合爲一則，共六千二十四頃三十五畝三分六釐。

蕩灘合爲一則，共二百六十九頃七十六畝二分四釐。

海鹽縣田地合爲一則，五千九百六十五頃二十四畝二分七釐六毫二絲。

山蕩灘濱合爲一則，共三百五十四頃七十五畝一分一釐。

平湖縣田：五千三十六頃五十六畝一分五釐四毫。

地東十九都、二十都二東區高阜地：六百六十四頃七十八畝六分八釐，每地二畝折實地一畝,共實地三百三十二頃三十九畝三分四釐。

東十九都、二十都二西區高阜地:二百四十九頃九畝,每地三畝,折實地二畝,共折實地一百六十六頃六畝,山一百六頃二十二畝四分二釐九毫。

石門縣田地合爲一則,共五千二頃一十二畝一分五釐,蕩灘一十七頃二十一畝六分八釐。

桐鄉縣田地合爲一則,共五千一百三十七頃六十五畝九分六釐七毫。

山蕩合爲一則,共一十一頃六十六畝三分五釐三毫。

萬曆八年丈量,十三年奉文摘查改正,十六年郡守龔勉勒碑。

嘉興縣丈實田地、山蕩等項共八千七百六十一頃一十七畝二分二釐六毫。内田:八千二十五頃七十五畝五分,地:六百五十三頃九十四畝四分九釐六毫,山:八十二畝九分七釐二毫,蕩地:一十四頃九十畝六分四釐一毫,蕩灘濱:六十五頃七十二畝六分一釐七毫。

秀水縣丈實田地、蕩灘六千四百四十一頃八十一畝六釐六毫。内除會計包補折免零,東區十作九徵田三十三頃四十二畝七分三釐零,西區十作八徵田七十七頃一十六畝三分二釐七毫,以上二項止免税糧,其平徭、兵壯照額科征。除外折實田地、蕩灘:六千三百三十一頃二十二畝九毫,内折實田地:六千八十三頃三十八畝六分七釐四毫,蕩灘:二百四十七頃八十三畝三分三釐五毫。

嘉善縣丈實田地、蕩灘六千二百七十頃一十九畝九分五釐四毫。内田:五千九百四頃七十八畝四分一釐七毫,地:一百八頃八十四畝八分三釐五毫,蕩灘:二百五十六頃五十六畝七分二毫。

海鹽縣丈實田地、蕩灘濱六千二百九十三頃九畝一分一毫七絲。内田:五千二百一十八頃六十一畝六分八釐九毫六絲二忽,地:七百五十六頃八十二畝七分五毫,山:一百七十五頃三十八畝一分三釐六毫五絲,蕩灘:一百四十二頃二十六畝五分七釐五絲六忽。

平湖縣丈實田地、山蕩五千二百五十四頃五十一畝五分一釐四毫。内除會計包補折免,東十九都、二十都二東區二畝折田一畝,地:三百六頃三十六畝七分四釐四毫五絲,二西區三畝折田二畝,地:四十七頃一十一畝二分六釐八毫,概縣五畝折田一畝,山蕩:一百二十七頃二十三畝五分六釐六毫五絲。以上三項止徵兵餉,其税糧、馬壯、平徭俱不起科,除外共折實田四千七百七十三頃七十九畝九分三釐五毫。

石門縣丈實田地、蕩灘五千一十九頃三十三畝八分二釐。内田:四千二百七十九頃九畝五分八釐五毫,地:六百二十三頃二畝五分六釐五毫,蕩灘:一十七頃二十一畝六分八釐。

桐鄉縣丈實田地、蕩五千一百四十七頃九十一畝六分八釐。内田:四千二百九十七頃八十八畝七分五釐七毫九微,地:八百三十四頃九十一畝二畝一毫,山:三頃七十九畝三釐,蕩:一十一頃三十二畝一分七釐二毫。以上見袁、吳二志。

國　朝

嘉興府

原額田:三萬七千二百四十七頃六十四畝七分五釐二毫八絲二忽。案:舊志田地、銀米各數核與各縣散數結總不符,今依縣數更正。

實在田:三萬六千六百一十一頃四十三畝八分五釐三毫八絲。

實徵銀:三十四萬二千三百七十二兩二分五釐三毫一絲三忽。

實徵米:三十九萬八百二十二石一斗五合六勺三抄四撮。

原額地:四千一百九十二頃六十六畝四分五釐四絲一忽。

實在地:五千五百四十頃一十八畝二分六釐一毫八絲六忽。

實徵銀:四萬四千七十二兩三錢二分三釐七忽。

實徵米:四萬九千八百一十七石五斗二升三合二勺七抄七撮。

原額山:三百三十二頃三十畝三分五絲。

實在山:二百三十四頃一十八畝五分三毫九絲三忽零。

實徵銀:一百三十七兩九錢六分六釐二毫七絲四忽。

實徵米:九百八十五石二升一合六勺八抄二撮零。

原額蕩灘:七百九十六頃七十九畝三分五釐七毫三絲九忽。

實在蕩灘:八百二十四頃二十三畝九分四釐八毫一絲三忽。

實徵銀:二百三十七兩八分八釐八毫二絲三忽。

實徵米:三千六百八十六石九斗三升六合四勺四抄八撮。

帶徵嘉興所屯田:一百一十頃六畝。

實徵銀:二千六十五兩六錢八分四釐二毫六絲六忽。

原額人丁:五十六萬六千四百九十一口零。

實在人丁:五十六萬七千八百七十八口零。

實徵銀:二萬六千三百七十五兩一錢五分九釐九毫四絲四忽。

實徵米:一千三百八十七石七斗一升六合一勺六抄九撮。

盛世滋生人丁:三萬四十九丁口,外省寄居人丁:二十三口。康熙五十二年,欽奉恩詔,永不加賦。

以上田地、山、蕩灘人丁等項,除嘉善縣丈缺田地奉準豁銀外,實徵銀:四十一萬五千二百六十兩二錢四分八釐零。加蠟茶,新加除免,實徵銀:一百一十五兩一分九釐零。加蠟茶,時價銀:一十九兩七錢六分九釐零;加藥材銀:二十八兩一錢五分七釐零;加匠班,除免,實徵銀:一千四百九十八兩九錢九分一釐零;加收零積餘米,折銀:二百六十九兩一錢七分八釐零;加孤貧口糧米,折銀除免,實徵:三千七百五十一兩九錢二分;加改折灰石,銀:一萬三千七百五十六兩三分一釐零;加行月白糧,改折銀:七千九百五十兩六錢七分三釐零;加併徵漕截銀:一十二萬二千七百二十一兩三分八釐零。同治六年,加增蠟茶、藥材銀:四十三兩六錢二分七釐零。

共徵銀:五十六萬五千三百六十一兩五錢五分四釐零。

外賦入地丁科徵

水鄉竈丁鹽價不敷銀:一萬一千七百七十四兩三錢五分四釐零。

本府稅課司課鈔銀:六十四兩。

各縣課鈔銀:七十八兩七錢四分七釐零。

稅課局課鈔銀：三十二兩。

以上連車珠，共實徵銀：一萬二千一百四十九兩二錢六分六釐零。車珠銀：二百兩一錢六分四釐零。

外賦不入地科徵

本府天星、馬場、鴛鴦、相家四湖河泊所課鈔銀：七十七兩七錢一分一釐。

本府天星河泊所漁課竝路費銀：一百六十八兩二錢五分九釐零。

各縣課鈔銀：一兩五錢九分零。

各稅課局課鈔銀：五百七十四兩五分零。

各縣河泊所課鈔銀：七十五兩三錢七分四釐零。

各縣漁課并新加銀：七十三兩二錢三釐零。

以上共徵銀：九百七十兩一錢九分零。內除四湖課鈔并天星河漁課外，實銀：七百二十四兩二錢一分九釐零。

通共地丁外賦，實徵銀：五十六萬六千八十五兩七錢七分四釐零。

閏年加徵銀：六千七十六兩五錢九分四釐。

起運地丁

戶部折色銀：十萬五千七百五十八兩六錢三分五釐。　滴珠路費銀：一千七百七十三兩一錢八分三釐。

嘉興所屯折銀：二千六十五兩六錢八分四釐零。

禮部折色銀：一千七百七十九兩九錢五分八釐。　路費銀：六十八兩九錢六分四釐。

工部折色銀：二萬五千五百五十六兩九錢八分。　路費銀：六十九兩二釐。

裁改存留解部銀：五萬一千一百五十九兩六錢九分一釐。　路費銀：五十四兩一錢一分三釐。

留充兵餉改入起運銀：五萬一十一兩二錢四分二釐。

以上共原額徵銀：二十三萬八千二百九十七兩四錢五分二釐零。內除嘉善縣奉豁義冢銀：四兩六錢二分四釐，又奉豁丈缺田地案內攤扣銀：一千七百二十一兩四錢五分二釐。

實徵銀：二十三萬六千五百七十一兩三錢七分六釐。

閏年加徵銀：三千七百十四兩四錢四釐。

蠟茶、藥材、熟鐵

戶部本色蠟茶銀：九百三十八兩九錢三分三釐。　路費銀：七兩八錢七分二釐。

禮部本色藥材銀：九十二兩二分二釐。　路費銀：十三兩九錢七分四釐。

工部本色熟鐵銀：十六兩三錢一釐。　路費銀：一兩六錢三分。

加增蠟茶、藥材、熟鐵銀：四十三兩六錢二分八釐。

以上共徵銀：一千一百一十四兩三錢六分。

河　工

永福倉原額銀：四千二百兩,内除嘉善縣奉豁缺額銀：三十五兩五錢一分七釐,實解銀：四千一百六十四兩四錢八分三釐。

修河米,折原額銀：二千四十五兩五錢五分四釐。

過江米,折原額銀：三千五十兩。　　以上兩欵内嘉善縣奉豁缺額銀：三十九兩九錢四分八釐,實解銀：五千五十五兩六錢六釐。

路費銀：四十七兩六錢九分九釐。

以上共徵銀：九千二百六十七兩七錢八分八釐。

鹽　課

隨糧帶徵鹽課,竈丁鹽價原額銀：一萬一千七百七十四兩三錢五分四釐,内奉豁嘉善縣缺額銀：一十兩四錢八分一釐,實解銀：一萬一千七百六十三兩八錢七分四釐,車珠銀：二百兩一錢六分四釐。

以上共徵銀：一萬一千九百六十四兩三分七釐。

驛　站

應差夫工銀：一萬一千九百六十八兩一錢八分四釐。

應差馬夫工食草料銀：五百六十七兩二錢四分四釐。

僱馬銀：三百八十兩九錢四分三釐。

以上共徵銀：一萬二千九百一十六兩三錢七分一釐。

閏年加徵銀：八百七兩二錢七分三釐。

解司存留

拜進表箋箱袱紙劄銀：一十五兩八錢五分八釐。

南關經費銀：三十六兩。

布政司轎傘扇夫工食銀：四十二兩。

布政司經歷俸銀：六十兩。

布政司理問所經費銀：九十六兩。

布政司照磨經費銀：七十六兩。

布政司廣濟庫大使經費銀：四十三兩五錢二分。

布政司解户役銀：七百五兩。

戰船民六料銀：二百七十九兩九錢。

以上共解銀：一千三百五十四兩二錢七分八釐。

府縣存留

各縣拜賀習儀香燭銀：二兩四錢。

各縣致祭文昌帝君銀：四百二十兩。

各縣致祭武廟銀：四百二十兩。

各縣致祭屬壇米折銀：三十一兩。

平湖縣致祭天后祠銀：一十四兩八錢。

本府祭祀銀：一百八十六兩七錢八分。

縣祭祀銀：八百二十九兩七錢九分二釐。

文廟香燭府銀：三兩六錢。　　縣銀：一十一兩二錢。

迎春芒神土牛春酒府銀：四兩。　　縣銀：一十三兩五錢。

乍浦都統衙門心紅紙劄銀：一十一兩二錢。

杭嘉湖道經費銀：三百三十九兩。

糧道經費銀：一百二十六兩。

按察司經費銀：三百四十八兩。

學院經費銀：六十六兩。

按察司司獄經費銀：四十三兩五錢二分。

鹽運司經費銀：二百一兩。

嘉興分司經費銀：二百二十八兩。

運司經歷俸銀：四十五兩。

本府知府經費銀：四百五十九兩。

同知經費銀：二百五十四兩。

同知捕役水手工食銀：九十六兩。

乍浦理事同知經費銀：一百九十八兩。

通判經費銀：二百三十四兩。

本府經歷經費銀：七十六兩。

照磨經費銀：六十七兩五錢二分。

司獄司經費銀：四十三兩五錢二分。

本府儒學經費銀：二百九十七兩一錢二分。

本府儒學加俸銀：五十三兩四錢八分。

嘉興批驗所經費銀：四十三兩五錢二分。

蘆瀝、橫浦二場經費銀：八十七兩四分。

西水驛驛丞經費俸銀：三十一兩五錢二分。

嘉興等七縣知縣經費銀：四千五百七十九兩八錢。

縣丞六員經費銀：四百五十六兩。

主薄五員經費銀：三百四十五兩五錢七分。

典史七員經費銀：四百七十二兩六錢四分。

屬縣儒學教諭七員經費銀：一千三百五十一兩八錢四分。

屬縣儒學教諭七員加俸銀：三百三十九兩三錢六分。

乍浦鎮、白沙灣、青鎮三巡司巡檢三員經費銀：四百七兩七錢六分。

魏塘、澉浦海口弓兵工食銀：二百八十八兩。

魏塘、陶莊、風涇巡攔七名工食銀：二十八兩。

海沙、鮑郎二場經費銀：八十七兩四分。

鄉飲酒禮二次府銀：一十五兩。　　縣銀：三十七兩五錢。

歲貢旗匾銀：二十七兩。

府縣鎮巡鹽應捕工食銀：一千八兩。

看守公署門子二十六名工食銀：七十兩八錢。

省城募夫并損擡酒席、撮辦家伙人夫工食銀：三百八十二兩八錢。

衝要二十三舖舖司兵一百三十名銀：九百二十五兩。

偏僻一十七舖舖司兵五十八名銀：三百六十兩。

孤貧一千二百八十八名布花木柴銀：七百七十二兩八錢。

孤貧一千二百八十八名口糧銀：四千六百三十六兩八錢。

重囚口糧府銀：七十二兩。　　縣銀：二百五十二兩。

乍浦理事同知衙門囚糧銀：三十六兩。

以上共徵銀：二萬一千七百五十一兩二錢六釐。外奉文撥補銀：四百八十六兩一分六釐。

閏年加徵銀：一千三百六十九兩六錢八分二釐。

漕項原額銀：二十七萬三千二百六十五兩三錢三釐。內除嘉善縣奉豁丈缺攤扣銀：二千一百一十八兩九錢四分五釐。實徵銀：二十七萬一千一百四十六兩三錢五分八釐。詳《漕運》。

閏年加徵月糧銀：一百八十五兩二錢三分五釐。

通共原額米：四十四萬六千六百九十九石三斗三合二勺。案：同治五年，嘉善縣丈缺田地案內共豁米：三千二百五十六石九斗五升七合七勺。業於田地實徵條內分別全數扣除，惟內有南糧續定耗米項下奉豁米：三十一石三斗八升九合二勺，向不入《賦役全書》，應行剔出外，實應豁米：三千二百二十九石五斗六升八合五勺。

實該米：四十四萬六千七百三十石六斗九升二合四勺。加乾隆四十一年白糧改漕，加三春耗米：一百五十二石三斗九升九合五勺。

共應徵米：四十四萬六千八百八十三石二斗九升一合九勺。內除改米徵銀，零積餘米，孤貧米，灰石行月食米，共一萬九千六百九十四石七斗九升九合三勺。實徵米：四十二萬七千一百八十八石四斗九升二合六勺。

閏年加徵月糧米、墩夫口糧米共二百七十九石四斗一升二合。

起運原額漕白行月食米：三十四萬六千八百五十三石六斗二升七合三勺。內除奉豁嘉善縣缺額米：二千五百二十九石六斗六升七合五勺。實該米：三十四萬四千三百二十三石九斗五升九合八勺。詳《漕運》。

存留米

祭祀米：五石。

解運省倉南白准糙米：三千五百八十一石五斗七升九合九勺。

加夫船貼役米：二百七十七石八斗九升一合四勺。

解運省倉南米：七萬一千八百六十四石八斗四升三合一勺。

加夫船貼役米：四千四百四十三石一斗四升六合四勺。

原給門軍，今改墩夫口糧充餉米：一百十五石二斗。

巡防庫役、瞭望海洋鐸夫改墩夫口糧充餉米：三百七十四石四斗。

歷年新陞充餉米：二千八百九十二石三斗七升三合。

以上共存留米：八萬三千五百五十四石四斗三升三合八勺。内除奉豁嘉善縣缺額米：六百八十九石九斗一合。實該米：八萬二千八百六十四石五斗三升二合八勺。案：各縣田地自遭粵匪之擾，荒蕪甚多，叠奉恩綸，蠲荒徵熟，歷年設法招徠，逐漸開墾，至今尚未全復舊額焉。

雜　課

學租銀：九百四十一兩七錢八分五釐。

當稅每舖徵銀：五兩。

牙稅銀：六百二十二兩八錢。

季鈔銀：五百五十一兩七錢二分。

契稅每兩徵銀：三分。

牛稅每兩徵銀：三分

附釐金　咸豐間粵匪之亂，各省軍興，兵餉浩繁。當事議權徵商賈以資接濟，名曰百貨釐金。同治三年，開總局於郡城，分設釐卡於七屬，共二十四處，嗣經裁併，尚存十九處，皆由行省委員經理按貨物之資本，每千約抽五釐，浙西杭嘉湖統以一捐爲度。所產蠶絲另自按觔計捐，均無定額。雖屬權宜，而事關濟餉，附記於此。

嘉興縣

原額田：八千四十六頃二十八畝二分一釐四毫。

實在田：八千四十六頃一十八畝四分一釐四毫。

每畝徵銀：八分九釐四毫三絲一忽零。該銀：七萬一千九百五十八兩一錢三分五釐一毫三絲七忽零。

每畝原徵米：一斗四升六勺六抄四撮零。同治四年，減免米：三升二合四勺九抄五撮零，實徵米：一斗八合一勺六抄八撮零。該米：八萬七千三十四石三斗七升九合三勺八抄六撮零。

新陞田：九十七畝四分二毫。

每畝徵銀：八分九釐四毫三絲一忽零。該銀：八兩七錢一分七毫九絲五忽零。

每畝原徵米：一斗四升一合一勺七抄七撮零。同治四年，減免米：三升二合四勺九抄八撮零，實徵米：一斗八合六勺七抄八撮零。該米：一十石五斗八升五合五勺五抄一撮零。

蕩地改辦徵田：三十五畝五分。

每畝徵銀：八分九釐四毫三絲一忽零。該銀：三兩一錢七分四釐八毫一絲三忽零。

每畝原徵米：一斗四升三合二勺三抄四撮。同治四年，減免米：三升二合四勺九抄八撮零，實徵米：一斗一升七勺三抄五撮零。該米：三石九斗三升一合一勺六撮零。

四鎮倉基義等田：六十一畝四分二釐九毫。銀米俱不起科。

原額地：六百五十三頃九十四畝四分九釐六毫。

實在地：六百五十三頃九十三畝四分九釐六毫。

每畝徵銀：八分八釐五毫一絲四忽零。該銀：五千七百八十八兩二錢七分五釐八毫七絲一忽零。

每畝原徵米：一斗三升九合八勺七抄六撮。同治四年，減免米：三升二合四勺九抄七撮零，實徵米：一斗七合三勺七抄八撮零。該米：七千二十一石八斗二升五合一勺四抄六撮零。

新陞地：一十四畝九分八毫。

每畝徵銀：八分八釐五毫一絲四忽零。該銀：一兩三錢一分九釐五毫七絲四忽零。

每畝原徵米：一斗四升三勺八抄六撮零。同治四年，減免米：三升二合四勺九抄九撮零，實徵米：一斗七合八勺八抄七撮零。該米：一石六斗八合三勺八抄零。

原額蕩地：一十五頃一十七畝三分一釐五毫。

實在蕩地：一十四頃八十一畝八分一釐五毫。

每畝徵銀：二釐四毫四絲零。該銀：三兩六錢一分六釐八毫一絲四忽零。

每畝原徵米：一斗一升四合五勺四抄一撮零。同治四年，減免米：二升七合四勺九抄八撮零，實徵米：八升七合四抄三撮零。該米：一百二十八石九斗八升一合七勺一抄四撮零。

新陞蕩地：五分。

每畝徵銀：二釐四毫四絲零。該銀：一釐二毫二絲零。

每畝原徵米：一斗一升四合九勺五抄九撮零。同治四年，減免米：二升七合四勺，實徵米：八升七合五勺五抄九撮零。該米：四升三合七勺七抄九撮零。

山：八十八畝四分三毫。

每畝徵銀：二釐二毫二絲二忽零。該銀：一錢九分六釐四毫四絲零。

每畝原徵米：四升九合二勺五抄二撮零。同治四年，減免米：四合七勺九抄九撮零，實徵米：四升四合四勺五抄二撮零。該米：三石九斗二升九合七勺五抄一撮零。

蕩灘：七十頃七畝二分二釐七毫。

每畝徵銀：一釐五絲零。該銀：七兩三錢六分三釐五毫一絲五忽零。

每畝原徵米：四升九合一勺八抄五撮零。同治四年，減免米：四合七勺九抄九撮零。實徵米：四升四合三勺八抄五撮零。該米：三百一十一石一升九合三勺八抄九撮零。

新陞蕩灘：五十一畝二分九釐八毫。

每畝徵銀：一釐五絲零。該銀：五分三釐九毫六忽零。

每畝原徵米：四升九合三勺六抄四撮零。同治四年，減免米：四合七勺九抄九撮零，實徵米：四升四合五勺六抄五撮零。該米：二石二斗八升六合一勺一抄零。

人丁：一十一萬一千八百七十五丁。

每丁徵銀：四分八釐六絲。該銀：五千三百七十六兩七錢一分二釐五毫。

食鹽課口：四萬一千八百五十九口。

每口徵銀：一分九釐八毫。該銀：八百二十八兩八錢八釐二毫。

康熙五十五年，盛世滋生人丁：五千八百三十五丁，外省寄居人丁：一十八丁，欽奉恩詔，永不加賦。

康熙五十五年，盛世益增食鹽課口：三千二百四十二口，欽奉恩詔，永不加賦。

以上田地、山蕩、人丁等項共實徵銀：八萬三千九百七十六兩三錢六分八釐零。加蠟茶新加銀,除免實徵：二十九兩八分六釐零。加蠟茶時價銀：四兩九錢九分八釐零。加藥材時價銀：四兩二分二釐零。加匠班銀,除免實徵：三百三十八兩二錢七分九釐零。加收零積餘米銀,除免實徵：五十七兩六錢七分三釐零。加孤貧口糧折銀,除免實徵：一千九百六十九兩九錢二分。加改折灰石銀：二千七百七十八兩二分三釐零。加行月白糧改折銀：一千五百六十八兩四錢四分七釐零。加併徵漕截銀：二萬四千六百六十九兩九錢二分四釐零。同治六年,加增蠟茶、藥材銀：十兩三錢七分二釐。

共徵銀：一十一萬五千四百七兩一錢一分七釐零。

外賦入地丁科徵

水鄉竈丁鹽價銀：八百九十八兩七分六釐零。

本縣課鈔銀：一十七兩六錢八分六釐零。

本府稅課局課鈔銀：四十八兩。

以上連路費,共徵銀：九百七十九兩三分零。路費銀：十五兩二錢六分七釐零。

外賦不入地丁科徵

代徵風涇稅課局課鈔銀：八十四兩三錢六分六釐零。

通共地丁外賦實徵銀：一十一萬五千四百九十一兩四錢八分四釐零。

閏年加徵銀：一千三百九十八兩四錢三分八釐。

起運地丁

戶部折色銀：二萬一千三十七兩五錢八分八釐。　滴珠路費銀：三百五十五兩四錢一分。

禮部折色銀：三百七十八兩五錢五分八釐。　路費銀：一十一兩九分五釐。

工部折色銀：五千九百一十七兩八錢二分一釐。　路費銀：一十六兩五錢六分四釐。

舊編裁改存留解部銀：一萬一千六百七十五兩八錢七釐。　路費銀：一十五兩二錢一分。

留充兵餉改入起運銀：七千八百二十八兩八錢二分五釐。

以上共徵銀：四萬七千二百三十六兩八錢七分八釐。

閏年加徵銀：七百四十兩七錢六分二釐零。

蠟茶、藥材

戶部本色蠟茶銀：二百三十七兩四錢二分二釐。　路費銀：一兩九錢九分。

禮部本色藥材銀：一十三兩一錢四分六釐。　路費銀：一兩九錢九分六釐。

加增蠟茶、藥材銀：一十兩三錢七分三釐。

以上共徵銀：二百六十四兩九錢二分七釐。

河　工

永福倉銀：八百四十七兩八錢。　路費銀：五兩九錢三分四釐六毫。　康熙十一年,奉文改解糧道解部。

修河米折銀：四百一十三兩七分四釐五毫。

過江脚米銀：六百一十五兩九錢一分。　路費銀：三兩六錢九分五釐四毫。　以上二欵
解淮安府。

以上共徵銀：一千八百八十六兩四錢一分五釐。

鹽　課

水鄉竈丁鹽課銀：八百九十八兩七分六釐零。　車珠銀：一十五兩二錢六分七釐。

以上共徵銀：九百一十三兩三錢四分三釐。

驛　站

本府各驛銀：一千二百三十兩七分九釐。

應差夫工銀：一千五百四兩八錢。

應差馬夫工食草料銀：三百八兩。

以上共徵銀：三千四十二兩八錢七分九釐。

閏年加徵銀：一百九十八兩五錢四分七釐零。

解司存留

布政司進表箱袱什物紙劄,除裁半外該銀：一十五兩八錢五分八釐。

布政司解户役銀：七十五兩。

戰船民六料銀：八十四兩三分七釐。

以上共徵銀一百七十四兩八錢九分五釐。

府縣存留

本縣致祭文昌帝君銀：六十兩。

本縣致祭武廟銀：六十兩。

本縣致祭厲壇銀：五錢。

本府祭祀銀：九十三兩三錢九分。

府文廟香燭銀：三兩六錢。　縣香燭銀：一兩六錢。

迎春芒神上牛春酒府銀：三兩。　縣銀：一兩五錢。

本縣祭祀銀：三十六兩五錢。

督糧道經費銀：一百二十六兩。內皁隸銀：七十二兩。　轎傘扇夫銀：四十二兩。　聽事
吏銀：一十二兩。

按察司經費銀：一百九十二兩。內門子銀：二十四兩。　快手銀：七十二兩。　禁卒銀：
九十六兩。

學院經費銀：六十六兩。內門子銀：二十四兩。　轎傘扇夫銀：四十二兩。

杭嘉湖道俸銀：一百五兩。

嘉興分司經費俸銀：一十二兩。

按察司司獄經費銀：四十三兩五錢二分。內俸銀：三十一兩五錢二分。　皂隸銀：一十二兩。

本府知府經費銀：一百一十七兩。內俸銀：一百五兩。　門子銀：一十二兩。

同知經費銀：二百五十四兩。內俸銀：八十兩。　門子銀：一十二兩。　步快銀：四十八兩。　皂隸銀：七十二兩。　轎傘扇夫銀：四十二兩。

同知捕役水手工食銀：九十六兩。內捕役銀：四十八兩。　巡船水手銀：四十八兩。

西水驛驛丞俸銀：三十一兩五錢二分。

本縣知縣經費銀：六百一十一兩四錢。內俸銀：四十五兩。　門子銀：一十二兩。　皂隸銀：九十六兩。　馬快銀：四十八兩。　船械銀：八十六兩四錢。　民壯銀：一百八十六兩。　禁卒銀：四十八兩。　轎傘扇夫銀：四十二兩。　庫子銀：二十四兩。　斗級銀：二十四兩。

縣丞經費銀：七十六兩。內俸銀：四十兩。　門子銀：六兩。　皂隸銀：二十四兩。　馬夫銀：六兩。

主簿經費銀：六十九兩一錢一分四釐。內俸銀：三十三兩一錢一分四釐。　門子銀：六兩。　皂隸銀：二十四兩。　馬夫銀：六兩。

典史經費銀：六十七兩五錢二分。內俸銀：三十一兩五錢二分。　門子銀：六兩。　皂隸銀：二十四兩。　馬夫銀：六兩。

本府儒學生員廩糧銀：一百二十八兩。

本縣儒學經費銀：一百九十三兩一錢二分。內教諭俸銀：三十一兩五錢二分。　廩糧銀：六十四兩。　齋夫銀：三十六兩。廩膳銀：四十兩。　門子銀：二十一兩六錢。

本縣儒學加俸銀：四十八兩四錢八分。

鄉飲酒禮銀：七兩五錢。　裁改解司。

府縣歲貢花紅旗匾銀：三兩八錢五分七釐。

衝要二舖司兵工食銀：一百一十五兩二錢。

偏僻五舖司兵工食銀：一百二十兩。

看守公署門子工食銀：一十九兩二錢。

府縣巡鹽應捕工食銀：一百七十二兩八錢。

省城募役銀：二百一十九兩二錢。

孤貧六百八名柴布銀：三百六十四兩八錢。　口糧銀：二千一百八十八兩八錢。

重囚口糧府銀：三十六兩。　縣銀：三十六兩。

以上共徵銀：五千五百五十一兩八錢六分七釐。加撥補銀：二百二十八兩二錢五分四釐。

閏年加徵銀：三百七十兩二錢三分三釐。

漕項銀：五萬六千四百二十兩二錢八分一釐。詳《漕運》。

遇閏加徵月糧銀：八十八兩八錢九分六釐。

通共原徵米：一十二萬二千八百七十石七升八合八勺。加乾隆四十一年白糧改漕，加三春耗米三十石五斗三升五合五勺。

實原徵米：一十二萬二千九百石六斗一升四合三勺。除改米徵銀，零積餘米：六十四石八升一合九勺。孤貧口糧米：二千一百八十八石八斗。灰石米：一千八百二十三石五斗五升六合。行糧米：八百五十一石一斗六升五合。月糧米：四十四石二斗七升四合八勺。白糧食米：三百二十九石二斗八升。同治四年，奉文減免米：二萬八千三百五十一石四斗八升八合五勺。

實徵漕南本色米：八萬九千二百四十七石九斗六升八合一勺。

閏年加徵月糧給軍本色米：一百七十六石五斗一升四合六勺。

起運漕白行月食米：七萬二千九百九十二石五斗三升九合五勺。詳《漕運》。

存留米

祭祀米：五石。

解運省倉白準糙米：七百二十六石七升五合。　加夫船貼役米：五十六石三斗一升一合二勺。

解運省倉南米：一萬四千五百七十四石一斗一升三合五勺。　加夫船貼役米：八百七十四石五斗三升八合二勺。

蕩地改陞田糧米：九斗五升七合一勺。

雍正七年，新陞米：二斗七合五勺。

雍正九年，新陞米：一十七石四斗九升九合八勺。

雍正十二年：新陞米：七斗二升六合二勺。

以上共存留米：一萬六千二百五十五石四斗二升八合六勺。

地丁外賦共徵六分耗羨銀：六千九百二十九兩四錢八分九釐。

地漕項下五分隨正起解銀：五千七百七十四兩五錢七分四釐。內漕截耗留縣給軍現奉提解作正銀：九百五十七兩一錢九分三釐。

地漕項下一分解費餉餘銀：一千一百五十四兩九錢一分五釐。

閏年耗銀隨正遞加。

雜　課

學租銀：三百四十五兩四錢四分九釐一毫七絲。　府銀：七十兩二錢四分七釐一毫七絲。縣銀：二百七十五兩二錢二釐。每年解司轉解學院，賑給貧生膏火之用。

牙稅銀：九十二兩。上則每戶徵銀：八錢，中則：六錢，下則：四錢。解司充餉。同治二年，部議加增，經巡撫左改定，繁盛上則每戶徵銀：三兩，偏僻上則、繁盛中則：各一兩五錢，偏僻中則、繁盛下則：各七錢五分，偏僻下則：四錢五分。

季鈔銀：一百十四兩。每戶徵正耗銀：一錢七分六釐。

當稅銀每舖徵銀：五兩。解司充餉。

契稅每兩徵銀：三分。

牛稅每兩徵銀：三分。以上二欵無定額，隨收解司充餉。

秀水縣

原額田：五千三十頃一畝八分二釐八毫五絲。

實在田：五千二百五十一頃六十畝六分四釐八毫三絲。見舊志及該縣報冊，惟《減賦全書》載六十一畝四分二釐五毫六絲零。

每畝徵銀：一錢六釐一毫五忽零。該銀：五萬五千七百二十二兩四錢三分三釐一毫六絲八忽零。

每畝原徵米：一斗六升八合四抄九撮零。同治四年，減免米：四升七合九勺二抄零，實徵米：一斗二升一勺二抄八撮零。該米：六萬三千八十七石六升九合五勺七抄七撮零。

零東田：三百三十四頃二十七畝三分。

每畝徵銀：九分八釐六絲二忽零。該銀：三千二百七十七兩九錢五分四釐五毫七絲八忽零。

每畝原徵米：一斗五升九合一勺八抄。同治四年，減免米：三升七合四勺三抄七撮零，實徵米：一斗二升一合七勺四抄二撮零。該米：四千六十九石五斗七合三勺一抄四撮零。

零西田：三百七十六頃二十三畝五釐。

每畝徵銀：九分三釐四絲七忽零。該銀：三千五百兩七錢一分三釐四毫三絲八忽零。

每畝原徵米：一斗三升七合七勺九抄零。同治四年，減免米：三升二合四勺四抄六撮零，實徵米：一斗五合三勺四抄四撮零。該米：三千九百六十三石三斗七升九合七勺九抄四撮零。

雲五都草租田：一頃三十五畝七分一釐。

每畝徵銀：四釐六毫三忽零。該銀：六錢二分四釐六毫七絲九忽零。

每畝原徵米：一斗九升一合二勺九撮零。同治四年，減免米：五升三合九勺一抄零，實徵米：一斗三升七合二勺九抄九撮零。該米：一十八石六斗三升二合九勺八撮零。

原額蕩田：一十畝六分九釐。

實在蕩田：一十九畝二分九釐。

每畝徵銀：一釐四毫二絲三忽零。該銀：二分七釐四毫六絲五忽零。

每畝原徵米：五升九合一勺三抄八撮零。同治四年，減免米：五合六勺八抄六撮零，實徵米：五升三合四勺五抄一撮零。該米：一石三升一合七抄二撮零。

伏三十等都蕩田：二頃四十六畝七分七釐。

每畝徵銀：二釐六毫一絲。該銀：六錢四分四釐六絲九忽零。

每畝原徵米：一斗八合四勺一抄八撮零。同治四年，減免米：二升四合九勺五抄八撮零，實徵米：八升三合四勺六抄零。該米：二十石五斗九升五合五勺五抄六撮零。

四鎮常平社倉、兵營、書院、漏澤園共田：一頃九十三畝七分六釐。銀米俱不起科。

原額地：四百四十一頃三十三畝六分三釐九毫。

實在地：二百一十九頃六十三畝九分四釐九毫二絲。

每畝徵銀：一錢四釐七毫一絲零。該銀：二千二百九十九兩八錢四分八釐一毫九絲五忽零。

每畝原徵米：一斗五升八合六勺八抄六撮零。同治四年，減免米：三升七合四勺三抄七撮零，實徵米：一斗二升一合二勺四抄八撮零。該米：二千六百六十三石八升七合六勺三抄九撮零。

蕩地：九頃五十八畝五分九釐。

每畝徵銀：九毫四絲九忽零。該銀：九錢九釐七毫四絲九忽零。

每畝原徵米：三升九合四勺二抄五撮零。同治四年，減免米：三合七勺九抄三撮零，實徵米：三升五合六勺三抄一撮零。該米：三十四石一斗五升六合五撮零。

義冢地：三畝。銀米俱不起科。

原額蕩灘：二百五十一頃六十畝四分三釐一毫六絲。

每畝徵銀：一釐一毫五絲二忽零。該銀：二十九兩六釐五毫六絲七忽零。

每畝原徵米：四升七合九勺一撮零。同治四年，減免米：四合五勺九抄二撮零，實徵米：四升三合三勺八撮零。該米：一千八十九石六斗六升六合八勺九抄一撮零。

告谿無徵虛蕩：一頃六十七畝六分七毫。銀米俱不起科。

原額人丁：八萬一千九百一十二丁。

實徵人丁：八萬一千九百一十丁零。

每丁徵銀：四分七釐七毫。該銀：三千九百七兩一錢三分三釐九毫五絲八忽零。

食鹽課口：一萬八千二百七十七口零。

每口徵銀：一分八釐。該銀：三百二十八兩九錢九分八釐二毫五絲六忽零。

康熙五十二年，新增滋生人丁：四千九百一十五丁，欽奉恩詔，永不加賦。

以上田地、蕩灘、人丁等項實徵銀：六萬九千六十八兩二錢九分四釐零。加蠟茶新加銀，除免實徵：一十七兩二錢九分七釐零。加蠟茶時價銀：二兩九錢七分二釐零。加藥材時價銀：四兩二分二釐零。加匠班銀，除免實徵：二百五十兩八錢六分六釐零。加徵零積餘米折銀，除免實徵：二十三兩七錢一釐零。加孤貧口糧折銀，除免實徵：九百七十二兩。加改折灰石銀：二千四百二十四兩六分九釐零。加行糧白糧改折銀：一千五百七十六兩一錢八分三釐零。加併徵漕截銀：二萬一千七百二十九兩八錢三分五釐零。同治六年，加攤徵蠟茶銀：六兩四錢一分八釐。

共徵銀：九萬六千七十五兩六錢六分一釐零。

外賦入地丁科徵

鹽課銀：三百三十七兩八錢三分五釐零。

本縣課鈔銀：五兩六錢三分二釐零。

代徵本府稅課司課鈔銀：一十六兩。

以上連車珠共徵銀：三百六十五兩二錢一分一釐。車珠銀：五兩七錢四分三釐零。

外賦不入地丁科徵

新城稅課局課鈔銀：五十一兩四錢二分七釐零。

通共地丁外賦實徵銀：九萬六千一百二十七兩八分八釐零。

閏年加徵銀：九百一十一兩五錢九分九釐。

起運地丁

戶部折色銀：一萬六千七百一兩九錢五分七釐。　滴珠路費銀：二百九十八兩三錢九分一釐。

禮部折色銀：二百八十三兩六錢三分八釐。　路費銀：一十兩一錢四分六釐。

工部折色銀：三千六百六十六兩八錢四分五釐。　路費銀：一十兩一錢四釐。

舊編存留裁改解部銀：九千九百五十一兩六分二釐。　路費銀：一十五兩七錢三分七釐。

留充兵餉改入起運銀：七千九百四兩二錢八分六釐。

以上共徵銀：三萬八千八百四十二兩一錢六分六釐。

閏年加徵銀：四百六十五兩八錢二分三釐。

蠟茶、藥材

户部本色蠟茶銀：一百四十一兩一錢九分二釐。　路費銀：一兩一錢八分四釐。

禮部本色藥材銀：一十三兩一錢四分六釐。　路費銀：一兩九錢九分六釐。

加增蠟茶銀：六兩四錢一分八釐。

以上共徵銀：一百六十三兩九錢三分六釐。

河　工

永福倉銀：七百三十九兩八錢。　路費銀：五兩一錢七分九釐。　康熙十一年，奉文改解糧道解部。

修河米折銀：三百六十兩四錢二分。

過江腳米銀：五百三十七兩四錢。　路費銀：三兩二錢二分四釐。　以上兩款解淮安府。

以上共徵銀：一千六百四十六兩二分三釐。

鹽　課

水鄉竈丁鹽價銀：三百三十七兩八錢三分五釐。　車珠銀：五兩七錢四分三釐。

以上共徵銀：三百四十三兩五錢七分八釐。

驛　站

存留銀：一千八百九十六兩二錢。　詳《郵傳》。

解司銀：七百五兩六錢八分四釐。

以上共徵銀：二千六百一兩八錢八分四釐。

閏年加徵銀：一百七十兩四分三釐。

解司存留

南關巡欄銀：三十六兩。

布政司解户役銀：一百二十兩。

戰船民六料銀：五十一兩一錢八分七釐。

以上共徵銀：二百七兩一錢八分七釐。

府縣存留

本縣致祭文昌帝君銀：六十兩。

本縣致祭武廟銀：六十兩。

本縣致祭厲壇米折銀：五錢。

本府祭祀銀：九十三兩三錢九分。

本縣祭祀銀：三十六兩五錢。

文廟香燭銀：一兩六錢。

迎春芒神土牛春酒府銀：一兩。　　縣銀：二兩。

運司俸銀：五十二兩五錢。　　門子工食銀：一十八兩。　　庫子工食銀：二十四兩。　　聽事吏工食銀：一十二兩。　　轎傘扇夫工食銀：四十二兩。

嘉興分司門子工食銀：一十二兩。　　快手工食銀：二十四兩。　　皂隸工食銀：七十二兩。　　轎傘扇夫工食銀：四十二兩。　　聽事吏工食銀：六兩。　　舖兵工食銀：一十二兩。

本府捕快工食銀：七十二兩。　　皂隸工食銀：九十六兩。　　轎傘扇夫工食銀：四十二兩。　禁卒工食銀：七十二兩。　　庫子工食銀：二十四兩。　　斗級工食銀：三十六兩。

照磨俸銀：三十一兩五錢二分。　　門子工食銀：六兩。　　皂隸工食銀：二十四兩。　　馬夫工食銀：六兩。

嘉興鹽倉批驗所大使俸銀：三十一兩五錢二分。　　皂隸工食銀；一十二兩。

蘆瀝場大使俸銀：三十一兩五錢二分。　　皂隸工食銀：一十二兩。

橫浦場大使俸銀：三十一兩五錢二分。　　皂隸工食銀：一十二兩。

本縣知縣俸銀：四十五兩。　　門子工食銀：一十二兩。　　皂隸工食銀：九十六兩。　　馬快工食并置械共銀：一百三十四兩四錢。　　民壯工食銀：二百二十八兩。　　禁卒工食銀：四十八兩。　　轎傘扇夫工食銀：四十二兩。　　庫子工食銀：二十四兩。　　斗級工食銀：二十四兩。

縣丞俸銀：四十兩。　　門子工食銀：六兩。　　皂隸工食銀：二十四兩。　　馬夫工食銀：六兩。

主簿俸銀：三十三兩一錢一分四釐。　　門子工食銀：六兩。　　皂隸工食銀：二十四兩。馬夫工食銀：六兩。

典史俸銀：三十一兩五錢二分。　　門子工食銀：六兩。　　皂隸工食銀：二十四兩。　　馬夫工食銀：六兩。

本縣儒學教諭俸銀：三十一兩五錢二分。　　齋夫工食銀：三十六兩。　　門子工食銀：二十一兩六錢。

廩糧銀：六十四兩。　　廩生膳銀：四十兩。

儒學加俸銀：四十八兩四錢八分。

鄉飲酒禮銀：七兩五錢。

本府歲貢生員旗匾花紅酒禮銀：八錢五分七釐。

本縣歲貢生員旗匾花紅酒禮銀：三兩。

府縣鎮巡鹽應捕工食銀：二百一兩六錢。

看守布政司兵巡道府館公署門子工食銀：九兩六錢。

衝要八舖司兵工食銀：三百四十五兩六錢。

協濟省城仁、錢二縣募役銀：一百六十三兩六錢。

孤貧三百名布花木柴銀：一百八十兩。

孤貧三百名歲支口糧銀：一千八十兩。

府囚口糧銀：三十六兩。

縣囚口糧銀：三十六兩。

以上共徵銀：四千一百六十九兩二錢四分七釐。外奉文撥補銀：一百一十三兩七錢一分四釐。

閏年加徵銀：二百七十五兩七錢三分三釐。

漕項銀：四萬八千一百五十三兩六分七釐。詳《漕運》。

通共原徵米：一十萬三千五百四十石三斗七升三合九勺六抄一撮零。加乾隆四十一年白糧改漕，加三春耗米：二十七石一斗五升六合。

實原徵米：一十萬三千五百六十七石五斗二升九合九勺六抄一撮零。內除改米徵銀，零積餘米及孤貧米：一千一百六石三斗三升四合八勺。折徵灰石米：一千五百九十一石二斗一升三合一勺。行糧米：九百五十三石三斗六升一合五勺。經費食米：二百八十八石九升九合八勺。同治四年，奉文減免米：二萬八千五百九十三石二斗四升七合一勺。

實徵漕南本色米：七萬一千三十五石二斗七升三合六勺。

起運漕白行食米：五萬七千三百二十九石一斗三升八合八勺。詳《漕運》。

存留米

解運省倉南白准糙米：六百三十石。　加夫船貼役米：四十八石八斗六升。

解運省倉南米：一萬二千九十三石五斗九升四合一勺。　加夫船貼役米：七百二十五石六斗一升六合。

乾隆四十二年，新陞米：五斗八合五勺。　又加陞米：二百七石五斗五升六合二勺。

以上共存留米：一萬三千七百六石一斗三升四合八勺。

地丁外賦共徵五分耗羨銀：四千八百六兩三錢五分四釐。內：

地漕項下四分隨正起解銀：三千八百四十五兩八分四釐。內漕截耗留縣給軍現奉提解作正銀：六百三十兩一錢六分五釐。

地漕項下一分解費餉餘銀：九百六十一兩二錢七分。

閏年耗銀隨正加徵。

雜　課

學租銀：二百一十三兩八錢二分三釐。　府銀：六十三兩七錢九分五釐。　縣銀：一百五十兩二分八釐。　每年解司轉解學院，賑給貧生膏火之用。

當稅銀每舖徵銀：五兩。解司充餉。

牙稅銀：五十八兩二錢。上則每戶徵銀：八錢，中則：六錢，下則：四錢。解司充餉。同治二年，部議加增，經巡撫左改定，繁盛上則每戶徵銀：三兩，偏僻上則、繁盛中則：各一兩五錢，偏僻中則、繁盛下則：各七錢五分，偏僻下則：四錢五分。

季鈔銀：八十三兩八錢四分。

契稅每兩徵銀：三分。

牛稅每兩徵銀：三分。　　以上二欵無定額，隨收解司充餉。

嘉善縣案：該縣田地科徵各數俱見《減賦全書》及《減賦續纂》《實徵册》。
竝參咸豐年奉豁義冢田，同治年奉豁丈缺田地銀米各案。

原額田：五千九百四頃三十二畝一釐二毫。咸豐六年，奉豁義冢田：三十九畝五分三釐。該田：五千九百三頃九十二畝四分八釐二毫。同治五年，奉豁勻攤缺額田：二百三十四頃六十六畝六分一釐。實在田：五千六百六十九頃二十五畝八分七釐二毫。

每畝徵銀：一錢一分五毫二絲七忽零。以五千九百三頃九十二畝四分八釐二毫核計。該原額銀：六萬五千二百五十四兩八錢五分三釐零。內奉豁丈缺田畝，案內連人丁加徵各項共豁銀：三千八百五十八兩四錢二分三釐九毫。實徵銀：六萬一千三百九十六兩四錢二分九釐一毫。

每畝原額米：一斗九升三合五勺七抄四撮零。以五千九百三頃九十二畝四分八釐二毫核計。該米：一十一萬四千二百八十四石六斗七升三合八抄九撮零。同治四年，每畝減免米：五升七合三撮零，實徵米：一斗三升六合五勺七抄零。該米：八萬六百三十石九升九合二勺。內奉豁丈缺田畝，案內連人丁加徵共豁米：三千一百九十二石一斗一升。該實米：七萬七千四百三十七石九斗八升九合二勺。

額徵地：一百八頃八十四畝八分三釐五毫。內同治五年奉豁丈缺地：四頃三十三畝三分九釐。實在地：一百四頃五十一畝四分四釐五毫。

每畝徵銀：一錢九釐三毫二絲九忽零。以一百八頃八十四畝八分三釐五毫核計。該原額銀：一千一百九十兩三分一釐三毫九絲一忽零。內奉豁丈缺地畝，案內連人丁加徵各項共應豁銀：六十七兩九錢二分。實徵銀：一千一百二十二兩一錢一分一釐三毫九絲一忽零。

每畝原額米：一斗九升三合五勺二抄五撮零。以一百八頃八十四畝八分三釐五毫核計。該米：二千一百六石四斗八升八合九勺。同治四年，每畝減免米：五升六合九勺九抄九撮零，實徵米：一斗三升六合五勺二抄五撮零。該米：一千四百八十六石五升四合二勺。內奉豁丈缺地畝，案內連人丁加徵共應豁米：五十八石八斗四升七合七勺。該實米：一千四百二十七石二斗六合四勺九抄零。

蕩灘涇濱：二百五十六頃五十六畝七分二毫。

每畝徵銀：八毫四忽零，該銀二十兩六錢四分八釐五毫三絲七忽零。

每畝原徵米：五升一合一勺五抄二撮零。該米：一千三百十二石三斗九升二合六勺零。同治四年，每畝減免米：五合九抄九撮零，實徵米：四升六合五抄二撮零。該米：一千一百八十一石五斗四升三合六勺五抄二撮零。

原額人丁：六萬八千一十丁，六分九釐一毫三絲八忽三微。內奉豁義冢人丁：四丁，五分五釐二絲一忽五微七塵。

實在人丁：六萬八千六丁零。

每丁徵銀：三分七釐八毫三絲五忽零。該銀：二千五百七十三兩四分三釐六毫三絲四忽零。

每丁徵米：二合二勺六抄三撮零。該米：一百五十三石九斗八合七勺七抄八撮零。

原額食鹽課口：四萬二千八百五十九口，四分四釐五毫五絲三微。內奉豁義冢課口：二口，八分七釐二毫六絲四忽八微四塵。

實在食鹽課口：四萬二千八百五十六口零。

每口徵銀：二分八釐八毫三絲五忽零。該銀：一千二百三十五兩七錢八分八釐九毫九絲一忽零。

每口徵米：二合二勺六抄三撮零。該米：九十六石九斗九升一合二勺八抄一撮零。

康熙五十二年，新增滋生人丁：三千五百三十一丁。

康熙五十二年，新增滋生食鹽課口：二千四百九十口，欽奉恩詔，永不加賦。

以上田地、蕩灘、人丁等項原額共銀：七萬二百七十四兩三錢六分五釐零。加蠟茶新加銀，除免實徵：一十六兩五錢二分六釐零。加蠟茶時價銀：二兩八錢四分。加藥材時價銀：四兩二分二釐零。加匠班銀，除免實徵：三百一十一兩一錢一分一釐零。加收零積餘米折銀，除免實徵：二十七兩六分三釐零。加孤貧口糧折銀，除免實徵：一百二十九兩六錢。加改折灰石銀：二千七百一十四兩四錢五分八釐。加行糧改折銀：九百一十一兩二錢五分二釐。月糧改折銀：二十二兩二分九釐。白糧食米改折銀：四百三十一兩九錢四分二釐。加併徵漕截銀：二萬四千三百三十四兩五錢七分六釐。同治六年，加增顏蠟銀：六兩一錢五分九釐。

共原額銀：九萬九千一百八十五兩九錢五分。

外賦入地丁科徵

水鄉竈丁鹽價不敷銀：二百六十兩三錢三分四釐零。

本縣額徵課鈔銀：三兩六分一釐零。

以上連車珠共徵銀：二百六十七兩八錢二分一釐零。車珠銀：四兩四錢二分五釐零。

外賦不入地丁科徵

魏塘稅課局額徵課鈔銀：五十五兩五釐零。

風涇稅課局額徵課鈔銀：一十八兩五錢五分六釐零。

陶莊稅課局額徵課鈔銀：三十六兩一分二釐零。

以上共徵銀：一百九兩五錢七分四釐。

通共地丁外賦原額銀：九萬九千二百九十五兩五錢二分四釐。內除奉豁丈缺田地銀：三千九百二十六兩三錢四分三釐。實徵銀：九萬五千三百六十九兩一錢八分一釐。

閏年原加徵銀：八百九十八兩八分八釐。內地丁項下奉豁缺額銀：三十七兩三分一釐。實徵銀：八百六十一兩五分七釐。

起運地丁案：義冢豁銀：四兩六錢二分四釐。應於何款扣除，尚未詳咨有案。

戶部折色銀：一萬八千二百二十四兩六錢五分五釐。　滴珠路費銀：三百三十五兩一錢六分五釐。

禮部折色銀：二百六十兩二分。　路費銀：九兩九錢九釐。

工部折色銀：三千七百九十七兩五錢六釐。　路費銀：九兩四分九釐。

舊編存留裁改解部銀：八千五百四十四兩一錢二分三釐。　路費銀：七兩五錢一分七釐。

留充兵餉改入起運銀：八千八百七十四兩一分三釐。

以上各原額統除奉豁義冢銀：四兩六錢二分四釐外,共銀四萬五十七兩三錢三分五釐。再除奉豁丈缺田地,案内攤扣銀：一千七百二十一兩四錢五分二釐,實徵銀：三萬八千三百三十五兩八錢八分三釐。

閏年原加徵銀：六百八十兩四分一釐。内除奉豁缺額銀：三十七兩三分一釐,實加閏銀六百四十三兩一分。

<h3 style="text-align:center">蠟茶、藥材</h3>

戶部本色蠟茶銀：一百三十四兩八錢九分三釐。　路費銀：一兩一錢三分一釐。

禮部本色藥材銀：一十三兩一錢四分六釐。　路費銀：一兩九錢九分六釐。

加增顏料蠟茶、藥材銀：六兩一錢五分九釐。

以上共徵銀：一百五十七兩三錢二分五釐。

<h3 style="text-align:center">河　工</h3>

永福倉銀：八百九十一兩。内奉豁銀三十五兩五錢一分七釐。　路費銀：六兩二錢三分七釐。　康熙十一年,奉文改解糧道解部。

修河米折銀：四百三兩六錢七分一釐七毫。

過江腳米銀：六百一兩八錢九分。　以上二款内奉豁銀三十九兩九錢四分八釐。　路費銀：三兩六錢一分一釐。

以上原額徵銀：一千九百六兩四錢一分。内除奉豁丈缺田地,案内攤扣銀七十五兩四錢六分五釐,實徵銀：一千八百三十兩九錢四分五釐。

<h3 style="text-align:center">鹽　課</h3>

鹽課銀：二百六十兩三錢三分六釐。　車珠銀：四兩四錢二分五釐。

以上原額徵銀：二百六十四兩七錢六分一釐。内除奉豁丈缺田地,案内攤扣銀：一十兩四錢八分一釐,實徵銀：二百五十四兩二錢八分。

<h3 style="text-align:center">驛　站</h3>

共徵本府各驛銀：七百三十五兩五錢七分七釐。裁改解司。

閏年加徵銀：一十九兩二錢六分一釐。

<h3 style="text-align:center">解司存留</h3>

布政司解戶役銀：一百五十兩。

戰船民六料銀：四十五兩九錢。

以上共徵銀：一百九十五兩九錢。

府縣存留

本縣習儀香燭銀：四錢八分。

本縣致祭文昌帝君銀：六十兩。

本縣致祭武廟銀：六十兩。

本縣致祭厲壇折銀：六兩。

本縣祭祀銀：一百四十兩五錢。

文廟香燭銀：一兩六錢。

迎春芒神土牛春酒銀：二兩。

杭嘉湖道快手銀：七十二兩。　皂隸銀：七十二兩。　轎傘扇夫銀：四十二兩。　聽事吏銀：一十二兩。　舖兵銀：一十二兩。

嘉松分司運判俸銀：四十八兩。

本府儒學教授俸銀：三十一兩五錢二分。　齋夫銀：三十六兩。　廩膳銀：八十兩。　門子銀：二十一兩六錢。

府學加俸銀：五十三兩四錢八分。

本縣知縣俸銀：四十五兩。　門子銀：一十二兩。　皂隸銀：九十六兩。　馬快工食并船械共銀：一百三十四兩四錢。　民壯銀：七十二兩。　禁卒銀：四十八兩。　轎傘扇夫銀：四十二兩。　庫子銀：二十四兩。　斗級銀：二十四兩。

縣丞俸銀：四十兩。　門子銀：六兩。　皂隸銀：二十四兩。　馬夫銀：六兩。

主簿俸銀：三十三兩一錢一分四釐。　門子銀：六兩。　皂隸銀：二十四兩。　馬夫銀：六兩。

典史俸銀：三十一兩五錢二分。　門子銀：六兩。　皂隸銀：二十四兩。　馬夫銀：六兩。

本縣儒學教諭俸銀：三十一兩五錢二分。　齋夫銀：三十六兩。　廩膳銀：四十兩。　門子銀：二十一兩六錢。

廩生餼糧銀：六十四兩。

本縣儒學加俸銀：四十八兩四錢八分。

鄉飲酒禮銀：七兩五錢。裁改解司。

本府歲貢生員旗匾花紅酒禮銀：八錢五分七釐。

本縣歲貢生員旗匾花紅酒禮銀：三兩。

巡攔銀：二十八兩。

魏塘巡檢司弓兵銀：七十二兩。

本縣巡鹽應捕銀：一百兩八錢。

偏僻二舖司兵工食銀：七十二兩。

看守各衙門工食銀：一十兩。

孤貧八十名布花木柴銀：四十八兩。

孤貧八十名口糧銀：二百八十八兩。

重囚口糧銀：三十六兩。

以上共徵銀：二千三百四十二兩三錢九分六釐。外加奉文撥補銀：二十六兩五錢七分五釐。

閏年加徵銀：一百三十三兩三分三釐。

漕 項

原額徵銀：五萬三千六百三十五兩八錢二分。內除奉豁丈缺田地，案內攤扣銀：二千一百一十八兩九錢四分五釐，實徵銀：五萬一千五百一十六兩八錢七分五釐。詳《漕運》。

閏年加徵月糧銀：六十五兩七錢五分三釐。

通共原額米：一十一萬七千九百五十四石四斗五升四合七勺。加乾隆四十一年白糧改漕，加三春耗米：二十四石六斗七合五勺。

共原額米：一十一萬七千九百七十九石六升二合二勺。內除改米徵銀，零積餘米：三十五石七升一合三勺。孤貧米：一百四十四石。灰石米：一千七百八十一石八斗四合一勺。行糧米：七百五十九石三斗七升六合七勺。月糧米：一十八石三斗五升七合八勺。經費食米：二百八十七石九斗六升一合四勺。同治四年，奉文減免米：三萬四千四百五石八斗五升七合六勺。

實徵漕南本色米：八萬五百五十一石六斗三升三合三勺。內同治五年奉豁丈缺田地，原共米：三千二百五十石九斗五升七合七勺，除南糧續定耗米項下豁米：三十一石三斗八升九合二勺，不入《賦役全書》外，實扣勻豁米：三千二百一十九石五斗六升八合五勺。該米：七萬七千三百三十二石六升四合八勺。

遇閏原加徵月糧米：七十三石一斗八升八合九勺。內勻扣缺額米：一石四斗九升一合五勺。實徵米：七十一石六斗九升七合四勺。

起運原額漕白行月食米：六萬三千二百八十九石四斗一升一勺。內除奉豁缺額米：二千五百二十九石六斗六升七合五勺。該米：六萬七百五十九石七斗四升二合六勺。詳《漕運》。

存 留

解運省倉原白改糙正米：七百六十石七斗二升五合。　夫船貼役米：五十八石九斗九升八合五勺。

解運省倉原糙南米：一萬五千四百八十三石七斗五升八合四勺。　夫船貼役米：九百五十八石七斗四升一合三勺。

以上原共存留米：一萬七千二百六十二石二斗二升三合二勺。內除奉豁缺額米：六百八十九石九斗一合。實徵米：一萬六千五百七十二石三斗二升二合二勺。

地丁外賦共徵五分耗羨銀：四千七百六十八兩四錢五分九釐五絲。內：

地漕項下四分隨正起解銀：三千八百十四兩七錢六分七釐二毫四絲。內漕截耗留縣給軍現奉提解作正銀：七百五兩七錢五分四釐。

地漕項下一分解費餉餘銀：九百五十三兩六錢九分一釐八毫一絲。

閏年耗銀隨正遞加。

雜 課

學租銀：九十三兩三錢九分二釐三毫。每年解司轉解學院，賑給貧生膏火之用。

當稅每舖徵銀：五兩。解司充餉。

牙稅銀：六十兩。上則每戶徵銀：八錢，中則：六錢，下則：四錢。解司充餉。同治二年，部議加增，經巡撫左改定，繁盛上則每戶徵銀：三兩，偏僻上則、繁盛中則：各一兩五錢，偏僻中則、繁盛下則：各七錢五分，偏僻下則：四錢五分。

季鈔銀：五十四兩六錢。每戶徵正耗銀：一錢七分六釐。

契稅每兩徵銀：三分。

牛稅每兩徵銀：三分。以上二欵無定額，隨收解司充餉。

海鹽縣

原額田：五千二百二十一頃三十九畝四分九釐八毫三絲二忽。

實在田：五千二百四十八頃一十六畝八分三釐七毫五絲。

每畝徵銀：八分一釐三毫五絲四忽零。該銀：四萬二千六百九十六兩四錢五釐五毫八絲八忽零。

每畝原徵米：一斗七合三勺一抄二撮零。同治四年，減免米：一升九合九勺九抄九撮零，每畝實徵米：八升七合三勺一抄二撮零。該米：四萬五千八百二十二石九斗五升五合七勺二抄五撮零。

原額地：七百五十八頃二十四畝五釐二毫九絲三忽。

實在地：七百五十九頃四十七畝四分五釐七毫五絲四忽。

每畝徵銀：七分六釐一毫六絲三忽零。該銀：五千七百八十四兩四錢四分三釐九毫二絲八忽零。

每畝原徵米：一斗七合三勺一抄二撮零。同治四年，減免米：一升九合九勺九抄九撮零，實徵米：八升七合三勺一抄二撮零。該米：六千六百三十一石一斗四升五合八勺三抄一撮零。

原額山：一百七十六頃三分六釐九毫五絲。

實在山：一百七十五頃九十三畝二釐九毫九絲三忽。

每畝徵銀：二釐六毫七絲八忽零。該銀：四十七兩一錢一分九釐五毫八絲七忽零。

每畝原徵米：五升一合七勺九撮零。同治四年，減免米：五合九抄九撮零，實徵米：四升六合六勺九撮零。該米：八百三十石三合九勺六抄一撮零。

原額蕩灘、濱地、池漊水面：一百四十六頃六十八畝八分二釐八毫七絲九忽。

實在蕩灘、濱地、池漊水面：一百六十二頃一十畝三分一釐八絲三忽。

每畝徵銀：一釐五毫九絲八忽零。該銀：二十五兩九錢九釐一毫一忽零。

每畝原徵米：五升一合七勺九撮零。同治四年，減免米：五合九抄九撮零，實徵米：四升六合六勺九撮零。該米：七百五十五石五斗五升五合九勺八抄七撮零。

清出蕩：二十四畝八分三釐。

每畝徵銀：一釐五毫九絲八忽零。該銀：三分九釐六毫八絲六忽零。

每畝原徵米：五升二合八勺二抄。同治四年，減免米：五合二勺一抄一撮零，實徵米：四升七合六勺八撮零。該米：一石一斗八升二合一勺二抄零。

實在人丁：四萬九千五十口。

每口徵銀：六分六釐四毫八絲二忽零。該銀：三千二百六十兩九錢五分五釐五毫二絲一忽零。

每口徵米：四合九勺三抄二撮。該米：二百四十一石九斗四升六合七勺五抄零。

康熙五十二年，滋生人丁：二千六百六十五丁，欽奉恩詔，永不加賦。

以上田地、山蕩、人丁等項共實徵銀：五萬一千八百一十四兩八錢七分三釐零。加蠟茶新加銀，除免實徵：一十三兩九錢九分六釐零。加蠟茶時價銀：二兩四錢五釐零。加藥材時價銀：四兩二分二釐零。加匠班銀，除免實徵：一百六十八兩四分四釐零。加收零積餘米折銀，除免實徵：四十五兩七錢二分六釐零。加孤貧口糧折銀，除免實徵：三百八十八兩八錢。加改折灰石銀：一千五百三十四兩六錢三分七釐零。加行糧米改折銀：六百三十八兩八錢七分二釐。加白糧食米改折銀：三百八兩七錢。加併徵漕截銀：一萬三千五百兩三錢四分七釐零。同治六年，加攤增蠟茶銀：五兩五錢五分三釐。

共徵銀：六萬八千四百二十五兩九錢七分八釐零。

外賦入地丁科徵

水鄉銀：二千三十八兩八錢五釐。

草蕩銀：一千八十七兩九分三釐零。

包補鮑郎場折色銀：四百六十八兩一錢五分三釐。

包補本場本色銀：一百二十二兩四錢八分七釐零。

包補海沙場徭銀：二百七十五兩五錢七分七釐零。

包補蘆瀝場徭銀：一兩三錢九分六釐零。

包補商稅銀：四十四兩三錢一分七釐零。

本縣課鈔銀：三兩六錢六分八釐。

以上連車珠共徵銀：四千一百一十兩一錢四分一釐零。車珠銀：六十八兩六錢四分三釐零。

外賦不入地丁科徵

漁課并新加銀：二十六兩二錢五分六釐零。漁戶出辦本縣稅課局課鈔銀：八十四兩七錢一分一釐零。舖戶出辦。

代徵平湖縣乍浦河泊所課鈔銀：六十兩三錢三釐零。漁戶出辦。

以上共徵銀：一百七十一兩二錢七分二釐零。

通共地丁外賦實徵銀：六萬八千五百九十七兩二錢五分零。

閏年加徵銀：六百一十兩二錢三分九釐。

起運地丁

戶部折色銀：一萬三千五百四十八兩八錢五分一釐。　滴珠路費銀：二百一十兩六錢九分二釐。

禮部折色銀：二百二十四兩一錢七分二釐。　路費銀：九兩五錢五分一釐。

工部折色銀：三千一百二十四兩三錢八分八釐。　路費銀：八兩九錢九分八釐。

舊編存留裁改解部銀：五千八百八十七兩九錢二分七釐。　　路費銀：六兩七錢四分八釐。

留充兵餉改入起運銀：六千四百九十二兩四錢六分一釐。

以上共徵銀：二萬九千五百十三兩七錢八分八釐。

閏年加徵銀：四百三十七兩一錢九分。

蠟茶、藥材、熟鐵

戶部本色蠟茶銀：一百一十四兩二錢四分四釐。　　路費銀：九錢五分八釐。

禮部本色藥材銀：一十三兩一錢四分六釐。　　路費銀：一兩九錢九分六釐。

工部本色熟鐵銀：五兩四錢。　　路費銀：五錢四分。

加增蠟茶銀：五兩五錢五分三釐。

以上共徵銀：一百四十一兩八錢三分八釐。

河　工

永福倉銀：四百五十四兩八錢。　　路費銀：三兩一錢八分四釐。　　康熙十一年，奉文改解糧道解部。

修河米折銀：二百二十八兩一錢八分三釐。

過江腳米銀：三百四十兩二錢三分。　　路費銀：二兩四分一釐。　　以上二欵解淮安府。

以上共徵銀：一千二十八兩四錢三分八釐。

鹽　課

水鄉竈丁銀：四千三十七兩八錢三分一釐。　　車珠銀：六十八兩六錢四分三釐。

以上共徵銀：四千一百六兩四錢七分四釐。

驛　站

共徵本府各驛銀：二百五十兩一錢八分一釐。裁改解司。

閏年加徵銀：一十一兩四錢四分九釐。

解司存留

布政司解戶役銀：九十兩。

戰船民六料銀：三十六兩二錢二分五釐。

以上共徵銀：一百二十六兩二錢二分五釐。

府縣存留

本縣拜賀習儀銀：四錢八分。

本縣致祭文昌帝君銀：六十兩。

本縣致祭武廟銀：六十兩。

本縣致祭屬壇折銀：六兩。

本縣祭祀銀：一百七十六兩三錢二分。

本縣文廟香燭銀：一兩六錢。

迎春芒神土牛春酒銀：二兩。

杭嘉湖道門子工食銀：二十四兩。

運司經歷俸銀：四十五兩。

本縣知縣俸銀：四十五兩。　門子銀：一十二兩。　皁隸銀：九十六兩。　馬快銀：四十八兩。　馬快船械銀：八十六兩四錢。　民壯銀：三百兩。　禁卒銀：四十八兩。　轎傘扇夫銀：四十二兩。　庫子銀：二十四兩。　斗級銀：二十四兩。

縣丞俸銀：四十兩。　門子銀：六兩。　皁隸銀：二十四兩。　馬夫銀：六兩。

典史俸銀：三十一兩五錢二分。　門子銀：六兩。　皁隸銀：二十四兩。馬夫銀：六兩。

儒學俸銀：三十一兩五銀二分。　齋夫銀：三十六兩。　膳夫銀：四十兩。　門子銀：二十一兩六錢。

廩糧銀：六十四兩。

儒學加俸銀：四十八兩四錢八分。

海沙場大使俸銀：三十一兩五錢二分。　皁隸銀：一十二兩。

鮑郎場大使俸銀：三十一兩五錢二分。　皁隸銀：一十二兩。

鄉飲酒禮銀：七兩五錢。裁改解司。

本府歲貢生員旗匾花紅酒禮銀：八錢五分七釐。

本縣歲貢生員旗匾花紅酒禮銀：三兩。

本縣巡鹽應捕一十四名工食銀：一百兩八錢。

看守各衙門門子四名工食銀：八兩。

澉浦、海口二巡司弓兵六十八名工食銀：二百一十六兩。

衝要四舖司兵十七名工食銀：一百二十二兩四錢。

偏僻五舖司兵一十五名工食銀：九十兩。

孤貧一百二十名布花木柴銀：七十二兩。

孤貧一百二十名口糧銀：四百三十二兩。

縣重囚口糧銀：三十六兩。

以上共徵銀：二千六百二兩二錢四釐。外加奉文撥補銀：五十九兩三錢一分三釐。

閏年加徵銀：一百六十一兩六錢。

漕項銀：三萬八百二十八兩一錢二釐。詳《漕運》。

通共原徵米：六萬六千四百六十石五斗七升三合一勺七抄七撮零。加乾隆四十一年白糧改漕，加三春耗米：一十八石九斗八升二合七勺。

共原徵米：六萬六千四百七十九石五斗五升五合八勺七抄七撮零。內除改米折銀，零積餘米：五十石八斗七合五勺。孤貧口糧米：四百三十二石。灰石米：一千七石三斗七升。行糧米：五百三十二石三斗九升三合。白糧經費米：二百五石八斗。同治四年，奉文減免米：一萬二千一百八十七石七斗八升二合七勺九抄九撮零。

實徵漕南本色米：五萬二千六十三石四斗二合六勺。

閏年加徵墩夫口糧米：三十一石二斗。

起運漕白行食米：四萬二千四百七十石一斗九升二合一勺。詳《漕運》。

存留米

解運省倉原白改糙南米：三百八十五石八斗七升五合。　加夫船貼役米：二十九石九斗二升六合八勺。

解運省倉原糙南米：七千八百四石七合四勺。　加夫船貼役米：四百九十四石三斗七升八合一勺。

原給門軍今改給墩夫口糧充餉米：一百一十五石二斗。

巡防庫獄、瞭望海洋鐸夫改編墩夫口糧充餉米：三百七十四石四斗。

歷年陞科米：三百八十九石四斗二升三合二勺。

以上共米：九千五百九十三石二斗一升五勺。

地丁外賦共徵七分耗羨銀：四千八百一兩八錢七釐零。

地漕項下六分隨正起解銀：四千一百一十五兩八錢三分五釐。內漕截耗留縣給軍現奉提解作正銀：六百五十六兩一錢一分七釐。

地漕項下一分解費餉餘銀：六百八十五爾九錢七分二釐。

閏年耗銀隨正加徵。

雜　課

原額學租銀：一百二十兩三錢六分三釐。內同治五年奉豁銀：九十六兩四錢六分三釐。

實額學租銀：二十三兩九錢。　每年解司轉解學院，賑給貧生膏火之用。

當稅每舖徵銀：五兩。　解司充餉。

牙稅銀：四十三兩四錢。上則每戶徵銀：八錢，中則：六錢，下則：四錢。解司充餉。同治二年，部議加增，經巡撫左改定，繁盛上則每戶徵銀：三兩，偏僻上則、繁盛中則：各一兩五錢，偏僻中則、繁盛下則：各七錢五分，偏僻下則：四錢五分。

季鈔銀：三十八兩八分。每戶徵正耗銀：一錢七分六釐。

契稅每兩徵銀：三分。

牛稅每兩徵銀：三分。以上兩欵無定額，隨收解司充餉。

黃道關稅務康熙二十三年，臺灣既入版圖，乃弛海禁，通貿易。照閩廣例，用五百石以下船隻出海，於南門賃房收稅，爲寧海關口址徵收稅課，歸海關監督稽核。

嘉興府志卷二十二

〔田賦二〕

平湖縣

原額田：四千三百四十八頃一十四畝五毫。

實在田：四千四百三十頃六十一畝三分二毫。

每畝徵銀：一錢五毫一絲七忽零。該銀：四萬四千五百三十五兩六錢九厘三毫七絲零。

每畝原徵米：一斗四升三勺七抄三撮零。同治四年，減免米：三升五合一抄六撮零，實徵米：一斗五合三勺五抄六撮零。該米：四萬六千六百七十九石五斗三升七合三勺六抄四撮零。

原額陸景賢田：一十頃七十八畝三厘。

實在陸景賢田：一十頃七十畝五分一厘三毫。

每畝徵銀：三分八厘八毫五絲五忽零。該銀：四十一兩五錢九分五厘五絲零。

每畝原徵米：九升四合五勺三抄一撮。同治四年，減免米：一升七合四勺九抄四撮零，實徵米：七升七合三抄六撮零。該米：八十二石四斗六升八合四勺六抄四撮零。

清出田：七畝八厘八毫。

每畝徵銀：一錢五毫一絲七忽零。該銀：七錢一分二厘四毫七絲一忽零。

每畝原徵米：一斗四升三合三勺四抄四撮零。同治四年，減免米：三升五合七勺五抄五撮零，實徵米：一斗七合五勺九抄三撮零。該米：七斗六升二合六勺二抄二撮零。

原額地：七百五十七頃二十四畝二分七毫四絲八忽。内：

東十九都、二十都二東區原額高阜地：六百六頃二十五畝六分二厘一毫七絲。

實在東地：六百六十八頃二十八畝四分七厘一毫九絲。

每畝徵銀：四分九厘二毫五絲三忽零。該銀：三千二百九十一兩五錢四分一厘四毫八絲七忽零。

每畝原徵米：七升二合二勺七抄。同治四年，減免米：一升四勺九抄三撮零，實徵米：六升一合七勺七抄六撮零。該米：四千一百二十八石四斗三升三合二勺六抄四撮零。

東十九都、二十都二西區原額高阜地：一百五十頃九十八畝五分八厘五毫七絲八忽。

實在西地：一百五十六頃四十七畝四分三厘一毫二絲。

每畝徵銀：六分三厘六毫三絲二忽零。該銀：九百九十五兩六錢九分一厘一毫一絲一忽零。

每畝原徵米：九升六合四勺九抄八撮。同治四年，減免米：一升七合九勺八抄一撮零，實徵米：七升八合五勺一抄六撮零。該米：一千二百二十八石五斗八升一合九勺一抄五撮零。

原額山蕩：一百五十一頃六十一畝七分九厘八毫。

實在山蕩：五十三頃四畝六分六厘四毫。

每畝徵銀：一分六厘七毫八絲五忽零。該銀：八十九兩四分一厘一毫七絲二忽零。

每畝原徵米：二升八合九勺一抄九撮零。同治四年，減免米：二合二勺八抄八撮零，實徵米：二升六合六勺三抄零。該米：一百四十一石二斗六升八合三勺二抄一撮零。

清出山蕩：五十二畝六分七厘七毫。

每畝徵銀：一分六厘七毫八絲五忽零。該銀：八錢八分四厘二毫七忽零。

每畝原徵米：二升九合五勺三抄二撮零。同治四年，減免米：二合三勺三抄八撮零，實徵米：二升七合一勺九抄三撮零。該米：一石四斗三升二合四勺九抄四撮零。

原額熟蕩：四十二頃八十一畝五分。

實在熟蕩：四十二頃七十二畝三分四厘四毫。

每畝徵銀：二分五厘一毫七絲八忽零。該銀：一百七兩五錢六分九厘六毫三絲二忽零。

每畝原徵米：四升三合三勺八抄。同治四年，減免米：三合四勺三抄三撮零，實徵米：三升九合九勺四抄六撮零。該米：一百七十石六斗六升六合一勺三抄四撮零。

新陞熟蕩：五畝五分一厘七毫。

每畝徵銀：二分五厘一毫七絲八忽零。該銀：一錢三分八厘九毫七忽零。

每畝原徵米：四升三合三勺八抄。同治四年，減免米：三合四勺三抄三撮零，實徵米：三升九合九勺四抄六撮零。該米：二斗二升三勺八抄六撮零。

原額人丁：三萬六千九百一十九丁口。

實在人丁：三萬八千三百一十六丁口。

每口徵銀：六分四厘七絲一忽零。該銀：二千四百五十五兩一分二厘四絲零。

每口徵米：一升二合三勺四撮零。該米：四百七十一石四斗四升九合五勺五抄九撮零。

康熙五十二年，新增滋生人丁：一千九百二十四丁，內別省寄居人丁：五丁，浙省土著人丁：一千九百一十九丁，欽奉恩詔，永不加賦。

以上田地、山蕩、人丁等項共實徵銀：五萬一千五百一十七兩七錢九分五厘零。加蠟茶新加銀，除免實徵：一十一兩二錢一分九厘零。加蠟茶時價銀：一兩九錢二分九厘零。加藥材時價銀：四兩二分二厘零。加匠班銀，除免實徵：一百二十五兩五錢八分八厘零。加收零積餘米折銀，除免實徵：六十九兩七錢一分一厘零。加孤貧口糧折銀，除免實徵：一百二十九兩六錢。加改折灰石銀：一千五百九十七兩一錢五分九厘零。加行糧白糧改折銀：八百九兩九錢一分四厘零。加併徵漕截銀：一萬四千三百一十八兩四錢七分四厘零。同治六年，加攤增蠟茶等銀：四兩五錢七分五厘零。

共徵銀：六萬八千五百八十九兩九錢八分九厘零。

外賦入地丁科徵

水鄉銀：三千二百六十四兩三錢二厘。

草蕩銀：一千五百一十九兩八錢九分九厘零。

蘆瀝場折色銀：二百六兩八錢八分五厘零。

包補本場本色銀：八百四十八兩九錢五分五厘零。

海沙場折色銀：一百三十五兩八錢五分八厘零。

補徵商税銀：五十一兩三錢。

本縣課鈔銀：二兩四錢一分九厘零。里甲徵辦。

帶徵海鹽縣乍浦税課局課鈔銀：三十二兩。巡攔編徵，抵裁冗兵餉。

乍浦所課鈔銀：四十四兩六錢六分九厘零。里甲徵辦。

以上連車珠共徵地丁銀：六千二百八兩七錢五分二厘零。車珠銀：一百二兩四錢六分二厘零。

外賦不入地丁科徵

漁課并新加銀：一十八兩六錢七分二厘零。　漁户出辦。

當湖局帶徵廣陳税課局課鈔銀：五十兩四錢六分四釐零。市鎮舖户出辦。

帶徵海鹽縣乍浦税課局課鈔銀：二十兩五錢九分三釐零。市鎮舖户出辦。

以上共銀八十九兩七錢三分零。

通共地丁外賦實徵銀：六萬八千六百七十九兩七錢一分九厘零。

閏年通共加徵銀：六百六十一兩二錢七分。

起運地丁

户部折色銀：一萬三千一百六十二兩六錢五分一厘。　滴珠路費銀：二百三兩九分。

禮部折色銀：一百五十四兩五錢三分六厘。　路費銀：八兩八錢五分四厘。

工部折色銀：二千六百一十八兩三錢六分八厘。　路費銀：六兩三錢三分二厘。

舊編存留裁改解部銀：四千九百八十七兩六錢七分九厘。　路費銀：三兩五錢九分四厘。

留充兵餉改入起運銀：六千一百五十四兩九錢二分九厘。

以上共徵銀：二萬七千三百兩三分三厘。

閏年加徵銀：四百八十九兩九錢八分二厘。

蠟茶、藥材

户部本色蠟茶銀：九十一兩六錢二分二厘。　路費銀：七錢六分八厘。

禮部本色藥材銀：一十三兩一錢四分六厘。　路費銀：一兩九錢九分六厘。

工部本色熟鐵銀：四兩三錢二分二厘。　路費銀：四錢三分二厘。

加增蠟茶等銀：四兩五錢七分五厘。

以上共徵銀：一百一十六兩八錢六分二厘。

閏年加徵銀：五分五厘。

河　工

永福倉銀：四百七十四兩。　路費銀：三兩三錢一分八厘。康熙十一年，奉文改解糧道解部。

修河米折銀：二百三十七兩六錢一分三厘。

過江腳米銀：三百五十四兩二錢九分。　路費銀：二兩一錢二分六厘。以上二款解淮安府。

以上共徵銀：一千七十一兩三錢四分七厘。

鹽　課

鹽課水鄉等銀：六千二十七兩二錢一厘。　車珠銀：一百二兩四錢六分二厘。

以上共徵銀：六千一百二十九兩六錢六分三厘。

驛　站

共徵銀：二百六十兩九錢四分七厘。裁改解司。

解司存留

布政司解戶銀：一百五兩。

戰船民六料銀：二十五兩六錢五分。

以上共徵銀：一百三十兩六錢五分。

府縣存留

本縣致祭文昌帝君銀：六十兩。

本縣致祭武廟銀：六十兩。

本縣致祭厲壇米折銀：六兩。

本縣致祭天后祠銀：一十四兩八錢。

本縣拜賀習儀香燭銀：四錢八分。

本縣祭祀銀：一百四十九兩四錢五分五厘。

文廟香燭銀：一兩六錢。

迎春芒神土牛春酒銀：二兩。

運司俸銀：五十二兩五錢。

乍浦都統衙門心紅紙劄銀：一十一兩二錢。

乍浦理事同知門子銀：一十二兩。　步快銀：四十八兩。　皂隸銀：七十二兩。　轎傘扇夫銀：四十二兩。　禁卒銀：二十四兩。

本府通判俸銀：六十兩。　門子銀：十二兩。　步快銀：四十八兩。　皂隸銀：七十二兩。　轎傘扇夫銀：四十二兩。

本縣知縣俸銀：四十五兩。　門子銀：一十二兩。　皂隸銀：九十六兩。　馬快并置備船械銀：一百三十四兩四錢。　民壯銀：三百兩。　禁卒銀：四十八兩。　轎傘扇夫銀：四十二兩。　庫子銀：二十四兩。　斗級銀：二十四兩。

縣丞俸銀：四十兩。　門子銀：六兩。　皂隸銀：二十四兩。　馬夫銀：六兩。

主簿俸銀：三十三兩一錢一分四厘。　門子銀：六兩。　皂隸銀：二十四兩。　馬夫銀：六兩。

典史俸銀：三十一兩五錢二分。　門子銀：六兩。　皂隸銀：二十四兩。　馬夫銀：六兩。

儒學教職俸銀：三十一兩五錢二分。　　齋夫銀：三十六兩。　　廩膳銀：四十兩。　　門斗銀：二十一兩六錢。

廩糧銀：六十四兩。　　儒學加俸銀：四十八兩四錢八分。

乍浦司巡檢俸銀：三十一兩五錢二分。　　皂隸銀：一十二兩。

白沙灣巡檢俸銀：三十一兩五錢二分。　　皂隸銀：一十二兩。

乍、白二巡司弓兵銀：二百一十六兩。

鄉飲酒禮銀：七兩五錢。裁改解司。

本府歲貢生員旗區花紅酒禮銀：八錢五分七厘。

本縣歲貢生員旗區花紅酒禮銀：三兩。

看守公署門子銀：一十二兩。

巡鹽應捕一十四名銀：一百兩八錢。

衝要舖司兵五名銀：三十六兩。

偏僻四舖司兵一十二名銀：七十二兩。

孤貧八十名柴布銀：四十八兩。　　口糧銀：二百八十八兩。

乍浦理事同知衙門囚糧銀：三十六兩。

縣重囚口糧銀：三十六兩。

以上共徵銀：二千八百九十兩五錢七分一厘。外加撥補銀：二十二兩二錢九分五厘。

閏年加徵銀：一百七十一兩二錢三分三厘。

漕項銀：三萬七百七十九兩六錢四分七厘。詳《漕運》。

通共原徵米：六萬九千四百四十七石八斗一升七合九勺零。加乾隆四十一年白糧改漕，加三春耗米：二十一石七斗一升九合二勺。

實原徵米：六萬九千四百六十九石五斗三升七合一勺零。內除改米徵銀，零積餘米：七十七石四斗五升六合七勺。孤貧米：一百四十四石。灰石米：一千四十八石四斗一升七勺。行糧米：四百六十九石五斗六升九合八勺。白糧食米：一百六十四石二斗八升七合三勺。同治四年，奉文減免米：一萬六千五百四十二石九斗九升七合四勺。

實徵漕南本色米：五萬一千二十二石八斗一升五合二勺。

起運漕白行食米：四萬三百八十石一斗七升二合六勺。詳《漕運》。

存　留

解運省倉南白准糙米：四百三石二斗。　　加夫船貼役米：三十一石二斗七升四勺。

解運省倉南米：八千一十七石九斗六升三合六勺。　　加夫船貼役米：五百六石七斗七升九勺。

歷年陞科米：一千六百八十三石四斗三升七合七勺。

以上共存留米：一萬六百四十二石六斗四升二合六勺。

地丁外賦共徵五分耗羨銀：三千四百三十三兩九錢八分六厘。

地漕項下四分隨正起解銀：二千七百四十七兩一錢八分九厘。內漕截耗留，縣給軍現奉提解作正銀：四百一十五兩二錢三分五厘。

地漕項下一分解費餉餘銀：六百八十六兩七錢九分七厘。

閏耗銀數隨正加徵。

雜　課

學租銀：九十八兩七錢三分二厘。　　每年解司轉解學院，賑給貧生膏火之用。

當税每舖徵銀：三兩。解司充餉。

牙税銀：二百一十一兩四錢。上則牙户每名：八錢，中則：六錢，下則：四錢。解司充餉。同治二年，部議加增，經巡撫左改定，繁盛上行征銀：三兩，偏僻上行、繁盛中行：各一兩五錢，偏僻中行、繁盛下行：各七錢五分，偏僻下行：四錢五分。

季鈔銀：三十八兩八分。每月徵正耗銀：一錢七分六厘。

契税每兩税銀：三分。

牛税每兩税銀：三分。　　以上二款無定額，隨收解司充餉。

乍浦口關税　　案《浙江通志》，明嘉靖三十六年，倭寇平，乃設乍浦關。　　國朝康熙二十三年，臺灣既入版圖，弛海禁，通貿易，設海關于寧波府之鎮海縣，凡口址一十五處，乍浦口其一也。徵收税課由海關監督稽核。

石門縣

原額田：四千三百七十九頃九畝五分八厘五毫。

實在田：二千九百二十八頃八十七畝七分八厘九毫。

每畝徵銀：八分九厘三毫一絲一忽零。該銀：二萬六千一百五十八兩一錢五分九厘一毫二忽零。

每畝原徵米：一斗二升三合三勺八抄六撮零。同治四年，奉文減免米：二升九合八勺二抄六撮零，實徵米：九升三合五勺五抄九撮零。該米：二萬七千四百二石四斗六升六合三勺六抄七撮零。

清出田：三十一畝八分四厘四毫。

每畝徵銀：八分八厘六毫一絲八忽零。該銀：二兩八錢二分一厘九毫五絲九忽零。

每畝原徵米：一斗二升六合五勺三抄四撮零。同治四年，奉文減免米：三升五勺八抄六撮零，實徵米：九升五合九勺四抄八撮零。該米：三石五升五合三勺七抄九撮零。

原額地：六百二十三頃八畝五分七厘四毫。

實在地：二千七十頃八十六畝三分五厘二毫。

每畝徵銀：八分八釐一毫三絲五忽零。該銀：一萬八千二百五十一兩六錢六分一釐一毫六絲七忽零。

每畝原徵米：一斗二升三合二勺一抄四撮零。同治四年，奉文減免米：二升九合七勺八抄五撮零，實徵米：九升三合四勺二抄九撮零。該米：一萬九千三百四十七石八斗九升七合二勺九抄八撮零。

告陞地：一十四畝六分一厘。

每畝徵銀：八分八厘一毫二絲二忽零。該銀：一兩二錢八分七厘四毫七絲一忽零。

每畝原徵米：一斗二升七合四抄。同治四年，奉文減免米：三升七勺一抄一撮零，實徵米：九升六合三勺二抄八撮零。該米：一石四斗七合三勺五抄四撮零。

清出地：二十二畝九厘九毫七絲。

每畝徵銀：八分四厘四毫九絲九忽零。該銀：一兩八錢六分七厘四毫二絲零。

每畝原徵米：一斗二升九合七勺二抄三撮零。同治四年，奉文減免米：三升一合三勺五抄七撮零，實徵米：九升八合三勺六抄五撮零。該米：二石一斗七升三合八勺四抄一撮零。

原額蕩灘：一十七頃二十四畝四分八厘一毫。

實在蕩灘：二十三頃三十八畝八分八厘一毫。

每畝徵銀：一分六厘八毫三絲九忽零。該銀：三十九兩三錢八分五厘四毫一忽零。

每畝原徵米：五升三合五勺二抄六撮。同治四年，奉文減免米：一升二合九勺三抄九撮零，實徵米：四升五勺八抄六撮零。該米：九十四石九斗二升八合五抄五撮零。

清出蕩：三頃五十四畝八厘。

每畝徵銀：一分六厘八毫六絲三忽零。該銀：五兩九錢七分八毫五絲四忽零。

每畝原徵米：五升四合六勺四抄零。同治四年，奉文減免米：一升三合二勺八撮零，實徵米：四升一合四勺三抄二撮零。該米：一十四石六斗七升三勺七抄零。

額徵人丁：六萬六千四百四十七丁口。

每口徵銀：五分一厘二絲二忽零。該銀：三千三百九十兩二錢八分一厘三毫二絲六忽零。

每口徵米：三合七勺四抄五撮零。該米：二百四十八石八斗七升三勺五撮零。

康熙五十二年，滋生人丁：三千四百一十二丁口，欽奉恩詔，永不加賦。

以上田地、蕩灘、人丁等項共徵銀：四萬七千八百五十一兩四錢三分四厘零。加蠟茶新加，除免實徵銀：七兩二錢三分二厘零。加蠟茶時價銀：一兩二錢四分三厘零。加匠班銀，除免實徵：一百五十八兩八錢四分二厘零。加收零積餘米折銀，除免實徵：三十五兩五錢一分四厘零。加孤貧口糧折銀，除免實徵：八十一兩。加改折灰石銀：一千四百六十六兩七錢二分九厘零。加行糧白糧改折銀：九百五十六兩九錢六分零。加併徵漕截銀：一萬三千一百四十八兩一錢一分五厘零。同治六年，續增蠟茶銀：二兩五錢六分三厘。

共徵銀：六萬三千七百九兩六錢三分六厘二毫零。

外賦入地丁科徵

鹽課水鄉竈丁鹽價不敷銀：一百一十八兩四錢六分二厘零。

本縣課鈔銀：一兩六錢九厘零。

以上連車珠共徵銀：一百二十二兩八分五厘零。車珠銀：二兩一分三厘零。

外賦不入地丁科徵

漁課并新加銀：一十三兩二錢九厘零。

本縣稅課局課鈔銀：七十六兩一錢三分三厘零。

河泊所課鈔銀：八兩三錢四厘零。

以上共徵銀：九十七兩六錢四分八厘零。

通共地丁外賦實徵銀：六萬三千八百七兩二錢八分四厘零。

閏年加徵銀：九百二十五兩三厘。

起運地丁

戶部折色銀：一萬一千一百六十二兩三錢四分一厘。　滴珠路費銀：一百八十六兩八錢八分六厘。

禮部折色銀：四兩三錢七分四厘。　路費銀：四分四厘。

工部折色銀：三千三百一十二兩九錢八分七厘。　路費銀：九兩六錢七分一厘。

舊編裁改存留解部銀：五千四百三十七兩四錢三分二厘。

留充兵餉改入起運銀：六千九十四兩一錢五分三厘。

以上共徵銀：二萬六千二百七兩八錢九分。

閏年加徵銀：三百九十六兩七錢四分七厘。

蠟茶、熟鐵

戶部本色蠟茶銀：五十九兩七分三厘。　路費銀：四錢九分五厘。

工部本色熟鐵銀：三兩三分一厘。　路費銀：三錢三厘。

續增蠟茶銀：二兩五錢六分三厘。

以上共徵銀：六十五兩四錢六分五厘。

河　工

永福倉銀：四百二十四兩二錢。　路費銀：二兩九錢六分九厘。　康熙十一年，奉文改解糧道解部。

修河米折銀：二百一十八兩七分六厘。

過江腳米折銀：三百二十五兩一錢六分。　路費銀：一兩九錢五分一厘。　以上二款解淮安府。

以上共徵銀：九百七十二兩三錢五分六厘。

鹽　課

鹽課銀：一百一十八兩四錢六分二厘。　車珠銀：二兩一分四厘。

以上共徵銀：一百二十兩四錢七分六厘。

驛　站

本府各驛銀：九百七十三兩五錢七分六厘。

應差夫工銀：四千二百九十兩八錢一分六厘。

應差馬夫草料工食銀：三百八十兩九錢四分三厘。

以上共徵銀：五千六百四十五兩三錢三分五厘。

閏年加徵銀：四百七兩九錢七分三厘。

解司存留

共徵布政司解户銀：九十兩。

府縣存留

本縣致祭文昌帝君銀：六十兩。

本縣致祭武廟銀：六十兩。

本縣致祭屬壇米折銀：六兩。

本縣拜賀習儀香燭銀：四錢八分。

本縣祭祀銀：一百四十四兩二錢。

文廟香燭銀：一兩六錢。

迎春芒神土牛春酒銀：二兩。

本府經歷俸銀：四十兩。　門子銀：六兩。　皂隸銀：二十四兩。　馬夫銀：六兩。

司獄司俸銀：三十一兩五錢二分。　皂隸銀：一十二兩。

本縣知縣俸銀：四十五兩。　門子銀：一十二兩。　皂隸銀：九十六兩。　馬快工食并置械銀：一百三十四兩四錢。　民壯銀：二百五十二兩。　禁卒銀：四十八兩。　轎傘扇夫銀：四十二兩。　庫子銀：二十四兩。　斗級銀：二十四兩。

主簿俸銀：三十三兩一錢一分四厘。　門子銀：六兩。　皂隸銀：二十四兩。　馬夫銀：六兩。

典史俸銀：三十一兩五錢二分。　門子銀：六兩。　皂隸銀：二十四兩。　馬夫銀：六兩。

儒學俸銀：三十一兩五錢二分。　齋夫銀：三十六兩。　廩膳銀：四十兩。　門子銀：二十一兩六錢。

廩糧銀：六十四兩。

儒學加俸銀：四十八兩四錢八分。

鄉飲酒禮銀：七兩五錢。

本府歲貢花紅旗匾酒禮銀：八錢五分七厘。

本縣歲貢旗匾花紅酒禮銀：三兩。

府縣各鎮巡鹽應捕銀：二百一兩六錢。

看守公署門子銀：九兩。

衝要四舖司兵銀：一百七十二兩八錢。

孤貧五十名花布木柴銀：三十兩。　口糧銀：一百八十兩。

縣重囚口糧銀：三十六兩。

以上共徵銀：二千七十一兩八錢九厘。外奉文撥補銀：一十八兩三錢八分二厘。

閏年加徵銀：一百二十兩二錢八分三厘。

漕項銀：二萬八千六百三十三兩九錢五分三厘。詳《漕運》。

通共原徵米：六萬二千五十六石六斗一升五合五勺零。外加乾隆四十一年白糧改漕，加三春耗米：一十六石七升八合六勺五抄。

實原徵米：六萬二千七十二石六斗九升四合二勺零。內除改米征銀零積餘米：三十九石四斗六升四勺。孤貧口糧米：九十石。灰石米：九百六十二石七斗九升四合。行糧米：五百九十一石六斗六升七合。經費食米：一百六十四石六斗四升。同治四年，奉文減免米：一萬四千九百四十一石一斗四升六合六勺零。

實徵漕南本色米：四萬五千二百八十二石九斗八升六合二勺。內：

起運漕白行食米：三萬六千八百一石六斗三升四合一勺。詳《漕運》。

存留米

解運省倉南白准糙米：三百六十石七斗四合九勺。　加夫船貼役米：二十八石九升四合五勺。

解運省倉南米：七千五百三十五石二斗九升八合一勺。　加夫船貼役米：四百八十六石五斗五升八勺。

康熙六年，丈出陞科米：三十二石七斗九升一合六勺。

告陞地米：一石八斗八升三合二勺。

康熙十六年，陞科米：二十六石二斗四升三合五勺。

乾隆三十六年，陞科米：九石七斗八升五合五勺。

以上共徵米：八千四百八十一石三斗五升二合一勺。

地丁外賦共徵五分耗羨銀：三千一百九十兩三錢六分四厘。遇閏耗銀隨正遞加。

地漕項下四分隨正起解銀：二千五百五十二兩二錢九分一厘。內漕截耗，留縣給軍現奉提解作正銀：三百八十一兩二錢九分五厘。

地漕項下一分解費餉餘銀：六百三十八兩七分三厘。

雜　課

學租銀：一十五兩三錢一分四厘零。每年解司轉解學院，賑給貧生膏火之用。

當稅銀每舖征銀：五兩。解司充餉。

牙稅銀：一百二十一兩六錢。上則每戶征銀：八錢，中則：六錢，下則：四錢。解司充餉。同治二年，部議加增，經巡撫左改定，繁盛，上則每戶征銀：三兩，偏僻上則、繁盛中則：各一兩五錢，偏僻中則、繁盛下則：各七錢五分，偏僻下則：四錢五分。

季鈔銀：一百九兩六錢八分。每戶徵正耗銀：一錢七分六厘。

契稅每兩征銀：三分。

牛稅每兩征銀：三分。以上二款無定額，隨收解司充餉。

桐鄉縣

原額田：四千三百七頃五十畝八分九釐。

實在田：四千三百九頃七十八畝五分二釐四毫。

每畝徵銀：七分六釐七毫二絲七忽零。該銀：三萬三千六十七兩八錢七分四釐五毫三絲一忽零。

每畝原徵米：一斗一合六勺三抄七撮零。同治四年，減免米：二升零，實徵米：八升一合六勺三抄六撮零。該米：三萬五千一百八十三石七斗五升八合二勺四抄九撮零。

原額徵地：八百三十四頃七十九畝三分三釐一毫。

實在地：八百八十二頃七畝一分三釐六毫三絲二忽。

每畝徵銀：七分四釐二絲七忽零。該銀：六千五百二十九兩七錢四分七釐六絲九忽零。

每畝原徵米：一斗一合六勺三抄八撮。同治四年，減免米：二升零，實徵米：八升一合六勺三抄七撮零。該米：七千二百石九斗七升四合六勺二抄一撮零。

義冢地：五十九畝八分五釐一毫。銀米俱不起科。

原額山：三頃七十九畝七分三釐。

每畝徵銀：一釐九毫八忽零。該銀：七錢二分四釐八毫六絲六忽零。

每畝原徵米：五升三合七勺二抄二撮。同治四年，減免米：五合三勺零，實徵米：四升八合四勺二抄一撮零。該米：一十八石三斗八升七合一勺五抄五撮零。

原額徵蕩：一十一頃八十畝一分八釐七毫。

實在蕩：一十二頃一十四畝七分三釐七絲。

每畝徵銀：七毫四絲七忽。該銀：九錢七釐四毫三忽零。

每畝原徵米：五升四合一勺一抄五撮。同治四年，減免米：五合三勺零，實徵米：四升八合八勺一抄四撮零。該米：五十九石二斗九升六合七勺五抄一撮零。

康熙四十二年，新陞蕩：一頃二十七畝五分九釐六毫。

每畝徵銀：七毫四絲七忽。該銀：九分五釐三毫一絲四忽零。

每畝原徵米：五升五合二勺四抄四撮。同治四年，減免米：八合九勺九抄九撮零，實徵米：四升六合二勺四抄四撮零。該米：五石九斗六勺一抄三撮零。

義冢、草蕩：四畝。銀米俱不起科。

額徵戶口：四萬九千二百八十二丁口。

每口徵銀：六分一釐二毫四絲八忽零。該銀：三千一十八兩四錢二分五釐五毫一絲八忽零。

每口徵米：三合五勺四抄一撮零。該米：一百七十四石五斗四升九合四勺九抄六撮零。

康熙五十二年，滋生人丁：二千四十丁，欽奉恩詔，永不加賦。

以上田地、山蕩、人丁等項共實徵銀：四萬二千六百一十七兩七錢七分五釐零。加蠟茶新加銀，除免實徵：一十九兩六錢六分一釐零。加蠟茶時價銀：三兩三錢七分八釐零。加藥材時價銀：八兩四分五釐零。加匠班銀，除免實徵：一百三十八兩一錢五分七釐零。加收零積餘米折銀，除免實徵：九兩七錢八分七釐零。加孤貧口糧折銀，除免實徵：八十一兩。加改折灰石銀：一千二百四十兩九錢五分四釐零。加行糧白糧改折銀：六百八十一兩三錢七分二釐。加併徵漕截銀：一萬一千一十九兩七錢六分六釐零。同治六年，加增蠟茶、藥材、熟鐵銀：七兩九錢八分七釐。

共徵銀：五萬五千八百二十七兩八錢八分四釐零。

外賦入地丁科徵

水鄉竈丁鹽價不敷銀：九十四兩六錢一分四釐零。

以上連車珠共徵銀：九十六兩二錢二分三釐零。車珠銀：一兩六錢八釐零。

外賦不入地丁科徵

漁户并新加銀：一十五兩六分五釐零。

本縣額徵課鈔銀：一兩五錢九分零。

玉溪鎮稅課局并沙渚稅課局額徵課鈔銀：九十六兩七錢七分九釐零。

河泊所額徵課鈔銀：六兩七錢六分六釐零。

以上共徵銀：一百二十兩二錢一釐零。

通共地丁外賦實徵銀：五萬五千九百四十八兩八分五釐零。

閏年加徵銀：七百八兩九錢八分八釐。

起運地丁

户部折色銀：一萬一千九百二十兩五錢九分二釐。　滴珠路費銀：一百八十三兩五錢四分九釐。

禮部折色銀：四百七十四兩六錢六分。　路費銀：一十九兩三錢六分五釐。

工部折色銀：三千一百一十九兩六分五釐。　路費銀：八兩二錢八分四釐。

裁改存留解部銀：四千六百七十五兩六錢六分一釐。　路費銀：五兩三錢七釐。

留充兵餉改入起運銀：六千六百六十二兩五錢七分五釐。

以上共徵銀：二萬七千六十九兩五分八釐。

閏年加徵銀：五百四十兩八錢三分五釐。

蠟茶、藥材、熟鐵

户部本色蠟茶銀：一百六十兩四錢八分六釐。　路費銀：一兩三錢四分六釐。

禮部本色藥材銀：二十六兩二錢九分二釐。　路費銀：三兩九錢九分三釐。

工部本色熟鐵銀：三兩五錢四分八釐。　路費銀：三錢五分五釐。

加增蠟茶、藥材、熟鐵銀：七兩九錢八分七釐。

以上共徵銀：二百四兩七釐。

河　工

永福倉銀：三百六十八兩四錢。　路費銀：二兩五錢七分八釐。　康熙十一年，奉文改解糧道解部。

修河米折銀：一百八十四兩五錢一分五釐。

過江脚米銀：二百七十五兩一錢二分。　路費銀：一兩六錢五分一釐。　以上二款解淮安府。

以上共徵銀：八百三十二兩二錢六分五釐。

鹽　課

水鄉竈丁銀：九十四兩六錢一分四釐。　車珠銀：一兩六錢八釐。

以上共徵銀：九十六兩二錢二分三釐。

驛　站

共徵裁改解部銀：三百七十九兩五錢六分八釐。

解司存留

布政司經費銀：四十二兩。

布政司理問所經費銀：九十六兩。

布政司經歷經費俸銀：六十兩。

布政司照磨經費銀：七十六兩。

布政司廣濟庫大使經費銀：四十三兩五錢二分。

布政司解戶銀：七十五兩。

戰船民六料銀：三十六兩九錢。

以上共徵銀：四百二十九兩四錢二分。

府縣存留

本縣致祭文昌帝君銀：六十兩。

本縣致祭武廟銀：六十兩。

本縣致祭厲壇米折銀：六兩。

本縣拜賀習儀香燭銀：四錢八分。

本縣祭祀銀：一百四十六兩三錢一分七釐。

文廟香燭銀：一兩六錢。

迎春芒神土牛春酒銀：二兩。

臬司皂隸銀：七十二兩。　快手銀：七十二兩。　舖兵銀：一十二兩。

本縣知縣俸銀：四十五兩。　門子銀：一十二兩。　皂隸銀：九十六兩。　馬快工食船械共銀：一百三十四兩四錢。　民壯銀：二百六十四兩。　禁子銀：四十八兩。　轎傘扇夫銀：四十二兩。　庫子銀：二十四兩。　斗級銀：二十四兩。

縣丞俸銀：四十兩。　門子銀：六兩。　皂隸銀：二十四兩。　馬夫銀：六兩。

典史俸銀：三十一兩五錢二分。　門子銀：六兩。　皂隸銀：二十四兩。　馬夫銀：六兩。

儒學俸銀：三十一兩五錢二分。　齋夫銀：三十六兩。　廩膳銀：四十兩。　門子銀：二十一兩六錢。

廩糧銀：六十四兩。

本縣儒學加俸銀：四十八兩四錢八分。

青鎮巡檢俸銀：三十一兩五錢二分。　皂隸銀：一十二兩。　弓兵銀：六十一兩二錢。

鄉飲酒禮銀：七兩五錢。　裁改解司。

本府歲貢旗匾花紅銀：八錢五分七釐。

本縣歲貢旗匾花紅銀：三兩。

本縣巡鹽應捕銀：一百兩八錢。

烏青鎮巡鹽哨兵銀：二十八兩八錢。

看守各衙門門子銀：三兩。

衝要四舖司兵銀：一百三十三兩。

烏青鎮偏僻舖兵銀：六兩。

孤貧五十名布花木柴銀：三十兩。　口糧銀：一百八十兩。

縣獄重囚口糧銀：三十六兩。

以上共徵銀：二千一百二十三兩一錢一分二釐。外加撥補銀：一十七兩四錢八分二釐。

閏年加徵銀：一百三十七兩五錢六分七釐。

漕項銀：二萬四千八百一十四兩四錢三分三釐。詳《漕運》。

遇閏加徵月糧七分給軍銀：三十兩五錢八分六釐。

通共原徵米：五萬三千三十六石六斗四升七合七勺八抄七撮零。加乾隆四十一年白糧改漕，加三春耗米：一十三石五斗一升九合九勺。

實原徵米：五萬三千五十石一斗六升七合七勺。內除改米徵銀零積餘米：一十五石八斗七升四合七勺。孤貧米：九十石。灰石米：八百一十四石五斗九升。行糧米：四百一十三石四斗六升。白糧食米：一百二十三石四斗八升。同治四年，奉文減免米：一萬三百九十三石七斗八升九勺。

實徵漕南本色米：四萬一千二百三石九斗八升二合一勺。

起運漕白行食米：三萬三千五百九十石五斗四升一勺。詳《漕運》。

存留米

解運省倉南白准糙正米：三百一十五石。　加夫船貼役米：二十四石四斗三升。

解運省倉南糙正米：六千三百五十六石一斗八合。　加夫船貼役米：三百九十六石五斗五升一合一勺。

康熙六年，陞科米：五百一十四石三斗三合九勺。

康熙四十一年，新陞米：七石四升九合。

以上共存留米：七千六百一十三石四斗四升二合。

地丁外賦共徵六分耗羨銀：三千三百五十六兩八錢八分五釐。內：

地漕項下五分隨正起解銀：二千七百九十七兩四錢四釐。內漕截耗留，縣給軍規奉提解作正銀：四百二十七兩五錢六分六釐。

地漕項下一分餉餘解費銀：五百五十九兩四錢八分一釐。

閏年耗銀隨正遞加。

雜　課

學租銀：一百五十一兩一錢七分四釐。每年解司轉解學院，賑給貧生膏火之用。

當稅每舖徵銀：五兩。解司充餉。

牙稅銀：三十六兩二錢。上則牙戶每名徵銀：八錢，中則：六錢，下則：四錢。解司充餉。同治二年，部議加增，經巡撫左改定，繁盛上行征銀：三兩，偏僻上行、繁盛中行：各一兩五錢，偏僻中行、繁盛下行：各七錢五分，偏僻下行：四錢五分。

季鈔銀：一百一十三兩四錢四分。每戶徵正耗銀：一錢七分六釐。

契稅每兩徵銀：三分。

牛稅每兩徵銀：三分。　以上二款無定額，隨收解司充餉。

嘉興衛

原海寧衛原額田：一百二十二頃六十四畝二分九釐三毫七絲。

實在田：一百二十九頃七十一畝四分一毫。

每畝徵銀：一錢六分九毫五絲四忽零。該銀：二千八十七兩八錢三毫七忽零。

原額地：二十六頃八畝六分四釐七毫。

實在地：一十六頃九十二畝九分二釐三毫。

每畝徵銀：一錢六分九毫五絲四忽零。該銀：二百七十二兩四錢八分二釐九毫一絲五忽零。

原額蕩：三頃二十八畝四分一釐二毫。

實在蕩：二頃五十一畝五分九釐四毫。

每畝徵銀：一錢六分九毫五絲四忽零。該銀：四十兩四錢九分五釐八絲八忽零。

額編完賦屯丁：一千四百二十八丁。

每丁徵銀：七分八釐七毫零。該銀：一百一十二兩三錢八分三釐六毫。攤入本衛田地編徵。

原嘉興所額編完賦屯丁：一百八丁。

每丁徵銀：五分三釐四毫。該銀：五兩七錢六分七釐二毫。攤入嘉興所田地編徵。

以上田地、蕩丁銀共實徵銀：二千五百一十八兩九錢二分九釐零。

閏年加徵丁銀：九兩八錢四分五釐零。以上各款解司歸屯餉題銷。

起　運

原屯餉充餉銀：五百八十七兩三分六釐零。

順治十七年，裁官經費銀：八百五十五兩三錢二分四釐。

康熙七年，裁扣銀：九十三兩六錢。

康熙七年，裁百總廩貢銀：二百一十六兩。

康熙十四年，裁扣銀：一十二兩。

康熙十六年，陞科銀：四兩五錢九分九釐零。

康熙十七年，清審屯丁，至康熙五十年定額實徵銀：一百一十八兩一錢五分八釐。

雍正四年，裁官經費銀：一百八兩七錢六釐。

雍正十二年，改扣充餉銀：五十一兩三錢九分四釐。

乾隆十五年，裁官經費銀：一百一十二兩七錢六釐。

以上共銀：二千一百五十九兩五錢一分七釐零。

閏年加屯丁項下銀：九兩八錢四分五釐零。

存　留

本衛徵屯守備俸銀：一十八兩七錢六釐。　薪銀：四十八兩。　蔬菜燭炭銀：八兩。　心紅紙張銀：四兩。　門子銀：一十二兩。　快手銀：一十二兩。　牢役銀：三十六兩。　傘夫銀：一十二兩。　馬夫銀：六兩。

本衛右所領運千總俸銀：一十四兩九錢六分四釐八毫。　薪銀：三十三兩三分五釐二毫。　門子銀：六兩。　牢役銀：二十四兩。　傘夫銀：六兩。　馬夫銀：六兩。

海寧所領運千總俸銀：一十八兩七錢六釐。　薪銀：四十八兩。　心紅紙張銀：四兩。門子銀：六兩。　牢役銀：二十四兩。　傘夫銀：六兩。　馬夫銀：六兩。

以上共銀：三百五十九兩四錢一分二釐。

附嘉興所原額田：一百一十頃六畝。

嘉興縣田：三十頃六十畝。每畝原徵銀：一錢七分七釐二毫，今徵銀：一錢五分九釐四毫八絲。

秀水縣田：四十五頃三十二畝。每畝原徵銀：二錢八釐五毫八絲，今徵銀：一錢八分七釐七毫二絲二忽。

嘉善縣田：三十四頃一十四畝。每畝原徵銀：二錢三分六釐五毫八絲一忽零，今徵銀：二錢一分二氂九毫三絲三忽零。

共實徵銀：二千六十五兩六錢八分四釐二毫六絲六忽。<small>解司歸地丁奏銷。</small>

田賦總論

官田賦重之由

顧炎武云：官田自宋以來有之。《宋史》：建炎元年，籍蔡京、王黼等莊以爲官田。開禧三年，誅韓侂胄。明年，置安邊所，凡侂胄與其他權倖沒入之田及圍田、湖田之在官者皆隸焉，輸米七十二萬一千七百斛有奇，錢一百三十一萬五千緡有奇而已。景定四年，殿中侍御史陳堯道、右正言曹孝慶、監察御史虞慮、張晞顏等言，乞依祖宗限田議，自兩浙、江東西官民戶踰限之田，抽三分之一買充公田，得一千萬畝之田，則歲有六七百萬斛之入。丞相賈似道主其議，行之。始於浙西六郡，凡田畝起租滿石者，予二百貫，以次遞減。有司以買田多爲功，皆謬以七八斗爲石。其後田少，與磽瘠虧租，與佃人負租而逃者，率取償田主，六郡之民多破家矣。<small>《理宗紀》言平江、江陰、安吉、嘉興、常州、鎮江六郡已買公田三百五十餘萬畝。</small>而平江之田獨多，<small>《似道傳》：包恢知平江，督買田，至以肉刑從事。</small>元之有天下也，此田皆別領於官。《松江府志》言：元時苗稅公田外，復有江淮財賦都總管府，領故宋后妃田，以供太后；江浙財賦府領籍沒朱清張瑄田，以供中宮；<small>《元史》：天曆二年十月，立平江等處田賦提舉司。</small>稻田提領所領籍沒朱國珍管明田，以賜丞相脫脫。撥賜莊在上海十九保。<small>《元史》：至正四年六月己巳，賜脫脫松江田，爲立松江等處稻田提領所。</small>領宋親王及新籍明慶、妙行二寺等田，又有汪關關滿經歷田。以賜影堂寺院、諸王近臣。又有括入白雲宗僧田，<small>《元史·成宗紀》：大德七年七月，罷江南白雲宗總攝所，其田令依例輸租。《仁宗紀》：至大四年二月，御史臺言白雲宗總攝所統江南爲僧之有髮者、不養父母、避役損民，乞追收所受璽書銀甲，勒還民籍，從之。</small>皆不係州縣元額。而《元史》所記賜田,大臣如拜住燕帖木兒等,諸王如魯王琱阿不剌、郯王徹徹禿等,公主如魯國大長公主,寺院如集慶、萬壽二寺,無不以平江田。而平江之官田又多,至張士誠據吳之日,其所署平章、太尉等官皆出於負販小人,無不志在良田美宅,一時買獻之産徧於平江,而一入版圖,亦按其租簿没入之。已而富民沈萬三等又多以事被籍,是故改平江曰蘇州,而蘇州之官田多而益多。故宣德七年六月戊子,知府况鍾所奏之數,長洲等七縣秋糧二百七十七萬九千餘石,其中民糧止一十五萬三千一百七十餘石,官糧二百六十二萬五千九百三十餘石。是一府之地土,無慮皆官田,而民田不過十五分之一也。且夫民田僅以五升起科,而官田之一石者,奉詔減其什之三,而猶爲七斗,是則民間之田一入於官,而一畞之糧化而爲十四畞矣。《實録》:宣德七年七月己未,行在户部奏,直隸松江府没官田,宜准民田例起科,上從之。命各處没官田糧俱准此例。此固其極重難返之勢,始於景定,迄於洪武,而徵科之額十倍於紹熙以前者也。於是巡撫周忱有均耗之法,有改派金花官布之法,以寬官田,而租額之重,則一定而不可改。若夫官田之農具、車牛,其始皆給於官,而歲輸其税,浸久不可問,而其税復派之於田。然而官田,官之田也,國家之所有,而耕者猶人家之佃户也。民田,民自有之田也,各爲一册而徵之,猶夫宋之所謂"一曰官田之賦,二曰民田之賦",《金史》所謂"官田曰租,私田曰税"者,而未嘗併也。相沿日久,版籍訛脱,疆界莫尋,村鄙之氓未嘗見册,買賣過割之際,往往以官作民,而里胥之飛灑移換者,又百出而不可究。所謂官田者,非昔之官田矣。乃至訟端無窮,而賦不理。於是景泰二年,從浙江布政司右布政使楊瓚之言,將湖州府官田重租,分派民田輕租之家承納,及歸併則例。四年五月庚申,詔巡撫直隸侍郎李敏,均定應天等府州縣官民田。先是正統中,户部會官議,令江南小户官田改爲民田起科,而量改大户民田爲官田,以備其數。既又因御史徐郁奏,令所司均配扣算,務使民田量帶官田辦糧,以甦貧困,俱行巡撫侍郎周忱清理。然民田多係官豪占據,莫能究竟,其弊仍舊。至是郁復以爲言,户部請從其議,命敏均定搭派,敢有恃强阻滯者執治其罪,從之。嘉靖二十六年,嘉興知府趙瀛創議,田不分官、民,税不分等則,一切以三斗起徵。蘇松常三府從而效之。自官田之七斗六升,下至民田之五升,通爲一則。而州縣之額,各視其所有官田之多少輕重爲準,多者長洲至畞科三斗七升,少者太倉畞科二斗九升矣。國家失累代之公田,而小民乃代官田納無涯之租賦,事之不平,莫甚於此。然而爲此説者,亦窮於勢之無可奈何。而當日之士大夫,亦皆帖然而無異論,亦以治如亂絲,不得守二三百年紙上之虛科,而使斯人之害如水益深,而不可救也。惟唐太常鶴徵作《武進志》,極爲惋歎。抑嘗論之,自三代以下,田得買賣,而所謂業主者即連陌跨阡,不過本其錙銖之直,而直之高下,則又以時爲之。地力之盈虛,人事之贏絀,率數十年而一變。奈之何一入於官,而遂如山河界域之不可動也。且景定之君臣,其買此田者,不過予以告牒、會子虛名,不售之物,逼而奪之,以至彗出民愁,而自亡其國。《宋史》:買公田五千畞以上,以銀半分,官告五分,度牒二分,會子二分半;五千畞以下,以銀半分,官告三分,度牒三分,會子三分半;千畞以下,度牒會子各半;五百畞至三百畞,全以會子。及田事成,每石官給止四十貫,而半是告牒。民持之而不得售,六郡騷然。四百餘年之後,推本重賦之繇,則猶其遺禍也。《宋史》謂其弊極多,其租尤重,及宋亡遺患猶不息。亮哉斯言。而況於没入之田本無其直者乎?至於今日,佃非昔日之佃,而主亦非昔日之主,則夫官田者,亦將與册籍而俱銷,共車牛而皆盡矣。猶執官租之説以求之,固已不可行,而欲一切改從民田,以復五升之額,即又駭於衆而損於國。有王者作,咸則三壤,謂宜遣使案行吳中,逐縣清丈,定其肥瘠高下爲三等,上田科二斗,中田一斗五升,下田一斗,山塘塗蕩以升以合計者,附於册後,而概謂之曰民田,惟學田、屯田乃謂之官田,則民樂業而賦易完,視之紹熙以前，猶五六倍也。豈非去累代之橫征，而立萬年之永利者乎？《日知錄》。

朱彝尊云：自宋景定四年春三月，買公田於浙西六郡，共田三百五十餘萬頃，所收者，公租耳。迨元有天下，置江淮財賦都總管府，又立江浙財賦府，各領官田籍沒田，皆不在州縣原額。《元史》所紀大臣賜田，咸在平江等路，於時官田已多。及張士誠據吳所署平章、太尉等官，皆負販小人，無不志在田宅，一時買獻之田，偏於浙西。明初既入版圖，按其租籍沒入之。已而富民沈萬三等，又以事被籍沒，而浙西之官田愈多矣。官田之租，多者每畝輸倉米一石五斗，少者七斗七升四合，本依租以徵稅，此租額非糧額也。相沿既久，混租爲糧。於是官民之田，租則相遠，官田多者，不勝其苦。而蘇、松、嘉、湖四府尤甚。其後蘇州之田賦，則巡撫都御史陳某均之，湖州之田賦，則知府劉天和、張鐸均之，嘉興之田賦，則知府趙瀛均之。稽諸《實錄》：孝陵、獻陵、景陵咸下減租之詔，彼時尚分官民等則，故然。迨平賦之後，官田之重賦得輕，在當日民非不以爲利，然民田之輕賦反重，在今日欲籲恩求減，則其籍已去，無從依據。此司國計者，所當留意也。至於嘉興原止三縣，宣德中，析嘉興添設秀水、嘉善，析海鹽添設平湖，析崇德添設桐鄉。嘉興民田多，故田則輕，嘉善官田多，故田則重，秀水則官民相等，故在輕重之間。趙氏《圖記》可證。善邑不原其本，爭訟者幾百年，不知非附郭二縣之弊，猶賈似道之貽害耳。《靜志居詩話》。

扒平田則議

嘉興府知府趙瀛議：照得所屬嘉興等七縣官民田地，糧自三斗起科至於七斗者，總計五百五十則。地蕩、山灘等項，輕者一升至一斗，重者三斗至五斗，總計二百七十六則。通府歲徵正糧六十一萬八千六百一十一石有奇，麥絲、馬草、戶口、鹽糧總計一十二萬一千二百七十六石，二項錢糧內坐派北京者，內府有白糧、京倉兑米、金花草麥折銀、絲絹絹疋；坐派南京者，有供用白糧、各衛所倉米、定倉草銀。餘撥徐州并附近府縣沿海各倉，歲支官吏、師生、軍旗、局匠、孤老俸月軍儲等糧。其額運京師者，原議船夫市脚之需，撥給邊儲者，亦有脚耗修倉之費，每年會計不分官民田驗畝起耗，各縣多寡不等，大約一斗上下之數，以七縣計之，共該耗米三十七萬七千五百石有奇，以充前費。似於七斗六斗官田甚爲繁重，所以原議將金花折銀，每兩准米四石，儘派重則，少甦民困；其五升民田似覺輕省，故以兩京白糧均派輕[1]則，以分其害，此亦救偏補弊之意，使能守而行之，未爲不可。奈緣田則太繁，法久弊滋，奸書派金花，則輕田改爲重田；糧里收白糧，則一斗勒至數斗；徵丁田，則指一科十編；徭役則賣富差貧。賣田者以官作民，存虛糧而遺累於里甲；造册者收輕推重，飛正米以灑派於細民。間有不才，有司派送金花折銀於勢要，以爲希恩之地，亦有姦貪下愚，召認他人存糧爲告騙產戶之謀。每每有力者置田無糧，而追納之夫多無立錐之地，至今遞負蝟積，而國賦日虧，訟獄煩興，而卷案堆堵，地方之害，有不可勝言者。再如民間田地，每畝租米歲收約可八九斗者，姑以六斗田額計之，該納正耗七斗之數，此外尚有糧長之私增則，一年所獲盡輸於官矣。雖免均徭，丁田派以金花裨補其實，原則本重，弊孔潛移，未見末減。彼五升則，田每畝該納正耗一斗五升，所取之租與重相若也。雖有白糧之徵，均徭之編，而納官之糧甚爲輕省。如三升等則，麥糧地多係腴田住基，其收租獲利與輕田重田相等也，納官之糧視諸五升者尤爲簡易。是田之利多者蒙薄賦之恩，利少者盡錙銖之取。故富豪多麥地民田，益肆其貪併，貧民皆重額官田，日就於逃亡。往時科則本意潰壞殆盡，苦樂不均，至此極矣。求今之所以便民而濟時艱者，無如不動版籍，合官民田麥地一例，牽攤耗米，庶得哀益宜民之要。蓋因其田之畝數定以耗之若干，約彼此而平施，無復科則之繁，布方策而較然無可推移之處。雖三尺童子可以入官輸賦，積算猾胥不能左右其手，而積習之弊可清於一旦，因時之政少禆於疲民矣。嘉靖二十六年，議上巡撫都御史歐陽必進及巡按御史裴紳咸謂本府推論懇惻，計算精詳，真可謂刻意民瘼心誠求之者也。雖豪右陰爲阻撓，但法貴救弊，政在便民，苟通變之得宜，何浮議之足恤，皆如議行之。袁《志》 又袁《志》論政有利於一時而不利於千百世者，如扒平田則之類是也。當日官民田糧自七斗以至五升，或田肥而額輕，或田瘠而額重，不均甚矣。故一扒平而富民失專利之謀，官田免獨重之苦，是爲善政，孰知昔之糧額止重於官田，而今則并民田而俱重矣。獨重則王者恤民之依，必有時而議減，概重則大臣司國之計，將何辭以請裁此。本朝順治間，蘇、松之人有欲分別官民之田，昌言以求減額者，而官田輸糧之數無所考，付之無可如何而已。且平田則者，平一邑未嘗平一郡，故嘉善之糧重於秀水，秀水之糧重於嘉興，致啓三縣爭田之釁，蓋官田有多有寡，不能比而同之耳。扒平一議，昔賢亦費苦心，愚獨以爲未盡善也。仁人君子軫念東南財賦之鄉，利盡力竭，慨然起而拯之，將拭目俟之矣。 吳《志》論明世廟時，田分官民，輕重不等，趙公是以有扒平之議。今則均田均役，立法盡善，哀多益寡，無所用之矣。袁《志》謂昔之糧額重於官田，今則并民田而俱重，欲分別官民之田，以冀減額，而數無可考，付之無可如何。其說誠是也。至謂平田者，平一邑未嘗平一郡，故善重於秀，秀重於嘉，致啓三縣爭田之釁。其說則不然。夫七邑之田，肥瘠不同，地有高卑，河有廣狹，故租有輕重，而賦額亦因之，嵌田之爭並不以此，是一邑之各則且不能盡平，烏得概一郡而平之也。

【校注】

　　[1] 按："似于七斗六斗……儘派重則。……均派輕則……"句中，"重""輕"位置互換，見光緒《嘉興縣志》卷十一《田賦下》録嘉興知府趙瀛《扒平官民田則》。

雍正五年額徵減數

　　雍正三年，將蘇、松二府額徵浮糧豁免。五年，復奉上諭，今見浙俗漸次轉移，將來可望改行遷善，朕心深慰，特沛恩膏。查嘉興府額徵銀四十七萬二千九百餘兩，著減十分之一，計免銀四萬七千二百九十兩零。湖州府額徵銀三十九萬九千九百餘兩，著減十分之一，計免銀三萬九千九百九十兩零。二府共免銀八萬七千二百兩零，永著爲例，著該督撫董率有司敬謹奉行，以副朕蠲賦恤民之至意。欽此。

朦蔽四弊疏

　　工科右給事中薛鼎臣題爲宸衷之宵旰甚殷，有司之朦蔽未改，謹據事指陳，仰祈敕部察議，以圖實政事。我皇上因亢旱爲災，民生未遂，特昭引咎之心，並廣求言之諭，即此一念至誠，已足格天地而和陰陽，以招致甘霖之沛矣。然近日陰雲時見，殷雷間聞，似有滂沱之望，究無霢霂之施，臣乃窺測天道而察驗人事，切謂天以生物爲心，未嘗靳其陰膏，乃驕陽敢於制之，而雨遂格於虹蜺，猶之君以愛民爲心，未嘗不行仁政，乃貪吏敢於悖之，而恩未流於蔀屋，即上下朦蔽之端，便召陰陽乖戾之氣。誠思皇上親政以來，凡所頒之上諭，所下之俞旨，即六部所覆之本章,所行之事例,何一非懲貪剔蠹,何一非恤兵養民,而究竟治效鮮臻,災眚迭見,則以直省諸臣朦蔽公行,違旨虐民之過也。今就見聞最確者指實爲皇上陳之。如去年兵部所題《廠夫橫行》一疏,内稱浙省私派廠夫,作惡害民,請令嚴查科派情弊,仍將現在廠夫盡行禁革,并通行各省,一體查禁,已經奉旨依議嚴行。而不意嘉興縣之兵房蠹吏,乘知縣高登雲丁艱之後,仍促縣丞王典私出牌票,勒令每圖備夫一名,以供走差,巧立名色,謂曰備夫。其所謂備夫者,即廠夫之別名也,此朦蔽之一也。又去年兵部所題《鄉兵增設》一疏,内稱鄉兵名色原係鄉村保甲,自爲團練,何得借端科派,請將嘉興縣派銀情由嚴察等語,亦經奉旨依議嚴行。而不意去年十二月間,浙省屬縣勒令每圖報充應捕,其工食衣甲,一如鄉兵鎗手之數,是所爲應捕者,即鎗手之別名也,此又朦蔽之一也。又去年户部所題《草穀採辦》一疏,内稱豆穀草束,責成藩司採辦,不許私派小民,如有累州縣里長辦解者,從重議處,仍嚴飭各省一體通行,亦經奉旨依議嚴行。而不意浙藩胥吏仍復私派以遂其奸,乃於去年十一月間,牌行嘉興,檄取穀一萬,草十萬,有司無措,不得不轉而派民也,此又朦蔽之一也。又去年刑部所題《衙蠹吞噬》一疏,内稱各衙蠹役盤踞作奸,責令刑廳廉訪得實,依律嚴究治罪等語,已經奉旨依議嚴速行。乃近聞浙省奸蠹劉泮章、劉美中機乘徐用章人命重案,設局騙銀,蠹等二人仍逼姦章妻王氏,及被用章具呈告發,經前任道臣史燧通申撫按發府審實,泮章得蕩價銀一千二百兩,又得田價銀一百二十兩,而美中賄囑問官,止供得銀百金,仍巧稱係用章之父久寓其家,自用盤費,止擬徒懲。夫美中乃臬司經承吏也,以經承而留重犯之父在家營脱,並留其家屬行姦,則其包攬打點,淫惡恣肆爲何等事。而承問者公然婪賄薄擬,今二犯又且脱然在外,犯法何在,此又朦蔽之一也。由浙省推之,而他省似此者何限? 由廠夫等事推之,而他事若此者又何限? 方今正直求言,則諸臣之所條奏,各部之所准覆,全賴地方官員著實遵行。若仍蹈前轍,則朝廷德意終不下逮,而此番盛舉不幾仍爲具文乎? 臣請敕部嚴議,凡奉旨事件,如有貪官污吏朦蔽不行,貽害百姓者,撫按立爲題參,從重議處。如有狗隱事發,一體治罪。仍查浙省廠夫革而備夫興,開端者何吏;鎗手除而應捕報,遵奉者何文;草穀一事何爲妄派;美中一案何爲狗縱;一一重懲,以爲違旨虐民者之戒。庶懲一儆百,而蔽竇漸除,實效漸臻矣。如果臣言不謬,伏乞敕部議覆施行。順治十七年六月二十九日,奉旨: 這所參有司朦蔽等情弊,著嚴察議奏該部知道。《釐革見年諸弊全書》。

革見年十大弊示

　　巡按浙江監察御史加一級牟爲力革見年十大弊,以甦浙民重困事。照得本院七載,臺員兩膺寵命,茲蒙皇上特恩,巡按兩浙,畏此簡書,夙夜冰兢,惟知有利必興,有害必除,以仰副一人宵旰之憂。亦惟興利必先除害,除害即所以興利,以大慰兩浙蒼生之望。敬於陛辭之後,策蹇微裝,假道扁舟,身歷城鄉,其間民生疾苦,地方利弊,備極諮詢,風聞約略,猶恐耳目未周,幽隱難悉。至嘉興受事,移駐省城兩月,嘔心多方詢問,復驗之小民呈訴,質之紳士條陳,彼此一轍,萬口同聲,方信爾浙第一層奸蠹積弊,禍國殃民,爲十餘年來牢不可破之習者,莫如見役一項,請爲我官吏衿民一痛陳之。夫見年之設,起於明季,非奉《經制全書》所載。原其設立之由,蓋以一圖遞十名,每名輪當一年,即令催納一圖之官銀,不過欲其里閈催呼,交相輸納,以免民間出差之擾。今則不然,凡值民間輪當見年,而十名里役之官銀俱責成見年身上。一種刁頑子弟,有抗不輸納者,有司單比見年,不比頑户,頑户見官府不比,愈抗不完。見年因頑户不完,日受敲撲,長吏之堂,髓膏塗地,鞭笞之下,皮肉皆穿,以别人拖欠之錢糧,慘受無辜之痛苦,則有代受血比之弊。因而每圖設立保人,令其催管見年;設立圖差,令其拘比見年;設立截書,或名區書,令其經承見年。方其初來應比也,每人各勒見年禮三四錢;

及其應比一二月也，每人各勒工食銀三四兩，工食米三四石；到得年終歲畢也，每人各勒抽豐銀三四兩，抽豐米三四石，相沿成習，竟爲鐵版之規，而保人、圖差、載書、區書等項遂買定圖分，議定項首，父盤子踞，倚爲金穴，則有盡役需索之弊。因而皁隸乘見年三日一卯，五日一輪，遂勒每圖鋪堂分例銀三四兩不等，每手行杖銀一二錢不等，少不遂意，輕重高下，縮頭閃版，生死皆出其手，敢不唯命是從，則有皁役酷詐之弊。因而官府之修銜鋪設亦要見年承當，上司之經臨供應亦要見年輪派，時節生辰之錦屏餽獻亦要見年支持，徵收錢糧之滴補傾銷，亦要見年賠貼。每項每圖各勒三四兩不等，則有科斂公費之弊。以至解辦馬草，屢奉明綸，督令官買吏解，今則仍簽見年解納。方其徵草時並無現銀給發，先勒民間自辦，一經出票出牌，差人索分例錢，吏胥索盤驗錢，押差索起解酒食錢。待得起解到省，收草官則索常例錢。幸而遂其欲，天晴早收，還是極好美事，不幸而勒索逾時，一逢風雨飄淫，遂嫌好憎歹，百般苛勒。及至任其飽詐，兵丁先將幾百束鋪地，名曰鋪襯草，固已去十之一二矣，繼以加一二之大秤稱之，又去十之三四矣，後又將幾百束蓋面，名曰蓋頭草，又去十之五六矣。草數一虧，魚肉無底，更有過壩錢、掛號錢、附收錢、轉批錢、差人回船錢、經承銷批錢，小民每解一批馬草，賠費不下百餘兩，究之官價，分文不發，但取逐年催徵，不起頑户錢糧，空票一紙，給發搪塞，小民實無分文收取，則有簽解馬草之弊。至於起解錢糧，久奉嚴旨申飭，官收官解。今則仍著見年代解，有司輕兌交發，先要賠補，兌頭中途起解，更有催募腳價，藩司交納，又要守候批迴，以暨掛號、銷批、押差、經承等項傍見雜出，每解銀一千，賠費不下百兩。更可恨者，見上司催呼緊急，有司竟將該圖遠年逃亡死絕，徵收不起錢糧，給發空批，責令見年代收代解。夫以官長血比血追所不能完納之錢糧，責令見年代收代解，打從何處催納，只見典妻鬻女，代解代賠，剜肉醫瘡，如同籍没，少一遲緩，上下經承即便提比批迴，乘機又勒寬限，分例季比業規，層層剝削，又加無算，則有簽解條餉之弊。餘如各衙門人役工食，額載《全書》，俱於正項錢糧支銷，而今則濫設冗役，責令見年給發工食，名曰外貼；如經制外設立燈夫、草夫、看司、看廳夫、茶夫、肩擔夫、擡禮夫、挑運油燭柴炭夫以及催船夫、捐牌夫、火把夫、印綬夫、裁縫夫、司廚夫、皷吹夫、水柵夫、肩毯夫、譙樓香盤夫、轎傘夫、看櫃夫、擡櫃夫、擡飯夫、排堂夫、擡朝箱夫、大監守宿夫、喂馬夫、小夫以及轅門、民壯、報事、健步、抄案、書吏、聽事員役，傍見雜出，每縣不下四五百名，俱要見年貼派工食，每名勒至十二兩，甚有二十兩者，不怕見年不照里承值，則有外貼工食之弊。驛站船隻，《全書》自有站價，今則勒令見年幫貼，名曰站貼。其始也，每圖勒貼數兩，年增月加，甚且加至十餘兩矣。究之濫撥差役，裝送遊客，乞恩狥情，以百姓之脂膏恣無窮之應付，則有加派站貼之弊。夫役一項，《全書》自有催募，今則濫派民夫，俱要見年承值。在嘉興名曰長夫，在金華名曰膳夫，在衢州名曰里夫，在台、處名曰兜夫，在溫州名曰民夫，即杭、湖、寧、紹、嚴等府亦有雜夫、更夫等項名色，每圖見年或派四五兩，或一二十兩，甚有至三十六兩者。究之大兵經臨，仍舊百姓照里承當，未見前項設立夫役前來代役者，更不知日常派給之工食作何支銷，併《全書》額載之銀兩作何催募，則有濫派夫役之弊。徵收支給是縣官職掌，今則各縣凡遇逃亡死絕，積逋拖欠錢糧，俱於見年名下對支工食，併一應無額設派工食，盡皆給票對支，以致一班奸胥虎役及無賴夫棍合夥成羣，一人出注，數十人跟隨，彼此推班推家，打索大等，酷勒水色加算，少不遂意，竟行兇毆辱。見年一遇對支，魂膽俱消，無不典衣揭債，速行交納，官府見此項對支便捷，一應公費私派、贓贖使用等項俱借對支名色混派硃簽，分頭擾害，則又有對支工食之弊。以上十大弊，本院身在地方，知之最真，聞之最確，各屬積習相同，大約嘉禾爲最。除本院已經特疏具題，仰請嚴綸勒石永禁外，合先禁約，爲此示仰官吏衿民人等知悉。以後凡催呼錢糧、頒行滾單、摘頑户、辦納馬草、遴委佐貳、起解錢糧，遵旨官解，夫役照額催募，站價依驛開銷，其餘一切代比需索、酷詐科斂、解草解銀、外貼站貼、濫役對支等弊，併見年名色盡行革除。如貪官汙吏不恤民瘼，不遵明令，仍前陽奉陰違，血比見年，簽點民解，濫派工食，酷勒公費及一切外貼、對支等項名色，科贓蔑法者，許被害糧里不時指名，赴院呈告。官以貪酷糾參，役以斃贓處死。本院上爲國計，下切民生，此番釐剔，務期速出從前之湯火，永登無盡之春臺，斷不能知而不行，行而不力，力行而不久遠嚴禁，仍令爾等瞞天作虐，流毒萬姓者也。戒之慎之，特示。順治十六年閏三月日。

一條鞭議

　　浙江布政司袁輔宸議起解錢糧。本司看得每年額載錢糧，應於年內全完，本年不完，流爲遞年帶徵，年復一年，拖欠無窮。案奉工部行文，有歲內全完紀錄之例。又奉户部行文，有六月全完之限。在有司祗承功令，誰不欲完考成急功名者，而拖欠不完，其故安在？蓋由於錢糧之不清也。按錢糧之弊有六，一曰侵欺，一曰那移，一曰透支，一曰冒破，一曰未獲批，一曰未獲領，總之皆侵欺也。夫那移一條，以此項那作彼項，以此年那作彼年，並非入己之贓。按《大清律》，凡那移出納，還充官用者，並計贓以監守自盜論，杖一百，流三千里，免刺。夫以還充官用之錢糧，而痛懲之至此者，蓋緣侵欺之原，實由於那移也。惟那移而後胥吏因緣作奸，得以行其侵欺。惟侵欺而後民脂民膏上不在官，下不在民，而盡歸於中飽，此錢糧所以不完也。然而兵餉急則解兵餉，協餉急則解協餉，漕項急則解漕項，起運各部寺錢糧急則解起運各部寺，抑或大兵經臨，軍機緊急，則解軍需，此皆通融緩急，萬不得已者也。至於昏愚有司任意那移，或存留甚緩反那起運以給存留，或雜費無額反那正項以充雜費，則額解錢糧滔滔乎成逝波矣。於是經承胥役乘機作弊，千變萬化，莫可究詰，其朦混上司也；希冀一銀兩銷，其朦混本官也。惟圖一銀兩支，蓋一經那移，彼此牽混，簿書至猥雜也，款項至繁瑣也。況作令者皆甫入仕途之人，雖有明敏長才，尚多不諳會計，況中材以下者乎？此錢糧積弊所以無紀極也。本司敬陳一議，各州縣之徵于民也，係一條鞭徵收，合令一條鞭起解。假如仁和一縣起運戶部折色若干，禮部折色若干，工部折色若干，額編兵餉若干，裁扣充餉若干，里馬優免裁官經費等項各若干，以及科舉歷日海塘等項，幾及二百餘款，統計歲額解司錢糧共若干，除輕齎行月淺貢應解糧道站銀、應解驛道鹽課、應解運司採辦本色錢糧、應解該府外，凡係解司錢糧，彙爲一條。又除缺官、柴馬、契稅、牙稅、牛驢雜稅等項原無定額，相應另案起解。惟將《全書》刊載年額解司錢糧，并《全書》既定以後里馬優免等項，亦有定額，每歲共該解司銀兩科算總額若干，內撥留府給兵若干，實該解司銀若干，各縣隨徵隨解。其解文內開列年額解司條銀若干，第一次解條銀若干，尚餘未解若干；其第二次解文內仍列年額若干，除第一次解過若干外，今第二次解司條銀若干，尚餘未解若干；其第三次解文內仍列年額若干，除第一次解過若干，第二次解過若干外，今第三次解司條銀若干，尚餘未解若干。嗣後逐次起解，俱做此式，則是通縣解司錢糧止有一條，無第二條，完欠瞭然，無容纖毫掩飾，并經承洗補、解役逗遛、匿批不投之弊皆可杜絕矣。惟是奏銷歲參二冊，各部錢糧應分款項，本司查明該縣解過若干，并解府兵餉若干，完十分者將各部各款槩註十分全完，完九分者將各部各款槩註一分未完，蓋各款錢糧合之則爲一條，分之則數百條，假如一條未完一分，則數百條皆未完一分，一條未完二分，則數百條皆未完二分。司書造冊，既不能以欠作完，亦不能以完作欠，此最直捷最簡明之法也。且令爲有司者先因款項麗雜，完欠難稽，今止有一條，於胸中則完欠瞭然，如或自夏徂秋完解尚少，自必惕然警慎，誰不欲十分全完以副考成者？再有解糧道一條，解驛道一條，解運司一條，解府一條，歲額應解錢糧止有五條，再有缺官柴馬契稅、牙稅、雜稅等項，爲數無多，另案考成，亦甚易辦。此法誠立，雖有中材之吏可以鳴琴而理，不費稽核而錢糧自清，吏胥無所容其奸矣。至於奏銷歲參二冊，本司仍照往例造報，未嘗輕變，舊章似屬可行，伏祈憲臺俯賜裁奪，如果可行，特疏題明，請以康熙二年爲始，各州縣俱照一條鞭起解可也。《治安文獻》。

丁銀歸徵田賦

凡人丁計口出銀，以代徭役，前代相沿，載在版籍者曰徭銀。自昇平歲久，生齒益繁，康熙五十二年,迺因恩詔,以五十年編册爲率,永免增丁之賦。雍正二年,以册存見數按直省州縣均入田賦代輸,其無田之户悉免之,間有不便均輸者,仍依舊制丁地分徵,以從土俗之宜。《大清會典》。

今定催科法編立順莊規條永遵碑記

雍正九年,嘉興府嘉興等縣奉署理浙江嘉興府正堂汪,奉總督浙江等處地方軍務兼理糧餉管巡撫事李爲申嚴順莊滾催,實革里書爲害錮弊之禁,勒石永遵事。照得浙省徵輸,每圖設立糧長、現年,代催應比,里書管册,苛派嚼民,爲害已久,從前歷有禁案,無如各色變幻,未嘗除根,兼之詭立户名,瓜分散裝,滾催阻碍,逋賦纍纍。本部院題明奉旨特行順莊滾催,永除糧長、現年、户首、單頭各種名色,參官處役,已費數年苦心,漸見成效。但利于官民者,不便于蠹役,入後阻撓變計,良法不行,除另候縷悉弊端,刊書遍布外,先頒經久規條,簡切勒石永禁,俾官民交相遵守,條款列後。

一、永定順莊之法。各屬糧户,俱照本人住居用的實姓名挨户順編,不許參差跳越,別圖田地,盡行歸併户下;不許瓜分詭名祀田公產;填明族長值年的名,俱于開徵時不論錢糧多寡,照册内住居挨户填單,每月分定限期止發,總保交給首户以次傳知,不許差役分發各户單;到案限完納,將銀數、日期自填單内,末户完日即交櫃書繳銷,不許逐户改滾差追。如有匿單抗欠者,一月限滿,摘拿本户究處,不許列單總催總比。其外縣人民,各編某縣寄莊,註明佃户姓名,另立限期發單交佃傳知,秋收不完著佃扣租交納,南米、漕糧、屯衛以及各場竈課亦照此滾催。至莊民如有遷移,各總于月終報縣推轉發滾。此法永行,毋許變更。一、永革糧長、現年差人下鄉之弊。徵糧既發滾單,不許輪卯應比,從前一切糧長、現年、户首、遞年、單頭、總催等項名色盡行革除,敢有仍前催糧比卯,濫差下鄉滋擾者,官參役處。一、永除圖甲之弊。從前各圖限定田數,立爲十甲,分派值役,挨年輪甲圖管。今按住居順莊,不拘田數多寡,所有原圖十甲名色盡行革除,以絕糧規弊根,永不許借均田均役爲名虛立都圖,剪撥勻裝,紛更成法。一、永革里書之弊。歷年里書盡行革逐,不許更名盤踞。所管册籍追出交官僉點誠實,縣書經管每年換充圖分,不許一人坐管。凡糧户查册,捐勒需索,稟縣立拿,詳究狗庇,赴上司呈控并參。一、永禁吏蠹需索之弊。糧、現既革,凡户糧科、房丁田科、里書、册書、圖書、圖差、圩長、圩總、管圖、甲首、歇家等項人役,上卯開手銀錢、酒席添兑册費、卯包飯錢、差錢、杖費、到鄉酒飯船錢、歇宿冬夏二季抽豐年規銀米以及科斂修倉、經臨過往、雜差等項勒索陋規盡行革除,其地方命盜踏勘、勾攝人犯等事,一槩不許干涉鄉民承值供應,敢有故違受害,連人拿送處死。一、永定由單之法。每年開徵前將各田地、山蕩核明科則,加減確數,按户頒給易知,由單印官于備公銀内發給紙工,不許分文苛派,儻有飛洒浮加、暗派單費及單不發者,揭報參究。一、永定推收之法。凡典賣產業,于成交稅契時隨即推收過户,不許賣主捐勒。因順莊初行,各縣多有止將田畝數目彼此開除,未有田畝字號清付,莊書借此捐勒橫索,是以今屆大造之年,暫令各圖有田花户情願認充者,一人管理册籍,推收完竣,交册歸農,並不令其每年管册,并不許州縣抑勒承充差拿滋擾,一切錢糧催比等事不得干涉致累,并照程陞司議定。凡推出收田一畝止取銀一分,地、山、蕩一畝止取銀五釐,以爲紙筆飯食費,敢有縣蠹借名把持,勒索殷户包費,多取推收分文者,拿究處死。嗣後民間典買產業,即將字號開付過户,則逐年推收既清,即屆大造亦毋庸另點。殷户承管更爲民便,永有遵守。一、永革重耗之弊。各州縣徵糧火耗,俱照歷來數目通查,奏明在案。

嘉屬之嘉興、桐縣，每兩各六分，秀水、嘉善、石門、平湖各五分，海鹽七分，以上仍于此內每銀一兩存縣一分，以作傾鎔解費。里民俱應止照歷來原定耗銀數目，用部頒庫平加增自封投櫃足紋，不拘錠塊完納。每票止給串錢一文，不許銀匠勾通，揹勒包扣，打截櫃書，執戥稱收。如有青潮短少，發出原銀認明補足，敢有私用重戥，于定耗之外多加分釐，及止標封袋、濫捉短少，告發嚴參。一、永定紙張之費。莊書發給滾單、造冊、紙張、飯食不能無費，若不官爲酌定，必至私勒橫派，難以經久。嗣後糧戶每年每田一畝者給銀二釐以爲紙筆之資，敢有多索釐毫，告發處死。雍正九年十一月日。附載原案：雍正五年十二月二十三日，署嘉興縣戈奉嘉興府正堂閣爲欲革里書之積弊等事，奉署布政司憲牌，轉奉巡撫都察院李批：會看得浙省田賦混淆，糧多積欠，大弊皆出于里書，而實由于戶名不清，圖分隔別，始足以逞其奸，而致官民賠累，爲害匪淺，急宜別釐澄清。本司道伏查憲檄飭議順莊一案，逐條指示，仰見憲臺慎慮周詳，竊謂錮弊可除，滾催無阻，誠一勞永逸之善政。經前司轉飭查議去後，茲據各該府詳據各該縣議覆前來。本署司等備悉確查，虛衷參酌，雖云因地制宜，各抒己見，而大同小異，並未有越憲示而另置一議者，總之理法所在無地不可行也。如憲檄順莊之法，如何措施而始盡善，就保甲以查糧，作何稽督而使無隱匿之奸。據嘉興府所議，責坊圖保甲，將本坊里民開造保甲戶冊，即查其本戶名下有田地若干，坐落某圖某甲，戶names辦如一名，而數戶分納即令分晰如一人，而詭立數名即爲歸併，所納銀米一一填寫，造一草冊送縣。一面押舊里書，將所管圖額田地山蕩若干、銀米若干，下列戶名某人，完某項銀米若干，現住某處，務寫的名實號，核算總數相符，亦造一草冊送縣。設局擇吏書二十餘人較對，如有舛錯鬼名，即喚里書開明更正，然後繕造保甲順莊清冊存貯，分限填寫交總保。面令單首傳催，其有田在本圖而居隔屬，另造寄莊，交佃齋催等情甚屬明悉。至所議二十餘人司冊之處，查各屬田地糧額多寡不同，冊籍煩簡不一，應照湖府所議，大縣准其十二名，中縣八名，小縣四名，務選殷實老成畏法之人，不得濫委匪人，仍令印官給與紙筆飯食，毋許派累。又蒙憲檄責經承以管冊作何釐弊，而使無前轍之蹈，亦如嘉興府所議，若一役而兼管兩冊，則操縱自如，應各點數役專管，年終慎選更換。凡承管順莊書書，不許點充銀米，經承既充錢糧，經承不許管順莊糧冊等情，則接手者不肯代人受過，有弊即能敗露，應如所請。又奉憲檄順莊之田額多寡不同，如何而使通縣有均田均役之利。查浙省丁役，各縣亦有照人起丁者，亦有照糧產起丁者，各不相同。若照糧產起丁，則糧從產辦，役照糧催，即係均田均役之法，自無苦累。至于照人起丁之縣，現奉憲檄有產去糧存，光丁賠累之苦，飭議照糧起丁現在另詳，毋庸置議也。又奉憲檄逃絕之糧，稽額既明，如何而使官民免駝賠代墊之難。嘉興府所議，如有隱佔，悉令自首，亡糧填糧著付保清出，除棺槨里數外，餘地召佃便隨栽植，得息辦糧，以補缺額等語。查此議恐非通省所宜，應請俟各屬將順莊一冊告竣之日，核出實在逃絕之糧，計其多寡，飭縣因田地制宜，酌議抵補，以期實濟。又奉憲檄買賣田產各縣有逐年推收者，有十年一收者，似應畫一更便於民。如嘉興府所議量圖酌點，書役每年圖揆，凡民間交易一成，業主親齎賣契推收，立時報稅，各圖置簿一本，付管稅書役，同業主面同登簿，將前件寫明田畝分數、完糧戶名，寫畢將印簿推收，一同繳縣核對印稅，次日即發本人親領。次年徵糧冊籍即傳入內衙，照稅簿查明推收，毋庸糧戶齎契至有漕各縣，兩者兼而行之，官民俱便等語，則查隱稅寄戶之弊可除矣。應如所議，并令印官出示曉諭，務使咸知，實力遵行。又奉憲檄限期應何時而責其成功，勤惰用何法以定其賞罰。查各縣田地山蕩錢糧多寡不同，冊籍煩簡各別，查杭、嘉、湖三府糧額冊籍頗多，兼之有漕寬以一年之限造竣，寧、紹、台、金、衢、嚴六府冊籍適中，寬以十個月爲期，溫、處二府限以八月完竣，各屬如有已經奉行，應飭將作何舉行，緣由據實通報，如與此議未盡之處，仍令照議畫一舉行。如果實心任事，行之有益，令該管知府查核，詳司轉請題達紀敘，倘有奉行不力，悠忽從事，亦即詳參處。再照此案惟杭、嘉、湖三府糧額戶口頗多，冊籍紛繁，兼有兌漕要務，及一切刑名錢穀案件之責，恐難兼顧，應如杭嘉湖道徐所請，酌請人員協辦。惟是請發人員，少則不敷辦理，多則又慮壅滯，今本司道詳委候補知縣之葛大梁及原任海鹽縣行取知縣梁澤等二員，先于嘉、秀二縣試用外，又有現奉發浙江候補知縣沙漢鼇、汪士璜二員，現在空閒，一併檄發該道派委。但葛大梁、沙漢鼇、汪士璜等三員如遇縣缺，即應詳請委署，非可久令辦理，應請憲臺具題應選補知縣人員內揀選二十員來浙，先交杭嘉湖道分發三府，同各該縣協辦，如果實力遵行，著有成效，即開明事由功績，遇缺詳請題補，若怠玩偷安，即據實詳候劾參。至寧、紹、金、衢、台、嚴、溫、處八府，戶口冊籍較少，各該縣又無兌漕之煩，似應止飭各該縣查造，如誠必須委員協理，應俟該道、府詳請所發二十員酌撥前往協辦。倘各員補用將完，而通省順莊尚有未告竣，或應再請人員，容俟屆期續請，並候憲裁。以上所議各條是否允協，擬合詳覆，統候憲臺鴻裁核奪具題。

漕截銀及灰石食米等折銀統歸地漕徵收

　　乾隆四年三月,布政使張若震檄文爲遵旨察議事。奉巡撫都察院盧倬准户部咨開雲南司案呈户科抄出浙督嵇曾筠題前事,奉旨:該部議奏。欽此。欽遵。該臣等查得浙督嵇疏稱浙省杭、嘉、湖三府屬漕截銀兩,前經布政使張具摺奏請并入地丁統徵分解。接准部咨漕截一項折收紋銀照漕項輕齎之例,并入地丁統徵分解,原爲便民起見,事屬可行,但徵收九八色銀以及每兩耗羨二分之處,從前並無咨題成案,而耗羨銀兩俱係隨正交納,地丁與漕截耗羨多寡不一,既經并入徵收,作何均攤勻扣,必須斟酌盡善,軍民兩便,方可永遠遵行。行令會同總漕確查定議,具題到日再議等因。查漕截銀兩,係里民貼贈給丁濟運之項,向收九八色銀,舊例相沿,原無咨題成案,惟查隨徵耗羨二分,係雍正八年正月内前督臣李於聖恩溥被等事案内奏明,抵給運弁養廉有案。至於作何均攤均扣之處,查杭、嘉、湖三府屬地漕耗羨每兩自四分以至九分不等,而漕截銀兩色既九八,耗羨又係通槩二分,正耗共徵一兩,截耗數少,地耗數多,應就各該州縣地漕耗羨之多寡,將漕截正耗通扣攤算,總以所徵正耗一兩内以九錢八分給軍濟運,以二分解司爲運弁養廉之用,所有減徵數目造册送部察核。此項漕截從前定於十月開徵,勒限兩月全完,今于隨同地丁一條鞭徵收,限期寬展,民間既免另款分納之繁,旗丁又得隨領濟運,實爲軍民兩便,永遠可行。惟是漕截銀兩,係隨漕給運之項,應於秋徵之後先儘漕截,聽存縣庫,至期各該縣照實徵九八折净之數紋銀給發,倘有額外加耗及缺惵扣尅情弊,即行嚴揭詳參,如遇漕糧停運折徵之年,即照實徵九八折净之數解部。再漕截之外,尚有灰石及白糧項下食米折二款,向係解道,同漕截並徵。今漕截既與地漕統徵分給,亦應同漕截一體派徵。查灰石食米折係解部之項,例徵足紋,其耗羨向與地漕一例徵收,毋庸折算。至灰石一項,應請歸察核通庫等事案内,同漕截一併列册造報奏銷。食米折銀一款,仍于白糧銷算事案内造報,均於乾隆四年爲始,除册送部,外臣謹會同漕運總督臣托合詞具題等因,前來。查乾隆三年三月,内據浙江布政使張奏稱,漕糧項下有貼贈一項,每石徵九八色銀三錢四分七釐,每兩加耗二分,名爲漕截,例係十月開徵,勒限兩月全完,爲期甚迫,民情多以爲累。且此項銀兩止徵耗銀二分,銀色又止九八,各州縣亦有私照地丁收耗,并收足紋者,與其分徵未善,不如統徵便民。應自乾隆四年爲始,照漕項輕齎等項之例并入地丁統徵分解,其有按照原定每石三錢四分七釐以九八折算,實徵紋銀三錢四分六絲。倘遇停折之年,亦照九八實徵之數起解,將二分耗羨攤入地丁耗羨内勻扣徵收等因。臣部行令浙督會同總漕確查定議,今該督疏稱漕截銀兩等語應如所題辦理。再該督疏稱漕截之外等語亦應如所題可也,等因,于乾隆四年二月二十三日奉旨:依議,欽此。爲此合咨前去欽遵,查照施行等因,到本部院。準此,合就轉行備案,行司遵照准咨事理,即將漕截銀兩隨同地丁一條鞭徵各緣由移行欽遵等因,奉此,合亟抄册轉飭。爲此仰縣官吏查照准咨事理即便欽遵,將漕截正耗銀兩于乾隆四年爲始,并入地丁統徵分解,其漕糧項下、灰石白糧項下之食米折二項,原係向同地漕統徵分解之項,仍照往例一併徵收,分別造報奏銷。從此有漕州縣,並無另徵漕截名色,至秋徵之後,先儘漕截,照實徵九八折净之數紋銀給發,倘有額外加耗及缺惵扣尅情弊,立即嚴行揭參。如遇漕糧停運折徵之年,即照實徵之數起解,毋庸仍前另易紋銀解部,仍將通邑額徵漕截正耗銀兩照依抄發册内原定每兩折實紋銀數目科算,按照田地、山蕩每畝應加徵漕截銀若干併入每畝《全書》額定地漕之內,共徵銀若干,造具細冊,并算本年科則由單,一並星馳送司以憑察核轉呈,永定章程,并照例發示曉諭,俾民咸知遵守,均毋違玩混延,致于未便。須至案者,計開該縣地漕耗羨,原定每兩五分漕截銀兩係隨漕徵收,銀色九八,原定耗羨銀每兩二分,正耗共該一兩,但截耗數少,地耗數多,若將漕截正銀九八折實統徵,將耗羨另攤,則地漕與漕截正耗多寡不齊,難以畫一徵收,且耗有鼇頭,恐致捲尾徵零,應將漕截正耗通扣攤算,庶與地漕耗羨一例,而漕截銀兩亦無盈縮。計該縣漕截正耗共銀一兩,應減作實徵銀九錢五分二釐三毫八絲九微五塵二渺三漠八埃一纖,每兩加耗銀五分,該耗四分七釐六毫一絲九忽四塵七渺六漠一埃九纖,正耗仍合一兩,以正銀九錢八分作爲一兩,給軍二分耗羨解司。乾隆四年三月。平湖朱《志》。

南糧零星小戶準折

巡撫熊學鵬檄文爲遵旨議奏事。乾隆三十年正月,准戶部咨開浙江清吏司案呈戶科抄出浙撫熊題前事,奉旨:該部議奏,欽此。欽遵,于本日抄出到部。該臣等查得浙撫熊疏稱浙省杭、嘉、湖三府額徵南米歷係十月隨漕啟徵,民間完納之米先儘漕兌,餘作南糧分別徵解,無如內有屋基墳糧零星升合小戶,本無產米,若必令其完納本色,勢必購買交倉,而以升合之糧來倉守候,小民未免苦累。經臣奏請折收,准部議覆,應如何酌照該地市值折中定價,以垂久遠,俾民無加徵,價有定數,行令妥議具題等因。臣當即行令布政使索署糧道事杭嘉湖道永德等查議去後,茲據該司道詳覆前來,臣覆加察核,查年歲有豐歉不同,米價有低昂不一,其小民應完零星升合之米,既經奏准折徵,若價無一定,民無遵守,誠恐不肖官吏遂得高攞浮收,難免滋累。今據該司道議詳,請照現在金、台、溫等府折徵南米之例,每石定以一兩六錢,每升折收制錢一十四文,按照時值酌中定價,使貴不加增,賤不議減,價有定數,民知照數畫一完納,不肖官吏無從高下其手,實屬便民可垂久遠之法。其每年折收錢文,遵照部行,抵裁減漢軍之餘米報撥充餉。但查裁改漢軍停支省米僅止五千五百餘石,該杭、嘉、湖三府屬零戶南米多寡不一,且民間產業消長大小更改亦歲有不同,應飭各屬於每年啟徵之先,預造易知由單并額徵細冊,送該司道查核,將完糧至少之零戶分列莊名數目,飭令按照定價折收,其有願完本色者,仍聽民便,毋許棍行勒折,其折色花戶及折收數目,按年造具細冊送臣衙門再加覆核,分別奏咨。至折收之數,如與裁減漢軍停支省米之數較有多餘,即將多收錢文買補還倉,支放兵餉。倘折收之數不及五千五百餘石,則米有多餘,除抵放兵糧外,餘俱遵照原奏糶價報部,一并撥充餉用。再查南米零戶既有折收定價,一俟正漕行月,等米兌竣之後,于次年正月間設櫃縣署,另立流串日報等簿,折徵依限奏銷,在各該管上司亦得按冊隨時弔查,以杜成斗大戶尾零花分影射之漸,則因南及漕之弊不禁自絕矣。再漕糧上供天庾,例應乾圓潔凈,應飭各該府留心稽查徵收本色,倘有于折南米之外,多收顆粒情弊,即行嚴參治罪,臣仍嚴督該司道實力察查,以仰副我皇上惠愛元元之至意。臣管見所及是否有當,理合遵照部議,具題前來。查杭、嘉、湖三府屬應徵南米內零星升合小戶,先據該撫熊奏稱多係市廛房屋基地山場,本無米穀產收,小民買米交倉,不特守候量驗,且市糶之米色不齊,不肖胥吏或借端刁頓勒索,又因零星升合,爲數甚少,任意浮收,種種滋弊,小民不無累苦,若令折交錢文,既可以免守候量驗之煩,亦可以杜胥吏勒索浮收之弊,請徵收折色,每年照時定價,核實徵收等因。經臣部以從前浙省金、台等府及富陽等縣改徵折色,原係便民之意,應如該撫所奏,將該三府屬零星小户准其折價徵收,不得將成斗以上及大户尾零作爲零星影射勒折,致滋弊混。如小户内有願交本色者,仍聽其便,將每年收過折色花户錢文數目繕摺具奏,造册咨送臣部查核。其每年徵收價值應如何酌照該地方市值情形量爲折中定價,可垂久遠之處,行令該撫悉心妥議具題,到日另議。至浙省旗營滿漢官兵及織造匠役月糧,俱係南米内動支給發,于乾隆二十八年據原任閩浙總督楊等奏稱,杭州漢軍出旗爲民改補綠營,每年停支糧米五萬三千一百石零,除抵給金、台等府并乍浦營應買兵米外,尚餘本色米五千五百餘石,存貯省倉,其杭、嘉、湖三府零星小户之米爲數無多,既有現存餘米儘可抵放,所有該三府折徵米價提貯司庫報撥充餉。但收漕之例久禁折價,今該三府或因小户南米折徵并及漕米,不可不防其漸,一并議令該撫不時查察,如有不肖官吏從中乘機舞弊,立即指參治罪。今據該撫疏稱,杭、嘉、湖三府屬小民應完零星升合之米,請照現在金、台、温等府折徵南米之例,每石定以一兩六錢,每升折收制錢一十四文完納,貴不加增,賤不議減各等語,是就該三府屬實在情形酌中定價,釐剔弊端,均應如該撫所題辦理。至該撫疏稱漕糧等語,亦應如所題辦理,行令該撫不時查察,如有不肖官吏乘機舞弊,立即指參治罪可也。乾隆二十九年十二月十二日,奉旨:依議,欽此。爲此合咨前去欽遵查照施行等因,到本部院。准此,合就轉行備案,行司遵照即便轉行欽遵,實心辦理毋違。布政司覺羅永德檄文爲遵旨議奏事案,照浙省額徵南米自裁減漢軍之後,除供放滿綠旗營兵糧外,尚餘本色米五千五百餘石,議請將杭、嘉、湖三府零户折徵米價提貯司庫報撥充餉,奉准部覆在案。今查杭、嘉、湖三府屬縣額徵南米,除全數留兑兵糧,并數止百十石者毋庸議折外,計海寧、餘杭、嘉、秀、善、鹽、平、石、桐、歸、烏、德等十二縣額徵米一十一萬八百餘石,以所餘之五千五百石勻攤計算,每額米一千石,應折徵零户米四十六石零,第部定之價每石僅折徵銀一兩六錢,儻各縣邀譽多收折價,全行解司趲奏入册,將來買補凑放兵糧,原價不敷,殊費周章,合行酌派開單飛餉,仰縣查照單開應徵本折米石,星飛趲徵,全完造册題銷。平湖朱《志》。

嘉、秀、善三縣嵌田第九次會丈具題結案

康熙四十六年九月十六日,督撫會題十月十三日奉旨察議具奏,十一月初三日户部覆題,該臣等查得浙撫王然會同總督梁疏稱嘉興、秀水、嘉善三縣互嵌田地,先經委員清丈具題部覆,各照疆界歸正坐縣完糧等因,通行在案。今善民姜熊等復行叩閽,奉旨察明具題,并發奏摺到臣。臣查此案雖經兩次丈勘,但三邑士民俱稱從前未經隨丈,終難輸服其心,令嘉興府知府督同三縣,率領里老,并懇寬一年之限,俾得逐次親勘造册報部,庶互嵌得清,而訟端永息等因前來。查該撫既稱善民姜熊等俱稱從前未經隨丈,終難輸服其心等語,應如該撫所題,勒一年之限,交與嘉興府督同興、秀、善三縣知縣,并率領里老等確行丈明,分別各縣疆界,照原額徵輸具題可也。十一月初五日奉旨:依議。

嘉興府知府臧憲祖會同三縣丈畢詳文

奉此,隨經請頒畫一弓式下府,隨即轉行嘉興、秀水、嘉善三縣印官飭令帶同三邑里老圩長人等遵照部行,先丈嘉

善,次丈嘉興,再丈秀水,逐一互相丈竣訖。今據署嘉興縣事秀水縣知縣陳邦華、嘉善縣知縣李夢昺會詳開稱:職等帶同里老圩長弓算,遵照部行,先丈嘉善,次丈嘉興,再丈秀水,業將三縣田地俱經逐細查丈,今據嘉興縣糧里士民吳案、陳廷、姚煤、張文、吳潤,秀水縣糧里士民沈英、陳顯、邱琪、鍾鴻、屠靖,嘉善縣糧里士民浦成、朱恒、支廷、都賢、金元等呈,爲丈量工竣,公籲申覆結案,三邑均戴天恩事。竊惟嘉、秀、善三縣嵌田訟累已久,向曾委員清丈,因三邑士民未經隨丈,彼此懷疑,恭懇撫憲具題覆丈,奉部遴委臧府主督同三縣父母,并率領里老圩長親臨三邑,按畝施弓,挨號造册,今已丈竣,細對覆丈田地與前丈數相符,三縣各無遺漏,業已彼此允服,互出甘結,三縣俱有缺額,共應徵銀米相應各照自缺之數各自補額,以足國課,永息爭端。爲此公叩天臺俯電輿情,迅賜申覆咨部結案,三邑億萬生靈實永沾宏慈於無既矣等情,出具甘結前來。據此,隨該卑職等會看得三縣嵌田歷經查丈八次,俱有無田之虛糧,而民情終未輸服,案仍不結者,祇緣從前各縣各丈,彼此不相知,以致猜疑積訟。今職等遵奉部文,隨同本府率領嘉、秀紳士糧戶里老圩長人等,先至善邑,公同嘉興縣紳士糧戶里老圩長人等將善邑田地阡定疆界,履畝清丈,實在田地共六千三十七頃六十八畝八分三釐六毫,內嵌有嘉興縣完糧田地九千三百八十六畝四分七釐九毫五絲,秀水縣完糧田地一百七十七頃四十五畝三分七釐九毫,外有缺額田地二萬三千九百八十四畝五分八釐二毫五絲。丈畢又率領秀、善紳士糧戶里老圩長人等同至嘉興,公同嘉興縣紳士糧戶里老圩長人等,將嘉興縣田地阡定疆界,履畝清丈,實在田地八十五萬一千九百七畝八分五釐九毫七絲,內嵌有秀水縣完糧田三千二百七十五畝七分六釐五毫,嘉善縣完糧田三百三十九畝九分九釐六毫,外有缺額田地一萬八千五百一十六畝四分四釐六毫三絲。丈畢復又率領嘉興、嘉善紳士糧戶里老圩長人等同至秀邑,公同秀水縣紳士糧戶里老圩長人等,將秀邑田地阡定疆界,履畝清丈,實在田地共六千三十四頃九十八畝一釐七毫五絲,內嵌有嘉興縣完糧田地三十頃三十九畝七分一釐一毫,嘉善縣完糧田地五百六十八畝七分二釐五毫,外有缺額田地一萬六千三百九畝五分六釐。公同丈畢,而三縣紳士糧戶里老圩長人等始信三縣各有缺額,各有嵌田,並無隱佔狥情等弊,百年疑案一旦頓釋。今據三縣紳士糧里圩長人等齊集郡廟,公具各願各補各缺,允服押結前來,卑職等三縣印官隨當公衆加具印結,現在相應詳請憲臺俯念三邑各補各缺,仍與國課原額無虧,恩賜加結,轉詳題覆,伏候核轉等情,出具印甘册結前來。據此,隨嘉興府知府臧憲祖查看得三邑嵌田一案,爭訟歷逾百年,查結已經八次,乃善邑民人姜熊等仍復具狀叩閽者,總緣嘉、秀二縣坐嵌善邑田地一項,疑爲嘉、秀詭推詭收,獨致嘉善缺額,而從前雖屢經清丈,皆係各縣各丈,並未令其互相稽察,此所以積疑難釋,終年刺刺不休也。今卑府蒙委督同三縣印官徹底勘丈,當即率領嘉、秀、善三縣知縣,帶齊三縣里老圩長弓算人等,先令嘉、秀二縣里老弓算會丈嘉善,隨令嘉善里老弓算會同嘉、秀里老以次挨丈、秀田畝。在嘉善,除興、秀二縣坐嵌田地二百七十一頃三十一畝零外,於原額內丈缺田地二萬三千九百八十四畝五分零;在嘉興,除善、秀二縣坐嵌田地三千六百十五畝七分零外,於原額內丈缺田地一萬八千五百十六畝四分零;在秀水,除興、善二縣坐嵌田地三十六頃八畝四分零外,於原額內丈缺田地一萬六千三十九畝五分零,俱係三邑紳士里老隨同各該印官會齊畫一弓口,互相兌丈,見三縣互有嵌田,各有缺額,始各安帖輸服,自願各缺各補,照依原定額數照舊納糧,同具甘結,由該三縣合加印結,並造具清丈簡明總册,齊請轉詳結案,似百年之疑竇全消,即百年之爭端可息矣。且既各照原額完糧,則正與現奉照依原定額數納糧之部文相符,即先奉部駁與原額不符之《全書》亦可不須更正。《全書》既不須更正,則亦不須各歸坐縣完糧,無庸糧隨田轉,仍聽各守三百年來設縣之成規,無事紛更滋擾,而疆界原未嘗不正也。至田地缺額,乃自明及今相沿已久,姜熊等叩閽之處,事屬有因,應蒙免議,理合加具印結,詳請憲臺察核轉題達,俾久懸之案得以完結,則三邑士民均受無窮之福矣。康熙四十七年十一月十九日,知府臧憲祖。布政司申批:仰候據轉送到縣結,已經另檄飭換矣。

撫院王然題疏

浙撫王題爲叩謝皇恩事。該臣等看得嘉、秀、善三縣互嵌田地,因嘉善民姜熊等以從前查丈之時未經親隨,恐有隱佔,復行叩閽,經臣具題部覆,勒限一年,交與嘉興府督同三縣知縣率領里老確行丈明,分別定立各縣疆界,照原定額數納糧具題等因轉行。今據署布政司事程詳稱,據嘉興府知府臧督同署嘉興縣、秀水縣陳、嘉善縣李率領里老紳衿等將三縣田地查丈,按册合算，丈實數目與從前相符，並無欺佔隱漏，三邑紳士俱已允服，出具甘結，情願各照自缺之數補額，府縣加結總冊具題前來。臣查三縣嵌田既據丈明，士民允服，各照定額，部文相符，至於三縣田地錢糧彼此既無增減，無庸議改纂，今姜熊等叩閽之處，事屬有因，應予免議，除冊送部外，臣謹具奏。

原行部文

戶部覆該臣等查得先經原任浙江巡撫王然疏稱查三縣互嵌田地，該撫既稱委嘉興府知府督同三縣率領里老將三縣田地查丈，並無多寡互異，其缺額之數，士民情願照自缺之數補額完糧，姜熊等叩閽之處，相應免議等語，應如該撫所題照，各正疆界，清還嵌田，之後所有丈缺田地，士民等各自均攤補足，以符原額，既無增減，不必更行纂造《全書》。今三縣缺額之田，該撫既稱丈明，俱已補足，將姜熊等叩閽之處免其議處可也。

嘉、秀二縣糧里公呈

嘉興、秀水二縣紳衿糧里吳麟、沈成、姚全、葛瑞、陳元、陳必顯、張元鑄、俞文行、邱德、曾達等呈爲嵌田，蒙丈已清，應照自認各補缺額，以符原題，永均賦役事。竊惟土田載諸志乘，賦役頒有《全書》，上裕惟正之供，下息鼠雀之爭，雖遐陬僻壤，莫不按畝輸將，無能增減者也。不意興、秀、善三縣自萬曆以來，紛紛聚訟。案經八結，悉報並無差誤，各安其故一百三十年，案牘碑文炳存。亦據茲善民姜熊等以從前未經隨丈，終難輸服，去年蒙府主遵旨，帶同三邑官紳士民里老糧戶圩長人等，遍歷村莊，公同履畝清丈，三縣均有缺額，善邑士民疑竇始釋，隨據嘉善縣里老浦成等、嘉興縣里老吳案等、秀水縣里老沈英等併同三縣紳士民戶人等齊集於郡廟，公同會議，僉謂若要各正疆界，歸正坐縣，須糧隨里辦，改造《全書》，不無更張，既已三百餘年輸將無異，自宜照舊完糧，各缺各補，各皆允服，出具書押甘結，蒙三縣主加具印結，詳蒙本府太爺加結，轉詳藩憲詳奉前撫院大老爺具題。今奉部覆，應如該撫所題，照各正疆界清還嵌田，之後所有丈缺田地，士民等各自均攤補足，以符原額，既無增減，不必更行纂造《全書》等因。麟等泣思三縣田地雖有彼此互嵌，然俱係實在完糧之田，並無欺佔隱漏，業戶辦糧久有版籍，總以《全書》定額爲憑，原不計其坐落地方也。若以嵌田清還坐縣，則嘉善縣額載完糧田地止該六十萬一千三百六十三畝二分五釐二毫，今據丈實六十萬三千七百六十八畝八分三釐六毫，比照《全書》已餘田三千四百餘畝，其與自認各補各缺之議大相矛盾，顯係嵌田，乃興、秀實在完糧之產，奚堪捏墊抵補自缺。況嘉善田浮額外必致興、秀虧上加虧，錢糧從何著落，若必清還，則彼此均有增減，勢必糧隨田轉，《全書》又當改造矣。況部文內開"各正疆界、清還嵌田之後"十字，並非麟等三縣紳士里民原議允服之輿情，亦非前撫院原題之議，併與部文既無增減、不必更行纂造《全書》之說前後互異，以致嘉善縣糧里乘機私具遵依，謊呈新縣不由府主核明，徑自越送，幸逢撫院大老爺洞燭奸欺，有興、秀、善三縣嵌田一案前院原題及部覆，俱云該府知府督同三縣知縣率領里老將田地查丈，均有缺額，士民情願照自缺之數補額完糧，該縣自應遵照部文補額詳報該府核明，取具三縣里老士民人等遵依府縣加具印結，由司轉送，庶得永斷葛藤。今嘉善縣率具遵依竟行詳送，其中果否無弊，無憑查核，仰布政司飭令該府遵照部文內開情由，取具三縣官民遵依印結，該府查核明白加結，由司轉送以憑核存，仍候督部院批示繳遵依，並發之鈞批。此誠至正至公，一勞永逸之舉，詎意善邑糧里漫不前來，明係希圖上延旨憲行查之案，下累麟等守候之苦，況今久晴不雨，正值車戽救苗之際，不得不連名哀懇，合應遵照原疏及大部各自均攤補足之明文，併奉撫憲大老爺鈞批，公具各補各缺之遵依到案。伏祈仁臺恩賜轉詳，其嘉善縣自認補額田地，亦令照議攤補足額，一併申送，庶大案不致久稽而麟等亦免守候之累，則感激高厚之恩，當生生世世不朽矣。

嘉、秀二縣會詳看語

會查得嘉、秀、善三縣田地，上年蒙憲督同三縣官紳士民圩長人等，公同逐縣挨次清丈明白，各有虧缺，各有田地互嵌，其中各以嵌田四至界址，查照版圖、魚鱗册內俱與原數核正，是疆界已清，無庸更易互嵌之田，既無欺佔隱漏，無所清還，則免田糧增減改造《全書》之繁，各自照舊糧隨田辦所有概縣缺額，各縣照數自補，以符原額，不必改造《全書》。始據善縣里老浦成等、嘉縣里老吳案等、秀縣里老沈英等併同三縣紳士民戶人等允服，公同出結無異，荷蒙前院具題，今奉部文開載，應如該撫所題，所有丈缺田地士民等各自均攤補足，以符原額，既無增減，不必更行纂造《全書》。是知丈量時疆界已經對册核正，糧隨田辦，均有缺額，此內無可清還之處，已蒙燭照，正協三縣士民原議允服輿情矣。迺伏讀"各正疆界、清還嵌田之後"二語，若此二語又與既無增減，不必更行纂造《全書》之旨大相逕庭，難以遵從，正欲詳請咨明大部，間不意善邑糧里士民並不會同議妥，輒具遵依越送，幸奉撫都院憲批，興、秀縣嵌田一案，前院原題及部覆具云該府知府督同三縣知縣率領里老將田地查丈，均有缺額，士民情願照自缺之數補額完糧，該縣自應遵照部文補額，詳報該府核明，取具三縣里老士民人等遵依，府縣加具印結，由司轉送，庶得永斷葛藤。今嘉善縣率具遵依，竟行詳送，其中果否無弊，無憑查核，仰布政司飭令該府遵照部文內開情由，取具三縣官民遵依회結，該府查核明白加結，由司詳送，以憑核存。仍候督部堂批示繳此，在撫憲明同日月，洞燭隱微，務使三縣官民糧里面同公議，會出遵依，不特可免偏枯之累，更可以杜日後之爭端，體國爲民，盡善盡美，在興、秀紳士糧里無不歡聲雷動，而職等惟有恪遵，以待善令率領紳衿里老來郡查照原題公議具送，早結大案。詎意善邑糧里人等一味膜視，竟不前來，上違憲批嚴檄而不遵，下累官民守候於不問，此等肺腸，真不可解。今據各糧里公稟前情相應詳請，伏祈俯念國計民生，亟賜轉詳，咨請大部，示明原議，俾三縣紳士得以遵守，則善邑民人不致違混，安生異議，嘉、秀億萬蒼生感頌皇恩，於無既矣。

撫院黃秉中咨部

爲叩謝皇恩等事。據浙江布政司呈稱，康熙四十八年四月初三日，奉本院案驗准戶部咨開云云，查得嘉、秀、善三縣士民俱已允服，詳請前院具題，奉部議覆轉飭遵照在案，并遵院批取具遵依去後。今據該府臧詳，據嘉、秀二縣詳，稱丈量田地已蒙本府督同三縣官紳士民圩長人等，公同逐縣清丈明白，已經對册核正，糧隨田辦，均有缺額，無所清還，三縣士民情願各缺各補，照舊完糧，以符原額，詳請題覆。今部文內開所有丈缺田地士民等各自均攤補足，以符原額，既無增減，不必更行纂造《全書》等因，已蒙內部明鑒，均有缺額，不須更纂《全書》，自是無可清還，以滋紛更，正協各士民原議允服輿情矣。乃部文內又有"各正疆界、清還嵌田之後"二語，此二語係原疏所無，其中不惟無所清還，勢必《全書》更造，則與既無增減，不必更纂《全書》之意似屬懸殊，其如善邑士民藉此二語爲由，竟不會同議詳，率具遵依。幸蒙燭照情弊，奉批駁飭，取具三縣遵依，而善邑又獨抗不遵，今據嘉、秀二縣各糧里公稟具詳前來，擬合據情轉請咨明大部，照原議畫一示明，俾三縣紳士里民悉遵原定額數，各缺各補，照舊納糧，無紛更纂造《全書》之累，三縣億萬生民不致妄生異議矣等因到院。據此，相應據詳咨明，爲此合咨貴部，煩請查明示覆施行。

康熙四十八年十一月初五日戶部回咨

爲叩謝皇恩事。先經原任浙撫王疏稱，嘉善縣民姜熊等爲嘉、秀、善三縣互嵌田地不清叩閽一案，今准浙撫黃咨稱，三縣田奉部以均有缺額，不須更纂造《全書》，自是無可清還，正協各士民原議允服輿情。乃部文內有"各正疆界、清還嵌田之後"二語，此二語係原疏所無，其中不惟無所清還，勢必《全書》更造，則與既無增減，不必更造《全書》之意似屬懸殊，請部照原議畫一示明，俾三縣紳士里民悉遵原定額數，各缺各補，照舊納糧等因前來。查先經原任浙撫王以三縣田地查丈查竣，但均有缺額，今既丈明，士民俱已允服，各照自缺之數補額完糧等因具題本部，原題清字案內係應如該撫所題,既已各正疆界,清丈嵌田,其缺額田地士民等各自補足原額,既無增減,不必更行纂造《全書》等語,漢字内行文時誤寫"選"字,又多寫"後"字,將誤寫書辦革責外,相應咨照該撫仍照原任巡撫王原題,將三縣缺額之地各自補足,原額完糧可也。爲此合咨前去查照施行。

附載王庭從前三縣嵌田聚訟之由

問:嘉、秀、善三縣之分,分界乎、分糧乎?曰:分界即分糧也。從嘉興縣中畫分西北若干都之地爲秀水,東北若干都之地爲嘉善,此分界也。界内某圩之地,隸于某都之里長,當日照各界内都圖糧户册籍分派,故曰分糧也。

問:既分縣矣,又何有錯壤乎?曰:分後爲各縣,其先即嘉興一縣之各都也。本都之田,即在本都完糧,立户者其常也。此都之糧户買田於彼都,大造時收彼都田之糧於此都户下,而田實在彼都,是此都之田嵌在彼都界矣。先未分縣時,只嵌田于本縣别都之界,及分三縣,便以爲嵌在别縣之界,故曰錯壤也。宣德分縣時去洪武初定版籍未遠,故所錯尚少也。

問:他縣有嵌田乎?曰:嘉興界内有海鹽、平湖、桐鄉之嵌田,嘉善尚有平湖、青浦、吴江嵌田,皆相沿錯壤也。至如石門分出桐鄉而嵌,海鹽分出平湖而嵌,錯壤尤多矣。

問:善糧何以獨重?曰:其本額也。凡一縣中田有上、中、下之等,各省概然。自嘉靖二十七年,趙郡守行扒平之法,然後嘉府七縣一縣均爲一則。宣德未分縣時,嘉興縣田誌載有百餘則,大都嘉興地瘠租輕,則居下,故糧輕;所分秀水地稍腴,租稍厚,則居中,故糧稍重;嘉善地最腴,租最厚,則居上,故糧尤重,此舊定之額,無足疑也。至官田一項,租粒起科極重,今嘉府誌嘉、秀二縣界内官田止于十之一二,嘉善界内官田十之四五,此又糧重之一端也。

問:他縣糧重輕有之乎?曰:有之。秀水之糧重于嘉興,嘉興之糧重于海鹽、平湖,至蘇、松之糧額又重於嘉善,現在盡然,無異議也。

問:嵌田在嘉善地圩之内,同爲腴田,何以照嘉、秀輕額完糧?曰:此因扒平之故也。當未扒平之先,嘉、秀嵌嘉善之田,與善田之糧額同,原比嘉、秀田糧爲重。至嘉靖年間各縣扒平,則嘉、秀嵌善之田,仍於嘉、秀通縣田糧内扒平定額,所以從嘉、秀而稍輕也。各縣嵌田俱從本縣糧額完糧,其例明矣。

問:嵌田有多寡不同,何耶?曰:嘉、秀二縣附郭,嘉善舊是魏塘鄉鎮,鄉鎮中鄉紳、富户少,故買近城之田而收糧于鄉户者少;近城鄉紳、富户多,故買遠鄉之田而收糧于近城者多,此嵌田多寡不等,事理易明也。

問:何爲有隔縣推收之説?曰:萬曆九年丈量,凡各縣圩田通量入本縣數内,後有錯壤應歸額者,此縣據舊額關文收回,彼縣即照額推出。嘉、秀關文嘉善收嵌田三萬三千五百餘畝之多,其原額多也。嘉善移關嘉、秀收嵌田三千三百三十九畝之少,其原額少也。既係公關,決非私弊,若非舊額,何據關文,此可破來往多少之疑矣。

問:各縣多有嵌田,何以不爭,而嘉善獨訐訟,何耶?曰:有故也。萬曆九年丈量,嘉興張知縣因恐田畝缺額,先用五尺八寸小弓弓小田,餘以後仍查舊管,派還本户,因張知縣去速,尚有未還民之田一千四百餘畝,奸胥私授于富户金圻,當經首發究罪,嘉善鄉紳借此爲由,指稱嘉、秀有欺隱餘田，時適秀水關收姚希聖田一千四百餘畝，嘉善揹奪不發，善紳因將己田二三畝折一畝没此奪田之數，以後各紳紛欲折田，計必先奪嘉、秀之田相抵。因見秀水縣天寧寺僧可欺，天寧莊三千餘畝田在善界可奪，遂于萬曆十三年起訟，此無非爲折田之利耳。後嘉善爲割册鼓噪問罪，竟與嘉、秀爲仇，以此數十年搆禍，始實爲利，終又爲仇，非關有他，弊之可乘也。

問：既爲嘉善鱗册，何以有嘉、秀田？曰：魚鱗册從地者也。地之逐圩相比，如魚之鱗。嘉、秀之田既嵌善地，胡能不入善册？當初嘉善舊魚鱗册逐圩後開，有總數計田若干，内本縣田若干，嘉、秀嵌田若干，相傳所謂有總魚鱗册也。後因爭訟割換，幸嘉興縣會因訟田弔嘉善遷西有總册一本，存庫對勘而定其罪。當時嘉善所刊嘉、秀影射圖逐圩開註嵌田，共三萬三千五百餘畝之數，即有總魚鱗册之案也。特改錯壞之名爲影射耳，此魚鱗册所載嵌田，不勞更辨。

問：《嘉善縣誌》稱逐圩被嘉、秀佔去田若干，信乎？曰：非也。凡侵佔田地，必于各縣交界地方，今嵌田在嘉善腹裏各圩，圩又數百十處，既非交界，嘉、秀之民何術而逐圩摳佔之耶？

問：刻碑以萬曆八年糧額爲據，何説耶？曰：嘉善起訟，指萬曆九年丈量後關收多少差悮爲詞者也，果九年之後不足憑，若九年之前，八年之實徵糧册，此是宣德分縣之舊額，豈不足憑乎？所以道府會同七縣分勘，憑照萬曆八年實徵糧册定額，立碑察院，永杜爭端，原有實據，非是苟且調停也。

問：嘉善田虧有之乎？曰：即有之，與嘉、秀無涉也。一則係善紳折田而田虧，再則爲各圩窯口挖土燒磚，土去田亡而田虧。今嘉善新丈，折田所隱或丈出矣，或猶未盡，若燒窯所去之田多改蕩田，竟未考也。其新書云萬曆九年丈量，奉監司命縮弓二寸，較今部頒足弓爲虧，審若此即果虧田，與嘉、秀嵌田何涉乎？果虧，胡不于朝廷請蠲而於鄰縣取償乎？

問：互換田糧非弊乎？曰：無弊也。因三縣爭訟後，各縣官曾諭勸里民，有彼此互嵌之田，不妨對換，要使錯嵌之田少一畝，可省一畝之爭端也。民間因有一二互換，但一畝田糧對換一畝，數本無差額，豈得虧？若云互換而致虧，誣也。

問：秀水有零東、零西都折田，豈非弊歟？曰：非折也。當嘉靖扒平田糧之時，秀水通縣本爲一則，因零東西田極瘠，民極貧，所以派糧之則稍輕，零東則十畝田之糧止及他田之九畝，零西十畝之糧止及他田之八畝，依算糧之法謂之九折八折，其田之本數未嘗折也，因將糧少之數計算，零東折田爲二千餘畝，零西折田爲七千餘畝，而嘉善誤以三千七千爲零東零西之田數，不可笑耶？平湖《全書》載有折田，亦即此例，可謂弊耶？

問：秀水原報部嵌田一萬四千三百餘畝，誤耶？否耶？曰：此誤嘉善與秀水兩任之也。秀水嵌善田，照善刻影射圖内原有二萬一百餘畝，除兌換去二千一百餘畝，尚該嵌田一萬八千餘畝。當嘉善丈田時逐圩報出秀水完糧之數，豈有遺漏？乃移文秀水，止稱一萬四千三百餘畝，此嘉善之誤矣。秀水不將嵌田原額查正，而但據善移之數報部，此秀水之誤也。嘉善之誤，實有心欺隱；秀水之誤，止無心疏失。錢糧爲生民大事，豈可因一官一時之誤而忍使之永累耶？

問：嘉秀有續查報嵌田，以前未報非欺隱耶？曰：非也。凡所謂欺隱者，有田而不完糧之謂也。如秀水續報嵌田三千五百餘畝，使非糧户有憑從何查出，既在秀水額糧之内，豈有欺隱？

其先報部時三千五百餘之糧已在通縣數中，只未開明嵌田，似遺漏耳。遺漏者但宜改正，無可割除，割除一畝，便缺一畝糧額矣。嘉興續報之五百畝猶是也。

問：原報、續報之外尚有未報之嵌田乎？曰：有之。如秀水原報、續報嵌田共一萬七千餘畝，尚有數百餘畝未報，此未報之田，其糧現在秀水完糧，所以歷年之糧無缺。若因未報而不查，因不查而致使奪去，則糧額之缺恐不便使各圖認賠也。方今圩造圩單，里造歸單，只照歸單內查各戶下坐落之田對明，不在本縣圩單內者嵌田立見，總數可明矣。

問：今之議丈量不大騷擾乎？曰：有之，然不得已也。方嘉善原詳指嘉、秀嵌田二萬餘畝，謂之影射完糧，指爲欺隱。今查嘉、秀報部嵌田，合之二萬二千有餘，既係有糧之嵌田，則隱射欺隱之誣已無所施矣。因改其說，誣秀水另有欺隱之田，此與嵌田原詳本不相蒙，但既被誣，不丈何以自白，惟是丈之，而嘉、秀二縣額田實多虧缺，又不知宜何取償耳。

附　載

乾隆五十九年，署浙江布政使司謝、署按察使司秦禁止殷戶勒充地保告示：爲禁止殷戶作地保庄長，以除民累事。照得地保一役，乃係鄉中無業之民願充此役者准其充當，與在縣之皁隸、民壯等役無二，從未有殷實力田之農民押令其充當此役者。今本署司等訪得該府屬縣將地保一役不許鄉中無業之人充當，每歲底擇圖中田多殷實之良民，號曰殷戶，押令充保，如有躲避推辭，非提本人究處，即拿家屬凌辱，令人有不得不當之勢。凡殷戶一充此役，則庫吏、戶書以及皁快頭役先有百般勒索，名曰上頭費，視圖分之大小，每保出錢三四十千至百餘千不等。該州縣廳即差一役到圖，令地保養膳，號曰圖差，每逢錢糧比期，圖差帶地保到縣血比，以致殷戶受責難堪，只得將自己所有之田產先行變賣墊完錢糧。僅有數十畝田產之家充當地保，一年家業立盡。至浙東寧、溫等八府屬又于地保之外更設庄長一役，均係勒點殷實生監充當。凡差役赴各戶守催錢糧南米官穀，俱住歇庄長家內索擾酒飯，如採買官穀，亦著該庄長引領挨戶勒放，有不肯收受穀價包封者，總惟庄長是問。甚至縣令親徵，或委員坐都催糧，以及相驗路斃命案，踏勘地方公事，並著該庄長備辦公館，供應及書役飯食盤費。該庄有尾欠錢糧即押比庄長代完，如欲求免，即勒出錢若干，名曰吊庄錢。充當之年，日無寧晷，而生監之有志舉業者，每因此廢時失事，阻其上進之路。身爲牧令者，自必具有天良，何忍行此虐政，此必先因不肖有司作俑于前，接任者惎聽庫吏、戶書、皁快頭役之言，因循多載，只知便己之私意，不顧流毒于閭閻。若不立爲禁革，小民受累無窮。除出示曉諭外，合飭禁止，爲此仰府該吏立即轉飭各屬遵照，嗣後不許再令殷戶充當地保、庄長，更不許僉點圖差，到圖滋擾勒派索詐等弊。此行之後如敢陽奉陰違，一經本司等訪聞，或鄉民告發，定即差拿書役，從重嚴辦，並將該縣揭參，斷不寬貸，毋貽後悔。仍將發來告示一道實貼府前，其各州縣告示業已徑發該府，務須實力一體查禁，留心密訪，毋稍狗隱玩忽，有干未便，特示。

浙江減漕疏

同治四年，總督左宗棠、巡撫馬新貽會奏，爲遵旨查明杭、嘉、湖三府額徵漕糧，酌定應減分數，籲懇天恩，准予減免，以紓民力事。案於同治二年六月初三日奉上諭：浙省疊遭兵燹，小民流離失所，殊堪軫念，自應將該省漕糧量予減免，以示公溥之仁，著左宗棠通飭杭、嘉、湖三屬將實在應徵漕糧稅則詳細確查，各按重輕分成量減，奏明辦理。欽此。經臣宗棠飭，令司道設立清賦局，悉心規畫，妥爲籌辦，並將該三屬漕糧積弊及籌辦大概情形據實詳細具奏，奉旨：戶部議奏。欽此。嗣准戶部議覆，請將杭、嘉、湖三府漕糧仿照江蘇辦法，統按原額於三十分中減去八分，白糧粳糯准於漕糧項下註扣，確查賦則，各按重輕量爲覈減，開列奏報。其南匠米石收支相垺，並無贏餘，毋庸議減，嗣後非實在旱澇，不得再報災歉，即實在民欠，亦不得再報墊完，總期有弊必除,有犯必懲,庶於國計民生兩有裨益等因具奏。奉旨:依議,欽此。欽遵。行文到浙,臣宗棠先已入閩,臣新貽接奉後遵即督飭司道確覈妥辦。茲據總辦清賦局布政司蔣益澧、護糧道薛時雨詳稱,查浙省額徵漕白改漕、南匠行月等米共一百一十四萬七千三百餘石,內除南匠正耗米十三萬三千八百六十三石零,白糧春辦米一萬三千三十九石零,均不議減。又白糧粳糯為天庚正供,應照額辦運,所減之數,統於漕糧項下註扣外,今按額徵漕白改漕正耗行月等米一百萬四百石零,照部議三十分之八為率,覈計共應減米二十六萬六千七百六十五石零,各按各州縣田地、山蕩科則重輕以分多寡,額重者減數宜多,以蘇其積困,額輕者減數遞少,以示其均平,仍於上、中、下三則之中再分五等。如上則之一斗六升至一斗九升,酌減十分中之三分;上則之一斗一升至一斗五升,酌減十分中之二分五釐;中則之九升至一斗,酌減十分中之二分;中則之六升至八升,酌減十分中之一分五釐;六升以下之下則統減十分中之一分,均按整數覈減,畸零細數不再瑣扣,通籌合算適符前數,科則殊而輕重有別,分數定而多寡同需等情,造冊詳請具奏前來。臣等伏查杭、嘉、湖三府屬糧額之重起於前代,我朝三百年來業已減之又減,而較之他郡糧數尚屬懸絕,民以賦重為苦,官以費繁為累,在平時已有積重難返之勢,當此大劫之餘,戶口減少,物力凋殘,正窮極變通之會,仰蒙特旨飭令按則覈減,以昭公溥,凡在臣民莫名欽感。現經臣等督同司道確切覈計,除南匠等米外,該三府原額漕白行月等米一百萬四百石零,按三十分之八分,其應酌減米二十六萬六千七百六十五石有奇,繕具清單,恭呈御覽,合無仰懇天恩,俯准如數減免,以示溥仁,紓數代相沿之民困,實曠古未有鴻慈,行見率土騰歡,定必輸將恐後。雖目前瘡痍未復,尚難照減全徵,而他日元氣漸充,即可概行起運。嗣後非實遇凶荒,不准輕議蠲緩,以實倉儲而重國用。至臣宗棠前議減浮收籌運費、裁陋規,均為理漕要領,容臣等督飭司道將兌運經費、徵收章程通盤籌畫,悉心覈議,另行奏報,總期上下交益,歷久奉行,以仰副聖主惠愛黎元之至意。詔如議行。詳《蠲恤》。

漕南核減浮收疏

同治四年,巡撫馬新貽奏,為核減漕南浮收,禁革陋規,以肅漕政而蘇民困事。竊照浙省正漕分成核減,業奉恩准,嗣遵部議以漕項籌抵運費,復經臣具奏奉准在案。漕額既減,運費亦籌,軫恤民艱,有加無已,而額外浮收,若不痛加裁汰,核實酌留,仍無以蘇民困。查從前浮收之由,始則河運之貼帮,繼則海運之貼費,浙省自改辦海運以來,津貼之多寡,即視帮費之輕重為定,每運漕米一石,自三錢至七錢不等,統算約計五錢有奇,以銀合米,每石須加米三斗以上,以全漕九十五萬石計之,約計收米三十餘萬石方敷海運津貼之費。加以州縣辦漕用款,名目紛繁,內有紳衿大戶正賦之外顆粒不加,甚至有把持包攬等事,勢不能不取盈於鄉曲之小戶,以為挹茲注彼之謀。其中本折並收,或以米加耗,或以錢合米,大小戶長短不等,最重之戶正漕一石竟有完米至一石七斗以上者,此完漕之不均,浮收之所自來也。臣與藩司蔣益澧、前護糧道薛時雨訪查各州縣徵收漕南舊規,從嚴釐剔,除酌留耗餘以為辦公之用,照現改新章徵收,計杭州府屬共可減浮收米六萬四千六百五十三石,嘉興府屬共可減浮收米二十八萬五千三百八十七石,湖州府屬共可減浮收米一十三萬六千八百六十六石,三府共計減去浮收米四十八萬六千餘石。又漕南統徵分解米款,向以徵剩漕米歸南,多係疲玩小戶歷來折錢完納,亦有浮收,今一併核減,杭、嘉、湖三府南米共可減浮收錢二十四萬七千餘串,此從前漕南收數過多,現擬核減之大概情形也。所有州縣辦漕如修整倉廒、書役辛工剝兌守候等費,皆屬萬不可省之用,並有漕倉剝船各處折耗爲數亦多,現在酌留耗餘,僅令勉敷辦公,從前一切陋規浮費,概行裁汰,飭將留裁各款目造冊存案,並明白曉示,勒石永禁。漕糧概完本色,紳民一律徵收,不得再有大小戶名目,其有情願完折者,按照市上米價隨時收納,悉聽民便,如敢仍蹈從前勒折浮收陋習,一經發覺,嚴參治罪。惟大戶向完漕米,並不加耗,此次改定新章,酌留漕用,既云紳民一律不得再分軒輊,恐各大戶仍以從前完數藉口不肯加耗,起而與地方官爲難。一縣之中大戶居其半,若小戶有耗,大戶無耗,必至復事浮收,否則不敷漕用,於漕務新章大有妨礙。嗣後倘有紳衿恃勢把持,仍前包攬短交,自應一併從嚴參辦。茲據該司道具詳前來,臣復核無異,應俟收漕時嚴督州縣正己爲先,除酌留耗餘外,不准顆粒浮收仍沿積習,庶民心悅服,照章樂輸。至大小衙門一應陋規抽風等項概行禁革,如敢違犯,官參吏處,以杜弊源而肅漕政,伏乞聖鑒訓示,諸如議行。詳《蠲恤》。

核減嘉屬浮收錢糧疏

同治四年,護巡撫蔣益澧奏,爲核減嘉興府屬浮收錢糧,恭摺奏祈聖鑒事。竊照浙省各屬徵收地漕錢糧,向有紳戶民戶之分,故完納數目輕重懸殊,必須明定章程,始足祛除積弊。本年八月,浙西一律肅清,前兼署撫臣左宗棠飭於省城設立清賦總局,臣接護撫篆後會督總局司道,飭令杭、嘉、湖三府將所屬州縣從前官徵民納錢糧實數及一切用款逐細清查,分別開報。去後茲據署嘉興府知府許瑤光查明,嘉興府屬嘉興、秀水、嘉善、海鹽、平湖、石門、桐鄉七縣額徵地漕等款銀五十六萬六千餘兩,向來州縣徵收,紳民完納之數輕重逈殊,民困因之益甚。現將歷年收納實數暨流攤支用各款清查,分別裁汰,除正耗仍照常徵解外,嘉興縣實減去錢四萬二千七百二十八千,秀水縣實減去錢三萬五千五百六十四千,嘉善縣實減去錢五萬七千四百七十八千,海鹽縣實減去錢一萬九千四百一十四千,平湖縣實減去錢三萬九千七百七十九千,石門縣實減去錢二萬九千三百四十九千,桐鄉縣實減去錢三萬一千三百二十六千,統計嘉興府所屬共減去浮收錢二十五萬五千六百三十八千,永爲定章,嗣後不准再有大戶小戶名目以啟畸輕畸重之弊,歷來一切攤捐陋規概行禁革,并於正耗錢糧之外仍視各縣舊徵多寡,每兩酌留平餘,以爲各該縣辦公之用,開送徵解留用數目清冊,呈由清賦總局署藩司楊昌濬等逐加確核,詳請具奏前來。臣悉心詳核,均屬妥協,除由臣飭將減定新章頒示各屬,一體勒石遵守外,嗣後官吏固不准別添名目,多取分文,紳民亦不得稍違定章,致形偏重,務將積年錮弊概予掃除,以期上無損於國課,下有益於民生。凡茲流離轉徙之民,一聞減收新章,自應漸次復業,踴躍輸將,斷不至再有官墊民欠之事。倘有不肖官吏格外需索,或巨紳土棍藉端抗違,一經訪查得實,定行從嚴參辦,以期法立必行,伏乞聖鑒訓示。詔如議行。詳《蠲恤》。

請豁嘉善縣丈缺田地攤賠銀米疏

同治五年,巡撫馬新貽奏,爲查明嘉善縣從前丈缺田地攤賠銀米,籲懇豁免以甦民困事。

據嘉興府屬之嘉善縣知縣傅斯懌轉,據闔邑紳民呈稱,竊於前明宣德五年分嘉興縣之思賢等六鄉爲嘉善縣,計區二十,計額田六十萬一千三百一十六畝有奇,因與嘉興、秀水二縣壤地相連,故善境嵌有興、秀田畝,區圖雖別,册籍無稽。萬曆十年,善令於世延創互推之法,康熙十年,善令莫大勳有查丈之舉,而疆界卒未能清,賦額各仍其舊。至康熙三十八年,紹興府通判吳家瑜按畝清丈,計虧缺田二百三十九頃,所有丈缺田畝應徵糧銀經前任巡撫張志棟題請,於丈實數内按畝加徵,均攤補額。四十一年,奉部飭查。四十二年,又委杭州府同知陳忱旦復行丈量。四十三年,前任巡撫張泰交題明,該縣地屬水鄉,波濤衝激,河港日漸廣闊,田地日漸坍削,以致缺額,再奉部駁。四十七年,飭令嘉興、秀水二縣隨同丈量,復經前任巡撫王然題明,按册合算,丈實坐嵌并丈缺各數,均與從前兩次丈量之數相符,並無欺佔隱漏等弊,經部定議,均攤賠補,以符原額。乾隆五年,前任巡撫盧焯以賠補艱難,題請豁免,未蒙覈准。迄今百數十年,歷久攤賠,萬分苦累,查《全書》額載善邑田六十萬一千三百一十六畝有奇,每畝額徵米一斗九升三合五抄,銀一錢六分三釐九毫七絲,復因查虧衝缺,按田每畝加徵米七合九勺九抄一撮,每畝加徵銀六釐八毫六絲七忽,是以實田而計已暗增米至二斗一合一勺,增銀至一錢七分二釐七毫,不特較同府各屬爲數獨多,即較之通省各州縣亦所僅見。當承平之日,小民安居樂業,雖輸將竭蹷,敢不勉力支持。自髮賊據擾三載於兹,顛連困苦,不能罄述。克復以來,商賈稍稍復業,而農民無以爲生,所持者惟此田畝,虛村絶户、敗壘荒墳,田之廢棄者無論矣。即有可耕之田,苦無能耕之人,兼之農具既不皆備,耕牛盡被宰傷,往往數家之中置器一分,而彼此通用一村之内蓄牛一頭,而先後遞耕播種,既不同時,收成必多偏歉,加以僱工有費,壅田有費,貸牛賃具又有費,竭終歲之勞,所得不償所費,身家不暇計而先籌。夫維正之供衣食且不資而更困,以公攤之款民力幾何焉能不盡? 幸蒙殊恩特沛,漕糧統減三十分中之八分,合郡士民同深感戴,但減賦原所以恤民,而恤民莫要於除累,以嘉善而言,賦雖減而缺田未除,將來按畝起科,仍須於減定新賦之外每畝加攤銀米方符減額。查原丈缺田二百三十九頃,應賠米四千六百一十三石八斗七升,賠銀三千九百六十六兩七錢五分,再以減額遞覈,仍應賠米三千二百五十一石五斗七升。無論兵燹之餘,民力實有未逮,即以衝坍而論,康熙三十八年以前缺額已如此之多,距今百有餘年,坍削又不知凡幾,而逆匪之掘港開濠、通河決壩而毀缺者更不知凡幾,若舉行丈量,則勞民傷財,曠時失業,流弊不可勝言;若仍前賠補,則虧外尚有續虧,累中復多暗累,遺患更不堪設想。民至於萬不得已,則弱者逃而强者抗,於官有礙考成,於民不免追呼,官至於無可如何,則輕報歉而重報災,在上仍須蠲緩,在下未沾實惠,是徒有補虧之名,究無補虧之實,既無補虧之實,則雖强符乎原額,而要無濟於倉儲,於國計民生兩無所益。際此皇仁渥沛,豈宜再三瀆請,惟念荒亟墾種,可待來年,缺額攤賠,迄無了局,以重賦之區當大兵之後,益以二萬餘畝之虛糧困以百數十年之積累,此時救死不贍,治生綦難,實田猶是荒抛,虛畝何堪科派,減賦尚難羅掘,加攤何以補苴,籲懇將善邑從前丈缺額田二百三十九頃攤賠銀米並請豁除等情具詳到臣,當經批司覈議去後,兹據陞任藩司蔣益灃會同清賦局司道具詳請奏前來。臣查嘉興府屬之嘉善一縣,本係嘉興縣之東北六鄉,前於有明宣德年間畫分爲縣,其間田地雖就畫分之界按畝釐剔,因奸民取巧隱匿,有司隔縣推收,遂致彼此互推,竟成嵌田弊政。嗣因賦多缺額,繆轕難清,又復以攤徵補課,勻額賠糧,迨後議請清丈,共丈缺田地二百三十九頃有奇,復將缺田應徵銀米按畝勻加,改更科則,以免有虧國課。至乾隆年間屢請豁除攤賠無著銀米,未經議准。第查嘉善境内官田最多,賦額本重,加以攤賠之糧,更屬累上加累,在承平時民力尚紓,或可竭力輸將,今則亂離之後,元氣過傷,縱無水旱偏災,額賦已形竭蹙,賠糧實有難支,況小民終歲勤動,得不敷用,抗欠疲玩,勢所必至。轉使每年錢漕不能全完,徒有攤賠之名,仍無輸納之實。我皇上軫念民依,所有杭、嘉、湖三府屬應徵永定之漕額尚蒙恩施,逾格普予量減,此項勻攤缺糧尤爲嘉善縣獨有之積累,何忍置之膜視,且統計歲入之數,銀米兩項均不足四千,即使毫無蒂欠,所補於國用者無幾,而小民之苦累無所底止,合無仰懇天恩疊沛,准將嘉善縣丈缺田二百三十九頃有零,應攤徵銀三千九百六十餘兩、米三千二百五十餘石一併豁免,以紓積困,伏乞聖鑒訓示,詔如議行。詳《蠲恤》。

海鹽縣田地均勻科徵詳咨立案

同治五年,嘉興府知府許瑤光爲詳請立案詳咨事。竊查海鹽田地山蕩,向來科則本各不同,田每畝應徵銀一錢一分四釐六毫七絲二忽五微,米一斗六合四勺八抄五撮四圭二粟三粒二黍七秒九糠;地每畝應徵銀一錢七釐三毫五絲六忽,米一斗四合五勺二抄六撮五圭四粟八粒三黍九秒;山每畝應徵銀三釐七毫七絲五忽一微五塵,米五升一合一勺九抄一撮九圭五粟五粒一黍二秒九粃;蕩每畝應徵銀二釐二毫五絲二忽八微七塵,米五升一合一勺九抄一撮九圭五粟五粒一黍二糠九粃。溯自康熙初年清丈後扯齊,併科田地每畝均徵銀一錢一分三釐七絲七忽,米一斗六合二勺四抄九撮一圭,又山每畝均徵銀一分五釐五毫,米五升一合,又蕩每畝均徵銀一分四釐四毫,米五升一合,均派徵收,民間相沿稱便。雍正年間,曾奉行查該縣紳士公議呈復,蓋緣地之窪者瀦水即可成田,田之高者栽桑亦名爲地,更有宅基墳墓,並無田地形勢,此扯齊併科之緣起也。計自康熙初年距今二百餘載,相沿既久,其間無一異詞者。當創定勻徵時自必審度適均,且每畝銀止毫釐,米止勺合,本屬無甚懸殊,現當百度維新,乘此清糧減賦之際,在小民既已稱便,國課亦無短絀,應請詳咨立案等情,經巡撫馬批准並咨部立案。

浙撫奏請豁免海鹽縣無著學租疏

同治六年,巡撫馬新貽奏,爲懇恩豁免無著學租,動支耗羨撥補以符原額事。竊查浙省年額應徵學租銀三千五十兩九錢九分六釐,內以一千七百兩添補學臣養廉,餘作賑給貧生之用。兵燹後或因荒淤無著,或因蠲免停徵收解,遂難如額。上年海鹽縣詳報該縣學田皆係前朝縉紳捐助,所助之田俱屬沿海磽瘠,更有助租而實未捐田者,迨後原捐子孫窮苦,將田輾轉售賣,不知下落,而納戶姓名仍載官冊,已屬紙上空談。曾於雍正七年奉豁銀七十餘兩,其餘租銀一百二十兩三錢六分三釐,彼時官冊俱在,尚有納戶可追。今遭兵燹,冊籍蕩然,迭經博訪周諮,僅得八戶,應納租銀二十三兩九錢,餘銀九十六兩四錢六分三釐無從根查,詳請永遠豁免等情。即經批司查議詳辦,去後茲據布政使楊昌濬詳稱,海鹽縣學田租銀確係捐自前朝,類皆有租無田,兵燹之後,冊案無稽,現在無著租銀九十六兩四錢六分三釐,應請永遠豁免所豁缺額銀兩。溯查嘉慶五年,金華縣學田被水沖壓,豁額無徵租銀,奉准於該縣耗羨款內動支湊解。又道光十七年，海寧州因築塘阡用學田豁免租銀，亦奉准于司庫耗羨內撥補。所有海鹽縣無著學田租銀，請以同治五年爲始，永遠豁免，並循案於司庫耗羨項下按數撥補，用符原額，詳請具奏前來。臣復核無異，懇恩將海鹽縣無著學田租銀，以同治五年爲始，永遠豁免，並准於司庫耗羨項下撥補歸額，伏乞聖鑒訓示，詔如議行。詳《蠲恤》。

嘉興府志卷二十三

蠲恤一〔養育附〕

慶典有蠲有恤，災荒有蠲有恤，深仁所被，薄海同之。若夫聖駕南巡，入疆行慶，禾中爲入浙門户，先被殊施，淪肌浹髓矣。近復奉減額漕，又免賠虧，貽黎庶萬年無疆之庥，蒙是特恩，尤不可不敬謹特書也。舊澤宜存，故兼及前代；睦婣任恤之風宜講，故附以養育。志《蠲恤》。

宋

天聖六年，秀州饑[1]，令漕粟以贍。《宋史·仁宗本紀》。

崇寧四年，秀州水，賜乏食者粟。《宋史·徽宗本紀》。

紹興十八年，大旱，詔復民租十之八。《宋史·高宗本紀》。

隆興二年二月，蠲秀州貧民逋稅。

淳熙五年六月，蠲秀州民折帛錢。

十一年三月，罷秀州御馬院，歸侵地于民。五月，蠲崇德等十六縣民淳熙十年欠稅。

十四年七月，秀州饑，有流徙者，詔出粟二萬斛，令郡賑恤之。以上《宋史·孝宗本紀》。

嘉泰元年，浙西饑，嘉興爲甚，皆令常平使者賑之。《宋史·寧宗本紀》。

咸淳六年，嘉興縣水，免田租。《宋史·度宗本紀》。

【校注】

[1] 按：《宋史·仁宗本紀》無此記載。本《志·祥異》、萬曆《嘉興府志·叢記》記爲乾道六年事。"天聖"爲"乾道"之誤。

元

至元二十九年六月甲子，嘉興等路水，免至元二十八年田租。丁亥，嘉興大水，免田租。《元史·世祖本紀》。

大德二年，浙西嘉興水、旱，並賑恤之。

六年，嘉、湖等路饑，以糧賑之。以上《元史·成宗本紀》。

至順元年，嘉興等路水，民饑，詔賑之。《元史·文宗本紀》。

元統二年，嘉興水旱疾疫，敕有司發義倉，賑饑。《元史·順帝本紀》。

明

洪武七年五月，減嘉興極重田租之半。

八年十一月,遣使賑嘉興水災。以上《明史·太祖本紀》。

九年,嘉、湖大水,免其田租。秀水任《志》:十二月,遣户部主事趙乾等賑之。

十年正月,賜嘉、湖等府民去歲被水者,户鈔一錠。二月,賑嘉、湖等府民去歲被水者,户米一石。以上《浙江通志》　嘉興何《志》:賜鈔四萬五千九百九十七户,賜米計一十三萬一千二百五十五户。先是,以鈔賑濟,繼聞米價翔踊,民業未振,故復命通以米賑之。九月,詔免浙西嘗被水者今年田租,敕曰:去年浙西嘗被水災,民人缺食,朕嘗遣官驗户賑濟。今雖時和歲豐,念去歲小民貸息必重,既償之後,諒窘乏猶多,今賴上天之眷,田畝有收,若不全免舊嘗被水之民今年田租,不足以甦其困苦爾,中書其奉行之。二月,減嘉、湖二郡重租糧額十之二。《明太祖實録》。

十一年五月,以嘉、湖民屢被水災,遣使存問,仍濟饑民六萬二千八百四十四户,命户賜米一石,免其逋税六十五萬二千八百二十八石。十二月,命悉罷河泊所,免其税課,以其利與民;今歲漁課未入者,亦免之。嘉興何《志》。

十三年三月,命户部減蘇、松、嘉、湖四府重租糧額。《明太祖實録》。

十七年七月,命蘇、杭、嘉、湖四府以黄金代輸今年田租。

永樂元年,以久雨念蘇、松、嘉、湖水必泛溢,命户部侍郎李文郁往佐尚書夏原吉,相度被水田畝堪種者,促民種之,後時者除今年税。以上嘉興湯《志》。

二年六月,嘉、湖等郡水,賑之。十一月,以嘉、湖水,蠲今年租。十二月,除嘉興等府絶田租税。《明成祖實録》。　嘉興湯《志》:户部言直隸、蘇、松、浙江嘉、湖等郡水,民飢,命監察御史高以正往督有司賑之。　嘉興何《志》:免本年糧六十五萬九千九百餘石,絶户田逋六千九十九頃一百二十四畝租税。

三年,命户部尚書夏原吉、都察院俞士吉、左通政趙居任、大理寺袁復等賑濟蘇、松、嘉、湖飢民。八月,命户部覈實嘉、湖、杭等府被水災民,免今年田税。《續文獻通考》。　嘉興湯《志》:凡免三百三十七萬九千七百石有奇。

四年九月,振蘇、松、常、杭、嘉、湖流民復業者十二萬餘户。《明史·成祖本紀》。

十年七月,以水災免浙西糧。嘉興何《志》。　浙江按察司奏,今年浙西水潦,田畝無收,通政趙居任匿不以聞,而逼民輸税。上以問户部尚書夏原吉,原吉對曰:比趙居任奏,民多以熟田作災傷,按察司之言未可悉信。上曰:水潦爲災,人皆見之,按察司敢妄言乎?愚民間有爲欺謾者,豈可以一二廢千百爾?即遣人復視,但苗壞于水者蠲其税,被水甚者官發粟賑之。七月,以水災免浙江嘉興府糧四萬三千六百一十五石。

十一年八月,賑仁和、嘉興二縣饑。《明成祖實録》。　嘉興何《志》:飢民三萬三千七百八十餘口,給米稻六千七百三十石。

十二年十一月,蠲蘇、松、嘉、湖、杭五府水災田租四十七萬九千七百餘石。嘉興何《志》。　初有司請減半征之,上謂户部尚書夏原吉曰:民田被水無收,未有以賑之,又可征税耶?于是悉蠲之。

宣德元年,命行在户部遣官復視嘉、湖被春夏雨災者,蠲其税,從左通政岳福奏請。嘉興湯《志》。

七年秋,詔免嘉興、湖州水災税糧。《明史·宣宗本紀》。

九年,詔有司賑粟。嘉興何《志》。

正統五年十一月,免嘉、湖、蘇、松水災田糧。《明史·英宗本紀》。

六年,刑部員外郎劉廣衡奉敕偕藩臬協修備荒之政。

七年,巡撫周忱奏留官糧賑濟。以上嘉善章《志》。

八年,詔免田租萬餘石。嘉興何《志》。

九年，水災，免征糧米十四府共四十九萬三千五百六十三石零。桐鄉徐《志》。

十年八月，免蘇、松、嘉、湖水災秋糧。《明史·英宗本紀》。　秀水李《志》：命户部蠲嘉興等縣賦。

十一年六月，免湖州、嘉興、台州糧十一萬餘石。《浙江通志》。

十二年三月，免杭州、嘉興去歲被災稅糧。《明英宗實録》。

十三年四月，免秋糧。《明史·英宗本紀》。

景泰三年十一月，免徭役。《浙江通志》。

五年，詔有司勸賑。嘉興何《志》。　嘉善章《志》：先賑濟農倉積米，賑盡又納粟補官繼之。

六年，奉例輸穀六百石以備賑濟者，立石旌爲義民。嘉善章《志》。

天順元年四月，免浙江被災稅糧。《明史·英宗後紀》。

四年，詔免田租三分之二。嘉興何《志》。

五年六月，免杭、湖、寧波、嘉興四府去年被災田糧。《明英宗實録》。

八年，詔賜民七十以上免一丁，給與酒肉；八十以上給與木棉布；九十以上給冠帶告身，賜醣宴。平湖程《志》。

成化元年七月，賑浙江饑。

七年八月，賑浙江水災。

十三年十一月，免被災稅糧。以上《明史·憲宗本紀》。

十八年，用廷臣議，借南京倉米分賑。嘉興湯《志》。

二十三年，詔賜民八十以上，絹一疋，綿一觔，米一石，肉十觔，爲鄉里所敬服者加與冠帶。九十，倍給之。嘉興何《志》。

弘治四年十一月，以水免嘉、湖、杭三府屬夏稅秋稻有差。秀水李《志》：以浙西水災，其織局緞疋俱令停止。

五年二月，以水災免嘉、湖等府衛糧有差，其非全災者停徵。以上《明孝宗實録》。　秀水任《志》：秋八月，停止兩浙額外織造，并撤督造官員。

十七年二月，免被災稅糧。《明史·孝宗本紀》。

正德三年十二月，杭、嘉等府有旱災，令無災處所免軍米并兩京俸銀，共折五十萬石，兌軍米每石折銀五錢，俸米每石折銀七錢，省其耗費以補災傷。秀水任《志》。

五年十月，減夏稅麥及絲綿，以水災免稅糧，仍命賑濟。

七年，免稅糧。

十三年十一月，以災免杭、嘉、湖州縣夏稅有差。以上《明武宗實録》。　嘉善于《志》：郡守徐盈便宜處補水災五分。

嘉靖元年，蠲舊逋仍免是歲田租之半。《續文獻通考》。　秀水任《志》：詔免夏稅、秋糧、馬草、農桑、布錢等項。

三年正月，以災傷免嘉興等一十四縣糧稅有差，從御史歐珠請也。秀水任《志》。

五年十月，旱災，免征浙江稅及衛所屯糧有差。《明世宗實録》。

七年九月，振嘉興、湖州災。《明史·世宗本紀》。

十三年九月，免稅糧。

二十三年九月，免稅糧。以上《明世宗實録》。

二十四年，下令賑米。秀水任《志》。

二十八年九月，以水災免秋糧，加賑。《浙江通志》。

三十一年，水災，大饑，有司賑粥。秀水任《志》。

三十二年十月，災傷，秋糧准折兌，仍賑之。平湖朱《志》。

三十三年七月，兵荒，免浙直田糧。《浙江通志》。

四十五年十二月，詔免明年田賦之半。

隆慶三年八月，振浙江水災。以上《明史·穆宗本紀》。

萬曆九年秋，詔賑貧。

十年，大赦，發內帑賑，極貧五錢，次三錢，又次二錢，病者賜湯藥。

十三年五月，詔改折浙江漕糧十之三，并免行糧。

十五年九月，浙江民屯錢糧停免改折。

十七年，浙江賑飢。案嘉興湯《志》：斯時兩年荒旱，米價騰踊，餓殍盈途，撫按題准欽差給事中楊文舉齎帑五千八百兩，賑濟如前。又嘉興何《志》：萬曆十七年大旱，民飢，朝廷特出帑金，遣科臣賑濟，懸賞格勸各助賑。邑監生沈文銳應詔捐米麥三千石以佐有司，又助學田三百畝、義田三百畝，一時全活甚衆。科臣題薦，特授光祿寺署丞，建孝義以旌之。又有中書項穆、同知寶文照、監生寶國元各出粟助賑。

二十四年十月，杭、嘉、湖三府水，照被災分數全半改折有差。以上《浙江通志》。

二十六年，命有司改折稅糧之半。案《續文獻通考》：九月，浙江水災，戶部覆巡按方元彥、巡撫劉元霖奏，准將被災十分桐鄉、嘉善、崇德，准免七分；被災八分秀水、海鹽、平湖，准免五分；被災六分嘉興，准免三分。二十一年以前未完米銀，悉准蠲免。

二十九年，蠲二十年以前逋稅。

三十四年，詔蠲二十八年以前逋稅。

三十六年，水災，命有司改折稅糧之半。

四十八年，詔大赦，免三十八年以前逋稅。

天啟元年，詔蠲四十年前逋稅。

三年，大赦，詔蠲四十年以前逋稅盡行蠲免，四十五年以前量蠲其半。

六年，免泰昌以前逋稅。

崇禎二年，免天啟五年以前逋稅。以上嘉興湯《志》。

三年，秋糧銀米各有恩赦。

八年，詔免五年以前逋稅。以上秀水任《志》。

十四年，旱災，饑殍無算，有司設粥賑飢。嘉興何《志》。

明賀燦然《救荒議》：往東南藏稍不登，饑民常數千人嘯聚而攫奪者，比比也。今亢陽極矣。彼無知小民能束腹待斃乎？不可不亟爲慮也。宜先計預備倉，儲粟若干，且糶且賑。計所積無幾，則宜清獄囚之有力而當贖者，諒減其十分之二，贖鍰稍輕，則完納自速；其情重即有力而必決配者，亦以荒故許其收贖，而特不在減例；其罪本可贖而無力者，則減其十分之五，自非極貧亦必勉力出贖矣；而極貧者聽。然贖不必穀，不必鍰，而當以米。夫穀，取其可久貯也。今且旦暮需之，不若輸米便，鍰將易米以賑饑者，亦不若即以米之爲便也。一議禁：浙以西有富室狼跋，而貧戶草靡者；亦多有富室株守，而貧戶鴟張者。有士大夫往往漁獵其民，而民率吞飲若不爲怪者；亦多有士大夫往往自愛羽毛，而民反羣噪而侮之者。彼狼跋漁獵者所宜懲，而鴟張羣噪所關亂萌，匪細也。最可慮者，藏或小稔，輒少者數百人，多者千人，指富家巨室以爲外府，往往羣而索食，稍不與則破垣屋、抉倉廩，攘而去之，而莫敢誰何。或入澤梁而捕魚蝦，即有菱芡蹂食之無遺焉；或見乘舟者，輒以激水抗泥爲戲；亦多有因而攘其舟之所有者。夫羣小不已，必爲噪攘，噪攘不已，必爲剽奪，剽奪不已，必爲惑煽，其害有不可勝言者。民方苦旱，又復苦盜，是倒縣而擠之石也。故救荒要在弭盜，民而饑，人爭憐之，民而盜，人爭惡之。民而饑，止於塡邱壑，民而盜，不能全首領。民而饑，互相保恤，貧者猶或延其喘；民而盜，羣起攻剽，富者不能保其生。民而饑，患猶在民，民而盜，患且在國，此其害可勝道哉？顧與其弭之於後，不若禁之於前，有犯者輒重懲，一以警百，而亂萌自戢矣。一議恤：夫所謂相恤者，非必遂爲勸借之舉也。且先以賑之事委之，賑事往往屬之里甲胥吏，弊孔百出，於是貧者未必報，報者未必貧，給者未必貧，貧者未必給，至於尅減那移之弊，百計除之而不可得。宜即就其里中之富者而委之，夫環一里之內，所稱富家巨室多者十餘家，少者三四家，所必有也。同里而居，則其人之面貌所素習也，其丁之多寡與夫家之貧寠與否所可覆而覈也。宜以最富者爲正，而次者副之，先賑濟之期，各籍其里中之貧不聊生者若干家，總若干人，毋有冒也而濫朝廷之賑，毋有漏也而坐視老羸之死。夫一里之內，耳目所不能掩也，其有冒也，人所能訐也，其有漏也，人所能自陳也，冒則報者與所報者各有罰，漏則即令其家賑之。富者頗自愛，固知必不敢犯法而冒且漏也。於是自秋穀不登之後，以至夏麥未熟之前，其所宜給粟及設糜者總計若干石，并計薪水之費，付之富者而轉給于里中，仍書富者某報，飢民某給，與粟若干，某日給糜二餐，懸於其門。而總一邑姓名并賑給之數，懸書于邑治之前，曉然與民共知之。蓋有七利焉：分良父母賑濟之勞，利一；吏胥不得侵漁爲奸，利二；可披籍而得人民穀米之數，易于查勘，利三；粟不至插以秕，糜不至攙以水，令民得沾實惠，利四；飢餒之民得免於匍匐奔走、關支濡滯之苦，利五；食糜各于其鄉，不至羣聚喧雜，穢惡蒸而成癘，利六；富者操給散之權，得熟識其人，必不敢因而攘奪，可以弭盜，利七。夫不分富者之財，而僅以賑事委之，仍曲加體恤，毋令吏胥得因而爲市，如是即少有領散之煩，寧遂爲勞費乎？且良父母不難捐俸以爲士大夫倡，賢士大夫不難捐資以爲富民倡，即閭閻之中，詎無慷慨節義之士輕財相恤者哉？要在風之而已，若驟焉强勒之，吾恐人爭愛財，而遂以爲擾也。一議種：夫東南之宜稻，所穫爲最厚，今厚者不可得矣，無寧轉而思其次乎？愚以爲莫若亟令民種菽，非敢爲臆說也。同一浙也，浙以西先麥而後稻，浙以東先稻而後菽。浙以西冬十二月種麥，夏四月穫，五月種稻，秋九月穫；浙以東春三月種稻，夏六月穫，秋七月種菽，九月穫。今旱，固宜菽，而七月正其所種時也。請即以浙東之法行之，夫地未有曠半歲而不生一毛者也，農未有曠半歲而不荷一鋤者也。宜亟下令，令民各種菽，菽有三，有黃、有綠、有赤，則令民雜種之，冀必有一穫焉。第漫焉令民種菽，恐民未必聽，少緩即穫菽不可種，此其機不可失也。一議贖：即清獄囚決之之贖，而所濟幾何，於是不得不爲破格之議矣。昔帝天子訓刑，自墨而劓、而剕、而宮，以至於大辟，舉得贖焉，非先王之舊矣。毋乃令富者得逃法網之外乎，而孔子奚取焉？愚竊以周穆享國最久，當耄耊之年，値凶荒之歲，即《周禮》荒政弛刑之意，而權度之五刑，不以流宥而以金贖，一時權宜之術，孔子猶有取也。至律令自徒杖而下令得入粟贖罪，自流而髡鉗、而城旦、而絞、而斬、而磔，舉不得贖，毋令富者得逃法網之外，法盡善已。然往者東南倭寇內訌，亟欲高其雉堞而軍興不給，乃出大辟之囚雄於貲者吳夢麒董數人，籍其家以佐興築而赦之。夫兵與荒一也，似宜略倣往者軍興之例，除十惡不赦外，其他自流而上，令皆得入金贖罪。然非人得贖也，其當流者必籍其家十分之五，多者可得數千金，少者千金，而後得免罪；在大辟者必籍其家十分之八，多者可得萬金，少者數千金，而後得免。又定爲令，今夏以前犯者得贖，今夏以後犯者勿許。即以一郡論，多者五六人，少者三四人，所必有也。此亦救荒權宜之一策也。夫虞廷之法流宥五刑，則五刑雖疑罪，固當流也。乃不以流而以金贖，是流固可贖也。獨大辟罪在不疑，而亦待以不死，似爲不可。然人情之愛家，固不下於其身。古人之贖輕，猶云罪懲非死人極于病，今僅完其軀而遂已破其家，則罰亦重矣。誠爲檢勘獄中重囚，諸不在不赦之條者特爲之題請，沒入其產而赦其罪，庶幾藉此以佐朝廷之賑而活東南之赤子，亦今日救荒權宜之一策也。一議糶：竊惟穀價高翔，則野多餓殍，民生坐困，則國有剽奸，此其關係匪輕。要之米價平，不賑而所活衆，米價踊，即賑而所及幾何。救荒無奇策，惟有平糶一法。但當有權宜，每一邑召十數善賈富商，每一郡委一二廉勤幹吏，通協關引，分授官帑，令於豐熟之鄉特爲轉販之事，分爲三番，一在糶，一在途，一在糴，約一月之內更番將數郡減價之穀日在市，則待哺之民在市蒙恩，無糶而粟自饒，不賑而賑最溥，市價不減而自平，盜風不戢而自息，此唐宋已試之良籌，而今日宜講之急務也。　　陳龍正《救饑本論》：治天下之病猶一身，然有治其本者，有治其標者，有治其標可通于本者，有必治其本而後可達于標者。即饑民論之，豐年一二莩民偶來行乞，殘羹剩粒，誰其吝之，屬厭之餘，不啻含哺而嬉之，適也小惠而補王道之偏，所謂治其標即可通于本者，此類是也。間有天災流行，朝廷業已普施，小民猶寠，旦夕轉徙流離，而其時有大人君子如汲長孺之矯制發粟，富文忠之安泊勸誘，原子英之設法安插，但度一時之厄，即開永世之生，俄而麥熟禾登，向之死生莫必者今且室家無恙也，所謂治其標而本治不外是者，此又其一也。若夫今日之饑民則異，是其始起于天災之流行，而其繼成于人事之失策，庚辰歲梅雨數旬，西吳一路田禾盡潦，而催科維亟，流離之禍自此起。于時識者之言曰：歲實無收，倘公家能行寬恤，則小民猶將忍死旦夕以需麥豆之登、鹽桑之熟，未忍流離也。但得小民室廬婦子無恙，今歲雖荒，明秋可熟，國家亦何靳數縣一歲之糧而不爲無窮計耶？今雖勉支國賦，而戶口盡亡，且蝗蛹遺孽，又得十數萬頃汙萊以滋殖之。嗟乎！偶歉者，天之運，而一荒再荒者，人事實使之然也。暨辛巳夏旱魃繼虐，飛蝗佐災，檇李以西、苕溪以北并未嘗有翻耕播種之勞焉。然而監門無鄭俠之圖，長吏避陽城之拙，本戶既逃，則取償于親戚，親戚又散，則波及于鄉鄰，其貧者業以逋負而傾家，稍康者復以賠累而入罪，于是小民敲骨無支，始不得不以逃亡爲長策矣。自冬入春，流移滿道，千里而內，十室九空，死者無地可容，生者有天難問，遠邇紳賢捐貲，設法瘞死扶生，亦既殫厥心力矣。其如流亡之民，日新月盛，此救標之術將窮，不得不反而亟商本治。奈何日叩閽以爲斯民請蠲賦而已，然而非一人之事，亦非下吏之爲也。必浙直撫按同心入告，先自劾違旨陳論，罪無可逭，然後舉年來小民困敝之狀、流亡之慘，繪圖陳說，曲達于君父之前，拜疏之日，閉門席藁，一疏不納則再，再疏不納則三，事理既明，忠悃復摯，明主可與忠言，寧有爲國深謀而不蒙曲鑒者乎？矧其間利害政復非小，夫江南者，國家之外府庫也，始也因災傷而虧賦額，繼也因徵賦而致流亡，流亡既多，田畝愈荒，國賦益無從辦，自非大聖人與民更始，舉宿逋蕩然蠲除，并新增量與裁減，且專重農桑，一以墾田增戶爲長吏之殿最，使悉心安集，如張全義之鎮撫洛陽，虞伯生之經營陝右，則流民安得復業，荒餘焉得再耕，國賦何以如期，饑源何自而永杜乎？夫捐有限之賦，保無窮之民，在聖世固爲至算，而況事機所在，更有不止于保黎黎、裕國額而已者。流民死者已衆，未死者亦終死，其可幸無死者獨强悍無良之輩耳。蘇、湖各路白晝行刼，嘯聚成羣，可不寒心。即今兗、豫、荆、雍流血無虛日，江南片土庶幾稍安，而民膏已竭，吏怒方深，至于重災之所往往追呼更嚴，不盡驅之流亡不止。嗚呼！事至今日，尚得安常習故不謀善後乎？憶昔流氛始萌，亦不過飢民千百人耳，止因撫綏失術，使得合叛兵以滋蔓披狷，至今十餘年，糜金錢無算，殺官民無算，早知今日費多，而貽害若此，何如昔日者稍行寬恤，猶爲得算乎？所謂饑民之始，循良撫之而有餘，及其既終干戈，取之而不足者也。成化、正德之季，流民亦嘗橫決矣，賴王、原諸公處分以安，設當時無二公，流氛早已乘于國運，使十年前而有如二公者視國如家，曲圖解散，亦何至今日之蔓延潰敗，不可收拾乎？往事不諫，來者可追，後之視今，猶今之視昔，使今日更無有如二公者出爲朝廷斡旋消弭，則我浙直之敗壞決裂，又豈在兗、豫、荆、雍之後也。吁，是尚忍言哉！某一介書生，特以切念災黎，仰承嚴命，勉爲施粥之舉，而見飢民就死者日衆，就食者復日增，轉展思維，欲塞其流亡之源，當開其衣食之路，既以救目前之奇慘，即以消意外之殷憂，此區區救飢本論之所爲作也。東莞陳氏有言，徙戈不庸于前代，而周文安流民一說，獲用于本朝，治亂之效，較若蒼素。假今日而有採愚言以上聞者乎，原子英之推行周說，不得專美乎先朝矣。

國　朝

順治二年六月二十八日，欽奉恩詔，內開：一、浙江等處人丁、地畝、錢糧及關津稅銀、各運司鹽課，自順治二年六月初一日起，俱照前朝會計錄原額徵解，凡加派遼餉、練餉、召買等項，永行蠲免，即正額錢糧，以前拖欠在民者亦盡蠲免。

順治五年十一月十一日，欽奉恩詔，內開：一、派徵錢糧俱照萬曆年間則例，天啟、崇禎年加增盡行蠲免。一、軍民七十以上者許一丁侍養，免其雜派差徭；八十以上給與絹一疋，綿一觔，米一石，肉十觔；九十以上者倍之。一、窮民鰥寡孤獨廢疾不能自存者，聽該府州縣申文，撫按動支預備倉糧給養。一、各處養濟院收養鰥寡孤獨及殘疾無告之人，有司留心舉行月糧依時發給，無致失所。

順治十年，戶部覆准浙江各屬旱災八分、九分、十分者免十分之三，五、六、七分者免十分之二，四分者免十分之一，有漕糧州縣衛所准令改折。

順治十二年六月二十二日，欽奉恩詔，內開：一、順治六、七兩年，地畝人丁本折錢糧拖欠在民者，悉與豁免。

順治十二年,戶部覆准令各省地方官照京師例設廠煑粥,以救飢民。

順治十三年十二月二十五日,欽奉恩詔,內開:一、順治八、九兩年地畝人丁本折錢糧該督撫確察果係拖欠在民者,具奏豁免。

順治十四年三月初十日,欽奉恩詔,內開:一、貧民失業流落,各地方官有能賑恤全活五百人以上者,核實紀錄;千人以上者,即與題請加級。其有鄉宦富民尚義出粟,全活貧民百人以上者,該地方官核實具奏,分別旌勸。

順治十五年正月初三日,欽奉恩詔,內開:一、順治十、十一兩年地畝人丁本折錢糧該撫按確察果係拖欠在民者,具奏豁免。

順治十七年正月二十五日,欽奉恩詔,內開:一、順治十六年以前直省拖欠錢糧,差廉幹滿官前往清查,果係拖欠在民,俱與蠲免。

順治十八年正月初九日,欽奉恩詔,內開:一、軍民年七十以上者許一丁侍養,免其雜派差役;八十以上者給與絹一疋,綿一觔,米一石,肉十觔;九十以上者倍之。

康熙三年六月,欽奉恩詔,內開:一、直省順治十五年以前拖欠銀米等項錢糧,槩行蠲免。

康熙四年三月初五日,欽奉恩詔,內開:一、直省順治十六、十七、十八年各項舊欠錢糧著照蠲免,十五年以前錢糧一體蠲免。其鹽課積逋催徵不得者,著察明亦准酌量蠲免。

康熙八年十一月二十五日,欽奉恩詔,內開:一、康熙元、二、三年各直省地丁正項錢糧拖欠在民不能完納者,該督撫察明,奏請豁免。一、罰贖積穀,原以備賑冬月嚴寒,恐鰥寡孤獨無以為生者,著各省督撫奏令有司將積穀酌量賑濟。一、各處養濟院所有鰥寡孤獨及殘疾無告之人,有司留心,以時養贍,無致失所。

康熙九年,戶部覆准嘉、湖被災,漕白折徵耗米及贈貼錢糧俱行免徵。

康熙十二年,戶部覆准浙省被災州縣許以秈米兌運。

康熙二十年十二月二十日,欽奉恩詔,內開:一、康熙十七年以前民欠錢糧稅銀及帶徵,該督撫查明保題到日豁免。

康熙二十三年九月二十四日,欽奉恩詔,內開:一、江南、浙江、江西、湖廣省分自用兵以來供應繁苦,宜加恩恤。康熙二十四年所運漕糧著免三分之一。一、自康熙十三年起至二十二年拖欠漕項錢糧,著自康熙二十三年每年帶徵一年,以免小民一時並徵之累。

康熙二十七年十月二十三日,欽奉恩詔,內開:一、浙江康熙二十八年應徵地丁各項錢糧俱著蠲免。一、軍民七十以上者許一丁侍養,免其雜派差役;八十以上者給與絹一疋,綿一觔,米一石,肉十觔;九十以上者倍之。一、各處養濟院所有鰥寡孤獨及殘疾無告之人,有司留心以時養贍,無致失所。

康熙三十年十二月,奉上諭:朕撫御寰區三十年以來,早夜圖維,惟以愛育蒼生,俾咸臻安阜為念。比歲各省額徵錢糧業已次第蠲豁,其歲運漕米向來未經議免,應將起運漕糧逐省蠲免,以紓民力。除河南省明歲漕糧已頒諭免徵外,湖廣、江西、浙江、江蘇、安徽、山東應輸漕米,著自康熙三十一年始以次各蠲免一年。

康熙三十二年九月,奉上諭:江、浙二省今年夏旱,雖不成災,秋收諒必有限,若漕糧照常徵收,恐民食將至匱乏,其浙江漕糧改于今年蠲免。

康熙三十八年三月二十六日,戶部奉上諭:朕以省方問俗,巡歷三吳,比至浙省,見緣路農桑固徧隴畝,而地有肥磽,時有豐歉,歷年正供錢糧因輸納維難,致多逋負,雖已准分年帶徵,而新舊之賦取給于一時,恐力作之民終難兼辦,應通行蠲豁,以宏麻澤。除康熙三十三年以前恩詔赦免外,其三十四、五、六年民欠地丁錢糧、米豆麥雜稅,著一概免徵,爾部行文該督撫責令有司悉心奉行,務俾均霑實惠,此諭。

康熙四十二年三月十八日,欽奉恩詔,內開:一、軍民年七十以上者許一丁侍養,免其雜派差役;八十以上者給與絹一疋,綿一觔,米一石,肉十觔;九十以上者倍之;百歲者題明給與建坊銀兩。一、各處養濟院所有鰥寡孤獨及殘疾無告之人,有司留心以時養贍,毋致失所。

康熙四十三年十月初七日,戶部奉上諭:朕昨歲南巡至浙江,見其農桑徧野,戶口蕃殖,閭閻氣象較勝于三十八年巡幸之時,甚爲心慰。浙省錢糧雖前此屢經蠲貸,而朕車駕經臨,應更敷恩寬恤,俾民生益加充裕。所有康熙四十四年浙江通省應徵地丁銀米等項,除漕糧外著俱行蠲免,無負朝廷殷殷愛養賜租給復之至意,特諭。

康熙四十五年十月,奉上諭:朕子育黎元,日求所以休養利濟之道,直隸各省錢糧次第全蠲一年者業經數舉,獨是歷歲逋負積累加增,舊稅新徵,民力仍多拮據,其江蘇、浙江、江西、山西等省自康熙四十三年以前未完地丁銀糧,著按數通行豁免,特諭。

康熙四十六年十一月初二日,戶部奉上諭:江、浙地方賦役殷繁,倍於他省,朕屢經巡歷,時切軫懷,比年以來,業已節次敷恩,頻行蠲貸。頃因兩省偶被旱災,隨命按數減征,豁免漕欠,並分截本年漕糧,令該督撫親往散賑。猶念民間素鮮儲蓄,生計不充,非更加格外滋培,則荒歉之餘未能彌臻康阜,茲特再施膏澤用宏休養,康熙四十七年江南、浙江通省人丁共額征銀六十九萬七千七百餘兩,著悉與蠲免,特諭。

康熙四十七年十月十六日,戶部奉上諭:朕屢次南巡,見閭閻殷阜之象遠不逮於舊時,雖不時蠲免額賦,停征積逋,僅可支吾卒歲,絕無餘積。朕每念及此,未嘗不爲惻然。去年江南、浙江二省俱被旱荒,多方軫恤,始蘇民困,迨今歲復報潦傷,旋經照例蠲賑,並下詔書留漕,康熙四十八年除漕米外,江南通省地丁銀四百七十五萬四百兩有奇、浙江通省地丁銀二百七十五萬七千兩有奇,著全行蠲免,所有舊欠帶徵銀米仍暫停追取。此朕因江、浙二省爲東南重地,特於格外施行,用宏休養之至意。該督撫各飭有司張示遍諭,務令窮鄉蔀屋咸知共悉,特諭。

康熙四十九年十月初三日,戶部奉上諭:朕思民爲邦本,勤恤爲先,政在養民,蠲租爲急。數十年來,除水旱災傷例應豁免外,其直省錢糧次第通蠲一年者屢經舉行,更有一年蠲及數省,連蠲數年者,前後蠲除之數,據戶部奏稱通共會計已逾萬萬。明年爲康熙五十年,思再沛大恩,以及吾民,原欲將天下錢糧一槪蠲免,因大臣集議,恐各處需用兵餉撥解之際,兵民驛遞益致煩苦,細加籌畫,悉以奏聞。故自明年始,於三年以內通免一周,俾遠近均霑德澤。直隸、奉天、浙江、福建、廣東、廣西、四川、雲南、貴州各巡撫及府尹所屬除漕項錢糧外,康熙五十年應徵地畝銀共七百廿二萬六千一百兩有奇,應徵人丁銀共一百一十五萬一千兩有奇,俱著察明全免,并歷年舊欠共一百一十八萬五千四百兩有奇亦俱免徵。地方大吏誠克體朕孳孳保赤之懷,實心愛養,閭閻咸得衣食滋殖,無有失所,豈非昇平樂利之盛事歟?爾部移文各督撫諭旨到日即刊刻頒布,徧示窮簷,令咸知悉,特諭。

康熙五十二年三月十八日,欽奉恩詔,內開:一、海宇承平已久,戶口日繁,地畝並未加增,宜施寬大之恩,共享恬熙之樂,嗣後直隸及各省地方官遇編審之期,察出增益人丁,止將實數另造清册奏聞,其征收錢糧但據康熙五十年丁册定爲常額,續增人丁永不加賦,用副朕休養生息之至意。一、天下地丁錢糧既沛恩澤,於三年内悉予蠲免,其自京城及各省房地租税多係貧民賃僦官地棲身營業,宜併蠲恤以覃恩惠。著察明京城内併各省每年地租額數,於康熙五十三年蠲免一年,其歷年逋欠若干併察明,免其追補。

康熙五十八年十二月,奉上諭:數十年來各省正賦屢經全免,歷年積欠亦已蠲征,偶有雨澤愆期,或發倉廩散給,或截漕糧賑救,不惜億萬金錢米穀頻沛恩施。近民力稍紓,然念分年帶征,則小民一歲所獲,分納二年之賦,斷難充裕,宜更加殊恩,通行蠲免。今將直隸、江蘇、浙江、江西等八處帶徵地丁屯衛銀二百三十餘萬兩槩免征收,其漕項雖例不准免,亦著格外施恩,用稱朕撫恤羣黎至意。

康熙六十一年十一月二十日,欽奉恩詔,内開:一、各省民欠錢糧,著該部查明具奏,其年久應免者候旨蠲免。一、軍民年七十以上者許一丁侍養,免其雜派差使;八十以上者給與絹一疋,綿一觔,肉十觔;九十以上者倍之。

雍正元年九月初五日,欽奉恩詔,内開:一、地方災傷已經查勘蠲免賦役者,有司不遵,仍行濫派,及但免有力之家,致窮民不沾實惠者,事發決不饒恕。一、直隸各省婦女年七十以上者給與布一疋,米五斗;八十以上者給與絹一疋,米一石;九十以上者倍之;百歲者題明給與建坊銀兩。一、各處養濟院所有鰥寡孤獨及殘疾無告之人,有司留心以時養贍,毋致失所。

是年十一月,奉上諭:浙省偶值秋旱,被災地方已經蠲免錢糧,令有司加意撫綏。查杭、嘉、湖所屬十四州縣應徵漕米三十二萬石,今荒歉之歲,民間納米爲難,著令徵收一半,改折一半,既可以濟民之食,又可以紓民之力。其改折之價,著照康熙九年例,每石折銀一兩完交,其應徵漕米十六萬,米色或未能純一,著令紅白兼收,以示朕軫恤地方格外施仁之至意,特諭。

雍正二年九月,奉上諭:浙江、江南沿海地方七月十八、九等日海潮泛溢,近海田禾不無損壞。朕軫念災黎,惟恐失所,業經嚴飭各省督撫發倉賑濟,多方撫恤,但蘇、松、杭、嘉等府人稠地狹,向來出米無多,雖豐年亦仰給於湖廣、江西及就近隣省,今沿海被災,恐將來米價騰貴,小民艱食,著動湖廣司庫銀買米十萬石、江西司庫銀買米六萬石,運交浙江巡撫平糶,動湖南司庫銀買米四萬石、山東司庫銀買米六萬石、安慶司庫銀買米五萬石,運交蘇州巡撫平糶,俱著速即辦理,選委賢幹廉員陸續運送,平糶銀兩仍移還補庫。其米應於何地交卸,湖廣、江西督撫即咨會浙江巡撫,湖南、山東、安徽巡撫即咨會蘇州巡撫,酌議速行,務於蘇、松、杭、嘉四府民人有益,毋得怠緩遲誤。

雍正四年十月,户部爲彙報杭、嘉、湖府屬雨水情形等事,覆准浙江仁和、錢塘、石門、安吉、歸安、烏程、長興、武康等九州縣被災田畝應蠲免銀三萬三千五十八兩零,照例蠲免,至被災地方新舊應徵錢糧俱緩至來年麥熟後徵收,仍動存倉米穀,按明户口散賑。

是年十一月,户部咨覆浙江巡撫李衛奏稱:浙江杭、嘉、湖三府屬之仁、錢等十州縣一所其中地勢窪下者於本年八月初七、八等日陰雨連綿,緣太湖等處水洩不及,以致低田被淹,今據各地方里民呈稱,漕糧爲數甚多,今秋田禾正值開花秀之時,水浸已久,低處稻既無收,高處米色亦不能佳,難輸正供,若欲遠方買糶,不但民力艱難,且恐致悮冬開漕限,懇爲題請,仍照雍正元年改折一半,每石交銀一兩,并准紅白兼收之例,庶得勉力措納。臣細加確查,此十州縣一所内除餘杭縣旋即水退,勘不成災,並湖州一所例無徵納漕糧外,其餘九州縣高田尚可收成,惟低窪被災傷重,以通縣計之不過十分之一、二、三、四分不等,若將實在災田應納漕米改折,爲數無多,但平地禾苗亦經水浸,即高處有收之田,其米亦皆青腰白臍,濕潤細碎,民間日用則可,若以之完漕,州縣不敢收倉,旗丁不肯受兌,倘責令買糴,實有艱難,可否仰邀皇仁,照雍正元年之例,懇將成災低田漕糧每石仍舊折徵銀一兩,其餘被水州縣今年漕米暫令紅白兼收,尖圓並納,則於漕糧無虧,而小民感戴天恩,實同覆載矣。奉旨:著照該撫所請行。

是年是月,奉上諭:浙江通省舊欠錢糧一百餘萬兩,朕已加恩允撫臣李衞之請,分作七年帶徵,以紓民力,該省民人自應感戴朕恩,如期完納。

雍正五年二月,户部爲彙報杭、嘉、湖府屬雨水情形等事,議覆浙江巡撫李衞疏稱仁和等九州縣一所田畝被淹,仰蒙皇恩賑濟。臣查現在被災里民近今猶有殘粒湿米可以餬口,惟至來年二三月間青黄不接之際,實屬艱難,伏念發賑原以濟急,當現在稍可自濟之時暫緩散給,留至過歲二月前後求食艱難之日散賑,使之實得,藉以餬口,一轉移間先後緩急以爲得宜等因前來。查仁和等州縣所被災里民,該撫既稱現在稍可自濟,暫緩散給,應令該撫俟青黄不接之時,出示曉諭,照例按口散賑,務使正實災民均沾實惠可也。奉旨:依議。

是年是月初九日,奉上諭:浙江杭、嘉、湖三府上年秋冬之間雨水稍多,收成略覺歉薄,今年青黄不接之時,已令地方官商酌平糶以濟民食,但念米價雖不至昂貴,而無力窮苦之民本無糴米之資,甚屬可憫,著動用庫銀四萬兩,令巡撫李衞同將軍鄂彌達觀風整俗,使王國棟悉心商酌,於地方或開濬河道,或修理城垣堤岸,令小民就近傭工,藉以餬口,倘四萬金尚不敷用,著李衞等再行具奏請。

是年九月十二日,奉上諭:朕聞浙江近水之地數處被水,軫念窮民,朕懷殷切,著浙江巡撫李衞動用庫銀一萬,於應用之處散賑,令窮民均沾實惠,該部知道。

是年十月二十七日,奉上諭:朕御極以來愛養黎元,勤求治理,各省錢糧耗羨原非應有,本欲悉行革除,因廣爲諮詢,留心體察,知州縣官員實有必不得已之用度,若將耗羨盡行禁止,在廉謹之員實難支持,而貪污不肖之徒勢必藉口無以養廉恣意苛索,百姓轉受其累。是以錢糧之有火耗由來已久,各處皆有相沿之例,其數亦多寡不同,惟應于火耗過重之員重治其罪,若有司官酌量收納,不加重苛取於民,小民亦覺相安,此各省之大勢也。查各省之中賦稅最多者莫如江南之蘇、松二府,浙江之嘉、湖兩府,每府多至數十萬,地方百姓未免艱於輸將,其賦稅加重之由始於明初洪武時,四府之人爲張士誠固守,故平定之後籍諸富民之田以爲官田,按私租爲稅額。夫負固之罪在士誠一人,而乃歸咎於百姓,加其稅賦,此洪武之苛政也。有明二百餘年減復不一,我朝定鼎以來,亦照明例徵收,葢因陸續辦理軍需經費所在,未便遽行裁減,我皇考聖祖仁皇帝常論及此。雍正三年,朕仰體皇考多年寬賦之聖心,將蘇、松二府額徵浮糧豁免,彼時頒發諭旨甚明,本欲一體加恩於嘉、湖二府,因浙江風俗澆漓,正須化導,不便啟其望恩倖澤之心,故爾暫止。今見浙俗漸次轉移,改而遷善,朕心深慰,用沛恩膏,查嘉興府額徵銀四十七萬二千九百餘兩,湖州府額徵銀三十九萬九千九百餘兩,俱著減十分之一,二府共免銀八萬七千二百兩有奇,永著爲例。

雍正六年十月,奉上諭:向來江浙收兌漕糧俱用本地粳米,擇其乾圓潔淨者方准交納,遇收成稍薄之年,該督撫每以紅白兼收爲請,朕皆允行。夫米糧乾潔皆可久貯,原不在色之紅白,江、浙二省户口繁多,每年應納漕糧將及四百萬石,若必拘定本地粳米,恐米價昂貴,民間難於輸將。嗣後江、浙徵收漕米,但擇乾圓潔净,不必較論米色,准令紅白兼收,秈粳並納,著爲例,欽此。

雍正七年二月,奉上諭:據欽差浙江清查錢糧之大臣性桂摺奏,浙省雍正二年以前未完舊欠錢糧帶徵每年應完銀十五萬兩有零,查雍正五年、六年應完之項已於本年如數完納,又雍正三年至五年未完之錢糧四十七萬餘兩,於雍正六年之内已完二十餘萬兩,其餘在奏銷以前大約可以全完,民情感戴國恩,踴躍輸納正賦等語。浙江爲財賦重地,民力輸將,朕所軫念,其所舊欠錢糧非不欲加恩豁免,祇以屢年未完之項,乃頑户之所拖欠,若以抗正供而霑膏澤,則頑民獲利而良善轉未邀恩,非所以化導人心風俗也。今浙省紳士庶民咸能知朕教養之殷懷,感朕訓誨之至意,即此踴躍完糧一事可以見其感恩遷善之誠,朕實爲浙省之士民風俗稱慶,非重此數十萬之國帑也。浙省因總督李衛正已率屬,勸懲兼施,實心任事,故能令地方革薄從忠如此,然其嚮善之速,該省之人亦甚屬可嘉,用是特沛鴻恩,將雍正七年額徵地丁屯餉錢糧蠲免十分之二,共計六十萬兩,著李衛轉飭各屬恪遵奉行,務使閭閻均沾實惠,並將朕加恩獎善之意遍行宣諭,俾遠鄉僻壤咸共知悉。

雍正九年十一月十一日,欽奉上諭:浙江嘉興府屬七縣並杭州府屬之海寧一縣小有蟲災,本年應完漕米照雍正元年例,每石折徵銀一兩。

雍正十一年五月,浙江總督管巡撫事臣程元章爲陳奏事,查嘉興府屬之石門、桐鄉,湖州府屬之歸安、烏程等縣,於雍正十年九月初九日偶被冰雹打傷田禾,查勘被災情形,請動支備公銀兩賑恤。蒙聖恩俞允,欽遵在案。除石門一縣據該縣勘明被雹較輕,小民尚可謀食,毋庸賑恤外,其桐鄉、歸安、烏程三縣被雹貧民,委員會同地方官逐户查明實在乏食名口,飭令每大口賑銀三錢,小口賑銀一錢五分,共賑過貧民大口一萬五千四百八十八名口,小口三千五百八十五名口,共賑銀五千一百八十四兩一錢五分,俱於備公銀内動支給發,相應取具册結題銷。奉旨:該部察核具奏。

是年十月,奉上諭:浙江杭、嘉、湖三府上年偶被水災,兼以飛蝗傷稼,朕特沛恩施,將應完漕米分年帶徵,發帑賑恤黎民,不致失所。惟是本地所産米石不敷食用,現今年歲雖獲豐收,而上年借糶倉穀恐一時未能買補足數,明歲青黄不接時尚須米石酌撥平糶以濟民食,不可不預爲籌備,著將杭、嘉二府屬本年額徵漕米各截留五萬石存貯備用,照部定折價改徵銀兩解部,著該督嚴飭地方官實力奉行,無得縱役需索,以仰副朕加惠黎民至意。

雍正十三年九月初三日,欽奉恩詔,内開:一、各省民欠錢糧係十年以上者,著該部查明具奏,候旨豁免。一、軍民年七十以上者許一丁侍養,免其雜派差役;八十以上者給與絹一疋,綿一觔,米一石,肉十觔;九十以上者倍之。

是年十月初七日,欽奉上諭:豁免雍正十三年以前民欠漕項、蘆課、學租、雜税等銀,並令嗣後遇有恩詔,俱將各項入於豁免之内,永著爲令。

是年十一月十二日,欽奉恩詔,内開:一、各處養濟院所有鰥寡孤獨殘疾無告之人,有司留心養贍,毋致失所。

是年十一月二十一日,欽奉恩詔,内開:一、直隸各省婦女年七十以上者給與布一疋,米五斗;八十以上者給與絹一疋,米一石;九十以上者倍之;百歲者題明給與建坊銀兩。

是年十二月初八日,户部奉上諭:向來漕項銀兩不在蠲免之例,朕前已降旨特行豁免以紓民力,今查各省尚有帶徵漕米,原應如期輸納,但民間已完現年漕米,又完先年留米,民力未免艱難,著該部傳諭辦漕各省督撫等,將雍正十二年以前未完帶徵緩徵本色改折米銀逐一查明,奏聞豁免。欽此。

乾隆七年八月十二日,奉上諭:御極以來,愛養黎元,于蠲免正賦之外,復將雍正十三年以前各省積欠陸續豁免,以息民間追呼之擾。今查雍正十三年正月起至十二月悉行豁免,再查江、浙兩省尚有雍正十三年未完漕項銀七萬一千二百七十兩零,米二萬九百四十九石零,麥四千三十七石零,荳一百八十五石零,向來漕項不在豁免之例,今既蠲除各項,著將漕項一體免徵。欽此。

乾隆十一年正月初四日,奉上諭:朕愛育黎元,格外加恩,將各省錢糧普免一次,以爲休養萬民之計。經大臣等酌議,國家每年一定之經費皆取資于正賦,應將各省分作三年蠲免,則經費有賴,而先後之間萬民均沾膏澤。至於耗羨,乃有司養廉及辦理公務之所必需,應令照舊輸納,朕已允行。朕之逾格蠲免天下正賦者,所以藏富于民,且使閭閻之間終歲不聞催科之擾也。今正賦既蠲,而耗羨又令完納,是官民仍有交關,猶不免有追呼之擾。若將蠲賦之年應徵耗羨一併緩至開徵之年按欵完納,使小民于交官之便完此些須,不必兩次伺候于公庭,亦體恤民情之意。著該部即遵諭行,並將公用不敷之處作何撥抵,酌議辦理,各省督撫當董率有司善爲之,勿因此又別生弊端也。欽此。

乾隆十五年正月初二日,奉上諭:各省耗羨銀兩以備地方一切公用,向因漫無稽考,是以條列章程,該部歲抄察核。朕思有正供而後有耗羨,羨非正供可比,其未完之項雖應一體催徵,但輸將不無拮據。朕巡幸所至地方應酌量加恩,以紓民力。直隸屢經巡歷,今春暨秋清蹕五臺,命駕河汴,明歲即當南幸,江、浙、山東亦所必經,所有耗羨內直隸、山西、河南、浙江四省未完銀兩全行蠲免,江蘇、安徽、山東三省未完銀兩蠲免十分之六,著該督撫確查實數,毋令吏胥借端那抵正耗混淆,暗行侵蝕,倘有朦混滋弊,即行參奏,從重治罪,上司稍有徇隱,一併嚴加議處,務使閭閻均沾實惠,以普恩膏。欽此。

乾隆十六年正月初二日,奉上諭:朕巡幸江、浙,問俗省方,廣沛恩膏,聿昭慶典,更念東南貢賦甲於他省,其歷年積欠錢糧雖准地方大吏所請,分別帶緩以紓民力,而每年新舊並徵,小民終未免拮據。朕宵旰勤勞,如傷在抱,兹當翠華新蒞,倍深軫切,用普均沾之澤,以慰望幸之忱,着將元年至乾隆十三年江蘇積欠地丁二百二十八萬餘兩、安徽積欠地丁三十萬五千餘兩,悉行蠲免。其浙江省雖額賦略少於江蘇,而積年以來並無積欠,豈犬牙相錯之地不齊乃至是歟?此具見浙省官民敬事急公之義,而江蘇官民所宜懷慚而效法者也。朕甚嘉焉,著將本年應徵地丁錢糧蠲免三十萬兩以示鼓勵,將此通行曉諭知之。欽此。

乾隆二十二年正月初二日,內閣奉上諭:今春朕恭奉皇太后鑾輿臨浙,問俗省方,行慶施惠,而東南黎庶望幸惟殷。兹當翠華發軔之初,宜沛渥恩,用昭盛典。乾隆十六年,肇舉南巡,曾頒恩諭,將江蘇、安徽十三年以前積欠地丁悉行蠲免,浙省因無積欠,特免應徵地丁三十萬兩以示鼓勵,亦欲思愷澤覃敷,官無罣誤,民免追呼,共享昇平之福。乃邇年來江、浙間被偏災,其積欠未完之數又復不少,雖惟正之供歲有常經,不宜任其逋欠,然天時之不齊,亦非盡小民之過也。該二省去歲秋成豐稔,糧價平賤,據地方大吏陳奏並清問所及,民康物阜,井里恬熙,朕心實爲忻慰。但閭閻葢藏時廑宵旰,若令新舊並輸,于民力未免拮據,著將江蘇、安徽、浙江乾隆廿一年以前積欠未完地丁銀兩概予蠲免,該督撫其嚴飭所屬實力奉行,毋令吏胥侵蝕,務俾恩膏普逮,實惠均沾,稱朕懷保黎元至意,該部即遵諭。欽此。

是年二月初一日,奉上諭:朕稽古省方,載臨江浙,將以勤求民隱,廣沛恩膏,是以啟鑾之先即經降旨,將該二省乾隆二十一年以前積欠悉行豁免,而時當春令,東作方興,水陸經行,一切除道挽舟雖皆按丁給直,然終未免有需民力。入疆伊始,軫念方殷,所有江南、浙江經過各州縣地方本年應徵地丁銀兩俱著加恩蠲免十分之三,此內或有去秋被水歉收者蠲免十分之五,該督撫等其飭屬查明實力奉行,稱朕加惠黎元之意。欽此。

是年三月初一日,內閣奉上諭:江、浙二省積欠地丁銀兩前已有旨豁免,而浙江所免獨少,足見黎庶素屬急公。今巡省蒞止,因命悉查,各項尚有乾隆十八、十九、二十等年各屬未完緩徵及蠲剩漕項銀十八萬九千餘兩,二十年分杭、嘉、湖、紹四府屬縣場未完借欠籽本銀三萬七千八百餘兩,十八、二十年分各衛所未完屯餉銀六千四百餘兩,並海寧縣未完沙地公租銀二千餘兩,著加恩概行豁免。該督撫等其董率屬員實力奉行,毋令胥役里長侵蝕中飽,副朕曲體惠鮮之至意。欽此。

乾隆二十七年正月初二日,奉上諭:今春朕恭奉皇太后鑾輿巡省江、浙,取道閱視河工海塘,與封疆大臣講求吏治、民生諸要務,念昨冬恭逢慈恩覃被之餘,正東南士民望幸情殷之候,翠華所過,宜沛隆施,益光慶典,著將江蘇、安徽、浙江三省自乾隆二十二年起至二十六年止所有節年災田緩徵及未完地丁各欠項照二十二年例概予蠲免,該督撫等其嚴飭所屬悉心核實奉行,俾閭閻膏澤均沾,毋致吏胥中飽,副朕錫類推恩至意。該部遵諭速行。欽此。

是年二月初四日,內閣奉上諭:朕恭奉皇太后鑾輿巡省江、浙,前已特頒恩旨,將該二省積欠地丁全行豁免,茲入疆伊始,慶澤宜行,所有江南、浙江水陸經過地方,本年應徵額賦俱著加恩蠲免十分之三,此內或有去秋被水歉收者蠲免十分之五,該督撫等其董率屬員實力奉行,稱朕子惠黎元至意。該部遵諭速行。欽此。

乾隆二十九年九月二十五日,內閣奉上諭:朕明春恭奉皇太后聖駕南巡,著照從前之例,於江、浙二省冬兌漕糧內各截留十萬石,在水陸駐蹕地方分廠平糶,即令漕運總督及該督撫妥協辦理。該部遵諭速行。欽此。

乾隆三十年正月初二日,內閣奉上諭:今春朕恭奉皇太后安輿四省,江、浙東南黎庶望幸情殷,宜布渥恩,用光盛典。前次三經臨幸,恩旨疊頒,所有江南省積欠地丁等項蠲免至二百餘萬,維時地方大吏率多遵循舊例,例所應蠲者不論災熟積欠並予豁除,而於因災緩帶之項其中有例不准蠲者轉未獲一體邀恩,於情理未為允協。因思成熟地畝當年出産本豐,自不難踴躍輸將,年清年欸,其陳積未完者實不免預覬恩膏,有心觀望,若因災停緩之糧勢由歲歉不齊致滋連負,初非玩戶抗延之比。今翠華所過,慶典聿修,而此等薄海窮黎未蒙渥澤,朕心深為軫念,著加恩將江蘇、安徽乾隆二十五年以前節年因災未完蠲剩河驛俸工等欸、並二十六、七、八三年因災未完地丁河驛等欸,以及二十八年以前節年因災未完漕項暨因災出借籽種口糧、民借備築堤堰等銀一百四十三萬餘兩,又籽種口糧內米麥豆穀十一萬三千餘石概予蠲免。至浙江一省額賦本較江南為少,其積欠亦屬無多,著將乾隆二十六、七、八三年因災未完地丁銀兩,並二十七年屯餉沙地公租,二十六、七兩年未完漕項等銀一十三萬二千五百餘兩,又二十八年借給籽本穀一萬三千七百餘石加恩悉行蠲免,以均惠愷。該督撫等其董率所屬實力詳查妥協,副朕嘉予元元至意。倘有不肖胥吏從中舞弊，影射侵漁，察出即與嚴參，從重治罪。該部遵諭速行。欽此。

是年閏二月初三日，內閣奉上諭：朕巡幸江、浙，啟鑾之初降旨將江、浙二省累年積欠銀糧全數豁除，而浙省所免之數較之江省尚少。茲當入疆伊始，疇咨民瘼，該省尚有未完欠項，著再加恩將浙江省乾隆二十六、七、八等年積欠未完漕項及仁和、袁浦等場未完竈課銀一萬八千六百餘兩，二十四、六、七、八等年因災緩帶積欠未完南米及借給各場竈户倉米一萬八千九百餘石概行蠲免。該督撫等其率屬實力奉行，務俾恩膏下逮，稱朕惠愛黎元至意。該部遵諭速行。欽此。

是年是月初四日，奉上諭：江、浙水陸經過地方本年應徵額賦加恩蠲免十分之三，杭州府屬附郭諸縣額徵地丁全行蠲免，又浙省乾隆二十四、六、七、八等年未完竈課、漕項錢糧，暨緩帶未完南米，及借給竈户倉米，幷借給農民倉穀緩徵租穀、幷二十七年屯餉沙地公租概行蠲免。欽此。

同日，奉上諭：朕翠華南幸，始蒞浙境，念該省所免積欠較江省獨少，且於未奉恩旨以前復有續完之項，民情可謂急公。因命悉查積年未完各項，無論於例應蠲與否，盡予豁除，以紓民力。至清蹕所經，前已降旨蠲本年正賦十分之三，昨巡歷江省，復念淮、徐各屬地瘠民貧，江淮以南人知愛載，凡水陸經行州縣加免十分之五。浙省雖郵頓無多，而除道清塵亦足徵閭閻歡，感兩省俱係赤子，誠求懷保，厥視惟均，著加恩將浙江經過地方本年應徵錢糧概免十分之五，俾羣黎普沾膏澤，益慶卓恬，副朕入疆施惠至意。該部遵諭速行。欽此。

乾隆三十一年正月初二日，內閣奉上諭：朕統御萬方，孜孜求治，惟以愛育黎元爲念，自御極以來，蠲賜所逮不下千億萬。乾隆十年間，恭依皇祖普免直省錢糧恩例，蠲免天下額徵正賦二千八百萬有奇，期斯民家給人足，咸臻樂利。惟歲運漕米，向以供給兵餉廩糈之用，非水旱特蠲例不普免。夫八政以食爲先，閭閻蓋藏，尤資饒裕。恭閱皇祖《實錄》，康熙三十年特頒恩旨，將各省起運漕糧通行蠲免一週，大澤均沾，慶逾常格。仰惟皇祖沖齡踐阼，臨御之三十年春秋，未及四十。朕年二十有五，始登大寶，膺祺受祉，迄今亦閱三十年，際重熙累洽之會，必世昌期，均符泰運，其爲慶幸倍深。茲荷蒙上天眷佑，列聖鴻庥，函夏謐寧，疆宇式闢，北庭、西域二萬餘里咸隸版圖，外有耕屯之穫，內無餽餉之勞。且連歲年穀順成，庶物豐殖，京通倉貯儘有餘粟，天既誕貽樂歲，惠洽昇平，朕自當仰體天心，以推恩黎庶，是用敬承嘉貺，懋繼前謨，使薄海億兆並裕倉箱之慶。所有湖廣、江西、浙江、江蘇、安徽、河南、山東應輸漕米，著照康熙年間之例，於乾隆三十一年爲始，按年分省通行蠲免一次，其江寧、京口、杭州、荆州等處駐防地方，該省漕米既蠲，所有例需兵食如何預爲籌辦，並各該省蠲免次第應行酌辦各事宜，著該部速行定議具奏。欽此。

是年正月初四日，奉上諭：前經降旨將各省漕糧分年普免一次，期使海宇黎元均霑閭澤，但聞漕糧欵內尚有例徵折色及民户等銀官爲辦漕者，雖徵收銀米不同，其爲按田起漕之例則一也。若仍令其照漕項一例輸將，不得與交納本色民户並邀曠典，未免獨切向隅。著再申諭辦漕各省州縣內有徵收折色者一體概予蠲免。督撫等務董率所屬實力經理，再行明白曉諭，毋使胥吏藉名滋獘，副朕嘉惠閭閻普施膏渥至意。該部遵諭速行。欽此。

乾隆三十五年正月元旦日，內閣奉上諭：朕寅承丕緒，撫有萬方，申旦求衣，無日不以勤恤民依爲念,是以勸農省歲,減賦宣徵,不靳多費帑金,蘄閭閻共臻康阜。溯在乾隆十一年丙寅,朕御宇周旬,肇敷闓澤,曾恭依皇祖普免天下錢糧恩例,蠲除直省額徵正賦二千八百萬兩有奇。越在三十一年丙戌,際當必世興仁益,惟比戶饒裕,是計復下詔將應徵漕米省分照康熙年例概蠲一次,俾各倉箱盈衍,倍積耕餘。邇年以來,寰宇乂寧,民氣和樂,惟上天孚佑我邦家,洊錫康年,朕祗膺昊蒼鴻眷,其可不究澤推仁以與我海內元元,荅茲嘉貺? 我國家席全盛之模,內外經費度支有盈無缺,府庫所貯月羨歲增,因思天地止此生財之數,不在上,即在下,與其多聚左藏,無寧使茅簷蔀屋自爲流通。迺者仰紹列祖貽庥,化成熙洽,爲民藏富,欣際斯辰。且今年爲朕六十誕辰,明歲恭逢聖母八旬萬壽,普天忭祝,慶洽頻年,尤從來史册未有,是宜更沛非常之恩,以協天心而彰國慶。茲因乘春頒令,誕布陽和,著自乾隆三十五年爲始,將各省應徵錢糧通行蠲免一次,其如何分年遞蠲之處,著大學士會同該部即速詳議具奏。欽此。

乾隆四十三年正月二十四日,奉上諭:前因聖母萬壽特宏錫類之仁,普蠲各直省錢糧以昭慶惠,朕本欲俟恭祝聖母九旬萬壽之年再溥恩施一次,茲者仙馭升遐,此後更無可推廣慈仁之處,現在部庫帑項又積至七千餘萬,著再加恩,自戊戌年爲始,普蠲天下錢糧,仍分三年輪免,俾寰宇億兆人民仍得共被慈恩,永申感慕,而朕終天罔極之忱,雖不能仰副萬一,庶幾藉茲稍展。其如何輪派年分,著戶部即速悉心核奏遵行。欽此。

乾隆四十四年十月初一日,內閣奉上諭:朕明春巡幸江浙,所有供宿頓次皆出自帑項,絲毫不以累民,第扈從官兵以及外省接駕人等輻輳雲集,經過地方米糧價值恐一時或致騰踴,著照從前之例,於江、浙二省冬兌漕糧內各截留十萬石,在水陸駐蹕地方分廠平糶,即令漕運總督及該督撫妥協辦理。該部即遵諭行。欽此。

乾隆四十五年二月初五日,奉上諭:朕因東南黎庶望幸甚殷,爰舉舊章,五巡江浙。茲當入疆伊始,慶澤宜敷,所有江南、浙江水陸經過地方,本年應徵地丁錢糧俱著加恩蠲免十分之三。該部即遵諭行。欽此。

乾隆四十九年二月十六日,奉上諭:朕因江南士庶籲幸情殷,且河工海塘以次告竣,一切善後機宜均須親臨指示,爰循舊典,六巡江浙。茲當入疆伊始,慶澤宜覃,所有江南、浙江水陸經過地方,本年應徵地丁錢糧俱著加恩蠲免十分之三。該部即遵諭行。欽此。

是年三月十二日,奉上諭,朕翠華蒞浙,愷澤覃敷,前已降旨將經過地方本年額賦蠲免十分之三,並省城駐蹕之仁和、錢塘二縣本年應徵地丁概予豁免。今入疆伊始,周諮民隱,再沛恩綸,所有杭州、嘉興、湖州三府屬本年應徵地丁錢糧共一百九萬餘兩,著再加恩溥免十分之三,俾近光黎庶益享盈寧,以副朕省方問俗、施惠閭閻有加無已之至意。欽此。

乾隆五十年十月初十日,奉上諭:福崧奏仁和等十七州縣並杭、嚴、嘉、湖二衛田畝歉收,請將應徵漕米錢糧等項分別緩徵等語。本年浙西一帶雨澤愆期,田禾間有被旱之處,收成不無歉薄,民力未免拮據,所有仁和、錢塘、海寧、餘杭、臨安、嘉興、秀水、海鹽、於潛、石門、桐鄉、烏程、歸安、長興、德清、武康、安吉等十七州縣並杭、嚴、嘉、湖二衛歉收田畝應徵地漕錢糧,著加恩緩至五十一年麥熟後徵收,其漕米及新舊漕截等銀亦著緩至次年秋成後徵收帶運,以紓民力。該部即遵諭行。欽此。

乾隆五十一年正月初三日,奉上諭:上年浙西杭、嘉、湖三府屬之仁和等十七州縣並杭、嚴、嘉、湖二衛得雨較遲,收成歉薄。業經降旨將應徵地丁漕項銀米緩至次年分別帶徵,以紓民力。

第念今春東作方興,農民播種翻犂,未免尚形拮据。著再加恩,將杭、嘉、湖三府屬之仁和、錢塘、海寧、餘杭、臨安、於潛、嘉興、秀水、海鹽、石門、桐鄉、烏程、歸安、長興、德清、武康、安吉等十七州縣並杭、嚴、嘉、湖二衛,再行緩至秋收後按例徵收,並查明實在貧民,酌借口糧、籽種,以資接濟。該撫務董飭所屬實力奉行,使茅簷蓽屋均沾實惠,以副朕軫念黎元、普錫春祺之至意。該部即遵諭行。欽此。

乾隆五十五年正月初一日,奉上諭:朕賴昊蒼眷佑,既逾古稀,欣開八袠,幸得小康,時懷大惕。自乾隆十年以迄四十二年,特沛恩綸,普免天下錢糧,業經三次矣。今歲屆朕八旬壽辰,仰荷天祖昭麻,率土稱慶,以致梯航重譯,祝嘏來廷,從古史牒,實所罕覯。是宜廣宣湛閣,敷錫兆民,普叶崇禧,以荅嘉貺。著將乾隆五十五年各直省應徵錢糧通行蠲免,其如何按年輪蠲之處,著大學士會同戶部即速核奏遵行。欽此。

乾隆五十九年八月十五日,內閣奉上諭:朕臨御天下五十九年,仰蒙昊蒼眷佑,列聖貽麻,薄海昇平,梯航向化,重熙累洽,惟日孜孜,無時不以敬天勤民為念,行慶施惠,錫祐延禧,普免漕糧二次,地丁錢糧四次,而偶遇水旱偏祲,隨時蠲租賜復,賑貸兼施,不惜帑項數千萬兩,所以涵養生息,子愛黎元,至周且渥。茲紹膺統緒,明歲正屆六十年,朕春秋二十五即位,誕膺大寶,迄今八旬開四,康強逢吉,五代同堂,景運增隆,寰瀛寧謐。享國之年,幸週甲子,壽祚延洪,實為古今罕覯之盛事。此皆上蒙昊貺騈蕃,克膺備福,覃敷恩澤,加惠閭閻,俾海寓子民共臻樂利。所有六十年各省應徵漕糧,著再加恩普免一次。其應如何分年輪免之處,仍著該部核議具奏。欽此。

是年十二月初三日,奉上諭:前因六十年乙卯元旦日食、上元月食,雖薄蝕躔度,可以預行推測,但稽古史傳所載,遇有日食、月食等事,往往下詔求言,以示脩省。朕思上天垂象,固宜戒慎,而應天以實不以文,與其託諸空言,孰若施諸實政。前已降旨普免天下應徵漕糧,俾海宇子民共臻樂利。今思各省尚有節年民欠及因災帶緩未完銀穀俱應按限徵輪者,小民究因官欠未清,未得遂其含哺之樂。朕仰邀昊眷,在位六十年,寰宇寧謐,景運增隆,丙辰年即屆歸政。今若於朕臨御之年覃敷恩賚,俾小民節年欠項廓然一清,得以戶慶盈寧,共游化宇,以副朕子惠黎元,敷錫延禧,俾普天羣黎無一負欠者,莫大於是。該部即遵諭行。欽此。

乾隆六十年二月十五日,內閣奉上諭:前經降旨普免天下積欠錢糧,令各督撫查明具奏。茲據吉慶,將浙江省節年民欠及因災緩帶地丁漕糧正耗,并蠲免補徵耗羨及漕截動墊補徵未完各數開單呈覽。所有浙江省節年民欠因災緩帶並蠲免補徵耗羨等銀二十五萬二千一百九十五兩零,南糧米二千一百十四石零,因災緩徵漕糧正耗米四千一百二十七石零,又乾隆五十八年分應補徵寧波、台州、衢州、嚴州、處州五府屬輪免地丁耗羨未完銀四萬三千二百餘兩,五十六、七兩年分應徵還嘉興、湖州二府屬道庫動墊漕截未完銀八萬四百餘兩,五十八年分應徵還杭州、嘉興、湖州三府屬道庫動墊漕截未完銀十八萬三千四百餘兩,通共浙省未完銀五十五萬九千一百九十五兩零,未完米六千三百四十一石零,俱著加恩豁免,以示朕普錫春祺,恩施無已至意。欽此。

是年十月初八日,內閣奉上諭:朕自臨御以來,勤求民隱,日有孜孜,惟期藏富于民,家給人足,仰荷昊蒼眷佑,列祖貽麻,寰宇昇平,重熙累洽,行慶施恩,閭澤頻加,節經普免天下漕糧三次,地丁錢糧四次,其餘遇有偏災,隨時蠲賑,不下千萬億兩。近將各省積欠錢糧概行蠲免,又復數千萬兩,所以子惠元元,休養生息者,至周且渥。今朕紀年慶符週甲,丙辰元旦舉行歸政典禮,爲嗣皇帝登極初元,大廷授受,篤祐延慶,實爲曠古吉祥盛事,允宜廣沛恩綸,俾薄海羣黎共沾湛愷。本欲于新正傳位後降旨,但恐二月間即當開徵之期,恐遠省接奉稍遲,著即將嘉慶元年各直省應徵地丁錢糧通行蠲免,以示朕與嗣皇帝愛育閭閻,同錫恩施至意。其如何按年蠲免之處,著交部查明照例核議具奏。欽此。

嘉慶四年十一月十九日,內閣奉上諭:現屆長至圜丘大祀,高宗純皇帝升配禮成後,自應仰推皇考恩慈,用敷惠閭。因乾隆六十年以前各省積欠緩徵地丁耗羨及民欠籽種口糧、漕糧銀兩并積欠緩徵民借米穀草束等項,現在應徵者尚復不少,著該部通行各省詳悉查明,將以上各欠自乾隆六十年以前普行豁免,俾寰宇羣黎同霑遺澤。於乾隆年間逋欠銀米等項永免追呼,用仰副皇考六十年子惠元元至意。即將此二條入於升配恩詔欸內。欽此。

嘉慶十年五月十六日,內閣奉上諭:浙西杭、嘉、湖三府屬因本年三、四月間陰雨較多,麥豆收成頓減,蠶絲更爲歉薄,糧價漸長,民食維難,亟須妥爲撫恤,除將上年捐備煮賑餘銀一萬四千餘兩接用外,著於藩庫捐監欸內動支銀十萬兩開廠糶賑。所有杭屬之仁和、錢塘、海寧、餘杭、臨安,嘉屬之嘉興、秀水、海鹽、石門、桐鄉,湖屬之烏程、歸安、長興、德清、武康等十五州縣十年分新糧并八、九兩年未完地耗並著緩至秋成分別徵收,用紓民力。至該省額辦白絲、絲綿二項,著減半收買,其添派絲綿五百劻緩至來年蠶絲收成後再行確核採辦,以示體恤。欽此。

嘉慶十三年十月二十日,內閣奉上諭:本年閏五月間雨水過多,杭、嘉、湖、紹四府屬低田多被淹浸,前經降旨諭令阮元據實查辦,茲據勘明仁和、錢塘、烏程、歸安、德清、武康、石門、桐鄉、長興、嘉興、秀水、海鹽等十二縣地畝及蕭山縣牧馬最窪之處皆因積水未消,不及補種,或補種較遲,收成歉薄,民力不無拮據。著加恩將各該縣應徵本年地丁漕項漕截等銀、漕南等米暨蕭山縣牧地租課分別蠲緩,並將舊欠銀米租課遞緩徵輸,以紓民力。欽此。

嘉慶十九年十月十八日,內閣奉上諭:顏檢奏查明杭、嘉、湖三屬田畝被旱,及衢州府屬偏隅被水各情形一摺。著照所請,將衢州府屬之西安、常山、開比三縣淤積田地額賦照例豁除,其已經墾復補種仍復歉收田地并杭、嘉、湖三府屬之仁和、錢塘、海寧、餘杭、臨安、於潛、嘉興、秀水、石門、桐鄉、海鹽、歸安、烏程、長興、德清、武康、安吉、孝豐各州縣地方被旱災歉田畝應完本年地丁屯餉、漕項、蠶課等欸錢糧、漕糧正耗米石照例分別蠲緩,其各年舊欠并原緩銀米准其遞緩,以紓民力。欽此。

嘉慶二十三年十二月十二日,內閣奉上諭:朕自丙辰元旦仰蒙皇考高宗純皇帝大廷授璽,寅紹丕基,兢兢業業,旰食宵衣,以勤求郅治,所願者四海羣黎家給人足,同臻康樂。敬維皇考臨御六十年,普免天下錢糧四次,漕糧三次,湛恩汪濊,淪浹民心。朕嗣位以來亦思廣施閭惠,大賚寰區,始緣教匪不靖,軍興孔棘,繼以黃河泛溢,屢舉大工,十餘年間所費帑金數踰十千萬,國家財賦歲有常經,實有入不敷出之勢,是以嘉慶十四年朕五旬正慶,雖恩綸載錫,而未能普惠閭閻。比年仰荷昊蒼垂佑,稂莠蕩除,萬方寧謐,河流順軌,久慶安瀾,以正供所入僅制國用,尚可無虞匱乏。朕子惠元元,深念損上益下之義,俟將來府藏充盈,仍欲覃敷渥澤。明歲嘉慶二十四年爲朕六旬正壽,宜先蠲除積逋,俾民戶免追呼,共享含哺之樂。所有各省節年正耗民欠及因災緩徵、帶徵銀穀,著各督撫詳悉查明,按照該省所屬之某州某縣實欠在民銀穀若干,速行開單具奏,以次降旨豁免。並著先將此旨謄黃宣示城鄉村鎮,咸使聞知,俾官吏、胥役無從影射侵欺，以期膏澤下究，用副朕惠鮮懷保仁壽斯民至意。該部即遵諭行。欽此。

嘉慶二十四年十一月二十四日，內閣奉上諭：陳　奏查明被旱各州縣懇請恩施一摺。本年浙江省六、七月間雨澤稀少，杭、嘉、湖三府屬高田被旱歉收，前經降旨令將村庄頃畝及應蠲、應緩各數目迅速分晰詳查，茲據該撫查明具奏，著加恩將成災田四千一百七十九頃零，應徵地漕等銀三萬五千一十餘兩，漕南等米二萬六千八百九十餘石全行蠲免，蠲剩地丁、屯餉、漕項、鹽課等銀、南孤等米俱著緩至二十五年秋後起分作三年帶徵，漕截銀兩、漕糧等米緩至二十五年秋後起限一年徵完。其歉收田八千五百五十一頃三十一畝應徵地漕等銀十萬七千八百七十餘兩，漕南等米九萬九百餘石，與上年未完銀米一并緩至二十五年秋後啟徵，以紓民力。其餘熟田照常徵收。該部知道，摺單并發。欽此。

道光三年十二月初十日，內閣奉上諭：帥　奏酌留新漕備放滿洲、綠旗二營來年官俸兵糧，並請將被災較重之秀水等七縣應徵白糧一體緩徵一摺。浙江滿洲、綠旗二營官俸兵糧等項例應按月支放，本年該省徵收南米各州縣大半因災蠲緩，其餘交省倉之米統計不過二萬餘石，支放實有不敷。著照所請，准其在於杭、嘉二府屬現在開徵各州縣內截留新漕四萬二千石，運交杭州省倉，以備來年支放。至白糧米石除被災尚輕之嘉興等五縣額徵一萬六千八百五十餘石仍令照數辦運外，其秀水等七縣成災田畝自五分以上至九分以上不等，現在漕南等米既不開徵，若將應徵白糧仍行摘歉催徵，農民實形拮據，著加恩將秀水、嘉善、歸安、烏程、長興、德清、武康七縣額徵白糧正耗米二萬六千六百五石零一體緩至來年秋後徵辦搭運，以紓民力。該部知道。欽此。

道光四年十一月十一日，內閣奉上諭：黃　奏請緩徵被災州縣緩帶漕南各項銀米一摺。浙江省杭州等府屬各州縣因上年被水成災，業經加恩，將地漕等項分別蠲緩帶徵。茲據該署撫奏稱，本年該省雖屬豐收，而民氣尚未能全復，若責令隨同新漕一律輸將，恐小民力有未逮。自係實在情形，著照所請將杭州、嘉興、湖州三府屬之仁和、錢塘、海寧、富陽、餘杭、嘉興、秀水、嘉善、海鹽、平湖、石門、桐鄉、歸安、烏程、長興、德清、武康、安吉等十八州縣應徵道光三年分蠲剩緩徵漕白等米三十一萬二千二百二十餘石，並隨漕漕截米折等銀九萬九百餘兩，又帶徵復緩二年分漕改行月米七千七百四十餘石，並隨漕漕截米折等銀二千八百二十餘兩，及三年分緩徵南米一萬七千二百八十餘石原定一年徵完者，著准其分作兩年帶徵，其原分兩限、三限帶徵之三年分蠲剩南米一萬五千九百二十餘石，著再加展一年，分作三限、四限帶徵全完。至各州縣緩徵二年分舊欠南米，著與富陽、諸暨、桐廬三縣緩帶南米，仍照原定年限于本年秋後徵收，以備滿洲、綠旗各營支放俸糧之用。該部知道。欽此。

道光十一年十月二十八日，內閣奉上諭：富　奏勘明被水及歉收各縣衛請分別蠲緩給賑一摺。浙江省仁和等縣、衛先因霉雨過多，低田積水，入秋以後陰雨連綿，或受淹成災，或因雨歉收，經該撫勘明分數奏請蠲緩，給賑加恩。著照所請，准將被災較重之仁和、錢塘、烏程、歸安、德清、武康六縣乏食貧民查照災分定例按月給賑，衛所屯丁及災地貧生兵丁俱照例辦理，初賑四賑全放折色，二三賑銀米兼放，每大口日給米五合，小口二合五勺，每米一石折銀一兩二錢，於十一月內放給初賑，來年二月放竣四賑，小建按月扣除，所需折色米價銀兩准動道光十一年地丁。其本色米石動碾各本縣常平倉穀，如本縣倉穀不敷，再行碾動水路可通鄰府鄰縣倉穀，協撥所撥穀石歸於動碾之縣動支地丁買補還倉，統於事竣核實題銷。其長興、安吉二縣被災較輕、海寧、富陽、嘉善、石門、桐鄉五州縣僅止一隅歉收，無須按月給賑，著俟來春察看情形，另行奏請辦理。至仁和等十三州縣及嘉、湖衛成災田地，應徵本年地丁、鹽課、漕項、漕截、河工、屯餉錢糧、漕南軍孤等米，著按照成災分數分別蠲免，蠲剩銀米於道光十二年秋成後照例分年帶徵，內漕截銀兩、漕糧米石仍限一年徵完。其歉收田地應徵本年各項銀米概行緩至次年麥熟後起限一年徵完。又烏程、歸安、德清、武康四縣災歉田地均在通縣額田五分以上，所有成災鄉庄應徵本年銀米照例概緩至道光十二年秋成後起限一年徵完。又災歉各戶未完舊欠及因災原緩銀米，均著遞緩一年徵完，耗羨銀兩各隨正項辦理，所有蠲緩缺額銀米及應支各欵不敷支給之處另籌撥補。該撫即刊發謄黃，徧行曉諭，責成該管道府督率各該地方官認真經理，務期實惠及民，用副朕軫念災區至意。該部知道。欽此。

道光十二年十二月二十日，內閣奉上諭：富　奏仁和等七縣應徵上年災案內緩帶漕南等項銀米，懇恩分別展緩一摺。浙江仁和等七縣上年被水成災，應徵道光十一年分漕南等項及舊欠銀米奏請蠲緩，聲明蠲剩銀米於十二年秋成後分年帶徵，漕截銀兩、漕糧米石暨因災原緩銀米概限一年徵完。茲據該撫查明，仁和等七縣上年被災較重，元氣未復，本年夏雨愆期，小民戽水灌田，倍費工本，若將本年應徵緩帶銀米隨同新漕一律輸將，民力實有未逮，懇請分別展緩，著照所請加恩，將仁和、錢塘、石門、桐鄉、歸安、烏程、德清等七縣本年應徵道光十一年分緩帶漕白及隨漕米折南糧等項銀米概行展分兩限帶徵，於本年先徵一半，來年帶徵全完，以紓民力。所有仁和、錢塘、烏程、歸安、德清五縣十一年分蠲剩原分二限、三限，應於道光十三、十四兩年秋後起帶徵之，漕南銀米仍照原定年限徵收。又仁和、錢塘二縣本年應徵十一年分蠲剩帶徵初限、并緩徵南米、及復緩十年分緩帶南米、暨烏程縣本年應徵復緩八、九兩年南糧米石，均著仍照原定年限徵收。以上俱毋庸遞緩，該撫即刊刻謄黃，徧行曉諭，毋任吏胥舞弊，務期實惠及民，以示朕軫念民依至意。該部知道。欽此。

道光十五年八月初九日，奉上諭：朕寅承丕緒，撫馭萬方，旰食宵衣，無日不以勤恤民依爲念。十五年中勸農重穀，減賦停徵，迭沛恩綸，覃敷閭澤，所願四海蒸黎家給人足，共享昇平之福。因思各省民欠錢糧自嘉慶年間蠲免以後，迄今又閱十餘年矣。比歲以來，仰蒙慈祐，慶協綏豐，民氣和樂，本年恭逢聖母皇太后六旬萬壽，欽維慈禧，光被歡洽，敷天允宜，申錫無疆，普蠲通賦，所有各省節年正耗民欠錢糧及因災緩徵、帶徵銀穀並借給籽種、口糧、牛具及漕項、蘆課、學租、雜稅等項，即著該督撫、將軍、府尹等將道光十年以前實欠在民者詳悉查明，按照該省所屬之某州某縣銀穀若干，速行開單具奏，候朕以次降旨，全行豁免。普著先將此旨謄黃，宣示城鄉村鎮，咸使聞知，俾官吏、胥役無從影射侵欺，以期膏澤下究，用副朕錫羨延釐，普惠寰區至意。該部即遵諭行。欽此。

道光二十九年，大水成災，奉旨賑濟，並蠲免錢糧。

咸豐元年正月初一日，奉上諭：朕寅承丕緒，撫馭萬方，敬念列聖御極之初，蠲免積逋，覃敷閭澤，俾人安樂利，戶免追呼，共享昇平之福，誠以民爲邦本，厚民生正所以培元氣也。當茲建元肇始之時，宜行體元長人之政，自道光十五年、二十五年兩次欽奉皇考宣宗成皇帝恩旨，將二十年以前各省民欠錢糧盡予豁免，後自二十一年迄今又屆十稔，民間續有積欠，允宜大沛恩綸，期與薄海羣黎同躋仁壽。所有各省節年民欠正耗錢糧及因災緩徵、帶徵銀穀，並借給籽種、口糧、牛具及漕項、蘆課、學租、雜稅等項，即著各該督撫、將軍、府尹等將道光三十年以前實欠在民者詳細查明,按照該省所屬之某州某縣銀穀若干,速行開單具奏,候朕以次降旨,全行豁免。並著先將此旨刊刻謄黃,徧行曉諭,務使城市鄉村遐陬僻壤咸喻朝廷德意,毋使官吏、胥役等延擱侵漁,致滋弊竇,庶吾民休養生息,慶洽綏豐,用示朕元春布德,以仰副皇考三十年子惠元元申錫無疆至意。該部即遵諭行。欽此。

咸豐十一年十二月二十一日,奉上諭:近年江蘇、安徽、浙江地方被賊蹂躪,小民流離失業,慘不忍言,迭經降旨,蠲免錢糧,冀蘇民困。現在該三省失陷,城邑多未攻克,即令漸次規復,而田廬半遭兵燹,耕作未免失時。朕眷懷南服,深用惻然,所有江蘇、安徽、浙江失陷郡縣明年錢糧漕米著一概蠲免,以紓民力。該督撫即刊刻謄黃,徧行曉諭,務使實惠均霑,毋任吏胥舞弊,用副朕加惠窮黎至意。欽此。

同治二年六月初三日,奉上諭:浙省疊遭兵燹,小民流離失所,殊堪軫念,自應將該省漕糧量予減免,以示公溥之仁。著左宗棠通飭杭、嘉、湖三屬,將實在應徵漕糧稅則詳細確查,各按重輕分成量減,奏明辦理。欽此。

同治四年二月初七日,內閣奉上諭:前因蔣益澧奏核減浙江嘉興府屬浮收錢糧一摺,當經諭令戶部議奏,茲據該部奏稱,浙省寧波、紹興等府浮收錢糧均於上年經左宗棠奏明核減,嘉興府屬各州縣歷年浮收地漕等項銀兩,實與寧、紹各屬事同一律,自應一體裁革,以昭公溥各等語。加恩著照所請,嘉興縣著減去錢四萬二千七百二十八千,秀水縣著減去錢三萬五千五百六十四千,嘉善縣著減去錢五萬七千四百七十八千,海鹽縣著減去錢一萬九千四百一十四千,平湖縣著減去錢三萬九千七百七十九千,石門縣著減去錢二萬九千三百四十九千,桐鄉縣著減去錢三萬一千三百二十六千,統計各屬共減去浮收錢二十五萬五千六百三十八千,即著永為定章,其從前以錢收納者悉令統照銀數收納,不准再有大戶小戶之分。倘地方官吏陽奉陰違,仍或添設名目,格外需索,及大戶不遵定章完納者,即行查參懲辦。並著該撫將各府屬平餘一項破除情面,再行認真核減,酌定數目,詳細開造清冊報部以憑覆核,餘著照所議辦理。欽此。

同治四年閏五月十一日,內閣奉上諭:前因浙省疊遭兵燹,小民流離失所,諭令左宗棠將杭、嘉、湖三屬應徵漕糧稅則查明,各按重輕分成奏請減免,嗣據奏請將杭、嘉、湖三屬漕糧酌量覈減,經戶部議覆,統按原額於三十分中減去八分,業經降旨允准。茲據左宗棠、馬新貽奏稱,查明杭、嘉、湖三屬漕糧,除南糧并白糧春耗兩歀毋庸議減外,杭州府九州縣額徵米十七萬八千一百八十九石零,擬減米二萬五千七百三十五石零,嘉興府屬七縣額徵米五十八萬七千四百七十五石零,擬減米十四萬五千四百十六石零,湖州府屬除孝豐一縣向不科米,應免核減外,其餘六縣額徵米三十八萬十四石零,擬減米九萬五千六百十三石零,通計杭、嘉、湖三屬共減米二十六萬六千七百六十五石零等語。加恩著照所請,各按科則重輕分別上、中、下三則,一律永遠減免,以抒民力。自此次減免之後,該督撫務當督飭各該州縣按照奏定新章,覈實徵收,斷不准有浮收抑勒等弊。至大戶包攬及一切陋規概行禁革,以除積弊。該督撫即刊刻謄黃,徧行曉諭,務使實惠及民,用副朝廷軫念民艱之至意。餘著照所議辦理。該部知道,單併發。欽此。

同治四年十月初九日,內閣奉上諭:馬新貽奏覈減漕南浮收、禁革陋規以肅漕政一摺。浙江正漕前經降旨,分別覈減,並准部議以漕項籌抵運費,皆所以軫恤民艱。茲據馬新貽奏稱,請將額外浮收痛加裁汰,覈實酌留耗餘辦公,以蘇民困。計杭州府屬共可減浮收米六萬四千六百餘石,嘉興府屬共可減浮收米二十八萬五千餘石,湖州府屬共可減浮收米一十三萬六千八百餘石,杭、嘉、湖三府南米共可減浮收折色錢二十四萬七千餘串,從前一切陋規概行裁汰各等語。即著照所請將留裁各款目造冊存案,並著該撫等明白曉示,勒石永禁。漕糧概完本色,其有情願完折者,按照時價收納,悉聽民便。至杭屬新城、於潛、昌化等縣漕糧向收折色,官爲辦運,仍著照舊辦理,按照市價徵收。倘有不肖州縣仍敢蹈從前勒折浮收陋習,即著該督撫嚴參治罪。至所稱浙省大戶完漕並不加耗,甚至把持包攬等弊,經此次改定新章之後,紳民一律徵收,不准有大小戶名目再分軒輊,倘有紳衿等恃勢把持,仍前包攬短交,著一併從嚴參辦。餘著照所議辦理。欽此。

同治五年五月二十六日,內閣奉上諭:戶部奏遵議豁免嘉善縣攤賠銀米一摺。浙江嘉善縣丈缺田地銀米向在丈實田地內按畝勻攤補額,百姓歷年攤賠久形苦累,現值兵燹之後,閭閻元氣至今未復,若將丈缺田畝攤賠銀米概行徵收,民力恐益形拮據。加恩著照所請,所有嘉善縣丈缺田畝應攤徵銀三千九百六十餘兩、米三千二百五十餘石,著一併永遠豁免。並著浙江巡撫即行刊刻謄黃,徧行曉諭,務使實惠永沾,用副朝廷軫念民瘼至意。餘依議。欽此。

同治六年二月,戶部咨開:本部議浙江年例應辦白絲八千五百斤,每年約用四千餘斤,絲綿二百觔,每年約用一百餘觔,該省迫於時艱,應令按一年應用數目設法採辦,儘辦儘解,毋庸按額解之數以紓商力等因,於同治五年十二月初十具奏。本日奉旨:依議。欽此。

同治六年六月二十四日,奉上諭:馬新貽奏懇請豁免無著學租一摺。浙江海鹽縣學田租戶因兵燹之後冊籍無存,多無下落,該撫援案奏請豁免。加恩著照所請,所有海鹽縣學田無著租戶應納租銀九十六兩零,准其以同治五年爲始,永行豁免。餘著照所議辦理,該部知道。欽此。

同治十一年十一月十九日,戶部奏:大婚禮成,欽奉恩詔,蠲免各直省民欠錢糧,擬請將同治六年以前民欠錢糧請旨飭下各督撫、府尹查明,已入奏銷實欠在民者若干,並緩徵若干,詳細查明應蠲銀兩數目,據實開單具奏,准予蠲免等因。本日奉旨:依議。欽此。

光緒元年三月二十六日,戶部奏:三月初一日內閣奉上諭:朕寅承丕緒,撫馭萬方,敬念列聖御極之初,蠲免積逋,覃敷閭澤,誠以民爲邦本,厚民生正所以培元氣也。允宜祗遵成憲,特沛恩綸,所有各直省民欠錢糧即著戶部酌核奏請蠲免,用示子惠元元至意。欽此。臣等恭酌歷屆成案,擬請將同治十年以前民欠錢糧請旨飭下各督撫、府尹查明,已入奏銷實欠在民應蠲銀數若干,據實開單具奏,准予蠲免等因。本日奉旨:依議。欽此。

嘉興府志卷二十四

蠲恤二_{養育附}

嘉興府_{嘉、秀二縣善舉皆系於府}

　　嘉興養濟院　在鹽倉坊小鹽倉橋東。舊在春波坊，嘉、秀共之。萬曆間，知縣顧雲程以舊居讓秀水，新建於此。明包檉芳《新建嘉興養濟院記》略：吾郡養濟院在郭東天馬橋，北向，仍宋元之舊，廬舍七十餘間，嘉、秀兩邑共之。非但食指漸繁，偪窄難容，即事兩屬則權分，而莫佐清查愛養之責；法積弛則人玩，難免影射冒破之奸。故以嘉興一邑論籍，其數八百餘人，然多有名而實亡者，有身居於外而寄名於內者，有兒女滿前年力少壯而亦竄身其間者，良由老奸積猾盤踞把持，而又侵漁蒙蔽，設欲清查，指甲為乙，指東為西，何可致詰。萬曆壬午秋，顧侯甫下車，目擊其事，遂嚴為設法，悉心清理。得實在應衣食之者若干名，餘皆倍其數，侯一一為釐正之。而又慮無以要之久也，訪有郭南鹽倉坊一民居頗開曠，欲市之另為一院，亟請於上，允之。檄縣尉劉君洸董其役，侯經畫指授，為門樓一楹，為大堂五楹，周環為舍者一百一十楹，內有一百四十三楹，其外甃石為周垣者三百餘丈，帮岸者一百餘丈，視舊居深廣軒敞，迥不侔矣。工訖，遷本邑孤貧若干聚而居之，舊居悉以讓之秀水。非惟兩邑之無告者相忘於寬適飽暖之地，而事久論定，綜覈奚難。是舉也，為費五百八十餘金，一不煩公帑，即以所扣月糧銀充焉。且役不踰時，民無毫累。舉二百年未有之曠典於俄傾之間，侯之功顧不偉歟？歲乙酉五月，侯奉徵書行，慮此不紀，無以詔後，遂命檉芳書之。咸豐十年燬于匪。

　　額設　孤貧六百八名，每名歲給銀三兩六錢，布花木柴銀六錢。乾隆二年，奉文遇小建扣除，閏月加，各縣同。

　　秀水養濟院　在春波坊天馬橋直。北宋為廣惠院。紹興間，郡守岳珂儲緡錢，會去官，郡守吳潛經營創建。宋吳潛《廣惠院記》：案國朝初，在京置四福田院，收養老疾孤幼無依者。列聖相傳，膏澤愈沛。如曰鰥寡孤獨不能自存者，州知通縣令佐驗實，官為養之，此元符元年十月八日詔書也。如曰自京師至外路，皆行居養法。猶慮雖非鰥寡孤獨，而癃老疾廢貧乏實不能自存，可立條，委當職審察詣實，許與居養，速著文行下。此崇寧四年十二月二十八日詔書也。如曰諸處有癃老疾廢之人，可依臨安府例，令官司養濟，此紹興十三年九月十五日詔旨也。嘉興為馮扶緊郡，户籍繁夥，生齒眾多，則夫鰥寡孤獨、瘖聾跛躄，顛連而無告者宜不能免焉。而長民者不知養，非所以宣上德也。囊郡守相臺岳公珂嘗有志於斯矣。會去官不克，僅儲緡錢萬，以屬來者。悠悠一紀，未有過而問焉，而此錢因以轉移，不復為州家有。自潛為衢州郡別駕，已慨然興惻。洎領郡事，經營卜度，寸積尺累，或墾閒田，或市良田，或括公田，或民之化於善者咸樂助田，歲餘得米二千七百石有奇。乃治新材，刱屋一區，為楹六十有五，凡門廡、直舍、倉室、厨湢皆備。繚以垣墻，環以溝洫。扁曰"廣惠"，聚民之鰥寡孤獨、瘖聾跛躄，顛連而無告者俾居焉。額以二百人，老者、病者，月廩米五斗、錢千；少者，月廩米三斗、錢半之。取米於倉，取錢於米。於是烈日之晝、虐雪之夜、風雨之朝，凡哀號啼苦、乞食道路者不接於耳目矣。自念畎畝孤生，幼被先人之教，既長，蒙先帝大恩，錫之上第，摧頹剥落之餘，又蒙主上大恩，內登館殿，外領麾牧，當四郊多壘之時，不能宣勞疆場，致命戎行，徒有撫問閭閻，蠲除疾苦，護養元氣，共培國脈，庶幾報稱之萬一云爾。後之君子，其與永久之。時紹定辛卯七月旦日。元為孤老院，明改養濟院，今燬。

　　額設　孤貧三百名。

　　棲流所　在郡城南宮祠傍。同治十二年，知府許瑤光倡捐建，為嘉、秀兩邑孤貧棲息之所。光緒三年二月，燬于火。今改建于東門外鹽倉坊。即嘉興養濟院舊基。前後四所，所各六間，額曰"嘉秀養濟院"。

東育嬰堂　舊在西門外西麗橋。康熙初建。張天植《記》略：育嬰盛典，倡於華轂，漸被廣陵。已而我浙武林有育嬰會，轉相勸導，全活頗多。余素負斯志，限於綿力。幸郡侯盧公祖愷悌秉心，凡濟人利物，罔不盡瘁爲之。至育嬰一事，行之尤摯。意以窮民無告饑溺切爲已任，若呱呱一息，聽其自生自滅，又烏賴長民者乎？故其設法甚詳，燭弊至悉，曰：「此不可無收嬰之所以稽查也。」捐俸以置其室，曰：「此不可胥吏假也。」敦請三善士以襄其役，曰：「此不可無職官以總要也。」委經幕以贊其功，至誠所感，遠近風靡，襁褓載塗，咸有更生之慶矣。但規畫之初，未必家喻戶曉，今所收源源不窮，則所費駸駸繼繼，必須同人分任，共濟陰功。惟仁人善友各發宏慈，廣示導揚，要知此舉專爲救命而設，與泛泛施捨不同，救垂絕赤子於犬豕之口，挽一綫殺運於湯火之中，悲憫號呼，如救頭目，轉相激勸，到處擴充，不特多種福果，且仰體仁政，亦子來終義之勝因也。雍正間修。分巡道劉復《新建育嬰堂記》略：我皇上乘乾御宇，特諭各省督撫轉飭有司，勸募好善之人，於通邑大都人烟稠集之處，若可以照京師育嬰堂例，權酌行之，其於字弱恤孤之道似有裨益。大哉王言，誠天下爲公，至仁之盛心也。余叨列侍從，入直禁廬，癸丑夏五月，荷蒙聖恩，俾分巡浙西三郡。下車之始，即以嘉禾戶口殷繁，地當孔道，棄嬰較他郡宜尤夥。徃視舊所構育嬰堂者，見堂屋湫隘，嬰亦寥寥，心戚然者久之。先是，有杭民趙雲龍募造堂宇，爲收嬰之所，僅得城西地二畝，嗣鄉耆胡敏棄產，先葺堂廡三楹，以經費無出而止。至是，余進僚屬暨郡之好善者於庭而告之曰：茲堂之外，遺嬰不知凡幾，而長民者不亟圖之，非所以布宣上德也。其盡設法創修，以爲久大之計乎？於是羣相踴躍，惟恐後。時禾屬嘉、秀諸邑欲其歷年罰贖并給剩等項公用銀兩以濟，而又勸助之。乃撤其舊，乃治其新，增置基地，翦刈穢荒，別畚新土，充其虧窄。堂之制，前建坊，次建門，中建正宇，後建廳，供大悲菩薩。又後建房，左右各建舍，各有長廊相通。凡乳哺之室、治事之齋、收納之廠、庖湢溷厠之屋咸具。繚以垣墻，用衛室廬；鑿以小沼，用便澣濯；附以隙地，用造骨塔。爲地共五畝八分，爲屋共三十八楹間，通用白金九百三十四兩四錢有奇。經始於雍正十二年九月乙卯，而訖功於十二月壬戍。四方來觀者莫不以爲前此所未有，而衆嬰之育於斯宇，以長以養，庶幾無阽危之患矣。至於堂之僱覓乳媼，周恤遺孤，一切經費甚繁，則蒙制府樂善公懷准撥善邑罰田一百畝及募勸緣資若干，以供費用，並載所設《徵信錄》中，尚期銖積寸累，置產生息，以爲垣久之業。又堂之規條在於盡善，經理存乎得人，今酌定條約十六則，揭諸堂壁。首舉一人，曰司藏；再選四人，曰司季；又選十二人，曰司月。之數十人者或總理，或專司，惟矢公矢慎，殫以實心是賴，而堂之大要亦於是乎畢舉矣。嘉慶三年，知府伊湯安另舉紳士莊鳳苞等董其事，移建東門外角里街。計屋二十餘間，有河埠嘉、秀、善、桐四縣鹽商捐輸經費，按引繳銀五厘，每年銀二百五十餘兩，各詳明立案。案：鹽商項大成、方瑞盛、朱宏豐、葉如椿、朱翼豐、吳與昌、汪源遂、於泰昌等聯名稟辦。道光十一年，紳士鮑廷琮捐資重修堂屋，嘉興縣知縣黃錫祚倡捐經費，紳士王蘭芝、方璿、陸德和等各捐輸有差。咸豐十年，燬于匪。

西育嬰堂　在西門外西麗橋，即舊堂基址。道光六年，紳士陳振聲、延聲、宗栢捐資改建，並以道光三年捐賑餘錢三千貫生息，復加勸募，以濟經費。東育嬰堂撥歸田三百畝，秀水縣知縣呂延慶稟明立案。道光十七年，吏部咨開職員陳振聲捐資改建育嬰堂經費銀一千二百五十五兩零，陳延聲捐銀一千九十三兩零，該職等俱已身故，應請照例旌表，奉旨依議。陳宗栢續捐銀七千有奇，照例議敘。道光十九年，陳宗栢捐嘉邑胥感等莊水田五百四畝一分二厘。咸豐十年，燬于匪。

嘉秀育嬰堂　在郡城報忠埭。嘉郡自遭匪擾，東西育嬰堂盡行燬廢。同治五年，知府許瑤光勸諭絲商集捐洋三千三百元，置買徐姓房屋一所，作爲嘉秀育嬰堂。計基地三畝四分七釐六毫七絲七忽，自前門至後樓爲屋五進，有大廳、正廳，廳各有樓，庖湢之屬咸具。六年，復加修葺。九年十月，開堂收養，由紳耆董其事，並勸諭各舖業每交易千文抽捐一文充經費。舊時堂產查有田二千六百十一畝有奇。內坐落嘉邑一千五百十三畝零，秀邑田九百六十一畝零，善邑田一百三十七畝零，見《徵信錄》。十一年，奉文勸辦保嬰，各鄉鎮就地設會集資，或暫爲留養，或給資令產家自養，以補嬰堂之不足。建接嬰所于東門外角里街，計樓屋四間。十二年，嘉郡絲商集捐洋五千元，置報忠埭王姓房屋一所，凡四進，共屋四十間，爲育嬰堂公產。

秀邑新塍鎮留嬰堂　在政四庄。有屋一所，前後六進。同治十二年，紳董朱廷元等集資創建，本鎮各舖業每年認捐錢一千串充經費，現有生息公欵錢二千餘串，稟明立案。

普濟堂　在嘉興東門外角里街東津亭之東。乾隆五十五年，嘉、秀邑人創建，基地一十三畝二分，所建堂宇自頭門至後樓計五層，又收養房六十四間，庖湢、藥爐、穀薪、庫藏、厠腧凡二百楹。杭嘉湖道秦瀛《嘉興普濟堂記》：國朝撫有四海百有六十年，列聖相承，深仁渥澤，躋斯民於仁壽之域，而猶慮天患民病，或有一夫不獲其所。乃於京師首善之地建有普濟堂，歲給米石以資收恤無告之費，而列郡仰流慕義者亦間仿而爲之。嘉興，大郡也，自江蘇抵浙江，此爲界首，其間廛里櫛比，生齒阜庶，與夫遊寓商販肩趾之所湊聚，萍附麻列。然地大則惡易覯，人衆則情易匿，物候所值，保無有疾苦艱阨不能存濟者與。夫天地以生物爲心，人爲天地所生，當以天地之心爲心，故曰仁人心也。我則爲人而視同類之介其側者，呼號而莫之應，抑何以爲心？然其事非有力者不能爲，有力矣而非心餘於力，合衆力以成之亦不能濟也。嘉興之有普濟堂，經始於乾隆五十五年，迄今行已十年，生相救，死相賙，區處周悉，踵事益勸。且夫博施濟衆，堯舜猶病，而一心所流通，可使遐邇無間。故充其不忍之心，雖一端能兼舉也，雖偏隅能廣被也，而況體大物博，仁義兼盡，則人之欲善誰不如我，豈無聞風而起者？此其願力之宏於以推廣皇仁，而胥天下涵濡於大澤之汪濊者，豈有既哉？余分巡兹土，既嘉其人物繁廡，熙熙有樂生之意，且嘗見所刻普濟堂條約事略，益以知惻隱之心人所皆有，而盛朝化民成俗之效，風動影從，有如是之旋至而立應者。會司事姚景淳、沈潛、吳泰、唐秉義、施青照、俞汝倫等呈請於余，乞爲記其事，爰書此以勒諸石。嘉慶間，知府伊湯安募捐經費，各捐戶獎敘有差。嘉慶十六年九月初五日奉旨，議敘縣丞職銜吳泰、唐秉義、姚景淳三名，議敘主簿職銜李萬選、俞汝倫二名，給予紀錄二次陳延聲，頒給“樂善好施”匾額，生監岳鑑、施青照、徐濤、沈潛、金世珍、潘學乾等六人。道光八年，郡人陸濂、岳鴻逵等重整堂規。知縣宋鑌記：今使於一堂之中，而欲盡合郡老疾煢獨無告之民，各遂其生，服食、醫藥、棺槨之物，無不畢具，生有以養，沒有以安，其惠甚普，其費不貲，非有樂善好施者爲之倡議興舉，則基不立，非有踵事增華者爲之實力奉行，設法捐助，則經費窮而事且中廢，是故創始難，繼起尤難。嘉郡角里之東向有普濟堂，以樓居民之年老鰥獨而無依及商客之患病不歸者，藥食棺殮之費皆取給焉。始於乾隆五十五年，紳耆姚金聲、徐益安、金朝佐、翁粹中、項念勼、吳泰、馬良之、姚黼平、潘省槐等首先倡議，范煥、謝武權、姚景淳、俞晉、俞汝倫、馮思澄、金天裕、唐秉義等諸人合資興舉，而堂以成。嗣岳忠武後裔名鑑者，獨捐秀邑藏字圩祖遺地三十六畝，自完賦稅以爲義冢，掩骼埋胔，澤及枯骨。歷年既遠，經費益繁，捐資漸減。嘉慶丁巳，有徐元啟、朱耿連、沈玨等倡募北板坊東西米市各商，而捐厘之議以興。甲子歲歉，用復不敷，堂務幾廢。項學醇、徐濤、施青照、陳延聲、俞汝倌、金聯璧、徐如苞、馬應球等出任其事，岳鎮等又接踵而起，修復舊規。歷二十餘年，日漸懈弛。道光戊子，陸濂、岳鴻逵等重爲整頓，凡米商銷貨一石捐釐一文，置貨自銷亦準此例，至是而出入有稽，月計歲會，經存生息。各有專責，其司出入者，有行首張聲遠、李鑑周；司月計者，有謝丕勳、莊意、方璿、姚世鏵、岳鎮、陸濂、沈汝嘉、方本禮、沈大椿、郭紹儀、陳鴻、王人杰；司歲會者有陶計楨，經存生息者有顧玉、袁棟。自己丑至辛卯，甫三載，積二千餘金，分典生息。壬辰迄今，又積千金，除支銷堂用外，其盈餘及續收俟積有成數再作分存之舉。捐厘雖微，施惠甚廣，一視同仁之術，可拯窮黎，亦可培厚澤也。司事項景庚、朱耿連、徐楨、唐廷桂等恐日久廢弛，詳請立案，蒙各憲諭飭勒石，以垂永久。問記於余，因思普濟一事，莫爲之前，誰與創始？岳鎮以前，其功奚可没也。莫爲之後，誰與圖終？陸濂以後，其志更可嘉也。即今董事諸生纘承先志，勉行罔替，諸客商踴躍從事，歷久弗渝，是余之厚望焉，是爲記。咸豐十年，燬于匪。同治四年，知府許瑤光改建于城南隅，郡人岳姓捐田二十一畝五分五厘。九年，歸併育嬰堂辦理，共有田地五百十一畝零。見《徵信錄》。

嘉興同仁堂　在嘉邑鹽倉坊地字圩。道光三十年，里人捐建，爲普濟分堂，並募厘充經費，辦理掩埋、施棺恤嫠等事。咸豐間燬。同治四年重建。

嘉興同善會公所　在東門外峭塔坊奪甲橋東。乾隆三十二年，合邑士民建。朱振飛《記》略：同善會創自有明嘉善幾亭陳氏，行之已久。若郡城之有會，康熙時蔣子和先生實始行之。至於今乾隆癸未之歲，諸同人又捐金築堂於角里街之後，匾曰“求仁”，俾施錢受賑者藉以駐足。徃予家孝廉君升公曾捨田瘞無主之骨，歷今百數十年，命僧經理不廢。後張楊園先生又有葬親之會，吾郡中亦舉行之。而同善會則又任恤之誼，使煢獨得少資生焉。是役也,自門至堂凡若干楹,計費白金若干兩。倡其事者,角里沈介岳與堂姪璉之力居多,及捐助姓氏具列於後,俾後之人觀焉。道光七年,重葺堂宇,廣募輸資,每月捐錢六十文爲一會,自半會至百十會以恤煢獨。又詩禮之家,有子讀書,酌助修金,每屆二十日在嗣塔坊求仁堂分恤。《求仁堂記》:同善之舉,始於康熙間蔣子和先生。追乾隆二十八年癸未,沈氏樸堂、雪園二公與諸同人捐金築堂於角里街嚴處士墓之西北,顏其堂曰"求仁"。並置田房生息,別募捐資,每會自三十至七百文,月收月費,以恤里中煢獨而無告者,捐助姓氏刊入碑記。而創成斯舉,實惟沈氏之力居多。其堂載入《府志》。自乾隆癸未迄道光癸未,甲子一週,其間老成凋謝,人事遷移,經費漸絀,最後之董理收發者沈君載揚,即樸堂之嗣孫也,以道光三年被災後入不敷出,其事遂寢。七年春,載揚之伯鐵珊孝廉將任司鐸,憫善舉之中替,田房公業之徒存,而又以載揚翮口遠方,租賦更乏人經理,與兄茶巖、姪鰲峯走商於邵君平泉,擬將田屋歸併,恤煢集中,俾公業仍歸實用,其意良厚。邵君不忍同善之遽廢,轉商於余,余曰:不可。夫茲堂垂六十年,前人之締造經營,不知瘁幾何心力,一旦并歸他所,使同善之舉泯沒無存,非所以慰前哲於九原也。記曰:有其舉之,莫敢廢也。盍乘此有基勿壞,與沈氏昆季謀復興乎?邵君又就質於方伯錢公,公大以爲然,慫恿之并許贊成其事。乃復邀同志暨沈氏昆季叔姪訂其章程,葺其堂宇,核其存產,計嘉邑德感新等庄田二十四畝二分六厘,放生、府前兩坊賃房二所,歲入租金二十餘千,再擬廣爲勸募,俾小會之舊捐者復來,新捐者踵至,則斯會之將廢而復興也,其昌大有不可限量者。吁人生無過百年,雖富貴赫奕,撒手成空,而惟善行之日積月累,天鑒昭昭,他日可攜之而長往,是天下實者皆虛,而虛者皆實,身後可質諸明神,子孫亦蒙其福蔭。《書》云:作善降祥。《易》云:積善餘慶。皆大聖人不刊之論,而豈僅浮屠因果之説哉?斯集也,諸君勿以善小而不爲,由此繼長增高,規模日擴,經費愈充,而周恤愈廣,惟有志者事竟成也。余以衰老,不克追隨,因邵君之囑,敘其顛末如此。道光八年十一月,嘉興黃灝撰,錢唐高壋書。并載捐資姓氏於後:李紹祖、沈昭興、錢善膺、錢寶甫、謝丕勳、朱嘉猷、方璿、黃沅、沈光裕、沈煊、沈應彤、邵嗣爵、沈震、繆大金、方世然、徐廷濟、洪楷、沈金墀、陸鈺、徐震、邵言詩、洪勵立、李允升、洪勳猷、陳若蘭、姚世麒、邵讚詩、朱仁埥、方照、鄭學源、顧維嶽、沈汝嘉、馬鴻寶、方惟祺、王本仁、汪聯奎、沈銘、吳厚生。咸豐十年燬。

秀水同善會公所　在清涼庵給發。康熙間合邑紳士捐置。陸昌祖爲記。咸豐十年燬。

恤煢集　嘉慶八年,紳士沈維鐈、錢寶甫、黃灝等募郡人伙助以恤窮煢之守苦節者,每屆二十日,按人恤錢二百八十文,在嗣塔坊化成菴分恤。今廢。

任恤集　咸豐七年,嘉秀紳士捐設,按月給資,以濟世家舊族之孤寡無依者。有田八十四畝八分,現歸育嬰堂兼辦。

仁濟堂　在嘉邑王店鎮。同治十二年,本鎮紳董以古南廢寺遺田一百餘畝、屋基一處歸入堂內充經費,益以勸募創辦,恤煢保嬰,施棺掩骼,諸事稟明立案。

嘉興漏澤園　宋崇寧三年建,凡五所。一在縣南海鹽塘地字圩,地四十七畝;一在縣東白蓮寺東東原圩盈字十三號,地三十五畝三分五釐七毫;一在德化一都地字圩;一在胥山六都西來字圩;一在長水二十二都張一字圩。

廣孝阡　即白蓮寺東漏澤園爲之。順治九年,刑部題爲推廣皇仁事,奉旨:暴骨遍野,深可憫惻,收埋等事速行各直省地方官遵行。康熙十一年,巡撫范承謨行縣,建立廣孝阡,各縣同。嘉興何《志》

義冢　明萬曆己酉,秀水屠中孚置。屠中孚《記》略:萬曆乙巳歲,余竊慕掩骼之義,市地秀邑西郊爲義冢。顧嘉與秀均附檇李雄堞,而東西相去數千武。瘠民不能具宿舂,卒遭死亡,隸於嘉者,力不能興尸踰歷城郭,葬秀之西郊。至於襲敝仍訛,投界燔炙,或且饜魚腹,居恒俛首竊歎。已復強勉營度,得地六畝六分,屬在嘉邑德化一都地字圩,環圍廣狹稱是,遂與秀邑冢相望而並峙。嗚呼!冢以義名,意可知已。義之所激,頂踵可捐,髪膚何愛,竭蹶奔赴,不遺餘瞬,遑恤其私。余即處詘窘,勢乃若視。暴骨遺瘞,情均一氣,里閈接壤,義難兩歧,全彼漏此,所不忍出也。

包氏義塋　在永十三都列宇圩。包汝楫有《記》。

義冢　一在思調字圩;一在收字圩。康熙二十年,總捕清軍同知孫明忠初涖任,見曠野荒郊無主屍棺白骨暴露，搆民間空地立義塚，任民阡厝。康熙二十一年，捐俸給價契，買民人田畝，置爲義塚。陸漢史田一畝，楊茂田一畝四分七釐。通詳守道，徧行七縣，一體施行。

秀水漏澤園　舊設共二百二十一畝四分九釐。一在象西區十四册雲二字圩，二十二畝；一在零東都舊立義塚，四十二畝，坐落東區餘字圩；一在雲五區北騰圩，一十四畝二分六釐；一在柿七區，一十畝，坐落上二册收字圩；一在柿八區八册辰字圩，一十畝六分三釐；一在伏九區，二十二畝，坐落三册收字圩。一在伏三十區，九畝八釐三毫，坐落三册鉗字圩；一在永一區義塚，二十四畝四分，坐落下四册；一在思西區，一十畝一釐，坐落六册東潛圩；一在象西區，四畝四分五釐；一在象東區，二十二畝九分七毫，坐落本區餘字圩；一在零西區，九畝一分五釐五毫；一在零五區，三十六畝四分一釐；一在伏九區，二畝，坐落十二册四甲；一在思東區，一十畝三釐，坐落十二册；一在思西區，九畝五分；一在麟六區，四畝六分五釐五毫。續置共六十二畝六分二釐六毫。一在白六都，六畝三分三釐，坐落七册收字圩；一在象西都，三畝，坐落十五册五甲；一在象西都，七畝六分一釐二毫，坐落本區一册三甲；一在零東都，三畝八分一釐，坐落本區六册秋字圩；一在柿八都，新報徐楠地二畝五分，徐椿地一畝五分，陸清地四畝，蕭二郎地一畝二分五釐，共九畝二分五釐，坐落十四册陽字圩；一在又買九册七甲，姚一女地一畝六分，沈阿小地九分二釐，沈汀地二畝二分六釐六毫，馮道地一畝三分，共六畝八釐六毫，俱並際相連；一在永十三都，一畝二分，坐落本區四册；一在永一都，二畝，坐落上五册四甲；一在思二都，三畝一分，坐落十四册正陽字圩；一在林六都，九畝六分三釐五毫，坐落小露字圩；又四畝三分六釐五毫，坐落本區八册八甲；又三畝七分；又一畝五分七釐；又一畝五分七釐八毫，坐落碧漪坊。明萬曆中，郡守曹代蕭立。案：道光二十九年，大水成災，無主屍棺漂泊可憫，邑紳捐資收埋，凡八千餘具。見《徵信録》。

廣孝阡　康熙十一年建立。一在北門外杉青閘右，坐落永一都十三册張字圩，基地三畝三分，里民俞有慶捐；一在三塔東；一在王江涇。

永安會　舊志：王店鎮有義塚。康熙壬子，鎮紳李登范、李上子、李椒升共捐地三畝，在天香庵後立廣孝阡。乾隆三十一年，紳士李菊房等立有葬會。三十四年復立義塚四處。一在觀瀾庵；一在樊家帶東；一在胡家村；一在蔣家浜。

新安義園　在南堰白上十八莊露字圩，土名落繅灣。凡徽州人之客死於禾者，停厝於此。乾隆四十六年，募創基地，計二十四畝。嘉慶十一年，職監吳玉其、程均、陳能華、吳泰等創建棺棧屋兩進。二十二年，職監陳能華、程宸元、孫雨宜等重修。道光三年，職監黃韞玉添造厝屋，姚世鏞捐足錢一千千文，存典生息，以爲有籍可歸、無力回櫬者助。

新安翳蔭堂義塚　在長東北天一字圩，地二十五畝八分。又義厝地四畝，在襪四莊五龍坊。

新安分設廣仁堂　在白五上十八莊露字圩，厝屋葬地共四十一畝八分。又荒字圩下十四莊地三畝三分。

朱義壖産　明萬曆三十七年，秀水生員朱大猷創建，後嗣世舉勿替，陸續捐田一百畝，收埋暴露屍棺。一、田五畝七分二釐五毫，胥六都東寒字圩；一、田七畝，長二十都東二字圩；一、地五畝七分零五毫，大彭十八都秋收字圩；一、田三畝，善嵌九南區結字圩；一、田九畝九分，永十四都北宿字圩；一、田三畝一分，都圩同上；一、田五畝，實四畝六分，長西北雲字圩；一、田四畝二分，白六都東字圩；一、田四畝三分八釐，白六都收字圩；一、田五畝，雲泉鄉二十五都月字圩；一、田五畝，都圩同上；一、田六畝，都同上，辰字圩；一、田三畝一分，麟六都東戾字圩；一、田二畝零五釐五毫，白六都外東字圩；一、田四畝七分，麟六都列字圩；一、田一畝八分，象西二十二都辰字圩；一、田三畝六分，都同上，戾字圩；一、田一畝六分，伏三十都乾元字圩；一、田三畝，地二畝，林宿鄉二十三都東黃字圩；一、田一畝五分，永一都四生字圩；一、地二畝一分五釐，蕩二畝，林宿鄉二十三都西寒字圩；一、地二畝，蕩二畝，林西秋黃字圩；一、地二畝六分，在城碧漪坊。户立朱義壖等户辦賦。

王江涇義塚　先于乾隆十七年募施棺木，收暴露者，續置義塚。張字圩，田七畝六分。井骨塔、普同塔兼建錫類亭。

紹興繼善堂義園　園爲紹興寄居之人殯埋旅櫬之所。紹屬舊有春波橋越濟庵義冢一區，年久地窄，不敷掩埋。道光十年，監生施維一、周楚佩等邀集在禾行商各户公同購買嘉邑艄塔坊小黄字圩地五畝有奇，造屋前後十楹，停殯屋三十餘間，即爲繼善堂。又置西門外秀邑下塘三庄北荒圩地五畝一分八釐零，凡旅櫬無歸者先行寄殯繼善堂内，俟三年後無人領歸，乃遷埋於北荒圩義冢。兵後重修廳事及厝屋，有池一區，爲放生所，由官出示禁捕捉。

掩骼義舉　道光初年，紳士錢善膺等斂募經費，廣爲收掩，每遇嚴冬，呈請委員監辦，紳士協力行之。

新塍鎮同仁集　道光八年，里人金甫田等重整園屋。九年，里人金配豐、金鋗等勸捐，增益其費。

三界堂　道光四年，里人汪苎溪等捐資修建，即奉化園義冢。同治八年重修。

新置義冢十處　嘉郡自遭兵燹，暴骨被野。同治三年，知府許瑤光會同紳董設局收埋。五年，又經侯補知府潘紹詒雇工收拾零星枯骨，裝罈掩埋，共基地八畝九分九厘七毫八絲，詳明立案。内嘉興縣境三處：一、在東門外北天字圩青龍橋，地一畝六分五厘八毫；一、在石塔浜，地一畝二分一毫；一、在天帶橋，地三分六厘四毫。秀水縣境七處：一在南門外冀四莊濠股街草庵浜，地六分二厘五毫；五龍坊，地五分五毫；君四莊青陽池，地五分九厘六毫；普同塔，地二分五毫；大西門外咸一莊南宙圩，地四分一厘七毫；小西門對河大北宙圩，地一畝八分六厘六毫二絲；北門外沐三庄日字圩，地一畝五分六厘六絲。

四明義園　在秀邑秋涇橋沐字圩，園屋基地拾畝有奇，又對河葬地拾畝。同治九年，鎮海陳日高、陸明善募資重建。

嘉善縣

養濟院　在治東梅花里北。嘉慶四年，知縣萬相賓重修。今燬，未建。

額設　孤貧八十名，額外十名。

育嬰堂　在神仙宫左。雍正六年建。邰煜《育嬰堂記》略：魏塘以僻壤之邑，士民毅然倡舉育嬰，經營緣起，勸募維殷，越二載，卜地於日暉里神仙宫之，建堂築室，收嬰傭乳，規模已略備矣。余以丁未承乏兹土，甫蒞官即思遵奉皇仁，喜其始基已定，而恐其義舉中衰，力爲之整齊經畫，捐助勸輸，導揚而成就之。而同志之士設法分條，矢公矢慎，井井乎不紊焉。蓋其每月之中在監會一人，司會一人，總其綱也；司堂、司月及察嬰者各有分任，襄其職也；所得棄嬰男女均收，三歲以内並爲鞠育，定有例也；每嬰一媪，專司乳哺，給籌一枝，註籍符驗，防侵扣也；月之朔望，攜孩審視，驗臧否也；給銀若干，以資乳者日用，恤貧乏也；夏有帳簟，冬有緼泉，禦寒暑也；襁褓必給，藥餌必備，視其羸瘠，療其疾苦，勤顧復也。亦可謂周詳而盡善者矣。自開堂後至咸豐十年，邑人陸續捐置田七百五十三畝，蕩四十二畝，航埠地基四畝充經費。咸豐末堂毀。同治二年重修，四年因同善經費支絀，議以育嬰、同善統籌合辦。顧福仁《重修育嬰堂同善館及會辦緣由記》云：聞之仁者愛人，非鶩好善之名也。同居覆載之中，乃獲衣食無缺，與聞禮義，幸矣。外此有惸獨焉，形影相弔；有棄孩焉，呱泣如聞，猶是人耳，何爲至於此？設身以處，有漠然不動於中者乎？然必見之行事，善乃不虛。昔有陳幾亭先生聞高中憲公論爲善之旨，忻然仿行同善會，闢館於治東，用拯無告，原定規則於助貧之中寓勸善之意，仁莫大焉。迨我朝雍正年間，李復爕、丁祖植兩先生倡議育嬰，爾時魯學曾、任王仁乃任勸募之責，遂於東關外神仙宫之左拓地搆堂，好善者聞風景從，條具事宜，請於張邑侯鏞，侯亟贊成之。先後相暎數十年，好善之殷如一。乾隆乙亥歲大祲，餓殍載道，時會館几廢，中翰錢鎏偕王仁山、龔楷峯、龔紹成慨然以興復自誓，百計捃撫，閱二十餘年而新館落成。同志者附益田畝，更於其中設施棺局。張南珍庽其意，設瘞局，事繁費鉅，肩其任者，支絀之形如訴。若育嬰堂公產較贏，有舉無廢。自道光癸未遭水溢之災，房埠租息歲入無幾，而棄嬰益衆。時許靜遠、袁三省、陳文安攜挂其間，年復一年，息肩無由，司同善會者亦急呼將伯，遂與合議呈請劉邑侯紹琦，諭令花米、豆麥、菜子各業及絲行舉萬人緣，闔邑翕然從之，歷年合收分儲，賴此挹注，全活無算。咸豐庚申，粵冠至會館，大門廳事毀於火，育嬰堂後樓三楹屋數椽亦圮。同治癸亥克復，縣城傅侯斯懌知縣事，延孫君鈺等董其事，修舉廢墜，屋宇毀者一一召匠規畫，葺而新之。惟是育嬰堂歲入敷出，同善會計口授食，岌岌難支，同人知之稔矣，乃謀於衆曰：産有偏絀，會辦爲宜。時有異議者爰請於傅邑侯，奉批同善、育嬰皆係地方善舉，産亦前人公助，司其事者不過總司出納，畛域無分，何容反覆等語，會辦之議乃定。向擇司年數人主其事，今遵奉會辦，事益繁，恐有蹉失，遇事集衆商榷，期得當而後止。逐月鈎稽，周士恒、許元杰、孫鈺、孫葆澂、曹駿良、夏日清、范宗文、陸鑑、吳炳、許守信、濮壑諸同舉，福仁與弟如璋厠其末，次第分理之，兢兢然惟恐名是而實非也。且儆始勤而終怠也，並懼夫異日以復舊爲辭，劃然畫爲二，而善舉且偏廢而中躓也，因屬福仁述顛末，並詳會辦緣由。福仁不敢辭，遂爲記。十三年，奉文勸辦保嬰，由堂兼理，每年鹽絲按包捐洋五角，以一半濟保嬰費，一半歸育嬰、同善之用，各詳明立案。

　　同善會公所　明崇禎十四年，邑紳陳龍正建。向無公所，以思賢書院廢址改建。錢士升《記》：善邑之同善會自中翰陳公始。其有會館，亦自陳公始。其法，每季一會，每會主者醵金以賑邑民之節孝而貧窶者，暨鰥寡孤獨之無告者，稽覈有籍，歛散有紀，照驗有單，自辛未迄辛巳，閱十年，鼓舞不倦，可謂得人心之同矣。當肇舉時，散給不滿百人，後漸推廣至數倍，金不給，則主者捐橐佐之。公曰：“是不可繼，莫若置産便。”於是自捐莊田若干，歲收其租入之贏以供會事。凡在籍者，養生送死，皆取給焉。會治東有思賢書院故基地，爰集衆請于當事，撤而新之，構屋二，曰“仁方”，曰“義和”，而顔其門曰“同善館”，仍祠五賢。餘址以建倉廩，工竣，公謂：“是舉不可無記。”而以碑屬余以文記之。國朝康熙五十二年，合邑士民捐資改建。知縣梁徵有《記》。又曹焜《記》略：同善有會，創起於梁溪高忠憲公，哀鰥寡，恤孤寡，行善於鄉，所以推廣仁術也。吾邑陳幾亭先生仿而行之，築館於治東爲給發之所，迨後不知廢自何年，館基亦不可考。乾隆乙亥歲大饑，餓殍載道，邑紳錢中翰鑒偕王仁山、龔楷峯、龔紹成諸君毅然以興復自任，每月十六日權借各寺廟給發貧糧，行之二十餘年，全活無算。於是邑中好義樂施，聞風景從。時有鄔君籍安、吳君滄洲首捐建館基地，經始於乾隆四十四年己亥，落成於五十一年丙午，庖湢堂皇，規模大具。王君淮南、鮑君觀尚倡捐田畝，陸續共得一百有奇，核明寔數，將聯單細號先行勒石，俾共見共聞。後有續捐，即隨時補刊焉。邑人陸續捐置田四百七十五畝有奇，地十四畝有奇充經費。咸豐末毀。同治二年，重修公所，循舊舉行，邑人續捐田一百四十五畝一分，濮、陳兩姓捐田十六畝三分。四年，以經費支絀，與育嬰堂統籌合辦。另附掩埋經費田一百五十九畝二分，由同善兼理。

　　楓涇鎮同善會公所　乾隆二十年，合鎮士民公立。案：四十年，里人復舉千金會，梁同書有《記》。咸豐十年燬。同治三年，以鎮西市房改爲公所，計屋三進，有田七百八十三畝八分。坐落嘉善境四百八十三畝一分，江南婁縣境二百九十五畝二分，青浦縣境五畝五分。又善邑九南區上下辰圩水港一段，同治十一年增置沈、趙兩姓屋基五分，紳董郁以瀚等十人司其事。

　　斜塘鎮育嬰堂　同治九年，邑紳胡雲程等創立。十二年，置屋一所，計三十五楹，基地一畝有奇，置田一百六十畝零。

　　漏澤園　在縣治東南永七圩西藏字圩，俗呼白墳墩。明正德中邑令王德明創基。十一畝一分九厘。

　　義冢　凡十七所。胥五區東聞字圩，十三畝九分二厘一毫；西律字圩，三畝一分八厘七毫；又一畝五分八厘；遷東區层字圩，一畝四分七釐；奉九南區地字圩，五畝七分八釐；又日字圩，六分三釐；永七區冬字圩，十一畝；又寒字圩，一畝三分四釐六毫；又三畝七分一釐七毫；奉四南區黃字圩，五畝一分八釐；永北八區月字圩，四畝；遷西區河字圩，二畝五分；又雲字圩，二畝七分，張邦豫捐；遷北區張家圩，一畝八分；奉四中區結字圩，三畝三分四釐二毫；又岡字圩，十畝；永八中區小荒字于。又三所。一、在八北區月字圩，第二號二畝二分一釐，五百二十號三畝四釐六毫，監生陳紹曾呈明捐設；一、在遷北區東落圩，二十五號三分五釐七毫，三十號八分三釐五毫，三十八號六分三釐八毫；一、在麟七區北宙圩，三百八十八號八分六釐一毫。

　　普同塔　一、在西門外督院，李公衛設立，知縣鄂煜捐置，麟七區出字圩，五百六十八號民田四畝六分三釐，造塔二坐,男女各一面,立同仁、廣孝二碑。乾隆二十五年,訓導于栴邵公倡舉,同仁會董事張永棠、繆承麟、黃孝煜等設簿勸捐,收埋城內外敗棺朽骨。以形家言出字圩居邑之上流,不宜叢葬,因請于當事,立案永禁,另擇南關外白墳圩爲義冢。一、在大勝寺後,孝廉張介倡建,捐遷北區田七十畝,膳僧埋瘞。一、在九南區天字圩,邑人孫世遠建,分別男女,拾骨爐置塔中。　明何元英《普同塔記》:武水孫毅庵憫暴骨無主,買城東郊田數畝置義冢,令貧無葬地者咸厝於此。中建一塔,分別男女,歲久則效佛氏荼毘之,拾其骨爐置塔中。慮有犬豕之患,周以垣墻,扃其門,使傍近甘露庵僧司啟閉。又慮其爲屬于茲土,每歲中元延戒行高僧作瑜珈佛事以超度之。時漢陽兵使李昌祚聞而嘉之,乃下教勒石以志不朽。余惟掩骼埋胔之政不行於今日,白骨縱橫,遺骸遍野,飽饑鳶而殘韓盧者不可勝計。蘇文忠曰:念茲暴骨無主,仁人君子斯其主也。此舉不特澤及枯骨,且使生者無天昏札屬之憂,惠死善生,均得之矣。

　　廣仁祠　在瓶山之陽。乾隆六年,里人施宏道建。凡里中之殁而無祀者,設祭于此。壬午歲,復擇地移建于山下東隅,今廢,未舉。

　　存仁堂義園　在北門外,即面城園也。嘉慶五年,徽人汪曉堂等勸募,捐貲買屋一區爲公所,旁建棺房,寄停旅櫬,詳明立案。咸豐末燬。現經徽人之商于善者重建。

　　義冢　在麟七區。東洪圩第三百六十三號,田一畝三分一厘五毫;第三百六十四號,田二畝八分九厘一毫。嘉慶五年,知縣萬相賓捐廉置立,交同善會司事承管,其糧官爲輸納,詳明各憲立案。

　　義冢　在九北區上玉圩,田三畝。道光三年,里人楊錦弟兄捐置。

　　積骨塔　在思四區。道光三年建。

　　義冢　在保東區乃字圩。道光三年被水後,保西等區漂流無主棺凡三千四百餘具,舉人沈文江糾夫撈集,編號掩埋,捐田設立義冢,乃字圩第八號,一畝三分六釐七毫;第十號,三畝一釐;第十一號,一分;第十二號,一畝八釐二毫;第十三號,一畝六分一釐七毫;第十四號,一畝二分六釐六毫;第十五號,三畝一分三釐二毫。知縣惲敷詳請大憲豁糧,並請議敘,均邀恩准。

　　義冢　在永七區東藏圩,係不染菴基地。道光七年,知縣黃錫祚改爲義冢。東一畝八分九釐一毫,中四分四釐七毫,西二分九釐七毫,共計二畝六分三釐五毫,有界石。

　　義冢　紳士沈文江、魏行淏等捐資設立。道光三年,秋淫潦成災,紳士查奕照、鍾汪杰、沈文江、魏行淏首倡撈棺之議,多雇工人分攜索纜,棹舟四出,晝夜打撈,揀擇高曠之地搭棚堆貯,好善者紛紛樂施助成義舉。除經親屬認領之外,沈文江撈起屍棺三千四百餘具,魏行淏撈起屍棺五千零四十餘具,買地開壙,分別男左女右,立爲義冢,以次掩埋,並勒石以垂久遠。邑令爲請於上憲題豁田糧。　案:道光二十九年大水,撈埋水溽屍骸成冢,在遷南區南翠圩。

　　義冢　在遷中區。收字圩,第八百廿四號,九分八釐七毫;第八百七十五號,三畝四分八釐三毫;第八百七十六號,二畝二分五釐九毫;第八百七十七號,三畝七分七釐三毫;第八百七十八號,四畝八分五釐六毫;第八百八十號,四畝九分九釐五毫,共丈實田二十畝三分五釐三毫,邑人魏行淏捐置。先是道光三年水災,田中厝棺盡行漂流,行淏倡勸同人撈取,共計七千餘具,除子孫認領外,尚餘五千餘具。適邑侯惲敷蒞任,首先捐俸,紳士亦陸續捐輸,鳩集工作,埋葬是區。邑令通詳請豁糧賦,撫臺題請奉旨准免,并交部將魏行淏議敘在案,事詳黃安濤所撰《碑記》及行淏所作《義冢紀事詩序》。

　　義冢　同治間新置。一在遷西區外張圩,四百二十九號,田四畝七分六毫,職員沈學淵等捐立;一在遷中區收字圩,第九百六十八號,田四畝七分五釐六毫,職員趙敬儀捐立;以上兩處均詳明有案。一在遷南區北南歡圩,田九畝八分,邑人鮑勸尚捐立;一在八中區收字圩。同治三年,收集被兵屍骸及無主露棺共成一冢。

　　楓涇鎮義冢　一在四中區岡字圩,一在結字圩,一連婁邑始字圩。嘉慶五年至十六年,張身濤暨司事等收埋無主枯骸一千七百二十四罈。十九年,張修樂等收埋一百六十二罈。道光元年,王泰等收埋八百零七罈。續刻《瘞埋總錄》:三年大水,厝棺漂泊。邑生程應枚獨捐銀錢,雇人撈取,除承認外共埋棺二百九十二具於岡字圩,呈縣立案。十九年,主簿李楨暨司事等重修關帝廟,將所寄之棺諭令各後嗣遷葬,尚存無主者一百一十三具,共埋於結字圩。自道光二十九年大水,職監程熙雍捐千金撈取沉屍埋葬。咸豐十年秋,粵匪至涇,居民赴水死者甚衆。紳士陳鴻基、張慶溶、程雍熙捐金撈屍,共二百四十名,埋於岡字圩。同治二年,劉統領秉璋克復風涇,陣亡將弁,埋於近地。八年,新置四中區雲字圩田三畝六厘,葉元元捐。自八年起至光緒元年,收埋涇南露骨共四千二百六十四具。

海鹽縣

養濟院　在東關外。明洪武元年,知縣王文建,後圮。三年,知縣劉朝英重修。嘉靖中移建于東門外東北濠上。

額設　孤貧一百二十名。

育嬰堂　在城中天坊混堂巷。雍正十三年建。乾隆間火燬,復建。錢陳羣《記》略:余衙恤里居,同年潘銘三孝廉子尺衡攜《育嬰堂徵信錄》一冊,條規數十則,銀自銖兩以上、土田自盈畮以外,悉於冊出入可稽。所育之嬰孩圖其貌,時其成以察乳媼之賢否,量其功而授之食,纖微無不具焉。鹽邑僻處海濱,非若通都大國,富商巨賈貿遷輻輳者之一呼百應也,而樂善有人,望風承澤所成就者如此,不其難哉? 維時首議創建者有朱紫臨、巴念安、徐巽中等百餘人,捐土田以助有徐魯源、顏令瞻等十餘人,出資財以俟者有潘銘三、陳士常等若而人。司事則有董年視月察嬰,司醫陸嵩山等三十餘人。後先官於此者,則有制府彭城李公、三韓郝公、上蔡程公、今相國錫山稽公、行省桐城姚公、即墨郭公、邑侯劉公、崔公、王公、潘公,皆能奉上德意,以實心行實政,既允輿人所請,撥官房五十餘間,公田三百五十畝,復布條約,以垂永久。咸豐十一年,燬于匪。同治八年,重建房屋三層。十三年,增建房十三間。

漏澤園　宋紹熙二年,縣令李直養以溺海之屍隨潮至沙磧間,爲禽犬所齧,置叢冢湯山收瘞。案:今析平湖。　陸埈《湯山叢冢記》:吾邑東陼鉅海,每當濤風暴怒,多有溺者之屍乘潮而上,潮退暴露沙際。須臾犬鳥啄齧以盡,遺骸蕩析,隨亦滅没,久矣。余聞而哀之。昔歲六月,人有以所見言于縣,縣尹爲之惻然。亟按官籍,得縣治之東北三十六里,曰湯山,置冢塋焉收瘞之。浮屠氏師俊實願董斯役,遂因山勢高下,夷爲三級,廣踰五畝,周以垣牆,深其竇穴,俾安以固。首以其事上屬部常平使者張公,且請所爲瘞埋之費,期久行之不以累縣計。張公慨然從之,帖縣之常平庫,凡一屍給錢千,置歷以稽其付受。其他報發文移、號集里伍等事,悉據條令以行。就命師俊專司之,自經始逮今,未期年,凡瘞一百四十六人矣。念無以告後來者,屬余書而刻之石。南北郊各一,西郊三。

廣孝阡　康熙十一年,知縣張素仁捐俸,買地二畝二分爲之。邑庠生石楷捐地一十二畝,里人儲廷璣捐田二畝九分。

義冢　凡三所。一在南門外;一在北門外白馬廟,醝商捐置;一在小墅網船匯東。

澉浦義冢　凡二所。一在青山之麓,一在北門外秋伏墩荷花池。

六里堰義冢　在泊櫓山,俗名閣老山。乾隆二年,里人趙乾行、祝洪等捐置。

橫山仁孝園　硤川張莘皋捐橫山尤字圩山地五畝,以給族人之貧不能葬者。族人德之,題曰"仁孝園"。

同善堂　在西門外天凝寺。嘉慶二十三年,邑人集資生息,施捨棺木,以濟貧乏。今公所已燬,舊欵無存,里人按年捐資舉辦。

澉川同善堂　道光七年,知縣楊國翰創捐,里人集資捐買灶山爲義冢,並於武廟後軒爲同善公所,置田以所入息備具逐年施材收埋之需,立碑記事,至今遵行。

平湖縣

養濟院　舊在縣治西,後移北旱門外。咸豐間燬。同治四年,知縣明德重建。

額設　孤貧八十名，額外孤貧十名。

育嬰堂　在西門内佑聖宮。康熙四十五年建。周維翰《記》略：平湖僻處海壖，建置間有缺略，若義學、社倉之屬，下而至於藥局、茶寮，苟利民生，非茂宰爲之經營締造，即里中善信帥先舉行，獨育嬰之堂未有宏此願力者。余與朱君彤一曁同里諸君子小試其端，於佑聖宮之長生房收取棄兒，轉送吳閶堂内，月償以僱乳之費。奈字圩有地一區，將建堂而爲持久計。會今少司空蓉湖周公繕疏入告，詔旨俞允州縣例得建堂，以沐天子慈幼之仁。遶左董侯甫下車，毅然首捐俸，鳩貲未足，助以贖鍰。巽亭高太史聞而喜捨二百金。不數月堂已落成，丹艧壯觀，垣墉堅好。慈惠而敏慎，蓋即此一端，侯之善政，卓乎其可傳矣。六十一年，邑令林緒光捐置田畝。雍正間增建。陸奎勳《記》略：平湖育嬰之堂創自康熙癸未。時則遶左董侯紫來營繕斯堂，兼爲置産。既而三山林侯鳳溪續置田畝，以給堂中公費，始免寄乳姑蘇。今嚴太史西武先生主持堂事，倡議以爲堂止二進，其半臨水，恐不足以垂久遠。東偏隙地一區，力勸馮子枚占喜捨以作善緣，嗣後可爲擴充計矣。值堂沈君西苓輩將廣勸邑中善信增建一堂，而張子炳文勇于爲善，慨然獨肩其任，鳩工于丁未之二月，訖五月而落成。其中建樓一所，以供聖母行像於其上，前廊後軒，丹艧輝煌，費約二百餘金。又以其後偪窄，規模未稱，捐貲買屋一間，復捐鳴儒圩樓房十一間，平房四間，租銀計十五兩五錢，爲每歲修葺及堂中僱乳之資。是堂既成，凡我同志踵事增華，設立規條，可永遵勿替矣。嘉慶元年，增置田畝。十一年，改建嬰房。路錞《碑記》：慈幼之政，載於《周官》。存孤之典，著於《月令》。古之時老有所養，幼亦有所長，子不獨子，天下所以稱大同也。然良法美意，紀載不詳，撫字之術，書闕無徵，故三代以下，鮮克有舉而行之者。惟我聖朝詔令直省郡縣皆得建立育嬰堂，俾民間棄嬰貲其乳哺，皇仁皥皥，超越前古矣。嘉慶辛酉，余自義安移治當湖。考邑中嬰堂之設，歷有年所，咸賴賢司事實心經理，漸臻盡善。第生齒日盛，未免遺棄日多。堂之地限於一隅，增育於中，則湫隘難容，寄哺於外，則稽察難徧。余每懷擴充乳房之志，而未逮也。甲子冬，邑紳士黃君菊坪，吳君仁齋、瓶齋，陸君拙軒，即堂中所隸對楹之樓屋兩所，公同捐資改建，以廣乳育之區，就余商榷，余亟獎勸焉。迺諏日庀材鳩工，落成於丙寅之冬，總費千金有奇，煥然式廓矣。繼自今拓其規模，嬰免遠寄，察諸咫尺，弊易周知，是何立心之誠而施惠之溥歟？抑余更有進者，尤望後之司事諸君子袞集贏資，載恢屋宇，永刪外哺舊章，咸萃本堂樂育，其德澤寧有涯涘耶？余於去冬已陞任西海防，菊坪等以余悉司事之顛末也，因郵書於余，丐一言以勒石，故不辭而爲之記。咸豐十一年，遭兵燹，堂屋損壞，里人葺而新之，舉行如昔。同治十二年，增設保嬰會，絲商捐資，與各縣同。

普濟堂　在縣治東湖之濱。嘉慶二十年，邑紳吳德嘉、袁渤、黃鳳、張人標、陸錫麒、張論、沈上垣等以吳慎餘放生院餘地勸捐，公建爲養老之所，胡瑞徵倡捐錢一萬四千餘緡，置產生息資經費，通詳立案。知縣王鳳生《記》：盡吾力之所能可益人之不逮者，仁人之事也，而其施必自窮民無告者始。蓋古聖王保息惠民，既有養老之政矣。而又矜其困乏，使遺人掌所蓄以待施惠，出門關之委積以養老孤，猶懼其澤之不廣，而政有不及也。於是申以司徒之教法，令民各敦仁俗以厚鄉鄰，在黨有相救之誼，在州有相賙之美，凡煢獨無歸皆不至失養，所以推本王道，宏茂施於無窮也。平湖爲浙西巨邑，風俗淳篤，有書院以勸學也，有育嬰堂以慈幼也，有義塾、同善會、永安局及利濟諸務，知皆倡而行之。唯養老之事闕如，君子憫焉。而紳士袁渤等復請以東南第一觀内放生院之隙地餘室建立普濟堂，以養衰年之困不自給者，于是職員胡瑞徵樂輸重貲，襄助經始，所以籌畫之者甚厚。乙亥之秋，余承乏茲土，嘉其風誼，爲牒知大吏以勸其功。今三年矣，其堂之工役方竣，輪奐粲然，匪燥匪濕，余又奉檄來此，樂其事之克有成也，美斯舉之足以風世也，乃有感夫虞夏商周所貴不同，而所尚惟齒老之重於天下也久矣。自後世學務速成，仕多僥倖，後主新進，厭親老成，其有年力衰憊，雖在士庶素封之家，人皆憎而遠之矣，況窮黎乎。是四民之窘而無告者莫此若也，諸君乃能加意及是，以廣聖朝保息之仁，豈惟人情醇美，無澆薄之習，抑亦古風之所繫也。余既嘉諸君之誼，而斯堂之建，其始與卒余皆躬與其事，而並願將來者之竭力不懈，以隆其施于無窮也。因記其略，以從諸紳士請，且以勸世之好善而有力者。咸豐末兵燹。今附育嬰堂兼辦。

同善會公所　在城隍廟儀門左。乾隆七年，合邑士民倡建。巡撫常安《序》略：高令國楷，能吏也，宰平湖，樂獎紳士，倣前明錢啓新、陳幾亭兩先生同善錄，行之有效，呈其書於修志葺祠之後，其能振興民事於此可見。蓋元者善之長也，親親而仁民，仁民而愛物，未有不從善之一念。始推曁其量，而俾民之無不善曰同，同之義大矣。故君子窮而在下爲善於鄉，達而在上兼善於一國，推之天下盡其同仁之量，能使萬物無一不在胞與之内，此即古帝王上下同欲，克臻一道同風之盛世也。十九年，酌定會例。三十九年，復釐定規條，立案遵守。嘉慶、道光中，里人趙樂壽捐洪圩田八畝八分一釐七毫，吳慎餘捐木、此二圩田一十二畝一分三厘八毫，徐肇明捐佳圩田四畝八分三厘四毫，林家斌捐南員字圩田四畝五分四厘，陸在源捐河字圩田一十畝零一分八厘九毫。會内餘息續置辭、塞、陟、善、歲、綵、即、超、西戾、趙、國、庭、寶十三圩，共田九十七畝四分九厘七毫，又置市屋二間半幷基地。咸豐末公所毀損，同治中重修。

漏澤園　田凡一百五十二畝九分六釐三毫。一在西門外舊倉基，嘉靖三十三年知縣劉存義立；一在東十九都，馬若庸立；一在二十三都野橋石人匯；一在環堰，並給事中馮汝弼立；一在二十四都，舉人陸光宅立；一在登青匯，海門知縣趙邦秩立；一在郁家圩，山東布政馮敏功立；一在乍浦教場西，署知縣殷廷蘭立；一在淡水橋。有碑二，一萬曆四十五年立，拱圩；一天啟三年知縣顧國寶立，朝圩；一在飛錫庵北；一在東湖濱。

廣孝阡　康熙十一年，知縣陳孚宸勸捐立。一在縣南，商人方聘立；一在縣西南，郭君端立；一在思過橋；一在廣陳；一在青蓮寺；一在縣東門外，康熙二十八年知縣朱維熊捐俸立，自爲記；一在松風港莫圩，諸生郭凌雲捐立；一在湯山下正圩，雍正元年海防同知曹秉仁勸捐立；一在扶行坊晉圩；一在北莊橋北圩，並雍正十年同知屈大成捐立；一在乍浦西門外流周圩，乾隆十一年海防同知林緒光捐俸立；一在調圩坊三里庵西階圩，湯德立。

滿洲營公葬地　在乍浦西門外。流周圩，三十二畝二分一厘六毫；流高圩，一十三畝八分一厘八毫；流高圩，四畝二分九厘四毫。

新廣孝阡　凡二所，乾隆五十三年置。一在乍西外流周圩，田六畝八分，知縣王恒捐俸立；一在泖口圩小西溪西北糟圩，田三畝九分四厘三毫，舉人張誠捐立。

義冢　乾隆五十三年冬，知縣王恒屬舉人張誠倡舉瘞骼會。王恒《瘞骼會記》略：大中丞琅公巡行會城，見山麓湖浹暴骨滋多，惻焉傷之，下令掩埋，並命觀察盧公檄行各郡縣場一體遵行。而臬憲歸公又痛浙人火化成俗，申明朝廷憲章宣示百姓。下吏承乏茲土，其何敢不實力奉行，以仰體憲意也。因飭各里甲，查明暴露棺骸，又虞其虛應故事，乃謀于張孝廉誠舉瘞骼會，並延請邑之好善士分董其役，首捐廉俸，并置義冢地。而孝廉復倡捐田二十餘畝，親履各鄉，勸諭同人，於是相率樂輸，捐貲捐地各若干。孝廉亦出己貲佐之，凡瘞暴骨一萬六千三百五十三口，復促民之有力者自爲葬埋，又一萬一千一百一十七口，兩月而告竣，而一時磚瓦之價、夫役之值爲之騰貴。事既畢，將以聞於上憲，當亦樂斯邦之好義，而下吏子民之責亦藉以稍慰也夫。邑紳士續置。一在闕圩坊，礵圩田七分五厘；一在馬沈圩坊，南備界新耕蕩一十五畝；一在大小營坊，西下界新耕蕩四畝，並舉人張誠捐立；一在泖口坊，姜圩田三畝五分三厘五毫，封主事屈世楣捐立；一在闕圩坊，公坊田一畝九分八厘四毫，張由義捐立；一在白沙坊，洛三圩東地二畝八分四厘一毫，監生凌泰捐立；一在新廟坊，山西界新耕蕩二畝，監生姚虞珍、張蔚如捐立；一在褚涇坊，組圩田一畝四分三釐，監生邵澍捐立；一在斜勒坊，中正界新耕蕩二畝，貢生龔文煜捐立；一在新倉坊，二小衆圩東地五畝，監生徐球、徐琰捐立；一在大小營圩，薬三圩東地三畝三分七厘三毫，監生陳照臨捐立；一在趙涇坊，陶圩田八分二厘，監生施御懷捐立；一在舊衙坊，邱四圩東地一畝六分七厘，紀燕緒捐立；一在外城隍坊，史圩田一畝二分七厘九毫，朱仲彬捐立；一在新港坊，江門界上則蕩一畝，監生徐思誠捐立；一在青蓮坊，小歲圩田一畝，監生許昌誠捐立；一在新東坊，飢圩田五分八厘四毫，倪襄捐祖墳餘地；一在外西門坊，李圩田一畝一分三厘，潘氏捐祖墳餘地。通計田地蕩凡六十畝一分一厘二毫，詳准立案，官辦糧課。

積骨塔　凡六。一在養濟院西改圩義冢，一在薑圩義冢，一在解圩義冢，一在故圩義冢，一在飛錫瘞後，一在湯山。

永安局　在縣西。嘉慶九年，邑人黃鳳、袁渤等捐資創建，置田收息，葬貧家停棺，掩埋暴露棺骸，施捨棺木，收買字紙，通詳立案。黃鳳捐抽、條、臨、指四圩田五十畝零，致、得二圩田十六畝零；韓恕等捐國、莽、得、發、魄、左、問七圩田九十八畝零；何樹德等捐洛、佳、畫、祇、洞五圩田五十五畝零。　　沈步垣《永安局記》：《周禮·族師》"以相葬埋。"《墓大夫》："令國民族葬"，"使皆有私地域"。意其時死無有不棺，棺無有不葬者。然

"蜡氏：掌除骴"，凡死於道路者置楬，書日月，縣衣服，任器以待。《月令》："孟春"，"掩骼埋胔"。是猶未盡棺之葬之，非禮之訾也。國家禁令，有闬倡其事，比閭族黨會其意，以各盡其心而事乃備。國朝列聖相承，重熙累洽，尤加意嫠獨，仁風漸被，掩骼埋胔諸善事四方行之。顧葬必有其地，有其時，有其具，有其制，而要必有恒心，有恒產。平湖黃君菊坪於乾隆己酉歲創永安局，仿嘉禾梅里之式而仍其名，偕同志十人，歲各集貲襄事。懼局之久而漸弛也，復捐金建公塋，捐田作局產爲倡。同人爭效之，共得田若干畝，錢若干緡，立規條，庀材器，專責任，謹出入，而事畢舉，於是屬余記之。夫余遊四方，見有興是舉者矣，或四三年，或五六年，問之，曰費不支也，曰力不給也。即田數百，貲巨萬，行之久而有視爲具文者矣，行之又久而中有侵蝕者矣，惠勿克普，善勿克終，假樂善之名，鮮陰行之實，墮同人之德，胺死者之膏，其咎安在？今觀永安局，凡葬有其地，無其財，則就葬於其祖塋；無其地，無其財，則會而葬之義冢，葬固得其地矣。擇清明、長至兩期，葬有其時矣。棺二，用石灰八石，太湖沙四石，乾泥八石，朽者加襯板，不能舉者用小槽以磁罈拾骨，其具備矣。仿宋儒灰隔法，坎深四尺封之，崇三尺，位昭穆，序尊卑，堪輿家點穴定向，葬有制矣。兼採杉木置棺，凡嫠獨無告死於道路者，無不棺之，即無不葬之，周於一鄉一邑而兼及四方棲流失所者，自己酉迄今十除年矣，善日積而心益誠，產日增而用不竭，蓋有恒心而有恒產也。後有繼者，樹德務滋，擴而充之，正未可量。而即現在者，因而承之，百世行之可也；取而法之，一國行之，天下行之也可。抑平邑惜字局舉行已三十餘年，今復共捐田若干畝，附永安局公塋，置鑪貯庫以期久遠。夫創造之始，天雨粟，鬼夜哭，俗知敬天尚鬼，於字獨親而不尊，又從而褻之可乎？禮獻民數、穀數，祭司民司禄局中歲焚葬數，於城隍焚惜字數，於文昌昭慎也。又以餘力，暑施藥，寒施衣，善從其類也。

廣仁堂　在乍浦鎮。道光元年，貢監生劉潮、路守管盛鳳鳴等集資置，共捐義冢田二十七畝零，東地一十畝零，西地三十二畝零，通詳立案。四年，奉准豁除糧額。

新義冢　咸豐二年，置慕圩地一畝五分八厘九毫。九年，置慕圩地一畝八分三厘四毫，積圩地二分零。同治十三年，置此圩地一分零，張中和捐嘉邑移九上五庄地五畝。以上邑人沈寶篆等經辦，名樂善堂。咸豐七年，施作霖捐兒圩地三畝，洪静齋捐孔圩地二畝零。以上施作霖等經辦，名飛鶯堂。同治七年，俞文鴻等捐近圩地一畝零。八年，吳鍾傑等捐翔圩地二分。十年，程榮等捐辰圩地三分。十二年，張顯周等捐據圩地八畝八分八厘八毫。光緒元年，孫蘭谷等捐泰圩地二畝二分八厘五毫。以上據平湖縣册報。

石門縣

養濟院　在縣治東北三百步，宋曰安養院，明洪武初，知縣梁宣剏建。成化間，知縣王興拓增之。咸豐末燬。同治五年，知縣楊恩澍倡捐重建。

額設　孤貧五十名。

附賑濟　道光三年，浙西水災，邑人馬國棠捐米一萬七百石，蔡載孚原名載坤、馬鏡煇各捐米一百石，均奉旨議敍。知縣鄧廷彩《恤災記》：士君子處里黨，務敦古誼以節義相尚，行成于一己，而人心風俗之茂美有攸賴焉。余自雷山量移語溪，時以敦風俗、厚人心爲念，顧未有以副余望者。乃今而得邑紳馬君，馬君之積行，余耳之久矣，而所行之善，則必以恤災之舉爲最。癸未之夏，苦雨兼旬，湖田積潦，農民不能種藝，歲以大饑。朝廷勤恤民隱，蠲賑兼施，長官自中丞以下各捐廉俸助賑，邑紳士有餘貲者官爲勸輸，周恤鄉黨，民恃以不困。顧官賑施於歲前，而易歲以來，麥秋尚遠，米價踊貴，貧民無以自存，馬君慨然請於余，願輸粟以資接濟。余嘉其義，又深幸民困之得蘇也。爰於甲申正月二十八日始，至三月二十七日止，派分廠所，按户散米，其原報災户册内有名者計口分給，至鰥寡孤獨，老幼疾苦，所居不盡災區而資生無恃者，亦爲補給。凡全活貧民七萬餘口，計施米一萬七百餘石，井里之人負囊橐而歸者咸嘖嘖稱道馬君不置。夫馬君家僅温飽，非多田足穀者比，而能力於善如此，是蓋以己飢己溺爲懷，惻恤閭里，出於情之所不容，已而非以好行其德爲美談也。馬君名國棠，以孝友稱於鄉，鄉里有義舉，靡不踴躍從事，嘗於洲錢、玉溪二鎮各建接嬰堂以恤幼稚。今誼篤桑梓以周急濟困爲己任，雖古之睦婣任恤，曷以如此？顧素性謙，抑爲善而不欲居其名，撫兹土者苟無以嘉獎之，其何以表揚義行，昭示來兹？行當詳請旌表，以爲樂施好善者勸。用序其顛末，勒諸貞珉，俾後之過豐碑而興起者莫不嚮風慕義，交相奮勉。敦風俗以厚人心，又豈僅恤災一事已哉。

　　育嬰堂　在南門外。嘉慶六年，邑人捐貲公建，計基地一畝五分一厘五毫。十八年，續置一畝六分。耿維祐《留嬰堂記》：育嬰之制，重於輦下，而各直省遵行之，所以推廣皇仁，保全生命者，至周且渥。嘉郡各邑俱有其地，惟語溪之建堂爲最後，又僻在北郭，地既湫隘，貲復難繼，旋創旋弛。嘉慶庚申，邑人費永明捐南塘地畝，始議移置，於是好義者羣相踴躍捐輸恐後，庀材鳩工，踰年而成。凡乳哺之室，治事之齋，收納之廠，庖湢溷厠之所，自牆門、正廳、迴廊、内房、廂舍，共屋二十餘間，繚以垣牆，通以河埠，規模具備矣。又約示周詳，收發出入，有條不紊，一切補衣褥，製褥帳，驗赤子之肥瘠，程乳媪之勤惰，尤再三加意焉。第居舍限於地，經費限於貲，乳婦居堂中者僅數名，餘則寄哺於外，豈非宏願難酬，而勝果尚有待歟？余承乏斯邑，視生齒殷繁，地當孔道，棄孩溺女之禁尤在所亟，適司事勞讓木等進而言曰：留嬰堂之田畝較增於昔，乳婦亦漸益其人，顧樂石未刊，無以昭示來許，敢以爲請。余惟國家休養涵濡百七十年，户口蕃滋，超越前代。在昔於越之世，生丈夫者與以犬，生女子者與以豚。語溪固越之北鄙也，誠能體聖主好生之德，法前王生聚之庥，益相勸助，就就擴充，將呱呱者盡慶更生，不特仁里之休徵，抑亦福田之廣種矣。維時創建，司事則有周載明、勞友芳、葉星槎、鍾承哉、蔡莘間、張佐福、蔡爾梅、王西峯、田易門、沈樹亭、沈雲初、吳奏雲，其踵而爲之者則有勞讓木、鍾峻斯、鄭近坡、陳奕堂、唐德宣、周敘星、呂駕六、金聿新、衞樂天、蔡茗籠、王凝一、蔡紀唐、曹宗燦，皆樂善不倦之士也。例得備書。至其堂之基地并田畝、市房以及所捐之姓氏，均鑱諸碑左，俾繼起者有考焉。　道光二年，邑令鄧每月捐錢十千文，歷任不改。本名留嬰堂，道光六年，海昌查元偁捐錢七千千文，改今名。咸豐末燬。同治五年，知縣楊恩澍倡捐重建。八年五月，知縣陳謨籌貲開辦。十一年，知縣余麗元詳請鹽絲每包捐洋五角，與洲錢嬰堂均派，又鹽商每引捐錢一百文，知縣每年捐廉錢二百千文以增益之。

　　接嬰堂二所　嘉慶二十五年，邑人馬國棠捐建。耿維祐《接嬰堂記》：聖人言志老安必及少，懷大道爲公壯，用爰暨幼長。聖天子化洽，保赤民不夭札，自京師達郡邑，靡不設育嬰堂以恤幼穉，昭其仁也。石邑留嬰堂在城南，規模宏備，約示詳明，衆紳士經理循環，余曾勒石以記其事矣。邑人馬上舍國棠樂善好施，孝弟著於閭閻，慈惠周乎里黨，恤孤濟貧，救荒捐米，余初宰斯邑，耳其名，心竊重之。丙子秋，以邑之西北鄉距城窵遠，慮貧民生育子女送納維難，恐仍有遺嬰患，慨然捐金，獨立嬰堂二處，一在洲泉，一在玉溪，搆以堂宇，實以乳媪，俾鄉人就近送入撫育，又捐錢四千緡生息支用，以圖久遠，可謂仁心爲質矣。名曰接嬰，示不敢鋪張其事，侈然以善自伐，而宰斯土者儻無以嘉獎之，何以導迎善氣，昭示來茲？因允衆紳士之請，前曾手書題額，載名邑乘，復又詳請旌表，上冬經撫軍具奏，荷蒙殊恩，特沛錫爵以榮，體上帝好生之德，保抱有方，廣聖王涵育之休，叨榮非濫，從此樂善者益相勸勉，再生者實繁有徒，仁風翔洽，豈僅福田廣種也哉。一在玉溪鎮，咸豐十年燬。同治八年，知縣陳謨飭司事沈保壽、沈琳、俞汝霖就接待寺公所集貲開辦。一在洲錢鎮，同治十一年，知縣吳鈴創捐重修，改爲育嬰，每月捐廉十千，詳明立案。同治十二年，知縣余麗元捐廉二百千，存典生息。

　　保嬰會　是會凡七，以"天地之大德曰生"爲序，同治十二年爲始，分設各都以佐育嬰堂之所不及。

　　老人堂　在小南門内。道光十九年，邑人馬國棠捐設。知縣侯萬福《序》：古者養老之典備矣，第博施濟衆，堯舜猶以爲病，無論省會郡城，地廣人稠，即一鄉一邑，亦豈易言創舉也哉？果使好善君子不以爲難，盡其心之所能周，行其力之所能赴，苟無擘畫之善以經理之，則事將盛而難繼，費將竭而難舒，其如之何能濟？石門馬君國棠于設立接嬰堂後，復開老人堂于城南，其嘉惠桑梓，慷慨樂施，誠出尋常萬萬矣。余適宰斯邑，承以堂中規册問序于余。余自維德薄力綿，不克俾邑中老民咸臻溫飽，行滋媿焉，烏足以序是。然得先生收養之，且善養之，不深幸與有榮施乎？又何敢以不文辭。因于披閱之下見其收數之不濫也，日給之不苟也，生有所養，死有所殯，疾病出入皆井井有條，擴其量，直欲使孤苦衰年均安衽席，其好善之心，又豈僅在石門一鄉一邑云乎哉？咸豐十一年燬，未建。

　　恤嫠集　在崇文書院内。嘉慶十三年，邑人公立。知縣耿維祐《恤嫠會記》：三代上之爲治者，皆欲使一夫婦之無不得所，今人廣行善事，多權興于六經。恤嫠會者，即《周官》振窮之遺意。古諺云：惠于嫠孀。蓋青年矢志，白髮無依，茹荼飲蘗，百憂熏心，其境難堪，其情可憫。我朝子惠黎元，無微不燭，恭讀恩詔，鰥寡孤獨以時養贍，誠三代盛王之用心。宣上德，達下情，守土之責也。余自鮑村量移語兒，手披案牘，目治閭閻，時時以厚風俗、賑困窮爲念。
會邑之紳士樂于爲善，凡留嬰堂、廣仁葬會及施衣、施藥、施棺事，無不畢舉。而恤氂則創始于嘉慶戊辰，闔邑之尚義者
公捐朱提若干，權其子母以分給氂婦之無告者，又冬則棉衣，夏則蚊帳，且爲預備楄柎之具，出入有簿，收領有條，其籌畫
可謂勤且至矣。而或者以小惠爲疑，此大不然。昔人有云："苟存心于愛物，于人必有所濟。"又云："勿以小善而不爲。"
夫小善者，大善之肇端也。親親而仁民，仁民而愛物，由近而推之遠，由狹而推之廣，《西銘》"胞與"之旨不外是焉。然
則諸紳士之爲是會，實能恪體鼉聖天子惠鮮懷保之至意，非仁心爲質而能然哉。余既嘉其義篤桑梓，爲詳遺其事，以告來
者。道光二十五年，邑人張聯芬、鍾文升、程如琛捐貲增置市屋，改爲志仁堂，在城隍廟儀門內。
咸豐間燬廢。同治十二年，知縣余麗元倡捐，飭司事沈顧坤等籌欵重造市屋，循舊舉行。

漏澤園　凡四所。一在南門外吳橋西，一在北門外，一在福巖渡，一在玉溪鎮。

廣孝阡　凡四所。康熙十一年，知縣杜森建立。按袁《志》，即漏澤園舊址爲之。嘉慶二年，布政
司謝嚴禁阻葬，並出示曉諭。

廣仁葬　嘉慶七年，知縣謝士犖即廣孝阡址作爲葬所，在包角堰橋新安義園北，續置安邱
沈家庄劍字圩田十五畝。十二年，置大闕字圩田五畝五分。同治十年，邑人徐多鍒、竇迎暉、徐
學全、朱煥文集資，循舊舉行。

義冢　凡八十二所。一在壹都區地字圩，三畝七分八氂；一在宙字圩，六氂九毫；一在荒字圩，六氂五毫；一
在辰字圩，六氂四毫；一在宿字圩，一氂四毫；一在元字圩，二分一氂；一在冬字圩，四分一氂八毫；一在閏字圩，四分九
氂；一在呂字圩，二分二氂九毫；一在雲字圩，三分三氂；一在金字圩，三分二氂五毫；一在水字圩，三分二氂九毫；一在出
字圩，五分三氂六毫；一在麟字圩，二分七氂二毫；一在廣孝阡，八畝七分二氂五毫；一在潛字圩，一分一氂三毫；一在龍
字圩，一分八氂；一在火字圩，一分九氂二毫；一在人字圩，一分六氂七毫；一在古子墳，一畝三分六氂四毫；一在西貳都
區菜字圩，一分八氂七毫；一在重字圩，二分五氂八毫；一在鹹字圩，二分四氂；一在參都區文字圩，二分三氂四毫；一在
字西圩，三分六氂六毫；一在字東圩，三分三氂一毫；一在乃字圩，二分七氂六毫；一在位字圩，四分六氂五毫；一在衣字
圩，一分四毫，又四分三氂八毫；一在裳字圩，六氂一毫；一在肆都區位字圩，一分五氂；一在陶字圩，一分七氂，又三分九
氂六毫；一在柬玖都區信字圩、可字圩，九氂五毫，又三十一畝二分七氂九毫；一在覆字圩，二分八氂一毫；一在西玖都區
器字圩，四分六氂；一在拾都區作字圩陸尚書墓，三畝九分六氂一毫；一在十二都區福字圩，八畝六分六毫；一在十四都
區履字圩，七氂二毫；一在溫字圩，三分一氂六毫；一在如字圩，二分四氂八毫；一在松字圩，五分；一在拾伍都區言字圩，
一畝五分四氂八毫；一在安字圩，二分三氂一毫；一在定字圩，三分七氂九毫；一在篤字圩，七氂五毫；一在終字圩，三分
六氂三毫；一在令字圩，一畝八氂九毫；一在業字圩，一畝一分四氂三毫；一在所字圩，四氂六毫；一在甚字圩，三分三氂；
一在無字圩，三分三氂；一在中止字圩，八分六氂九毫；一在若字圩，八分六氂九毫；一在取字圩，九分六毫；一在十六都
區職字圩，五分八氂一毫；一在政字圩，六分一氂四毫；一在存字圩；一在甘字圩，三分二氂六毫；一在貴字圩，六分三氂；
一在列字圩，六分三氂；一在上字圩，六分三氂；一在隨字圩、傳字圩，七氂四毫；一在十七都區伯字圩古墓，二畝二分；一
在十八都區次字圩，二分九厘七毫；一在弗字圩，四分四氂九毫；一在離字圩，三分二氂一毫；一在虧字圩，三分三氂；一
在惻字圩，八分八氂三毫；一在心字圩，三分三氂七毫；一在情字圩，三分三氂；一在十九都區神字圩，二分三氂八毫；一
在志字圩，三分三氂；一在意字圩，二分一氂二毫；一在爵字圩，七分五氂二毫；一在縻字圩，三分三氂八毫；一在華字圩，
三分三氂；一在圖字圩，一分七氂五毫；一在獸字圩，三分；一在彩字圩，三分二氂四毫。

新義冢　在包角堰橋北八十步。嘉慶十二年，知縣洪鍾傑買黃字圩地七畝八分五氂九毫
創置。洪鍾傑《義冢記》：長吏之職，務廣仁恩，君子之施，不遺枯槁。所以恤厄拯窮，固當溥陽春之澤，掩骼埋胔，亦
宜遵《月令》之文。余泚任女陽，屆期一載，深慨近郊之地頗多久暴之棺，委遺骸于泥沙，一坏誰覆，泣孤魂于風雨，長夜
難安。茲乃捐薄俸以搆荒墟，欲衆棺而成義冢，無主者當亟爲之代掩，無力者亦不禁其自來。創爲區畫之規，用敢詳書
于石後，有賢明之宰，尚其永體此心。是爲記。

義冢　在新義冢南。道光三年，知縣鄧廷彩置。鄧廷彩《捐置義冢碑記》：《月令》："孟春，掩骼埋

觜。"先王以不忍之心行不忍之政,此其一也。石邑地當孔道,土狹民稠,往往停棺寄柩,纍然于荒烟蔓草間,遲之又久,無主者固任其狼藉矣,有主者沿火葬惡習而付之一炬,慘矣。前任洪公創立義冢,置有包角堰橋北黄字圩地七畝八分九毫,而暴棄者始少。予到任以來,思擴而大之,復得地于洪阡左側,計十三畝四分三釐二毫,捐廉買置,歲以三七十月買棺遷葬,其外繚以垣牆,植以界址,定章程,立條欵,爲地方久遠計。從此黄土一坏,俾暴露之棺得免於焚如棄如,又奚至白骨含悲,青燐飲恨哉。第不封不樹,非勒諸片石不足以示來茲,且有望于後之宰斯土者,廑澤枯之念,以繼余之所未逮,俾其事可大而可久,未必非吏治之小補云。

義冢　在包角堰橋南。道光十五年,知縣齊雙進捐地添置。

同仁施材集　在崇文書院。道光十三年,崇文司事馬鳳翔、蔡應蕙等請縣追撥胡長青名下公欵設。咸豐末廢。同治七年,里人集資重設。

施衣集　道光十六年,崇文司事請撥公欵捐設。咸豐末廢。同治十二年,知縣余麗元創捐,里人集資重設。

清芬堂　在玉溪鎮。同治十年,知縣袁績慶詳撥接待寺佃基屋租,散給孀嫠。十一年知縣吳鈴、十二年知縣余麗元先後捐廉增置市屋,定額二十八名。

賙葬局　在玉溪鎮。同治七年,里人譚逢仕等集貲創設,呈請撫院李出示,永禁火葬,勒石縣署儀門外。

桐鄉縣

養濟院　在城南門內。明景泰間,知縣張泰建。國朝乾隆八年增修。咸豐末燬。同治十三年重建。

額設　<small>孤貧五十名。</small>

育嬰堂　在東門外新橋街西。乾隆六年創建。五十九年重修。咸豐七年,知縣戴槃捐置田畝爲堂產。十年,燬于匪。同治五年,知縣富拉渾捐廉倡建,邑紳沈寶樾助之。堂以落成,循舊舉辦,現有田二百四十餘畝,每年知縣捐洋二百元,並絲米各業集貲以充經費。

青鎮育嬰堂　在型字圩。道光十九年,邑紳徐之柟創建,兼辦施棺掩骼各善舉。咸豐末燬于匪。同治中,邑紳徐焕藻、沈寶樾建復,並按年出資,循舊舉行。

保嬰會　同治中知縣戴枚、邑紳嚴辰等勸辦。凡二十五所,在塘南者十六所,由桐鄉育嬰堂兼理,在塘北者九所,青鎮立志書院內。另設公所經理,按年絲市每包捐洋五角充經費,詳准立案。

濮川同善會　在濮院鎮。<small>仲宏道《記》略:我里敬萱張翁與同人先出銀三十兩,予數人各出數金以爲源本,每施一棺則每人另出銀三分以補棺值,予又約同志十餘人各出分貲若干助成勝事,計施一棺不過人出銀一分,尤屬簡而易行,可圖永久。倘從此而善緣日廣,或助貧,或施藥,或掩骼,或放生,他如惜字、設獎,次第畢舉。即此一事,爲萬善之權輿焉。</small>咸豐末廢。同治十三年,邑紳沈梓、朱善祥等集貲興辦,循舊舉行。

漏澤園　明正德九年置,凡七所。<small>一在附郭東南三十一都,計三十一畝一分一釐;一在皂林鎮西二十二都,一十畝六分五厘;一在青鎮南柵龍舌嘴二十四都,明天順間知縣張泰置,正德九年知縣任洛復置,地一十三畝五分;一在慕化鄉二十四都,計三畝五分;一在千金鄉獨圍港口六都,計二畝六分;一在濮院鎮西南二十九都,四畝五分;一在邑屬壇之側,天順間縣令張泰置。　危山《記》略:浙之桐鄉爲縣,地環百里,民蕃賦重,高原樹桑麻,下隰種禾稼,尺寸無曠者。至於墳塋,惟巨族營之,而閭閻小民半無葬域,親死往往焚其骨,棄於河,聖人所謂"卜其宅兆而安厝之"之禮,</small>

憒然不知也。或有暴棺於塗，客死於茲者，皆無所歸。縣尹樂亭張公焉，乃與其丞順昌鄧君、四會陳君、簿豐邑于君各捐俸資，謀得邑人胡淵隙地一區，於縣之北隅前立坊牌，中立石主，題曰“義冢”，下令孤貧商旅之無依者聽歸於此。屬予記其事，後之爲縣者尚思有以繼其志云。

　　義冢　道光十八年，貢生潘藍田捐置，計地二十二畝九分八釐。

　　青鎮新義冢　在青鎮東柵二十四都十一圖約字圩，買周錦秀地八畝五分五厘，同治八年烏鎮同知汪景純募置，詳明立案。

嘉興府志卷二十五

倉　儲

　　嘉興漕賦,甲於杭湖,設漕倉、白糧倉,以便民,以收兑,此暫儲而非積儲也。積儲之倉,官有常平,有永濟,民有社,紳有義,沿邊沿海有營倉,以備水旱,兼備軍糧也。嘉興無營倉,而從前常平穀數甚鉅,以民食碾充兵食者有之,然必足民而後能足兵焉。禾壤膏腴,産穀頗多,而澤國防水,"耕九餘三"之法似不可緩。志《倉儲》。

　　唐元和六年,制:"諸道州府有少糧種處,委所在官長,用常平、義倉米借貸。淮南、浙西、宣歙等道。"《舊唐書·食貨志》。

　　宋景德三年,詔兩浙各置常平倉。《文獻通考》。

　　乾道七年,提舉浙西常平李結乞以見管營田撥歸本司,同常平田立官莊。梁克家亦言:"户部營田,率爲有力者下價取之,稅入甚微,不如置官莊,歲可得五十萬斛。"《續資治通鑑》。

　　明正統五年正月,令六部、都察院推選屬官,領勑分詣兩畿各省府州縣,立預備倉,發所在庫銀,糴糧儲之。軍民中有能出粟以佐官者,授以散官,旌其門。《續文獻通考》。　案:是年慎簡臣僚條畫事宜,分詣各道經理,命重臣廉敏者爲佐。刑部郎中劉廣衡來浙,偕右布政使方廷玉、按察副使王豫按行嘉興郡邑,勸導輸助,各縣得穀自四萬餘至一萬數千石有差,建倉分儲,名亦不同,並刊碑記,詳各倉下。嘉靖初,諭德顧鼎臣"乞急復預備倉糧以裕民",乃令有司設法多積米穀。府積萬石,州四五千石,縣二三千石,既,又定十里以下萬五千石,累而上之,八百里以下至十九萬石。《明史·食貨志》。　案:郡屬各縣明萬曆二十四五年均建四鎮常平倉,二十六七年分建各社倉於鄉約所,詳各倉下。

國朝事例

　　康熙四十九年,浙江巡撫黄秉中疏請:照江南開例捐監積儲,杭、嘉、湖各捐米十萬石,或穀二十萬石,客米來浙,路遠價亦稍貴,捐納數目應量爲酌減。部議題準如例,不允減價。六十年十二月,户部覆準將浙江六十一年起運六十年分杭、嘉、湖三府屬應徵漕糧内均派截留二十萬石,分發各府收儲。六十一年,浙江巡撫屠沂疏稱:浙省屢被災荒,捐穀不敷賑濟,截留漕米儘數動賑,復動新漕,請照河工捐例米石數目,無論外省本省,俱準於杭州永濟倉捐納補足,後分別州縣,於常平倉收儲備賑,將杭、嘉、湖三府各收十萬石之數撥補滿足,部議覆準。雍正四年,覆準浙江杭、嘉、湖等府動司庫銀十萬兩買穀分儲。八年,署浙江布政司糧道朱倫瀚詳定通省州縣現在存倉穀石,案大中小三等計算,大縣三十縣,查現儲穀自一萬餘石至一萬四千餘石;中縣計三十四縣,現儲穀自一萬至一萬一二千餘石;小縣計十一縣,現儲穀自七八千至一萬餘石。均計存倉多寡不甚相懸,積儲亦未爲足備,應動支銀二十萬餘兩,分別大中小三等,均匀分派給領買儲。大縣每縣添派儲穀八千石,中州縣每縣添派儲穀五千三百石,小縣每縣添派儲穀二千八百五十石。至於各屬所需建造倉廒,應照上年之例,每間準動銀二十兩,如杭、嘉、湖、紹四府不產木植者,每間儲穀五百石。

雍正五年,浙江巡撫李衛題稱:杭、嘉、湖三府產米不敷民食,向藉外省之米接濟。上年動銀十萬赴川買米運浙,以備平糶。三府屬冬春雨水過多,米價稍昂,川米到時分發杭、嘉、湖三府,減價平糶,城鄉市鎮偏僻地方無不周徧。惟是浙省向食客米,若官米充足,則民米價高,發出減糶;如民米平賤,即行收儲,以備不時糶賣。今再請於糶米歸欵銀內借動五萬兩,仍赴購米以為儲蓄之備。部議覆準。十一年,浙江道監察御史翁藻奏稱:浙西杭、嘉、湖等府地狹人稠,藉商販接濟,偶遇客米稀少,價值頓昂;若得多儲官米備糶,庶可平市價而裕民食。請每年於秋成前,視年歲之豐歉,酌定米數多寡,預行題明借動庫項,遴員於湖、廣等省採買分儲。一值價昂,即減價平糶,較之買價,應有盈餘。如遞年發糶,積有盈餘銀兩,遇歉歲減價糶賣,即以盈餘抵補所減價值。部議覆準,仍將採買及平糶價值,每年於歲底分晰造冊報部。

雍正十一年五月初九日,欽奉上諭:各省州縣設立社倉,原以便民濟用,若遇應行借給之時,該州縣官一面申詳上司,一面即速舉行,方可以濟閭閻之緩急。必待督撫咨請部示而後准行,往返動經數月,小民懸待維艱,仍不免重利告貸之苦。着該督李衛酌量定例,變通辦理,咨部存案,嗣後遵照施行。欽此。以上《浙江通志》。

乾隆八年,題準浙江各屬買儲倉穀,如糶三糶四尚有存七存六,又經糶三糶四尚有存四存二,於年終盤察時照存儲一年二年例,開報氣頭、廒底,三年全數出糶無庸開報,第一年氣頭穀三合,廒底一合,開報四合;第二年氣頭六合,廒底二合,開報八合,共開報穀一升二合,年終報部察覈。十一年,覆準氣頭、廒底穀浙省之例,九成八成者每石減價銀七分,七成六成者減一錢,五成者減一錢四分,委官勘明發賣,造冊報部察覈。

乾隆八年,覆準浙江撥運倉糧,陸路每石每里七毫,險路一釐五毫;水運官塘、大河每石每十里一釐,小港淺窄處每石每十里一釐五毫。以上《會典則例》。

嘉慶四年八月二十一日,欽奉上諭:社倉原係本地殷實之户好義捐輸,以備借給貧民之用。近來官為經理,大半皆藉挪移,日久並不歸欵;設有存餘管理之首事,與胥吏亦得從中盜賣,倘遇歉歲,顆粒全無,以致殷實之户不樂捐輸,老成之首事不願承辦,是向來良法徒為官吏侵肥,亦應一律查禁。並着各該督撫等將各省社倉仍聽本地殷實富户擇其謹厚者自行辦理,不必官吏經手,以杜弊竇而裕民食。各該督撫務須董飭所屬,實力奉行,如有前項弊端,即行據實參奏,倘仍視為具文,復蹈前轍,一經訪聞,或被科道參奏,必將該督撫重治其罪,將此通諭知之。欽此。五年七月二十二日,准户部咨行浙江司准陝西司據陝西巡撫咨據布政司呈稱:查社倉米石原係本地殷實之户好義捐輸,以備借給貧民之用。查乾隆三十七年以前本係民間專司管鑰,其每年出納則由地方官經手,凡遇新舊交代,以及年底題報案內取結豁免。今因奉准部議,欽奉諭旨依議,並通飭各省一體遵照辦理在案。茲奉上諭,令將各省社倉仍聽本地殷實富户擇其謹厚者自行辦理,不必官吏經手,以杜弊竇而裕民食等因。遵查各屬社倉,乾隆三十七年以前雖係民間自行管理,惟查社長中賢否不一,倘有刁劣之徒藉此侵蝕,地方官不能稽查,日積月累,米石悉被侵虧,勢必致徒有社倉之名,與小民仍無實濟。應請嗣後令社長於每年歲底將出入儲欠數目造冊結報一次,地方官轉報上司查考,毋庸造冊報部,以歸簡易。並嚴飭地方官嗣後毋許差役催查,其出納一切聽民自便,如此分別辦理,則官吏不得侵肥索擾,而社長亦無虧挪之弊矣。並請即自嘉慶五年爲始遵照辦理,理合詳請察核咨部等情前來。查與仍聽民間自行辦理,不必官吏經手,以杜弊竇之諭旨亦屬相符,應如所咨辦理。惟查此項社穀既令社長每年歲底申報,自應仍行造册報部,以便查核。伊《志》。

道光十一年十月十七日,准户部咨開:奉上諭,御史卞士雲奏請飭直省嚴核常平倉儲以備緩急一摺,各直省州縣設立常平倉穀,原以預籌民食,果使倉儲充實,偶遇水旱偏災,急需賑濟,何難取之裕如。乃近日存倉穀數多不按時據實報部,或因公動撥領價後仍未買補還倉,或交代有虧,接任時袛憑虛賬報數,迨至上司查辦,則按照部價將銀貯庫,輾轉流抵,謂之穀價,又復不免侵用,間有聲請平糶,名爲存七糶三,而不肖州縣每至隱射格外多賣,如遇水患,甚或捏報淹浸,種種積弊相沿,如該御史所奏,自係實有之事。是以各直省遇有偏災,鮮有以撥放常平倉賑給,爲請者大率動支藩庫銀兩,易錢散給,即如本年江蘇、安徽、湖廣等省被災,現請免稅招商,並齎銀至鄰省採買,此後請帑辦賑,無非以銀易穀,始敷災黎口食,推原其故,總由倉儲不足所致。雖此時急切救災,不得不如此辦理,然終非先事預籌之道,必應力加整頓。着各直省督撫嚴核各州縣常平倉實貯數目,令其加具印結申送,按時報部查核。如遇緩急之需,即由該督撫隨時聲請動用,務將交代虛收存銀流抵等弊永遠禁止,所有舊缺倉穀即行賠補,毋許再有新虧,自此次申諭之後,倘仍有前項弊端,即着嚴參懲辦,以實倉儲而裕民食,將此通諭知之。欽此。于《志》。

同治十二年,浙江巡撫楊昌濬奏稱:同治三年正月二十九日奉上諭,爲政之要首在足食,各直省州縣設立長平社倉,國家承平,留以備凶荒之用,一旦有事,恃以爲緩急之需,所以爲未雨綢繆之計者,法至善也。嗣後各省常平社倉責成督撫大吏認真整頓,廢者復之,缺者補之,隨時稽查,官倉民倉未動之穀,不得變價提用。至于倉穀已缺,紳民捐資彌補者,尤應加意保全,務使倉穀豐盈,以期有備無患。欽此。維時省城初復,事無就緒,未及籌辦,迨同治四年夏間,升任藩司蔣益澧以固本必先足食,安居不敢忘危,浙省自遭寇亂,公家之儲蓄成灰,百姓之蓋藏俱罄,亟應預籌儲偫,爲固本足食之計。議丁每包絲捐洋十六元,內提出一元專爲買穀之需,經前撫臣馬新貽批准照辦。臣在藩司任內亦照案採買,並于省城倉廠故址建復存儲,嗣因省倉存穀已有成數,復經升任撫臣李瀚章札飭外府各買穀萬石存于郡城,以備屬縣不時之需,歷年以來積少成多,截至現在止省倉存穀二十萬五百餘石,省外各府嘉興、湖州、寧波、紹興、台州、金華、嚴州、衢州、處州共存穀九萬八百二十七石零,約計每府萬石,皆存郡城常平倉,歸該管知府經理等因。奉硃批:户部知道。欽此。

嘉興縣

常平倉五所　一在接官亭,一在王店鎮,一在新豐,一在鍾帶,一在新行。明萬曆中知縣陳儒建。嘉興湯《志》。　明朱廷益《記》略:我朝稽古定制,各郡邑創立預備倉,宛然常平遺法。奈木久而蠹,法久而姦,非吏胥之乾没,即典守之侵漁,甚至豪有力者乘機捏名,以賤得之官而仍以重價售之民,窮民不沾顆粒之惠,當事者仰屋歎之矣。吾嘉令陳公甫下車,即銳精事事,計爲嘉民永利。會守道海州張公、巡道江州湯公下檄所司建常平倉以備非常。吾郡侯莒川曹公同心勤恤,率作彌殷,公躍然曰:救疲恤匱,制變禦災,此一時也。爰考訊其卓,相度其地,泣於邑者,濱南則王店,濱東則新豐,濱東北則鍾帶,濱東南則新行,兹四鎮者號水陸之孔道,輻輳之通衢,於兹鼎建倉廒,則遠邇可恃無恐。又察其故址可仍者堊飾仍之，民基可易者平價易之，不踰月而鳩飾大具，規制聿新。雖然，典守非人，則侵盜莫詰，而五合六聚之衆且據以爲資；經制無術，非拘攣而積於無用，即紛更而反以滋擾；查覈不精，則收散之際易開奸竇，甚則豪猾借資窮民蠹橐其間，而嗷嗷待哺者毫不沾實惠。故夫選擇廉智以嚴其防守，斟酌經權以時其散斂，躬親覈實以革其借冒，乃所以平也。《通志》載張朝瑞《常平倉議》曰：洪武初，令州縣各立預備四倉，官爲糴穀收儲，以備賑濟，就責本地篤實人民管理。次災則賑糶，其費小；極災則賑濟，其費大。賑糶，則常平法也。歲久法湮，各州縣僅存城內預備一倉，其鄉社倉盡廢。夫天災流行，國家代有常平倉。斷乎當復者議：令各屬縣於四鄉水陸通達、人煙輳集、高阜去處，官爲各立倉一所，每歲將贖鍰之半糴穀入倉，或查無碍官銀，隨宜糴買，大約每鄉一倉，上縣糴五千石，中縣四千石，小縣三千石，但不許逼抑科擾平民。各擇近倉盈實居民二名掌管，免其雜差，准其開耗。凡收糴，俱該縣掌印官監督，或遇歲饑，管倉人役禀官監糶，中饑半糶，大饑全糶，俱照原糴價銀出糶，或寧減之，大約減荒年市價三分之一，庶不至騰踊或倉穀糶盡而民饑未已。令持所糴穀本赴有收地方循環糴糶，四鄉糴完，即將穀價送官，秋成委糴，仍總計糴穀牙耗等費，每石銀若干，報官儲册，以爲日後出糶張本。蓋社倉之法立，則以時斂散，富者不得取重息，而貧民霑惠於一歲之中；常平之法行，則減價糴賣，富者不得騰高價，而貧民受賜於數十年後大饑之日。昔蘇文忠公在浙行荒政，只用出糶常平米一事，更無餘策。夫城內之預備倉以待賑濟，然有出無收，其費甚鉅；四鄉之社倉以待斂散，然易散難斂，其弊頗多。惟常平倉者，其法專主糴糶而糴本常存，蓋不費之惠，誠救荒良策也。後在縣治後碧漪坊。國朝乾隆二十一年，知縣張元文請建廒房四十八間，中爲官廳，前大門。伊《志》。嘉慶十二年知縣陸玉書、道光三年知縣王維垿、十五年知縣江思瀠先後添建。于《志》。今俱燬。

嘉興倉《至元志》載錄事司下。在故寶花寺府西南三百一十步。明吳元年設，在織染局上，爲宋元舊倉基，洪武二年移此，知府謝節建，皆呼爲寶花倉。趙《圖記》。久廢。

軍倉　舊名外三倉，洪武初名大有倉，三十年併入嘉興倉。《浙江通志》。　案：軍倉隸府，見柳《志》。外三倉，元時倉，見《至元志》。

子粒倉　在軍倉西，乃元時安養院基。永樂初，併軍士屯種而建。柳《志》。久廢。

濟衆倉　在郡城內西南一里，舊名花園倉，今併入預備倉。明正統中，員外劉廣衡建。趙《圖記》。明黃淮《記》略：成周之制，遣人掌鄉里之委積以恤民之艱阨，縣都之委積以備凶荒。漢置常平，隋、唐、宋又益之以社倉、義倉，立名雖殊，而備荒之政則一也。我太祖遠倣周制，立倉聚穀於各鄉，命鄉老掌之，以時斂散，惠及於民也大矣。歷歲滋久，姦弊迭出，馴致廢弛。皇上重念民食之艱，宵旰靡寧，追惟祖宗成法，慎簡廷臣，條畫事宜，分詣各道以經理之，仍命藩憲重臣之廉敏者以爲之佐。刑部署郎中事員外郎劉廣衡勅往浙江，偕右布政使方廷玉、按察副使王豫協修預備之政，俾得便宜行事，務使宿蠹蠲除，而民受實惠。按行至嘉興，宣揚德意，仍召區里之長及鄉之耆艾羣聚於庭，諄切訓飭，益加詳焉。邑中閭右之家懷榮等仰聆玉音，感激奮屬，各願輸穀於官，未兼旬得穀四萬七百餘石。勅使同藩憲重其民之効義也，勞以酒果，榮以綵繪，冀且其名以聞。命有司鳩工庀材，構倉總二十二楹以備儲蓄，欽遵勅旨，選忠厚公正者民及殷富淳良之家嚴扃鐍，慎守護，兼知出入之數，府委推官王貞、縣委縣丞張璉總其散斂之政，申明戒約，委曲詳備，大要以絕私無擾爲本，里社細民皆歡欣仰戴聖恩生成之賜也。郡縣樂事之有成，太守黃懋遣儒生致書謁辭，勒石以勸勵將來，用圖永久。其義民姓名具列碑陰，庶使觀者視傚後日有繼也。久廢。

預備濟衆倉　在鍾秀坊天寧寺東。《通志》。中曰"修備堂"，左右翼房額曰"社學"東倉額曰"預備"西倉額曰"濟衆"。前大門，榜曰"嘉興縣預備濟衆倉"。萬曆二十六年，知縣鄭振先建。嘉興湯《志》。明沈思孝《記》略：嘉興故以一縣麗郡，而舉郡百雉以內官寺林立，廥積如坻，皆縣所自有。洎宣德中析置秀水，由是嘉興僅若僑署，而二倉以名存，置不問者幾二百年所。丁酉秋，毘陵鄭君來令嘉興，以爲郡不七十里而溽海，一旦烽舉，則荷戈持餉，出鬭城下。其或地財耗斁，餓民蒙袂，踵相就食，乃曾不京困之計，其何以稱謹蓋藏，挾其食而使民無不繫於上也？方度可以倉而未得者，頃之會有貴家故侵浮屠地方及里魁奸田，誅其逆賦，足以址。而經費者上之中丞劉公、直指方公，下其議，藩參湯公、兵憲劉公、郡守張公咸以爲稽故實，謀將然，政無此最亟也。君既得請，遂量功命日，乘民畢務而戒之曰：縣無其倉，而有之自今日始。假令豐牆峭趾，財散木而丹澤之，則等之無倉耳。其必築，不負防財，不負榱棟瓴甓瓦墁,不負堵而蔽也爲約。因選良擇堅,度司比藝,衆技畢奏,登登四闐。君復夙宵遄往,勞勤勗惰,不載旬五而積用告成。凡爲廳事三楹,左右翼爲社學,夾階東向曰預備,西向曰濟衆,連櫺而廒間各有八,周墉環合,門屏楬立,右控佛寺,前帶通莊,約佔地四畞四分零,揆費二百三十五兩有奇。是豈惟風雨攸除,不侵豆區之數,有備存救而已哉! 將使覩是倉者,士大夫當思既已樹業公家,宜令一鄉之人,陰將芘其所賴,何至翦割桑門,以遺口實。閭右素封當思擅有地方,莫非王土,安可嫁其惟正之供爲奸,觸大罪而使敗譽,凶愆與此倉共垂不壞也。雍正六年,添建廒六間。伊《志》。久廢。

預備倉　在通越門內鳳池坊。明洪武初建,儲粟備賑。嘉靖五年,知縣龍欽修。明趙漢《記》略:吾嘉爲附郡劇邑,邑有倉在郡城西南,去邑百步許,創自洪武初,久而敝。歲輸於官者往往爲風雨侵剝,蠹耗日滋。茶陵龍侯以進士令嘉祥,夫子賢之,改命來嘉。下車視之,歎曰:倉以儲粟,粟以賑貧,倉敝粟朽,民何賴焉? 遂鳩工聚財,以時興作,圮者起之、壞者葺之、缺者補之、散者合之,舊者新之。堂曰“廣儲”,堂之兩旁爲左右廒,聯者六,堅墉重扉,規制周密。經始於暮秋,落成於仲冬。十年,知縣黃訓重修。黃訓《記》略:倉名預備,備民無備者也。曷取焉備,取民之有罪者罰之也。縣故有倉二,至則敝矣。乃申府次山公曰:“二之敝,曷一之固。”曰“可。”乃簡民之有行義者陳讓事,事爲堂,於西三間,堂南爲室。堂前爲道,道中爲亭,亭前爲門,東向。門北之東爲祠,祠倉神,間皆如堂。爲倉於南北,間各九。席焉以板,牆焉以磚,年加之瓦,可數百年。費金十斤,始予以紙薪錢倡,七年以下,斗級助焉。成之工,合季冬及仲夏,而倉之制備。國朝屢爲葺治。雍正五年,添造倉廒二間,每間儲穀五百石。七年,知縣戈鳴岐添建廒一十四間。八年,添建一十六間。乾隆三年,添建廒五間。伊《志》。今燬。

社倉　在東津鄉約所。明萬曆二十四年,知縣陳儒建。劉《志》。後在春波門外東塔寺大殿傍。國朝乾隆三十三年,知縣王士瀚勘基,率社長動支公捐倉費,建廒十間,官廳一間,收儲社穀。伊《志》。今燬。

便民倉　舊在澄海門外鴛鴦湖傍。趙《圖記》。嘉靖三十三年,燬於倭,遷西城內。四十年,知縣何源以鳳池坊預儲、濟衆二倉址改建嘉興縣便民倉。《浙江通志》。中曰“經賦堂”,倉廒二十八,聯計三百八十一間。有利濟侯祠,前儀門,大門榜曰“國儲”。嘉興湯《志》。　明錢邦彥《新建便民倉碑記》略:政孰爲重,國賦爲重,政孰爲先,足國賦爲先。倉廩以儲國用,而民有所歉,亦於是乎取給也。及其大弊,倉廩之蓄遂藐然,與民無復相關。其遇凶荒水旱,民雖莩相枕藉,上無賑貸之令,良有司亦不敢發升合以拯其下。嗚呼! 倉廩之設,豈固如是哉? 浙嘉邑便民倉昔建南關外五龍橋,以近水次,士民輸納亦便矣。邇來倭寇荐燬,有司遷入西城內,暫爲積儲之地,垣墉卑薄,輒復坍頹,每遇徵期,糧人自爲修飾,不過爲目前計耳。其雨淫地蒸,浥爛敝壞者有不暇顧。心泉何侯臨倉閱視,體知民瘼,心切改圖。仍將預備、濟衆二倉基址擇四十年七月十三日建立倉廒一百五十九間,前有首門,內轉爲儀門,爲前堂,爲腰堂,爲後堂。廒之分,其列也,有二十八宿之名;其號之定編也,有天地玄黃之序,整齊嚴肅,無相紊亂,其規制可謂盡善矣。抑且不取民膏,不傷民力,工成不日而煥然一新,若非應變之才,兼收並濟,曷克臻此。蓋東南實財賦之區,而嘉興侯七邑之首,幸遇侯經畫綜理,斯民不苦於妄費,而國賦賴以不缺,侯真有惠於民也。萬曆三十八年,知縣陸獻明重修。國朝順治八年重修。康熙二十年,知縣何誌再修建官廳後房。嘉興何《志》。乾隆三年,添建廒一十三間。七年,添建十間。伊《志》。咸豐十年燬于匪。同治三年,署縣事王晉玉闢舊基,領欵重建漕倉廒二百間,倉屋四十二間。

秀水縣

常平倉四所　一在陡門,一在濮院,一在王江涇,一在新城。通《志》。萬曆二十三年,知縣李培建。秀水李《志》。　明吳弘濟《記》略:余嘗見嘉禾歲穰粟多,則盡趨市糶,糶者多,則糴者少,而價日卑,而民不得不糶者,苦於無錢也,於是乎農病。歲凶粟寡,則盡趨市糴,糴者多,則糶者少,而價日高,而民不得不糴者,苦於無粟也，於是乎民病。當此之時，能使不傷農，不害民，豈非爲民父母之所當惻然動心者哉？嘉靖辛酉，陰霾肆虐，萬曆戊子，旱魃陸梁，歲貢莫入，道殣相望，借有早計儲糈之術，給彼升斗，何渠至是？高皇帝建預備倉，實倣常平遺意，第患無良有司奉行。自邑大夫李君奉檄各郡邑建立常平倉，以備凶年，主羅耀。乃遍觀一邑之中，設倉凡四：循邑以北幾二十七里而遙爲王江涇，於姑蘇當走集，其人十農三賈，十九苦澇，十一苦旱，其田宜禾少麥，視高原所入差倍，甚澇，傷禾，乃受之饑。以其間設廒倉，中市而立。凡爲儀門一，傍耳房各一夾道，東西廒十有四，爲堂廡三，夾堂廡爲社弟子學各一。其東西鄰比邱尼氏、莊氏，南及畝滄，北抵市河，縱橫度可盈三百尋。還至於邑，西南行三十里而近爲新城，於苕溪當走集，其人十農四賈，中分苦旱澇，其田宜麥禾，多桑，視衍沃所入差儉，甚旱澇，傷麥禾，乃受之饑。其廒倉中市，臨官道而立，前爲儀門，傍耳房各一，中爲堂廡三，傍爲社弟子學各一，其後帶廒廒十有三，夾兩傍爲廒各一。其東西鄰及於北爲章氏、呂氏、陳氏，南抵官道，縱橫度可百八十餘尋。循新城南行，越陵門，十里而遙爲濮院，於桐鄉當走集，其人十農三賈，十九苦旱，十一苦澇，其田宜麥禾，多樹桑兼菽，視原沃所入，其儉倍差，中旱，傷麥禾，乃受之饑。其廒倉中市而立，凡爲儀門，若耳房，若堂廡，若社弟子學，若連廒房，大抵皆如王江涇之數。其東西鄰及於南爲吳氏、殷氏、沈氏，北抵畝滄，縱橫度可盈五百尋。循濮院而還五六里爲陵門，於虎林當走集，其人十農一賈，十七苦旱，十三苦澇，其田宜麥禾，多樹桑兼菽，視原沃所入，其儉惟倍，甚旱，傷麥禾，乃受之饑。其廒倉中市，臨官塘而立，門廡、社廩視濮院。其東鄰及於西北爲趙氏、朱氏，南抵官塘，縱橫度可盈五百餘尋。歲時旱澇，中饑，耀半廩；大饑，耀全廩，民無盡食，官無追呼，以寬流亡、夭札之殃，皆奉當事者指具有成藉。若乃經營相度，寢處不遑，則李大夫業受成於守道張公、巡道湯公與郡大夫曹公，早夜勞苦暴露，集謀鄉三老，而不日亟成之者也。《書》曰："惟事事乃其有備，有備無患。"我大夫廣上德意，引而推於市落阡陌間，計每廒穀五千石，於四鎮餘二萬石計，平糴二萬石，可令價無翔。二十餘萬石以時灌輸，寧有窮期，使得如李大夫賢以修明其法。邑無秕政，野無懸耜，於豐凶何有哉？ 伊《志》。

國朝乾隆二十七年，知縣韓本晉重建新城鎮廒房五間。道光四年知縣徐起渭、十一年知縣姚肇仁先後添建。于《志》。今俱廢。

崇真倉　在縣西北二十七里，計廒六間。秀水李《志》。久廢。

花園倉　在報忠坊。通《志》。縣西南二百步，計廒一十五間。秀水李《志》。乾隆二十三年，添建廒二十間。三十九年，添建二十間。伊《志》。今燬。

預備倉　在縣東北三百步，天寧寺東偏。舊在治西南三百步，明刑部郎劉廣衡諭輸得穀米三萬七千四百餘石，構四倉，總二十五楹。國朝雍正七年，添建倉廒一十八間。八年，添建一十六間。伊《志》。案：即西倉以對橋東便民倉稱。

義倉　在復禮鄉，明陸光祖建。浙江通《志》。　明馮夢禎《記》：秀水舊無義倉，至隆慶年始有。他都亦無義倉，惟復禮鄉三十都獨有。蓋始五臺陸公，少時甥館於斯，睹其地瀕湖蕩水，比爲災，民多貧徙，賦復繁重，慨然思所以恤之，而仕版早登，駮歷靡暇，後以太常卿謝歸，復游其地，則民之困窮且增劇矣。心益加惻焉，輒命捐田三百餘畝，并米數百餘石，儲之東禪寺，建爲義倉，春放冬收，以給民耕種。歲祲量蠲之餘，而瞻里役，表賢逸，蜡祭賽神；餘而治徒杠，葺祠宇，以教民孝敬禮讓，能自給者不得與，科條纖悉定爲式，以垂諸永久。嗣君比部員外郎基忠、前府倅軍基恕同心繼述，續增田至五百餘畝，米八百餘斛，所貸始於都之內，漸及於都之外，鄉之民遂安居樂業，孝弟力田，曩時流離轉徙之苦如距斯脱，而禮讓漸興，盜稀訟息，此所謂阜民善俗之明效大驗，至章著矣。竊惟天下事不難創始，而難主守，主計一不當，彼且爲窟穴，爲徑竇。不者，爲具文，爲故事，而苟簡應之，法即良，且日告窳，民竟安所賴哉？五臺始事時疇咨其鄉之父老耆俊，得張君守約而掌之，張君兢兢慎飭，主之二十年，法無害。兩目忽眚，告於五臺而謝其事。衆乃推太學陶君九文，陶君重方命，乃受託，君固以精勤起家，而治倉事尤謹，秉公持正，以計出納，而程贏縮，諸所支留取予，悉案故所條定行之。又念惠生而遺於惠死，乃復捐田出助，爲亡者之需，蓋澤及泉壤矣。夫一鄉者，四方之標也，標建，則人競趨。斯時倉法，豈僅僅行於復禮一鄉已哉，將天下以爲標也。余敢爲復禮鄉之民慶，又庶幾行之於四方，以爲四方之民慶。是爲記。久廢。

社倉　在北營之南鄉約所，明萬曆二十七年，知縣鄧漢創建。劉《志》。今廢。

便民倉　在縣東北望吳門內。《通志》。明宣德十年，巡撫成均建。弘治十三年，知縣譚溥重修。國朝額設廒二百三十五楹。康熙十年，實額儲漕二百六楹，其二十九楹修儲白糧。伊《志》。咸豐十年燬於匪。同治三年，署縣事王嘉瑞闢舊基，領欸重建漕倉廒二百間，倉屋四十二間。

嘉善縣

常平倉四所　明萬曆二十四年，知縣章士雅創建。一在風涇鎮，一在干家窑鎮，一在王帶鎮，一在斜塘鎮，俱倉廳左右爲社學。章士雅議：預備倉穀每年僅九百石，而吾邑丁口乃有十萬餘，貧乏者多，一遇凶歲，穀何以支？今設常平倉四，實古社倉之遺規，救荒之上策也。但一時穀本難以充實，擬將櫟縣戶田每畝徵穀二合，吾邑田六十萬畝，履畝而稅，可得穀一千二百。畝出二合，人必樂從，仍著見年收管，至次年春耕時，里中有肯具領貸出者呈官准領，取保結之。至冬照數收入，則歲有儲積，不必復派於民。而他日計本里之所入，爲本里饑荒之資，年愈久而穀愈多，民不擾而惠易偏，亦上下兼利之術也。今在鄉四倉，設有社學，本縣逃田甚多，宜各擇其相近者二十餘畝給社師，爲束修之費，在鎮七學亦依此例行之。夫常平繼預備而兼行，則黔黎蒙賑窮之惠。社學次儒學而並列，則譽髦沾樂育之恩矣，又何教養之不隆，而士習民生之不古若哉。　嘉善章《志》。今廢。

廣濟倉　在縣治西北《浙江通志》二十四里遷五中區。趙《圖記》。今廢。

太平倉　在縣治西一里五十步華亭塘南，正統中建。趙《圖記》。久廢。

預備倉　在太平倉右。明正統六年，知縣李遜建。門北向，西鄰便民倉，舊爲濟農倉。案：嘉善倪《志》云即太平倉，亦沿俗呼也。刑部郎劉廣衡諭輸得穀一萬四千七百三十石，構四倉一百二十楹。萬曆十九年，知縣章士雅重修。嘉善章《志》。崇禎八年，知縣李陳玉以積穀無多，倡輸爲勸，邑人陳龍正捐銀三百餘，積米千石出入之，籍紳士司之。《見聞偶記》。　李陳玉《儲糈記》略：武塘居三吳之僻，其民無魚鹽商賈之利，所事耕織亦無蠶畜畜牧之饒，其圩田當嘉、秀下流，即不幸而有水潦之患，有告饑云耳。且當七邑之中賦獨重，役獨繁，余初至，庭下訟者百人，三之一鳩形鵠面，問之皆往時北運斗級，不終歲而家已破，廚無煙也，心甚惻之。已而，循行城郭，或間晨起燈光猶在，市壁見諸老婦，亦多稚子，紗未成布，攜來市易，則竊歎此土之民謀生亦蹙已。蓋四方徒知嘉邑不貧，而不知舒徐寄與止此，衣冠之族，城郭之間，其餘瞳叟鷗，民固可長太息耳。夫儲積者，治之大命也，無事可以養民力，有事可以安民心。民力養，不但可以行仁，且可以教仁；民心安，不但可以弭亂，且可以禦亂。故自王制通三十年外，孰有善於常平社倉者哉。今二麥不登，三旬淋雨，價翔閘市，煙絕寒村，淮南之波日警，江東之雲易興，此亦仁人端居深念時矣。願自今始，捐俸爲倡，一令不能濟十人，而十人可以及百，百人可以及千，層推迭轉，億萬何窮。但使有心人皆權其聚少成多之策，推陳易新之方，固當聽之賢士大夫而不當問之官也。問之官，則胥吏得以操縱乾沒，雖有良法，不十年而必敗。惟一聽之賢士大夫，則法之所窮，意復通之；意之所窮，法復生焉。此余所謂鄉約社倉相待而舉也，固深有望於仁人代爲修明也。國朝雍正五年，知縣郜煜添建倉八間，每間儲穀五百石。七年，添建一十八間。八年，添建一十六間。《通志》。乾隆三十二年，知縣董鈞領帑改建廒房二十間，官廳、寢房五間。案：預脩倉久改爲汎防公署，今附便民倉中。　伊《志》。

社倉　舊在思賢書院各鄉約所。明萬曆二十七年，知縣余心純建。劉《志》後在慈雲寺。國朝乾隆三十二年，奉文勸捐社穀，隨輸建倉銀，構廒七間。伊《志》道光四年知縣党金衡、十四年知縣李東育先後詳修。于《志》。今燬。

便民倉　在縣西南一里許。《通志》。明宣德間，巡撫成均建府城內。正統中，以德清教諭戴哱奏移於此。成化二十一年，知縣汪貴撤新之。柳《志》。嘉靖中倭燬。三十五年，知縣王察言重建。四十一年,知縣周宷令各里東西分建廠房。萬曆二十一年,知縣章士雅重建。嘉善章《志》。 明盛唐《記》略:國朝定稅法,始於歲終百穀告成,起運屆期,當道分遣戍守諸軍,董以武員,責以芻輓,輸粟至京師犒羽林。緣邊土卒百萬,故往往韋弁之艇未齊,而有司者乃積乃倉以待矣。第邑舊有倉,不分區圖,民得雜儲之,圮壞,吏胥緣而爲奸,豪橫緣而乾没,主計者憂之。嘉靖間,邑令周公設法更造,規制猶未備也。且法日益玩,輸納日益遲,民間無粟或出金錢與軍,軍亦樂受金錢爲侵漁計,豪猾之子多出納於私家,間有奉法輸粟,舟載斗量以俟者,亦緣官廩傾頹,往往爲風雨鳥鼠所耗蝕,而小民若不知有倉矣。姑蘇陽東章侯甫下車,仍邑饑饉,後家噢而人咻之,稍稍帖席,即痛懲前弊。至倉周視,見垣舍陵夷,慨然計再造,而費無所出。欲請之監司,則公無羨帑;欲任之巨室,則野無餘財。於是召諸父老問之,僉曰:噫! 是公私兩便,軍民咸利者,烏惜費,請計里出銀建之。侯曰:善! 是不可繁,繁,民不堪也。是不可偏,偏,民不樂也。遂命相地定基,計丈尺,揣高低,區分圖別,編字號,每區一帶,每圖二間,東西對峙,井然有條。惟均惟輕,民樂趨事,上不費公帑,下不煩巨室,朝下令而夕赴工,不踰月竣事矣。由是里各有倉,倉各完固,儲粟於斯,可以待運;親臨於斯,可以防奸;案驗於斯,可以稽出納,恢昔賢未備之制,貽百世永賴之澤,侯之功豈尠哉。國朝康熙十年,知縣莫大勳重建。吳《志》。 案《魏塘政略》:共建三百四十間,分左右翼各十七號,每號十廒,以楹聯"一粒悉屬民膏,覩千倉萬箱當惜辛勤物力;五斗漫叨國俸,念三農九府敢渝清白臣心"三十四字分廒,其清、白、臣、心四十間專儲白糧,又置碓房三十九間,地曰二百七十副,圍牆夾道,規制內外咸宜,民皆稱便。雍正七年,知縣部煜重建碓坊,置地曰,中爲官廳。九年,知縣楊純祖重建大倉廳,設栅欄。嘉善戈《志》。咸豐十年燬於匪。同治三年,知縣傅斯懌詳修倉廒二百間,重建五十間,並倉屋二十一間。

海鹽縣

常平倉四所 一歟城,一澉浦,一茶院,一白馬廟鎮。萬曆二十四年,知縣李當泰建。天啟元年,知縣樊維城重建。明胡震亨《記》略:常平昉於漢,其法,時穀價爲糴糶,未聞有所謂假貸也,假貸焉而受息以備賑。自唐若宋之義社倉,始夫糴於所有餘,價不益平矣;糶於所不足,價不減平矣。既平矣,安所不得穀而藉假貸?爲有假貸,且無論有勒保,有追繳,有賠償,即安然食土贏,靡後苦也,亦縣不過數家,家不過數口止爾。利之者狹,不獲利者固甚奢矣。何如以出納之權,操物情之輕重,用低昂之術,調民生之縮盈者乎。今天下郡邑,所在有常平倉,惜有司者以義社倉法雜施之。夫不虞之蓄,先冒於丐請之民,則何以待市價? 和買之資,并盡於倚閣之日,更無以存糶本。雀鼠未爲耗,卜吾廩之杗如矣! 此非古法不可行,行常平者,不純以"常平"行常平,則有不可行也。何幸得之我樊侯,重軫夫歲之不行,民之不易,爲余鹽邑政[1]計長久也。眡舊之遺址頹構,喟然興慨,爲捐月俸,鳩工治之,又爲發賕鍰市粟儲之,且盡準於常平之增價糴,減價糶,無輕假貸者之舊,不敢以義社倉法雜焉。蓋行之初年,碩計千而贏,期倍之,又期三四倍之,陳因積,市易通農末裕,穰穰浩浩,穀價之平,民固以食其利矣。 樊維城《白馬廟常平倉記》略:常平之設,以禦民災。民散處而重遷,至於災,且菜色蛇形,安能負米數千里外。穀帶芒甲,杵籖尤艱,故至民需倉廩,而發之者猶聽其自來,必不得之數也。每觀饑饉代有,而哀矜全活者十不一二,安可盡委天行與救荒無策哉! 某奉檄來鹽官,值春潦驟降,讕言歲歉,米價踊貴,民食不飽。執事詔之發粟,庾開而遠,民不稱便,由是益信祖制之不可更,而亟欲復之也。詢乎故老,更置多年,以修葺不敷,檢閱難遍,移在近地,合爲一區,其於防奸,誠苦心也,奈惠民之意何! 其三半毀,惟白馬廟則以墟矣。乃捐俸庀材,鳩工而新之,币月而告竣,凡爲費百二十兩,爲居再重,爲廒六間,前門、外屏、中廳、旁社,一如其舊。每至秋成,糶遣秉以實;贖鍰之餘者,亦以入焉;民之樂輸者,亦以入焉,庶乎舊制之漸復矣。國朝嘉慶二十五年,知縣饒芝詳修。道光三年知縣汪仲洋、四年知縣楊國翰、十年知縣盧昆鑾先後詳請修葺。今燬。

廣儲倉 在縣西安仁橋南,以儲海寧衛軍糧。明洪武十九年,指揮周鑑建。案:《圖經》宋常平庫在縣丞廳傍,常平倉附於省倉,省倉址即廣儲倉地也。又柳《志》作常盈倉,正統元年改屬有司,除授大使,則改常盈爲廣儲,當在設官給記時也。 伊《志》。今燬。

常積一倉　在澉浦城西門内,以儲澉浦所軍糧。明洪武二十二年,千户孫信建於東門。三十年,千户朱貞遷建。《海鹽圖經》久廢。

常積二倉　在乍浦城北門,以儲乍浦所軍糧。明洪武二十九年,千户許貞建。海鹽仇《志》。案:《圖經》三倉初並,衛職領之。正統二年,隸縣,設大使,各給以記,曰“海鹽縣廣儲倉記”,曰“海鹽縣常積倉記”,曰“海鹽縣常積二倉記”,並有副使,後汰。今廢。

開濟倉　在縣西北,《浙江通志》去治十里,開濟鄉二都。《海鹽圖經》。今廢。

預備倉　在縣治西百二十步。明洪武二十三年建。《圖經》云在南水門内。爲廒十有四楹。國朝雍正五年,添建倉廒九間,每間儲穀五百石。七年,添建一十六間。八年,添建一十六間。《浙江通志》。久廢。

社倉　在鄉約所。明萬曆二十七年,知縣李當泰建。國朝乾隆二十四年,知縣王寅設社長,勸民出粟,附儲常平倉東廂。伊《志》。今廢。

便民倉　在西關一里。明正統六年,設縣郊外。嘉靖三十三年,知縣鄭茂移建西門内虎尾浜民地,并裁廣儲倉隙地爲之。明鍾梁《記》略:鄭侯度西關内廣福橋南空地一所,計二十畝,西向虎尾浜,南北皆官河,東接廣儲倉,泉脉縈紆,地勢豐厚,前造一橋,立大門三間,二門三間,左右倉廒各七十五間,前後有堂,息爨有所,典核書算亦有處,周遭疊石重垣,足凌風雨。旁各一小門,俾輸納紛至者無稽留焉。經始於甲寅八月,落成於十一月,財取於羨餘,力役於糧里,窴度氣勢,視昔有加。董其事者,少尹朱君光裕也。萬曆三十七年,知縣喬拱璧增修糧里,爲廒一百六十一楹,廳事、後堂、門樓,鄭令所建,周垣夾道,並始喬令。《海鹽圖經》。　鍾兆斗《記》略:正統中,周文襄公忱以鹽漕糧粟負載輪郡不便,始奏建便民倉於西郊,令各就縣輸納。至嘉靖癸丑、甲寅,倭夷入寇,郛郭廬井,刼焚殆盡,而倉卒巋然獨存。時莆田鄭侯茂宰邑,以終非便利,度地於西城内,其方隅向背,營繕時日,語在斗先大父南昌府君記中。歷今五十餘禩,積漸摧圮,不堪塗堅,屢議更新,因難其事,不果。戊申春夏之交,霪霖肆虐,蕩瓦漂椽,夷爲平土。當是時,喬侯下車甫浹月,遭兹異災,蒿目焦心,方虞單赤荸殣之不暇,安問輸將。且謀積儲也,力請蠲恤於上,報可,鹽是以獲免漕兑。明年大稔,乃以里分百六十一爲楹如干,楹以里計,十楹爲停,繚以修廊四停,爲列左右,各南北向峙,崇庫深廣,丈尺齊一。其門塾堂廡病旹廄者,則以次第易宲益棟,周遭石垣延亘,加完壯焉。分地授工,通力並作,閱月事竣。父老子弟摩肩輸納,歉未曾覩是役也。費中金千六百有奇,然上不損縣官之帑,下不罷百姓之力。惟是因財於衆獻,因力於衆趨,下忘其庸,上因其説,夫是以不動聲色,而建此利民之舉,以垂永久。咸豐十一年,燬於匪。同治四年,署縣事張蕙圃就舊基,領欵重建倉廒八十間,倉屋四十五間。

【校注】

[1] 倉政:按胡震亨《樊侯重建常平倉記》作“食政”,當是。

平湖縣

常平倉四所　明萬曆中建。一在徐婆橋,一在廣陳鎮,一在新帶,一在乍浦。二十四年,知縣吳文英分建。劉《志》。　案:平湖程《志》作黄焰。三廢,止存西門外徐婆橋一所。平湖朱《志》。　案:實在西倉橋西。國朝康熙十八年,知縣張鳴遠重修。乾隆三年,知縣王之琪添建廒一十間。六年,知縣董懿添建廒房一十間,共廒三十三間,儲穀六萬三百六十六石零。伊《志》。道光九年,知縣胡述文詳修。今燬。

預備倉　在縣東半里。明正統六年,刑部員外郎劉廣衡等建。柳《志》。國朝雍正五年,添建倉廒九間,每間儲穀五百石。七年,添建一十五間。八年,添建一十六間。《浙江通志》。今燬。

廣陳預備倉　在縣東北二十七里武原鄉廣陳鎮。元爲際留倉,明洪武二十三年改名重建。柳《志》。久廢。

常積二倉詳海鹽倉下。案:析縣後倉大使隸海鹽,地屬平邑,今裁。　伊《志》。

俸給倉　在縣内。明弘治四年,知縣林奇建。柳《志》。久廢。

儒學倉　在明倫堂東南。明成化間,知縣郝文傑建。柳《志》。久廢。

義米倉　在學宮儀門内左。明嘉靖三十九年,知縣陳一謙建。平湖程《志》。　伊《志》案:儒學倉儲俸廩,義米倉儲學田義租。今廢。

永備倉　在乍浦東門内滿洲教場西。乾隆六年,知縣董懿建廒房三十二間,倉廳重門。平湖張《志》。今燬。

社倉　在德藏寺等鄉約所。明萬曆二十八年,知縣林夢琦建。劉《志》。國朝乾隆二十二年,巡撫楊廷璋檄知縣李納璧建,凡五所,一在治南南寺,廒房一十一間;一在乍浦西門内,廒房一十間;一在新倉鎮南,廒房四間;一在新帶西市,廒房四間;一在青蓮寺,廒房三間;平湖王《志》。儲穀三千一百一十石零,米四千九百八石零。伊《志》。今燬。

便民倉　舊在縣西一里,臨水次,後改建於北城之内。明宣德間,巡撫成均初搆府城中。正統間,德清教諭戴哻奏移縣西。即西林寺故址。成化中,縣丞梅清、田仁相繼營建。柳《志》。倉前有南薰亭。趙《圖記》。　詳《古蹟》。嘉靖三十四年,倭警,知縣劉存義改置北城,廒房八十七間。袁《志》。參平湖程《志》。國朝康熙十年,知縣陳孚宸重建廒房一百八間。平湖朱《志》。十八年,署知縣朱祥麟重修。陸薬爲記。雍正四年,知縣楊克慧添建四十間。乾隆三年,知縣王之琪添建一十間。七年,知縣高國楷添建三十三間。三十三年,知縣周昭仔添建九間。平湖高《志》。參張《志》。五十年,知縣王恒捐俸四千餘金,重修大廒一百八間,小廒一百二間,白糧碓坊一十間,出串驗串所各一間。伊《志》。　王恒《記》略:平邑便民倉自明嘉靖乙卯,越戊午歲,又爲增置。迨我朝康熙己未,苕溪少尹朱祥麟來署是邑,嘗重建倉廳,閱今已九十餘年,未有從而葺治之者。余於乾隆乙巳自慶元量移茲土,下車始閲視倉廒,凡牆宇棟柱、堂階廊廡之屬,皆岌岌欲倒,謀重修之計,工非六七月可成,非數千金不辦。因漕期既届,未便遽議新修,乃稍加堊黝,欹側處以堅木支之,幸告無恙,得藏事。丙午夏,余念貢賦重地,工程雖鉅,烏可聽其隳壞,爰勉力籌畫,罄所積俸廉,鳩工庀材,自頭門及左右倉房百有餘間,幷廳事、内屋、土穀神祠概爲修理,焕然一新。始七月上澣,迄九月下澣落成,糜銀四千餘兩,土木髹漆雜作等工凡六千三百有奇,自兹以後可無傾圮之患。蓋朝廷之所重在農,而農之所尊在貢,賦凡納總納秅,必鄭重保護,以俟衛所輪輓,雖儲偫不過數十日,若風雨漂搖,紅朽有患,豈所以重賦税而尊朝廷哉。咸豐十年燬於兵。同治四年,知縣明德就舊基,領欵重建倉廒一百三十八間,繞以廊,中廳五楹,各有樓,餘屋二十五間。

石門縣

廣盈倉　即常平倉,康熙十一年建。一在縣儀門外。雍正五年,請建廒一十五間。在西北隅。七年,請建廒一十四間。在西南隅。乾隆三年,添建一十間。五年,添建一十間。二十三年,添建五十四間。俱西北隅。一在白糧倉廳後。雍正七年,請建四間。一在縣汛防廳頭門内。乾隆十八年,請建一十六間。一在崇福寺山門内。乾隆三十二年,奉文建二十間。伊《志》。嘉慶十七年,知縣耿維祐詳修。道光三年知縣鄧廷彩、十二年知縣李世彬前後重修,今燬。

常平倉三所　明萬曆二十四年,知縣崿近充建。一在官村鎮,稱南常平倉,今廢。一在石門鎮,亦稱北常平倉,今廢。一在環橋。演教寺東,爲東常平倉。石門酈《志》。今廢。伊《志》案:縣志云三倉係知縣萬應秋建。

縣倉《至元志》。列崇德縣下。案崇德靳《志》云:宋元曰常平,正統曰崇盈。《元史·食貨志》:常平倉,至元六年始立。八年以和糴糧及諸路倉撥糧儲焉。《續文獻通考》云:至元元年立常平倉,則是倉即元之常平也。

崇盈倉　在縣薰仁門南。明正統間創,向東廠屋八間,向南廠屋八間。柳《志》。案:靳《志》在永豐倉側,嘉靖後屢改,今廢。

預備倉　在永豐倉側。明嘉靖四十三年,知縣陳憲改於崇義橋。萬曆十七年,知縣王述古移就察院行臺基。三十七年,知縣靳一派重建於布政分司舊址,廠房東西共一十間,中爲官廳,前儀門,前倉門。靳一派爲記。崇德靳《志》。國朝康熙十一年,知縣杜森重建。吳《志》云在白糧倉前。雍正五年,添建倉廠一十一間,每間儲穀三百五十石。七年,添建一十八間。八年,添建一十六間。伊《志》。今燬。

社倉　在城隍廟等鄉約所。明萬曆二十八年,知縣陳允堅建。劉《志》。今燬。

便民倉　初建南門外,後遷於城內學河之南。宋曰"永豐",在縣治東。明洪武六年,知縣田慶元改建。嘉靖三十二年,倭警,時知縣崔近思移於城。萬曆二十六年,知縣陳允堅修葺。三十八年,知縣靳一派增修。崇德靳《志》。國朝康熙十一年,知縣杜森重建。自爲記。袁《志》。廠房一百六十四間,配里儲糧。石門酈《志》。佟康年《建漕白二倉記》略:嘉之石門,春秋時吳地也。歲額漕米四萬四千五百餘石,白糧六千四百餘石。舊倉久已棟折榱崩,湫隘不堪重儲,相率沿襲,弗遑修舉。一旦杜侯能相其機宜,奮然思所以改作之,於是計所爲土木之費若何,所爲工用之需若何,進諸紳士耆老於庭,互相商榷。爰經始於壬子年之七月,遂於九月望後告厥成功,謂非百世之利與? 明謫丞齊之鸑《題便民倉壁》詩:"計籍停披散客襟,午風春茗小堂深。霏煙近水添花潤,乳鵲喧晴度柏陰。歲稔有民輸白粲,官清無吏索黃金。折腰受事煙波地,慚愧當年瑣闥心。"

伊《志》。咸豐十年,燬於匪。同治四年,署縣事楊恩澍倡捐爲勸,邑紳助之,共得錢九千四百餘串,就舊基重建漕倉六廠,計一百五十四間。廠前行路悉甃以石,並建倉廳住屋。六年,署知縣史致燼請款添建備廠,東西各十間。

白糧倉　在縣東南運河左七十步,即布政分司舊址,石門酈《志》。預備倉之後。國朝康熙十一年,知縣杜森建,與漕倉並。吳《志》。廠房一十七間,曰房五間。伊《志》。杜森《記》略:月令孟冬,命有司修囷窖,謹蓋藏,昭吏職也。況白糧倉廠,上供玉粒,人臣罔敢屑越以從。石邑歲賦白糧六千四百有奇,舊無專倉,寄儲邑令祠內,且窄甚不能多容。有船已艤集,而零負斗斛交收次者,屑越殊甚。余初涖斯土,亟謀所以新之。會漕倉告圮,邑之鄉大夫偕袗耆定爲按畝助錢之議,俾人人得好義急公,白倉以是爲差,斯即莫不尊親之義也。余因衆議僉同,上狀當事。報曰:"可",迺即祠基而規畫焉。爰召工師,爰選徒旅,越兩月而告竣。瞻視聯廠,環顧垣牆,規模遠大,匪紏匪紓,罔敢屑越矣。伊《志》。咸豐十年,燬於匪,尚未建復。

桐鄉縣

清河義倉　在治西四十步濯清街南隅。明正統六年,刑部郎劉廣衡、桐鄉徐《志》。知縣田玉建。袁《志》。明劉廣衡諭輸得穀米一萬一千九百石,構倉十楹。久廢,今存遺址。乾隆四十年,知縣潘安智改建常平倉,廠房一十八間,中爲官廳,前大門,儲穀五萬三千四百二十五石零。伊《志》。道光四年,知縣王鼎銘詳修。于《志》。今燬。

常平倉四所　一在東門外,一在皂林鎮,一在屠甸寺鎮,一在密印寺。明萬曆二十四年,知縣陸枝建。劉《志》。今廢。

俸給倉　在縣儀門西向北,廒三。桐鄉徐《志》。今廢。

俸廩倉　在儒學居仁齋後。明弘治十年建,廒三間。桐鄉徐《志》。今廢。

預備倉　在焕文街。明天順初,知縣張泰建。趙《圖記》。　案劉《志》云:景泰六年,泰同縣丞鄧批建。又桐鄉徐《志》云:正統六年,知縣田玉買地建。後併清河義倉,額曰“清河預備倉”。桐鄉徐《志》。國朝雍正五年,添建倉廒一十五間,每間儲穀三百二十石。七年,改建小倉二十二間。八年,添建一十六間。伊《志》。今廢。

社倉　在鄉約所。明萬曆二十七年,知縣謝諫建,後改爲社穀倉,凡三。乾隆二十五年,巡撫楊廷璋檄知縣陳虞盛建,一在縣城北門便民倉内,廒房七間;一在青鎮壽聖寺;一在屠甸鎮寂照寺内。伊《志》。今廢。

便民倉　初在皂林鎮運河之南,後移建於古接待院之址。明宣德中,就府城中造,後亦以戴嘌奏改移。景泰五年,知縣張泰、縣丞鄧批建廒三十餘間。弘治八年,知縣王昊重建。趙《圖記》。參桐鄉徐《志》。　明王華《記》略:桐鄉新造之邑,百事草創。征輸之日,露積野聚,風雨鬱蒸,沾濕朽敗,逐避遷移,歲無常所,蓋自有邑而然也。弘治乙卯,衡陽王君昊汝欽來尹兹邑,乃歎曰:“民之脂膏,斂而委諸草莽,又因以罷疲之,其謂便民何?”遂稽隱籍,得空餘之粟七千[1],分事授役,立程計績,因民之隙,均民之力,十取一人,歲取一日而已。凡爲廒六十有四楹,中列廳治。廒周其旁,圍以長桓,守以重閣,創前所無。而民不知役,不有紀績以垂來者,能無毀敗於後哉!於是礱石,以記其事。萬曆二十六年,知縣謝諫改置北城内,吳《志》設廒一百七十九間。國朝順治十年,知縣張鳳羽重修。又建坤德祠。　張鳳羽《記》略:予初涖兹桐,崔苻不靖,陰陽愆序,民病於供輸,胥習以怴法,張旗丁之勢以市中飽,播包攬之術以釁乾没,是以朝廷紀綱日壞,而上天震怒,水旱盗賊之來,蓋有繇矣。邇來夜犬不吠,嘉禾蘲蘲,毋乃奸人悔禍,念時艱而革心歟?抑民知奸蠧之已除,修職供上,息其愁怨歟?予聞有捍大患、立大功則祀之,今日之化暴爲良,易歉爲豐,民不避吏擾,吏且樂民義,非明神之奉天昭賜,殆不及此。便民倉左側建有祠宇,乃土人之思伸祈報者,不能辨所自。余遂爲民倡,鳩工庀材以落其成,治器延僧以理其事,捐俸置田以綿其祀。俾桐人每歲冬輸春兑之日,過祠生敬,以終勵其蠲私守公之心。即有衛所旗丁,亦知桐人之不改初謀,莫或欺之,更可禦外侮矣。康熙十一年後併圖歸里,漸存廒房一百二十間。乾隆六十年,知縣李廷輝請項修建。伊《志》。道光四年,知縣王鼎銘詳請修理。咸豐十年,燬於匪。同治四年,知縣富拉渾就舊基,領欵重建白糧廒八間,漕糧廒八十間,倉屋四十五間。六年,續請添建漕糧廒五十間。

【校注】
　[1] 七千,原作“七十”,據王華《新建便民倉碑記》改。

道光十九年,七縣常平、永濟二倉實存穀二十九萬二千石零。内:嘉興縣存倉穀四萬三千七百五十四石零,秀水縣存倉穀五萬三百九十五石零,嘉善縣存倉穀三萬二千三百九十三石零,海鹽縣存倉穀三萬五千三百四十石零,平湖縣存倉穀四萬六千四百七十六石零,石門縣存倉穀四萬六千四十四石零,桐鄉縣存倉穀三萬七千六百七石零。

道光二十八年,浙省辦理清查嘉郡七縣共額儲穀三十七萬五千六百三十八石零,内除動撥賑恤平糶及碾撥蠲免南糧等穀八萬三千九十五石零,提儲司府折價未買穀六千四百十二石零,各縣挪墊穀二十一萬三千九百一十五石零,實儲穀七萬二千二百一十五石零。咸豐十年,粵匪之擾,燬失無存。同治七年,浙江巡撫李瀚章飭建郡城常平倉,歸知府經理。

府常平倉

在府署東北之新橋旁。同治七年,知府許瑤光領歎起建。倉廒二十二間,儲穀一萬石,備七邑碾濟之需。有頭門、倉廒廳、倉神祠,爲屋八間,繚以垣墻,中置石曬塲,外設河埠。許瑤光《建倉碑記》:"家有餘糧,子弟多賴。"國有餘糧,旱潦無害。《周書》云:"有十年之積者王。"言食宜足也。同治七年,當軸以兵後未有蓋藏,留算緡餘錢建倉儲穀。所謂"征當商旅,以救窮乏"也,蓋取諸《豫》。時東南髮逆初平,西北回亂未靖,協餉無虛日。庫藏尚絀,未能謀多,乃郡各萬石,蓋取諸《小畜》。往者倉儲管鑰屬之縣令,無救民飢,徒濟官蝕。兹改屬郡守,舍舊圖新,深防弊蠹,蓋取諸《革》。瑤承乏嘉郡五年矣。每夏秋,久雨久晴,中心忉忉,得謀積儲,欣然心慰矣。復以爲人事可以補天時之缺,終不如天時之降康;官府可以謀閭里之乏,終不如閭里之自計。值今萬邦告綏,風雨玉燭,彼小民者果勤以課耕,儉以節用,仁以相友,睦禮義以相灌溉。庶年豐足以持,盈年儉足以彌,缺年荒亦不至遽蹈匪僻,而官府又時出所有以濟之,是周於利,更周於德也。何畏乎凶年,何有乎邪世!倉建於府東偏新橋,有祠,有廳,有門,有埠,臨河便運也。東西二十二廒,每五百石。餘廒二,有石曬塲,便翻晾也。穀皆江蘇早秈,以禾中晚稻性柔,易糜也。倉費番銀三千有奇,穀費萬有奇,以八年四月事竣,記之石。

嘉興府志卷二十六

漕運<small>海運附</small>

　　三代以甸服之米供王畿，有貢道而無漕運。秦始以飛輓給軍儲。漢漕關東山東，而不及吳會。隋大業間，引河以通於江、淮，至唐而浙漕之數增矣。宋運至汴，元運至燕，遂先河而後海。明舍海而復河，有民運、軍運，軍、民交運之，不同我朝以河運，以軍運，近則以海運，以商運，亦因時制宜也。嘉興漕數甲於杭、湖，白糧則居浙額十分之六，供億既重，而輪轉彌艱，不可不究其本末也。志《漕運》。

　　唐貞元中，增浙江東西歲運米七十五萬石，此兩浙漕運之始。宋太平興國初，兩浙歲進米四百萬石。至道元年，江、浙所運，由淮、泗輸京。元至元十九年，改海運。明初仍之。永樂間，罷海運，設倉於淮、徐等處，令浙江民運糧至淮安倉，遣官軍輓運入京，名曰支運。《明史·食貨志》載：自淮至徐以浙、直軍，自徐至德以京衛軍，自德至通以山東、河南軍。以次遞運。又支運之法，支者，不必出當年之民納；納者，不必供當年之軍支。通數年以爲衰益，期不失常額而止。不數年，官軍多所調遣，遂令民運，道遠數愆期。宣德四年，復支運法。六年，令民運至淮安，兌與衛所官軍運載至北，給與路費耗米，是爲兌運。成化間，立改兌法，令運軍赴水次交兌，而官軍長運遂爲定制。北京白糧仍由民運，終明之世，大爲民累。本朝順治二年，始改官運。迨後旗丁橫索無厭，民始重困。國朝順治初年，定官收官兌法，軍民兩不相見，止令監兌官與運官公平交兌，兌竣立即開行。凡浙江糧船限一月內過淮，六月初一日抵通。

　　運軍　明永樂十三年，嘉興所坐派運船四十隻，又代駕金山衛一隻，該歲駕旗軍四百十名。海寧衛係備倭出海，原無運糧之額。宣德九年，本衛千戶王震謀領杭州等衛船五十七隻。正統間，倭寇犯梁莊，官軍路得等遇害，奏將運船退回杭州等衛，繼有北京調任本衛指揮莊瑞圖便回籍，仍冒代領，尋至軍伍消乏。嘉靖間，倭寇屢犯，百戶陳邦策、軍人吳汝常等具奏，批發都御史王抒、巡按御史趙炳然勘議軍歸守邊，船還各衛。隆慶間，指揮姚磐聽信湖州所委[1]呈本衛地居小洋，派代領船一十二隻。萬曆初，衢州所比例又派十隻，此海寧衛領運之始。案：海鹽衛所爲一府藩籬，與臨山、觀海九衛專責備倭。其腹裏杭州前有寧、紹、台、溫等衛，金、衢、嚴、湖等所領責駕運，淮安清江浦船廠漕碑竝無海寧衛名色可考。且湖、衢竝無倭患，軍多殷富，本衛坐控天關，孤懸洋島，纖無阻蔽，比諸金盤等沿海衛所尤極邊險，食糧正軍不滿千數，內選出征出海、烽墩臺寨、鹽捕、巡哨、窑局等差，所存者惟疲弱老幼守城之數，尚且不足，若再抽運，城守益孤，相應申豁。　劉《志》。國朝釐定兵制，凡衛所軍丁一體僉運。康熙二十五年，改併海寧所、嘉興所二幫爲嘉海衛所幫。乾隆十五年，裁汰嘉興所，改嘉興衛幫。二十六年，將湖州所併歸嘉興衛，設嘉湖衛，守備一員，嘉興幫千總二員，嘉興白糧幫千總二員，湖州白糧幫千總二員，湖州所幫千總二員。咸豐年間，改海運，裁各幫千總。

　　一、浙江漕運每正兌改兌米一石，加耗四斗，內二斗五升、一斗七升，隨正起交，一斗五升、二斗三升，隨船作耗，白糧一石加耗四斗五升，以五升、三升隨正起交。交內倉、通倉，加耗五升，交光禄寺加耗三升。四斗、四斗二升,隨船作耗。雍正元年,奏准各幫運弁,有在倉交剩三升八合餘米,本軍如有舊欠,照數全扣,本幫有欠,三七扣留,節年皆有舊欠,將扣留之米按年分交銷,如願賣與別幫抵欠,即於册內開晰米數。如抵賣之外再有餘剩,杬米每石作價七錢,梭米每石六錢,粟米每石五錢,動用茶菓銀給與運軍,顆粒不許出倉。如茶菓銀不敷,即于通濟庫銀內動用給發,所有餘米通行留倉作正支放。四年,題准運軍應得餘米或本幫有欠抵補本幫,或別幫有欠賣補別幫,賣抵之外仍有餘米,准令經紀車户買抵掣欠,至尾幫有願赴坐糧廳領價者,仍照例給發。乾隆七年,奏准漕船抵通,起卸完日,驗明飯米闕乏之幫,將應得每石三升八合餘米三分交倉,給銀七分,給米以濟回空之用。　現行海運此項餘米隨正交倉作價,抵解茶菓等款。案:舊志載白糧耗米四斗,誤,今依《賦役全書》更正。

一、贈貼銀米,各省漕糧舊係軍民交兑,運軍需索,多爲民累。後改爲官收官兑,因酌定贈貼,隨徵給發,各省名目不同,多寡不一,浙江謂之漕截,每石徵銀三錢四分七釐。以九八折實紋銀三錢四分六絲,按起運正兑米及二五交倉耗米之數每石核徵。

一、運丁漕費,乾隆十六年奏准浙省杭、嘉、湖三府徵米漕糧,原定漕費每石收錢自八文至二十一文不等,不敷辦公之用,應仿江省之例酌量加增,嗣後嘉興、秀水、嘉善、海鹽、平湖、石門、桐鄉等七縣加收錢三十文,均于原定脚費錢之外分別加增。

一、監兑押運官,杭州府通判監兑該府屬并嘉興府屬石門縣漕糧,嘉興府通判監兑該府屬漕糧。《漕運則例纂》。　案:浙江押運通判三員,雍正六年奏準于通省同知、通判內遴委三員,分赴三府,監兑漕糧兼司押運。

雍正六年十月初三日,欽奉上諭:向來江、浙收兑漕糧俱用本地粳米,擇其乾圓潔净者方准交納,間遇收成稍薄之年,該督撫每以紅白兼收爲請,朕皆允行。夫米糧乾潔皆可久貯,原不在色之紅白,且江、浙二省户口繁多,其每年應納漕糧將及四百萬石,若必拘定本地粳米,恐致米價昂貴,民間難于輸將。朕軫念閭閻,凡有裨益民生之計,皆爲之周詳籌畫。自雍正己酉年爲始,江、浙徵收漕米但擇乾圓潔净,不必較論米色,准令紅白兼收,秈粳並納,永著爲例。特諭。

乾隆五十四年十二月二十四日,欽奉上諭:閔鶚元奏本年五、六月內雨水稀疎,禾苗間有受傷結實之候,復因天氣驟寒,顆粒未能十分圓綻,間有白臍紅斑,篩扇不能净盡。又琅玕奏,浙省杭、嘉、湖三府六月內得雨稍遲,且係閏五月,節氣較早,晚稻含苞之際天氣驟寒,以致米色間有白臍各等語。南漕爲天庾正供,米粒自應圓綻純净方准驗收。今既據該撫等聲明,江、浙二省本年因雨水稍遲,又值閏月,霜信較早,天氣驟寒,二禾結實未能圓綻,米色間有紅斑白臍,自屬實在情形,著傳諭管幹珍等,該二省漕船過淮,盤驗時如驗明顆粒堅實,並非攙雜細碎,米色間有不能一律圓綻純净之處,不必過於駁飭,及早盤驗儧行,並著該倉塲等于江、浙漕糧抵通交倉後另廒收貯,俟支放兵米時即行先儘開放,毋庸拘泥進倉先後,庶此項米石不致在倉久貯,致有霉變也。除就近傳知蘇凌阿、劉秉恬外,將此諭令知之。欽此。

嘉慶五年二月初四日,欽奉上諭:鐵保奏調劑浙江旂丁運務,與江南情形相同,請將浙省春耗米三斗內酌撥六升給丁,又各丁應領本色行月米石亦請令州縣照依市價變賣,折給各丁,所有該丁積欠庫項三萬九千四百餘兩,酌分六年歸款,即從本年冬運起扣,並請回空船隻于例帶土,宜六十石外照重運之例多帶土宜二十四石等語。江蘇、安徽兩省幫丁經鐵保會同費淳奏請,將分給州縣銀米內畫出給丁,並將行月米石按照市價交州縣折銀給丁,已批依議速行。所有浙江旂丁酌撥春耗米石及應領本色行月米,令州縣照市價變賣折給,均着照江、安二省一體辦理,以爲濟運之資。至幫丁從前借撥行月食米,亦着照該漕督所請,酌分六年扣歸款項,以紓丁力。其回空丁船于例帶土宜外亦著加恩，照重運之例准其多帶土宜二十四石，俾丁力益增寬裕。欽此。

【校注】

　　［1］委：原作"妄"，據光緒《嘉興縣志》卷十一《漕運》"衛幫員丁"條改。

嘉興縣

　　原額兌本色漕、白正耗并行、月食米：一十萬一千三百四十四石二升八合。內同治四年奉文減免京倉兌運漕糧正米：一萬七千九百二石三斗八升七勺，耗米：七千一百六十石九斗五升二合三勺。白糧改漕正米：一千四百五十九石一斗八合四勺，耗米：五百八十三石六斗四升三合三勺。行糧米：五百二十七石七斗一升三合五勺。月糧米：七百一十七石六斗九升三勺。

　　共免徵米：二萬八千三百五十一石四斗八升八合五勺。

　　額兌減定漕、白正耗并行、月食米：七萬二千九百九十二石五斗三升九合五勺。內

　　京倉兌運漕糧正米：三萬九千四百二十石一斗五升九合三勺，每石加耗四斗，共正耗米：五萬五千一百八十八石二斗二升三合。

　　廣運倉改兌正米：二千九百六十五石九斗二升，每石加耗四斗，共正耗米：四千一百五十二石二斗八升八合。

　　白糧正米：三千八百五十一石四斗六升七合，每石加耗四斗五升，共正耗米：五千五百八十四石六斗二升七合二勺。

　　白糧改漕正米：三千二百十石九斗一升四合二勺，每石加耗四斗，共正耗米：四千四百九十五石二斗七升九合九勺。

　　行糧本色米：一千一百六十一石二斗八升六合五勺。

　　月糧本色米：一千四百二石八斗三升四合九勺。

　　白糧經費食米：一千八石。

　　隨漕各項折色經費銀：五萬六千四百二十兩二錢八分一厘。

　　輕賫連路費銀：一萬六百四兩二錢二分六厘。內路費銀：六十三兩二錢四分六厘。

　　京倉蘆蓆連貼役銀：二百九十四兩三分五釐。內貼役銀：一兩二錢三分。

　　徐倉蘆蓆銀：一十五兩一錢五分。

　　徐州廣運倉易耗米折銀：三十兩五錢四分五釐。內路費銀：二錢四分五釐。

　　楞木松板銀：一百三十四兩六錢九分。

　　淺船料銀：一千二百七十八兩六錢二分七釐。

　　貢具銀：三十四兩三錢二分。

　　運官廩工銀：一百二十九兩八錢六分七釐。

　　行糧米折并修船銀：三千九百七十九兩一錢二分二釐。

　　月糧七分給軍銀：一千一百四十八兩三錢二分一釐。

　　白糧夫船車腳銀：八千二百四十六兩九錢九釐。

加徵丁字沽解部銀：一千一十九兩六錢六分一釐。

白糧經費奉裁解部銀：四百八十八兩四錢一分三釐。

漕灰米折并項下漕截及路費銀：二千七百七十八兩二分三釐。

行糧改折銀：一千二十一兩三錢九分八釐。

月糧改折銀：五十三兩一錢三分。

白糧食米改折銀：四百九十三兩九錢二分。

漕截銀：二萬四千六百六十九兩九錢二分四釐。

秀水縣

原額兌本色漕、白正、耗并行、食米：八萬五千九百二十二石三斗八升六合。內除同治四年奉文減免京倉兌運漕糧正米：一萬八千六百三十石九斗五升八勺，耗米：七千四百五十二石三斗八升三勺，白糧改漕正米：一千四百五十六石六斗三合八勺，耗米：五百八十二石六斗四升一合六勺，行糧米：四百七十六石六斗七升七勺。

共免徵米：二萬八千五百九十三石二斗四升七合二勺。

額兌減定本色漕、白、正耗并行、食米：五萬七千三百二十九石一斗三升八合八勺。內

京倉兌運漕糧正米：三萬一千三百八十四石四斗三升四合二勺。每石加耗四斗。共正耗米：四萬三千九百三十八石二斗七合九勺。

廣運倉改兌正米：二千五百八十七石一斗。每石加耗四斗。共正耗米：三千六百二十一石九斗四升。

白糧正米：三千二百十五石二升五合。每石加耗四斗五升。共正耗米：四千六百六十一石七斗八升六合三勺。

白糧改漕正米：二千四百五十二石五升三合八勺。每石加耗四斗。共正耗米：三千四百三十二石八斗七升五合三勺。

行糧本色米：七百九十二石三斗二升九合三勺。

白糧經費食米：八百八十二石。

隨漕各項折色經費銀：四萬八千一百五十三兩六分七釐。

輕賫連路費銀：九千二百五十二兩六錢四分五釐。內路費銀：五十五兩一錢八分五釐。

京倉蘆蓆銀：二百五十六兩五錢五分八釐。內貼役銀：一兩七分三釐。

徐州廣運倉蘆蓆銀：一十三兩二錢一分五釐。

徐州易耗米折銀：二十六兩六錢四分四釐。內路費銀：二錢一分四釐。

楞木松板銀：一百一十七兩五錢二分三釐。

淺船料銀：七百七十八兩八錢一分六釐。

貢具銀：三十兩八分七釐。

行糧米折并修船銀：三千四百七十一兩九錢六分。

白糧夫船車腳銀：七千二百一十五兩六分一釐。

加徵丁字沽解部銀：八百五十二兩二錢四分八釐。

白糧經費奉裁解部銀：四百八兩二錢二分三釐。

漕灰米折并項下漕截及路費銀：二千四百二十四兩六分九釐。

行糧改折銀：一千一百四十四兩三分四釐。

白糧食米改折銀：四百三十二兩一錢四分九釐。

漕截銀：二萬一千七百二十九兩八錢三分五釐。

嘉善縣

原額兑本色漕、白正、耗并行、月食米：九萬七千六百九十五石二斗六升七合七勺。内同治四年奉文減免京倉兑運漕糧正米：二萬二千三十九石九斗三升三合九勺，耗米：八千八百十五石九斗七升三合五勺，白糧改漕正米：一千七百八十三石三斗五升二合五勺，耗米：七百十三石三斗四升一合，行糧米：六百七十六石九斗三升三勺，月糧米：三百七十六石三斗二升六合四勺。共免徵米：三萬四千四百五石八斗五升七合六勺。

額兑減定本色漕、白正、耗并行、月食米：六萬三千二百八十九石四斗一升一勺。内除奉豁攤缺額米：二千五百二十九石六斗六升七合五勺。實額兑本色米：六萬七百五十九石七斗四升二合六勺。

京倉兑運漕糧正米：三萬三千七百五十二石五斗八合二勺。每石加耗四斗。共正耗米：四萬七千二百五十三石五斗一升一合五勺。内除奉豁缺額米：二千一百五十九石三升四合九勺。實米：四萬五千一百四十七石五斗七升六合六勺。

廣運倉改兑正米：三千一百一十五石六斗八升。每百加耗四斗。共正耗米：四千三百六十一石九斗五升二合。内除奉豁匀攤缺額米：一百七十四石二斗五升六合六勺。實米：四千一百八十七石六斗九升五合四勺。

白糧正米：三千七百四十六石三斗六升二合四勺。每石加耗四斗五升。共正耗米：五千四百三十二石二斗二升五合五勺。

白糧改漕正米：二千七百二十九石一斗八升三合七勺。每石加耗四斗。共正耗米：三千八百二十石八斗五升七合二勺。内除奉豁缺額米：一百五十二石七斗二升一合五勺。實米：三千六百六十八石一斗三升五合七勺。

行糧本色米：一千三十六石六升九合七勺。内除奉豁匀攤額米：四十一石四斗七合五勺。實米：九百九十四石六斗六升二合二勺。

月糧本色米：五百二石七斗九升四合二勺。内除奉豁缺額米：二十石九升七合一勺。實米：四百八十二石六斗九升七合一勺。

白糧經費食米：八百八十二石。内除奉豁匀攤額米：三十五石二斗四升九合九勺。實米：八百四十六石七斗五升一勺。

隨漕各項折色經費銀：五萬三千六百三十五兩八錢二分。内除奉豁匀扣缺額銀：二千一百十八兩九錢四分五釐。實銀：五萬一千五百十六兩八錢七分五釐。

輕賫連路費銀：一萬三百二十二兩六錢四分六釐。内每兩准費六釐，該銀：六十一兩五錢六分六釐。

京倉兑運蘆蓆米折連貼役銀：二百八十六兩二錢二分七釐。内貼役銀：一兩一錢九分七釐。

徐州廣運倉蘆蓆米折銀：一十五兩九錢一分五釐。

徐倉易耗米折連路費銀：三十二兩八分八釐。内路費銀：二錢五分八釐。

楞木松板銀：一百三十一兩一錢一分四釐。

以上原共銀：一萬七百八十七兩九錢九分。內奉豁缺額銀：四百二十七兩四分七釐。實銀：一萬三百六十兩九錢四分三釐。

淺船料銀：六百九十八兩三錢六分七釐。

貢具銀：五十七兩二錢四分三釐。

以上原共銀：七百五十五兩六錢一分。內奉豁缺額銀：二十九兩九錢一分一釐。實銀：七百二十五兩六錢九分九釐。

運官廩貢銀：一百二十五兩七錢三分四釐。

月糧七分給軍銀：九百九十七兩九錢二分。

以上原共銀：一千一百二十三兩六錢五分四釐。內奉豁缺額銀：四十四兩四錢八分。實銀：一千七十九兩一錢七分四釐。

行糧米折竝修船銀：三千八百七十三兩四錢六分六釐。內奉豁缺額銀：一百五十三兩三錢二分六釐。實銀：三千七百二十兩一錢四分。

白糧夫船車腳銀：七千二百十八兩四錢二分七釐。內奉豁缺額銀：二百八十五兩七錢四分四釐。實銀：六千九百三十二兩六錢八分三釐。

加徵丁字沽解部銀：九百八十八兩七錢九分。內奉豁缺額銀：三十九兩一錢四分二釐。實銀：九百四十九兩六錢四分八釐。

白糧經費奉裁解部銀：四百七十三兩六錢二分六釐。內奉豁缺額銀：十八兩七錢四分九釐。實銀：四百五十四兩八錢七分七釐。

兌改折徵灰石并項下漕截及路費銀：二千七百十四兩四錢五分八釐。內奉豁缺額銀：一百七兩四錢五分九釐。實銀：二千六百六兩九錢九分九釐。

行糧改折銀：九百十一兩二錢五分二釐。內奉豁缺額銀：三十六兩八分。實銀：八百七十五兩一錢七分二釐。

月糧改折銀：二十二兩二分九釐。內奉豁缺額銀：八錢七分二釐。實銀：二十一兩一錢五分七釐。

白糧食米改折銀：四百三十一兩九錢四分二釐。內奉豁缺額銀：十七兩一錢三釐。實銀：四百十四兩八錢三分九釐。

漕截銀：二萬四千三百三十四兩五錢七分六釐。內奉害缺額銀：九百五十九兩三分二釐。實銀：二萬三千三百七十五兩五錢四分四釐。

海鹽縣

原額兌本色漕白正耗并行食米：五萬四千六百五十七石九斗七升四合九勺。內同治四年奉文減免京倉兌運漕糧正米：七千九百十九石六斗一升一合九勺,耗米：三千一百六十七石八斗四升四合八勺,白糧改漕正米：六百三十石一斗六升七合四勺,耗米：二百五十二石六升六合九勺,行糧米：二百一十八石九升一合八勺。共免徵米：一萬二千一百八十七石七斗八升二合八勺。

額兌減定本色漕白正耗并行食米：四萬二千四百七十石一斗九升二合一勺。

京倉兌運漕糧正米：二萬三千七百九十五石一斗六升八合一勺。每石加耗四斗。共正耗米：

三萬三千三百十三石二斗三升五合三勺。

廣運倉改兌正米：一千五百八十八石六斗七升。每石加耗四斗。共正耗米：二千二百二十四石一斗三升八合。

白糧正米：二千六十八石三升二合九勺。每石加耗四斗五升。共正耗米：二千九百九十八石六斗四升七合七勺。

白糧改漕正米：一千八百九十二石三斗三升六勺。每石加耗四斗。共正耗米：二千六百四十九石二斗六升二合九勺。

行糧本色米：六百五十四石九斗八合二勺。

白糧經費本色米：六百三十石。

隨漕各項折色經費銀：三萬八百二十八兩一錢二釐。

輕賫連路費銀：五千八百六十六兩九錢九分二釐。內路費銀：三十四兩九錢九分二釐。

京倉兌運蘆蓆米折連貼役銀：一百六十二兩六錢八分。內貼役銀：六錢八分。

徐州廣運倉蘆蓆米折銀：八兩一錢一分五釐。

徐倉易耗米折連路費銀：十六兩三錢六分一釐。內路費銀：一錢三分一釐。

楞木松板銀：七十四兩五錢二分。

淺船料銀：五百五十一兩一錢六分二釐。

行糧米折竝修船銀：二千二百一兩五錢二分九釐。

白糧夫船車脚銀：五千一百五十二兩一錢四分四釐。

加徵丁字沽解部銀：五百四十九兩五分。

白糧經費奉裁解部銀：二百六十二兩九錢九分二釐。

兌改折徵灰石竝項下漕截及路費銀：一千五百三十四兩六錢三分七釐。

行糧改折銀：六百三十八兩八錢七分二釐。

白糧食米改折銀：三百八兩七錢。

漕截銀：一萬三千五百兩三錢四分八釐。

平湖縣

原額本色漕白正耗并行食米：五萬六千九百二十三石一斗七升。內同治四年奉文減免京倉兌運漕糧正米：一萬七百一十八石八斗四升三合五勺，耗米：四千二百八十七石五斗三升七合四勺，白糧改漕正米：八百六十七石一斗三升一勺，耗米：三百四十六石八斗五升二合，行糧米：三百二十二石六斗三升四合四勺。共免徵米：一萬六千五百四十二石九斗九升七合四勺。

額兌減定漕白正耗并行食米：四萬三百八十石一斗七升二合六勺。

京倉兌運漕糧正米：二萬二千二百八十五石四斗二合四勺。每石加耗四斗。共正耗米：三萬一千一百九十九石五斗六升三合三勺。

廣運倉改兌正米：一千六百五十七石一斗九升。每石加耗四斗。共正耗米：二千三百二十石六升六合。

白糧正米：二千一百八十一石九斗一升八合四勺。每石加耗四斗五升。共正耗米：三千一百六十三石七斗八升一合七勺。

白糧改漕正米：一千八百一石七斗一升一合四勺。每石加耗四斗。共正耗米：二千五百二十二石三斗九升六合。

行糧本色米：六百七十石三斗六升五合六勺。

白糧經費本色米：五百四石。

隨漕各項折色經費銀：三萬七百七十九兩六錢四分七釐。

輕賫連路費銀：六千一百八兩九錢一分五釐。内路費銀：三十六兩四錢三分五釐。

京倉兌運蘆蓆米折連貼役銀：一百六十九兩三錢八分八釐。内貼役銀：七錢八釐。

徐州廣運倉蘆蓆米折銀：八兩四錢六分五釐。

徐倉易耗米折連路費銀：一十七兩六分七釐。内路費銀：一錢三分七釐。

楞木松板銀：七十七兩五錢九分三釐。

淺船料銀：三百九十兩二錢六分三釐。

貢具銀：六兩六錢六分三釐。

行糧米折并修船銀：二千二百九十二兩三錢七釐。

白糧夫船車腳米折銀：三千九百兩四錢八分四釐。

加徵丁字沽解部銀：五百八十兩二錢九分六釐。

白糧經費奉裁解部銀：五百二兩六錢五分七釐。

兌改折徵灰石并項下漕截及路費銀：一千五百九十七兩一錢五分九釐。

行糧改折銀：五百六十三兩四錢八分四釐。

白糧食米改折銀：二百四十六兩四錢三分一釐。

漕截銀：一萬四千三百一十八兩四錢七分四釐。

石門縣

原額兌本色漕、白正、耗并行、食米：五萬一千七百四十二石七斗八升七勺。内除同治四年奉文減免京倉兌運漕糧正米：九千七百六十三石二斗六升八合四勺，耗米：三千九百五十三石三斗七合四勺，白糧改漕正米：七百三十五石八斗五升一合四勺，耗米：二百九十四石三斗四升五勺，行糧米：二百四十二石三斗七升八合九勺。共免徵米：一萬四千九百四十一石一斗四升六合六勺。

額兌減定本色漕、白正、耗并行、食米：三萬六千八百一石六斗三升四合一勺。内

京倉兌運漕糧正米：二萬五百八十一石八升一合六勺。每石加耗四斗。共正耗米：二萬八千八百一十三石五斗一升四合二勺。

廣運倉改兌正米：一千四百八十三石九斗四升。每石加耗四斗。共正耗米：二千七百七十七石五斗一升六合。

白糧正米：一千八百七十九石七斗七升三合。每石加耗四斗五升。共正耗米：二千七百二十五石六斗七升八勺。

白糧改漕正米：一千五百五十石二斗二升二合八勺。每石加耗四斗。共正耗米：二千一百七十石三斗一升二合。

行糧本色米：五百一十石六斗二升一合一勺。

白糧經費食米：五百四石。

隨漕各項折色經費銀：二萬八千六百三十三兩九錢五分三釐。

輕賫連路費銀：五千六百十三兩四錢八分。內路費銀：三十三兩四錢八分。

京倉兌運蘆蓆米折連貼役銀：一百五十五兩六錢五分一釐。內貼役銀：六錢五分一釐。

徐州廣運倉蘆蓆米折銀：七兩五錢八分。

徐倉易耗米折連路費銀：一十五兩二錢八分三釐。內路費銀：一錢二分三釐。

楞木松板銀：七十一兩三錢。

淺船料銀：二百二十兩五錢七分六釐。

貢具銀：一十一兩六錢二分五釐。

行糧米折并修船銀：二千一百六兩四錢。

白糧夫船車腳銀：四千一百二十三兩一錢七分二釐。

加徵丁字沽解部銀：四百九十八兩三錢六分五釐。

白糧經費奉裁解部銀：二百三十八兩七錢一分五釐。

兌改折徵灰石并項下漕截及路費銀：一千四百六十六兩七錢三分。

行糧改折銀：七百十兩一釐。

白糧經費食米改折銀：二百四十六兩九錢六分。

漕截銀：一萬三千一百四十八兩一錢一分五釐。

桐鄉縣

原額兌本色漕、白正、耗并行、食米：四萬三千九百八十四石三斗二升一合。內同治四年奉文減免京倉兌運漕糧正米：六千七百六十一石一斗六升八合六勺，耗米：二千七百四石四斗六升七合五勺，白糧改漕正米：五百二十六石七斗五升四合四勺，耗米：二百一十石七斗一合七勺，行糧米：一百九十六石六斗八升八合七勺。共免徵米：一萬三百九十三石七斗八升九勺。

額兌減定漕、白正、耗并行、食米：三萬三千五百九十石五斗四升一勺。

京倉兌運漕糧正米：一萬八千八百八十四石七斗三升一合四勺。每石加耗四斗。共正耗米：二萬六千四百三十八石六斗二升三合九勺。

廣運倉改兌正米：一千二百八十四石二斗五升。每石加耗四斗。共正耗米：一千七百九十七石九斗五升。

白糧正米：一千六百四十四石八斗四升九合七勺。每石加耗四斗五升。共正耗米：二千三百八十五石三升二合。

白糧改漕正米：一千四百七十石四斗四升四合九勺。每石加耗四斗。共正耗米：二千五十八石六斗二升二合九勺。

行糧本色米：五百三十二石三斗一升一合三勺。

白糧經費本色米：三百七十八石。

隨漕各項折色經費銀：二萬四千八百一十四兩四錢三分三釐。

輕賫連路費銀：四千七百四十四兩二錢九分六釐。内路費銀：二十八兩二錢九分六釐。

京倉蘆蓆米折銀：一百三十一兩五錢五分。内貼役銀：五錢五分。

徐倉蘆蓆米折銀：六兩五錢六分。

徐倉易耗米折銀：一十三兩二錢二分六釐。内路費銀：一錢六釐。

楞木松板銀：六十兩二錢六分。

淺船料銀：一千一十八兩六錢八分二釐。

貢具銀：一十二兩八分四釐。

行糧米折并修船銀：一千七百八十兩二錢四分七釐。

月糧給軍銀：三百六十七兩三分九釐。

白糧夫船車腳銀：三千九十三兩九錢七釐。

加徵丁字沽解部銀：四百三十五兩七錢五分四釐。

漕灰米折并項下漕截及路費銀：一千二百四十兩九錢五分四釐。

白糧經費奉裁解部銀：二百八兩七錢三分五釐。

行糧改折銀：四百九十六兩一錢五分二釐。

白糧食米改折銀：一百八十五兩二錢二分。

漕截銀：一萬一千一十九兩七錢六分七釐。

衛幫船數

嘉興衛本幫原運船四十九隻，内乾隆二十年輪減存次船五隻，實運船四十四隻，白糧本幫實運船七十六隻。《漕運則例纂》。　案：每船原裝正米四百石，外多載一石給銀五分，名負重耗米，例不支給。又每隻支本色行糧米一十五石，折色行糧銀一十八兩，本色月糧米四十八石，遇閏加給米四石，折色月糧銀三十三兩六錢，遇閏加給銀二兩八錢，三修銀七兩五錢，爲修艙船隻之用。又每漕截裝正米并交倉二五耗米一石，給漕截銀三錢四分七釐，其沿途一五耗米不行支給，白糧船每船照漕例支給外，又支給食米三十一石三斗，該折給銀四十一兩一錢六分。又歲運漕船每隻給銀二百八兩七錢七分三釐。十年滿號詳請再造，又每船并許帶土宜一百二十六石。《浙江通志》。

寧波衛前幫實運船五十八隻，後幫實運船五十四隻。

處州衛前幫實運船五十隻。

杭州三幫實運船五十四隻，四幫實運船六十隻。

紹興衛前幫實運船六十四隻，後幫實運船六十三隻。

嚴州所幫實運船五十一隻。案：以上各幫糧艘俱運嘉興府屬米石。《漕運則例纂》。

派兌水次

杭嚴衛三幫兌運秀水、嘉善二縣水次。

杭嚴衛四幫兌運富陽、石門、海寧三縣水次。

寧波衛前幫兌運嘉興縣水次。

寧波衛後幫兌運秀水、嘉興二縣水次。

紹興衛前帮兌運嘉善縣水次。

紹興衛後帮兌運平湖、嘉善二縣水次。

處州衛前帮兌運桐鄉、石門二縣水次。

嘉興衛帮兌運嘉興、秀水、平湖、海鹽四縣水次。

嚴州所兌運海鹽、平湖、石門三縣水次。

嘉興府白糧帮兌運嘉興、秀水、嘉善、海鹽、平湖、石門、桐鄉七縣水次。《漕運則例纂》。

衛帮員弁

嘉湖衛守備一員。

嘉興帮千總二員。

嘉興白糧帮千總二員。

杭嚴衛守備一員。

三帮千總二員。

四帮千總二員。

寧波衛守備一員。

前帮千總一員。

後帮千總一員。

紹興衛守備一員。

前帮千總一員。

後帮千總二員。

處州衛守備一員。

前帮千總一員。《漕運則例纂》。

海　運

浙江海運始于咸豐二年,因其先河運既久,帮費日增,旗丁需索要挾,冬漕不能如期開兌。至咸豐元年,運漕糧艘最後各帮至二年九月間方挽運出境,新漕無船可用。浙撫黃宗漢奏准試行海運,招雇商船,由江蘇之上海出洋,以達天津。四年,匪擾上海,改道劉河口,即元時劉家港之故道也。五年以後,仍由上海起運。十年,粵匪之擾,江浙[1]相繼淪陷,漕運暫停。同治三年,東南戡定。欽奉恩綸,減定漕額,而江、淮、運河自咸豐五年河決銅瓦廂,改道北流,運河節節淤阻,是以同治五年仍行海運,每年杭州、上海、天津委員設局,糧道督運,北行總理其事。

海運商船　浙省海船熟悉北洋沙線者祗有寧波之蜑船、三不像船,不敷運漕。咸豐二年,浙撫黃奏准由江省協雇上海沙船、東省衛船在上海受兌,赴津交卸。同治末年,閩省輪船造成海運,糧米兼用火輪船分運。

商船銀米　咸豐二年,浙撫黃奏准商船裝米一石,給水脚銀四錢,每漕糧一石給耗米八升。白糧米質柔嫩,全裝蔴袋,先期起運,每石給耗一斗。通倉經紀漕糧每石給耗一升五合,白糧每石給耗一升八合。天津剥船食米不分漕白，每石給一升一合五勺，統在原給旗丁耗米內動支，支剩丁耗米石留南糶變，報部候撥。同治四年，浙撫馬新貽奏定支剩丁耗，隨同正漕起運交倉，至商船所領耗米抵津交兌後盈餘尚多，一併給價收買，隨運交倉，另檔存記，以備留抵正漕之不足，不准水手人等私自變賣。

　　海運經費　咸豐二年，初行海運，作正支銷之經費，衹動漕截一款，此外不敷，將各屬向來河運給帮兌費，每石自七錢至四錢不等，提解濟用，名曰津貼。同治三年，閩浙總督左宗棠、浙撫馬新貽奏准永禁津貼名目，另籌運費，除漕截仍舊抵支外，以行月糧、白糧經費，各本色米每石變價銀一兩五錢，南月米每石變價銀二兩。又行月糧及白糧經費食米折徵各銀兩，寧、紹等府本折月糧等款，一併抵備海運經費，每海運米一石，南北用費約需銀八錢，如有盈餘，存候撥用。同治十三年，江、浙漕糧抵津，改由糧道自運通倉，浙撫楊昌濬奏准通倉經紀漕白耗米均以一升隨正交倉，以八合、五合留作南省運通折耗之用，飭由各州縣照漕價折色，解交道庫，帶津抵買商船餘米。

　　運滬剥船　咸豐二年，初行海運，各縣收漕滿廒，由省局預雇剥船駛至水次，運赴上海，每石每百里給水脚銀一分六釐，由局支銷。同治四年，改由各縣自行招雇民船運交海船受兌，應給水脚及白糧蔴袋，均在各縣酌留辦公餘耗米石變價項下分別動支。

【校注】
　　［1］江浙：光緒《嘉興縣志》卷十三《漕運》“海運”條，作“江北”。

嘉興府志卷二十七

鹽　法

　　鹽之在西北者，有井有池，而東南則府海以爲利。嘉興鹽官始自西漢，以壤地濱海也。煎鹽有場竈，有倉厫，有團額，行鹽有符信，有肩配，有課徵，設鹽課大使掌場之政令。而嘉興之場三，設批驗大使，稽商之出入。而嘉興之所一，以通商運，以便民食，以供國用。凡私販越販者，文武官通治之。其竈地水鄉之課，分縣場以徵收之，一事也，而法與時爲變通，則規制宜詳。志《鹽法》。

　　漢吳王濞煮海爲鹽，國用富饒，兩浙煮鹽始此。《浙江通志》。武帝元狩四年，置鹽鐵官。《通鑑》。唐置嘉興鹽監。《唐書·食貨志》。

　　宋鬻鹽之地曰亭場，民曰亭戶，亦曰竈戶。戶有鹽丁，入官受錢。秀州場歲鬻二十萬八千餘石，以給本州及越、處、衢、婺州。天聖中，杭、秀、溫、台、明各置監一。《宋史·食貨志》。張綸除江、淮制置發運副使，奏置鹽場於杭、秀、海三州，歲入課百五十萬。《宋史·張綸傳》。紹興元年，詔秀州亭戶二稅，依皇祐法輸鹽。《宋史·食貨志》。三十二年，秀州置鹽場十。《玉海》。

　　元至元十四年，置兩浙鹽運司，歲辦九萬二千一百四十八引，每引二佰，每佰折中統鈔九兩。十八年，增至二十一萬八千五百六十二引，每引增鈔四貫。《元史·食貨志》。大德三年，兩浙產鹽之地杭州、嘉興、紹興、溫台設檢校四所，鹽場三十四所。《元史·百官志》。

　　明洪武初設嘉興分司，轄西路、鮑郎、蘆瀝、海沙、橫浦五場，設嘉興批驗所。洪武三年，立開中鹽法，召商輸糧而與之，謂之開中。其後各行省邊境，多召商中鹽以爲軍儲。鹽法邊計，相輔而行。《明食貨志》。浙鹽每引四百斤給工本米一石，兼支錢鈔，竈丁給滷地草蕩。《明會典》永樂十四年，始命御史巡鹽。《通鑑》。正統三年，以去場三十里者爲水鄉竈戶，不及三十里者爲濱海滷丁，水鄉丁歲出米六石，給濱海丁代煎。四年，復竈戶稅糧，自此罷給工本鈔。成化十二年，覈水鄉蕩價解司，此草蕩徵銀之始。十九年，令浙西場每正鹽一引折銀七錢。二十年，令濱海竈鹽輸半價，浙西引三錢五分，歲輸京師，此濱海本、折色之始。二十一年，松江知府樊瑩請以蕩價抵水鄉鹽課之半，立蕩戶收之餘半，於各縣秋糧帶徵，而丁盡歸有司應民役。此州縣包補水鄉額鹽之始。嘉靖十六年，題准兩浙官商不到之處立爲山商，嘉興、秀水、嘉善、崇德、桐鄉，每程一張，納銀四錢三分。以上《明會典》、舊《浙江通志》。二十四年，題准鹽課全徵折色。明《嵇志》云：各場灶丁初俱上納本色，邊商中引對竈支買。成化間，一半徵銀，一半支鹽，至是併徵折色焉。

　　國朝定制，商不邊納，引從部頒。康熙四十三年，改嘉興分司爲嘉松分司，所屬：西路場、海寧州地方。黃灣場、西路分出，乾隆五年設。鮑郎場、海鹽縣地方。海沙場、海鹽縣地方。蘆瀝場、平湖縣地方。橫浦場、松江婁縣地方。浦東場、金山縣地方。袁浦場、華亭縣地方。青村場、奉賢縣地方。下沙頭場、南滙縣地方。下砂二三場、南滙縣地方，乾隆五年併。崇明場、乾隆五年設。每場設大使一員，設嘉興批驗所大使一員，舊係未入流，雍正八年改爲正八品。統隸於鹽運司而以鹽政受其成。案：康熙四十九年,改運司爲鹽道。雍正間以巡撫兼鹽政。乾隆五十八年,以杭州織造兼鹽政,改鹽道爲鹽運使司。嘉慶間仍以巡撫兼鹽政。

倉廒　正引鹽倉廒一百七十間,雍正八年,商人楊恒裕等奉憲捐建,在吳涇橋内。票引鹽倉廒一百四十四間。雍正八年,商人楊恒裕等奉憲捐建,在雙溪橋外。每引三百七十五觔,兩浙大引原重三百觔,順治三年改二引爲三引,遂行小引,以二百觔爲引。康熙間每引行鹽二百五十觔。雍正三年,題准每引加鹽三十五觔。乾隆五年,又加五十觔,每引三百三十五觔。道光二十九年,奏定嘉所每引加鹽四十觔,以三百七十五觔爲定額。每年額徵府項籌稅銀四兩七錢二分五釐,按年給發府快工食。

引　目

正引額派原額:六十六萬七千一百五十三引一百觔。嘉興所派行引目:二十六萬四千四百一十五引七分五釐。《浙江通志》。《兩浙鹽法志》:原額二十四萬七百二十引七分五釐。順治十六年,兩浙巡鹽御史遲日巽因溫引難銷,題改嘉善縣行銷五百二十引。康熙元年,兩浙巡鹽御史蕭震因台所場竈遷徙,戶口凋殘,不能銷引,題改嘉所行銷六千引。康熙七年,巡鹽御史敖哈因紹所額引難銷,題改嘉所行銷八千引。康熙十八年,奉文計丁加引,加增九千一百七十五引,共銷二十六萬四千四百一十五引七分五釐。

票引額派原額:七萬四千七百五十引。嘉興、秀水、嘉善、桐鄉四縣派行引目:二萬三千七百四十二引。嘉所附掣。《浙江通志》。　案:票引鹽觔與正引同。

正引分銷　嘉興縣年銷三百一十引。嘉所掣銷。秀水縣年銷三百一十引。嘉所掣銷。嘉善縣年銷三百一十引,又代銷溫引五百二十引,共銷八百三十引。嘉所掣銷。桐鄉縣年銷三百一十引。嘉所掣銷。《兩浙鹽法志》。　案:嘉、秀、善、桐祇銷票引,並無正引分銷,惟代銷溫引,仍照原額。

票引分銷　嘉興縣年銷一千二百五十五引,又計丁加引七千四十引,共銷八千二百九十五引。秀水縣年銷五千九百七十五引,又計丁加引一十六引,共銷五千九百九十一引。嘉善縣年銷五千九百七十五引。海鹽縣年銷一千引,又計丁加引一千四百五十二引,共銷二千四百五十二引。平湖縣年銷二千引,又計丁加引九百四十九引,共銷二千九百四十九引。石門縣年銷五千引,又計丁加引一百一十一引,共銷五千一百一十一引。桐鄉縣年銷一千二百五十五引,又計丁加引二千二百二十六引,共銷三千四百八十一引。案:嘉、秀、善、桐俱商銷,海、平、石俱肩銷。《兩浙鹽法志》。　明季兩浙正引之外,有票鹽一十四萬九千五百張,每張行鹽一百觔,係仁和、錢塘、海寧、海鹽、平湖、石門等十六縣行銷。順治三年,巡鹽御史王顯題請改票行引,部覆將前票折引七萬四千七百五十道,每引二百觔。是時仁和等十六縣未能全銷,遂將餘杭、嘉興、秀水、嘉善、桐鄉五縣代銷壅引。迨順治八九年間仁和等縣居民復業,請歸本額納銷。而餘杭、嘉興等五縣居民未可淡食,是以續經題請,以足原定之數。　案伊《志》,批驗所票引行銷,嘉、秀、善、桐四縣,每年額掣共二萬七千六百六引,正引行銷長洲、元和、吳縣、吳江、震澤、無錫、金匱、武進、陽湖、宜興、荊溪、江陰、金壇、溧陽、丹徒、丹陽、廣德、建平、烏程、歸安、孝豐、安吉、長興等二十三州縣,每年額掣共二十六萬四千四百一十五引。又案《鹽法志》,部頒鹽引,正填季分及正票之別,巡鹽御史復令店戶刷添引背限例及杭、嘉、紹、松、溫、台六所并二十三縣各正票數目,打用木戳,然後編單給商,謂之生引。嘉郡引鹽掣過,運往各賣地,即將鹽引并水程按縣驗截四角,名曰退引,亦曰殘引。浙江總督李衛奏請發額外引目十萬道,以備餘鹽配掣,名曰餘引。嗣經巡撫富勒渾奏定,餘引十五萬道。

新票　嘉興、嘉善二邑毗連場竈,恐有肩鹽越界,雍正六年,設立新票,於餘引中派出若干引減價行之,但納課稅,不派雜款。嘉慶二年,鹽運使張奉鹽漕察院蘇批發嘉、秀商人呈請新票引鹽一同歸運及提銷正票一案。查嘉、秀各地鄰肩逼竈,屢被私侵。雍正六年,奉督憲李奏明,定立新票,牌店免輸公引,雜費減價便民,從此小民樂食官鹽,私梟歛跡,官引疏通,不獨票引賴以捍衞,且爲杭、嘉正地藩籬銷數充盈,使私販無由入境,實屬衞正之良策。是以向無限制,例連通銷,因令專配餘引,俾無稽阻久,經咨部在案。若如歸運提銷之請,不特運鹽盈絀不齊,有妨民食,且恐市價轉得藉以低昂,啟梟販蔓延之漸,應請仍循定案,各自挈配行銷,無稍缺悮。並請嚴飭長安千總嚴密偵巡,以期正票、新票並獲疏通等因。奉鹽憲批如詳,分別飭遵,并令新票各商按照各店銷數挈配,以期減價暢銷,禦私衞正。　伊《志》。

課　額

商課　台所改嘉、松,增課銀九百四十四兩三錢七分九釐。康熙元年,台州引壅課絀,將台所額引內改出六千引於嘉所行銷,四千引於松所行銷,隨照二所之則納課升額。紹所改杭、嘉、松三所陞課價銀八百六十一兩八錢九分九釐。康熙七年,紹所大嵩等五場產鹽不敷,題將紹額改於嘉所行銷八千引,照上則陞課銀五百三十八兩六錢四分三釐零。康熙二十四年,巡鹽御史李紹聞題新增滴珠銀一千三百八十八兩七錢七分三釐零,內台改嘉、松增課銀款滴珠銀九兩四錢四分四釐,紹引改杭、嘉、松三所陞課價銀款滴珠銀八兩六錢一分九釐。《兩浙鹽法志》。

分徵商課　嘉興所上則年徵正課引價加斤滴珠銀共一十一萬一千八百七十六兩九錢二分六釐。每引四錢二分三釐九毫四絲三忽六微四纖七沙八埃四渺五漠。　案:雍正八年,總督李衞題准照額攤算,杭、嘉、紹三所每引均納課銀三錢九分七釐零,嘉所應徵正課滴珠銀一十萬四千九百七十三兩二錢三分四釐。又乾隆五十七年,鹽政全奏准各地鹽價隨時增減,毋須限制。下則代銷溫引年徵正課引價加觔滴珠銀共三千五百三十三兩七錢八分一釐。每引三錢七分五釐四毫九絲零。案《鹽法志》溫引科則每引正珠銀一錢九分一毫一絲五忽零,票引科則每引正珠銀一錢九分一毫一絲九忽零。

府鹽課　明鹽課銀:一萬八千六百七十一引五十六觔一十四兩八錢。吳《志》。國朝水鄉竈丁鹽價不敷銀:一萬一千七百七十四兩三錢五分四釐。內同治五年奉豁嘉善縣丈缺田地案內銀:一十兩三錢六釐。實徵銀:一萬一千七百六十四兩四分八釐。每兩車珠一分七釐,該銀一百九十九兩九錢八分九釐。附徵海沙、鮑郎、蘆瀝場課銀:七千四百四十七兩八錢九分七釐。每兩車珠一分七釐,該銀一百二十六兩六錢一分五釐。備荒銀:三百九十八兩二錢四分。每兩車珠一分七釐,該銀:六兩七錢七分。

縣鹽課　明額徵水鄉竈丁鹽價不敷銀:嘉興縣八百九十八兩六釐,水鄉草蕩包補銀以三分之一解京,二分給客。秀水縣三百三十七兩八錢三分五釐,嘉善縣二百六十兩二錢三分四釐,海鹽縣三千五百九十四兩六分一釐,平湖縣二百一十一兩,石門縣一百一十八兩四錢六分二釐,桐鄉縣九十四兩六錢一分四釐。吳《志》。國朝水鄉竈丁鹽課:嘉興縣銀八百九十八兩七分六釐、車珠銀:一十五兩二錢六分七釐。秀水縣銀三百三十七兩八錢三分五釐。車珠銀:五兩七錢四分三釐。嘉善縣銀二百六十兩三錢三分四釐,內同治五年奉豁丈缺田地案內銀:一十兩三錢六釐。實徵銀二百五十兩二分八釐。車珠銀:四兩二錢五分一釐。海鹽縣銀四千三十七兩八錢三分一釐。車珠銀:六十八兩六錢四分三釐。平湖縣銀六千二十七兩二錢一釐。車珠銀:一百二兩四錢六分二釐。石門縣銀一百一十八兩四錢六分二釐。車珠銀:二兩一分四釐。桐鄉縣銀九十四兩六錢一分五釐。車珠銀:一兩六錢九釐。

功績銀　總巡廳年限銀:一百八十兩。嘉興縣年限銀:一百八十兩。秀水縣年限銀:二百六十八兩八錢。嘉善縣年限銀:一百八十兩。海鹽縣年限銀:二百五十八兩。平湖縣年限銀:二百五十八兩。石門縣年限銀:一百九十八兩六錢四分。桐鄉縣年限銀:二百二十三兩八錢。案《鹽法志》功績一項,雍正八年總督李衞題定餘引租價款內撥抵銀六千九百一兩五錢七分五釐,尚餘銀九百一十三兩四錢二分五釐,歸入各縣地丁項下編徵,不立年限。

牙稅銀　嘉興縣額徵銀:五兩五錢。滴珠銀:五分五釐。秀水縣額徵銀:八兩五錢。滴珠銀:八分五釐。嘉善縣額徵銀:五兩五錢。滴珠銀:五分五釐。石門縣額徵銀:一兩五錢。滴珠銀:一分五釐。桐鄉縣額徵銀:五兩五錢。滴珠銀:五分五釐。　《兩浙鹽法志》。

嘉興批驗所

批驗所大使　舊在府治東春波門外五里,專掣西路、黃灣、鮑郎、海沙、蘆瀝五場引鹽。同治三年,奉文移駐海鹽之榆城地方。

場　竈

鮑郎場　明竈丁原大丁四百一十丁七分零,小丁二千七百四十一戶,歲辦鹽一千五百六十九引七十八觔一十四兩有奇。內本色鹽:七百八十八引三百七十六觔零,該銀:四百七十三兩三錢,折色:七百八十引一百二觔,該銀:四百六十八兩一錢零。領團五,草蕩八十二頃三十六畝零,納蕩價六十八兩三分。趙《圖記》。嘉興縣鮑郎場鹽課司額鹽:三百四十二引三百五十觔。秀水縣鹽課司額鹽:一百五十九引二百觔。海鹽縣歲辦折色鹽:七百八十引一百二觔,銀:四百六十八兩一錢零。本色改折鹽:八十八引三百七十六觔,銀:四百七十三兩三錢。萬曆間訂正鹽規課額,并本縣包補鹽課,本折五千四百五十一引,後加三百一十二引。本場每年產鹽一百七十三萬四千九百觔,內除銷原額引鹽一百六十三萬五千三百觔,餘鹽九萬九千三百觔,加帶銷三百三十三引。石門縣鹽課司額鹽:一百六十一引三十觔。國朝竈丁三千一百四十一丁,年額產鹽五百一十萬七千五百觔,配銷嘉所正引二萬二千五百道。吳《志》。　《兩浙鹽法志·圖說》案:宋《地理志》海鹽止載沙腰、蘆瀝二場,而不載鮑郎。《元史》三場俱載,場東為秦駐山,相傳始皇駐此。西有麂山連譚山,與西路場接。團基原額五十五畝,今視地勢之便移竈,以少就多,聚為一十九團,竈舍一百五十有九,貯鹽倉廒二百五十四間。運鹽有二道,團在南者由角里堰過壩,經通園港黃道河至榆城,餘俱過長川壩經黃油車海鹽塘至榆城。巡鹽官遣役就榆城盤驗,赴嘉所掣。地名鮑郎者,宋《志》云昔鹽場初開於此,有鮑姓者鑿浦煮鹽,故名。

舊聚團額共一十九團,煎竈一百五十九座。東團:正東團、九竈。東寨圩團。四竈。北團:正北團、十一竈。北備團、十竈。新團、六竈。常川團、六竈。頭團。六竈。西團:小海團、五竈。湯家團、十三竈。顧家團、九竈。周家團、七竈。軍團。七竈。南團:長山團、五竈。總寨團、六竈。老舍團、六竈。中立團、十竈。金家塘缺團、十四竈。南寨前團、十一竈。李家團。十四竈。　《兩浙鹽法志》。　案:場境西至黃沙塢,東度葫蘆山,東南至長牆山,為南團;自小海團青山北達周家舍,為西團;又北達東正團,為東團;又北極於秦駐山,為北團。折團內而聚落之列為團圩者二十。　又案:本場審定竈丁三千一百四十一丁,自宋時官給滷地山蕩,於明於國朝歷奉清查,計丁均配,南團七百八十五丁,東團六百三十六丁,西團七百三十九丁,北團九百八十一丁。

新聚團額共二十團,一百六十一竈。頭團、十竈。西軍團、六竈。常川團、六竈。新團、六竈。北備團、九竈。北正團、十一竈。東正團、九竈。東寨團、六竈。周家團、七竈。顧家團、七竈。湯家團、十六竈。小海團、五竈。總寨團、五竈。老舍團、四竈。中立團、十竈。金塘團、十一竈。寨前團、十一竈。長山團、四竈。李家團、十一竈。李備團。七竈　《兩浙鹽法志》。

場地　本場海灘、竈山、草蕩向給竈戶樵煎,計丁徵課。雍正三年,奉文丁歸地徵,將丁課匀攤,於原額海灘、竈山、草蕩之上計弓按畝完納,其餘原額熟蕩及新墾蘆薪等地畝陞稅仍照舊則徵輸。本場課蕩:一萬二百九十畝三分四釐七毫五絲二忽,又海灘:四千三百五十弓一尺二寸。内竈山:六千六百九十一畝一分九釐五毫二絲二忽,草蕩:三千五百九十九畝一分五釐二毫三絲,海灘:四千三百五十弓一尺二寸。本場各則稅蕩稅地:七千六百二十七畝八分三釐一毫八絲六忽四微。内原額稅蕩:四千五百五十四畝九分,蘆薪:一百九十九畝二分,亭垛:二百二十畝,團基:五十五畝六分五釐四毫四絲九忽,倉基:一十畝四分五釐,父子山:四十二畝,丈報新墾及加陞熟蕩、蘆薪、亭垛、倉基、山共:二千一十一畝七釐八毫九絲三忽四微,備荒亭垛:五百三十四畝五分四釐八毫四絲四忽。　案:各團墾陞熟蕩舊有一十三則,曰北草在水鄉惹山,曰礦頭門,曰仗古墩,曰張萬,附近西團界,曰前黃墩,曰後黃墩,曰東橫圩,曰西橫圩,附近東團界,曰新路東,曰西祝圩,曰蝤蛑,曰東祝圩,曰大步門,附近北團界,分列東西南北四團。續陞草蕩、熟蕩、亭垛、蘆薪、墳山等一千五百一十三畝一分七釐九毫六絲三忽六微八纖。案:《鹽法志》前項續陞地畝即在原額草蕩、竈山等蕩内陞墾輸稅。

場課　額徵課稅銀:五百八十八兩一錢七分四釐,内正課銀:五百四十六兩七錢,車珠銀:九兩二錢九分四釐。備荒銀:三十一兩六錢四分二釐。車珠銀:五錢三分八釐。《兩浙鹽法志》。

鍋盤　一百六十一副。每竈鐵盤一,鐵鍋二。《兩浙鹽法志》。

鹽斤　每滷一擔成鹽二十五斤。《兩浙鹽法志》。

海沙場　宋景祐間置,海鹽、沙腰二場元併爲一團,額二十有一,煎舍一百九十九,倉廠七十八間,鹽運在嘉興所掣驗。《兩浙鹽法志·圖説》。明竈丁原額大丁八百三户,小丁五千七百二十户,歲辦鹽二千七百七十八引九十六觔四兩有奇。内本色:一千九百八十六引一百八十六觔四兩二錢,該銀:一千一百九十一兩八錢零。折色:七百九十一引三百一十觔,該銀:四百七十五兩六分零。領團十三,草蕩四百四十六頃,納蕩價一千一十九兩六分零。趙《圖記》。嘉興縣海沙場鹽課司額鹽:一千六十六引二十觔。秀水縣鹽課司額鹽:六十五引二十觔。海鹽縣歲辦折色鹽:七百九十一引三百一十觔,銀:四百七十五兩六分零,本色改折鹽:一千一百九十一兩八錢零。石門縣鹽課司額鹽:一百七十三引一百六十觔。國朝竈丁五千七百二十丁,年額產鹽七百五萬觔,配銷嘉所正引二萬一千三百餘道,票引四千餘道。吳《志》。

舊聚團額共二十一團,竈一百九十八座。南四團、五竈。南四團、五竈。北四團、四竈。北四中坊團、八竈。北四中北團、四竈。北四北方團、九竈。五團、七竈。轉塘團、五竈。九里團、十五竈。六團、九竈。八團、二十一竈。一團、十三竈。東一團、三竈。西七團、十三竈。二團、十三竈。東七團、五竈。西九團、十五竈。東九團、十一竈。西十團、十三竈。東十團、五竈。三團、十五竈。《兩浙鹽法志》。

新聚團額共二十三團,一百四十一竈。一團、十竈。東一團、四竈。二團、七竈。三團、四竈。五團、十竈。六團、八竈。大七團、四竈。小七團、四竈。八團、二十竈。東九團、六竈。西九團、八竈。東十團、二竈。西十團、六竈。九里團、十竈。轉塘團、二竈。南四長川壩團、八竈。南四鄧衙橋團、五竈。南四楊爺廟團、二竈。北四臺頭團、五竈。北四唐家舍團、二竈。北四藍田廟團、四竈。北四湯家舖團、四竈。南九團。五竈。《兩浙鹽法志》。

季引煎舍　年額產鹽二百六十六萬五千四十四觔,配銷季引一萬一千七百四十引六十四觔。《續圖經》。一年兩掣,捆配嘉所批驗,所與鮑郎場同,其鹽出於一、二、六、八、西七、南四、南九、九里、轉塘等團煎舍,共八十三竈。伊《志》。

肩引煎舍　海鹽於萬曆十三年間始行肩挑,因地近場竈,私鹽熾盛,一行票引,使良民充販，領引給籌，赴竈支鹽銷賣，於是民食官鹽。其鹽出於南四、北四、五團煎舍，共三十二竈，南四團七竈五竈在鄧衙橋，二竈在楊四爺廟。配賣通、茶二鎮，北四團十五竈五竈在南臺坊，二竈在唐家舍，四竈在藍田廟，四竈在湯家舖。五團十竈配賣在城沈蕩鎮、徐家橋等處。外有東十、西十、東九、西九等團三十一竈，界近平湖，向配平邑肩引。伊《志》。

場地　本場辦課地畝雍正三年奉文丁歸地徵，除原額復墾加陞地畝外，所有丁銀均攤於竈場課蕩、弓柴、存荒、草蕩、海灘并內地成熟各則稅蕩之上按畝計弓完納，嗣後遇有新漲新墾地畝，即與抵除丁課。內場基一十畝八分三釐二絲，係場署基址，例不徵稅。本場代納西路場坍課一百二十五兩零。乾隆五年豁免。本場課蕩：二萬四千二百七十五畝六分八釐五毫七忽，又海灘：一萬三百九十四弓四寸。內原額課蕩：一萬七千一百五十二畝八分八釐六毫六絲，弓柴及存荒草蕩：七千一百二十二畝七分九釐八毫四絲七忽，長海：三千七百二十弓四寸，短海：六千六百七十四弓。上中下各則稅蕩：三萬九千六百九十八畝八分八毫四絲七忽。內原額各則稅蕩：三萬五千七百八十一畝三分八毫四絲七忽，備荒稅蕩：三千九百一十七畝五分。續陞草蕩、灰場及改建屋基墳山等地：四千一百三十二畝五分三釐二毫四絲一忽。案：前項續陞地畝即在原額草蕩、灰場各地內開墾加陞。《兩浙鹽法志》。

場課　額徵課稅銀：二千三百二十五兩五錢一分六釐。內正課銀：二千二百二十七兩八錢八分一釐。車珠銀：三十七兩八錢七分四釐。備荒銀：五十八兩七錢六分二釐。車珠銀：九錢九分九釐。《兩浙鹽法志》。

鍋盤　一百四十一副。每竈鐵盤一口，鐵鍋二口。《鹽法志》。

鹽觔　每滷一擔成鹽一十五觔，淡者約一十三觔。《兩浙鹽法志》。　《天下郡國利病書》：海鹽鹽課，明初場有團，又有竈丁，丁給滷地、草蕩及工本鈔，煎辦商中買者，輸芻粟於邊，赴場支鹽掣賣。成化中，分引目之半，爲折銀。嘉靖中，復改本色爲折色鹽銀，半解京濟邊，半給商自赴場買。鹽運掣盡變納支本色之舊，歲課日絀，率又從有司賣辦，鹽銀不盡出鹽場，出民田包補十七八矣。一曰帶徵水鄉鹽折銀，竈分濱海、水鄉，自正統中巡撫周公忱始。時鈔法不行，工本無出，因分附場爲濱竈，令煎辦；遠場爲水鄉竈，令代出工本米。後不能辦，則納折色鹽銀，銀又不能辦，則改水鄉竈盡歸民，授民役，銀歸民糧帶徵。成化末，都御史彭公詔議也，是爲民代水鄉竈輸鹽銀之始。一曰重徵水鄉蕩價民蕩認納銀。水鄉蕩業歸濱竈，蕩價民糧帶徵矣。後夏公百年而運司以壓欠商價，多奉院檄，下詢問故時水鄉蕩屬縣否，屬縣則宜增稅，縣未稔鹽往牒也，漫以民蕩畝若干對，因槩加稅若干，一蕩價也，民代輸者一，民蕩代輸者又一，萬曆三十九年事也。邑人侍郎彭公嘗請之，竟未豁。今鹽利盡入縣，官益無幾，而滷地與蕩價竈丁佃之海上民，坐享其入，歲下不三四千金。有司欲問之，則詭以竈困聳上聽，不察其實，曲護之，不知民爲竈困，竈故未嘗困。始乎調停，卒乎偏瘠，弊不可反。鹽政之失，實不能無追，憾於作法者已。　知縣樊維城《鹽場議》：明初，竈戶辦鹽，官給滷地、草蕩及工本鈔米，以爲之資，草蕩薪採有限，全賴鈔米，每引一石者，足充牢盆費，故所收鹽利最多。後鈔法壞，工本無出，竈丁徙業者以滷地、草蕩佃之人，取息抵課，而家於水鄉，稱水鄉竈，其仍居海濱稱濱竈者，僅餘三之一焉。昔之名臣如周文襄者來巡海上，亦姑隨順人情，免水鄉之煎辦，而令其代出鈔米，以給濱竈，迺米實難辦，法終不行。迨彭公詔巡視，直憐其困，弛之爲民水鄉盡得落籍，而應辦鹽觔，則帶民糧徵銀解運司，本縣田畝始有二千三十金之加，民代水鄉竈受累。此時水鄉所遺草蕩，若即併歸濱竈，猶可計草價，以定鹽觔，少損民田，帶徵之數乃官與，徵銀一千八十兩，解運司代之趨集。至前任夏始議併給濱竈，失之已晚，顧又與之蕩，而賣之草價，反將此一千八十金者，帶徵於民糧；復以兩場爲惠不均，更包補鮑郎四百六十金以均之，合前共三千五百餘金；而此外徭銀抵課，本縣及嘉、平二縣代解者，復有五百五十金之多，重疊包賠，不一而足。於是兩場課銀盡皆比爲竈出，穀土爲鹽田出，海沙所辦者猶有千金餘，鮑郎直三百五十金而已；更以官吏工脚之俸糧工食，縣司所設之鹽課給賞，計之所費，又七百餘金。取以相當，實入之利益復無幾。竊謂國家鹽筴之失算，無如此邑兩場其也。總之一鈔法不行，本絀無以生息，遂行權宜苟且之術，貽累於民，而無益於國。至此，今欲脩復之，亦求之國初給竈之舊而可矣。夫國初所用給竈者，非前所云工本鈔及滷地、草蕩三者耶？工本鈔不易復，滷地、草蕩自在,即滷地時有坍漲,蕩之無虧損,有墾闢者,又在今兩場竈丁所受草蕩,每丁多者三十餘畝,少者亦不下二十畝,每畝佃客納草價五六分與竈丁,其耕熟者分爲上、中、下三則,增派稅銀自三分至一分五釐解運司。大約竈丁所得草價,多者每歲一兩餘,少者亦不下八九錢,而滷地之佃與人者,又可得銀二三錢不止。至問竈丁所納於運司者,每丁歲額實不過二錢有奇而已。向惟責其煎辦,每年每丁須納鹽三千六百觔,值銀七八兩之多,故給之草蕩,給之工本米,優厚如此。今因工本米不給,鹽課俱帶徵於民糧,止責其納銀二三錢矣。此即滷地之入足以辦之,有何所困,而必須優厚之也?乃空擲此草蕩與之,令歲享草價之厚入,豈非當事者失於籌,及相沿冒濫未裁乎?抑醿司積胥猾吏欲留此以取分於竈户,故相隱而不發至今乎?夫民爲竈困、田糧爲鹽課出辦亡論矣,蕩固國家地土也,草價固國家土地所産也,不辦鹽而收息,有此理否?即辦鹽而以一二兩之入,輸一二錢之税,十而納一,又有此理否?民之田可令代徵,竈之蕩胡不可加徵也?竈之蕩可自佃之而收價,蕩之價胡不可改之爲税,如民田一例徵之,以補鹽課,以減本縣帶徵之課也?計兩場耕熟之蕩,海沙可得三四萬畝,鮑郎可得數千畝,今分三,則起税解運司者不過千金;若以民田税銀額論之,尚可畝加銀五六分,當得銀三千也。其未墾者,畝可徵銀二三分,兩場爲畝九萬餘,又可得銀二千餘也。今莫若盡以其蕩歸之有司,將佃客姓名籍之於册,一如編審里長之法,荒熟各自爲里,畝多者爲役頭,畝少者爲甲户,立限徵銀解之運司,除抵海沙課銀一千有奇,鮑郎課銀三百有奇外,尚多三千餘金,則以一千金抵本縣代納之蕩價,以二千金抵本縣帶徵水鄉之鹽銀,綽然有餘,民可甦而國計亦裕。其兩場滷地,尚有一萬六千餘弓,減佃價之半而徵之,尚可得銀一千六百,則或歸官收解,或歸有司照前法徵銀,亦無不可。總之,今日海上煎丁俱非真竈編排,直捷徵銀自易,正不必令多人豫於其間,恣其中飽,而無益於國也。

　　蘆瀝場　宋元皆以蘆瀝場隸海鹽縣,明初裁併獨山場,洪武元年復置,又設嘉興轉運分司於場内。宣德五年,始以蘆瀝屬平湖,南爲捍海塘,竈聚於塘外。宋置榷場於廣陳,明改置蘆瀝,故有運鹽河一十二里。場署在新倉鎮,團額一十三,竈舍一百十七,廠房三十二間,運鹽出場分二所候掣,由運河至徐家帶赴嘉所,由廣陳至橫浦赴松所。昔因場在蘆瀝浦,故名,今仍之。《兩浙鹽法志·圖説》。　案:乾隆三十二年起,蘆瀝場專配松所掣驗。明竈丁原額大丁二千一百三十九户,小丁八千六百一十一户,歲辦鹽七千六十六引一百六十二觔二十四兩三錢。内本色:四千二百五十一引二百九十八觔二兩零,該銀:二千五百五十一兩四分零。折色:二千八百一十四引二百六十四觔零,該銀:一千六百八十八兩七錢九分零。領團十二,草蕩一千七十四頃四十五畝零,納蕩價一千五百一十九兩八錢九分零。趙《圖記》嘉興縣蘆瀝場鹽課司額鹽:七百四十九引三百六十觔五兩,秀水縣鹽課司額鹽:三引一百二十一觔七兩,平湖縣歲辦額鹽:一萬五千五百一十引五十九觔二兩五錢,石門縣鹽課司額鹽:七十五引五十五觔。國朝蘆瀝場竈丁八千八百一十一丁,年額産鹽二百五十五萬九百觔,配銷嘉、松二所正引八千五百三道,票引一千七百八十道。吳《志》。

　　舊聚團額共十三團,煎竈一百一十七座。山西團、六竈。山東團、八竈。中正團、十四竈。江門團、八竈。南正團、十四竈。西下團、十一竈。南備團、十三竈。南二團、七竈。中上團、七竈。泊二團、八竈。泊三團、六竈。泊一團、十竈。東正團、五竈。　《兩浙鹽法志》。

　　新聚團額共十三團,一百五竈。山西團、三竈。中正正備團、七竈。南備正團、十六竈。泊二備團、六竈。東正團、六竈。山東團、五竈。南正團、九竈。南備備團、九竈。泊二正團、八竈。江門團、六竈。西下團、十六竈。中上團、六竈。泊一團。八竈。　《兩浙鹽法志》。

　　場地　本場自明萬曆年間竈户逃亡殆盡,丁課已歸蕩地徵課,本場代納西路場銀二百六十一兩零。乾隆五年豁免。本場上、中、下各則課蕩:九萬四千三百六畝四分九釐四毫五絲三忽。内原額各則課蕩:四萬五百七十六畝二分六釐四毫,新耕課蕩:四萬七下五百五十二畝六分九釐六毫,續耕課蕩:六千一百七十七畝五分三釐四毫五絲三忽。本場上、中、下各則税蕩:五千二百三十八畝五分一釐九絲三忽七微,又各則海灘灰場:四千八百七十八弓。内丈報加陞新墾税蕩:五百八十四畝三分二釐四絲六忽七微,備荒稅蕩：四千六百五十四畞一分九釐四絲七忽，丈陞海灘：六弓，新墾海灘：六弓，灰場：九十九弓，備荒海灘：四千七百六十七弓。《兩浙鹽法志》。　案：平湖王《志》查實課蕩：九萬四千三百六畞四分九釐四毫五絲三忽，稅蕩：四千六百五十四畞一分九釐四絲七忽，海灘：四千七百六十七弓。康熙六年，爲清丈各省之地等事，丈陞稅蕩：二百二十一畞九釐五毫，海灘：六弓。十六年，爲特參隱漏沙場等事，丈陞稅蕩：七十五畞三分一釐五毫九絲。十八年，爲題明新陞蕩稅等事，報陞新漲稅蕩：一畞。十九年，爲恭報新陞蕩稅等事，報陞新墾稅蕩：三百三十六畞一分九釐五絲，海灘：六弓。五十二年，爲恭報各場蕩地等事，報陞新墾稅蕩：四畞七分一釐九毫六忽七微。五十九年，又報陞稅蕩：五畞。六十年，又報陞新墾稅蕩：四十一畞。六十一年，又報陞海灘：九十九弓。乾隆五十年，爲奏明事，又陞周家堰稅蕩：九畞四分四釐四毫。計本場上中下各則稅蕩凡五千二百四十七畞九分五釐四毫九絲三忽七微，海灘凡四千八百七十八弓。

場課　額徵課稅銀：五千六十五兩八錢三分二釐。內正課銀：四千六百七十三兩三錢一分六釐。車珠銀：七十九兩四錢四分七釐。備荒銀：三百七兩八錢三分六釐。車珠銀：五兩二錢三分三釐。《兩浙鹽法志》。

鍋盤　一百五副。每竈鐵鍋二口。《兩浙鹽法志》。

鹽觔　每滷一擔成鹽二十五觔。《兩浙鹽法志》。　趙《圖記》《場竈總論》：國初，海沙場領團十三，鮑郎場領團五，蘆瀝場領團十二，凡竈丁俱發團煎鬻。正統中，待郎周忱始議分附場爲濱竈，遠場爲水鄉竈，濱竈鬻鹽，水鄉竈出工本米，後濱竈逋課累水鄉，改議水鄉自納折色鹽銀，設百夫長集收。百夫長往往過徵，竈之困。成化末，都御史彭韶改議水鄉竈盡歸民役，其折色銀歸糧耗帶徵，濱竈丁缺補以曠丁，不足補以水鄉。初，海沙有草蕩四百四十六頃六十九畞零，鮑郎有草蕩八十二頃三十六畞零，蘆瀝有草蕩一千七十四頃四十五畞零，竈户既給滷地，復給草蕩，煎鬻易辦。自鄉竈歸民，原撥草蕩乃立竈户，歲徵其入，曰蕩價。海沙蕩價一千一百十九兩六分零，鮑郎蕩價六十八兩三分，蘆瀝蕩價一千五百一十九兩八錢九分零，各設收頭，收之欺弊，視百夫長尤甚。嘉靖中，有司改議蕩價併歸秋糧，而水鄉蕩盡給濱竈。然於竈雖優，而民則病矣。昔商人中鹽一引，才輸邊粟二斗五升，恒操其贏，竈户辦鹽一引，給工本鈔一千五百文，可易米一石，故課易辦，鹽有餘積，民户口得於運司支口食鹽自給，有司因徵其入，曰鹽糧。自鈔法不行，竈户日以耗散，商人每引增至銀二兩，口食鹽亦不復給，商民蓋交病之。然鹽口之稅，官吏每口一十二觔、市民六觔每觔納鈔一貫，鄉民二觔二兩五錢每觔納米四升三合二抄五撮，鹽雖不給而原額固在，有司因併其額入稅糧內帶徵，食鹽廢而私鹽日熾矣。有司知其原，復其舊制，草蕩以歸竈，不以稅民，鹽口以惠民，不復併稅，則私鹽息而商利倍，邊儲尚亦有賴哉。

《大清一統志》：鹽場在海鹽縣海濱，曰鮑郎，曰海沙；在平湖曰蘆瀝，曰橫浦。俱設團竈，有鹽大使。　案：橫浦場屬婁東，西路場屬海寧，因掣驗俱抵嘉所，並錄於左。

橫浦場　明初置鹽課司於橫浦，隸嘉興分司，而鹽場則在松江府華亭縣之六保。本朝析華亭，置婁縣，故場屬於婁東，配運掣驗由全公亭廣陳鎮至平湖抵嘉所。《兩浙鹽法志·圖說》。竈丁四千七百七十七丁，年額產鹽九十六萬觔，配銷嘉、松二所正引四千道，蕩地、灰場、海灘共三萬九千八百四十一畞四分六釐一毫。場境婁縣界內，課附平湖縣徵解。吳《志》。雍正七年，題准橫浦場仍歸江南金山縣完課。《浙江通志》。

西路場　明洪武初設於海寧縣東六十里之黃灣寺。萬曆間移置新倉，今仍之。貯鹽倉有黃灣、廟灣、新倉、舊倉四所。運鹽赴嘉所掣驗，有二道，自包家山經黃道河至榆城，黃、廟二倉之鹽也；自東方橋由黃道河至榆城，新、舊二倉之鹽也。《兩浙鹽法志·圖說》。竈丁五千三百七十三丁，年額產鹽一千七十萬三百二十五觔，配銷嘉所正引四萬三千四百七十三道，票引四千八十四道，沙淳四千八百六十五丈八尺，倉基地二十二畞六分，報陞地二畞，丁課銀八百二十九兩五錢五分二釐，倉基陞地共銀三兩一錢八分八釐零，每兩隨徵車珠銀一分七釐。場境海寧州界內，課附杭州府，海寧州督催徵解。該場官及煎辦鹽觔配掣事宜俱屬嘉興府。吳《志》。

掣 掣

季掣　順治三年，杭、嘉、紹、松等所四季委官掣驗，孟起季竣。迨後巡鹽御史奉停巡方，鹽皆運司親掣，一季不能遍歷四所，遂定爲一歲兩掣，首掣以孟冬月爲期，次掣以仲夏月爲期。乾隆年間，浙撫奏定每歲夏六月一掣，冬十二月一掣，以符一年兩掣之限。按掣時商鹽泊運河橋下封柵，候掣畢，船鹽俱出虹涇橋，堆貯新創鹽倉內。四縣票引分別另貯，候商領程開運，經蘇、湖二府盤驗。《浙江通志》。

捆運　嘉所商鹽於西路、鮑郎、海沙、蘆瀝、橫浦等場捆運，石門縣肩引於許村場支鹽，海鹽縣肩引於海沙場支鹽，平湖縣肩引於蘆瀝、海沙二場支鹽，嘉、秀、善、桐四縣商銷票引通在嘉屬五場買補。各縣肩引止許本縣城鄉市鎮肩挑貨賣，越境者治罪。至貧難軍民亦止許附近場分地方肩挑背負，易米度日，違者以私鹽論罪。《兩浙鹽法志》。　案：嘉所季掣商鹽無論正引、票引新票，並在西路、黃灣、鮑郎、海沙四場買補，其蘆瀝、橫浦道路較遠，捆運維艱，於乾隆三十二年起概運松所掣驗。

截驗　嘉所商鹽除臨安、武康、德清三縣定派杭所外，其餘浙西縣分不經杭關，悉照杭所之例，俱由蘇、湖二府分別盤驗。《兩浙鹽法志》。　案：嘉、秀、善、桐、吳、震六縣，俱由嘉分司盤驗。

例限附單引入場各案季掣引目先期編定，鹽運司印給單引，各商賫領下場買補單引入場。鮑郎場、海沙場、蘆瀝場、橫浦場、西路場各限五日，出場到所。各商在場買補既足，運鹽聽掣，並以號票填出場之日爲始。海沙場、鮑郎場各限九日、蘆瀝場、橫浦場各限十一日、西路場限四日，到縣住賣。商鹽運到，往賣州縣，俱以領帖出司日爲始扣算，到縣告投引程之日爲止。宜興、荊溪、丹陽、金壇限三十二日、武進、陽湖、無錫、金匱、長興、廣德、江陰限三十日、丹徒限三十三日、建平、溧陽限三十三日、長州、元和、吳縣、吳江、震澤、烏程、歸安、安吉、孝豐限二十三日、嘉興、秀水、嘉善、桐鄉限十四日。《兩浙鹽法志》。

食鹽戶口　嘉興縣食鹽課口：四萬一千八百五十九口。每口徵銀一分九釐八毫。秀水縣食鹽課口：一萬八千二百七十七口零。每口徵銀一分八釐。嘉善縣課口：四萬二千八百五十九口零。每口徵銀二分八釐零。海鹽縣課口：四萬九千五十丁口。每口徵銀六分七釐零。平湖縣課口：三萬六千三百一十六丁口。每口徵銀六分四釐零。石門縣課口：六萬六千四百四十七丁口。每口徵銀五分一釐零。桐鄉縣課口：四萬九千二百八十二丁口。每口徵銀六分一釐零。　案：現惟嘉興、秀水、嘉善三縣有食鹽課口名目，另額徵銀。

巡 鹽

府巡鹽　總巡聽稽巡府捕二十名，每名七兩二錢二分，該銀一百四十四兩。

縣巡鹽　嘉興縣額設鹽捕一十四名，每名七兩二錢，七縣每名給數相同。該銀一百兩八錢，遇閏加銀八兩四錢。秀水縣額設鹽捕一十四名，添設館哨兵四名，該工食銀一百二十九兩，遇閏每名加銀六錢。杉青、王江兩巡司各額設弓兵一十三名，每名三兩六錢，每司該銀四十六兩八錢。杉青閘、王江涇兩巡檢司俱奉裁鹽務，歸併秀防官兼轄。嘉善縣額設鹽捕一十四名，每名七兩二錢，遇閏加銀六錢。海鹽縣額設鹽捕一十四名，該工食銀一百兩八錢，遇閏每名加銀六錢。裁留澉浦海口兩巡司弓兵六十八名，歸併海捕官兼轄。每名三兩六錢，該銀二百四十四兩八錢。於康熙三十九年奉文移弓兵八名駐大嵐山巡防。平湖縣額設鹽捕一十四名，該工食銀一百兩八錢，遇閏每名加銀六錢。乍浦巡司額設弓兵二十一名，白沙灣巡司額設弓兵二十六名，每名工食銀三兩六錢。康熙三十九年奉文移白沙弓兵二名駐大嵐山巡防。石門縣額設鹽捕一十四名，杭協巡鹽捕十名，烏青鎮哨兵四名，每名七兩二錢，該銀二百一兩六錢。桐鄉縣額設鹽捕一十四名，哨兵四名，該工食銀一百二十九兩六錢，遇閏每名加銀六錢。青鎮巡司額設弓兵一十三名，每名三兩六錢，該銀四十六兩八錢。案：乾隆五十九年，部議人鹽並獲者全行充賞，獲鹽不獲人者，將鹽貨一半賞給。　《兩浙鹽法志》又案：嘉郡緝私向設長安營，委千總一員，及嘉協營弁，在於水陸要隘梭巡。自咸豐庚申匪擾後，長安營尚未議復，現在商捐巡費，募用砲船巡船，由官鹽局派弁管帶督緝私販，海、平肩鹽亦有商巡，其船隻之多寡，時爲損益，並無定數。

票運　浙地自遭匪擾，竈戶凋零，舊商星散。同治三年，閩浙總督兼署鹽政左宗棠奏准暫停部引，試行票運，無論舊商、新商，一經納課，即行給票認地行運，設局督銷，飭令嘉興批驗所大使移駐海鹽之榆城地方，隨時掣驗。凡嘉所場鹽定爲每票五十引，每引三百七十五觔，酌加滷耗，嘉、湖、蘇地四十觔，常、鎮、廣德六十觔，每正鹽一觔，徵課錢八文。惟嘉、秀、善、桐向配票引，係屬輕則，減爲每觔六文，各以其半收作釐金，與鹽課並充軍餉。而引地之在江蘇者分爲江釐浙課。票運引鹽歲無定額，肩鹽以八百觔爲引，徵收課釐錢一千六百文，給單捆配，按日挑銷。新纂。

綱運　同治九年，浙江鹽政李瀚章以票商漫無稽考，奏准仿照淮鹽章程，招集認商辦理整綱。嘉地每年額定綱鹽一萬四千引，每引正雜課銀一兩二分，湖州連廣德共三萬四千引，每引一兩二錢二分，按春、秋兩季掣運。十一年，部議革除耗觔，勻加額引，嘉地加額一千六百八十引，湖屬四千八十引。案：蘇、松、常、鎮、太五地，於同治八年改復引，商每年認運六萬六千引，先課後鹽，革除耗觔，共完正雜課銀九萬五千六百八十六兩四錢九分零，暫行試辦。　新纂。

嘉興府志卷二十八

郵　傳

《風俗通》云：漢改郵爲置，而韻書有馬傳曰置、步傳曰郵之説。至置郵傳命，已見《孟子》，《周官》訓方、匡人、撢人，儻亦郵之類與。國朝於提塘兵承送本章部咨之外，特設驛遞，以通中外緊急之文報，又設舖兵，以達郡縣之往來。是驛速而舖緩，驛衝而舖偏，驛綱而舖紀也。嘉興爲入浙門户，上通八閩而旁達江右，陸有馬，水有舟，憇息有亭有館，而禁革廠夫，與《唐書》劉晏裁汰捉驛之事同，其利弊不可不知也。志《郵傳》。

西水驛　在府城西門外，設有驛丞。《大清一統志》。　案：明析屬秀水。袁《志》云：阜成門外西麗坊。元初置，至正末燬於兵。明洪武元年四月，除授站提領爲驛丞。《浙江通志》有廨舍船坊，柳《志》站船一十七座。趙《圖記》。明末燬。國朝康熙十一年，守道李顯榮檄知府王師夔重建，顯榮書額"駜征咨度"。袁《志》。乾隆五十二年，秀水縣知縣紀有堂建迎暉亭。元沈鉉《西驛停橈》詩："帆收麗橋邊，暝色已帶浦。臨波據胡牀，且聽官船鼓。" 明徐霖《西水驛》詩："西水鳴笳集要津，滿城飛蓋入青旻。雲連遠嶂明雙鳥，潦盡寒潭見數鱗。幾處肩頹晴刈稻，何人頭白晚垂綸。流亡未復官租急，慚愧中朝衣紫身。" 吳興弼《被召舟次秀水要津》詩："程程客路間前蹤，又繫城頭橋李篷。懷古心期何處寫，一江煙浪雨溟濛。" 朝鮮使臣崔溥《過秀州西水驛》詩："南北東西予豈匏，中原風景肯虛拋。岳王廟下雲煙合，伍相祠前草木交。一望青天涵水面，五更明月掛松稍。今朝又過嘉興府，人自繁華竹自苞。" 伊《志》。咸豐十年燬。同治八年，建驛房七間。

嘉禾遞運所　在西麗橋西百步許。吳《志》云西水驛西南。元嘉禾馬驛址。《至元志》：馬驛馬九十匹，馬户八百三十，水驛船八十隻，船户七百六十。明洪武初，改建。宣德中，知府齊政重修。趙《圖記》萬曆七年，裁併西水驛。《浙江通志》。

額設驛皂二名，共工食銀十二兩，嘉興縣徵給。案：《驛册》遇閏加銀。西水驛人夫《驛册》稱陸路夫。一百四十四名，共工食銀一千三十六兩八錢，遇閏加銀八十六兩四錢。内嘉興縣徵給銀四百五十三兩六錢，加閏銀三十七兩八錢。秀水縣徵給銀三百二兩四錢，加閏銀二十五兩二錢。嘉善縣徵給銀二百五兩二錢，加閏銀一十七兩一錢。海鹽縣徵給銀七十五兩六錢，加閏銀六兩三錢。案：《驛册》每名日給銀二分。嘉興縣均平縴夫二百九名，共工食銀一千五百四兩八錢，遇閏加銀一百二十五兩四錢。

站馬一十四匹，馬夫五名，共工料銀二百七十兩。嘉興縣額征應差馬、馬夫共銀三百八兩，尚餘銀三十八兩，内應撥給秀水縣馬不敷工料銀一十兩七錢五分五釐二絲四忽三微一塵二渺三漠九埃六纖二沙，撥給石門縣馬不敷工料銀二十七兩二錢四分四釐九毫七絲五忽六微八塵七渺六漠三纖八沙。遇閏應加銀二十二兩五錢，本縣止額加閏銀九兩，計不敷閏月工料銀一十三兩五錢，在於仁和縣馬餘閏銀内撥給銀七兩二錢，錢塘縣馬餘閏銀内撥給銀六兩三錢。案：馬每匹日給草乾銀六分，夫每名日給銀三分。又嘉興縣原額應差馬十五匹，夫十五名。雍正四年，撥馬五匹，夫十名，協濟石門縣。《賦役全書》驛站下仍編舊額。　以上《浙江通志》。

添設買補馬二匹，價銀二十八兩。差馬倒斃，奉文議增十分之二。內扣皮臟共銀一兩，又馬稅每兩三分，每匹四錢二分。共銀八錢四分。移交錢塘縣投稅造報。

添設馬匹棚廠槽鍘銀一十四兩二錢。以上嘉興題銷册。

秀水縣均平縴夫二百二十名，共工食銀一千五百八十四兩，遇閏加銀一百三十二兩。

站馬一十匹，馬夫五名，共該工料銀二百七十兩。本縣止額工料銀二百五十九兩二錢四分四釐九毫七絲五忽六微八塵七渺六漠三纖八沙，計不敷銀一十兩七錢五分五釐二絲四忽三微一塵二渺三漠九埃六纖二沙，在於嘉興縣馬餘銀內照數撥給。遇閏應加銀二十二兩五錢，本縣止額加閏銀七兩五錢，該不敷閏月料銀一十五兩，在於仁和縣馬餘閏銀內撥給。案：秀水縣原額應差馬十五匹，夫十五名。雍正四年，撥馬五匹，夫十名，協濟石門縣，編額如舊。

添設買補馬二匹，價銀二十八兩。餘與嘉興縣同。

添設馬匹棚廠槽鍘銀一十四兩二錢。以上秀水題銷册。

支應銀八百四十一兩九錢二分，內嘉興縣徵給銀三百四十三兩九錢七分六釐一毫，秀水縣徵給銀二百七十四兩五錢八分九釐二毫，嘉善縣徵給銀九十五兩六錢二分七釐八毫九絲五忽，海鹽縣徵給銀六十一兩四錢八分八釐九毫五忽，平湖縣徵給銀六十六兩二錢三分七釐九毫。

座站仙船一十二隻，船頭水手六十一名，共工食銀四百五十兩，遇閏加銀三十七兩五錢。內嘉興縣徵給銀三十五兩三錢七分五絲，加閏銀二兩九錢四分七釐五毫。秀水縣徵給銀六十四兩一錢一分九釐六毫五絲，加閏銀五兩三錢四分三釐三毫四忽一微六塵六渺六漠六埃六纖六沙。嘉善縣徵給銀二十五兩九錢二分二釐五毫五絲，加閏銀二兩一錢六分二毫二絲八微三塵三渺三漠三埃三纖四沙。海鹽縣徵給銀六十一兩七錢八分七釐七毫五絲，加閏銀五兩一錢四分八釐九毫七絲五忽。桐鄉縣徵給銀二百六十二兩八錢，加閏銀二十一兩九錢。

修造船料銀六百八十六兩四錢一分九釐九毫九絲七忽，內秀水縣徵給銀一百一十三兩五錢三分二釐九毫九絲七忽，嘉善縣徵給銀二百八兩四錢四分三釐三毫，海鹽縣徵給銀五十一兩三錢四釐五毫，平湖縣徵給銀一百九十四兩七錢八釐八毫，石門縣徵給銀四十五兩二錢五分四毫，桐鄉縣徵給銀七十三兩一錢八分。案：座站仙船原額二十隻，嘉興四，秀、善、海、平各三，石、桐各二。康熙二十五年，調省應差。雍正四年，裁減八隻，改歸郵政衙門管理，今燬。出江家伙銀二百兩三錢八分四釐，嘉善縣徵給。以上《浙江通志》。

清軍館　在府治東偏。宋紹興間，爲城隍廟。至元，遷招提寺，曹刺史更爲公館。明洪武初，又更爲內館驛，以延往來使客。鄒《志補》。宣德間，更爲清軍館。弘治十六年，同知鄭循重葺。通《志》。案：康熙五十七年，同知移駐乍浦署址，改爲嘉興協都司衙署。

急遞總舖　在府治撫字坊下。袁《志》又云：宋置舖兵，元制每十里或十五里二十里設急遞舖，每舖置舖兵五人。案：中統元年，隨處設傳遞舖。明洪武間，定制凡十里設一舖，每舖設舖長一名，舖兵要路十名，僻路五名或四名。　以上伊《志》。

嘉興縣

安遠驛　在望吳門外。案：明析屬秀水。宋秀州守曾紆重修，改名爲禾興驛。宋《嘉禾志》。今裁。

東津亭　在削塔坊東馬橋東水次，東道駐節之所。《浙江通志》。　案：柳《志》有臨津亭。今燬。

縣前急遞舖案：《至元志》嘉興縣急遞舖一十七處，明析秀水、嘉善後，止設八處。袁《志》列龍華舖，地屬嘉興司，兵工食由秀水給領，今從《賦役全書》改正，實止七舖，詳下。

常豐舖　在縣東一十里。

團港舖　在縣東北二十里。以上袁《志》。　案：柳《志》東塘四舖有龍華舖，在縣東三十里，今歸秀水；魏塘舖，在縣東四十里，今嘉善縣治。

十八里舖　在縣東南二十里。

新豐舖　在縣東南四十里。以上吳《志》。　案：《至元志》東塘六舖內馬橋舖、半墩舖、下滙舖、高橋舖相距各九里，皆今縣東境，詳嘉善。

落繂舖　在縣南一十里。

鍾塘舖　在縣南二十里。案：柳《志》、趙《圖記》作中塘舖。

馬涇舖　在縣南三十里。以上袁《志》。　案《至元志》：南塘三舖高家灣、許婆涇、濟川舖相距各十里，南接海鹽縣莫涇舖。

今司兵三十六名。《賦役全書》常豐、落繂衝要二舖各八名，工食銀一百一十五兩二錢，每名七兩二錢。加閏銀九兩六錢，每名六錢。團港、十八里、馬涇、新豐、鍾塘偏僻五舖各四名，工食銀一百二十兩，每名銀六兩。加閏銀一十兩，每名五錢。　以上伊《志》。

秀水縣

禾興館　在縣北拱辰門外舊安遠驛旁。宋宣和間，秀州守曾紆既改驛，題館曰"將歸"，取《楚辭》"登山臨水送將歸"之義，陸經爲記。後改禾興館，頗宏壯。嘉興湯《志》。今廢。

宋楊萬里《秀州嘉興館拜賜春幡勝》詩："中使傳宣下紫宸，簇頭濃染御香雲。綵幡耐夏宜春字，寶勝連環曲水紋。癡似土牛鞭不動，老登金馬愧無聞。強簪華髮知難勝，只有新詩頌萬分。"　國朝朱彝尊《櫂歌》："父老禾興舊館前，香秔熟後話豐年。樓頭沽酒樓外泊，半是江淮販米船。"　凌大田《詩》："禾興猶記古吳名，北郭煙波入望青。一自登臨多送遠，那堪重到俯雕甍。"　伊《志》。

北津亭　在望吳門外北麗橋水次，北道官船駐節之所。舊有官廳側房，袁《志》。今燬。

府前舖　在縣東二里。

三塔舖　在縣西八里。

分鄉舖　在縣西一十八里。

趙牆舖　在縣西二十七里。以上袁《志》。　案：《至元志》西塘五舖通越門舖、趙家舖、深葉舖、馬涇舖、楊梗舖相距各十里，西接崇德縣官窰舖。

杉青舖　在縣北八里。

金橋舖　在縣北一十八里。

聞店舖　在縣北二十七里。秀水李《志》。　案：《至元志》北塘三舖施家舍舖、秋茂舖、北界首舖相距各十里，北接平江路吳江縣界遞舖。

龍華舖　在縣東北三十里。秀水李《志》。

今司兵四十八名。《賦役全書》衝要八舖各六名，工食銀三百四十五兩六錢，每名七兩二錢。加閏銀二十八兩八錢，每名六錢。

嘉善縣

大勝津亭　在縣治東三里。柳《志》稱東接官亭。明天順四年建，久圮。

太平津亭　在縣治西二里。柳《志》稱西接官亭。明天順間建。國朝雍正六年，知縣郜煜重修。以上嘉善戈《志》。

縣前總舖　在縣治東二十步。明宣德五年建。

張涇滙舖　在縣治東一十里。以上柳《志》。　案：《至元志》嘉興縣東塘六舖內高橋舖東九里接魏塘舖，又東一十二里接張涇滙舖，東九里接松江府風涇舖，今魏塘即縣治，風涇析隸嘉善。

今司兵十名。《賦役全書》偏僻二舖縣前舖七名，張涇三名，工食銀七十二兩，每名七兩二錢。加閏銀六兩，每名六錢。　以上伊《志》。

海鹽縣

秦駐館　唐《圖經》云：古有秦駐館，去縣西半里，久而傾圮。長慶間，縣令李鍔於縣南立館，仍是名。五代時廢。宋《武原志》　唐張祜《秦駐山南館》詩："故人營此地，臺館尚依依。黑夜山魈語，黃昏海燕歸。舊陰楊葉在，殘雨槿花稀。無復南宮賞，高簷紅燭輝。"

望城館　宋《武原志》云：禪悅院西偏有望城館。建炎兵火，此館僅存。紹興壬子，歐陽延世撤廢。樊《圖經》云：禪悅院，今天寧寺也。《浙江通志》。

秦溪館　在縣南十五里秦駐山下。舊志云：古津亭也。宋紹興元年，縣令陳祖永修，後縣令李直養立是名。《海鹽圖經》。

海塘公館　在龍王廟右。明萬曆中，知縣饒廷錫建。袁《志》。

望洋堂　在縣東門外濱海。康熙二年，遊擊陳一安建。吳《志》。

縣前急遞舖　在治西三十步。趙《圖記》。　案：《至元志》急遞舖九，莫涇舖南一十五里，錢塾舖一十八里，天仙舖一十二里至本縣瀕海。又錢塾舖東南十五里接澉浦鎮路苟城舖，再南接蔣塾舖、相村舖、孫老橋舖、大橋舖、石灰橋舖，至澉浦鎮市各六里，瀕海。

朱公亭舖　在縣西十里。

周墩舖　在縣西北二十里。

黃泥舖　在縣西北三十里。以上袁《志》。　案：《海鹽圖經》西塘三舖北接嘉興縣界馬涇舖。

藍田舖　在縣南十里。

常川舖　在縣南二十里。

澉浦東門舖　在縣西南三十里。以上《海鹽圖經》。　西南接海寧州界談山舖。　案：趙《圖記》是爲南海塘三舖。　伊《志》。

九里亭舖　在縣北十里。

麥莊涇舖　在縣北二十里。以上海鹽仇《志》。　又十里接平湖縣界惹山舖。　案：趙《圖記》是爲北海塘二舖。又《海鹽圖經》云：南北海塘舖，明洪武二十一年知縣郎時翔增置。每舖建郵亭一，正屋三，左右廂各三，圍牆門道俱備。

今司兵三十二名。《賦役全書》縣前舖七名，朱公亭四名，周墩、黃泥各三名，衝要四舖工食銀一百二十二兩四錢，每名銀七兩二錢。加閏銀一十兩二錢，每名銀六錢。藍田、常川、九里舖、麥莊涇、澉浦、東門各三名，偏僻五舖工食銀九十兩，每名銀六錢。加閏銀七兩五錢，每名銀五錢。

平湖縣

當湖公館　在治西三百步，即宋當湖務基。《浙江通志》明洪武間爲稅課局。嘉靖間，改建。袁《志》。

縣前急遞舖　在縣右二百餘步。劉《志》。

轉塘舖　在縣南十里。

惹山舖　在縣東南二十七里。

乍浦東門舖　在縣東南三十七里。以上柳《志》。

梁莊舖　在縣東南三十里。袁《志》。　案：柳《志》有獨山舖，無梁莊。

今司兵一十七名。《賦役全書》：縣前衝要舖五名，工食銀三十六兩，每名銀七兩二錢。加閏銀三兩，每名銀六錢。轉塘、惹山、乍浦、東門、梁莊偏僻四舖各三名，工食銀七十二兩，每名銀六兩。加閏銀六兩，每名銀五錢。　以上伊《志》。

石門縣

皂林驛　在石門縣南門外，舊屬桐鄉縣。明嘉靖中徙此。舊有驛丞。《大清一統志》。　案：《賦役全書》：驛丞於乾隆二十一年裁。巡按御史張景奏改，以驛去府治不一站，長安驛偏迂，乃度中置於縣。《浙江通志》初建永安橋東，後知縣喻沖徙今地。舊額曰"吳越名津"。崇德靳《志》。國朝康熙十九年，同知季舜有攝縣事重新。袁《志》。　季舜有《重建皂林驛記》略：嘉郡水陸通津，北接三吳，南達八閩，行李之往來，絡驛於道，故驛站之設嚴於他方。皂林驛者，舊屬桐鄉之皂林鎮，明嘉靖間巡方御史奏置石門縣，仍其名。堂樓廚監載在《府志》，蓋郵傳之大者，而廢且數十年矣。予攝邑篆，會有親藩旋師之役，供億浩繁，吏民震恐，予爲黽勉接濟。師行而後即安，用得以其間，經營土木。計邑之重役大務，未有甚於驛者。乃卜日量工，舉而新之。公帑既不得羨，又以累民爲難，稍捐己貲以集事。經始於庚申二月，閱三月而落成。規模、丹堊差擬於舊，庶幾停橈駐節，得無暴露風日之患，以重吾吏民過也。　明貝瓊《皂林驛》詩："朝發白水村，夕次皂林驛。水腥無飲馬，林黑有歸翮。昔時兵交地，白骨如山積。萬竈今已夷，風亭煥新飾。居人尚星散，父老悲故迹。團團關山月，夜逐南征客。"　程敏政《過桐鄉晚宿皂林驛》詩："東風吹日半晴陰，不覺船窗水氣侵。三里人家春淡淡，一江煙樹晚沉沉。"　任洛《皂林古驛》詩："碧樹雲林隱驛樓，新題舊詠姓名留。停舟莫向斜陽裏，楊柳煙蕪縮客愁。"咸豐十年燬。同治三年，建驛房十七間。光緒元年重修。

石門驛　在石門鎮。唐有驛，故市名石門，後裁併。《浙江通志》。　案石門耿《志》：唐石門驛，在縣北二十里，即今玉溪鎮。宋改爲行幄殿，別於皂林鎮置驛，今桐鄉縣轄。明巡按御史張景奏改設驛於縣，仍其名曰"皂林"。當時桐鄉未分，皂林亦隸於崇德，是先有石門驛，後改爲皂林驛，非兩驛同時竝設而有裁併也。春秋時吳越交爭，壘石爲門以分界，故謂之石門，非因唐有驛故市名石門也。　案：《至元志》載官驛屬馬驛，崇德縣馬四十四，馬戶三百八十二戶。又崇德縣馬一十二匹，馬戶一百一十四戶，則元時崇德亦尚有二驛也。而耿《志》云元有馬驛、水驛，似非有二馬驛也。《至元志》馬數兩款不同者，或前後有增減耳。

額設驛皂二名，工食銀一十一兩六錢六分二釐六毫，石門縣徵給。案石門耿《志》：驛皂一款於乾隆二十一年奉文減汰。

　　阜林驛人夫、南北遞報夫六十四名,共工食銀四百六十一兩七錢三分三釐二毫八絲,遇閏加銀三十九兩六錢,石門縣徵給。

　　石門縣均平縴夫五百九十四名,共工食銀四千二百九十兩八錢一分六釐,遇閏加銀三百四十五兩六錢八分八釐一毫五絲一忽八微四塵六渺五漠四埃七纖八沙。

　　站馬二十匹,馬夫一十名,共該工料銀五百四十兩。本縣止額工料銀三百八十兩九錢四分三釐一毫二絲,計不敷銀一百五十九兩五分六釐八毫八絲,在於嘉興縣馬餘銀內撥給銀二十七兩二錢四分四釐九毫七絲五忽六微八塵七渺六漠三纖八沙,仁和縣馬餘銀內撥給銀八十六兩四錢,錢塘縣馬餘銀內撥給銀四十五兩四錢一分一釐九毫四忽三微一塵二渺三漠九埃六纖二沙。遇閏應加銀四十五兩,本縣止額加閏銀二十二兩六錢八分四釐七毫五忽,計不敷閏月工料銀二十二兩三錢一分五釐二毫九絲五忽,在於仁和縣徵給吳山驛餘閏銀內撥給銀八兩三錢六分六釐六毫六絲六忽六微六塵六渺六漠六埃六纖六沙,海寧州徵給浙江驛馬餘閏銀內撥給銀八兩三錢六分六釐六毫六絲六忽六微六塵六渺六漠六埃六纖六沙,仁和縣徵給縣馬餘閏銀內撥給銀二兩八錢五分,尚不敷銀二兩七錢三分一釐九毫六絲一忽六微六塵六渺六漠六埃六纖八沙,在於各縣扣存小建銀內撥湊。案《賦役全書》:原額馬十匹,夫十名。雍正四年,奉撥嘉、秀二邑馬各五匹,夫各十名協濟,見《郵政冊》。若《賦役全書》仍編原額也。　　以上《浙江通志》。

　　添設買補馬四匹,價銀五十六兩,內扣皮臟共銀二兩。又馬稅每匹四錢二分共銀一兩六錢八分。案:乾隆六年,覆準浙江驛馬十分之內準報倒斃二分,動價買補,見《大清會典則例》。

　　添設馬匹棚廠槽鍘銀二十八兩四錢。石門題銷冊。

　　支應銀五百一十兩四分九釐六毫六絲,內石門縣徵給銀四百六十六兩四錢六分一釐一毫六絲,桐鄉縣徵給銀四十三兩五錢八分八釐五毫。《通志》。

　　語溪館　在縣治南,宋建,後廢。柳《志》。　　宋錢達善《新建行衙記》曰:語溪拱天闕,百里而近,使星次舍無弗節所,頗失事上之禮。臺府幕屬臨汨,寢餗託諸僧舍,令佐解龜俟代,則或僦或假,尤弗稱也。市南臨衢瀕河,官有敗屋數間,上漏下溼欲壓。今黃君相地之宜,差二月乙亥之縠,興工改築爲行衙。揖客有廳,燕息有堂,主廊、翼室、庖湢悉備。對門越街,繚以短垣,又有登艦之亭。尉張君思正顓董其事,不踰月而落成,迺俾巖穴士晜之記。辭弗獲,因即而問之:"吾邦則計數匱,號難治。去年夏,君始來即修學校,興建課會,尋訪故實,彙次圖志。它如春風一樓,欲仆久矣,向者疾趨而過,頤指而雄壯猶昔,皆非空拳可致。今茲役作而民不知,輪奐而邑壯觀,其道果何以?"君笑曰:"吾以家事爲之則易,以傳舍觀之則泪。夫一縣之歲計仰苗人,月計惟榷酤。逋積不支,豈可但諉之民;醨薄不售,尤當反之於己。戴星倉庾幾數月,槩平而樂輸,是知其良心固存也。麴林泉齊有攸司,任專則弊革,是以酒政之易舉也。竭心思以杜姦,委僚友以共濟,上供俱辦,課息微衍,不著不獻,隨事力而爲之耳。"愚也聞之,矍然而起,曰:"命之矣。"君名元直,字致君,會稽人,尚書宣獻公之孫也。平易近民,庭無留訟,囹圄久虛,是皆可書者。抑聞之宣獻公昔宰嘉興,以最聞,遂躋顯仕。甘棠蔽芾猶在,蓋其家有縣譜云。淳祐十一年三月九日。

　　駐節廳　在布政分司右。《浙江通志》。隆慶末廢。石門鄺《志》。

　　戴星別署　在北門外甘露菴左。《浙江通志》。明萬曆庚戌,知縣靳一派建。崇德靳《志》。　　陳禹讜《戴星別署記》略:禦兒當水陸要衝,事煩民瘠,最難治,而清漳靳侯獨之。蓋侯爲政得大體,彈琴而理,穆如也。乃郵舍在城南,皇華駐節,歸然偉觀。城北則委巷盡而四面平疇,靡可蔽風雨,邇年暫息甘露菴,僑憇而已。侯亦忘其櫛沐之疲,顧念百廢具興之日,獨斯體統猶復缺然。稍集鍰鏹,度地鳩工,經紀別署。邑之士若民德侯深,憐侯行役最苦,爭出力以赴之。署前堂後廡各三楹,棟宇整且栗。落成歌於《靈臺》之首章,又爲額其上曰"戴星"。夫古人鳴琴亦治,戴星亦治,侯以穆之之勤敏,行蓋公之清凈。禦兒之治,固宜與單父後先爭烈。

　　皇華館　康熙二十年建。石門鄺《志》。

迎薰館　在大南門外，即驛丞舊署改建。爲使節往來駐泊之所。伊《志》。　案石門耿《志》，皇華館即迎薰館。

縣前急遞舖　在治東十步。柳《志》。　案宋《語溪志》，有石門、錢店、阜林、官窯、上窯五舖。《至元嘉禾志》六舖無上窯，有皁羊、縣北二舖。縣北舖西接鹽官縣長安七里鎮舖，餘與宋《志》同。今皆裁易，惟阜林析屬桐鄉。　伊《志》。

南津舖　在縣南四里。案崇德靳《志》，南至海寧縣界駱家舖。　伊《志》。

上莫舖　在縣北六里。以上趙《圖記》。

邵涇舖　在縣北一十六里。柳《志》。　案崇德靳《志》，北至桐鄉縣界西蔣舖。

今司兵二十四名。《賦役全書》：衝要四舖各六名，工食銀一百七十二兩八錢，每名銀七兩二錢。加閏銀一十四兩四錢，每名銀六錢。　以上伊《志》。

桐鄉縣

阜林腰站　在巡檢署址西，古有石門驛，後廢，因置阜林。《至元志》。屬水驛，阜林驛船三十隻，船戶三百戶。明設驛丞、公廨、夫馬、船隻上接西水驛，下接長安驛。詳上石門。宣德中，析屬桐鄉。嘉靖十三年，改置石門縣南門外，仍名阜林驛。國朝康熙十三年，復置腰站於舊驛，設官馬三十匹，夫二十名，知縣徐秉元創馬厰、廨宇。二十年仍撤。石門鄺《志》。

縣前總舖　在縣治東三十步。趙《圖記》。

阜林舖　在驛西，距縣前、永新、西蔣三舖各一十里。柳《志》。

永新舖　在縣南二十里永新鄉運河塘北。案柳《志》，東至秀水縣趙牆舖一十里。

西蔣舖　在縣西二十里保寧鄉。以上袁《志》。　案柳《志》，西至石門縣邵涇舖一十里。

烏鎮舖　在縣西北三十里。案《烏青鎮志》，司兵烏程、桐鄉各一名。　伊《志》。

今司兵二十一名，縣前、阜林、西蔣、永新衝要四舖，工食銀一百三十三兩，縣前舖五名，每名銀五兩，餘每名銀七兩二錢。加閏銀十一兩八分三釐三毫，縣前舖每名銀四錢一分六釐六毫六絲六忽，餘每名銀六錢。烏鎮偏僻舖兵一名，工食銀六兩，加閏銀五錢。　伊《志》。

現在西水、阜林二驛，暫雇代馬快船，馳遞文報。同治六年十月，准兵部咨覆：據浙江巡撫咨稱，仁和、錢塘、石門、嘉、秀等縣驛馬共額設馬一百匹，兵燹後驛馬搶失，站船被燬，嘉興一帶驛路坍塌，籌修規復，尚需時日。各該縣驛或雇夫代馬，或雇船代馬，馳遞文報，請將應支夫、馬工料銀兩，准其抵給雇價之需等語。應令按年抵給，如有不敷，即飭各該縣自行籌補，不准例外增添。並將代馬快船遞送文報夫、役名數，造具細冊，送部核銷。仍俟驛路修齊，即將前項馬匹派員赴部換票，出口買補足額，以實驛站而歸定制。　案：各縣額徵驛站錢糧俱詳田賦門。

附禁革厰夫等弊各條

禮科給事中張惟赤疏，爲謹陳厰夫橫行之害事。浙按牟雲龍巡歷臣鄉，出示爲嚴究窮兇大惡之厰夫等事。本院微服駕水，細察民難，獨有厰夫一項，萬戶同聲，怨嗟載道。或濫派工食，或酷勒對支，或凌虐紳衿，或把持官府，或串蠱縱蠱，或殺人陷人，皆因黨翼繁多，爪牙密佈，結連衙役爲腹心，拴合武劣爲指臂。小民半言觸怒，立刻粉碎身家，官長一事阻撓，隨便匿名陷害，以致道路側目，上下寒心，父被殺而子不敢伸冤，妻被佔而夫不敢控訴。嗟爾士民疾首痛心，已十餘年于茲矣。本院爲爾密訪，得爲首作惡廠夫劉敬山等十餘人，已經嚴拿解究外，凡我百姓負屈含冤者，俱據實指名，赴道、府告發解院，以憑執法究擬等語。臣昔日鄉居，備知廠夫之害，今按臣訪拿，萬衆快心。但恐此輩交通衙役，打點術工，萬一承問各官不能直窮到底，日後仍留地方，挾讐報復，禍反不測。伏乞勅下按臣將示內所開惡跡嚴爲追究，其所串何蠹，所縱何蠹，聯結衙役是何姓名，聞已經告發有人，務盡根株，毋使吞舟漏網。至廠夫之設，獨臣鄉有之。竊見國家設有驛站，水路各驛額設夫役，供應過往，有勘合火牌船隻拉船來去，獨臣鄉除驛夫之外，濫設此項。廠夫亦名長夫，額外私派各里給發工食，每圖索銀至三十六兩。今雖經按臣准秀水縣申詳，嚴行革除，但臣聞此輩，斂金圖復。蓋廠夫之設，原係蠹役巧立名色，科派鄉民設立，以後相仍十餘年，每年安享三十六兩之工食，又皆無賴棍徒倚恃蠹役爲腹心，作惡嚼民。誠有如按臣示內所稱者，嘉、秀兩縣多至六百名，私立項首，每名值銀二百兩。今一旦革除，則項首盡行落空，此輩公同謀議，擬每名出銀五十兩，賄囑撫、按上房書吏，希圖復設。夫有錢十萬可以通神，誠恐此輩衆擎易舉，斂銀至二三萬兩之多，以此行賄鑽營，何求不得。臣按嘉、秀二縣僱夫銀兩，《全書》中額載四千五百兩零，遇閏加銀三百一十兩。今別設廠夫，累及各里，則此項銀兩縣官作何開銷，請乞勅部嚴行該撫按，將此項銀兩悉歸本驛，該縣按季給發，不許釐毫扣剋。夫每月銀數至于三百六十餘兩，聽該驛僱募應役，充然有餘，又何必別立廠夫，派累各里，糜二千餘金之膏血，增五六百名之虎狼，流毒百姓，無有底止。更祈嚴綸申飭，永不許議復，庶臣鄉除一大害矣。抑臣郡如此，安知他郡他省無私立別項名號作惡害民者，併乞勅部通行，各撫按留心細訪，有則一例革除，將見歌舞更生者當不獨臣郡已也。伏候睿鑒施行。順治十六年七月二十九日題，八月初八日奉旨：該部察議具奏。兵部覆題，爲謹陳廠夫橫行之害事，車駕司案呈禮科張惟赤題前事，奉旨：該部察議具奏，欽此。該臣等看得驛站夫役自有額設工食銀兩，私派累民，屢經嚴飭，今據科臣張惟赤疏稱，嘉、秀二縣除驛站夫之外，濫設廠夫，巧立名色，科派鄉民，爲害不一等語。查私派廠夫作惡害民，相應請勅該撫按嚴查蠹役科派情弊，併廠夫害民實跡，按法從重究治。凡所屬見有廠夫，盡行禁革，止用額設驛夫，不許復設廠夫名色，以除民害，併通行各省撫按一體查禁可也。奉旨：是，依議嚴行。順治十七年，科臣薛鼎臣疏，詳田賦。

巡按浙江監察御史楊爲查究事。案查嘉、秀里民陳情等條陳利弊一事，本院念屬公呈，事關興革，批行該府督同二縣，傳集各里長從公酌議，務協輿情，以便地方，未嘗允與施行，亦未見該府回報。今訪聞嘉、秀二邑，大張告示，妄議立法給帖various項，每畝年輸銀四分，明屬加派，何物奸宄，敢于聚衆橫行，其中必有積蠹巨憨，合謀把持，希圖網利。紳士有持正議，輒以凶狠相加，是真目無三尺矣。除經密拿嚴究外，合再申飭，爲此示，仰官吏軍民人等知悉。廠夫一項，見奉明旨究革，至于一切雜役加徵，屢經當道條議，盡行永禁，敢有官役妄恩正賦之外巧立名色，擅取分毫，不拘何項人等，赴院呈告，訪查得實，官以違旨飛參奸蠹，立拿處死，決不輕貸。特示。

巡按浙江監察御史楊，爲嚴飭革廠歸驛，以遵明旨，以除民害事。照得嘉禾廠蠹之弊，窮凶極惡，前院禁飭，言之已悉。追後科疏部覆，奉有嚴綸，凡所屬現在廠夫盡行禁革，止用額設驛夫，不許復立廠夫名色，以除民害，并通行各省一體查禁在案。本院嚴飭已久，不謂奉行者竟不凜遵，違蔑如故。今訪得留縣錢糧，尚未歸驛，經承抗捺仍給廠夫加派之害，朦蔽未除，敢于違旨藐憲，奸蠹若此，真所謂瞻可包天者矣。除一面密訪拿究外，合行嚴飭，爲此示，仰官吏百姓人等知悉。廠夫名色，奉旨禁革，凡勘合火牌應付盡歸驛中承值，《全書》額載募夫協濟銀兩儘足支應，敢有陽奉陰違，仍前派索里民及廠夫對支逼取等弊，有一于此，許被害人等指名赴院首告，官以違旨參拿，役則遵例究贓，處以必死。民生利害所關，本院執持三尺以待，愼勿泛視，輕以身命，自投法網，特示。　案：順治間，嘉、秀二縣除驛站夫之外濫設廠夫，秀水縣前東西各造廠房，名曰東廠、西廠，亦名長夫，皆無賴棍徒倚恃蠹役爲腹心，額外私派各里，給發工食，爲害不一。經給事中張惟赤奏陳嚴禁後，有嘉興縣胥串通縣丞王典，勒令每圖備夫一名，以供走差，名曰備夫，即廠夫之別名。並浙省屬縣勒令每圖報充應捕工食衣甲，一如鄉兵、鎗手皆係巧立名色，復經科臣薛鼎臣具奏，派索里民及對支逼取等弊盡行革除，于是秀水縣之兩廠房始燬矣。

嘉興府志卷二十九

水　利

利莫大於農桑，而山農之利不敵澤農者，農之利莫美於稻，而稻於水宜也。浙江杭、湖、寧、紹及吾禾皆澤國，然四郡猶山與水分半，禾郡則七邑皆水。食水之利溥，則講水之利不可不詳。源發于杭，支衍于湖，委出于蘇、松二郡，此地利之不易者。至瀹之使暢，浚之使深使廣，堰之閘之使蓄使緩，圩之塘之使捍使分。前哲貽我謀，後人宜知其故也。志《水利》。

案：嘉郡水道源於武林。《漢書·地理志》：武林山，武林水所出是也。《浙江通志》云：武林諸山水，豬爲西湖。湖水北流，合外沙河，東過永昌壩，合菜市門河，西至會安壩，合艮山門河，轉德勝橋。武林門內大河，自吳山水驛，過清湖上、中、下三閘與之會。分爲二，一爲上塘河，東過臨平山，北至長安壩。一爲下塘河，過北新橋，北流爲運河，歷謝村、塘棲，穿石門城，左受語兒、桐樹十八涇，右受柿林、羔羊十三涇之水，迤石門塘東折，彎環如帶，曰玉灣也。入桐鄉界，南受車口陸墅，北受車溪、爛溪、龍翔灣諸水，東流逕卓林入秀水境，逾白龍潭，東流瀯爲鴛鴦湖，一名南湖。其東南爲澉湖，一名馬場湖，長水、海鹽二塘水之所匯也。長水塘自長安壩東流爲二十五里塘河，過海寧縣，又東流入袁花塘妙果山之尾，合姚源、茶湖、麻涇、彭墩、滓江塘諸水，入洛塘河，北經紫微山、審山間，爲硤石河。東經練浦、海鹽，亦合海寧諸水，北經橫塘，俱匯於澉湖。東流經雙溪橋，又東出會龍橋，分二支，一由漢塘至平湖，一由魏塘至嘉善。其由澉湖入澄海門，由漕河入通越門者，出望吳、春波二門，俱東趨會龍橋。又一支繞城北流，過西麗、北麗，爲相家潭，又東北爲麟溪，亦入嘉善境。其由漢塘東流者，合胥江、陶涇諸水，匯爲當湖。海鹽鸝鷁、上谷、黃道諸水，合流而北，過柳莊、獨山、乍浦諸塘之水入之，東北流，由三泖入黃浦。自魏塘東流者，一爲華亭塘，東爲張涇，匯爲楓涇之白牛塘，合祥符蕩、葉蕩之水，會章練塘東入泖；一爲冬瓜湖塘，北流入夏墓蕩，又北入汾湖，又北入澱山湖，東至黃浦入海。其天目派，自湖州來者，入運河，東流爲官塘河，經昇山塘，合烏鎮水，入新城塘，過石臼漾，合穆溪水，入嘉興之漕河。此嘉郡水道之源委也。

歷代建言水利大略

宋

景祐初，范仲淹守蘇，議導諸邑之水，上書宰臣呂夷簡，其略曰："吳中之田，非水不植。減之使淺，則可播種，非必決而涸之，然後爲功也。昨開五湖，洩去橫水，今歲平和，秋望七八。積而未去，猶有二三，未能播種。如總數道而開之，災必大減。蘇、秀有秋之半，利已大矣。但今之世有所興作，橫議先至，非朝廷主之，守土之人恐無建事之意矣。蘇、湖、常、秀，膏腴千里，國之倉庾也。浙漕之任數郡之守，宜擇精心盡力之吏，不可以尋常資格而授，恐功利不至，重爲朝廷之憂，且失東南之利也。"

熙寧初，廣東安撫機宜崐山郟亶上言蘇州水利。亶歿，其子將仕郎僑又上書，大略言："浙西田，昔有營田司。自唐至錢氏時，其來源去委，悉有隄防、堰閘之制，旁分其支脈之流，不使溢聚，以爲腹內畎畝之患，是以錢氏百年間，歲多豐稔。惟長興中一遭水耳。暨納土之後，至於今日,其患方劇。蓋由端拱中,轉運使喬惟岳不究堤岸、堰閘之制,與夫溝洫畎澮之利,姑務便於轉運舟楫,一切毀之。初者故道猶存,尚可尋繹,今則去古既久,莫知其利。營田之局,又謂開局冗員,既已罷廢,則隄防之法、疏決之理,無以考據,水害無已。至乾興、天禧之間,朝廷轉遣使者興脩水利,遠來之人不識三吳地勢高下與夫水源來歷,及前人營田之利皆失舊聞,受命而來,恥於空還,不過遽採愚農道路之言,以爲得計。但以目前之見爲長久之策,指常熟、崑山枕江之地,爲可導諸港而決之江,開福山、茜涇等十餘浦。殊不知古人建立隄堰,所以防太湖泛濫,潃沒腹內良田。今若就東北諸港決水入江,是導湖水經由腹內之田,瀰漫盈溢,然後入海。所以浩渺之勢,常逆行而潴於蘇之長洲、常熟、崑山,常之宜興、武進,湖之烏程、歸安,秀之華亭、嘉禾,民田悉已被害。然後方及東海。又以水勢之方出於港浦,復爲潮勢抑回,所以皆聚於太湖四郡之境。當歲歲積水,而上源不絕,瀰漫不可治也。此足以驗開東北諸港爲謬論矣。"案此書載范成大《吳郡志》,其意專重堰閘,轉以開東諸港爲謬,實非通論。因郟氏父子以水利著名,故録而辨之。

紹興五年二月,寶文閣待制李光言,"明、越之境,皆有陂湖。大抵湖高于田,田又高于江海。旱則放湖水溉田,潦則決田水入海,故不爲災。慶曆、嘉祐間,始有盜湖爲田者,三司使切責漕臣甚嚴。政和以來,創爲應奉,始廢湖爲田,自是兩州之民歲被水患。壬子歲,嘗取會稽餘姚、上虞兩邑利害,自廢湖以來,每縣所得租課不過數千斛,而所失民田常賦動以萬計,遂先罷兩邑湖田。其會稽之鑑湖、鄞之廣德湖、蕭山之湘湖等處尚多,望詔漕臣訪問,應明、越湖田盡行廢罷。吳[1]江東西圩田,蘇、秀圍田,併徧下諸路監司守令。"條上,詔諸路漕臣躬親相度以聞。

乾道六年三月,監進奏院李結獻《治田三議》,曰務本,曰協力,曰因時。大略謂:"浙西低田恃隄爲固,若隄岸高厚,則水不能入。乞于蘇、湖、常、秀諸州水田塘浦要處,官以錢米貸田主,乘此農隙,作堰增令高闊,則隄成而水不爲患。方此饑饉,俾食其力,因其所利而利之。秋冬旱涸,涇浜斷流,車畎修築,尤爲省力。"詔令胡堅常相度以聞。其後,戶部以三議切當,但工力浩瀚,欲曉有田之家,各依鄉例出錢米與租佃之人,更相修築,庶官無所費,民不告勞。從之。

淳熙二年,監察御史傅淇奏:"近臣僚奏陳圍田湮塞水道之害,陛下復令監司、守令禁止圍裹,此乃拔本塞源之要術。然豪右之家未有無所憑依而肆意築圍者,聞浙西諸縣江湖草蕩計畝納錢,利其所入,給據付與。望條約諸縣,無得給據。"上曰:"此乃侵占之田,今絕其源,後去無復此患。可令漕司、常平司察之。"

【校注】

[1] 吳江:原作"其江",據李光《乞廢罷明越湖田奏》改。

元

大德時,臣僚奏:"太湖、澱山湖昨嘗奏過先帝,差撥民夫三十萬疏掘已畢。今諸河日受兩潮,漸至沙漲,若不依舊宋例令軍屯守,必致坐糜成功。澱山湖圍田賦糧二萬石,就以募民夫四千與同屯守立都水防田使司,職掌收捕盜賊、修治河渠圍田。"有旨,從之。

周文英《三吳水利書》略曰:"蘇、湖、常、秀土田,高下不等,以十分爲率,低田七分,高田三分。所謂天下之利莫大于水田,水田之美無過于浙右。五代末,吳越錢王獨居東南,專享此利。宋范文正公嘗論于朝曰:'江南圍田,每一圍方數十里,中有河渠,外有門閘,旱則開閘引江水之利,澇則閉閘拒江水之害,旱澇不及,爲農美利。嘗詢訪高年,云曩時兩浙未納土時,蘇州有營田軍[1]四部,又有撩淺夫,專爲田事,導河築隄,以減水患。'文英嘗經行太倉劉家港及吳淞江之左右,隨流尋源。劉家港之南有一港,名南石橋港,近年天然深闊,直通劉家港。西南通橫塘,以至夏駕浦,入吳淞江。其中間有迂迴窄狹處,若使疏浚深闊,則太湖洩水一大路也。某今棄吳淞江而勿論,專意于劉家港,即古婁江,三江之一也,水深港闊,此三吳東北洩水之尾閭,斯所謂順天之時,隨地之宜也。惟開浚之法,照依捨糧賑濟例,優以官祿,宜定品級,考其成功,優以一官,激功勉勵,庶幾成此美績,則可弭浙西數郡久遠之災,寧不偉歟!"

　　任都水《水利議》:"議者曰:'錢氏有國百餘年,止長興間一次水災。宋南渡百五十餘年,止景定間一次水災。今或一二年、三四年,水災頻仍,其故何也?'答曰:'錢氏及宋南渡,全藉蘇、湖、常、秀數郡所產,以爲國計。常時盡心經理,高田、低田各有制水之法。其間水利當興,水害當除,合役軍民,不問繁難,合用錢糧,不吝浩大,必然爲之。又使名卿重臣專董其事,豪富上戶簧言不能亂其耳,珍貨不能動其心。又復七里爲一縱浦,十里爲一橫浦,田連阡陌,位位相接,悉爲膏腴之產,以故二三百年之間水災罕見。國朝四海一統,又居位者未知風土所宜,視浙西水利與諸處無異,任地之高下,任時之水旱,所以三二年間水旱頻仍也。'議者曰:'水旱,天時,非人力所可勝。自來討究浙西治水之法,終無寸成。'答曰:'浙西水利,明白易曉,何謂無成?大抵治水之法有三:浚河港必深闊,築圍岸必高厚,置閘竇必多廣。設遇水旱,就三者而乘除之,自然不能爲害。倘人力不盡,而一切歸數于天,寧有豐年耶!東坡亦言,浙西水旱,乃人事不修之積,正此謂也。昔范文正公親開海浦,議者沮之,公力排浮議,疏瀹積潦,數年大稔,民受其賜,載之方冊,昭然可考,謂之無成,可乎?'議者曰:'河港、圍岸、閘竇三者俱備,則水旱可無,民食可足,誠爲久遠之計,朝廷何爲而廢之?'答曰:'范文正公,宋之名臣,盡心于水利,嘗謂修圍、開河、置閘三者備矣,水旱豈足憂哉。國家收附江南三十餘年,浙西河港、圍岸、閘竇無官整治,遂致廢壞。一遇水旱,年年荒蕪,深可痛惜。今朝廷廢而不治者,蓋募夫供役取辦于富戶,部夫督役責成于有司,二者皆非其所樂,所以猾吏豪民搆煽,必欲阻壞而後已。朝廷未見日後之利,但厭目前之擾,是以成事則難,壞事則易。東坡亦云:官吏憚其經營,百姓畏其出力,所以累行而終輟,不能成久遠之利也。'"

【校注】
　　[1]營田軍:原作"管田軍",據周文英《三吳水利書》改。

明

　　永樂元年八月,以蘇松水患爲憂,遣僉都御史俞士吉齎《水利集》賜夏原吉,使講究拯治之法。至是原吉上奏,曰:"浙西諸郡,蘇、松最居下流。嘉、湖、常三郡土田下者少,高者多,環以太湖,亘五百餘里,納杭、湖、宣、歙諸州之水,散注澱山等湖,以入三泖。頃爲浦港湮塞,匯流漲溢,傷害苗稼。拯治之法,要在濬滌吳淞諸浦港,洩其壅遏,以入于海。案吳淞江舊袤二百餘里,廣百五十丈,西接太湖,東通大海,前代屢疏導之。然當潮汐之衝,沙泥淤積,屢濬屢塞,不能經久。自吳江長橋至夏駕浦,約百二十餘里,雖云疏通,實多淺窄。自夏駕浦抵上海縣南蹌浦口,可百三十餘里,沙草壅障,已至平陸。工費浩大,難以成功。臣等相視,得嘉定之劉家港即古婁江,常熟之白茅港皆係大川,水流峻急,宜濬吳淞江南北兩岸、安亭等浦港,以引太湖諸水入劉家、白茅二港,使直注江海。又淞江之大黃浦乃通吳淞要衝,今下流雍塞難疏,旁有范家浜,至南蹌浦口可徑達海。宜濬令深闊,上接大黃浦,以達泖湖之水,此即《禹貢》'三江入海'之蹟。俟既開通,相度地勢,各置石閘,以時啟閉。每歲水涸之時,修築圩岸,以禦暴流。如此則事功有成,于民為便。"上從其言,命集民丁開濬。

宣德七年九月,蘇州府知府況鍾上言:"蘇、松、嘉、湖之地,其湖有六,曰太湖,曰麗山湖,曰陽城湖,曰昆承湖,曰沙湖,曰尚湖。聯屬廣袤,凡三千餘里。其水東南出嘉定吳淞江,東出崑山劉家港,東北出常熟白茅港。永樂初,朝廷命尚書夏原吉疏濬,水不為患,年久淤塞,一遇久雨,遂成巨浸,田皆沒溺。乞仍遣大臣督各官,于農隙時發民疏濬,一方永賴。"上命周忱與鍾計功力多寡難易以聞。

正統五年正月,令天下有司秋成時修築疏濬陂塘,以便農作。具數繳報,俟考滿以憑黜陟。是年巡按直隸監察御史蕭啟言:"蘇、松、嘉、湖、常五府賦稅太多,而湖隄漸壞,恐傷民田,且往來舟楫不便,請令巡按御史及按察司罰五府囚徒輪作者送巡撫侍郎周忱處,遣官督之修隄。隄完,令長橋、平望二巡檢司巡邏,庶東南無逋租。"上可其奏。

正統十四年,巡撫牟倖言:"直隸蘇、松與浙西各府頻年旱澇,緣周環太湖,乃東南最窪地,而蘇、松尤最下之衝。故每逢積雨,眾水奔潰,湖泖漲漫,漭沒無際。案太湖即古震澤,上納嘉、湖、宣、歙諸州之水,下通婁、東、吳淞三江之流,東江今不復見,婁、淞入海故跡具存。其地勢與常熟福山、白茅二塘俱能導太湖入江海,使民無墊溺,而土可耕種,歷代開濬具有成法。本朝亦常命官修治,不得其要。而濱湖豪家盡將淤灘栽蒔為利。治水官不悉利害,率於泄處置石梁,壅土為道,或慮盜船往來,則釘木為柵,以致水道堙塞,公私交病。請擇大臣深知水利者專理之,設提督水利分司一員,隨時修理,則水勢疏通,東南厚利也。"帝即令倖兼領水利,聽所濬築。功成,乃專設分司。

弘治五年七月,南京戶科給事中楊廉等以災異言:"近年兩浙三吳水災相仍,穀米踊貴,說者謂蘇、松、嘉三府財賦所出,當天下之半,而其地極下。《禹貢》所謂震澤者,在今蘇之吳縣,其水由吳淞江入海。元時亦嘗疏濬,民受其利。今淤塞不通,豪右復築之,稼穡其上,遇雨水稍多,則無所泄,泛濫數郡,良田無秋。民非不欲疏濬也,制于豪右,卒不能成。乞敕相度震澤入海之處設法疏濬,仍令各處導渠修堰,以備旱澇。"下所司知之。

弘治十六年六月,刑部主事劉喬言:"蘇州、嘉興等府縣各設水利等官,騷擾地方,漁獵編戶,乞量為裁革。府責同知,縣責典史帶管。直隸則管河郎中,浙江則水利僉事巡視董治之。"下其奏于所司。

嘉靖十年五月,行人朱隆禧以齎詔南直隸各府,還,上所過利病四事:"一重水利。謂蘇、松、嘉、湖各有治農官,然而溝洫淤洳,圩堤圮敗,惰農蕪業。所在而是,則官不循行之故也。宜敕令農隙之時,循行阡陌,勸課農桑,修濬溝洫隄堰,務使旱澇有備。"從之。

嘉靖四十二年,給事中張憲臣言:"蘇、松、常、嘉、湖五府水患疊見。請濬支河,通潮水,築圩岸,禦湍流。其白茆港、劉家港、七浦、楊林及凡河渠河蕩壅淤沮洳者,悉宜疏導。"帝以江南久苦倭患,民不宜重勞,令酌濬支河而已。

隆慶三年九月,浙江撫臣谷中虛言:"浙江與蘇、松之水,其源皆出天目諸山,本自聯絡。今巡鹽御史兼理蘇、松水利,而不及浙江。浙江水利僉事能行于浙江,而不能行于直隸。非專官督理,難責成功。宜敕巡鹽御史兼理浙、直水利,在浙江督水利道,在直隸督兵備道,各隨宜修濬,以防水潦之虞。"工部請從其議。報可。

萬曆四年,巡撫宋儀望言:"三吳水勢,杭、嘉、湖、常、鎮,繞四隅,蘇州居中,松江爲諸水所受,最居下。乞專設水利僉事以裨國計。"部議遣御史董之。

萬曆六年,巡撫胡執禮請先濬吳淞江長橋、黃浦。先是,御史林應訓言:"蘇、松水利在開吳淞江中段,以通入海之勢。"又言:"宜開龐山湖口,由長橋抵吳家港,則湖有所洩,江有所歸。"又言:"松大黃浦西南受杭、嘉之水,西北受澱、泖諸蕩之水,總會於浦。而秀州塘、山涇港諸處,實黃浦來源也。澱山湖入黃浦道漸多淤淺,宜爲疏瀹。而自黃浦、橫潦、洙涇,經秀州塘入南泖,至山涇港等處百四十餘丈[1],待濬尤急。"八年,又言:"蘇、松諸郡幹河支港凡數百,大則洩水入海,次則通湖達江,小則引流灌田。今吳淞江、白泖塘、秀州塘、蒲匯塘、孟瀆河、舜河、青暘港俱已告成,支河數百,宜盡開濬。"

萬曆三十七八年間,霪雨浸溢,水患日熾。越數年,給事中歸子顧言:"宋時,吳淞江闊九里。元末淤塞。正統間,周忱立表江心,疏而濬之。崔恭、徐貫、李統嗣、海瑞相繼濬者凡五,迄今四十餘年,廢而不講。宜使江闊水駛,塘浦支河分流四達。"疏入留中。

【校注】

[1]　按:《明史》卷八十八《河渠六·直省水利》:"自黃浦、橫潦、洙涇,經秀州塘入南泖,至山涇港等處萬四千餘丈。"疑"百四十餘丈"是"萬四千餘丈"之誤。

國　朝

康熙十年五月,秀水縣知縣李見龍條議:"看得秀水一邑,澤國也。水之來也有三,吳江以太湖之水北至,歸安以苕霅之水西至,仁和、德清、海寧以天目之水南至。其去也則一,沿城而東,經善、平二邑入泖,以入于海,此其大較也。無高山之限,而有巨壑之通。城北官塘中,挽道正當西來諸水衝囓之處,立橋爲門。自王江涇起,有聞店橋、六里橋、金橋、百步橋,至城西偏爲栅堰橋,皆所以洩水使出也。官塘上下每區有圩,每圩有港,皆從東出,潴爲大洋,受水之歸。而水傍田畝,各築圩岸,旱則車水使入,潦則車水使出,蓄洩以時,人工丕作,以是禾中最窪下之田畝收數鍾,稱爲沃壤。《禹貢》揚州所謂'厥田惟下下,厥貢下上上錯'也。鼎革之餘,盜艘充斥,前奉趙督臺檄塞各路港門,而六里橋、金橋,大兵經臨,帮闊隄道,五馬並行,橋因之塞。嗣後水行既駛,墓脈復傷,地絕民貧,風景蕭索矣。庚戌夏,洪水突來,無路放洩,瀰漫數旬,禾黍盡淹。此災百年僅見,固天時弗若,亦人事之不修。築港塞橋爲弭盜,計而合之河渠、水利諸書,竟行大謬不然者。禹之行水,行所無事,蓋導之使行,非遏之使不行也。今蒙憲行,查議水利蓄洩之法,相度地勢,莫如疏通各水港,使水之來也有門,去也有路,不致以障川爲潰川之舉,實爲今日第一義。或盜氛叵測,則用水樁蓋以大石,通水而不通舟,亦可無慮也。惟入海之地,爲江南松屬所轄,仰望憲咨移文,俾彼處自行料理,非卑職所能越俎而代庖者也。"

王庭曰:"禾地平衍,水患之須隄堰者尚少。所患乃在淤塞。如城鎮則以民居旁填土,而河日窄;鄉村則以民田地旁填土,而河亦日窄。當事務爲姑息,每議開河,只言開深,不言開闊。城中如此,鎮與鄉更無有言及者矣。是大可慮也。"袁《志》。

曹溶曰:"禾中水法自兩天目來,舊從東北流去,經平湖、嘉善入海,半下杉青閘,入太湖。至近歲北鄉居民因盜艘出没,將閘外南塘諸流築壩斷塞,致水變爲南流,阻絶西來生旺,反令墓水到堂。三十年來,户口蕭條,皆由於此。莫若將北門外塘灣起至平望五十里,凡南塘土堰盡行挑去,改用木柵,既使水勢通流,順趨入海,又無盜艘出没之患,此郡復古第一急務也。"袁《志》。

知縣何銈曰:"嘉邑四境,地勢北低南高,溪流北駛南澀。自分縣後盡屬高鄉,較秀水旱多澇少。一遇燥乾之歲,水車或二三接始得溉田者,若圩大浜淺,車尹莫施,則坐而待槁。宜令南鄉各圩塘長務將近境河、港、浜、漊,歲加深濬,庶使灌溉不竭。兹邑無事隄堰,政宜濬河。此爲先務之急。"嘉興何《志》。

縣北境大率水鄉,皆通潮汐,獨南境傍海一帶,東起獨山,西至雅山港汊,絶少淤澱。過甚,一遇旱暵,束手無策,宜倣海寧備塘河一體開鑿,則斥鹵之地可冀有秋,利不僅在百年已。平湖高《志》。

伊《志》案:以上五條,其論皆深切著明,實可施行者,故附録於建言各則之後。

嘉郡水利,僅海鹽塘之秦溪、白洋河、烏坵、招寶塘水源於縣境東南諸山,而郡之源遠流長,亦不繫此。其餘俱來自杭郡,平衍縈紆,無澎湃奔騰之勢。且運河水有下游之吳江可洩,長水塘及海鹽塘分注於漢、魏二塘。天目派之由石門、秀水者均歸運河,平湖係專洩海鹽兼通嘉興水道者也,嘉善係統洩嘉興、海鹽、秀水、平湖水道者也,均由泖湖歸黄浦。潦之爲患,宜于湖郡有差,然久雨霪霖,上游盛漲,滔滔而來,以此爲壑,計郡水之由秀水出平望者十之四,由善、平二邑歸泖湖者十之六。今淞、婁二江淤塞不通,在江省尚難宣洩,故秀邑之水無所歸輸。黄浦之流甚暢,似於善、平出泖爲宜,然淞、婁二江淺狹不能受水,蘇、松積潦,并太湖洪流汎濫,而横趨澱、泖,惟黄浦是爭。故浙西水口先爲江境所佔,黄浦雖深通,豈勝兩省下游同時並納,將彼此抵觸,不克暢流,爲害一耳。在平湖地阜且非水道之衝,尚無水患,嘉善地本低窪,又爲衆水所注,宜其爲巨浸矣。秀邑之水不能瀉,而石門、桐鄉亦災害,善邑之水不能瀉,而嘉興、海鹽亦災害。即一郡論之,則以吳江與三泖爲歸墟,合全局論之,則以淞、婁、黄浦爲歸墟。莫若浚通淞、婁,使太湖與蘇、松水歸故道,則運河可以順軌,而黄浦惟承澱泖之水以歸海,則善、平二邑出泖益無阻塞之虞。治則均利,是與江省相爲表裏者也。若嘉屬秀水之東北境、嘉善之四境塘塍抵挫單薄者,宜分別官民,一律修築。平湖之新埭、新倉、嘉善之楓涇一帶,爲泖口要隘,有間段淺窄者,宜相度高下,以深廣之,並撤除壩堰魚籪,俾水勢急溜,以刷渾潮之積淤,斯潦可以防。海鹽之東南地勢最高,水易就下,如永安湖、澉城濠、白洋河之淤澱者,宜挑復之,各邑浜港之澀流者,宜勸農民以時疏掘,爲瀦蓄計,斯旱可以備。是又嘉郡之當自爲謀者也,勤民者可不加軫念與? 見王鳳生《浙西水利備考》。

歷代開濬大略

宋

元嘉二十二年，揚州刺史始興王濬以松江滬瀆壅噎不利，欲從武康紵溪直出海口，穿渠港舊志作"洽"，今更正，功竟不立。嘉興湯《志》。　伊《志》案：《嘉善縣志》云，宋元嘉中，西從武康紵溪導水，東至黃浦，即今華亭塘。其說未知何據，姑存之。

隋

嘉興縣運河在縣西，南通崇德縣，北接吳江界。隋大業六年，敕開江南河，自京口至餘杭八百里，面闊一十餘丈，擬通龍舟。白樂天詩云："平河七百里，沃壤兩三州。"謂此水也。《至元志》。　案：析縣後運河屬石門、桐鄉、秀水三縣境。

唐

元和五年，王仲舒治蘇隄，松江爲路，即今石塘。嘉興湯《志》。

吳　越

天寶八年，置都水營田使，募卒爲撩淺軍，亦謂之撩清。於太湖旁置撩清卒四部，凡七八千人，治湖築隄。一路入吳淞江，一路自急水港下澱山湖入海。居民遇旱則運水種田，澇則引水出田。《十國春秋》。

宋

乾興元年，詔蘇、湖、秀州，積水害稼，其發鄰郡兵疏導壅閼，仍令發運使董之，遣尚書職方員外郎楊及往蘇、湖、秀州催督。

嘉祐五年，轉運使王純臣建議，請令蘇、湖、常、秀修作田塍，位位相接，以禦風濤。令縣官教誘殖利之户，自作塍岸，定其勸課，爲殿最。當時推行之。以上嘉興湯《志》。

中書檢正沈括言："浙西涇浜淺涸，當濬；浙東隄防川瀆堙没，當修。請下司農貸緡募役。"從之，仍命括相度兩浙水利。

元符三年二月，詔"蘇、湖、秀州，凡開治運河、港浦、溝瀆、隄岸，開置斗門、水堰等，許役開江兵卒"。

崇寧元年十二月，置提舉淮浙澳牐司官一員，凡常、潤、杭、秀、揚州新舊等牐，通治之。

政和元年十月，詔蘇、湖、秀三州治水，創立圩岸，其工費許給越州鑑湖租賦。

六年,詔令守臣莊徽等講究水利。於是發運副使應安道言:"凡港浦非要切者,皆可徐議。惟當先開崑山縣界茜涇塘等六所;秀之華亭縣,欲並循古法,盡去諸堰,各置小斗門。"

淳熙十一年冬,臣僚言:"運河之浚,自北關至秀水杉青,各有牐堰,自可瀦水。惟沿河下岸涇港極多,其水入長水塘、海鹽塘、華亭塘,由六里堰下,私港散漫,悉入江湖,以私港深、運河淺也。若修固運河下岸一帶涇港,自無走泄。又自秀州杉青至平江府盤門,在太湖之際,與湖水相連,皆不必浚。"以上《宋史·河渠志》。

嘉泰二年六月壬午,浚浙西運河。《宋史·寧宗本紀》。

澉浦鎮西六里有永安湖者,瀦諸山之水,以灌三村十六保之田,周十有二里,莫詳陂築所自。宋《志》云:舊本是田,為畝三千七百,後隄之為湖,灌田八千三百餘,而均稅於田,故稅額雖重,卒無旱乾患。元時為豪有力者決壞,民以失業,有寓公王濟始奏復之。洪武初,鎮民張小五請於朝,嘗遣官開瀦。至正統十年,縣丞龔潮復請旨重瀦,竟以工大倚閣,稍患淤淺矣。湖舊深一丈五尺,置牐引灌具有法,雨久水多,則東南洩於海。所灌田產穀甚美,租亦倍入,為海邑腴產。《海鹽圖經》。　元大德十三年六月初一日,《結勘本湖責說》:德政鄉十三都澉浦、澉墅、石帆村,住坐社長張千五等,今蒙本都里正奉海鹽州指揮,該為照勘本都永安湖有無違礙公事。今來千五等從實照勘責說,得本里古有永安湖三千七百畝,積諸山之水,灌溉澉浦、澉墅、石帆三村官民田八千三百餘畝。此湖原係民田為湖,其稅均於湖側田土輪納,就湖東際,石砌斗門,水板為閘,以時啟閉。每遇天旱,閉閘放水,下流灌救田苗;或天雨連縣,湖水漲溢,卻有東南葛母山下古置渾水閘放洩入海,是以三村農田稅雖繁重,歲無水旱之憂,百姓均受其利,見存亡宋《武原誌》書,詳載分曉。至元十三年歸附初,鎮守管軍官王招討,分付駱百戶監督隈保填長,起差鄉夫,將永安湖西南際湖面,築捺圍裹,成田三百八十畝,於官司投告文憑,虛指湖面,卻作天荒斥草地段,即非有主民產,亦非係官地土,自此作駱興名字抱佃,送納官糧三十八石。於後至元二十六年,有王招討男王四萬户,將上項湖田過佃澉浦鎮楊招討召業之後,卻於湖田南際掘開海塘,創造石閘,連年每遇春水泛濫之時,不顧此湖積蓄救田水澤以備天旱,但恐淹損湖田菜麥,卻將湖水晝夜放洩入海;及至夏旱,要得湖水灌田,又被管佃户朱六十二壩塞,不容水源通流,致有三年兩旱,田禾不收,百姓賠納官糧,并老小口食不給,典妻賣子,流離死亡。為是豪勢,畏懼不敢言告,民受其害,冤抑不能上聞。若蒙官司,將上項湖田仍舊開掘為湖,積水灌田,實為民便。今蒙體問,所責是實,伏乞詳情備申。年月日,縣押司吏余志遠押。　《復永安湖碑記》:國以民食為天,而民食又以瀦水為先,務最重也。皇元撫育人民,興舉水利無遺,亦盛矣哉。海鹽本嘉興屬邑,比陞為州,州南四十五里有湖曰永安,周迴十二里,瀦水灌溉澉墅、澉浦、石帆三村農田,潦則東南注入於海,旱則水澤仰給於湖,遂變斥鹵為膏腴,時和歲豐,家給人足,茲有禔矣。歸附初,至元丁丑,澉浦鎮守王招討熔,假軍權而淫毒,縱己欲而誅求,力逼鄉夫圍湖成田三頃八十畝,令駱興立户,每秋輸糧三十八石。至元己丑,歸之楊招討恩諒,未幾,瀕湖居民效尤,盡欲決而田之,是以三村屢經旱患,民食不給,多流徙四方者。大德己亥,里人王仁狀具於州,雖鞫治焉,猶未削誅也,幸賴澉浦寓居宣威將軍、前南寧州安撫使王君濟,勇於為義,聞之朝廷,由是省臺委官公同蒞政,目擊斯害,昭然孔彰。大德乙巳秋七月,浙江行省平章政事徹里榮禄,偕都水監官,及本路、本州官,親臨糾惡,廉明公正,遽令疏瀦為湖,開除元立佃米,一改而正之,於是狼吞虎噬之徒為之斂跡,斯湖得以復舊。噫!不有廢也,成之名不彰;不有壞也,立之功不著。今廢而復立,使斯民享悠久無窮之利,得遂仰事俯育之願,顧不偉歟?茲刻於石,庶來者知斯湖源流有自云爾。至大四年辛亥二月日,前權東坡書院山長趙若源撰,從事鮑郎場壩司令金汝礪書,承務郎、嘉興路同知海鹽州事趙泰篆,奉政大夫、嘉興路兼勸農事朱緒立石。　天順三年,海鹽縣委官主簿樊公佐《佔勘湖工申文》略云:勘得本湖通行三千七百四十二畝,中有官塘行路一條,古分南、北二湖,二湖周圍俱係山、海,北湖口原有古閘一座,撙節水利,遇旱起開,放水閘下,四散闢港,車蔭官民屯田八千三百餘畝。本湖并河港,自洪武年間有老民張小五奏准起夫開挑,各深五尺,三時不旱,田禾有收,到今八十餘年,其湖河港浜瀆,俱淤塞淺窄,徧生野草,遇旱俱如平地,湖底與田彷彿高低,無水車戽,似此荒多熟少,連前虧欠糧稅,民食不給,流移逃竄。後於正統十年,得蒙本縣縣丞龔潮達奏,奉工部堂字三百七十一號勘合,行仰委官踏勘,起倩七縣人夫一萬八千五百餘名開挑,至今未蒙起夫興工,田禾愈加荒旱。今蒙勘得本湖南北二處,俱各平淺，閘下通湖河港高如湖底。如蒙查照原奏勘合事理，起夫將閘下河港浜漊，急當先濬通，接六里堰下河港，接開北湖。開掘之際倘有雨水不常，先將閘下河浜漊去水漿，庶不失悞工程，以後方開南湖。若得開完河湖，田禾有收，糧無拖欠，人民利益，逃者思歸。又澉浦千戶所軍餘屯田俱得利便。今勘得永安二湖，古該三千七百餘畝，今量計三千七百四十三畝：南湖一千三百三十三畝，每畝用夫五名，共夫六千七百六十五名，開深五尺；北湖二千四百一十畝，每畝用夫五名，共夫一萬二千五十名，開深五尺；閘下河港浜漊，量計五千九百七十九丈五尺，闊狹不等，每丈用夫一名，共該夫五千九百七十九名，開深五尺。俱計工二箇月可完。

元

泰定元年，江浙行省以平江、松江通海河道壅塞，軍民、官勢侵占水面爲田，遞年水旱相仍，官民虧失大利，委官同本處正官踏視講議，到吳江、舊江二道，烏泥涇、大盈浦二河合挑。緣癸巳歲禁止動土，請工部論報，云：上項河道，江、浙省已嘗講議，修則官無虧糧，民可足食，難與其餘土木之工一體停罷。奏命行省左丞朶兒只班、知水利前都水少監任仁發，董督常州、湖州、嘉興、平江與本府，不分是何人戶，實有納苗田一頃五十畝差夫一名，計四萬有奇，每名日支口糧三升，中統鈔一兩，賜仁發銀一錠，襖子三領。始于是年冬十二月，次年正月訖功。仍令講究久遠，不致淤塞良法。<small>嘉興湯《志》。</small>

明

洪武六年二月，發松江、嘉興民夫二萬開上海縣胡家港，自海口至漕涇一千二百餘丈，闊二十丈，以通海船，及濬海鹽縣澉浦河。<small>《明史·河渠志》。</small>

永樂元年四月，命戶部尚書夏原吉往浙江諸郡治水，時嘉興、蘇、松諸郡頻年水患，屢勅有司督治，迄無成功，故有是命。<small>嘉興湯《志》。</small>

永樂元年六月，上以久雨，謂戶部侍郎古朴曰：蘇、松、嘉、湖四郡水必泛溢，宜速遣人視之，遂命侍郎李文郁往佐夏原吉，相度水田，量免今年租稅。<small>以上嘉興湯《志》。</small>

永樂二年，夏原吉復奉命治水，疏通舊河港。

永樂五年，修長洲、吳江、崑山、華亭、錢塘、仁和、嘉興堤岸。九年，修長洲至嘉興石土塘橋路七十餘里，洩水洞百三十一處。

宣德五年，巡撫侍郎成均言：“海鹽去海二里，石嵌土岸二千四百餘丈，水齧其石，皆已刓敝。議築新石於岸內，而存其舊者以爲外障。乞如洪武中令嘉、嚴、紹三府協夫舉工。”從之。<small>以上《明史·河渠志》。</small>

宣德五年，周尚書忱巡撫江南，檄築塘岸，通漕運，自南津至塘棲，達杭州，橋道未接者開路設橋，以濟不通。<small>崇德靳《志》。</small>

正統八年，疏海鹽永安湖、茶市院新涇、陶涇塘諸河。<small>《明史·河渠志》。</small>

景泰八年，知縣郁綸濬運河湮淺。時運河自石門至大漠多湮淺，綸率衆縱橫繩度，濬深四十里許。<small>崇德靳《志》。</small>

弘治七年七月，命侍郎徐貫與都御史何鑒經理浙西水利，明年四月告成。又令浙江參政周季麟修嘉興舊隄三十餘里，易之以石。《明史・河渠志》。

郡圍田，河涇縱橫，爲古井畫之遺，莫可詳矣。至唐廣德中，屯田使朱自勉濬畎距溝，濬溝距川。後刺史于頔繕隄防，疏鑿畎澮，列樹表道，傳記始載其制。時郡爲嘉興、海鹽二縣，嘉興地勢平衍，旱澇易備；海鹽面海並山，南高北傾，農時十日不雨，田者無措，故開堰爲急。今海鹽者，唐長慶中有李諤，開古涇三百有一，創長豐閘二。宋咸平中，魯宗道導藍田浦、白塔港水一十八里。嘉祐中，李惟幾濬溝洫，樹木閘，置鄉底堰三十。紹熙間，李直養修鄉底堰八十餘及常豐二閘，築支港堰二十四。後趙善悉濬烏邱、招寶等塘，築堰八十一。海鹽堰閘之功，世見紀載如此。而嘉興境多濱湖水田，原阜纔十之二，省修築矣。其圍田，五代錢氏嘗置營田軍四部八百人，專力田事。宋罷營田軍。端平中，轉運使喬惟岳復鑿所逕隄堰，便漕而富民，取盈田租，輒不修圩。又其俗以一易再易，田爲白塗，田稄倍常，而租如故，佃民利淹没，遂鑿古堤捕魚，墾之樹藝，或傍圩敗坏，波及於是，田圍盡廢。每春夏霖雨，田輒瀰漫。乾興元年，詔發運使董諸郡兵，疏導壅閼。嘉祐三年，轉運使王純臣上言，詔縣令民作田塍，位位相接，因此爲縣官殿最。四年，詔置開江兵，立吳江等四指揮興修。熙寧條例司雍元直偏治浙西河渠，頒約束。朝議諄諄田事，然競持短長，或民習苟便，用輒不竟。崑山郟亶、亶子僑、宜興單諤、戶曹趙霖爲書最悉，事連全吳，今不具載。自是蘇、湖、秀治田修堤，乃許役開江兵，原隰悉治。南渡後多僑寓，巨家聯土著，至涸湖蕩爲田，而兵卒輒復築濱湖堤，爲壩田自利。遇旱，灌溉壩田，足乃得他。及澇，則壩圩屹屹，周遭港口，輒不易泄，民患苦之。淳熙間，諫議史才請約束之，乃得盡去壩田及涸湖田。後廷臣議復田裕邊，卑鄉復病。元大德間，立浙西都監營田司，定諸湖界，禁民不得占。然當事者多北人，不習水利，田益壞。語在任都水答議中。至正中，建都水庸田使司，詔尚書禿魯、平章只里瓦歹，選知水人，集議興役。吳人陸行直希平章旨，言：歲在浙，不利。然朝議竟肇工，而卒主導河，圩岸閘竇，俱敗決不治。澇則不流反浚，湖水奔駛田中，其害滋甚。明洪武、永樂間，數遣重臣董治。夏忠宣公原吉鑿界浦，鑿范家浜入海，蹟在鄰郡。其巡視上流，嘗立石準于西塘鎮福源宮前，督民飭浚圩樹藝，民懷思之，曰憂懼石。嘉善章《志》案：樹石測水，宋舊制也。石長七尺有奇，橫爲七道。道爲一，則最下一則爲平水之衡。水在一，則高低田俱熟。過二則極低涝，過三則稍低田涝，過四則下中田涝，過五則上中田涝，過六則稍高田涝，過七則極高田涝。如水至於其則，某鄉之田被災，不待各鄉報到，亦不待官府勘視，已預知，於日報水，則之中矣。今縣田高下分爲五則，具在各區圖內，則測水之石，亦宜列爲五則。移至本縣東門外，擇人司之，每旬以水之漲落報驗，最爲良法。通政趙居任濬河渠，又自崇德北抵吳江，植榆固堤。周文襄公忱築運隄，創橋通道，皆顯有功德於郡。其他諸大僚治水，以殺全吳水勢爲急。然蘇、禾雖皆澤國，而禾實上游，蘇爲委尾，以故每興，人徒浚青龍、白茅、安亭、白蜆諸港，令委尾深闊，直走諸郡淫潦以入于海，使不爲全吳害，乃其得策。顧末流尚盈，而上游已涸。禾地之高仰而閘堰不治者，輒困旱災。如平湖境及嘉善北鄉、崇德千乘蕪土，乃彌望焉。于是知嘉善劉克及郎中傅潮修圍岸，創果字等圩，鑿便民河二萬七千尺，漑田萬餘畝云。華亭錢福《記》略：嘉興浙西大府，其屬縣嘉善，最爲膏腴平壤。弘治十二年，新喻傅公曰會以正郎膺特簡來守，視地圖所廢興，而承之者弗力，公竊慨焉。又一年，安福劉君克溫以進士來令，公遂謀之劉君及丞朱君陳，乃遍歷原隰，相視便宜，於是因舊而修，爲圍岸以丈計者三十六萬二千有奇。爲驛路官塘，以丈計者六千五百有奇。創始而築者，果字圩岸塍，以丈計者三千六百有奇，凡護田若干畝。此其爲防之功也。創開便民河者十，以丈計者凡二千七百有奇。淺澀艱阻，疏而通之爲市河者三，以丈計者一千四百有奇。掘淤鑿塞爲支涇曲港者八，以丈計者八百九十有奇。潴洩灌溉，以利田者若干畝，其便往來者不可勝計。此其爲浚之功也。或修或創，爲橋梁者十。經始于弘治庚申正月望日，訖工于辛酉十月朔。

嘉善丞倪璣築思賢、奉賢、下保諸圩，潴陂湖，濬溝洫。邵康僖公銳《水利記》略：浙以西稱健吏，曰倪嘉善。嘉善始至，問官，問百姓疾苦，首曰水利，乃躬出按視：縣治以南地勢高亢，不有所蓄，吾民其病旱乎？迤北水所輸委，不有所洩，吾民其病澇乎？於是計地程工，計工程力，計力程費，召厥父老指授方略，大都以澇爲尤急也。首濬淤河及所支曲，俾罔壅塞，自思賢鄉至奉賢鄉二十八所，以丈計者三千八百六十有奇。又築圩岸，益卑削爲高堅，自三十三都至四十都三百八十二所，以丈計者一萬五千二百。若圩之尤下者仍築圩岸其中，俾有分守，自下保東區至奉九八區亦一十五所，以丈計者六千四百九十。高亢之地並加疏闢，又潴爲陂塘，散爲溝洫，具有脈絡，自永七都至胥五都總二十九所，又總計爲三百五十丈。肇自正德十年十一月，至十一年十二月厥功告成，使瘠鹵化爲膏腴，居者載寧，逋者胥復，而歌頌於是乎作矣。侯名璣，陝西咸寧人。　倪璣《水利議》略：案水利之説，周鼎論之頗詳，謂高鄉溝洫爲而，而圩岸次之；低鄉圩岸爲急，而溝洫次之。斯則審密之論。嘉善自縣治以南皆高亢乏水，連月不雨則苗向槁，雖遇有年，其收亦薄，非地力有異，田素渴水，而瘠民積貧，無以糞田故也。必令土人多濬溝洫，蓄水待灌，溝中之土，令下鄉人遇圩岸坍損時，往載增築，則土有所歸，而高下漸趨於平，旱澇皆利矣。否則胥山等區，不久當鞠爲茂草，豈獨洪波巨浸能使民墊溺哉？崇德令洪異創天長十字河，千乘蕪土化爲膏腴者三千畝。崇德靳《志》。　正德十一年，知縣洪異開天長河在千乘鄉。原有荒土一區，古吳越屯兵之所，俗稱天長路。旱澇積荒，稅累一縣賠納。異詢得之，開爲十字河、通沙木等涇，東西七八里，南北五六里，廣五丈餘，灌田四千餘畝。三年成就，起科補納荒糧，民感其惠，稱爲洪河。分守何宜、知縣譚秀相繼濬陶涇等河，稍置堰閘。《海塘圖經》：陶涇塘縣北一里，自北關外北流至平湖縣界一十二里。宋淳熙九年，守臣趙善悉重濬。成化六年參政何宜、弘治元年僉事伍性、知縣譚秀復濬之。在平湖獨鮮治者，以故頻有旱災，民多轉徙矣。司民命者誠相地爲制，治堰閘，慎節宣，庶幾有備無患。趙《圖記》。

嘉靖二十六年，知府趙瀛濬治運河，築語兒土塘。《浙江通志》。　趙文華《修運河塘記》：嘉興爲東南水陸之衝，運河經其城隁，延袤百餘里，貢賦、漕輓、輶使皆出焉。南極語兒境，爲土塘。北入聞川，爲石塘，皆障水便陸。自聞川以南，處杭、嘉下流，其水特大。時水泛溢，輒奔駛橫決，傷沿河諸塘而田者。又依塘浚河，行水溉田，故塘益受傷，其勢易敗。敗則石渰于河，椿木軮立，往往觸舟破之，石去而土潰塘斷，如櫛途而絆者，危怖不能度，度則時有墊溺，風雨冰雪之候，其患尤甚。使有司者時省而謹修之，其敗雖易，可以即完，無患也。顧今吏多視時令所須，急堂陛趍步間，忽漫不省，誰復介意水陸之行旅耶？《夏令》曰："九月除道"，辰角見而雨畢也；"十月成梁"，天根見而水涸也，其時徼曰："火之初覯，期于司里"，司空視塗陂，澤梁川，此先王之政所以廣施德于天下者也。左山趙公守郡率用古道，不隨時好爲上下，人急或舒之，弛或張之，惟民利所在。是力既濬城隍，正經界，易原隰，塞圩導渠，以即田功。乃丁未九月，令屬邑司水者各修其塗，而繕運河之塘。石塘起杉青，迄聞川，袤凡二十七里，廣凡若干尺。石之渰于河者，皆起而復之。稍不足，俾塘長出石，官給其需，工皆堅完可久。土塘起語兒，迄西水，凡百又十里，亦殘缺不治久矣，併令新之。凡再閲月而二塘告成，皆坦然如砥。患去而利存，途者歌，舟者和，田者歲登，嬉游以舞。嗚呼！觀今日之所喜，則前此之患苦，益又可知矣。而世方忽民患而不省，其知所省而急于興利，已害者又輒來讒訾之口。公獨信不疑，挽今師古，而事皆用濟。使世之守令皆如公，尚復遺利遺患有哉！而於國家授時立政，柔遠能邇之澤，顧不勻宣傍達，而益有光也哉。公名瀛，字文海，關中三原人。登己丑進士，與予爲同年。佐是役者，德化陳節判守義、贛榆閻節判大祥、玉山姜節推文序。董役者，嘉興則丞盛時，秀水則蔡丞玉成。諸君咸屬予言，樹石津上，以紀仁政，示來者，使修其蹟勿壞。

鹽運河，在海塘內，長十二里，爲鹽運往來之所。明嘉靖己酉，巡鹽御史董威重濬，廣三丈有奇，深六尺有奇。康熙六十一年，知縣林緒光重濬。明陸杰《鹽運河記》略：平湖東去海塘僅五十里，塘以外斥鹵，內則爲蕩，荒茅無際。業惟煮鹽，在漢已然。宋置榷場于廣陳，我朝移置於蘆瀝，故有鹽運河十二里。瀕河之蕩，漸治爲田，河日以淤。商、農屢乞疏導，卒莫肯任者。郡守趙公瀛議舉而未就。嘉靖戊申冬，巡鹺監察御史近淮董公行部嘉禾。會有商言河淤狀，公急命郡倅陳君守義、縣令李君僑相度修復，期以責成。於是程工計費，秉心仰贊，集丁夫一千三百五十人，官爲給餉。郭丞享出舍其間，而日省之。東自蘆瀝，西届廣陳，計里分工，以次具舉。廣三丈有奇，深六尺有奇，東西所訖，加闊爲灣，周可五十丈，便旋舟也。河壖積土，亦盡遠徙，防傾圮也。肇仲春，畢孟夏。夫以工計者二萬九千三百五十，費出監察公贖金，守、倅、令咸以粟繼，秋毫不擾於民，厥惟善矣。趙守立石俞塘橋左，屬余紀略云。

新開河，在鹽運河東。自新倉閘橋起至舊衙，計十二里。明嘉靖間，知縣顧廷對濬河通地蕩，以便灌溉，又名顧公河。康熙六十一年，知縣林緒光重濬。以上平湖王《志》。

萬曆元年，知縣蔡貴易濬運河，自彭河橋至羔羊凡二十里。孫植《濬運河記》：崇德邑治嘉郡之西，爲吳越閩廣孔道，貢賦漕輓，輻使四出。邑之漕渠歲久不治，自松老橋至六里橋，水道淤涸，漕舟告阻，於是督鹺馬公下之皁僉、郡守，檄水利郡判陸君，會邑令蔡君，躬歷周視，計地程工，爲丈者二千六百三十，計工程力、計力程費，擇委邑主簿高橋、典史雷楫、桐鄉主簿黃觀民、典史馬驥盡地分工，經始於癸酉八月，至十月凡六逾旬而畢。向有包角堰故址，茲量爲節宣，勒石樹之，以固風氣，其於人文亦有裨云。十七年，郡判方玘董治運河。崇德靳《志》。

白洋河，在縣東沿海塘下，南自澉浦，北抵乍浦，長七十里。明萬曆五年，巡撫徐栻築塘海上，因有白洋河及澉浦上河之役。白洋河北至閱武場，而南屬常川舖，長三十里，初鑿時以運塘石，而海上荒土得灌爲良田者萬餘畝。上河起自常川舖，西南屬之澉浦城下，二十里，地形稍高於白洋河，築爲土壩以捍之，所灌田視白洋河加倍。《浙江通志》。　徐栻《請開白洋河疏》：海鹽縣秦駐山南至澉浦所原有河一帶，在土塘之內。舊連縣治，商旅輻輳，田畝歲收，稱爲沃土。近皆淤塞坍塌，舟楫不通，赤地遍野，原設澉浦稅課局，因而裁廢，旱乾無備，糧運艱苦。乙亥海溢之變，澉浦軍民被災尤甚。以石塘一帶外無擁護，内無分洩故也。臣時營度海塘，親履其地，見田廬荒廢，目擊流離。邇塘工告竣，若將此河因其舊蹟，再爲開通，即以濬河之土築塘，則所至該縣内河土塘一體高厚深廣，聯結鞏固，縱有異潮之來，不能衝突，而田疇得灌溉之資，一水相通，運糧道達，遺惠軍民，實爲無窮矣。　《海鹽圖經》：先嘉靖九年有議鑿此河者，知縣夏公浚力持之，其言曰：河塘形厚者僅七八丈，薄者至四五丈，以此捍海，勢亦甚危。昔周文襄嘗增土五丈於裏，以防衝決，其慮甚遠。蓋築塘之法，石必大始堅，土必廣始固也。今藉數丈之土以爲基，賴河身素淺，堤勢不傾，若濬此河，萬一基薄而決，雖盡鞭秦山石爲之，奈何所附。如謂取土運石良便，成大事者豈惜津搬小費，與海爭利未見其可。至萬曆乙亥，此河竟開云。　又《海鹽圖經》載《開上河》原文云：量得自石鼓橋新濬河東起至常川舖官路止，原有舊河形迹，止應加闊濬深。又自常川舖起至黃泥寨，迤南至澉浦東關外近城濠河止，或自高阜新開，或因民地濬通，共長二千二百二十五丈七尺，再照此河一開，不惟利於地方灌溉，亦且便於衛所糧運。議自石鼓橋至常川舖，計長一千三百二十三丈五尺，每方丈該銀四錢，計銀二千八百八十六兩零，聽委官典史陳柯管理，同知黃清、知縣饒廷錫往來提調。其常川舖起至澉浦城河每方丈亦宜給價四錢，但此河大有裨益軍兵，而軍兵月有銀一錢，止給三錢，共計銀一千五百三十二兩零，分委指揮馬繼武，督同千户吕繼忠、百户余騰蛟等管理，聽把總王三錫提調，通計用銀三千六百一十九兩零。　吳徐《開濬白洋北河議》：本縣與海寧衛同一城池，南四十里有澉浦所，設立鮑郎鹽場；北四十里有乍浦所，設立海沙鹽場。衙門俱在，海濱脈絡，共相連貫，所恃通行其間，使防汛無虞，鹽貨不阻者，專藉沿海舊有白洋河一帶爲之往來也。祗因陵谷屢更，以致涓流晝斷，地方受病，非止一端。幸于萬曆初，撫院徐栻修築海塘，奏准水利道駐剳海鹽，深燭利病，將南路至澉浦鹽司四十里地開濬，白洋上下河一帶南行水路盡得流通。其北路白洋河正擬興工，值水利道陞任而止。愚謂前南路河道，種種利便，備載《海塘錄》中。若今北路之河，爲便亦可枚舉：土堤捍海，在北最低，每當潮溢之時，鹽場、竈蕩、民田盡被其衝，所損不少。若開河取土築塘，令之高厚，内河可以分洩其流，外塘可以捍禦其患，縱有非常，民不受害，此爲一便。乍浦所至海寧衛城俱是陸路，不但彼中糧餉、器械轉運爲難，抑且官兵分番調守往來不便，今開此河，則船隻通行，聲息易達，以之守望防汛，更爲得策，此爲二便。海沙場司正處河之中途，兩頭鹽運，頗費搬移，河開則舟載不難，涇河遞相灌注，脚價既省，商賈因而樂趨，不藉招徠，鹽課自益，此爲三便。土塘外竈鹽場，内即竈蕩，今開河築塘，攔阻潮頭，則塘外零星灰埂盡可曲引鹹流，開睦瀝鹵，塘内荒蕪草蕩亦得蓄積淡水，墾作田疇，四十里之内，所增鹽課又不知幾何，此爲四便。先此，澉浦河道未通之時，民病厄腫，士鮮文學，自開河後，不但民無疾病，亦且科甲連綿，今乍浦一城何止萬家，若得開濬河道，將見人文日盛，此爲五便。惟茲五便，邑之商竈軍民望此舉已久，在大有爲者立斷以行之耳。

萬曆八年，嘉善知縣金和奉文修築圍岸，令田主出本，佃户出力，擇有行誼者董之。岸身高八尺，廣六尺。九年，本府同知方揚署縣，竣其未就。

吕字東北圩、東根、西根二圩皆極低窪，遇水輒潦。吕字圩先經縣丞倪璣開浜而未及築岸，東西根參議喻良築壩而未及開河。萬曆間，嘉善知縣章士雅修呂字圩之岸，更爲築壩，開東西根之河，長一百七十丈，廣一丈六尺，更爲建閘。民感其德，稱壩曰章壩，河曰章河。又三圩之稅以二折一，故昔所棄而累民賠糧者，今皆爭佃爲業。以上嘉善章《志》。

萬曆三十九年，崇德知縣靳一派開各區浜河，因一都果字圩極窪，三四都字字、唐字圩，東九都信字圩，十二都善字圩極亢，積荒賠累，一派度地募民，開聞家漊等河，計灌田數千畝。崇德靳《志》。

萬曆四十年，知府吳國仕勘議郡城自杉青堰直抵王江涇一帶運河舊塘，土、石各半，歲久傾圮，每霖雨即愁墊溺，申請院司支海塘餘銀改修，盡甃以石。嘉興湯《志》。　郡人陳懿典《記》略：吳公來蒞郡，慨然以築塘爲己任，周咨握算，不遺餘力。始於壬子七月，迄十月告竣。人但見公成之之易，而未知公所以成之之難也。夫舉大役者有三難，曰議費，曰議材，曰議人。初，塘之估也，擬八千金有奇，而僅止秀水北塘，其秀水之西塘及桐鄉、崇德不與焉。今公親度其緩急，可仍可補者與，必新建者估減其半，而塘加倍，此即主人自程量其百堵之興不啻也。故取足修河歲額，不煩別措，加以商民樂輸，一一節省其間，故大工興而民不知也，此其所難者一。築塘必用木用石，故事用木多而小，今議減十之三而增壯焉。又檄准解之官，即領鏹買木於瓜儀，材皆中程而直甚平，往者石工興藏吏相表裏，價入手而石不時至，稍急之，聊以細石點綴數丈塞責。今命官親詣石山，頒式定值，先給半價，令其方舟而來，驗收如式，即時全給。石户無不欣然樂赴，運石更番如織，此其所難者二。佐領幕僚，幹局不同，用非其任與用違其才皆足敗事，公於諸屬吏衡照有素，檄某某主某區，人各樂於用，用各當其才，此其所難者三。塘之功跨歷三邑，秀水北塘一千四百八十八丈五尺，西塘九百五十一丈六尺，桐鄉二百一十五丈四尺，洩水洞五座，崇德塘三百六十一丈二尺，三縣共計修築新塘舊塘三千二百二十七丈七尺。吳公，名國仕，甲辰進士，直隸之歙縣人。

國　朝

康熙六年十月，石門知縣劉允楷、縣丞季芷奉檄開濬運河。石門鄺《志》。　縣人夏方昊《十議》：一、南自松老橋，北至玉溪鎮東高橋，約三十里計六千一百七十丈零，分爲六段，每段分圖承挑，其最淺處如迎恩橋起至司馬高橋止，城灣一帶加工開深。一、作壩需用竹木，悉照民價買辦，其囷皮應預計需用若干，勸令各典舖均助，亦屬小費，無不樂從。一、兩頭大壩釘椿用石匠，挑泥用淘沙匠，每工給米二升，匠不足則佐以里夫，中間各壩仍著各圖自行填築。一、車水即照分段各圖派，每圖糧見各出水車一具，排列工所，同時齊力戽水。一、每圖出夫若干，以派定丈尺開完爲度，各甲照里派夫，或圖中照甲畫開段落各自施工，以免推諉，以便分別勤惰稽察。一、照里出夫，紳士概不免。惟查本縣二百一十三里內有大荒圖四里，熟中荒四里，賦連人逃，難以派工，計實在圖二百零五里一體均派。一、就近撥圖以從民便，但天寒晷短，內有里夫路遠必須歇息者，許於附近菴堂容留，不許拒絕，亦不許作踐。一、作壩宜有次序，先於上游築一頭壩，則去水自急瀉易涸，然後以次築五壩，然後於各段內填塞旁口以施車戽，則力省而功倍。一、六段宜每段設一挂牌，上書某處至某處止計長若干丈，水面應開闊若干，水底應開深若干，將派撥里分開列計丈，分圖各自挑濬，仍逐圖立一長木標，以便認識。一、沿河設點，挨圖唱名，里夫在河中答應，不許上岸擁擠，既已畫界，一圖自爲一隊，不得踰越稍離工次，仍著催差具一到單，不到者即行速催，以免遲悞。

康熙十二年，水溢塘圮，秀水知縣李見龍躬督修築幫闊隄岸，至今便之。秀水任《志》。

秦河，在平湖縣東三十里，新耕之蕩，藉以灌溉。康熙十七年，里民秦九一倡議開鑿，請於縣、府，委蘆瀝場鹽大使周成勣董其役。開河十里，自新倉鎮以北至新廟橋，荒蕩皆得栽禾。後復稍淤。二十二年春，分守道王永祚檄行各屬，疏通河道，九一復呈縣，委白沙巡檢姜一科及乍浦巡檢黃玩督同開濬，闊五尺，深數尺，里人名曰秦河。《浙江通志》。

康熙四十六年十一月，奉上諭：江南省蘇州、松江、常州、鎮江，浙江省杭州、嘉興、湖州各府屬州縣或近太湖,或通潮汐,宜于河渠水口度地建閘,隨時啟閉。其支河港蕩淤淺者並加疏濬,以資灌溉。令督撫確察具奏。知府臧憲祖奉檄,查看得嘉郡七邑水勢,無容建閘。惟石門聖塘廟至玉溪鎮三十六里,秀水西麗橋、北麗橋、端平橋三處共一百二十步,嘉善渡船頭一里、張涇匯三里、楓涇鎮南柵一里,此七處應加深濬,經巡撫王然具題,勷帑完工。

康熙六十年春,知府吳永芳興修運河南塘,加石培土。又北塘自城外至王江涇三十里,於舊塘外間段增築石岸。以上吳《志》。

乾隆三十五年,嘉興縣知縣王士澣開府城東門外市河,起熙春橋訖東津亭,里人馮浩記。

海邑邵灣周圍計田二千餘畝,其水道漸淤塞,遇旱即荒。乾隆四十一年,里人張彥遠濬之,未竣事而卒。其子大經承父志復濬,自南星橋玉獅子浜又繞東至邱家堰,計三里有餘,開深一丈六尺,廣四五尺,遂足灌溉二千餘畝之田,遇亢旱亦無慮。

嘉慶三年十二月,知縣任澤和議濬永安湖,修築堤閘。次年正月,大雨,水滿湖,未果濬。凡修築湖閘四座。知縣任澤和《議》略:勘得澉浦迤西環山負海,中有屯田民產八千四百餘畝,向賴永安湖灌溉,且有隄閘,以時蓄洩。自乾隆三十五年鮑令鳴鳳挑濬以來,湖身日就淤塞,若再因循,勢必漸成平陸。中湖塘長五百餘丈,茅塘長六百餘丈,係經由海寧大路,亦俱坍卸低陷,不特天晴無以瀦蓄,農民盡力無由,若遇大雨,堤沒水中,即行旅亦有病涉之苦。該處湖隄允宜急為濬築。 以上伊《志》。光緒二年,知縣王彬議令得沾水利各處集資濬治,計培高湖隄三尺,闊二丈五尺,工長一百六十三丈。自大閘口至湖隄開引河一百二十三丈有奇,拆修大小閘各一座,並于隄北築坦水以禦風浪。新纂。

道光四年,嘉善知縣惲敷疏濬張涇、大灣等處河道計五百六十丈。自為《記》:浙江濱海之區,素稱澤國,而嘉善居其東南,東接三泖,西通震澤,尤水鄉也。為田陸拾肆萬畝,灌溉之利,惟水是資,旱澇之災,惟水是患。其水發源于天目,由臨安至嘉禾,趨黃浦以入海,而朝潮夕汐,海水東來,挾沙而至,故河身易於淤墊,滿溢之患堪虞。自癸未歲霪雨為災,嘉、湖兩郡邑之被淹者七八,而嘉善西北數區皆成巨浸,鴻嗸徧野,大憲焦心,推求其故,則因河身淤塞,入海之道不能暢行,以致雨水壅積泛溢橫流。癸未之秋,余自宜平量移嘉善,上憲命經理荒政,竝令歷勘水道,設法疏濬。仍博採輿論,咨訪鄉耆,擇河身之最淺、河道之最要者,自張涇之大灣起至楓溪之南柵止,計長五百六十丈,勘明稟覆。甲申秋,上憲三次委員覆勘,確切估計,而南柵冒家圩一帶兩岸蘆灘突出,阻礙河流,皆估切當。迨至冬季水落,發帑興辦,余恐假手胥役,則其弊叢生,乃請邑之家道素封、辦事誠實者經理錢糧,而擇曾役河塡、明白估計者一人集夫按工。至督催夫役,懲獎工匠,朝夕巡查,不辭勞瘁,則賴諸同寅之力也。余亦梭織往來,諭令遵照原估,毋許偷減,而一切書役飯食費用器具,皆出自余資,不擾民間一錢也。凡兩閱月而工竣,杭嘉湖道憲陳來善收工,闊深丈尺,一律如式。不數月而余又量移海昌,一切善後事宜悉為經理,方釋余心。恐日久事湮,爰勒石以記之,並書工段丈尺於左,以告後之司民社者。

道光四年,嘉善知縣惲敷詳請,借帑開濬華亭塘河道凡一百八十丈。

道光八年,嘉興知縣王維堉濬東門外橫塘、長水塘。以上于《志》。

道光十六年,巡撫烏爾恭額奏準借帑挑濬白洋河,即將所挑之土培築土塘,借用帑銀五千九百七十二兩。自道光十七年上忙地漕為始,每兩帶徵河費錢二十文,作六年隨同正銀輸納歸款,挑濬河道三千八百二十五丈,深三尺,署海鹽知縣王燕堂董其事。

咸豐六年,亢旱水涸,石門知縣丁溥開濬運河,自玉溪至羔羊堰十里,北水南來,溉田數萬頃,塘東西賴之,歲仍有秋。

同治五年,嘉善知縣范基棟請款開濬楓涇鎮市河,益以勸募,與江蘇婁邑分段計工,同時告竣。

同治六年平邑新倉鎮、桐邑青鎮，九年秀邑新城鎮，各請款開濬市河，里人集資竟其役。

同治十一年，巡撫楊昌濬檄飭挑濬澉浦城河、長河即六里河、新河即明萬曆間所開上河。奉撥錢八千串，計工四千八百餘丈，並修築堰閘四處。里人張鼎《記》曰：禾郡素稱澤國。鹽邑居郡南，地較高。澉鎮又居邑南，地尤高，獨苦旱。前人於鎮西北築六里堰，東北築長川壩，遏上河水，使不洩下河。又於堰壩旁置閘，時啟閉以備潦漲，立法甚悉。自河身闊高，堰閘圮漏，水瀉如建瓴。夏秋之交，旬日不雨，田禾立槁。同治甲子，東南底定，四方年穀順成。獨澉地頻阽荒旱，民供賦稅不給，則棄本逐末，流散四方。壬申春，學師陸公來澉，閔其災重而糧不能免也，曰：“方今大憲軫念民生，盍籲請開河。”於是里人王楨等議工役緩急，僉謂濬鎮西永安湖以厚濬其源，使波及諸河，此探本之務，策之上也。挑深最濬之新河、城河、長河，堅築堰閘，以杜漏卮，此救急之術，策之次也。今籌費維艱，姑先事其急者，遂籲請邑侯丁公白府尊許公，籌開新、城、長三河，修築堰閘。許公檄下，核工通稟。十月，中丞楊公閱塘過澉，行二十餘里，不見勺水，田野蕭條，盡焉傷之，准撥經費六千串。許公因工鉅請益，又增二千串，飭邑侯沈公督紳民經理其事。於十一月興工，次年八月畢工，凡開濬三河四千八百餘丈，修築六里堰一座，轉水河上下閘兩座，養安閘一座。諸河支浜民間自行疏濬，惟永安湖未施工。然三河疏通，堰閘堅閉，蓄水增多，舊時槁壤，漸成稻田，民懷生矣。考澉浦水利，明洪武、正統、萬曆間三次奏請開濬，見《明史·河渠志》及郡、邑《志》。厥後屢有陳請，輒不果。民間率錢爬抉，無補灌溉。今中丞削平大難，噓枯嫗瘵，雖僻壤不使抱向隅之痛，其上體朝廷休養生息之意者甚大。官斯邦者又能仰承德意，同心濟美，挈焦原之民而登之衽席，繼自今，吾民服田力稽奉公，上敦孝弟無輕士，其鄉風俗將有日厚者，豈第資生而已哉。巡撫楊公名昌濬，知府許公名瑤光，知縣丁公名紹德，沈公名寶恒，訓導陸公名同元。同治十二年癸酉十二月記。　附開河算法：一、挑土均方法估算，凡土建方一丈、深一尺爲一方，方以下爲分、釐、毫、絲、忽，法以底闊、面闊相併折半，以深乘之，又以長乘之得數。假如挑河一段，長十五丈，面闊四丈，底闊二丈五尺，深三尺五寸，計得一百七十方六分二釐五毫。一、凡河底有中央凹兩邊高者，以弦矢法算除虛土，曳繩兩頭貼兩邊，高處爲弦，繩中央距凹處爲矢，弦矢相併折半，以矢乘之，又以河長乘之得數。假如挑河一段，長十五丈，弦長四丈，矢深二寸，應除虛土六方三釐。一、土方丈量俱遵工部營造尺，較裁尺短一寸，部尺一方當裁尺七分二釐九毫，裁尺一方當部尺一方三分七釐一毫三絲三忽有奇。部尺一方工價約二百文，裁尺一方工價約二百八十文，視土難易加減之。一、農田車水大率以高三寸爲一犁，俗呼一架。畝法方五尺爲步，二百四十步爲畝，步積二十五尺，畝積六千尺，以三寸乘畝積得十八方，是每畝車水一架需十八方之水也。此次計挑土三萬五千餘方。澉地不通下湖，挑一方之土止增一方之水，三河田畝難以徧給，惟堰閘堅築，水多停蓄，天時苟不久旱，田禾便可濟用。嗣後每遇豐稔之年，鄉民宜量力疏濬，庶幾已開者永無淤塞，未開者逐漸深通。

同治十二年，杭嘉湖道何兆瀛巡閱海塘，邑紳以白洋河道淤淺請款疏濬，詳奉巡撫楊昌濬撥錢六千串有奇，南自秦山大堰橋漾起，北至鮑家橋城河，又東北至石堰橋止，凡開濬河道三千四百五十二丈，寬、深不等。

平湖黃姑塘，綿亘三十里，東鄉田地資以灌溉，河形最高，歲久湮塞。同治十二年旱，河涸，蘆瀝場大使雷豐疇、里人黃福增等倡捐爲率，農民合力浚治，計深四尺，底闊一丈，面倍之，起土培岸，一律深通。

同治十二年，石門知縣余麗元奉檄開濬運河，主簿楊純禮董其役，自玉溪至太公渡兼及支港，一律工竣，農民賴之。以上新纂。

歷代開濬城河紀略

城內河渠，與外隍表裏相因，通舟楫以利民用，所宜時加宣導，勿使壅淤者也。自永樂乙酉，左通政趙居任奉詔治水，嘗疏之。至成化初，郡守楊繼宗議復浚不果，至今百四十年不治。

瀦河而廛者日規月侵,至或併故道塞之,而屋廬其上,有司畏謗讟,莫問也。嘉靖丁未秋,知府趙瀛乃考索圖志,咨訪故老,悉加浚復,於是水泉饒給,舟楫通利。趙《圖記》。

嘉靖二十六年,知府趙瀛開浚市河。凡故渠之湮廢者浚之,民居之侵隘者卸之,橋塊之垢滯者闢之。復令里出一舟運土至南湖中,以培樓址,殫力任勞,大興水泉舟楫之利。其後歲久漸淤,至崇禎間知府鄭瑄始復疏浚流通。吳《志》。

康熙十四年冬,知府盧崇興開浚城內外水道。至十五年春畢工,有告諭條約,載崇興所譔《守禾日記》。伊《志》。

康熙間,知府劉珵、佟賦偉疊經開浚。案:劉於康熙二十二年任,佟於康熙三十八年至四十一年任。

康熙六十年夏,知府吳永芳以城內河道淤塞,鳩工大浚,并疏支港。凡河中土礫,運出填塘。是年秋旱,城河通行,汲溉便利。舊時水閣,實礙河道,悉遣除去,止架木橋,著爲令。以上吳《志》。

乾隆五十年,知府方林開浚城內河道。

嘉慶二年,知府伊湯安開浚子城四圍水道及東門、南門、北門各市河,治西錦帶河可通舟行,民尤便之。以上伊《志》。

咸豐末,遭兵燹,城內河道淤塞。同治三年,知府許瑤光鳩工開浚,以次疏通。

同治十二年夏旱,河涸,里人集資浚治。自常平倉前新橋迤西南至醋坊橋,三叉港訖西馬頭,計長七百丈,各開深二尺。以上府城河。　新纂。

康熙二十三年,嘉善知縣崔維華督浚城河。先因三冬水涸,糧戶運漕爲艱,維華乘初春政暇,令各坊預加開浚。

康熙二十八年,嘉善知縣李之藻令在城諸坊就所居廣隘各自開挑河道。

康熙五十二年春,嘉善知縣梁文燦開浚學宮文水河。

康熙六十年,嘉善知縣彭憲祖督浚城河。

雍正八年春,嘉善知縣郜煜以城河淤塞,徧加疏浚,往來利濟,民甚便之。以上嘉善《志》。

道光九年,嘉善知縣張如梧因河道淤塞,勸募開浚深通。

同治五年,嘉善知縣范基棟詳請開浚城河若干丈。新纂。

海鹽城濠年久侵淤,每遇漕米出兌,有害短撥。康熙元年,邑人張給諫惟赤捐資開浚天寧寺西至城內便民倉一帶河道,共三百六十丈,并四門城濠共計一千八百六十二丈。六年,知縣湯其升開浚便漕城河若干丈。續《圖經》。

同治八年,海鹽知縣沈起鶚詳請開浚城河,自北門外牛臥潭進城訖東西兩門,凡七百十六丈。新纂。

雍正二年,平湖知縣林緒光開浚城內河道。

平湖城內水道西自漢塘河來者,逕西水門,出東水門爲市河,其一支曰新開河,久塞,俗稱乾河。乾隆乙丑重開。知縣高國盈《浚復清水巷故河并築松風港東西兩堤記》略:縣治東南清水巷舊有港,由小滑橋北流達市河,自明季以來淤成陸地,屋其上者三十餘戶。歲乙丑,邑士張慎言等以浚復請,進而叩之,則已捐資,有人經理,有人於凡居民之屋計椽而授費。余嘉之,遂爲上請,報可。慎言等又以:"城北松風港爲北流之委,舊嘗築堤堵塞,自勢家開通而吾邑以病,請以浚河泥土畚而置諸此,復築舊堤。"余曰:"塞之使村農運載多阻,是有利有不利也。今莫若創爲東西兩隄,中隔尋丈,如錯指,如交齒,然隄之自東出者留西岸丈許勿築,西亦如東制,庶幾北注之水紆曲不能直瀉，而農舟仍得便。"衆唯唯，旬月而功俱成，遂爲之記。

乾隆二十六年平湖知縣劉純煒、四十一年知縣劉雁題先後勸捐，重濬市河。以上平湖王《志》。

同治六年，同知吳中傑開濬乍浦城內外河道。新纂。

宋紹定間，崇德知縣樓演濬縣前河，東達運河，西陸家灣。

明嘉靖三十九年，崇德知縣劉宗武大濬城河。

明萬曆三十八年，崇德知縣靳一派大濬城河及石門灣。以上崇德靳《志》。

同治十年，石門知縣袁績慶請款開浚河道。新纂。

桐鄉城中之水自運河來，溪流曲折進北水門，經迴泮橋折而西過來鳳橋，鳳鳴市河上南經馮家河西集鳳橋而出南水門，至八字橋逶迤分流而達南鄉，一由學橋之下，直出東水城門。惟西水門歷久不開，水滿則通，水淺則塞。城內有祁家漾，其水大旱不竭。桐鄉徐《志》。　伊《志》案：桐鄉城河未載疏濬事宜，至今深通。　以上各縣城河。

各縣各鄉原隰高下形勢、各河港數、各圩數照錄趙《圖記》

嘉興地惟坦夷，政宜濬河，鮮堰閘。其附城大河一，支河四，圩九。其德化之都大河一，支河二十一，圩三十二。胥山之都大河一，支河十六，圩三十一。感化之都大河一，支河十九，圩四十。移風之都大河二，支河十，圩一十七。里仁之都大河一，支河三十，圩四十七。新豐之都大河一，支河十，圩二十二。永豐之都大河二，支河一十六，圩四十七。白苧之都大河一，支河十，圩二十二。大彭之都大河二，支河一，圩二十一。嘉會之都大河一，支河一十七，圩三十六。長水之都大河一，支河一十五，圩三十五。

秀水原隰不齊，政宜節宣，宜脩圍置閘。其城中坦夷，大河四，支河一，市河一十八，圩一。白苧之都坦夷，支河六，圩二十五。象賢之都東區坦夷，支河七，圩二十五。象賢之都西區高平，大河一，支河十，圩十五。靈宿之東區亢極，大河一，支河十，圩八。靈宿之西區亢極，大河一，支河一十九，圩一十一。雲泉之都或原或窪，大河二，支河一十六，圩二十八。柿林之都曰二十七，爲中窪，大河一，支河十，圩三十一。柿林之都曰二十八，或原或窪，支河一十五，圩五十。復禮之都曰二十九，或原或窪，大河一，支河十，圩三十六。復禮之都曰三十，爲中窪，支河十六，圩二十一。永樂之都曰三十，爲中窪，大河一，支河十，圩二十。永樂之都曰三十一，或原或窪，大河三，支河十一，圩四十五。思賢之都曰三十二，爲中窪，大河二，支河十八，圩六十二。思賢之都曰三十三，其東區至窪，大河三，支河十，圩七十一；其西區至窪，大河一，支河十四，圩七十六。麟諟之都爲中窪，大河二，支河二十四，圩七十九。

嘉善原隰錯出，政宜濬河節宣。下保東區爲中窪，大河二十，支河四十，圩四十。下保西區爲中窪，大河一十七，支河二十一，圩六十一。思四區大河一十五，支河三十，圩二十四。遷東區大河九，支河三十，圩二十四。遷西區大河十三，支河二十一，圩二十九。遷南區大河七，支河五十一，圩二十。遷五中區大河一十三，支河一十四，圩一十二。遷五北區大河二十二，支河六十四，圩四十六。麟五區大河一十一，支河一十三，圩二十六。麟七區大河六，支河一十三，圩八。永七區大河九，支河二十七，圩一十八。永八南區大河十，支河二十六，圩二十三。永八中區大河一十二，支河一十九，圩二十八。永八北區大河二十三，支河四十三，圩六十一。奉九南區大河十一,支河十五,圩二十八。奉九北區大河二十,支河二十六,圩六十六。奉四南區大河一十二,支河二十四,圩二十一。奉四中區大河二十四,支河二十四,圩三十二。奉四北區大河一十九,支河四十九,圩八十二。胥五區大河六,支河二十二,圩一十六。

海鹽原隰不齊,政宜節宣,多堰閘。一都東區大河二,支河十,圩八。西區大河一,支河八,圩七。三都區大河一,支河九,圩一十。四都區大河一,支河十,圩七。五都區大河一,支河一十六,圩十。六都區支河一十九,圩一十一。七都區大河三,支河四,圩一十四。九都區大河一,支河一十一,圩一十六。十三都西南區大河二,支河八,圩七;東南區河湖五,圩五;西北區大河二,支河一十二,圩九;東北區大河一,支河九,圩七。十四都東南區大河一,支河九,圩六;西南區大河一,支河十,圩六;東北區大河一,支河七,圩一十三;西北區大河二,支河七,圩七。十六都東區大河一,支河一十四,圩九。十六都西區大河一,支河八,圩九。

平湖原隰不齊,政宜節宣,宜多堰閘。原什之七,隰十之三。其亢極爲東十九都,河三,港三,圩六。二十都河二,港三,塘一,浜一,圩一十三。十七都河一,港一十一,圩一十二。西十九都河一,港七,塘一,圩九。齊二十二都涇港九,圩九。二十三都塘一,港二,圩六。二十四都港六,圩六。零二十四都河一,港三,圩三。二十一都湖一,港九,洋一,圩一十一。華二十二都港六,圩六。二十五都塘六,港二,圩五。

崇德原隰不齊,政宜節宣,宜堰閘,宜爲小區,高其圍。其極窪爲一都區,浜河一十七,圩一十九。十五都區浜河九,圩一十八。十六都區浜河一十五,圩二十二。十八都區浜河一十三,圩二十。十二都東區浜河十,圩五。十四都區浜河二十二,圩三十四。十三都西區浜河一十三,圩八。西二都區港河三,圩四。四都區港河八,圩八。九都西區浜河一十七,圩一十八。十一都區浜河一十八,圩二十三。九都東區浜河十,圩八。十二都西區浜河十,圩七。十三都區浜河一十一,圩九。

桐鄉原隰等差,政宜節宣,宜堰閘。其亢極爲八都西區,浜港六,圩十。八都東區浜港四,圩八。八都西區浜港十,圩四。其高平爲六都南區,浜港三,圩三十六。七都東區浜港三,圩三。七都西區浜港四,圩七。三十都中區浜港三,圩三。三十都西區浜港三,圩三。三十都東區浜港三,圩三。三十一都東區浜港三,圩四。三十一都西區浜港五,圩四。三十一都北區浜港四,圩四。其坦夷爲二十都一區,浜港三,圩五。二十九都南區浜港四,圩三。二十八都東區浜港四,圩四。二十八都西區浜河五,圩五。二十九都東區浜港五,圩四。二十九都西南區浜港五,圩四。二十九都西北區浜港五,圩四。其原隰不齊二十都中區,浜港五,圩二。二十三都中區浜港七,圩四。二十三都東區浜港二,圩四。十三都西區浜河四,圩四。二十五都南區浜河四,圩四。二十五都中區浜河二,圩三。二十五都北區浜河四,圩四。其中窪爲二十六七都東區,浜港四,圩四;其西區浜河四,圩四;其中區浜河四,圩三。二十四都東北區浜河六,圩四;其中區浜河四,圩四。其極窪爲二十都西區,浜港四,圩七。二十四都北區浜河五,圩四。案:趙《圖記》論列各縣各鄉原隰形勢,頗得要領。惟郡境水道至繁,自長川巨浸以及支浜曲汊不啻千萬計,《圖記》所開爲數甚略,或當日僅就里胥冊報書之,難以憑準。但袁《志》、吳《志》相沿登載已久,一時無從更正,故仍照錄原文,俟異日覆核者藉爲張本可耳。

各堰閘壩

嘉興縣

白苧堰　在縣東南三里。案：張堯同《百詠》題作白苧橋，則在宋時此堰已開。《至元志》時仍其舊稱耳。其橋爲瀦湖之咽喉，最利通流，昔人曲爲之防，蓋失計也。

馬塘堰　在縣南七里。今久廢，詳見《山川》門。

六里堰　在縣東五里。以上《至元志》。　今久廢。

盛家堰　在新行鎮北。吳《志》。

鄭公堤　在會龍寺兩腋。明崇禎間，知府鄭瑄築，歲久漸圮。國朝康熙六十年，里人高孝本白于郡守，率衆重築兩隄，以節嘉善、平湖之去水。《浙江通志》。

施洪港壩　施洪港在縣東二十六里，東北接伍子塘。正德間，豪户築壩阻塞，里老施顯等呈縣，委喬典史親臨起夫開濬。嘉靖末年又塞，耆民萬忠告縣，捐資復開。嘉靖四十四年十月，知縣范崙給帖執照。嘉興湯《志》。

鰻鱺堰　在六里街東津亭對岸，舊有此堰，不知名所起，或稱萬里堰。雍正間，開河濟鹽運，堰廢。伊《志》。互見《山川》門。

麒麟壩　在縣東十數里漢塘之南岸，土人所築，時塞時通。伊《志》。互見《山川》門。

秀水縣

杉青堰　在嘉興縣北四里。《至元志》。　案：時未置秀水縣，故隸嘉興，下同。熙寧元年十月，詔"杭之長安、秀之杉青、常之望亭三堰，監護使臣並以'管幹河塘'繫銜，同所屬令佐，巡視修固，以時啟閉。"從提舉兩浙開修河渠胡淮之請也。《宋史·河渠志》　今堰久廢。

冬瓜湖堰　在嘉興縣北三里。《至元志》。　今久廢。詳見《山川》及《叢談》。

柵堰　在嘉興縣北三里。《至元志》。今堰已開通。柳《志》。　案：堰處今改橋。府城西北新城塘河，遠承苕溪、爛溪之水而東，全賴此橋爲咽喉要地。其水非惟濟運，實形勝所關，不知何時築堰，遏來源而傷地脈，貽害非淺。今亦未詳何時所開，當在明永樂間夏忠靖治水時也。

學秀堰　在嘉興縣西南九里。今久廢。互見《古蹟》。

杉青閘　在嘉興縣北四里。以上《至元志》。　今久廢。

《浙江通志》：秀水水利大略與嘉興相似，境内少堰壩。《至元志》所載今皆不存。土人猶以堰名其地云。

嘉善縣

伍子塘壩　康熙六十一年重築伍子塘壩。壩在柳洲亭後，闔邑風水攸關，自明季知縣李陳玉創建以來，時築時開，至是里人錢以坊等倡捐重築。嘉善戈《志》。

彭家堰　在八中區宙字圩。

萬家堰　在九南區三豐圩。

孟家堰　在四南區小豐圩南婁縣界。以上伊《志》。

石井、長春等三壩　嘉慶四年,嘉善知縣萬相賓修復三壩。伊《志》。　知縣萬相賓《記》略:嘉善,嘉興析邑也。水從郡城上、下兩塘而來,匯張涇而去,生于申,旺于子,庫于辰。惟蘆墟、長春兩塘先走而北,生氣洩矣,於是設石井、長春二壩以障之。城北伍子塘水當子位,又洩矣,於是有柳洲亭以衛之,猶耗也,壩以截之。蓋自前明劉公創爲美舉,章公繼其事,三壩之來久矣。今惟長春壩尚在,稍頹塌焉。石井、伍子塘壩曾有私請開通者,前令笞之而止。乾隆三十年,爲吏蠧所開,鄉人不敢言。伍子塘壩,康熙九年大水,爲漁人所毀。壬寅,前令彭公從紳士請,築之。乾隆二十八年,梁公復脩而勒石焉。旋以市民私籲而掘,改議木柵,卒未建。嘉慶四年冬,脩縣志,士大夫紛紛以請,予曰:"旨哉,是誠余責也。"乃告耆老,帥鄉正,均力作,具畚鍤,十日而石井、伍子塘成,又五日而伍子塘壩成,乃以餘力及于長春壩,壘石而增之,于是三壩皆復。

<h2 style="text-align:center">海鹽縣</h2>

張泥堰　新朱堰　錢涇堰　周大堰　許家堰　徐涇堰　落匯堰　右隸開濟鄉。《至元志》。
案:《浙江通志》開濟鄉內又有周墩堰、孟家堰。

干涇堰　錢家堰　丁匯堰　朱涇堰　練浦堰　陶涇堰　白塔堰　孔家堰　右隸永寧鄉。

徐涇堰　鐵城堰　黃泥堰　高峰堰　大王堰　小華家堰　大華家堰　東吳市堰　西吳市堰　右隸長水鄉。以上《至元志》。　案:《浙江通志》長水鄉內又有板層堰、董涇堰、談家堰、棠成堰。

北橫涇堰　彭村湖堰　楞巷堰　馬家堰　滕家廟堰　倪家堰　麗家堰　楊家堰　衛港堰　六里堰別見後。　三里堰　孫家堰別見後。　湯家堰　右隸德政鄉。《至元志》。　案:《浙江通志》德政鄉內又有沈家堰。

案《浙江通志》:宋嘉祐元年,縣令李維幾置鄉底堰三十餘所,後亦漸廢。淳熙九年,守臣趙善悉興脩水利,增築鄉底堰八十一所。　又云:海鹽古堰,《圖經》所載有一百四所,自析平湖後本縣所存止四十有二,後亦漸廢。案:今《通志》所開,凡四十有四堰。

六里堰　在鎮西六里,高下相去數仞,爲澉浦灌田隄防之所。明萬曆間,知縣李當泰、里人朱文才、錢魯南、許星石倡捐修築,以固坊圍。甃小溝于深底,創設瀦洞,蔽之以門,遇旱則開,引下河之水以灌上河之田。吳中偉有碑記。國朝嘉慶二年,里人重築,年久圮漏。同治十一年,知縣沈寶恒領款脩築,重甃瀦洞,四旁堅築三和土,河水始得多蓄。　新纂。

孫家堰　在鎮西南四里。宋《澉水志》。　乾隆二十四年,海昌陳氏將堰水之孫家堰改開洩水,民甚病之。三十四年,知縣韓本晉、知府李允升、杭嘉湖道寧武立勘詳,重復古堰。吳懋政有《永安湖水利碑記》。

新河堰一名新河中壩。在澉浦東門外。續《澉水志》。　彭孫遹《重復新河堰記》:予邑西南一舍曰澉城。澉城踞山海之交,地勢高亢,土雜砂石瀉鹵,水淺而狹,旬月不雨,即罹旱災,歲十八九。其循城而流者爲濠河,壕河西北流四里有堰曰角里,角里堰之下即通河也。出東門循壕河東北行百餘步有堰曰新河,創瀦於故明萬曆間。其始瀦也,自澉城東北十里白洋河盡處起工,迤邐西南,去壕河不盈七尺即訖工,留作新河堰。越數十年,新河土淤,水盡注白洋河,又於續起工處築常川壩以阻之。緣新河至常川壩草蕩十餘頃,舊制分隸竈户,取薪煮海,官稅纖微,邇年悉事畊稼,所得倍蓰,然水澤往往不給。康熙十七年,其竈户之點者與非竈户而無良者比黨畫計,謂去新河堰則二水相通,有麗澤之益,以此告於張令君。張令君不暇察也,爲請於上官,遂壞新河堰,其秋壕河之水盡輸新河,蕩有收而田不稔。次年春,士民聚而請于張令君,曰:"堰不復,是有河而無河,有田而無田也。唯令君有以命之。"張令君復爲點者所惑,謂澉人之故違其令也,必不肯復新河堰,於是新河堰不果復。二十年,侯令君下車。次年春,澉人請復堰,令君瞿然曰:"前令上請而壞堰,吾下徇而復之,是以縣令抗上官也,大不可。"士民懼而聚謀曰:壞堰以來,水竭歲祲,吾澉之人亦病矣不及。今上籲是遺令君以憂也，遂合詞控於郡守袁侯。袁侯拘點者，與士民庭訊焉，下令曰：「新河堰載在邑乘，不可壞也。且吾聞濬壕以衛城，未聞洇壕以危城也。況澉地瀕海，一旦烽燧有警，何所藉以飭備禦乎？」以此請於參政某公，某公是之，即爲轉請於方伯、臬憲、巡撫，方伯、臬憲、巡撫是之，于是新河堰得果復。士民驩呼相慶，曰：「堰之復，澉民之大幸也。然非郡侯之明斷，何以至此。不可不勒石以垂永久。」相率謁某君貽書書門，具述顚末，求余文以爲記。余惟政之大要在因革，因所當因，雖循常而不爲苟安，革所當革，雖創始而不爲喜事。自朝廷下迄郡邑莫不皆然。不知其道，則拘謹者畏難而憚改作，剛果者好動而多變更，其不至於病民者幾希矣。昔漢召信臣守南陽，爲百姓開渠溉田數萬頃，其民稱爲召父。蓋水利之於人也，用力省而就效速，及物博而垂世遠，非僅一時煦濡噢咻之恩澤所可同日而語者也。信臣之利人也善于革，袁侯之利人也善於因，所爲雖異，而惠民則同。噫！澉之人其尚世守，勿失食，力茲土以歌詠郡侯之功德於無窮，而凡蒞吾邦者誠能有鑒於此，諸所措置設施致詳因革之當，卓然不爲黠者所惑，則蚩蚩之氓庶有賴乎。此則士民請文之意也，是用書之以詔來者。其郡侯讞語暨各憲詳允，載在碑陰，不具述。

養安閘　在長川壩西。備洩新河潦漲，舊名鋪基閘。同治十一年重修，改今名。新纂。

常豐閘　在縣北四十里。閘口闊一丈二尺，兩塊各高一丈六尺五寸。《至元志》宋嘉祐元年，縣令李維幾植木爲閘。元祐四年，何執中爲令，易以石。淳熙十五年，縣令李直養蓋閘屋，易閘板，自是農被閘堰之利，頻年得稔。後以舟楫通行不便，閘竟廢。今俗呼其地爲橫塘堀是也。《浙江通志》。

永安湖閘　在北湖口。宋《澉水志》。

張老人閘　在中河東。續《澉水志》嘉慶四年，知縣任澤和捐貲修築。伊《志》。

轉水閘二座　在六里堰側。成化年間，本府通判張岫相視高下，置閘二座，至今民受其利。《浙江通志》：海鹽據禾城上游，環山濱海，水無渟滀，惟藉官塘一帶以灌十鄉之田，每十日不雨，車戽一動則其水立涸，農田龜坼。是以堰閘之設，較他邑尤爲急務。古人多置堰閘以阻遏水勢，每歲二月築塞，九月始開，誠善政也。後人以舟楫阻滯，毀諸堰閘以快目前之便，不知水無所瀦，一遇亢旱，動輒告災，此由堰閘之廢弛故耳。年久坍漏。同治十一年重修，均築三和土，設板啟閉。新纂。

平湖縣

十八里堰別見後。　白馬堰　李家堰　孫堰　沈駞堰　孫三堰　馬厩堰　右隸武原鄉。

玉山堰　小山涇堰　鍾攀堰　湖口堰　小黃泥堰　代垛堰　清水墓堰　沈墓堰　東裴塔堰　西裴塔堰　丘沈堰　馬垛堰　楊瀆堰　東閘堰　墓垛堰　右隸齊景鄉。以上《至元志》。案：《浙江通志》齊景鄉內又有曹婆堰、王道堰、紀家堰、方家堰、臬堰、陳家堰、瓦石堰、金賣線堰、周家堰、俞家潭堰。

西閘堰　祇園堰　俞家堰　大芒塘堰　麥塔堰　西黃泥堰　朱洞堰　楊蕩堰　余家堰　夏角堰　姚里堰　翁莊堰　沈福莊堰　志公堰　大孫堰　右隸華亭鄉。《至元志》。　案：《浙江通志》華亭鄉內又有顧施東柵堰、顧施北柵堰、新帶堰、方塘堰、羅漢堰。

戴堰　馮奧堰　錢家堰　許洞堰　月河堰別見後。　右隸大易鄉。《至元志》。　案：《浙江通志》大易鄉內又有沈馳堰、馮河堰。

十八里堰　案《括異志》武原有十八都，分上下村，上村在此堰下。

月湖堰　案《宋史·河渠志》云：當湖自月湖浦入海。考月湖在邑南境，何以不北流而反趨于南，且當時海口又烏能使鹹潮不入內地，無損禾稼乎？是不可解。

橫橋堰　在縣東北四十五里，東承三泖之流。乾隆乙巳大旱，知縣王恒決其堰，泖水暢來，歲得稔。王恒爲《記》，見平湖王《志》。嘉慶己卯重開。海鹽王純有《記》。厥後土人又于直西三里之斜橋築堰一道。同治十二年旱,知府宗源瀚飭縣開掘深通。案：海寧吳騫有論。平湖虹橋堰書載《皇朝經世文編》。又《重開虹橋堰記》,見《愚谷文集》。　新纂。

石門縣

　　包角堰　在縣南一里,久廢。知縣蔡貴易復之,陳方伯善爲記。陳善《記》：役有妨于民者,其利一,其害一,即舊迹所有,吾罷議可也；苟便于民,其害一,其利百,即曠緒綿邈,若舊所無焉,自我創建可也。矧害不及毛髮,而利垂百世,上不糜公帑,下不竭民財,修復故壤,以弭隱憂,是役可已乎。君子持議如握璧,興役如救焚,遄發力舉,不能旦夕,謂害一利百者耳,議定而役竣,而紀功,即一堰之細可述已。語兒縣與海昌接境,海昌地斥鹵,故多鹽盜,剽掠四出,患首及石。宋時以邑城之南有支河可達海上,遂築堰塞河,以遏盜衝,堰名包角,今縣志可考也。及元兵入浙決堰,直薄城下,石燬于兵。而堰決不復者,迄今垂三百年。嘉靖乙卯,島夷内訌,突至浙西,咸被其禍。而石邑尤酷,總督大司馬、新安胡公相視地形,于故堰建敵臺二,以相守望,屹然金湯,則是堰不特爲石邑外護,誠一阨塞щ也。邇年,海上雖幸無事,而飢饉洊臻,鹽盜競起,石迫縣鄉,士民患苦之。癸酉秋,浚河通漕,築隄障水,堤當堰址,士民望見,喜曰："此天相我也。益務增築,用圖恢復。"屬隣邑人有稱運道不便者,陰阻成議。然運道向由章婆堰橋出西安邱高橋,至官塘。初不由此,特假此以伸其私耳。于是閤邑士民謀自捐資,別濬新河,亦可通漕,仍伐石建聚秀橋,以便水陸經行者。議已定,乃請于督撫謝公暨守、巡諸公,咸報曰："以一堰而可以弭全邑寇患,亦何愛而不爲？"其如議事下有司,隣邑人百計撓之。郡大夫李公、邑大夫蔡侯皆精練,政理有幹局,堅守成議不爲動。既而守、巡諸公以事過石邑,親歷其地,環視久之,歎曰："是固當塞,彼紛紛之説,何爲者？自今役宜速舉,敢異議者坐之。"已仍檄有司更高廣何家橋,雖巨艘亦可直達無碍。石民感悦上德,力奮築,不踰時迄工。始事于萬曆二年十月,竣于三年正月。役成,鄉大夫運長郭君輩來徵予言記其事。予惟包角一堰耳,據得形便,能爲輕重若是,即建堡立障可知已。顧其議久不決,非三四鉅公獨斷於上,李公、蔡侯協贊于下,石民奚享千百年之利哉？夫堰以障水,衆説之。侵公議,猶水之侵堰也。能持碩畫以敵群喙,即千仞可立就。《詩》所謂"衆心成城"是已,奚獨一堰哉！乃斯堰非上德弗成,予故樂爲記之。

　　羔羊堰　在縣北九里。

　　石門堰　在縣北十八里。以上崇德靳《志》。

桐鄉縣

　　車口堰　永新堰　俱在運河塘右。《浙江通志》。

　　妙智堰　莫家堰　羅家堰　洪家堰　高家堰　曹家堰　姜家壩桐鄉徐《志》載有妙智堰橋港、莫家堰橋港、羅家堰橋港、洪家堰橋港、高家堰橋港、曹家堰橋港、姜家壩港,改堰爲橋,年分無考,以名尚存,故備載之。伊《志》。

　　《浙江通志》：桐鄉之水利與秀水、石門相等,惟賴運河之水流入以引灌田畝,清風、永新、保寧等鄉,其患在澇,宜高築圩岸以防浸溢。梧桐、慕化、千金等鄉,其患在暵,宜時疏浜涇以資車戽。四境之内水皆平衍,故無賴于堰壩,所當急者惟濬河築塘而已。

附修塘路

　　嘉興新豐市東至九里亭塘路攤塌,牽挽者每有傾跌沉溺之患。嘉慶八年,周瑞春舖築石路,自鶴膝界起至西香花橋止,計五里。東香花橋東西兩堰堤,周瑞春率子周泰鈞、晉錫修築石堤三十餘丈，蓄水捍塘。

秀水塘路，由塘橋至塘匯，泥滑難行。嘉慶二十三年，里人朱獻吉築石塘以便行人。

桐鄉塘路，自錢店渡起至正家橋止，道光六年，知縣王鼎銘重修。紳士曹濂、曹炳文等捐資修玉溪鎮至大王廟止塘路。

道光八年，里人錢青選、方璿、謝丕勳、施集義等捐修漢、魏兩塘。以上于《志》。

秀桐塘路，兵後坍圮。光緒二年，知府許瑶光詳明暫培土塘，以便行旅。新纂。

嘉興府志卷三十

海　塘

　　防河以隄,秋汛爲重。防海以塘,則梅汛、秋汛俱重。紹設通判治南塘,杭設同知治東防、西防,後又增以中防。嘉興鹽、平皆有塘,設武弁而無文職,斯守土之責倍重也。《唐書》曰重築,知塘不始於唐矣。明洪武置墩堠,知防寇不僅防潮矣。易土而石,累卑而高,有築有修,程式具在。志《海塘》。

　　海塘在海鹽縣東半里,平湖縣東南三十四里,東與江南松江府金山縣、西與杭州府海寧州接界,長一百五十里。唐時剏築,曰捍海塘。元至元間,縣尹顧泳重修,改名太平塘。明初易土以石。成化八年,副使楊瑄改舊塘爲陂陀形,凡二千三百丈。弘治中,縣令王璽繼修石,皆縱橫相制,後遵用其法。萬曆五年及十六年皆再築。國朝屢加修葺,至今鞏固。《大清一統志》。

　　海鹽捍海塘凡十八條,自縣去海九十五里有望海鎮,歲久波濤衝齧,盡爲洋海。紹興中,知縣陳某嘗於海塘五里建望月亭,今亭已淪水中,不可復見,十八條捍海崗岸無一存者。縣治去海無三百步,而獨山一帶,歲歲鹹潮透入,可以曬鹵,耕種者苦之。前政史宰亞卿親督畚鍤,移入數百步,別築一塘。《閒牕括異志》。

　　太平塘舊名捍海塘,在縣東二里。西南至鹽官界,東北接華亭縣界,防海水漲溢,故名捍海塘。至元《志》。

　　海塘去郡城百里而遠,亙海鹽、平湖二縣之境,延袤百七十里,南與會稽、四明相望。舊志載秦始皇於此嘗欲架橋跨海,有石突屹海中者,今猶指爲橋柱云。宋《志》:海鹽東南五十里有儲水陂,南三里有藍田浦,東三里有橫浦,東通顧邑,南入海。又有三十六沙、九塗、十八崗及黃盤七峰,布列海壖。今縣治去海僅半里,舊陂塘之迹悉淪于海。而金山相去益遠,潮汐自龕、赭上潭,洄流激射,海寧黃灣境至秦駐白塔間,勢復湧撼,游濤乘風,壞民廬,傷禾稼,爲全吳憂,堤議始亟。趙《圖記》。

　　築塘之法,竊有取于海鹽乙亥之決,其修築也,慮湍激之爲害,有蕩浪木樁以砥之,慮其直瀉隄岸,爲斜階以順之;其累石也,下則五縱五橫,上則一縱一橫,石齒鈎連,若組貫然。修寧塘者一準海鹽新塘之式,是則一勞永逸之計也。陳善《海塘議略》。

　　捍海石塘,一自朱公寨天字號至演武場外面大石塘頭羽字號止,共六十八號,計長一千三百六十五丈,高十一二層;一接中條石塘尾羽字號起至定海觀音堂衣字號高塘止,共十六號,計長三百二十丈,高七八層;一觀音堂衣字號起至落水寨羌字號止,共三十一號,計長六百二十丈,高十四層至十八層不等;一落水寨羌字號起至三澗寨新建石塘頭空字號止,共九十三號,計長一千八百六十丈,高十一層至十六層不等;一接舊塘尾空字號新條石塘起至秦駐山腳下塊石矮塘璧字號止,條石塘長四十丈,高十五層,塊石塘長七十丈,高六七層至十二三層不等,矮塘長一百八十丈,高五六層不等,共十五號,計長二百九十丈。內土備塘自行素菴至劉王廟止,計長三千八百四十四丈,自劉王廟至落水寨止,計長六百六十丈,自落水寨至秦駐山止,計長二千一百八十六丈,此沿海之大略情形也。海鹽《續圖經》。

自金山縣界至獨山石塘,長五百二十二丈二尺,極衝。雍正七年以後至乾隆二年,歷修一百三十丈。自天后宮至海鹽縣界石塘長一千四百八十七丈六尺,次衝。自金山縣界至獨山附石土塘,長五百二十二丈二尺。自天后宮至乍關鎖鑰附石土塘,長三百九十九丈四尺。自乍關鎖鑰至海鹽縣界附石土塘,長一千九十七丈三尺。自獨山司城至益山土備塘,長七百八十九丈。自湯山至楊衙墳土備塘,長十九丈。自乍關鎖鑰至海鹽縣界土備塘,長一千五十九丈。俱雍正十一年添築。乍浦《九山續補志》。

海鹽縣境自西山腳至長牆山止,靠海土塘一千五百三十丈。自長牆山至青山腳止,小塊石塘二百一十八丈五尺。自青山腳至秦駐山止,土塘二千二百二十二丈。自秦駐山至湯家舖止,石塘一千一十丈。內三澗寨矮石塘一百八十丈,接前工高矮石塘一百一十丈,大石塘七百二十丈。自湯家舖至劉王廟止,大石塘二千八十丈。自劉王廟至朱公寨止,中條石塘一千三百六十五丈。自朱公寨至行素菴止,舊陳圩土塘二千九百三十五丈。又塘後土備塘,共三千七百九十二丈五尺。伊《志》。

平湖縣境通計海塘石土塘隄凡長六千三百四十八丈九尺,附石土塘長二千一十八丈九尺,土備塘長一千五十九丈。自江南金山縣界起至茅竹寨止,土隄長三千五百二十二丈。自茅竹寨起天字號至獨山東腳歲字號止,石塘五百二十二丈二尺,極衝,附石土塘長五百二十二丈二尺。自獨山腳至益山東腳,土塘長七百八十九丈。自湯山西腳至楊衙墳,土塘長一十九丈。自天后宮前起律字號至乍關鎖鑰崗字號止,石塘長三百九十九丈四尺。自乍關鎖鑰起劍字號至海鹽縣界湯字號止,矮石塘長一千九十七丈三尺,附石土塘長一千九十九丈三尺。又乍關鎖鑰至海鹽縣界,土備塘長一千五十九丈。平湖王《志》。

平湖縣境自鹽邑交界至天后宮止,條石塘一千四百八十六丈七尺。又塘後土備塘長一千五十九丈。自益山東起至獨山止,土塘七百八十九丈。自獨山東至茅竹寨止,大石塘五百二十二丈二尺。自茅竹寨至江南金山縣止,土隄三千五百二十二丈二尺。伊《志》。　案:以上鹽、平二縣石塘共長二萬二千五百三十二丈一尺,內石塘工長六千六百八十二丈四尺,土塘工長一萬五千八百四十九丈七尺。

唐

鹽官有捍海塘堤,長二百二十四里,開元元年重築。《新唐書·地里志》。　王應麟引《地里志》云:"開元元年,鹽官縣重築。"是年,海鹽尚與鹽官并縣,故稱鹽官海塘。《新志》云:史載重築,而不詳始築之年,知開元以前即有是塘。

宋

紹定中,知縣邱圲築塘,凡二十里。海鹽仇《志》。

咸淳中,風潮害稼,轉運使常楙奏築新塘三千六百二十五丈,大發金粟,楙復捐私帑以充費,名曰海晏塘。是秋風潮大作,塘不浸者尺許,民率奠居,歲復獲稔,邑人德之。《宋史·常楙傳》。　《海鹽圖經》：考唐塘，實並海通築，宋塘丈里減是，或于近郭衝齧地尚力築之，今傍東門閱武場，迤南屬之山澗寨，意即其處。惟甃築程製莫詳。然據《林傳》，大發金粟，靡恡財力濟事，槩可知已。

元

至元甲申，縣令顧泳築捍海塘四萬八千尺。趙《圖記》。　許相卿《元尹顧泳贊》："汴流泱泱，厥產惟良。來司民社，惠澤無疆。海若馮怒，氣吞百里。限防弗樹，民其魚矣。今建長堤，丈石三千。聿空西山，移峙海壖。旱魃殃民，蘊隆如焚。四野颭坼，民沸鼎鱗。令瀝丹悃，控籲于帝。神龍降庭，沛洽甘澍。惟昔旱民，誰續爾命。維今有衆，孰莫爾境。禱應昊天，目睫紓死。堤屹海涯，功存不世。胥橋一坏，累然蓬顆。昔等泰華，百萬憑妥。遺愛不忘，白蕖召棠。鋪此誦詩，千秋播芳。"

明

洪武三年，潮水泛溢，圮毀故岸。民人潘允濟言於朝，遣宋署令監築石塘二千三百七十丈。柳《志》。

十四年，海鹽捍海塘成。《浙江通志》。　《海鹽圖經》：海鹽一帶海塘，外以捍海潮之入。循塘拒守，墩堠相望，可以禦海寇之登犯。塘以裏皆良田富室，煙火相望，所恃以爲護者一塘而已。石塘縷砌者，用石方尺餘，長八尺或六尺，縱而磊之，取海潮衝撼不動。內厚築黃土以襯之，高與之齊，厚必五倍之。若少工力，石可衝撼，潮必內浸。石塘有隙，土塘必壞。土塘內潰，石塘不能獨存。

二十年，石塘復爲潮水所圮。浙江布政使司參議閻察監修。

永樂三年，塘又圮。通政使司趙居任等按治，發蘇、松等九府夫增土修築。七年，修海鹽石隄。十年，修海鹽土石塘。

宣德中，巡撫侍郎周忱募郡民七百人部分更築，時以石堤內虛，始築土五丈實其裏。《海鹽圖經》。

正統九年，海大溢，塘悉潰。知府黃懋以聞，詔懋爲複堤，凡靡銀三十九萬八千兩有奇。

景泰五年，塘潰。僉事陳永因舊址更爲新隄，廣一百二十尺，高什之二，靡銀視舊損十之三。以上趙《圖記》。　海鹽仇《志》：是年建龍王祠、真武廟于塘，龍王祠在縣東門外半里許，今呼其塘曰龍王塘。

成化五年，知縣李鼇比例海鹽縣境石塘牢固，奉聞命下三司督同府同知楊冠、通判張永等，相視經度，計條石、椿木等料價銀二萬五千九十三兩，倩工甃砌。案平湖王《志》，海鹽石塘築法有二，其一爲陂陀塘改疊砌爲豎石斜砌，磊碎石于內支之，成化十三年楊瑄所定也；一爲魚鱗塘，縱橫疊石，下闊上縮，累十七層，嘉靖二十二年，黃光昇師弘治中王璽之法而變通也。二法最善，至今猶沿之。柳《志》所云比例者，蓋仿正統中陳永雜用瓦礫填中，包以巨石之制爾。

七年七月初三日，颶風大作，海潮泛溢，自雅山東至楊樹林俱爲衝浸。知縣郝文傑計量修築圮壞者五百一十丈。九月初一日，風濤復作，內塘古岸修完者自周家涇東至獨山等塘皆爲衝圮，其害視前尤甚。縣簿陳善奉府檄，重修八百一十九丈。以上柳《志》。

八年，水大溢，堤盡圮，民溺死者無算。時參政邢簡、僉事趙銘因遺石修築之，不甚堅，自是毀敗數修，民多困殆。趙《圖記》。

十二年、十三年，海連溢。浙江副使楊瑄督修，倣鄞縣荆公塘，陂陀豎砌，以殺潮勢，至今廟祠龍王祠右並海上。海鹽仇《志》 《海鹽圖經》：楊公塘蓋倣荊公居鄞修築，定海塘式，每丈用浙中薄麻石六十餘塊，砌法如斜坡，用殺水勢，石底之外俱用木樁以固其基，初下石塊亦用一橫石爲枕，循次豎砌，裏用小石填心，外用厚土堅築，工料之費甚少。至乙亥歲風潮異常，始盡圮壞云。鄭曉《名臣記》：豐城楊公任浙江按察副使，定海城北捍海塘、縣西走馬隄，霈徧所裏外海塘，健跳所及海鹽塘，皆公修築有功。海鹽塘踰二千三百丈，工尤巨，禦患尤大。陞按察司，察吏奸，斷訟明敏無留獄。甫半載，病。病亟，寮寀問候，尚論築海塘法及濬西湖之利，無半言及私。張寧《寄廷憲障海》詩："吾聞浙江濤，湧撼勢莫比。迴流趨鹽官，一射數百里。海鹽當其衝，適際南北趾。何年築長防，去郭數丈許。叠石類懸崖，壁立瞰其浹。剡中實外障，高岸湮入水。表裏河海間，相隔纔一指。譬如潰瓜形，皮好肉已毀。潮來石奮角，潮縮石拔齒。時平漸離缺，風迅遽披靡。工役歲無涯，漂蕩日常耳。皇皇魚鼈民，藐藐軒裳子。剥牀不及膚，解牛未得理。豈無達務才，遺我徒好語。使君人中英，萬物備一已。咨詢度豁如，顧盼心隱只。發彼巉巖孤，砌作盤屈峙。軒然巨鼇側，坦若長坡迤。罅隙互蔽虧，力勢相併倚。盈不與石鬭，縮不隨浪委。肉厚骨不疎，腹飽背復傁。秦鞭竟空談，漢組無用此。何期既倒瀾，忽見急流砥。但恐述者能，不類創者美。速成功易隳，舉重力易弛。安得百使君，歷歲如大禹。"

弘治元年，侍郎彭韶按視海邦，令通判蹇霆、知縣譚秀起藍田北，抵丫叉，爲堤九千餘尺，植樁叠石，外縱內橫，以漸坡陀，略如楊法，下廣一十五丈，上廣三之二，高十有八尺，內實土如其高，糜銀四萬五千兩。趙《圖記》。 海鹽朱《志》：秀所築塘，下施木樁，上加以石，縱叠于外，橫叠于內，外漸收縮，以殺潮勢，內則上下齊直，厚築以土，以防側倒。石塘下闊一丈五尺，上闊一丈，高一丈八尺，土塘厚一丈八尺，高二丈二尺，每一丈用木樁六十三株，石一百九十五塊。

十二年，知縣王璽更築龍王廟塘二十丈，樁石堅固，形勢隆起，今稱樣塘。《海鹽圖經》：王公塘築于故龍王廟前，砥方石縱橫交錯爲之，其法有一縱一橫、有二縱二橫者，下闊上縮，內齊而外陂陀形勢，隆固屹立，潮衝不壞。

正德八年，通判韓士賢、知縣辛九齡修築。

十三年，提督水利郎中朱袞督修，革修塘弊。以上海鹽仇《志》。

嘉靖二年，秋潮大作，泛濫百里，舊堤悉圮。督水郎中林文沛究所圮處，無慮數十處。而王知縣所築獨存，乃接王所築法，擇方石縱橫交錯，補葺諸圮，自丫叉塘南抵宋莊，所築凡一千三百七十丈。趙《圖記》。 林文沛《記》略：嘉靖壬午，秋潮大作。癸未繼之，海鹽縣海塘圮者視昔加倍，爲潮所泛溢者百里許。文沛督工治之。舊制：石多縱少橫，今使石縱橫交錯，連屬不可解。又必擇其廉隅之石，布置必穩，樁計四千八百株，石計萬六千塊，或拾於海墻之遺，或運於數程之外，北自丫叉，南抵宋莊，因其舊而增之，計七百五十七丈，通舊隄爲一千三百七十丈。是役也，費銀蓋一千五百兩有奇。

九年，御史端廷赦行縣議修築，知縣夏浚條八事，竟弗克施。海鹽仇《志》。參趙《圖記》。 夏浚原議：一、專委任以責成功。海塘之役，自永樂、宣德間趙、周二公專任之後，歷正統、景泰、成化以來，或風潮壞，必勤藩、臬大僚，以故人皆效力，績用有成。厥後官無持設，事無成算。今欲爲分地程工之法，必臬司大僚，職專水利，綱紀于上，然後府佐統各邑，各邑擇賢佐有心計者一人，以統各役。官必廉能，役必殷實，日有日計，月有月會，歲有歲成，臬司大僚乃大昭羣工之績，以黜陟賞罰，則責既有歸，人心思奮，而塘成有日矣。一、捐小費以成大計。塘以捍海，北自教場，南至秦駐，延十八里有奇，闊五六尺有差，勢之最急者大小天關，高不過二丈，厚不過數尺，每秋風潮大作，往往泛溢衝決，客土易潰，石塘無護，隨亦傾。今議者欲因舊增高，從中填實，誠爲有見。但費甚不貲，合無查勘各年拖欠塘夫銀兩，益以司道堪勳錢糧，附各縣歲派，然後興工，庶幾一勞永逸，潮患可捍而民力可省矣。一、合衆力以防不測。竊謂海塘非獨防一邑，亦緣治諸邑之防，故永樂之役，至合蘇、松等九府之力爲之。自後嘉興府七縣歲派夫銀七千有奇，自嘉靖年來始減至四千。今議者欲將各縣歲派塘夫銀兩歸併海鹽，將海鹽秋糧中水鄉居民等銀分派各縣，蓋以節財省事爲主。但風潮叵測，或有永樂等年之患，則一縣之力決不能支，而四千之例又不容增矣。莫若姑仍其舊。一、分地界以袪規避。夫分工修築，舊有成算，故私無冒避，官有稽考。議者欲計海鹽之數，派海鹽之里，量塘勢煩易，配里分大小，事既均平，人無觖惕。然此法當以本縣爲經，各縣爲緯，如若每里既選一人督工，乃計其所分塘數，高廣橫直若干，合用椿木若干，合用錢糧若干，帮貼以某縣總督，以某官分督，以某役定立標準，使人自爲力。若三年内坍塌者，造作、督工之人皆問擬如律法。三年不壞，可保無虞，仍於工成之後，查照周文襄宣德年例，設立塘夫，分方守候，有盜竊椿、石者一如運河事例懲治，則綜理周密而可俾勿壞矣。一、革收頭以杜包侵。查得海塘夫銀舊立收頭，然錢入民手，良民不免浪費，既費而追，破產不能盡償，合無約令各縣，令後編僉夫銀須田二十畝以上人戶，責該管塘長拘令自納儲庫，庶可以免逋欠包侵之弊矣。一、定規制以圖久遠。以前海塘之修，各取辨一時，未見經久。惟弘治間王知縣所築樣塘至今不壞，合無依仿。其制：下用木椿打脚，闊五丈，高二丈八尺，務用大石，一橫一豎，騎縫叠砌，平鋪放者，勿令空隙，以漸收縮，勿令傾倒，仍用小石填實，堅築以土，以固其基，所費雖不貲，可一勞永逸矣。一、保裹河以固塘基。沿海舊有白洋河，南通澉浦，北通乍浦，中間或開或塞，雖有舊跡可尋，類多淤爲草蕩。議者因築塘取土之艱，欲濬此河，然海塘厚者僅七八丈，薄者僅四五丈，以此捍海，勢亦甚危。故周文襄俾民于裹塘增土五丈，其慮甚遠。今藉數丈之土爲基，賴河身素淺，隄勢不傾，若濬此河，但可增高，不可倍廣，基薄易決。若取土運石，須相塘基廣處稍傍河西開濬丈餘，僅取通舟而已。舊成河者尺土不去，若藍田迤南去塘勢遠者不在此論。一、相地形以施塘工。海塘二十里，雖各要害，然海塘天闕迤南爲衝，教場迤北爲綏，今日之修築要當視此爲次第，凡全坍者若干，半坍者若干，勢之最要功之最大者若干，先後有序，經略得宜，則民不病而功可成。乃若宋莊則正當秦駐、白塔二山之衝，潮汐吞山爲急，舊有雙塘，故無潮患。先年妄行廢毀其一，故單塘勢危，合無重作裹塘爲便。　　案：正德以來天闕外隄毀撤，而内隄獨當其衝，勢甚單子，浚議作複堤，蓋即以今之内堤作外堤也。

十年，提督水利僉事蔡時督修，及築修教場塘，料費銀九千五百兩有奇，教場塘一百七十丈。

十四年，海溢塘圮。致仕布政吳昂奏行巡按張景、僉事焦煜，以通判陳文昌、海鹽知縣董玼、平湖知縣黎循典修築，始建四陡門，以滲潮水，殺怒濤，且便晒鹽，費銀二千四百有奇。徐階《焦僉憲修塘記》：海鹽縣捍海塘直秦駐、白塔二山之間，間歲怒潮挾風至山下，束不得肆而益怒，西激而塘實當其衝，故其勢特見厄。嘉靖乙未冬十月，侍御汝陽張公行海上，觀視塘石，戾焉。下瞰，大駭曰：“此塘不修，且盡壞，壞則民其魚乎！”遂以役謀諸分巡僉事焦君。會有以費言者，公曰：“有帑藏之積存焉。夫成大事者不計費，況取諸其贏乎！”又有以勞言者，公曰：“有生之道存焉。夫以生道殺民，死猶不怨，況役諸農之隙乎！”于是公主其議，焦君贊其決。伐石于山，取材于林，謹擇吏之良與民之好義者，因能以授之事，分地以程其工，崇阜廣隘，葺故益新，疏爲陡門，博爲三堰，凡用白金二千四百，用民之力前後閱六旬，而修石塘三百餘丈，土塘二千七百餘丈。邑父老以爲神，相率抱孫攜子觀之。歸，具酒食，召賓客，晝夜劇飲，相賀曰：“今而後無憂于墊溢矣。”其明年公既得代，又相率肖公像爲生祠。而介鄉縉紳方伯吳公昂董謁階，紀塘之成績，碑諸廡下。階每旦出，諸父老者必在也。乃仰而嘆曰：嗚呼！何得人之深若此哉！蓋嘗稽諸往牒，自洪武迄弘治之初百二十年，塘凡八修築。景泰甲戌之役，爲金至三萬九千有奇，爲工至再閱歲，亦甚勞費矣。然而不可已者，何也？其利害輕重之實有在也。自弘治迄于今歲五十年，地勢民隱非有異于昔，而保障之謀塘弗及焉，此又何也？古之君子以天下爲一身，惻怛慈愛，根于中而不能已。是故憂未至而預爲之備，患已迫而亟爲之防。其又甚也，排羣議，冒怨謗，毅然必成，而後世幸蒙其利。今之君子以官爲傳舍，憂民體國之志不能勝其自爲之私，是故苟安無事，則自托于無擾以幸旦夕之安，而訏謨至計動以爲迂且拙。維侍御公明敏英斷，具高世之才，而其心又不安于自爲。蓋茲役也，任事之決，可以謂勇。計慮之遠，區畫之詳，費薄力省，而功鉅且速，可以謂智。若乃赴民之急，如謀其身，惻怛慈愛，根于中而不能已，則爲仁至矣。然則其得人之深也宜哉！階顓蒙寡學，文非所長，獨以父老之請不能拒也，因借論公如此。公名景，字光啟。焦君名煜，字伯昇。其以吏之良獲受事者：嘉興知府鄭鋼、海鹽知縣董玼、平湖知縣黎循典。嗚呼！後世頌公之績者，其尚有以得公之心。

十七年，海溢塘圮。十八年，巡按御史傅鳳翔、僉事張文藻以同知林鳴鑾修築全坍石塘七十七丈，半坍石塘二百五十丈，土塘二千四百三十四丈，四陡門亦各增石，計銀一萬三千三百有奇。鎮海祠即龍王祠堂也，天闕爲海鹽要害之地，故特重建，以鎮壓之。

二十一年，僉事黃光昇以通判陳嘉猷監督，又檄知縣魏廷璽始取千字文編塘號，自天字起至木字二十里，共一百四十號，每號二十丈，共二千八百丈，即塘石鐫之。黃光昇《築塘議》：予築海塘，悉塘利病也。塘根浮淺，最病矣。夫累石高之爲塘，恃下數椿撐承耳，椿浮即宣露，宣露敗易矣；次病外疏中空，舊塘石大者，郤不必其合也，小者腹不必其實也，海水射之，聲汩汩四通，侵所附之土，漱以入，滌以出，石如齒之疏豁，終拔爾。余修塘必内與外無異石，先去沙塗之浮者四尺許，見實土乃入椿，入之必與土平，仍傍築焉，令實乃置石，爲層者二。是二層必縱橫各五，使沙塗出其上，令深，皆以奠塘址也。層之三若四，則縱五之，橫四之。層之五若六，縱四之，橫五之。層之七若八，縱橫並四之。層九、十，縱三之，橫五之。層十一、層十二，縱橫並三之。層十三、層十四，縱三之，橫二之。層十五，縱二，橫三。層十六，縱橫並二。層十七，縱二，橫一。層十八是爲塘面，以一縱二橫終焉。石之長六尺，廣厚以二尺，琢之方，砥之平，俾緊貼也。層表裏，必互縱橫作丁字形，彌直罅之水也。層中橫，必稍低昂作蟆頭形，彌橫罅之水也。層加架，必跨縫而置，作品字形，以自相制，使無解散也。層必漸縮，而上作階級形，使順潮勢，無壁立之危也。如是，又堅築内土培之，如肉之附骨然，後可免崩潰矣。　魏廷璽《議》：海塘之役，近年以來，憲司提督于上，府縣分埋于下，非不欲成此大功，但患有可懼，弊有未革耳。支給工銀，易生侵尅之謗，患一；講議修築之法，各持己見，紛紜爭勝，莫知適從，患二；拘于估計，制于成命，不得相機隨宜，有所增損，患三。近海軍民多賴修塘以爲活計，一身做工，影射數名，通同管工人役，冒破工銀，弊一。又砌手志在常復修塘工食，不肯砌築堅固，弊二。管工委官，羈身海上颶風毒霧之中，度日如年，但欲速成了事，孰肯盡心如幹家事，弊三。去此三患三弊，塘不難成矣。　《海鹽圖經》：黃公五縱五橫塘，每丈疊砌一十七層，該用新石四百八塊，底石四十塊，每塊用椿八箇，共椿三百二十箇，每椿二箇，用三丈木一株，共椿木一百六十株。砌第一層新底石四十塊，每塊下椿。砌第二層至十七層止，共石三百六十八塊。其四縱四橫者，疊砌一十五層，用新石二百九十塊，腳椿二百五十六箇，該三丈木一百二十八株。砌底石三十二塊，每塊下椿。砌第二層至第五層止，共石二百五十八塊。

三十年，海溢塘圮。水利僉事胡堯臣修築。錢薇記：是役也，胡公以憲司提其綱，雖風雨，必卯出申人。又節驄從供應，以身儉先，故一時從官咸奮，若林丞士儀、楊簿繼蘭，及劉經衛國學、章知事林，以至揮使在役者，罔不勤恪云。

四十五年，塘圮。知縣李薦佳申詳，同縣丞何希周修築朝、問二號全坍石塘，凡一十六丈，費銀六百五十九兩。以上海鹽仇《志》。

隆慶四年，海溢。水利僉事李文績督湖州府同知藍偉來築，用黃公法，縱橫稍殺之，築塘九十餘丈，費銀一萬五千兩。《海鹽圖經》。　李文績《修築事宜》：自國朝以來，修築頗簡，有以石斜豎貼土者，有橫砌一縱者，後來築法漸詳，有二縱二橫者，有三縱三橫者，亦有五縱五橫者。計築一丈用銀三百餘兩，歷年風潮衝坍，猶屹然如故。今欲砌如五縱五橫之式，勢必不能。酌量現在錢糧，將龍王塘天闕要害處定爲三縱三橫，其餘往、秋等字號，潮勢稍緩，定爲二縱二橫。

萬曆三年乙亥五月晦，夜大風潮，塘盡崩，水出地二丈餘，溺死三千餘人，縣河皆成鹹流。撫臣謝鵬翚、按臣吳從憲具奏。既得報，鵬翚入任户部，撫臣徐栻集僉事陳詔、張子仁，同知黃清議之，仿黃光昇法，改用大石，凡用銀一十二萬有奇，成塘七百五十丈，土塘三倍之，又開白洋河三千丈，餘塘圮且裂者，悉理砌之。役竣，建海神祠及前憲使楊瑄祠，鑄鐵象牛壓勝，植木爲盪浪椿。賜栻等金帛，陞秩俸有差。《海鹽圖經》。　董份《記》：鹽邑在海中若浮瓠然，獨石塘號稱捍海，而邑當秦駐、白塔、乍浦諸山，南北夾峙，激海鼓飇，潮與塘直，其衝撼特甚，故數被患，視瀕海諸郡縣尤劇，而塘輒易敗，明興數苦之矣。乙亥颶作，濤溢入，而塘敗十六七，民漂不可勝計，數十里家室爲墟，而浙西數百里間，水微鹵，有海魚遊焉，識者皆寒心。而大中丞謝公、侍御吳公奏狀請治塘，議費十六萬金有奇。既戒期興役，部署有緒矣，而謝公又貳户曹，上簡少司馬徐公兼中丞來，下車首問塘事。或言議政薁往牒，舉事占近世，塘自正統間議築矣，度費幾三十萬，載在誌籍。今事變過之，而議費減半，恐不可。且創大者難卒復，工鉅者難趣成，勢非數年恐不可。曷再請而徐圖之。公乃歎曰："夫人臣，下當憂民，上當體國。今縣官屢乏，而浙帑素虛，何再請也。且古稱拯溺救焚，言其速赴不旋踵也，民既漂溺，吾有速拯之耳，憬然不能須臾，何徐圖也？昔漢稱王尊以身填金堤，吾其身許是塘矣。"乃亟親按行數，撬泥涉塗，蒙霧露、冒寒暑勿懈，因曾藩臬三道，召郡縣諸屬，引父老，集士庶，而訊患害，審便宜，究長策，與侍御鮑公條上，得報可。而公銳意督之，蓋每飯未嘗不在塘，每夢寐未嘗不慮塘事，心兢兢嘗不遑。而藩參朱侯、舒侯前後相繼為守道，憲僉張侯為巡道，陳侯為水道，三道皆以才望著名，極一時之選，與公同心，日夜殫思畢知，以效匡贊。而公虛中盡下，與相周旋。然公擇善以人，而任難自己，其志奮厲，足以感動，而身親勤勞，尤足表率。以是諸屬皆奔走爭先，諸役亦幅湊並進罔後，上下合為一體，以有成功，皆公竭精致之，非若世之授指而責成，端居而論績者也。工始于丙子春二月，成于丁丑秋九月，僅閱歲云。初，公于石塘內加築土塘，間行塘，曰：夫築土塘，所以為石塘唇齒護也，然潮過石塘，而無河以洩之，則勢悍而益漂。今從二塘間為河，使潮過有所容，宜足以殺其悍，亦古斯渠之遺意也。乃亟鑿河。而石塘之難，難於聚石，公既令博采洞庭、杭、湖諸山，會河濱，舟行轉石益便，而舊石墜塘下者匿土中，悉募人出之，得石益多矣，蓋塘之速成者以此。先是議費十六萬者，徒以石塘耳，今加築土塘，又鑿河，又樹靈浪椿無數以抵潮，又鑄鐵獸十二以厭水，又創橋五以通道，而厪費十萬有奇，其存者五萬六千有奇焉。余嘗適海上觀塘，見石磨如砥，其縫如繡，外極精矣；蒸秫如脂，傅土如膠，內極固矣。工速費省，而既固且精，慮無不周，事無不備，邑人言自有塘以來，未有若此者。因登秦駐，望海無際，潮怒如震雷，瀉如建瓴，獨石塘力抗之，亙如金城，屹如砥柱，土塘如重關，如疊嶂，而河經其中如長虹，余乃作曰：「嗟乎，壯哉！其東南之奇觀，而永久無疆之茂業哉！」於是邑人出於波濤，安於袵席，息於弔問，興於謠歌，思欲得余言記功貽後世，而三道遂以民情來懇。余惟天下同患，北有河，南有海，間者河嘗梗漕，縣官不愛鉅費，歲覃無已者，固以四百萬粟關軍國至重也。然漕者四百萬粟所過之地，而浙西、東吳者四百萬粟所產之地，其本末甚易辨也。頃濤一搖，而浙西水微鹵矣。嚮使塘不修而益漂，能無為壑乎！浙西壑，而東吳能免乎！故公匪獨一邑之功，而實社稷之宏謨，軍國之本計也。余浙西人也，故備著之。公在浙，靖夷氛，擒大寇，撫安黎元，其功甚多，而此著其塘事如此。是役也，侍御鮑公復行，而王公至，益核實考成云。於是天子嘉公功，晉俸賚金帛，三道郡縣或遷或賚有差。公名栻，常熟人；謝公名鵬舉，蒲圻人；吳公名從憲，晉江人；鮑公名希憲，長子人；王公名曉，淄川人；朱侯名炳如，衡陽人；舒侯名應龍，全州人；張侯名子仁，無錫人；陳侯名詔，晉江人。嘉興守黃君希憲，前守李君橡，同知黃清、梁棟，通判張繼芳、伍希德、胡嗣敬，推官陳文炅，海鹽知縣饒廷錫，海寧知縣蘇湖，皆竭力是塘者也，宜并得書。　　陸光祖撰碑略：萬曆三年五月晦，縣海溢，盡破捍海塘，石十九淪海無迹，漂沒屋廬禾稼，死者不可勝數。前官撫、中丞謝公鵬舉以狀聞於朝。既下議修築，謝公察都同知黃君清才廉有心計，肯任事，命之董工。會公遷去，於是朝廷念海事至重，特簡今兵部侍郎徐公兼御史中丞來撫治之。公蒞事之明日，率其屬親行海上，齋祓潔牲，虔祭海神，以告肇工。擇遣丞簿尉談繼先、黃用中、謝希周，典史陳柯、王金，把總王三錫，指揮馬繼武、李嘉元等三十餘人，畫地分工，并力合作。謂同知清：汝總余塘工，盡其能，無避短長之言，工大小咸責成於汝。謂海鹽令饒廷錫：此汝邑事，汝其悉，乃心廩餉諸吏士百工，無或闕乏，汝五日至塘省視。謂按察水利陳君詔：爾惟專職，其出舍於塘，晝夜巡董。謂按察備兵張君子仁：月一往察之，稽其勤惰，賞罰用命不用命。已而太守黃君希憲至郡，勉僚屬以同心一志，採匠於浙東諸郡，採石於武康、梅溪、瓴窰，而力皆募海上災饑之民，使取傭直以贍孥，寓救荒意。凡梃木、炭、鐵、麻、竹、灰應用之物，悉平市之民間。郡吏既受事，俾作治如式，用石長廣厚，尺寸有度，塘基下密椿，皆二丈之木深入平之，然後石層砌其上，縱橫有數。始運石，募客舟，舟不能過三巨石，乃官造舟，舟堅且安，一舟所運再倍，石運易集，大省輦舁之費。同知黃又言：石塘之內，宜更為土塘，疏為內河，備決潰湧溢之患。按察張君力主其筴，公納之。乃復行視，自金家路至章堰，得古白洋河舊跡，皆已湮塞，而內塘亦夷；自章堰歷大小天覷至山澗寨，舊無塘，開新河，即以其土築新塘，河可行舟，運石益便，已復更濬深闊，計長久。石塘既成，得土塘表裏相輔，愈益堅完，即有巨潮越塘，內河足以受之，可分殺汛勢，不至壅激為害。河之上，舊皆黃茅白壤，名曰草蕩，今可引溉以為田。工始於萬曆四年七月，訖工於五年九月。是役也，按察備兵張君在事最久，勤勤獨多。水利陳君繼至，劬勤率先，人吏益奮。太守黃，敦道範物，克相厥成。邑令饒，拊字供輸，顏貌為瘦。別駕張君繼芳、胡君嗣敬，有購石、造舟、採石之勞。分守前參知牛君炳如、參知舒君應龍，先後輸獻，寅恭協力。郡司理陳君文炅，而衷黙贊，成人之美。前守李君橡謀始度費，收槥溺者，海濱人德之。而前撫院、司徒謝公，違衆拔用同知清，卒賴其力，人服其有大臣知人之鑒。是皆有功於塘事者也。

自海鹽教場迤北至于乍浦一帶，皆開河取土築塘，以錢糧不給中止。平湖程《志》。自此歲徵塘夫銀六百一十五兩有奇，以備工作。時知縣黃焰議塘石外平內欹，潮衝易壞，合將欹石橫欄，平石縱砌，計可久遠。然因仍補葺，其議卒未行。袁《志》。

十五年丁亥秋七月，海溢，先所理砌塘盡圮。巡撫滕伯輪行閱，以理砌不堅，徹新築之，條上方略十，得報允行。以副使夏良心、同知曾維倫視工，伯輪勞程督，歿于位，傅孟春代之。成塘全築者五百七十一丈，半築者六百餘丈，土塘二千四百餘丈，用銀六萬八千有奇。奏聞，如三年例賜金帛，陞秩俸有差，伯輪特予一子蔭。滕伯輪《十議》：一議委官。塘工大役，總大綱者，水利道臣之責，移駐該縣督理，其董率官役工匠，收放錢糧，本府同知一員專理之。次則蘇、湖二府採石，合委府佐二員。分管塘工，應用官十六員；分管採石，應用官四員。俱合委衛經、縣丞、簿等職，于通省選取，庶足充任使。二議錢糧。嘉興府屬原歲派塘夫銀七千，積今十五年，豈不綽然有餘。而有司視爲緩圖，任意挪借，今除搜括本項外，動支該府驛傳積餘銀、七縣預備倉穀銀，幷衢州府驛傳支餘銀，金、衢、嚴、溫、處五府現儲糴穀銀，共足原估之數，免令加派地方。三議塘式。舊塘惟典史吳允隆所築，及三監生甯修者，自嘉靖至今不壞，堪以爲式。蓋砌以魚鱗，又二面收縮，石堅工細故也。今議以四縱六橫，起腳二層，闊二丈七尺五寸，自第三層漸收而上，每層內外各收七寸，至第十八層結面，闊九尺三寸，石必六面方平，砌必縱橫相制，蓋面之石又必內外皆縱，以順水勢，仍于安砌之時每層必先鋪地驗過，面面相同、縱橫相合，方許擡砌，以袪偏斜貼襯、虛飾草率之弊。四議採石。舊議塘石長六尺，闊厚二尺二寸，不如數者亦爲折算，以故虛冒生弊。茲議蓋面用大石外，其餘以長五尺，闊厚一尺六寸者爲準，每塊給價五錢，出山麄料，仍多二寸，以備整削。不許別開大小折補之端，致生弊竇。其驗石必取六面方平，稍不合式，即行揀退。運石船隻，上次杭、嘉、湖三府編派打造，共三千五百六十九號，費至三萬餘金，及工完變賣，所補無幾。今莫若令採石宕戶包運，諒亦樂從。又或廣示招募宕戶有力者，自載合式之石赴塘驗收，照前給價，採買、招買並行，事可兼濟。五議木樁。海塘之築全賴樁木，入土之深，則爲基孔固。議用中三丈木徑四寸者，截作二樁，各長八尺，或委官在本處廣招木商，載至平塊，或于杭州南關聚木地方招商收買。每塘一丈，釘樁二百五十九箇，又必先于塘基內去浮沙數尺，見實土方如法密釘，庶樁堅基固，石塘賴以無虞。六議工程。海塘大役，必有分任，後可責成功。今議全築石塘三百六十五丈，每官分理三十丈，以十二員管之；修築補砌石塘七百九十九丈，每官分理二百丈，以四員管之。每新塘一丈限十日，修補者二日，斯事無推諉，功可期就。七議收支。海塘錢糧支放頭緒甚多，稽察密則弊無所容，放給時則人速需惠。舊議，委嘉、秀二縣司收，海鹽縣司放，管工官造冊送總理官，總理官造冊送水利道，道行府，府行縣給發，中間吏書展轉查核，刁狡就延，爲弊反滋。夫匠銀難到手，未免揭債豪門，苦不可訴。今議，銀俱解發海鹽縣儲庫，聽縣官收掌總理，同知、備將，各該採石、買木、管理塘工委官，每官置簿二十扇，送院印鈐，發各收領。採石官日開採運到石塊若干，買木官日開買運到木樁若干，應給銀若干註簿，總理官驗收訖，即行該縣照數支給，封送總理官驗散，應找給者找給，應全給者全給，毋令宕戶、木商守候。其管理塘工各官，每日將領過木樁若干，木匠削過、釘過若干，領過石塊若干，石匠琢洗過、擡砌過若干，應給銀各若干，開填簿內，每五日送總理官查閱，無弊即行該縣，照簿依數將銀兌準，封送總理官同各委官，當面鏨鑿包封，喚集夫匠，逐名唱給。隨造冊送水利道稽考，仍同原發填過簿送院查閱，庶稽考有法，支放及時。夫匠既得速需實惠，而衙門人役之弊亦清。及查夫匠向有計日償工之說，大爲冒破，今惟計工定價，如削樁、釘樁、琢石、砌石、拆洩、扒沙等項，俱照工給銀，則老弱夫役不堪匠作，雖欲浮食其間，自不可得，此又考工節財一法。八議土塘。石塘外當風濤，內必依于上岸，此貼備土塘所不容緩。往年土塘隨石塘並築，故石塘工作籠疏，無從詳驗。今宜候石塘築完之日，閱視內外如式，委管工官督率人夫挑取實土，緊貼石塘，填築斜坡，近塘者高與塘等，築令極實，土始不散，庶水過直瀉，石塘益固。九議體恤。塘工興作之際，委官必須朝夕不離塘所，乃可照管。櫛風沐雨，勞苦萬狀，議每日給銀二錢，每官除撥驛船住止外，又各設篷廠一座，仍撥夫二名，聽其差用，俾日給稍充，而風雨有蔽，役使不乏，乃得盡心所事。匠作人夫，多係各縣應募，或係外府投充，今議令于每官廠側，各起搭草篷四五區，使安歇炊爨，庶物料看守之便，赴工無往返之勞，而居停亦免苛索之苦。十議稽查。築塘工役非小，惟恃賞罰以爲勸懲，除在工各官有偷安誤事及侵剋不檢者，即時分別發落外，其塘工通完之後，容令嚴行查閱，如果經畫得宜，修砌如法，有裨保障者，將各司道、府佐以下大小委官據實薦，請優錄，勞苦功高者破格擢用，庶賞罰嚴明，人心自相戒勉，大功之就可期矣。　黃洪憲碑文：鹽官故襟海而治，距東門不數百武，石塘橫亘壁立，盤旋蜿蟺，若飛虹邅天而下瞰海。秦駐、九王門諸山鳳贔東臨，衝激飛沫，每疾風怒濤，欲野歆山，震撼□蕩，塘不克砥而善崩。蓋自唐開元迄明興，遞築遞圮，費縣官金錢如塞漏卮而沃焦釜。萬曆四年，大司馬徐公新築，見爲石砌。乃丁亥之秋，颶風駕海潮而上，塘之衝圮者什四五，漂沒田廬人畜無算。前撫臣滕公亟上狀請修築，惟時郡國倉廥或困於三服官，而又大眚大疫，旱澇頻仍。

百姓凜然，莫必其命。即欲加賦簡役，其道何繇。故有謂姑理砌，以須後舉者。滕公獵纓語曰："海塘係三吳屏蔽，蟻穴不完，千里盡爲瀉鹵，吾何計目前而重後費，不使一勞永逸哉！"於是偕水使者暨藩、臬諸大夫，蚤夜講畫利便。復條爲十事，以請簡材官，計錢穀，定式度，採石料，益楗木，築土□，分晢程，謹歛散，厚饟稍，覈功績，議咸報可。中丞公乃以身總其凡，而水利夏公出舍海壖，經營盡瘁，少府曾君專司督理，部署諸役。若丞若尉，若幕若掾，矢力錯事，無不人人自奮者。僉議既同，百堵皆作。今中丞傅公嗣來蒞之，躬閱申飭，以蔵成事。工創於戊子之二月，越庚寅二月告成。原估七萬餘緡，其後續議增築費僅六萬八千奇，而贏千有餘金。總之全築而爲丈者五百有七十，半築而爲丈者百，稍築爲丈者五百有三十，爲陡門者座有二，爲天關備塘者丈十有七，爲土塘者丈一千三百有七十，延袤幾二十里。其築塘基必去浮沙，令見實土，乃下楗木，而內外甃石，必取其堅厚光平者，縱橫上下如魚鱗綺錯，勢相聯繫，俾潮無直射，石無旁渤，有金塘砥柱之固。天子嘉諸大夫勞勤，賜晉秩有差。余嘗考按顛末，茲一役也，其多乃前功而可爲後法者便有五。往歲海溢，守土者憚於上聞，至令士庶叩閽，乃得報可，而又部覆移咨，動淹時月，甚或有司齮齕，言者不爲亟治，此何異假越人以救溺哉！今使者蒿目憂民，朝聞夕奏，而又以便宜從事，役不逾時，財不侈費，便一。往歲鳩工，多履畝益稅，事罷，輒著爲率，民甚患之。今時詘舉贏，而賦不加額，惟括諸郡儲傳塘夫之羨者約四萬有奇，而又出備賑倉穀，令當稟饟者赴工取庸，抵原估二萬贏，拯溺賑饑，一舉兩得，便二。往歲塘石率取之洞庭、武康，比年饑疫，宕戶邱墟，採辦甚艱，茲復於海鹽南境顧嶺、葛山開鑿岑巒，得石磊砢，而又爬剔其沉且棄者石料四集，工役易興，便三。往歲董役者咸宿官邸，譏察罔恒，故工多告窳，訊晢程而糜廩饟。茲分官董視，人給一舟，令芰舍海上，朝夕行畚桐間，程能計日，勞其勤而抶其惰者，又道旁葢廠，俾量時休息，免風霜屠贔之侵，故民日跟蹕以趨，而不歌東門之皙，便四。往歲海塘夫銀率輸府庫，以待堤繇，其後島夷內訌，有司微調挪移，不復鳩備。請專敕水利別駕駐海上，其原額夫銀令儲邑庫以備歲修，而又禁民之灌田者、竊石者、陰利災而覬乾沒者，自是隨隳隨築，歲以爲常，毋臨渴而後井，便五。之數者，經營大備於前，良法可垂於後，役鉅而賦不增，時艱而民不懕，令國家根本之地百年安於覆盆，非諸大夫明智體國，竭心不二，何能建必然之畫，而成累世之功也哉！先後董斯役者，巡撫滕公名伯輪，甌寧人；傅公名孟春，高安人。水利副使夏公良心，廣德人。總理同知曾維倫，樂安人。海鹽令黃之俊，清江人；謝吉卿，晉江人。其餘諸執事，爵里姓名，具載碑陰云。

三十九年，塘圮。知縣喬拱璧修築之，費銀四千八百有奇。

天啟二年，塘圮，裂者二十八丈。知縣樊維城請於郡，以縣丞李筦修築之，費銀二千九百餘兩，塘卒賴以不壞。以上《海鹽圖經》。　《圖經》總論：塘之云土塘者有二，一附石之土塘。塘成，附土于裏以培之，黃公光昇云"若肉附骨"者，即斯塘也。然第以土附，水終得潄之。法先用碎石細帖于內，後附以土，水隔于亂石，即及土，勢弱不能侵矣，此亦黃公法。後有調灰漿彌灌者，故善，曾公維倫曰："是太縻，且沒土中，鉤考未易，滋侵冒，不可。"一則內之備塘。又在附石土塘內，相去稍遠，有此塘始可撤外塘以築，即石塘圮，潮不至闌入，黃公懋所議複塘是也。自丫叉塘而南至秦駐，石塘內盡鹽場，從陡門引水漉鹽田，尤賴複塘隔之。

六年，署縣事楊希旦再築。

崇禎元年七月，颶風迅作，石塘土塘並圮。知縣田升年詳憲修築之功，始于二年四月，報竣于三年十月，築大坍、次坍塘二千餘丈。

十年六月，風潮，石塘崩圮。知縣朱應熊修築，共八百三十六丈。以上袁《志》。

朱衡《修捍海塘疏》：題爲阜民生，重國計，以消弭災變事。臣等看得南京戶科給事中張應治題稱今歲雨潦，風潮異常，海寧、海鹽等處衝壞海塘。先年欽依專差郎中林文沛督修，蘇、松等府，各有協濟。合無查照前議，量派各府或多方措處，趁冬修築。如慮差官繁難，就行巡鹽衙門總理，併水利道專督。及原任南京國子監助教仇俊卿等遣生員仇原叟奏稱：海鹽縣石塘衝損，要得查照周忱事例，選命才望之臣，熟知海塘利病如黃光昇者，悉依樣塘創建。併敕戶部多方計議，或留賦，或借鹽課，容令督役之臣便宜支用各一節。爲照海寧、海鹽等海塘實三吳外蔽，而海鹽石塘爲要害，國家財賦之區，百萬生民之命須此焉係。先該給事中戴鳳翔題稱衝決，已經本部覆奉欽依，咨行修築去訖，今該前因，欲要請差官員。照得水利現有巡鹽御史兼管，及特設按察司憲臣專督，而撫按又一方利病攸賴，同謀效力，鮮不濟事，似難更議差官，以滋煩擾。但臣等竊慮海塘工費浩大，若當事者委諸錢糧空乏，不及時設處修築，延至春汛水溢，見塘盡衝，將使蘇、松、杭、嘉、湖、常諸郡膏腴盡爲斥鹵，國家鹽課田賦所損，奚啻修築之費？所據措處錢糧及剋日鳩工一節，相應題請，恭候命下本部咨催巡撫、都御史谷中虛及都察院轉行巡鹽及巡按御史，作速會議勘估，計日興工。錢糧先儘本府歲派之銀，各府既利害相關，果有前例，相應查照往年修塘事規，量派協濟。如或不敷，必須多方設處，查有何項銀兩堪以挪借，俱聽議擬停當，奏下該部覆行支用。一面嚴行水利道憲臣親督管工官員，照依先年典史吳允隆樣塘如法修築，期垂永久。勒限春汛以前完報，不得苟且了事，貯延歲月，以貽大患。中間勤惰，各官聽巡鹽御史分別題請，以示懲處。仍將各處用過錢糧及修築過海塘數目一併奏繳。自後歲徵塘銀，務照本部先題事理專儲，聽候修築，不得擅動。如此，則東南之海防益固，而國家之財賦永賴矣。

國　朝

順治五年，署海鹽縣事張世榮修築調、陽二字號大坍石塘一十八丈。

八年，海鹽縣知縣郭尚信修築月字號石塘二十丈，併小修張、成等號結面塘石陡門。

十二年，水利通判韓範、海鹽縣知縣毛一駿修築化、草、木字號大坍石塘共三十丈。以上《浙江通志》。　毛一駿《修塘議》：鹽邑公事，累官不一，海塘爲甚。蓋以二十里人力敵億萬頃颶風，少不堅緻，近而本境皆魚，遠則隣國爲壑。考之邑志，每塘一丈計費三百餘兩，經始之人至今俎豆不替，誠重之也。職到任以來，波濤近在枕席，何日敢忘徹桑。查歷年請修舊案，約耗費數千餘兩，無案不借修化、被、草、木塘號爲名，偏不及致、雨等號，心竊怪之。及親閱塘勢，致、雨逼處門庭，按費計工，在人耳目，無術躲閃，化、被、草、木，帶山逼沙，漱齧難及，距城少遠，急修之無利，緩築之亦無害，蠹胥奸匠便于侵牟，所以曠日持久，糜費金錢，仍留未竟之功爲請益之地。一經查勘，不過聚數游民點綴畚鍤，事過復停，嚴究所冒工銀，原不由縣給領，石匠之死者死，經承之逃者逃，止拘責見在承役，空勒限狀申報憲臺，何益成毀之數哉？此職撫膺浩歎，請修之文日上，不敢輕請各邑協濟，父老之議日集，不敢輕徵本縣塘夫，蓋不欲以身合污，貽笑海若耳。今欲爲國家財賦計，爲萬民身家計，先端發銀之本，使分毫畢歸海塘。次重專官之託，使出入賴有成算。次嚴經承之選，使積猾不敢再生覬覦。次嚴募匠之令，使老弱不得濫冒廩餼。次減承催之差，使工匠不苦無名需索。次審險易之使，使緩急不仍紊其次第。如此興工，縣官不經手錢糧，立破從前染指之嫌，自可督率佐貳，日省月試，考厥成功，雖罄鼓時搥，當工匠騰飽亦動子來之義，而不怨其勞也。

十六年，嘉湖道史燧請修成、歲等號大坍石塘，邑人禮科給事中張惟赤具疏請及時修築。是年築致、雨二號大坍石塘二十一丈，推官尹從王督修之。吳《志》。　張惟赤《海塘疏》：題爲東南財賦所關，捍海最要等事。竊惟江、浙二省杭、嘉、湖、蘇、松、常、鎮七郡皆瀕于海，民之不爲魚鼈，田土廬舍之不蕩于波臣者，以海塘之捍其外也。查此塘築自唐開元中，至明始易以石，編立字號。蓋因七郡地勢窪下，易于湮沒，故沿海郡縣皆有築塘。至海鹽一處兩山夾峙，潮勢尤爲洶湧，昔之縣治已沒海中，蓋齧而進者已七十餘里。明萬曆十七年、崇禎元年，屢次衝決，七邑之廬舍人民屢遭湮沒，不惟國課無資，亦且生靈可念。此時旋即估修，已費金錢十餘萬兩，大約逐年修理則易爲力，俟其大壞而後修，則民受害而爲費滋大，所以明朝特編海塘夫銀，以事歲修。他郡無論，即就海鹽一處之塘歲編銀六千九百九十九兩九錢一分，內派嘉興縣一千七百五兩一錢零，秀水縣一千二十五兩三錢三分零，嘉善縣九百三十四兩一錢八分零，海鹽縣九百二十三兩六錢三分零，平湖縣九百二十三兩七錢二分零，石門縣七百八十七兩一分零，桐鄉縣七百兩一錢八分零，徵儲府庫以爲協濟，載在《賦役全書》及《海塘錄》內，班班可考。近來此銀不知消歸何地，自明末至我朝十六年來並未修築，此塘被水衝齧，基址盡圮，縣治百步外已有坍口。倘一旦風濤大作，徑從坍口深入，則滔天之勢潰于蟻穴，將見七郡煙火之墟、財賦之地盡付之浩渺之鄉矣。

十七年，知海鹽縣事雷騰龍修築閏、餘二號，成、歲二號大坍石塘六十丈。

康熙四年，巡撫蔣國柱委通判殷作霖修築海鹽縣露、結、盈等號大坍石塘五十三丈，土塘六百四十丈。

六年，知縣湯其升修冬字、木字號大坍石塘共一十八丈，日字號小坍石塘四丈五尺，又小修月、盈等號結面石塘。

十一年,知縣張素仁修日字大坍石塘九丈,月字大坍石塘六丈三尺,盈字號大坍石塘一十二丈,昃字大坍石塘一十丈。

二十四年,巡撫趙士麟委海鹽縣知縣陳鈍修築石塘一十丈。

五十年,巡撫王度昭題准將杭、嘉、湖三府屬建閘濬河。案內承備各官浮銷帑銀修築海塘,委鹽驛道同海鹽縣知縣修築收字號大坍石塘一十九丈六尺,冬字號九丈六尺,藏字號七丈四尺,餘字號一十五丈四尺,歲字號一十三丈二尺,呂字號一十四丈五尺,調字號一十六丈四尺,雲字號一十六丈,露字號五丈一尺,結字號三丈,爲字號一十丈九尺,張、陽、出、玉等號小坍塘三丈,共修築一百四十五丈,用銀一萬六千八百有奇。以上浙江通《志》。

五十二年八月初三、初四日,颶風大作,衝坍露、陽二號石塘二十四丈五尺,又坍餘、成、歲、律等號附石土塘,署知縣莫夢生具詳,題請發帑二千兩有奇修築。

五十六年,勅海廟左右石塘裂陷,署縣事蕭山知縣趙善昌具詳,請帑修築。

五十七年,遐、邇等號石塘決裂,半卸海中。次年八月初一日,風潮漫溢,淹斃胡家墩民人,知縣梁澤具詳,督臣滿保、撫臣朱軾會勘,請帑四千一百兩有奇,修築遐、邇、率、歸、場五號大坍石塘五十一丈,張、菜、重、芥等號小坍石塘九十九丈五尺。

五十九年,各字號石塘漸有傾圮,知縣梁澤詳明重修。吳《志》。

雍正二年七月十八日,海大溢,廬舍、田禾被淹,溺民無算,風狂不已。署縣事陳充禮虔禱潮神,次日漸平,塘決口八十三處,大坍成、騰等號石塘一百五十丈,小坍天、地等號石塘一千四百三十八丈五尺,附石土塘坍陷一千五百四十五丈五尺,充禮捐廉及紳士捐助,先將八十三處決口計八百四十三丈搶堵,又查勘演武場北土埂一條,淤沙刷盡,埂內官、土塘日塌,請自劉王廟至白馬廟在白洋河舊道取土培高,知府江承玠捐銀挑濬之。

三年,部臣朱軾會同督臣滿保、撫臣法海會勘,題請帑銀七千六百兩有奇,修築衝激八處成、騰、爲、霜、金、道、愛、食、場等處大坍石塘七十丈,三澗寨化、被、草、木四號石塘八十丈,移進二丈,其附石土塘通行修築,及小坍石塘一千四百三十八丈五尺,撥藩庫閒欵銀辦理。以上《海鹽續圖經》。

四年,原任兩淮運使何順等捐資修築海鹽縣石塘一百五十丈,用銀七千三百兩零。《浙江通志》又勅海廟北收、冬、藏、餘、歲五號石塘底椿朽爛,知縣王仕正具詳撫臣李衛,請帑七百兩,夏四月修築。八月浹旬雨,閏字號石塘裂縫一十三丈,撫臣李衛請帑四百五兩有奇,次年閏三月修築。又署撫臣傅敏臨勘三澗寨木字號以南官土塘洗刷侵嚙,議接小塘一條以資捍禦,知府靳樹德、同知曹秉仁、知縣王仕正捐銀三百兩,搜運舊石接建短塘一百丈。《海鹽續圖經》。

五年,撫臣李衛題請歲修塘工,臨勘海鹽短塘不足捍禦,請帑一千二百兩有奇,接建一百八十丈。是役也,邑人李新見有打斗空砌、密蓋飾觀等弊,呈控拆驗,有司以其多事罪之,及工竣未數月,塘竟裂腳,沙土洗蕩無存。撫臣李衛疏略:查海塘捐監項下,逐年歲修報銷外,實存在庫留充海塘工用。但浙省各縣襟江濱海者,自北而南,則有平湖、海鹽、海寧、會稽、上虞、餘姚等縣沿海一帶塘堤,又海潮由尖山入江,自東迤西,則有仁和、錢塘、蕭山、山陰等縣沿江沿海一帶塘堤,其間潮汐衝徙不常,若每年隨坍隨補,則用費少而保固可久,儻因循不修,則圮壞漸多,工費即鉅。從前因軍興裁減歲修錢糧,之後皆坍損于平日而修築于一時,以致屢費帑金,此誠浙省民生利害之所係也。然以每年難緩之工程而取給于一項之庫銀,苟非別籌節省留存正項,恐致逐年動支久而易匱。查原任淮徐道潘尚智一案,約值銀十萬兩有奇,請將此項估計抵補海寧、海鹽、蕭山、錢塘、仁和各縣雍正四、五兩年歲修銀兩外，有餘者變價存爲將來歲修塘工之用。其原撥捐監等項留存歲修之銀仍行歸欵，留濟後工，則庫銀可以節省，而海塘亦得永固矣。再查此項捐監銀兩從前諸臣因係海寧築塘所餘，故以此銀題爲海寧歲修之用，未將通省塘工聲說在內。此外各縣之塘每年若有坍損，又另于俸工公項等內動支，遇有缺乏，即多因循苟且之弊。今俸工已經停捐，公項亦俱歸出，而江海各塘均關緊要，且海鹽石塘更係對面頂衝，尤屬危險，若不陳明，將來各縣之塘無項歲修，必致日漸圮損，釀成巨工重費，請嗣後凡有江海塘工應行歲修者，照例一體于此項內動給。七月十三日風潮，附石土塘刷陷一千六百六十二丈，知縣王仕正具詳撫臣李衛，請帑修築。以上《海鹽續圖經》。

六年，總督管巡撫事李衛題修白馬廟等處加高土塘一千七百三十餘丈，估需銀四百兩有奇。《浙江通志》。

八年六月初五日風潮，三十日又大風，演武場洪、荒等號起至三澗寨草、木等號止，附石土塘坍陷二千五百餘丈，三澗寨矮石塘坍三十丈。知縣王仕正具詳督臣李衛，請帑二千二百兩有奇，修築謝家灣起至雪炎亭、秦駐山脚止官、土備塘，加高二三尺不等，幫闊一丈，計長九百一十五丈，請帑九百兩有奇。《海鹽續圖經》。平湖縣獨山東西石、土各塘，茅竹寨等處衝坍三百五十餘丈，隨飭隨修。《浙江通志》。

九年五月，閏、餘二號石塘矬裂一十三丈。知縣王仕正具詳督臣李衛，請帑七百兩有奇，修築原塘一十六層，以地處最險，搜尋陷沙舊石，加築一層。六月十六日大風，四日潮衝，演武場外新築土埝，嘉湖道王敉福臨勘，以土埝無關利害，宜于老土塘加築，具詳督臣李衛，請帑三百兩有奇，自劉王廟至朱公寨加高二三尺，幫寬三四尺，計長一千三十丈。七月初十日，風潮刷坍落水寨南附石土塘，知縣王仕正具詳督臣李衛，請帑二百三十三兩修築。九月，督臣李衛題請發帑一萬七千七百兩有奇，改築化、被、草、木舊石塘。《海鹽續圖經》。 案：三澗寨一帶爲邑南石塘盡頭，當九黃門對衝，最稱險汛，化、被等號石塘向係紆曲凸外以殺水勢。雍正三年移建，改凸爲凹，反受衝激，沙土洗刷一空，椿木盡露。是年仍前移築在外，改凹爲凸，木字號塘尾內接新築大石塘四十丈。又將雍正四年捐築矮塘一百丈，改作七十丈，一律完固。平湖縣獨山東西拆修石塘九十丈一尺，加高幫闊，培厚土塘共一千二百九十一丈八尺，并乍浦城西石街等處，加高土塘一千一百四十丈。《浙江通志》。

十年，督臣李衛題請發帑三萬九千一百兩有奇，築朱公寨迤南條石塘八百七十丈。案：朱公寨至石屑圩一帶向無石塘，惟有土埝爲障，歷久潮刷，爲患特甚。是年，緊靠土堤幫築石塘一道，又修築小陡門一座，搶修閏、餘二號舊石塘，珠、稱等號附石土塘若干丈，及加高劉王廟等處老土塘若干丈。六月，杭嘉湖道王敉福同監督吳烱、潘樾會勘場字號以北土塘低陷，具詳督臣李衛，請帑一千二百兩有奇，用路平石舖蓋土面，修築土塘三百四十丈四尺。七月，遐、邇二號石塘矬裂一十五丈，署撫臣王國棟請帑一千三百兩有奇修築，加高二層，幫寬三尺。《海鹽續圖經》。

十一年，內大臣海望、直隸總督李衛查勘得海鹽南北土備塘附石土塘低窪窄狹，請帑二萬二千八百兩有奇修築內土備塘，北自平湖縣交界，南至澉浦西山脚止，加高幫闊一萬四百七十九丈五尺；附石土塘北自赤家港南至三澗寨止，加高幫闊二千八百一十七丈五尺。又題落水寨起至三澗寨止，石塘椿木潮水刷露，請帑一萬三千三百兩有奇，建築坦水十二段三百六十六丈五尺，拆修壹、體字號石塘二十六丈。《海鹽續圖經》。三月，修乍浦服字號石塘一十五丈有奇，又自益山脚起至獨山司城，加培土塘一十四段，長七百八十餘丈。六月二十等日，風潮衝損獨山文、乃、位、讓各號土塘二十餘段，長三百餘丈，估計修築。《浙江通志》。

十二年，督臣李衛題請設海塘營弁。李衛疏略：查仁和至乍浦一帶海塘不下三百里，若無專管人員，將來不無廢弛之患。查河工定例，專設文武官弁董其責。今浙省塘亦甚緊要，前經題委杭嘉湖道一員帶管工程，非其專責所設,杭嘉海防同知二員,千、把總各一員,兵二百名,亦恐照料難周。應請專設道員一員,添設同知一員,守備二員,千總三員,把總七員,兵八百名。所設官兵不無歲需俸餉之費,但查塘工歲修錢糧,現今每年不下數萬兩,此後如有粘補工程,即以兵丁充工修築,則歲修錢糧可以少減,且設有官兵巡查照看,隨時修補,既可保固塘工,而於工築之暇仍令勤加操演,則海疆亦可藉茲防禦。添設官弁,每年約需俸餉等銀一萬三千七百九十八兩零,米二千八百八十石。工部議覆設立道員,請加以海防兵備副使道職銜,竝請鑄給關防以昭信守,凡海防文武官兵俱聽其調用。至沿海地方州縣等官亦令兼轄,遇有緊急工程需用佐雜夫役,庶幾呼應得靈。管理海鹽、乍浦塘工同知仍舊駐劄乍浦,建造堡房八間,每間約需銀六兩,嗣後凡有經理海塘工程文武員弁,儻有貽悞工程、冒侵錢糧者,令該督據實題參到部,照河工例分別議處;如果辦理妥協,工程鞏固,三年無過,令該督保題陞用。塘汛兵丁該管官員分別功過,量加賞罰,以示勸懲。

十三年六月初二日,風潮連作,演武場元、黃等號起至三澗寨矮石塘止,附石土塘坍二千五百六十六丈五尺。案:附石土塘由石縫滲水,知縣劉起禧具詳,請帑二千五百兩有奇,用篾簍柴瓣杆柯塞縫,此最策之下者,不可以經久。又落水寨以北生、結、致、騰、藏等號大石塘欹裂四十六丈三尺五寸,知縣劉起禧具詳宮傅臣嵇曾筠,題請發帑銀四千四百兩有奇修築。

乾隆二年六月十九日風潮,七月初二日繼之,演武場起至三澗寨止,附石土塘坍一千三百二十八丈五尺,女字號大石塘一丈,堂、習等號矮石塘一十六丈,知縣王楠具詳宮傅臣嵇曾筠,請帑二千六百兩有奇修築。案:平湖張《志》復修獨山石塘。

三年,堂、習等號衝刷,塘腳椿露,矮石塘傾欹九丈四尺,知縣潘重庚具詳宮傅臣嵇曾筠,請帑九百兩有奇修築,并增坦水一道,長五十四丈五尺。

五年六月二十三日大風潮,落水寨至三澗寨附石土塘坍卸,知縣劉漢儒具詳撫臣盧焯,請帑一千一百兩有奇,加築土塘一千三百六十三丈五尺。

六年七月十八、九,連日風潮,演武場至三澗寨附石土塘坍陷二千餘丈,又坍卸攔水面石九百一塊,知縣周宣猷捐銀修築,并議購石料,改土塘爲石戧,以費大不果。

九年七月初三日風潮,坍卸南北一帶附石土塘,知縣王如珪具詳撫臣常安,請帑一千二百兩有奇修築,及演武場至三澗寨攔水石七千九百二十五塊、大坍石塘一百八十五丈。

十年八月初四日風潮,坍卸南北一帶石土塘工,知縣王如珪具詳撫臣常安,請帑三百兩有奇,修築土塘及演武場至三澗寨攔水面石二千七百六十九塊。巡撫常安《閱視海塘記》:鹽官譚山而東百餘里,面大海,後無倚依,所恃者以塘爲衛而已。一旦風潮作,砰激孛號,決塘而去之,曾不芥蒂。然而宅斯土者,耕於斯、桑於斯,鹽丁漁戶漉沙曝鹵、網魚採蛤於斯,其間村落相望,雞犬之聲相聞,有衽席之樂而不知有波濤之憂者,何哉?蓋有憂之者。有憂之者,而民得以樂其樂也。余每歲下勘塘工,鄉中老幼遮道來觀,欣欣然以得見余顏色爲喜,以爲天下之樂者莫余若也。夫仗節鉞,撫巨鎮,恩威長群吏,利澤及民人,居則建高牙,列儲胥,出則蔭羽旗,衞弓弩,騶者前呼,車騎夾道,驅使衆材,尊榮顯貴,得不謂之樂乎?而不知余之來也,方且駴然驚,怵然懼,復蹙然而憂,既而夷然適,幡然而後樂也。夫元溟巨浸,浴日稽天,蕩八荒,吞四維,滃濛浩森,宵乎不知其窮涯,飄飄乎不知吾身之所託,此吾之所以駴然驚也。海風蓬蓬而至,蕭颼吐吸,響振坤維,至於長波卷雪,跳珠崩山,令人目眩心悸,歷數日而神不怡,馮夷之威,一烈於此,此吾之所以怵然懼也。鹽官之地,北連震澤,西距荊吳,環涵灝瀚,中如繡錯,莫不津潤綿邈,資其灌漑,草木之所敷榮,田禾之所興作,品物之所含滋,居民之所利賴,咸取給於斯,而或陽侯不順,天吳矯蹇,雷陰雨溢,狂發颶翠,潰堤塘,漫鄉邑,不終朝而居民已魚鼈矣,此吾之所以蹙然憂也。用是殫思勞神,以冀障莫,相天時,度地勢,諏人事,計帑費,圮者修,缺者補,外固石塘,內崇土備,屹如城墉,亘若蜿蜒,而民得以一日安寢。禾麻被野,擊壤歌呼,此吾之所以夷然適,幡然而後樂也。夫余一人之身忽焉憂,又忽焉而樂,樂豈在已哉!亦第奉揚上意,樂民之樂而已。聊記之,以示後之司是塘者。

十三年,巡撫方觀承令兵備道陳樹著,委守備王世昌至鹽,量度確估,如秦駐山起至三澗寨止,及定海菴起至劉王廟對山止,石塘低矮,應行加高,土塘潑刷無存,應築石戧,請帑若干兩修築。以上《海鹽續圖經》。

十七年七月十七日風潮,潑損石土塘。海鹽知縣舒瞻詳憲,請帑二千八百兩有奇,修築官、人字號石塘拆修工一十九丈,維、鳳、賢字號拆修工一十三丈五尺,遐字號起聲字號止石塘中修工二百三十丈九尺,翼、翔等號附石土塘四百七十四丈。

二十年七月望汛,潑坍海鹽石土塘。知縣蔣祖培詳憲,估勘翼、翔字號拆修塘二十二丈,人、始、及等號理砌工,領帑二千四百兩零修築。又龍、師字號拆修石塘二十三丈,人字號、起、字字號止附石土塘一百一十丈,估銀二千一百兩有奇,縣丞雷廷鉽領帑承辦。又師、火字號拆修石塘二十丈,帝字號加石一層,金、生等號築坦水二十五丈,估銀二千三百兩有奇,石門縣主簿羅錦領帑承辦。

二十六年七月十八日風潮,海鹽坍羌字號石塘理砌工七十二丈九尺,帝字號石塘拆修一十丈,知縣沈全達具詳撫臣莊有恭,請帑八百兩有奇修築。以上伊《志》。

二十七年,巡撫熊學鵬奏由海鹽至平湖茅竹寨等處沙係鐵板,設遇風狂浪驟,直潑塘面,較之尖山以西潮溜直刷塘根者,情形各別。本年七月風潮,坍卸裏外攔石七百餘丈,業已修復完工。又平邑獨山石塘五百餘丈,今年風潮坍卸二十餘丈,現在修築,十二月亦可完工。

二十八年,巡撫熊學鵬奏,乍浦平湖所屬之獨山東脚至茅竹寨東首向有石塘五百二十二丈二尺,係明季建築,内有黄字號起至月字號止,計工長七十丈,塘根被水汕齧,樁木悉皆朽爛,根石外浮,塘面内矬,應及時拆築。以上《南巡盛典》。

二十九年四月十六日風潮連作,海鹽潑卸拱字號石塘拆築工七丈,又章、愛等塘理砌工二十丈五尺,知縣沈全達具詳撫臣熊學鵬,請帑一千一百兩有奇修築。

三十五年七月二十三日大風潮,東北風張甚,繼轉南風,塘多潑損,海鹽知縣鮑鳴鳳具詳,勘估銀四千三百餘兩,旋經知府梁珏議詳秀水知縣張圖南,署歸安知縣戰效曾、桐鄉知縣潘安智及該縣鮑鳴鳳,各捐銀一千餘兩修築。

四十六年六月十八日潮溢,海鹽塘坍,經知府楊仁譽議詳該縣王泰曾、嘉善知縣程開源、秀水知縣安汛、桐鄉知縣李銓,共捐銀五千餘兩修築。以上伊《志》。是日夜潑損乍浦獨山石塘,署知縣嵩福詳明,捐廉興修,嗣因工段綿長,比照三十五年海鹽縣修塘成例,請遴委鄰縣協同監督,知府楊仁譽檄令嘉興知縣永慶、石門知縣邵孔詔監修完竣。平湖王《志》。

五十五年六月十五日風潮,塘裂,七月初六日大風潮繼之,海鹽塘坍,經知府劉嘉會議原石修理,該縣恒明、嘉興知縣李見心、秀水知縣戰效曾、桐鄉知縣黄成共捐銀五千餘兩修築。

五十六年六月三十日、七月二十四日風潮,塘損,知縣恒明及紳士共捐銀一千兩修築。

嘉慶元年八月初一日風潮大作,海鹽縣石塘坍損,經知府伊湯安議該縣任澤和、嘉興知縣李峯、秀水知縣鞏懿修,嘉善知縣萬相賓、石門知縣成履咸,共捐銀四千餘兩修築。

二年閏六月二十八日、七月初一、十八等日,風潮交作,石塘坍損,知府伊湯安議該縣任澤和捐銀三千餘兩,嘉興知縣司能任、秀水知縣何際昌、嘉善知縣萬相賓、石門知縣丁光劍、桐鄉知縣李廷輝各捐銀一千餘兩修築。

四年六月十七日、七月初二日風潮,海塘坍損,署知縣葉世華捐俸修築。以上伊《志》。

陳訏《海塘議》:竊以海寧、海鹽地俱瀕海,俱有海潮衝決之患。築堤捍海,利害相同。然海寧之與海鹽,潮有横衝直衝之異,沙有坍不坍之分,塘有塘脚受潮與塘身受潮之別,因而塘工之形勢各殊,砌法之詳略亦異。今先以海寧言之,寧邑當錢江之委,名爲海口,實係尾閭,潮勢橫來,不比海鹽直衝,止畏潮頭以及急水奔衝漱刷,俱在沙岸之下。又因離山頗遠,沙土性軟易潰,四五十里所漲之沙,兩三月間即可坍盡無餘,然潮來既在沙岸之下,雖沙岸奔潰甚易,若漸至潮平,水在沙岸之上勢緩力弱,塘身當之亦不甚難,故若塘脚虛鬆,即天塹之塘豈能安堵,若塘脚不鬆,則潮頭既過,長水漸平,即高與塘齊,亦可無慮,故海寧之塘重在塘脚以外,不在塘之本身。其法用木櫃數層,中貯碎石,束之以椿,使化小爲大,儼若巨石,其層累則自下而上,其排列則自近及遠,層層釘椿,以取其固;斜坦鱗叠,以取其深,務使潮頭急水之橫過衝刷者先有櫃石抵當,不及塘根。而水之漸滿漸緩者雖至塘身,若非大風駕浪異常衝激,塘可無恙。蓋沙趾當潮之來,而塘身當潮之平故也,海寧之塘所以百倍殺於海鹽之塘也。至於海鹽,則南有秦駐山,北有乍浦山,南北山趾角張,鹽邑以居中,東而正對大海,直受朝夕兩潮之衝,一浪衝來,一浪退吸,衝既莫禦,吸亦力猛,自潮起以至潮平,無時寧息。且又南北近山,沙土性硬,海鹽獨無坍沙,而潮之直來俱沙面之上,奔騰衝擊,維以塘之全身受之,勢可撼山,城又低於海塘,但決海塘盈尺,城市立可沈竈産蛙。況以全海洪流,若一旦潰堤,建瓴數郡必至淪胥及溺。故修築捍禦經歷,前賢講究,不遺餘力。明初猶倣王安石寧波陂陀塘法,水患稍減,然不能竟無衝決。嗣後創爲叠砌之法,數百年來始獲安堵。蓋潮水衝吸終日,洶湧異常,自非極大之石逐層壓制,使橫亘如山,不能與海相敵。古人於頂衝之塘着底叠砌,俱石之,直頭對海,用五縱五橫以漸而減,至收頂二十二層,止用一縱兩橫,長方如式,粂石均濟,鱗次層叠,形如品字,使屹然孤立之塘,力與全海風濤相敵,而又與水之無微不入者,使之曲折紆徐,則衝吸雖如拔山,而其力亦因紆曲少減。然使石之大小不一,或有頭尾不等零石襯墊,則空隙必寬,衝吸亦仍有力,一石動搖,粂石俱無牽制。故必取石之時先定麤坯欵式,不許裝載頭大尾小之石,徒費工本,及至匠工琢石又必須定長短方厚樣式,務使縱橫相合,面面相同。至於按式查驗,則不在既砌之後,而在未砌之先,平地擡驗,驗其四面兩頭合式,方準給照擡砌算工。蓋石大隄陡若已經擡砌,無從可驗,故必驗其合式方砌,其不合式者聽之。舊時沿海多有廢石,皆係驗不合式,聽之不用者,後來修塘混用,徒取一時完工,其實促之速圮。今果修法合式,則百千萬石併勢積力,屹若生成,不慮日久動搖,百世永賴矣。若論塘脚木椿,必去生土二尺,釘入丈餘,方可承載塘外木櫃,貯石排列數層以護椿木,皆有成法可考。其地如次衝與又次衝之塘,寧可減其叠石縱橫之數,不可異其四面兩頭合式之法,以致草率不堅。今舊塘石塊甚多,除完整可用外,竊恐碎砌歪斜,寧可聽爲別用,若暗砌塘腹,而塘外完石飾觀,必滋隱害,不能經久,是又在監督者之實心任事也。至於海塘之外相去十許丈,舊有排椿,名爲攔浪,今似不必,蓋潮力甚大,石塘尚恐難禦,何有木椿,況短則不及於浪,而長則力不能攔。竊意古人爲此或慮捕魚舟筏適遭大風拍塘,撞擊衝沈可虞,故植此椿便於維繫,後人訛爲攔浪。今捕魚者用竹筏各自置有繫椿,此項木植誠爲可省。若石縫或鉗鐵錠,或灌灰漿,古人雖用此法,果叠砌精堅,雖不用此似亦無損,抑更有請者。寧、鹽二邑俱有石塘捍海,而石塘之內俱有備水河一道相爲表裏,不宜湮廢。蓋恐塘雖堅固,大風當潮,前潮未退,後潮復來,潮挾風力,漫過塘面,海水性鹹,若使溢入腹內田畝,則鹹性深入污泥,非二三年雨水浸潤不能拔去鹹性,苗禾泡爛,勢必秋成難望。惟有貼塘之備水河,則即潮水浸過,可從此河容納,河水通流,不過數番雨後,鹹性盡減,故此備水河實與海塘相表裏。今在海鹽爲白洋河,在海寧爲六十里橫河,塘以捍潮之衝,而此備水河防潮之溢,均於水利有益,且亦海塘善後之策也。　　案:陳《議》載《海鹽續圖經》,頗有實際可見施行,故附錄以備采焉。

道光元年,巡撫帥承瀛委杭嘉湖道林則徐查勘上年坍卸石塘要工,朝字號六丈,垂字號十丈五尺,章字號三丈,愛字號七丈,共二十六丈五尺。巡撫司道、嘉興府知府、七邑知縣共捐廉銀一萬五千九百兩零,知縣汪仲洋承辦之塘,拆建堅固。奏准部覆,作爲成式。《塘工成案》載:每魚鱗塘一丈計二十層,拆底換椿,牽計添石五成,用長五尺、寬一尺六寸、厚一尺五寸、六面方平羊山條石八十三丈零,加用生鐵錠一百一十八個七分五釐,每個重六觔。新石縱砌,相併處以錠聯之。用熟鐵鋦一百十二個,每個重二觔,縱石與橫石相接處,以鋦鉤之。原工五縱五橫,自外口從底至頂,皆係一縱一橫,收裏鋪砌。外口所砌縱石每被潮浪掣出,今自底至頂,逐層均用錠鋦,使石聯爲一氣。椿木用徑五寸、長一丈二三尺至一丈九尺杉木三百二十根,釘雙皮馬牙椿八路,幾於無隙。至塘身砌築縱橫各石,其相接石縫處所按層內灌膠灰,拌用烏樟糯米汁。復因潮水澂激,時灰漿由條石相接隙縫處隨水流出,是以每條石縫用桐油石灰雜以苧蔴嵌擠,抅抿結實,椿木外護以巨石,斜砌坦水二層外,週遭雙排盪浪椿。其採運山陰羊山石,由該宕運至宜橋壩口,再由宜橋壩過海運至秦駐山北四爺廟地方,過塘由白洋河達於工次，海運船隻由撫飭司行南北各場派滷船均勻裝運。是役，知縣汪仲洋率委員署教諭褚運鯤、典史孫王潞、署鹽平汛、把總錢兆亨，朝夕在工，親督匠夫，即下一椿，安一石，亦不忽略。經始於道光元年十月，至二年五月工竣。　巡撫帥承瀛《碑記》：浙江之有海塘，所以爲民捍水患也。而海鹽石塘尤吳越七郡之保障，初建於唐時爲土塘，至明乃易以石，屢築屢圮，蓋潮汐盛長，逆流而入於江，其不盡者則激爲洄波，沿岸盪漱。而海鹽適當其衝，更有秦駐、白塔、乍浦諸山，南北夾峙，浸巨而勢偪，故其塘易潰。弘治時縣令王璽始砥方石，縱橫交錯爲之，下濶上縮，內平外陂，形勢隆固，風潮不能衝撼。後有築者皆師其法，長椿深入，巨石叠砌，綜計塘長四千六百餘丈。又築土塘以爲脣齒，其工乃堅且實焉。我朝以來屢有增卑培薄之舉，其經費始則動支庫藏，至乾隆三十年後，則歸於嘉興府屬之七縣捐資公修，嗣又令海鹽一縣獨任其事。於是多因循苟且，不能以時修築，即有修築，亦不如法，歲月既久，頹廢漸多。邑城距海半里許，每東北風作，怒濤泫泫，與一綫殘敝之堤塘相掔齧，城中屋瓦皆動，居人震恐，日夜不敢康息。今上御極之元年，余受命來撫是邦，既數月周視仁和、海寧境內東西兩塘鞏衛屹如，田廬安堵。而海鹽之塘與海寧相接，又當下游之衝，迺聽其間段蟄陷，廢而不修，緊誰之責歟！爰檄行杭嘉湖道林君則徐先往履勘，余復親至工所，察其形勢之衝要，有亟應拆建者九十九丈，因工長費鉅，不克同時並舉。又其所用石料長寬寸尺異於他工，一時亦難購辦。用林君議，分別最要、次要，以朝、垂、章、愛四字號石塘二十六丈五尺先行拆建，估需銀一萬五千餘兩，余與各司道暨嘉興府縣循舊章而捐修之，以海鹽令汪仲洋董其事。經始於道光元年十月，乘水落也。其餘七十二丈五尺，分爲四年次第興辦，而捐貲一事不足以計持久，因請於朝，援東西兩塘歲修之例，撥帑金一十萬兩，發商行息，以歲得子金充每年修理塘工之用。二年夏，經戶部覆議，得旨允行，適所修二十六丈五尺之工告竣。汪令來請余文記其事。夫海鹽石塘四千餘丈，今所捐修者二十餘丈耳，固守土者分內事也，何足記？然是塘也，沈浸於狂潮之中三百有餘年，木朽石泐，日甚月異，雖目前所急者不過百丈，而後日修補之工正層見而叠出也。前給事張維赤之言曰：逐年修理則易爲力，俟其大壞而後修，則民受其害而爲費滋大。兹荷聖天子軫念民生，俯准所請，得有歲修之貲，數十年後險工備舉，全塘晏然，吳越七郡之民慶奠又而樂康居，永永無極，則此時所修二十餘丈之工，其嚆矢也，其成櫜也，不可以不記。余念夫爲民興利除害，非成功之難，得人而任之難也；非任人之難，實心而效之難也。汪令之董是役，能與二三僚屬雨雪不避，晝夜弗輟。其用材也，順土之性；其程工也，爭潮之時。既築石渾以護其根，復用鐵鍋以鉗其面，半載而藏事，視舊塘又加固焉，可謂實心而致效矣。後此歲有是舉，汪令當益加奮厲，有初克終，因附書其勘，即以爲汪令勗，竝冀後汪令來者知思所以繼美云爾。　汪仲洋《塘工落成紀事詩》："我無迴瀾手，掇取補天石。危塘捍大海，何由弭其隙。昨夏捧檄來，記作開山客。一葉入太湖，風濤蹈叵測。諸峯七十二，愚公移不得。迴渡羅刹江，羊山望崩崿。父老認使君，許鑿一萬尺。源源隔海運，助我要工亟。要工廠有要，觀察預籌畫。兩度覽形勢，緩急辦衝僻。夫工及料物，成算備稽核。上以獻贊議，下以馳飛檄。羣言黃僉事，後身續前績。指授各了了，循陔忽辭職。公去吾何賴，遵守備警惕。有請恒見許，知遇撫軍特。但飭工堅築，毋虞經費劇。規方而砥平，層層要如式。砌塘良艱苦，拆塘更險仄。潮來恒滿塘，潮退不露磧。惟當兩大汛，塘腳暫時覿。搶險簽椿木，木長持太迫。潮水日日來，但恃土塘隔。脫有颶風作，豈止一郡厄。惴惴堤海心，似有至誠格。簽椿及砌石，風常與潮逆。石料雖平正，石縫苦搜剔。潮水一綫人，激蕩厥有力。久則拔石出，金堤遂坍裂。沈思賴椽吏，彌縫妙無迹。石罅雖彌縫，石勢虞蕩析。鐵鍋鉤其橫，鐵錠聯其直。融結成一氣，屹立竪堅壁。餘石不適用，棄之殊可惜。砌作坦水壩，塘根不受擊。壩外盪浪椿，奮銳先挫敵。土塘實後勁，培築去瓦礫。孟冬徂仲夏，甫得竣斯役。工築雖不多，要隘已持搤。願如秦駐山，與海無終極。"　仲洋由大挑補官海鹽。丁丑遇挑之前，一夕夢人授水圖一幅，若有工築狀，及督辦塘工，與夢中之境相合。仲洋有《憶夢長句》三十韻，林則徐《贈仲洋》詩有"偉哉君姓名，喻水見意指。成功在瀛壖，豫識神福爾"之句，同時賦詩者百餘人，有《海壖倡和集》。

二年，巡撫帥承瀛奏准藩庫新工經費原備范公塘接建石塘項下借支銀十萬兩，發鹽商生息，歲得息銀一萬二千兩，作爲歲修經費。是年七月十二、十三日風潮，塘圮，復奏准先行借支藩運二庫銀兩修築黎字號石塘二十丈，首字號石塘十七丈，用銀二萬八千二百兩有奇。知縣汪仲洋承辦。《塘工成案》載塘身十八層，每層高一尺五寸，共高二丈七尺，面寬九尺五寸，底寬二丈九尺九寸。道光二年九月興工，三年六月告竣，悉依成式，一律穩固。

三年四月二十八日至五月初一日，風潮大作，潑損石塘二百五十餘丈。巡撫帥承瀛奏准借支藩庫新工銀兩擇要修建伏字號石塘十六丈,周字號石塘五丈,用銀一萬六千餘兩。並理砌賓、白、草、木、賴、大、可七號石塘二十四丈八尺,用銀九百餘兩。又理砌生、麗、水等號石塘二十四丈,用銀三百餘兩,知縣汪仲洋承辦。道光三年八月開工,四年六月告竣。

十七年,巡撫烏爾恭額奏準借支藩庫新工經費二萬兩,發鹽商生息,作平湖石土塘歲修之用。是年修築盈、宿號石塘十一丈,用銀一千六百兩零,平湖知縣朱煌承辦。查原案載該處地勢甚低,原砌十七層尚屬不足,應一律建為十八層,所用新石厚一尺、寬二尺二寸、長六尺為度。

咸豐五年,邑人以三潤寨一帶石塘久圮,潮汐直逼內土塘幾潰,給事中朱昌頤勸捐,修築就內土塘上幫築石塘八十三丈,並築隨塘坦水。

同治三年,署乍防同知范義馭詳準修築巨、闕二號石塘三丈五尺,並西門外土塘三十四丈八尺。

五年,平湖知縣郭恩觀詳準,修築歲字號坍卸石塘十丈。

十二年,巡撫楊昌濬勘明勅海廟南北要工,位、民、商、坐、朝、伏等號魚鱗石塘二十九丈,遐、邇、壹、體等號大石塘四十七丈,奏撥塘工經費銀五萬四千五百餘兩,委候補知府蕭書等修築。巡撫楊昌濬疏略:勘得該處舊建五縱五橫魚鱗大石塘內,有位字號西一丈,民字號中三丈,商字號中五丈五尺,坐字號東二丈、西十一丈五尺,朝字號東二丈,伏字號西四丈,均已坍卸至底,又逼近南城之落水寨地方,緊接鱗塘之尾,為大石塘之首。內遐字號西八丈,邇字號西十八丈五尺,壹字號東四丈、中西七丈,體字號中九丈五尺,亦均坍卸至底,兩工均恃內護一線土塘,前臨大海,後靠白洋河,實係情形險要,必不可緩之工,亟應一律拆底建修。查得該處各號石塘各因地勢層數不一,從前原用粗石安砌,道光初年,該前縣汪仲洋承修垂、章等號,各工始於出海縱石,鑿鑿合縫,嵌廂錠鋦,外口抿以油灰,內裏縱橫條石灌用灰漿,至今稱為完固。此次拆修之高低層數,循舊安砌,其做法應照道光年間垂、章等號成式辦理,統共估需工料銀五萬四千五百餘兩,動用塘工經費,並委候補知府蕭書會同嘉興府知府許瑤光趕緊興工。至前項石塘本有塘外雙坦,今亦坍沒無存,以及塘後附土等項,并此外未辦石土各工,擬請隨時察看情形,次第籌辦。再該塘工有朝、商、發、瑞四號及體字號魚鱗大石等工,共計工長十七丈,面石潑損,並請於前工內勻撥工料辦理,不另開銷,以節經費。　案:是役於同治十二年九月開工,十三年十二月工竣。

光緒二年,巡撫楊昌濬奏準修建魚鱗石塘裳字號三丈一尺,推字號十一丈,位字號五丈五尺,讓字號五丈,國字號十三丈四尺,民字號十丈,瑞字號八丈五尺,坐字號五丈五尺,拱字號六丈,平字號二丈五尺,戎字號二丈五尺,羌字號東四丈。又拆修大石塘羌字號西四丈,遐字號二丈,隨案理砌周、平、壹、體四號石塘十五丈,撥塘工經費銀五萬七千四百餘兩。並建復前、今兩次護塘雙坦一百五十九丈,撥銀七千四百餘兩,委候補知府陳璃等修築。

光緒三年,巡撫楊昌濬奏明拆修戎字號中西魚鱗大石塘四丈五尺,商字號東二丈,周字號西三丈,平字號西一丈,堂字號中大石塘一丈五尺,體字號東二丈,重建露字等號斗砌中條石塘一百九十五丈八尺,拆修水字等號中條石塘四十六丈,修建戎、雨等號護塘坦水石,工、生字等號土塘附土等工。又隨案理砌發字號魚鱗石塘三丈五尺,雨、露、出、岡中條石塘十九丈一尺,共撥塘工經費銀五萬一千四百餘兩,委候補知府陳璃等修築。

嘉興府志卷三十一

武備海防、歷代兵事附

嘉興在古爲吳越交戰區,在今爲杭州省會之門户,外控海洋,内錯湖泖。西漢已有樓船之制,至明都金陵,沿海設防,因城澉、乍,嘉靖備倭,築臺置堡。國朝經制之外,駐滿營,設水師,夷燬之後,重有增損,蓋始終以海防爲急務也。兵無定制,而備不可忘。志《武備》。

漢

高祖制材官於郡國。武帝平百粵,内增七校,外有樓船,皆歲時講肄,修武備。《漢書·刑法志》。海鹽於漢屬會稽郡,有樓船守尉、都試令、丞、尉,亦各統其縣,以時肄習,後陽嘉中,又詔緣海益屯兵,備盜賊,海上之有戍,自漢始也。《海鹽圖經》。

唐

開元五年,刺史張廷珪奏置海鹽縣澉浦鎮。天寶十載,太守趙居貞奏置海鹽縣寧海鎮。《吳郡志》。 《海鹽圖經》:唐制上鎮防兵五百,中下遞減,各設將副一人。

宋

開禧元年,置澉浦水軍。《宋史·寧宗紀》。澉浦水軍分戍白塔潭,乍浦亦置水軍,皆設統制領之。《澉水志》。

元

元設嘉興路總管軍上萬户府,建兩翼,千百户鎮撫官。又置兵馬司治城内兼巡徼之事。舊《浙江通志》。

明

正軍有二,曰嘉興守禦千户所,曰海寧衛嘉興所。設於郡城内,隸蘇州衛,正千户四員,副千户一員,所鎮撫一員,百户一員,每百户所總旗二名,小旗十名,軍人一百名,通共旗軍一千一百二十名。海寧衛設於海鹽,隸浙江都指揮使司,統左右中前後五千户,所遙統澉浦、乍浦二千户,以海鹽爲防海要地故也。正統間設把總一員,以統衛所,衛曰備倭。嘉靖三十六年又加欽依，以都指揮體統行事。

宣德初設八巡檢司，每司官一員，在秀水曰王江涇、杉青閘，在崇德曰皂林，在嘉善曰魏塘，以內地各弓兵三十名，在海鹽曰海口鎮、曰澉浦，在平湖曰白沙灣、曰乍浦，以沿海各弓兵七十名。

正德六年，江西寇作，奉詔僉練民壯守禦，每縣千餘人。十三年，減爲六百餘人。十六年定爲每里一人，嘉興縣三百一十六名，秀水縣二百三十五名，嘉善縣三百名，海鹽縣一百六十一名，平湖縣一百六十名，崇德縣三百二十名，桐鄉縣二百七十名，隨正軍操演，保障城邑。

嘉靖中，倭寇猝發，設參將一員，駐劄乍浦，兵備一員，駐劄郡城，召募土著民兵五千名，分列水陸五營巡警，以舊演武場地隘，不便操練，改建城北郊外百步橋南，廣袤三倍於昔。又謂禦賊於城下，莫若遏之於遠郊，俟其登陸而格鬭，莫若拒之於水次，復築秦臺於石塘灣，魏、漢二臺於會龍橋左右，唐、晉、宋三臺於百步橋，仍於嘉、秀二縣每里僉取鄉兵一名，共五百八十一名撥守六臺。海、石城外亦各置敵臺二座，俱據險扼要。至隆慶元年，地方寧謐，欽依裁革，軍務事宜俱分巡僉事兼理，仍駐郡城。三年，因錢糧匱乏，革民兵三營，在於海寧衛并澉、乍七所軍兵挑選足數，左營防守海鹽，右營防守澉浦，前營防守乍浦，後營防守嘉興。遇汛月協守海濱，汛畢退守嘉興。各總以海寧衛指揮統領，哨官以各所百戶統領，哨軍工食於軍儲倉，本所按月關支。

水兵之制，洪武中六縣無設，惟海鹽備倭置船，瞭望巡守。永樂七年，立水寨於沈家門，盡攝軍船赴之，倭寇縱掠以遠，不及救援，浙江布政周幹以聞，請復洪武故事，從之。正統十四年，革出海五百料金字號戰船七十二隻，改立寨堡，千戶所設備倭船十隻，每一百戶船一隻，每一衛五所，共船五十隻，每船旗軍一百名，春夏出哨，秋冬回守，月支行糧四斗。嘉靖中裁減，末年倭入，無船爲禦，募蒼山、福清等船哨守。三十六年，設海鹽、澉、乍三關水寨，兵船七十八隻，立把總三員，哨官十員，正副捕舵、繚梉、梢手、散兵共二千餘名，工食在於各縣田地山蕩起科，解府發縣分給。隆慶三年，裁海、澉二關，留乍浦一關，兵船五十餘隻，各兵餉隸平湖縣散給，郡城五營民兵守臺，鄉兵以漸裁革，止存召募兵三營抽選。海寧衛所軍兵二營，每營設隊什長，俱屬兵備及參將統調。內：中營官兵專守府城，春汛調發防海。後復議兵巡道標下額設中軍督陣把總官一員，領健步二十名，吹鼓手二十名。隆慶六年，內河鹽賊竊發，又議造叭喇唬船一十四隻，共募捕兵二百二十四名，巡緝裏河鹽盜。以上劉《志》。

洪武三年，李文忠奏置浙江七衛，一曰海寧衛。《續文獻通考》。　《浙江通志》：沿海特設海寧衛，領乍浦、澉浦二所，隸海寧備倭把總統轄。洪武十七年，建在海鹽縣治西，去海半里，乃嘉、湖二郡之屏蔽，南澉北乍各相去四十里。指揮以下等官六十員，旗軍一千四十九名，轄寨二，曰北鋪，曰藍田；藍田浦在海鹽縣南三里。臺六，曰南臺去衛六里，曰麥莊涇，曰朱公亭，曰北臺，曰九里亭，曰三間亭；烽堠一，曰藍田；巡檢司一，曰海口鎮，巡司弓兵七十名。《浙江通志》。　原注在海鹽縣東北一十八里，唐時於縣東一里置寧海鎮，元置海沙巡司，明初因之，在縣東門外。洪武十九年徙此地，名沙腰村。　《海鹽縣圖經》：衛置指揮使一人，同知二人，僉事四人，鎮撫二人，左右中前後所各正千戶一人，副千戶一人，鎮撫一人，管軍百戶二十人，又轄總旗二人，小旗十人，軍百人，衛隸浙江都指揮使司，以內隸於左軍都督府，凡官一百二十七人，旗軍一萬三百二人。

海寧衛屯所九處，以八百戶零一小旗領之，共官九員，旗軍九百六名。派種到海鹽縣三等都田地一百七頃二十五畝五分，歲收子粒不等。澉浦屯所一處，在城外西北五里，係十二等都，以一百戶領之，計旗軍一百一十二名。派種到海鹽縣田地一十三頃二十六畝，歲收子粒不等。乍浦屯所二處，並在城北一十六里，今係平湖縣齊景鄉二十二都，以二百户領之，計旗軍二百二十四名。派種到本縣田地二十六頃五十二畝，歲收子粒不等。嘉興所屯所一十處。劉《志》案：嘉興縣長水鄉二十一都田一十頃八十八畝，百户康泰管領屯軍八十名；白苧一十五都田一十一頃六畝，百户羅雄管領屯軍九十名；長水鄉二十一都田一十一頃八畝，百户曾貴管領屯軍九十名；秀水縣零宿鄉二十三都田一十頃八十六畝，百户王暹管領屯軍九十名；復禮二十九都田一十一頃六畝，百户鄧春管領屯軍九十名；象賢鄉二十二都田一十一頃一十畝，百户鄧禮管領屯軍九十名；復禮鄉二十九都田一十一頃八畝，百户劉顯管領屯軍九十名；嘉善縣遷善鄉三十四都田一十一頃，百户高安管領屯軍九十名；遷善鄉三十四都田一十一頃，百户范信管領屯軍九十名；麟瑞鄉三十五都田一頃九十三畝，百户劉保管領屯軍九十名。

海寧衛烽堠六。曰麥莊涇，曰中寨，曰九里亭，曰教場，曰夾塘，曰藍塘。山寨一十三。曰東轉塘，曰朱公亭，曰第二寨，曰頭寨，曰南寨，曰北寨，曰三閒寨，曰閘口，曰龍王塘，曰落塘大寨，曰南小寨，曰藍田大寨，曰藍田小寨。瞭望臺二：曰南臺，曰北臺。澉浦烽堠五：曰秦駐山，曰青山，曰牆山，曰西山，曰廟山。寨一十四：曰南石山，曰秦駐山，曰東鹽圃，曰西鹽圃，曰青山，曰牆山，曰鹽場東中，曰牆山平洋，曰牆山東嘴，曰牆山西嘴，曰南門水閘，曰混水閘，曰葫蘆灣，曰南湖塘。乍浦烽堠三：曰觀山，曰陳山，曰高公山。寨一十三：曰東山嘴，曰高家灣，曰西海口，曰聖妃宮，曰東山，曰金家灣，曰蒲山大寨，曰蒲山外寨，曰蒲山西寨，曰鹽山，曰獨樹東寨，曰獨樹西寨，曰周涇。劉《志》。

乍浦鎮在平湖縣東南三十里，舊在縣西南二十七里，吳越設鎮過使，南宋置水軍，設統制領之。元置市舶司。明洪武十四年，自故邑城徙巡司於此，改乍浦所。十九年，移於東南，改建千户。二十六年，增置水寨，爲海道三關之一。隆慶三年，革海口、澉浦二關，止留乍浦一關，轄白塔港西、海口、許山、羊山四哨。《大清一統志》。本所千户等官二十四員，旗軍八百六十名，轄寨七：曰獨樹林，曰梁莊大寨，曰梁莊舊寨，曰長沙灣，曰蒲山外寨，蒲山在平湖縣東南三十里濱海。曰金家灣，曰唐家灣。臺七：曰獨樹林，曰益山，曰西山嘴，曰蒲西山，曰聖妃宮，曰惹山，惹山即雅山，平湖縣東南十七里。曰東山嘴。烽堠三：曰陳山平湖縣東三十里，曰高公山，在陳山南一里，曰觀山。平湖縣東南二十八里。巡檢司二：曰乍浦巡司，弓兵七十名，在平湖縣東南三十六里。曰白沙灣巡司，弓兵七十名。《浙江通志》。

澉浦鎮在海鹽縣東南一十八里，宋置鎮，在縣南三十六里，明初置巡司，後改建澉浦守禦千户。《大清一統志》。本所千户等官二十二員，旗軍五百二十名，轄寨四：曰西山嘴，曰南海口，在海鹽縣南，離海半里，與東海口俱爲衝要。曰混水閒，曰葫蘆灣。葫蘆山浸海中。臺一：曰東園。烽堠五：曰青山，在澉浦鎮東三里。曰西山，曰秦駐，曰牆山，長嗇山在鎮東三里，橫截海濤，若堵牆然。曰廟山。鎮北三里。巡檢司一：曰澉浦巡司，弓兵七十名。《浙江通志》。　原注在海鹽縣東南十八里秦駐山北，初在澉鎮，洪武中徙此。《海鹽圖經》：澉浦守禦千户所在澉浦鎮，縣德政鄉之海岸，正千户一人，副二人，鎮撫一人，管軍百户二十人，又轄旗軍如衛制。

嘉靖三十六年，設海鹽、澉浦、乍浦三關，水寨兵船七十八隻，立把總三員，哨官十員，正副捕舵、繚椗、梢手、散夫共二千餘名，船有福、蒼、小哨、叭喇烏、八槳等項名色，福船捕兵五十名，蒼船捕兵三十名，小哨捕兵二十名，叭喇烏、八槳船捕兵各一十名，在乍浦者船泊西海口，在海鹽者泊白塔港，在澉浦者泊黃道廟，遇汛月，輪番出哨羊、許山等處，浙東兵船會哨，如遇有警，合綜截殺汛軍，各守本關。海鹽仇《志》。

海寧把總統水兵三枝，駐劄海寧衛，隸分守枕嘉湖參將。　羊山游哨本總督同總哨官一員，部領大小戰船二十隻，兵四百一十四名，汛期泊南羊山聖姑礁，東哨至徐公、上下川、馬蹟等洋,馬蹟、徐公、上川、下川四山並在羊山東。與定海總兵官會哨;南至大羊山、沙塘蟹、衢山、鼠狼湖等洋,與定海總北哨官兵會哨;西哨至灘滸,與游哨官兵會哨;北哨至小羊山、大小七山、蘇州洋、茅草洋,與吳淞官兵會哨。　許山哨總哨官一員,部領大小戰船二十隻,兵三百七十五名,汛期泊許山,東哨至大小七山、蘇州、茅草等洋,大七山、小七山並在羊山東北。與直隸官兵會哨;南哨至大羊山、沙塘蟹、東嶽嘴,與定海總北左哨官兵會哨;西哨至北漁山,與臨觀總後哨官兵會哨;北哨至白塔港,白塔港在海鹽縣東南二十里,海中有港,通黃浦,名曰白塔潭,海舟多泊焉。與本關官兵會哨。乍浦守關總哨官一員,部領大小戰船一十八隻,兵四百八十八名,泊守乍浦西海口外,東哨至金山,西哨至海鹽、澉浦、海寧等處海洋。《浙江通志》。

　　杭嘉湖參將,嘉靖三十八年增設,統陸兵四總,前營、後營、左營、右營。水兵一枝,游哨。駐劄海鹽縣,海寧一總屬其調度。　前營名色把總一員,部領哨官四員,兵四百三十七名,屯劄乍浦所,城汛期劄守乍浦梁莊,東哨至大營盤地方,與南直隸金山參將標兵會哨;西哨至乍浦牛橋地方,與後營官兵會哨。　後營官兵同前營。屯劄海鹽,汛期劄守乍浦海口,東哨至牛橋地方,與前營官兵會哨;西哨至海鹽白馬廟地方,在海鹽縣北一十八里沙腰村。與左營官兵會哨。　左營官兵同前營,屯劄海鹽縣,城汛期劄守東門一帶,東哨至白馬廟地方,與後營官兵會哨;西哨至秦駐山地方,與右營官兵會哨。　右營官兵同前營。屯劄澉浦所,城汛期劄守南海口,東哨至秦駐山地方,與左營官兵會哨;西哨至海寧黃灣,與海寧所官兵會哨。　游哨中軍名色把總一員,部領大小戰船一十九隻,兵二百五十九名,汛期隨參將駐白塔山海港,巡哨灘滸、羊山等洋,策應督察各游哨兵船。《浙江通志》。海鹽陸兵五營,分為左、右、中、前、後五。　左守海鹽,前守澉浦,中、後守乍浦,每營把總一員,隊長一十五名,什長四十五名,正兵四百五十名,火兵四十五名,雜流五十五名。柳《志》。　明王樵《橋李記》:浙江久不設巡撫,自有倭寇始復設,而溫、台、寧、紹、杭、嘉邊海之郡各設兵備,杭嘉湖兵備駐橋李,參將駐海鹽,備倭把總駐乍浦。至汛期把總出哨羊山海洋,則兵備、參將並駐乍浦。陸兵一營兵備,標下中軍官領之,水兵船百五十艘,分為三枝,各設水兵把總一員統之。一泊澉浦黃道廟,謂之上關;一泊海鹽白塔港,謂之中關;一泊乍浦西海口,謂之下關。大小汛期輪撥兵船遠出羊山、許山,與浙東臨定、直隸吳淞兵船會哨。澉浦在海鹽之西,宋元時通番舶之處,城周九里有餘,軍民雜居,不及三之一,人少不足以實城。春汛時巡撫發標兵一枝以協守,且備東西應援。秦駐山距澉浦、海鹽各十八里,與浙東臨觀相對,白塔山、大步山左右環拱,蟹內宛轉可避風濤。海鹽居中,兩浦為左右翼,乃橋李之屏蔽也。自倭亂平,三關改為四哨,白塔港為一哨,兵船九艘,哨官一人領之。乍浦為一哨,兵船八艘,參將中軍把總領之;許山為第二層門戶,立為一哨,用蒼船二艘,沙船、小哨船、叭喇唬船共十六艘,水兵把總一員領之;以羊山為第一層門戶,立為一哨,用船如許山之數,以備倭把總親督領之。欲錢唐無虞,當守附海之三關,欲三關有備,先防大海之羊、許,但羊山去許山一潮,許山去乍浦一潮,緩急難相應援,且蒼船二艘,兵夫僅六十二人,沙船四艘,兵夫僅百人,小哨等船兵夫共百九十人,以孤寡守此,恐瞭望不及,備禦不敷,倘海賊有不由羊山徑入內洋者,則首尾不相顧矣。隆慶元年,有胡參將者汛夜巡城,忽見外洋大船無數,此時守羊、許者固未知也。倭船入寇必至下八山分綜,若東北風猛,則向馬蹟西南行,過韭山以犯閩廣;若東南風猛,則向殿前羊山,過淡水門以犯蘇松;若正東風猛,則向大衢西行,過烏沙門以犯浙江。而羊山正浙直交界之處,兩處兵船會哨於此,倭奴因糧於我,每人止帶淡水數勺,乾糧數升,若絕其汲道,堅壁清野,無所掠,其計自窮矣。海東之國日本為大五畿七道,固彼侈言,然漢、史已云百餘國矣,豈古分而後併歟? 然雖聞有王,亦不能統一,其衆貢者,其名市者,其實寇則無常視吾有間無間耳,亦多吾人誘之,無接濟不來也。嘉興水兵叭喇唬船一十四艘,民壯兵二百餘名,於嘉興裹河巡緝鹽盜,汛期調發西海口白塔港,以備遏擊之用,汛畢掣回,仍舊巡緝鹽盜。杭、嘉、湖三郡河港四通,鹽盜不時出沒,前船徒有巡緝之名,多分散各處虛應故事,一遇賊勢重大,便稱衆寡難敵,予則不許分散,督令各綜各與信地某日起,某日止,兵分一正一奇出哨,還日面詢有無盜賊,曾否擒獲,皆不能隱,自此屢有擒獲,乃知盜賊是惟不緝,緝則無日不有,緝惟不嚴,嚴則何盜不靖。間閭被劫,止因保伍不嚴,保伍若嚴,盜無著蹟之處。彼欲劫一家,謀非一旦,探聽蹟踏,潛伏脫退,皆有處所,此有可入,故彼能來,既不能察之於先,及盜已入門,而四鄰不知,知亦不救,使盜得以肆劫而去,進退無虞。若使一家有事,比家皆聲鑼,眾巷皆應之,比門壯丁執械而俟,盜敢近乎?予在檇李申嚴此令,境內頗靖,沿海衛所專爲備倭,例不運糧,自指揮莊端謀領杭州衛運船四十八艘,彼時猶承平無事。嘉靖三十二年,倭船四十二艘突犯海鹽龍王塘,攻城幾破,巡撫乃查復舊制。至隆慶二年,腹裏湖州所復撥與本衛一十二艘,近日指揮姚磐以爲言,巡按蕭公一時未察,未及正也。各處水陸要害之處設敵臺所費不貲,誠以事關防守,而事寧之後上下全不經心,多就廢壞,予嘗理會及之,尋以遷官不及竟也。　　以上伊《志》。

國朝駐防兵制

乍浦滿洲營　順治十七年,千戶所廢,仍設巡司及守備。雍正六年,移杭州,滿洲副都統一員駐劄乍浦,領左右兩營,設協領五員,內滿洲四員,蒙古一員。佐領一十一員,內滿洲八員,蒙古三員。防禦八員,內滿洲六員,蒙古二員。驍騎校一十六員,內滿洲十二員,蒙古四員。理事同知一員,筆帖式二員,甲兵一千六百名。杭州將軍鄂彌達、浙江總督李衛等會題:杭州滿營內派出官兵移駐爲左營八旗,江寧滿營內派出官兵移駐爲右營八旗,左右兩營經制兵丁額數共一千六百名爲十六旗,每旗原額領催六名,甲兵九十四名,領催共九十六名,甲兵共一千五百零四名。八旗旗色係鑲黃、正黃、正白、正紅、鑲白、鑲紅、正藍、鑲藍,左右兩營同共爲十六旗,旗左營鑲黃、鑲白、正藍三旗爲左翼,正黃、鑲紅、鑲藍三旗爲右翼;右營正白、鑲白、正藍三旗爲左翼,正黃、正紅、鑲藍三旗爲右翼;左營正白、正紅,右營鑲黃、鑲紅四旗爲蒙古翼,每翼協領一員,五翼共五員,每旗佐領一員,十六旗共十六員,內五翼協領各兼一缺,佐領正缺十一員,每二旗防禦一員,共八員,每旗驍騎校一員,共十六員,官共四十員。　　又將軍鄂彌達等題:浙省沿海之地,惟嘉興府屬平湖縣之乍浦地方係江、浙接壤,東與江南松江之提臣海道遙遠南隔,寧波提臣海道四百餘里,此地間於二處之中,與省城海口之鼈子門甚近。臣等相度地勢情形,雖內港不甚寬廣,然此地實爲江、浙兩省海道咽喉,通達外洋諸國最關緊要,且離杭州止二百八十餘里,水陸俱通,往來甚便,省城駐防滿兵聲勢聯絡,首尾照應,該處駐劄滿洲水師官兵實有裨益。至乍浦城周圍九里三分,距平湖縣僅三十里,城垣新經修理堅固,城內有民間菜園稻地可買,甚是寬濶,且尚有零碎官基,堪以湊建衙署營房,民情無不樂從。查康熙五十八年駐杭滿洲蒙古兵內奉調往雲南進藏時,杭州添補滿洲蒙古兵一千名,曾準部咨,遇有事故缺出,汰除不補等因在案。今尚存未汰兵四百八十名,將滿洲蒙古八旗另戶通數兵丁內挑選少年精壯者四百八十名,再將滿洲蒙古八旗另戶壯丁內少年精壯者挑選三百二十名,合爲八百名之數,俟乍浦地方營房建造完竣之日,先令帶領前往學習水師之事。水師營額兵內事故缺出,若無隨帶子弟頂補,將杭州閒散壯丁挑選少年精壯者頂補,杭州額兵事故缺出,即將杭州壯丁選補。如杭州、乍浦兩處兵內或有老病退甲,伊等父子願就養膳,俱聽就養。其新設立水師營應添設官員兵丁,或於江南調撥來浙之處,臣等管見杭州已派兵八百名作爲一營,抑或京城、江南調撥八百名來浙,共一千六百名,分爲兩營,演習時一營存城看守,一營帶領演,輪流習學,始能熟練。至奉諭旨設立二千名,其所少四百名之數,臣等查得乍浦綠旗水師兵五百名,係雍正二年於請更閩浙等事案內部議特行添設,自乍浦、海口以及大小羊山令其永遠巡防,該管海汛與提標右營分界,直至江南洋面,在營兵丁各有哨巡海洋、把守汛地墩臺城寨之責,難以移動。其浙省沿海水師各營兵丁每年配船出海者,水性船務自必諳練,若全於一處抽調,恐誤彼此洋汛巡防,請於各營內按兵數多寡均勻派定,挑選四百名改爲新設滿洲水師營之捕盜、頭舵、繚手、阿版、舢版、椗手、水手等項之用,共合二千名之數。其各營兵額仍令募充補足,於沿海巡防仍可無誤。此外如有尚不敷用者,暫着地方官另行雇募,照例給與工食,俟滿洲水師熟練之後,將雇募之捕盜等仍行發回,以節錢糧。其乍浦水師營弁遇非哨巡在洋之時,即可令其幫同旗員教習滿洲水務,庶省隔汛另調之煩。其杭州選撥水師共八百名,共議編爲八個佐領。內滿洲每旗七十五名,共六百名,編爲六個佐領,設協領二員,即著仍兼管佐領,只須添設佐領四員,防禦三員,驍騎校六員,每佐領下小撥什庫六名。蒙古每旗二十五名,共二百名,編爲兩個佐領,添蒙古佐領二員,防禦一員,驍騎校二員,每佐領下小撥什庫六名。或京城或江南挑撥官員兵丁亦照依杭州先行派定之數,其官員俸餉米石并撥什庫錢糧俱照天津水師營之例支給,每兵每月給錢糧一兩五錢,米三倉斗,官兵俸餉米石即於嘉興府屬之解司錢糧米石內就近撥解,乍浦城按月支給。至於官兵房屋,應照天津水師官兵之例,給副都統房二十間,協領房一十五間，佐領房一十二間，防禦房八間，驍騎校房六間，筆帖式房三間，兵丁房兩間。所有水師營船隻照天津水師兵配駕之例，大號趕繒船每船應用捕盜一名，舵工二名，繚手一名，椗手二名，阿版二名，舢版二名，水手二十名；小號趕繒船每船應用捕盜一名，舵工二名，繚手一名，椗手二名，阿版二名，舢版二名，水手一十二名。查天津水師營大號趕繒船每隻堪容八十餘人，小號趕繒船堪容五十餘人，每船需大礮五位，小礮酌量備用。海內水勢深淺、風勢大小不一，若兼造大小二號趕繒船隻，不拘風之大小，水之深淺俱可撐駕，共需用大號趕繒船十隻，小號趕繒船十隻，每船應隨帶小舢版一隻，以足二千名兵丁之用。再查乍浦洋面附近江南之處多係沙塗，更與別處洋面不同，若盡用趕繒，則駕駛不甚便利，應於大小趕繒船數內各減去一隻，改造南繒船四雙，則洋面可以適用，其船隻及船上所需桅木、舵架、櫓木、棕椗、繩繚索等項係屬緊要，應行地方官務須悉心料理堅固，其官兵應用器械仿照天津設立，俱為鳥鎗，水師巡防出哨火箭、籐牌、挑刀等項船上所用旗纛及演習所用藥彈，俱照海洋趕繒船內配用數目，照例交地方官製造發給。伏乞皇上勅部議覆施行。奉旨：依議。官馬一百三十五匹，甲兵馬三百匹，給營房三千二百間，堆子房一十六所。杭州兵駐左營，江寧兵駐右營，教習舵水綠旗兵四百名。內定海鎮抽兵一百五十四名，黃巖鎮抽兵六十六名，溫州鎮抽兵五十名，瑞安營抽兵二十八名，鎮海營抽兵四十二名，乍浦營抽兵六十名，撥歸滿營教習。營房四百間，置戰船二十二雙，分編寧謐字號。內大趕繒船九隻，小趕繒船九隻，南繒船四隻，分配大礮一百一十位，於西山嘴海洋操演，平時收泊海口間。水陸門設堆子房，六所佐領等派兵值宿掌管鑰，兼轄西山嘴礮臺，而兩汛會哨皆不與。八年，立演武場於東門內。十一年，添設弓匠十六名，箭匠十六名，鐵匠十六名。杭州將軍阿里袞、乍浦副都統傅森會同奏準，每旗添設弓匠一名，鐵匠二名，共四十八名，嗣於雍正十二年八月奉準兵部行令三十二名鐵匠，內將十六名改為箭匠，每旗弓鐵箭匠各一名，共四十八名。乾隆十五年，乍浦副都統額爾登題裁南繒船四雙。二十年，裁甲兵馬二百五十匹。二十五年，又裁大趕繒船四隻，小趕繒船四隻，其綠旗教習四百名。雍正九年，添設外委千總一員，外委把總二員，歸參將管轄。乾隆十一年，巡撫常安題準酌留二百名，其餘俟有缺出，即將滿洲餘丁挑補，部議止留六十名。十二年，將軍薩爾岱以不敷戰船之用，題留一百一十五名。十五年，副都統額爾登又題留二名。《浙江通志》。參《乍浦志》。三十六年，準部咨水手四百名，裁汰一百五十名，額留捕盜、正副舵工、繚椗、斗手二百五十名。平湖張《志》三十四年，八旗兵丁內裁兵一百名內裁領催八名，將名糧給膳本營孤寡，名為養育兵。平湖王《志》。　乍浦副都統舒景阿條奏八旗兵丁一千六百名，內酌配八旗籠統共裁甲一百名，遇有事故缺出陸續沙汰，將所裁一百名之甲合五十名之缺數作為一百名養育兵，給與孤寡無依靠之幼丁以資養贍等因，自文到起至乾隆三十五年八月，陸續共沙汰甲兵一百名，內裁領催六名，改補養育兵一百名。滿洲餘丁頂補綠旗共九十六名。三十五年，滿洲所頂補九十六名之水手兵內酌留五十名，其餘四十六名俱著裁汰。四十年，總督鍾咨開滿營綠旗水手兵，除留六十名之外，餘俱沙汰，奉文後又頂補十二名。五十四年，挑取食餉閑散一百名，杭州將軍實林奏乍浦兵丁孳生眾多，生計不無拮据，請每月賞銀一百兩，於貧苦閑散內擇其身材好者挑選一百名，每名每月給銀一兩，伊等挑拔甲兵後，將所得銀一兩另行挑人給與等因，即於乾隆五十四年五月挑取食餉閑散一百名。實在八旗委署前鋒校一十六名，領催七十四名，甲兵委署前鋒一百八十四名，甲兵一千二百二十六名，水手兵五十名，十一年至四十四年，餘丁內陸續挑補。養育兵一百名，匠兵四十八名，綠旗舵水兵二百名，內捕盜十名，舵工十名，椗手十名，繚手十名，斗手十名，什兵十名，水手兵一百四十名。食餉閑散一百名。伊《志》。道光二十三年，裁綠旗舵水兵二百名，趕繒船十隻，改滿水手兵五十名為陸路旗兵。兵部議覆浙江巡撫劉韻珂奏稱，旗兵素以騎射為重，於洋面情形不甚熟悉，飭令學習，終屬隔膜，所設趕繒船水手徒滋糜費，自應就其所長，專習陸戰並練火器，所有該營額設趕繒船十雙、滿漢水手兵二百五十名應全數裁汰，所裁之滿水手兵五十名即改為陸路旗兵考選充補，所裁之漢水手兵二百名即抵補乍浦營等語，應如所奏辦理。奉旨：依議。咸豐十一年，粵匪之亂，闔營殉難，現在僅存兵丁四十六名,尚待撥補。

滿洲營軍餉　大建月前鋒校領催每名應支兵餉銀三兩,甲兵委署前鋒同。每名應支銀二兩,米折銀各一兩八錢,米各一石,水手兵每名應支銀二兩,米三斗,養育兵、匠兵每名各應支銀一兩,米五斗。馬每匹春季應支馬乾銀一兩四錢二分五釐,夏季應支銀八錢五分八釐,秋季應支銀八錢四分,冬季應支銀一兩三錢九分五釐。小建月前鋒校領催每名應支銀三兩,甲兵每名應支銀二兩,米折銀各一兩七錢四分,米各九斗六升六合七勺,水手兵每名應支銀二兩,米二斗九升,養育兵匠兵每名應支銀一兩,米四斗八升三合三勺。馬每匹春季應支銀一兩三錢七分七釐五毫,夏季應支銀八錢二分九釐四毫,秋季應支銀八錢一分二釐,冬季應支銀一兩三錢四分八釐五毫。平湖王《志》。

滿洲教場　在乍浦東門內。計七十一畝五分四釐六毫五絲。演武廳三間,耳房二間,鼓亭二座,後房三間,旗桿一根,照牆一座,雍正八年建,《浙江通志》。參平湖張《志》。今燬。

滿洲營房　在乍浦城東北隅。共三千二百間,雍正六年建。乾隆六年,十六旗各設堆子房一所。《乍浦志》四十八年,知縣嵩福請帑銀一萬八千六十三兩零,修葺二千九十二間,重建二十三間及堆子房二十四間。四十九年,知縣張福敏請帑銀一萬二千六兩零,續修一千八十五間。平湖王《志》。

教習舵水綠旗兵營房　在城東南隅,共四百間,雍正七年建。《乍浦志》。

滿營火藥局　在乍浦西門內。乾隆三十一年建,碓火藥房在局前。以上滿營各項房屋,咸豐十一年燬於兵,尚未建造。

嘉興協兵制總

國朝順治七年,經制嘉興府額設副將一員,都司三員,守備三員,千總六員,把總十二員,兵二千五百名,馬二百五十二匹,船隻無。六年,奉調征兩廣兵五百名,募補二百五十名,止裁兵二百五十名,并裁都司一員,千總一員,把總二員。七年,裁都司一員,守備一員,千總二員,把總四員,兵六百五十名。九年,調赴江西兵四百名。十年,又調兵五百名赴廣東。十一年,裁副將,改設遊擊一員,增千總一員,把總二員,仍募兵五百名。十二年,奉文遊擊,移駐海鹽標下兩營守備二員,左營駐防郡城,右營駐防乍浦,其餘千把各官分防七邑市鎮。又巡撫題增兵丁一千二百名,共額一千九百名,戰馬八十匹。十四年,奉文增兵七百名,收道標快哨船十四隻。康熙二年,調入督標兵一百名。三年,題定額設船三十隻,號爲快哨船,交營巡緝。五年,調千總一員,領兵一百七十名補入太湖營。八年,改定遊擊,駐劄海鹽,統轄標下兩營守備,一駐防郡城,一分防乍浦,管轄海口,派定千把二員共領目兵六百三十名,分汛防守。十一年,奉文裁兵一百六十一名。十三年,奉文增兵三十一名。二十一年,奉文裁戰兵二十五名,守兵二十五名,歸入撫標。又奉裁十三年所增三十一名。三十五年,裁改戰兵三十名,守兵十名。五十年間,總督范時崇題改遊擊爲副將,駐劄郡城,彈壓七邑,移中軍守備於海鹽,更定營制。五十六年間,總督滿保閱視沿海事宜,請增築乍浦天妃宮、西山嘴等處砲臺。吳《志》。雍正五年,添設外委千總四員,外委把總七員,又扣存公糧守餉二十七分爲公費之用。七年,奉裁嚴協右營都司一員,添設本協中軍都司一員,駐劄府城,中軍守備改爲左營守備,一應兵馬、錢糧、軍火、甲械等項俱係中軍都司專管，兩營守備協同辦理。又奉裁浙省京撥兵丁，嘉興協添撥八十名，内除本協原設京撥兵九名外，實添戰兵二十一名，守兵五十名，實共兵一千四百五十名。十一年，奉文將本協原設快唬船三十隻内留十隻外，將二十隻改爲大巡船二十隻，小巡船二十隻，共大小巡船五十隻，分防各汛巡緝。乾隆八年，奉文各官隨丁名糧改爲養廉，本協副將三十分，都司十分，守備八分，千總五分，把總各四分，外委各一分，共支養廉一百十四分，内馬餉三十三分，戰餉二十四分，守餉五十七分。十四年，添建五河涇、洲泉鎮、楓德港、石滙、十字溪五口址，并添設小巡船五隻，分派五口巡防。十六年，奉文原扣公糧二十七分不敷公用，續添公糧一十三分，實共扣守餉四十分。二十七年，添設額外外委五員。四十七年，裁除各官養廉名糧，改爲養廉銀兩，裁除公糧改爲公費銀兩，俱募補實兵。裁除馬戰守養廉名糧一百十四分，添設步戰兵一百名，實共馬、步戰、守兵丁一千三百九十六名。伊《志》。嘉慶二十年，奉裁步戰兵四十名。道光十二年，奉裁馬兵二名，步戰兵十名，守兵二十八名。于《志》。二十三年，巡撫劉韻珂會籌海疆善後案内奏築乍浦唐家灣、金家灣等處砲臺，並在海鹽與海寧交界之談仙嶺建築石寨砲臺，將原駐澉浦之兵丁輪防其地，裁把總一員，兵丁九十名，調補水師營續奉裁兵三十名。同治六年，總督英桂等會奏減兵增餉案内奉裁馬兵十六名，戰兵一百二十八名，守兵三百三十四名。十二年，巡撫楊昌濬奏裁左營把總一員，以右營外委一員移駐濮院鎮，現在實共馬、步戰守兵丁七百十八名。同治五年，閩浙總督左宗棠奏閩之兵額六萬二千，浙之兵額三萬七千二百，合計已近十萬，豈不爲多。如果一兵得一兵之用，制賊自有餘力，何以巨賊入境，所至成墟，不但不能收一戰之功，並不能爲一日之守也。然則國家每歲所耗之餉不重可惜乎？假令事前兩省有素練之兵五萬，以之援鄰，以之保境，豈不綽然，何至遠恃客軍，多糜巨餉。惟其兵多故餉不能厚，惟其餉薄故兵不能精，此固前效之可睹者。臣惟兵之應亟汰者四：老弱疲乏之兵，吸食洋煙之兵，虛名占伍之兵，塘汛零星之兵，此皆無所用，亦不可練者。此外各標協營、聽差、傳號、書識各名色，不預操練之兵，實爲軍政之蠹，亦應酌量裁減，以實行伍，約計應汰之兵至少不下四成有餘。兵既減其員弁，亦可酌量裁併，所裁之廉俸薪乾，亦可留養練兵。挑留可練之兵，即以裁兵之餉加給之，餉米併計，馬戰守兵日用足敷，無須別營生業，自可聚居勤練，而免散漫荒嬉之弊。塘汛零星之兵有名無實，甚或窩留娼賭，擾害地方，若併歸續汛，聚居勤練，分段輪派巡緝，聲勢較完，訪察易偏，較之三五錯雜，無人管束訓練者有別。是減兵云者，是祇減無用不可練之兵，於兵制實無所損。加餉云者，即扣此項裁兵之銀，於餉事亦無所加也。浙江郡縣克復時，臣即飭逃竄潰兵丁不準收伍，此時議復常制，祇須少募新兵，當與浙江撫臣熟商定議，並檄藩司楊昌濬專主其事等因，奉旨：妥爲籌議辦理。欽此。六年，總督英桂等會同議奏，將浙省水陸各營共裁兵一萬三千八百二十九名，實存兵二萬二千五百七十六名。奉旨：依議。

　　嘉興協分防舊制　嘉興協副將一員，中軍都司一員，駐劄郡城。左營守備一員，駐劄海鹽縣。千總一員，把總四員。右營守備一員，駐劄乍浦。千總二員，把總四員。《大清會典》。

　　額設馬步戰守兵丁一千三百九十六名，内有馬戰兵一百九名，左營五十六名，右營五十三名。無馬戰兵三百四十名，左營一百七十名，右營一百七十名。守兵九百四十七名，左營四百七十二名，右營四百七十五名。各官坐馬自備，兵丁官給馬一百九匹，左營五十六匹，右營五十三匹。嘉協快唬船共三十隻。雍正八年，奉文將十隻仍照舊式修造，其二十隻改造中樣巡船二十隻，小樣巡船二十隻。乾隆十四年，添設小巡船五隻。大小巡船共五十五隻，内快唬船一十隻，大巡船二十隻，小巡船二十五隻。巡船分設左右營派配巡緝。　伊《志》。

　　駐守嘉興府城副將一員，中軍都司一員，舊設中營都司僉書等，順治七年裁。十一年，又裁左右營都司僉書各一員。雍正七年，添設中軍都司一員，係嚴協右營都司裁補。把總二員，馬步戰守兵丁共四百四十三名，快唬船五隻。副將一員，都司一員。左營。把總一員。右營。把總一員。外委二員，左營一，右營一。馬步戰守兵丁四百四十三名。內左營馬兵十名，戰兵七十三名，守兵七十八名，兵丁官給馬十匹，快唬船二隻，中巡船四隻。右營馬兵二十八名，戰兵一百十一名，守兵一百三十八名，兵丁官給馬二十八匹，快唬船三隻，中巡船四隻，小巡船五隻，三塔口守兵五名。

分防海鹽縣城左營守備一員，康熙五十年奉文移駐。馬步兵丁共一百五十八名，快唬船三隻，臺寨九座。

守備一員，馬步戰守兵丁一百五十八名。內守城馬兵二十名，戰兵四十五名，守兵二十三名，兵丁官給馬三十匹，快唬船二隻，中巡船一隻，小巡船一隻。守汛落水寨守兵五名；大寨守兵五名；二寨守兵五名；三澗寨守兵五名；秦山寨守兵五名；大步門寨守兵五名；姚官寨守兵五名；黃泥寨守兵五名；青山寨守兵五名；敕海廟馬兵十名，戰兵七名，守兵三名；半邏戰兵二名，守兵三名。

分防乍浦所城右營守備一員，千總一員。康熙五十七年，將斜塘汛千總一員、兵丁二十名歸入乍浦營額內，分防西山嘴汛，其斜塘汛并餘兵分入嘉善、王江涇二汛。馬步兵丁共一百三十一名，快唬船二隻。《通志》云向設臺寨一十九座，康熙五十六年，閩浙總督覺羅滿保閱視沿海事宜，題請增築乍浦天妃宮、西山嘴等處砲臺，撥兵守禦。

守備一員，駐劄乍浦所城。馬步戰守兵丁一百三十一名。內守城馬兵一十四名，戰兵二十四名，守兵一十九名，兵丁官給馬一十四匹，快唬船一隻，中巡船一隻，小巡船一隻。守汛九里墩守兵五名；朱公亭守兵五名；白馬廟守兵五名；麥莊涇守兵五名；惹山寨戰兵四名；湯山寨守兵三名；觀山寨守兵三名；唐家灣寨守兵三名；長山寨守兵三名；東山寨守兵三名；陳山寨守兵三名；金家灣戰兵四名，守兵六名；暈頂山寨守兵三名；高公山寨守兵三名；澉浦寨守兵三名；珠冠寨守兵三名；益山寨守兵五名；梁莊寨守兵五名。

分防澉浦所城把總一員，馬步兵丁共八十九名，快唬船一隻，臺寨九座。

把總一員，駐劄澉浦所城。外委一員，分防沈蕩鎮。馬步戰守兵丁八十九名。內守城馬兵四名，戰兵六名，守兵二十名，兵丁官給馬六匹，大巡船一隻，小巡船一隻。守汛東拱寨守兵四名；平陽寨守兵三名；西山角兼防黃道關馬兵二名，戰兵八名，守兵二十名；總寨守兵五名；渾山寨守兵三名；大葫蘆寨守兵三名；小葫蘆寨守兵三名；廟山寨守兵三名；沈蕩鎮戰兵一名，守兵四名。

分防石門縣城把總一員，馬步兵丁共九十八名，快唬船四隻。

把總一員，駐劄石門縣城。外委一員，分防石門鎮。馬步戰守兵丁九十八名。內守城馬兵四名，戰兵四名，守兵五十四名，兵丁官給馬四匹，快唬船一隻，中巡船一隻，小巡船五隻。守汛石門鎮戰兵二名，守兵四名；南高橋戰兵一名，守兵四名；羔羊亭戰兵一名，守兵四名；何家橋戰兵三名，守兵七名；松老橋守兵五名；洲泉鎮守兵五名。

分防桐鄉縣城把總一員，馬步兵丁共八十名，快唬船二隻。

把總一員，駐劄桐鄉縣城。外委一員，分防青鎮。馬步戰守兵丁八十名。內守城。馬兵一名，戰兵四名，守兵四十三名，兵丁官給馬一匹，中巡船一隻，小巡船三隻。守汛妙智守兵五名；毛家渡守兵五名；秀溪橋戰兵三名，守兵六名；錢店渡守兵五名；楓德港守兵四名；青鎮守兵四名。

分防濮院汛把總一員，馬步兵丁共六十九名，快唬船三隻。

濮院汛轄嘉、秀、桐三縣把總一員，駐劄濮院鎮，屬桐鄉境。外委一員，分防王店鎮，屬嘉興境。馬步戰守兵丁六十九名。內守汛馬兵三名，戰兵五名，守兵三十二名，兵丁官給馬三匹，中巡船一隻，小巡船二隻。莫家涇守兵五名;陡門馬兵一名,守兵九名;正家橋守兵五名;王店鎮戰兵二名,守兵七名。

分防新城鎮千總一員,馬步兵丁共三十九名,快唬船一隻。

千總一員,駐劄新城鎮。外委一員,駐劄九里滙。馬步戰守兵丁三十九名。内守汛馬兵一名,戰兵四名,守兵二十三名,兵丁官給馬一匹,中巡船一隻,小巡船一隻。石滙守兵四名,十字溪守兵四名,九里滙守兵三名。

分防平湖縣城千總一員,馬步兵丁共八十九名,快唬船三隻,臺寨二座。添築獨山寨砲臺一座,撥兵守禦。

千總一員,駐劄平湖縣城。外委一員,分防新帶鎮。馬步戰守兵丁八十九名。内守城馬兵三名,戰兵十名,守兵五十六名,兵丁官給馬三匹,中巡船二隻,小巡船一隻。守汛獨山寨戰兵二名,守兵八名;茅竹寨守兵五名;新帶鎮守兵五名。

分防嘉善縣城把總一員,馬步兵丁共六十六名,快唬船二隻。

把總一員,駐劄嘉善縣城。外委一員,分防楓涇鎮。馬步戰守兵丁六十六名。内守城馬兵四名,戰兵五名,守名二十七名,兵丁官給馬四匹,中巡船二隻,小巡船一隻。守汛楓涇鎮戰兵二名,守兵七名;張涇滙守兵六名;羅星臺守兵五名;斜塘鎮守兵一十名。

分防嘉興汛把總一員,馬步兵丁共六十二名,快唬船一隻。

把總一員,駐劄東門外天尊閣。外委一員,分防新豐鎮。馬步戰守兵丁六十二名。内守汛馬兵三名,戰兵五名,守兵三十名,兵丁官給馬三匹。東柵口守兵四名,十八里橋守四名,新豐鎮守兵四名,白馬堰守兵四名,餘賢帶守兵四名,地藏菴守兵四名。

分防王江涇汛千總一員,馬步兵丁共六十名,快唬船三隻。

王江涇轄秀、善二縣千總一員,駐劄王江涇,屬秀水境。外委一員,分防天寧莊,屬嘉善境。馬步戰守兵丁六十名。内守汛馬兵一名,戰兵四名,守兵四十名,兵丁官給馬一匹,快唬船一隻,中巡船一隻,小巡船一隻。金橋守兵五名,長虹橋守兵五名,天寧莊守兵五名。以上伊《志》。

嘉興協分防現制　嘉興協副將一員,駐府城。中軍都司一員。駐府城。左營守備一員,駐海鹽縣。千總一員,駐新城鎮。把總三員。右營守備一員,駐乍浦。千總二員,一駐平湖城,一駐王江涇。把總三員。額設馬步戰守兵丁七百十八名,内有馬戰兵二十五名,左營十三名,右營十二名。無馬戰兵一百九十三名,左營九十八名,右營九十五名。守兵五百名。左營二百四十八名,右營二百五十二名。

各官坐馬自備,兵丁官給馬二十五匹,左營十三匹,右營十二匹。舊設快唬船及大小巡船,咸豐十年粵匪之擾,燬失無存。同治六年,總督英桂等奏請添設内河水師五百名,歸嘉湖兩副將兼轄,尚未舉行。十年,浙撫楊昌濬奏明,俟留防勇丁將次裁撤時另行籌辦。總督英桂等奏:嘉、湖地同澤國,支河汊港,無路不通,盜匪鎗船,著名爲害。陸路各有汛地,勢難於水面緝捕,舊設之太湖水師專防湖面,乍浦、澉浦二營祇顧海洋,内河水師缺焉。未講城守,各營惟有唬巡船各數十號,而配以陸兵,有名無實,自遭兵燹,併此而亦無之。克復後,楚、湘兩軍砲船節節駐泊,商民獲安,砲船一撤,盜匪勢必叢出,必須添設内河水師約五百名,歸嘉、湖兩副將兼轄,今之砲船即可酌改爲經久之巡船,今之水勇即可酌留爲經久之水師,所添之兵約每月需餉不及二千金,擬均於節省餉米數内提支,將來妥議章程以專責成。奉旨:覽。

駐守嘉興府城副將一員,中軍都司一員,把總一員,馬步戰守兵丁二百十八名。

副將一員,都司一員,右營。把總一員,左營。外委一員,馬步戰守兵丁二百十八名。内左營。

馬兵三名,戰兵三十五名,守兵四十名,兵丁官給馬三匹。右營馬兵五名,戰兵五十五名,守兵七十五名,三塔口。守兵五名,兵丁官給馬五匹。

分防海鹽縣城左營守備一員,馬步戰守兵丁共八十四名。

左營守備一員,馬步戰守兵丁八十四名。内守城。馬兵二名,戰兵十八名,守兵二十四名,兵丁官給馬四匹。守汛大寨守兵五名;三澗寨守兵五名;黄泥寨守兵五名;敕海廟馬兵二名,戰兵十五名,守兵三名;半邏戰兵二名,守兵三名。

分防澉浦所城把總一員,馬步戰守兵丁共四十七名。

左營把總一員,駐澉浦所城。外委一員,駐沈蕩鎮。馬步戰守兵丁四十七名。内守城。馬兵一名,戰兵四名,守兵十名,兵丁官給馬二匹。守汛西山角兼防黄道關馬兵一名,戰兵五名,守兵十名;總寨守兵五名;大葫蘆寨守兵三名;小葫蘆寨守兵三名;沈蕩鎮戰兵一名,守兵四名。

分防石門縣城把總一員,馬步戰守兵丁共五十五名。

左營把總一員,駐石門城。外委一員,駐石門鎮。馬步戰守兵丁五十五名。内守城馬兵一名,戰兵四名,守兵二十四名,兵丁官給馬一匹。守汛石門鎮戰兵二名,守兵四名;羔羊亭戰兵一名,守兵四名;何家橋守兵五名;松老橋守兵五名;洲泉鎮守兵五名。

分防桐鄉縣城把總一員,馬步戰守兵丁四十名。

左營把總一員,駐桐鄉城。外委一員,駐青鎮。馬步戰守兵丁四十名。内守城馬兵一名,戰兵四名,守兵十六名,兵丁官給馬一匹。守汛妙智守兵五名,秀溪橋守兵五名,錢店渡守兵五名,青鎮守兵四名。

分防濮院汛外委一員,馬步戰守兵丁三十五名。

右營外委一員,調駐濮院兼防王店鎮。馬步戰守兵丁三十五名。内守汛馬兵一名,戰兵三名,守兵十二名,兵丁官給馬一匹。莫家涇守兵五名;陡門守兵五名;王店鎮外委一員,戰兵二名,守兵七名。

分防新城鎮千總一員,馬步戰守兵丁二十名。

左營千總一員,駐新城鎮。外委一員,駐九里滙。馬步戰守兵丁二十名。内守汛馬兵一名,戰兵二名,守兵十一名,兵丁官給馬一匹。十字溪守兵三名,九里滙守兵三名。

分防乍浦所城守備一員,馬步戰守兵丁七十六名。

右營守備一員,駐乍浦城。馬步戰守兵丁七十六名。内守城馬兵三名,戰兵十七名,守兵十名,兵丁官給馬三匹。守汛九里墩守兵五名;白馬廟守兵五名;惹山寨戰兵四名,守兵六名;觀山寨守兵三名;唐家灣寨守兵三名;東山寨守兵三名;陳山寨守兵三名;金家灣寨守兵三名;暈頂山寨守兵三名;益山寨守兵三名;梁莊寨守兵五名。

分防平湖縣城千總一員,馬步戰守兵丁四十七名。

右營千總一員,駐平湖城。外委一員,駐新帶鎮。馬步戰守兵丁四十七名。内守城馬兵一名,戰兵六名,守兵二十名,兵丁官給馬一匹。守汛獨山寨戰兵二名,守兵八名;茅竹寨守兵五名;新帶鎮守兵五名。

分防嘉善縣城把總一員,馬步戰守兵丁三十三名。

右營把總一員,駐嘉善城。外委一員,駐楓涇鎮。馬步戰守兵丁三十三名。内守城馬兵一名,戰兵三名,守兵十五名,兵丁官給馬一匹。守汛楓涇鎮戰兵二名,守兵四名;張涇滙守兵三名;斜塘鎮守兵五名。

分防王江涇汛千總一員,馬步戰守兵丁三十一名。

王江涇轄秀、善二縣右營千總一員,駐王江涇,屬秀水縣。外委一員,駐天寧莊,屬嘉善縣。馬步戰守兵丁三十一名。内守汛馬兵一名,戰兵三名,守兵十二名,兵丁官給馬一匹。金橋守兵五名,長虹橋守兵五名,天寧莊守兵五名。

分防嘉興縣汛把總一員,馬步戰守兵丁三十二名。

右營把總一員,駐東門外。外委一員,駐新豐鎮。馬步戰守兵丁三十二名。内守汛馬兵一名,戰兵三名,守兵十六名,兵丁官給馬一匹。東栅口守兵四名,新豐鎮守兵四名,餘賢帶守兵四名。

嘉協營軍餉 大建月馬兵每名除扣朋銀外,實支兵餉銀二兩八錢五分;戰兵每名除扣朋銀外,實支二兩四錢三分;守兵每名除扣朋銀外,實支一兩四錢六分;米各三斗;馬每匹支馬乾銀一兩五錢。小建月馬兵每名除扣朋銀外,實支兵餉銀二兩七錢五分;戰兵每名除扣朋銀外,實支二兩三錢四分六釐七毫;守兵每名除扣朋銀外,實支一兩四錢一分;米各二斗九升;馬每匹支銀一兩四錢五分。同治六年,總督英桂等奏:舊額馬兵月餉二兩,馬乾一兩,戰兵月餉一兩五錢,守兵月餉一兩,今就減裁兵數每月所省餉銀均勻攤派,馬兵月加餉銀一兩,馬乾舊額一兩不敷喂養,除官之坐馬不加外,兵馬月加乾銀五錢,計馬兵月可得銀四兩五錢。戰兵月加一兩,計可得銀二兩五錢。守兵月加五錢,計可得銀一兩五錢。月各支食米三斗。以所省之銀抵所加之餉,尚有不敷,即於所省兵米變價項下補足。又各營經書占守兵之額,字識占守兵之額,現定新制,務使人人皆兵,應按兵百名每月籌給書識辛工銀十二兩,隨餉給發,另雇書識不得再占兵額。又綠營積習役使兵丁伺奔走充親隨,如聽差、傳號諸名目皆占兵糧,擬備弁以下定以津貼公費,約有兵百名者,每月津貼至多不逾八兩之數,申明私役兵丁例禁。又各營操閱有賞項,差弁有盤費,領餉、領軍火有夫船,修理軍械有料價,春辦藥鉛有不敷之炭工,一切因公所需,無非攤扣兵餉,遇有提鎮等官看操到任,又無不私行攤派,向例公費,每兵百名按月祇有四兩數錢,擬於定額公費之外,按每兵百名每月酌增公費,不逾四兩之數,嚴革攤派諸弊,庶各兵無餉薄之患等因。經兵部覆準,奉旨依議。

嘉協營現存砲位

府城汛紅衣砲七位,平夷砲五位,鐵砲一位。海鹽汛鐵砲十一位,銅砲二位。此外各汛尚未安設砲位。

府城演武場 向在望吳門外二里,逼近城陴,遷於杉青閘之北,以便操演。基地二頃三十七畝七分零,坐永一都。府治西北廣平橋右舊有廢察院行臺,其左即副將衙署,今營兵習戰於此,名内教場。雍正七年,知府閻堯熙於杉青閘演武場建廳三間,捲軒三間,退廳一間,鼓亭二座,旗臺一座,照牆一座,圍牆一帶,側房三間。伊《志》。咸豐十年燬於兵,同治九年重建。

嘉善縣演武場 縣東門外三里。 演武場廳 明正德七年,知縣王德明建。今燬。

海鹽縣演武場 南門外,周二百五十一丈。海寧衛演武場在北城外,周圍三百二十五丈,將臺一座。澉浦所演武場在城外東南,周二百五十丈七尺,將臺一座。《海鹽圖經》。今燬。

平湖縣演武場 南門外。明宣德間設,東西周二十五丈,南北深六十七丈。嘉靖四十二年,知縣顧廷對建演武廳三間。平湖程《志》。 久圮。

石門縣演武場 崇德寺後。演武場廳 明正德初建,嘉靖中因置皂林驛,移城内。

桐鄉縣演武場 治東南二里。以上吳《志》。

伊《志》案：杉青閘教場之建，始於明嘉靖間，築敵樓備倭，即其下爲演武之所，今基址如故。歲時提鎮至禾，每於杉青閘閱兵，至平日操練在城南隅，故有内教場、外教場之目。又各縣教場第依前志，存其略云。

嘉乍協營海防案《通志》，嘉興地處浙西，惟平湖、海鹽二縣之境東臨大海，南瀕北乍，延袤百七十里，相望寧、紹諸山，隱隱列拱。白沙、梁莊、西海口、秦駐山、黄道港諸處，皆爲郡境之衝，而乍浦一關尤稱緊要，控據海岸，翼蔽金山、羊許大洋，實與江省相爲脣齒云。

舊設烽堠、臺寨，自西徂東則有惹山礮臺、陸營所轄，撥兵十名。乍關鎖鑰，水師所轄，撥兵六名。天后宮礮臺、水師所轄，設外委一員，撥兵二十四名，在苦竹山麓安設大砲四位。西山嘴礮臺、水師所轄，撥兵二十五名，滿洲派防禦一員，前鋒校及前鋒等二十名輪守，臺高一丈七尺，周八丈五尺，安設大砲四位。湯山寨、觀山寨、陸營所轄，各撥兵三名。唐家灣寨、水、陸各撥兵三名稽查船隻。陳山寨、常山寨、高公寨、陸營所轄，各撥兵三名。金家灣寨、陸營所轄，撥兵十名。東山嘴寨、暈頂山寨、蒲山寨、澉浦寨、珠冠寨、陸營所轄，各撥兵三名。梁莊寨、益山寨、陸營所轄，各撥兵五名。獨山寨礮臺、平湖城守所轄，撥兵十名。茅竹寨、平湖城守所轄，撥兵五名。蔡岐港寨。水、陸各撥兵三名，稽查船隻。　以上伊《志》。

平湖王《志》：前明沿海烽堠山寨，合梁莊城凡二十座。國朝裁去者七，曰獨樹西寨、獨樹東寨、蒲山大寨、東山寨、聖妃宮寨、周涇寨、西山口寨，添設者八，曰乍關鎖鑰、天妃宮砲臺、西山嘴砲臺、暈頂山寨、湯山寨、常山寨、蔡岐港寨、珠冠寨，共二十一處，西起海鹽縣界，東至金山縣界止。

現在水陸兩營沿海汛地　談仙嶺石寨礮臺、海鹽與海寧交界。道光二十三年辦理海疆善後，築石寨一座，砲臺一座。同治十三年修治，歸澉浦陸營所轄，撥兵駐守。大葫蘆山寨、小葫蘆山寨、澉浦陸營，撥兵駐守。黄沙塢口汛、葫蘆山口汛、澉浦水師所轄，撥兵巡防。頭圍口汛、即黄道關西山角汛地，澉浦水師陸營撥兵分防。長牆山嘴礮臺、同治十三年，因備倭設防築三門，土面石心砲臺，歸頭圍口汛水師兼轄。青山口汛、秦駐山口汛、澉浦水師所轄，撥兵巡防。總寨口汛、舊有砲臺，今廢，歸澉浦陸營所轄，撥兵駐守。黄泥寨、大寨、三澗寨、海鹽陸營所轄，撥兵駐守。勅海廟汛、舊有砲臺，今廢，歸海鹽陸營所轄，撥兵駐守。九里墩汛、白馬廟汛、乍浦陸營所轄，撥兵駐守。惹山寨、舊有砲臺，今廢，歸乍浦陸營所轄，撥兵駐守。西行口汛、乍浦水師撥兵三十名巡防，並建兵房五間。天后宮礮臺、同治十三年修治，並建復營房十間，乍浦水師撥兵五十名巡防。保安城礮臺、舊名西山嘴，即葫蘆城，同治十三年修治，並建復營房十間，乍浦水師撥兵五十名巡防。觀山寨、在保安城側，乍浦陸營所轄，撥兵駐守。唐家灣寨、道光二十三年，海疆善後，曾建砲臺，今廢，乍浦陸營撥兵防守。金家灣寨、海疆善後，曾建砲臺，今廢，乍浦陸營撥兵防守。陳山寨、東山嘴寨、暈頂山寨、益山寨、梁莊寨、乍浦陸營所轄，撥兵駐守。獨山寨、舊設砲臺，今廢，平湖城守所轄，撥兵駐守。茅竹寨、舊設砲臺，今廢，平湖城守所轄，撥兵駐守。陳山嘴礮臺。光緒元年，因備倭設防築五門，土面石心砲臺一座，兵房七間，該處緊扼彩旗門之衝，乍浦水師撥兵五十名巡防。

乍浦所海防陸營隸嘉興協。　順治十三年，移嘉協右營守備一員，駐防乍浦，隸遊擊，康熙五十年，改遊擊爲副將。馬步兵九百名。康熙五年，調兵八十五名赴太湖營。五十八年，爲會閱沿海等事，題定乍浦目兵三百三十五名，分防沿海臺寨二十一處。九年，裁兵九十名，本營實存馬步兵七百二十五名，内隨防乍浦一百八十三名。五十七年，撤調斜塘汛千總一員，兵三十名，兵歸乍浦防西山嘴砲臺。未幾設水師，千總及兵防仍撤去。又陸續撥兵歸郡，乍浦實存兵一百五十三名，内養廉八名，公糧五名。乾隆四十七年，奉文裁改公廉，實在守備駐防乍浦帶兵一百四十名，内馬兵九名，戰兵四十八名，守兵八十三名，馬九匹，快唬船一隻。平湖王《志》。陸續奉裁兵十六名。同治六年，奉裁兵四十八名，現在實兵七十六名，内馬兵三名，戰兵二十一名，守兵五十二名，馬三匹。

嘉協右營教場　在乍浦南門内守備署東。平湖張《志》。

陸營砲房　五間,在乍浦南門城上,乾隆二十一年建。今燬。

澉浦所海防陸營嘉興協管轄。　澉浦所城兩營撥把總輪防,駐兵一百名,快唬船一隻。《浙江通志》。陸續奉裁兵二十二名,以嘉協左營把總一員駐守。同治六年,奉裁兵三十一名,現在左營把總駐守澉浦帶兵四十七名,内馬兵二名,戰兵十名,守兵三十五名,馬二匹。

乍浦所外海水師營隸提督管轄。　雍正二年,設乍浦水師營,遊擊一員,守備一員,千總一員,把總二員,兵五百名,官馬一十六匹,營房五百間,戰船一十隻,内水艍船二隻,每船配兵六十名。南艧船四隻,每船配兵三十二名。哨船四隻。每船配兵二十名。分配紅衣砲八位,百子砲四十位,劈山砲二位,分防乍浦口址,按期酌配官兵,編定專汛,隨艐扼守,跟艐更番出洋巡哨。遊擊、守備在洋扼守,千把總在洋專汛,外委目兵在洋跟艐,俱兩月一輪。五年,添設外委千總一員,外委把總二員。七年,題準嘉協右營守備屬乍浦營遊擊就近兼轄,仍聽嘉協節制。九年,改遊擊爲參將,不受副將節制。雍正二年,兵部議覆福浙總督覺滿保疏稱:嘉興所屬之乍浦與江南洋面交界,最爲緊要,臣擬於乍浦營設兵五百名,撥定海鎮標船十隻,以副巡防,此應設兵五百名,於水、陸各營内酌量改撥。浙省瑞安營原設馬兵九十八名,鎮海營原設馬兵一百二十六名,今既設爲水師,無庸安置馬兵。查馬兵月餉二兩,馬乾一兩,共三兩,戰兵月餉一兩五錢,是馬兵一名每月餉乾可募補戰兵二名,請將瑞安、鎮海二營馬兵二百二十四名改爲水戰兵四百四十八名,除歸還瑞安、鎮海原額二百二十四名外,其餘二百二十四名撥歸乍浦營,令其招募配防,止須加給月米,毋庸另添兵餉。再乍浦營所轄水汛,原屬定鎮右營水汛,今既設乍浦營,毋庸定鎮右營巡防乍浦,應於定鎮右營撥水守兵一百名,連人調赴乍浦巡防。再於浙省陸路各營内撫標二營,提標五營,象協二營,寧海二營,太平一營,共十二營,每營抽守兵十名,大荆營抽守兵五十六名,共抽守兵一百七十六名。各原營遇有逃亡事故裁缺不補,歸於乍浦營招募巡防,合之乍浦營設水戰兵二百二十四名,水守兵二百七十六名,以足五百名之數等語。應如該督所請,準其改設抽撥可也。奉旨:依議。　七年,怡親王等會同兵部議覆:浙江總督李衛條奏水陸營制事宜一摺内一款奏稱乍浦當江浙之衝,爲海洋要口,向有嘉協右營守備駐劄,分防陸汛,而洋面水師則定海鎮右營汛地,相隔遥遠,巡防不及。雍正二年,添設水師營遊擊,誠屬因地制宜,但一城之中水、陸兩營不相統屬,呼應不靈,以嘉協右營原防之西山嘴砲臺、天妃宮汛地改歸乍浦水師營,撥千總一員輪防,陸路弁兵撤回,另行派防。將嘉協右營守備並聽乍浦遊擊管轄,乍浦遊擊聽嘉協副將節制,使彼此聯屬,不致號令兩歧,惟選拔員弁,水陸技藝不同,仍照舊例自行起送等語。查乍浦原係嘉協所屬,向派嘉協右營守備,分防西山嘴砲臺、天妃宮陸汛,其水汛洋面俱係定鎮右營將備輪流配船巡哨,嗣經乍浦添設水師遊擊,將水汛責之乍浦遊擊,陸汛令嘉協右營守備管轄,水、陸將備原不相統屬。今該督請將嘉協右營守備原防陸汛改歸乍浦,撥派千把總輪防,該守備並聽遊擊管轄,遊擊聽嘉協副將節制,彼此聯屬,交相控制,似屬得宜,應如該督所請,準其改撥管轄。奉旨:依議。　九年,兵部爲請定武職陞選等事,議得浙江總督李衛疏稱,浙江參將專任水師者止有鎮海一缺,而水師遊擊則有十員。查乍浦界連江、浙,逼近洋面,從前設兵僅五百名,是以止用遊擊管轄,今滿營水師舵水四百名,俱係綠旗兵丁,現屬乍浦遊擊管束,操練兵數已多,似應將乍浦水師遊擊改爲水師參將,其陸路在乍之備弁兵丁并本城内外地方仍聽其兼轄。遊擊既改參將,毋庸聽嘉協副將節制等因。應如所請,準其改設,應給傳敕關防行文禮部鑄造換給可也。奉旨:依議。增馬二匹。乾隆十九年,總督喀爾吉善奏移海寧兵備道標下守備一員、千總一員、把總二員、外委四員、塘兵一百名隸乍浦水師營,添建營房一百間,營分左右,以舊守備領左營,新守備領右營,兩營匀派各三百名。《浙江通志》。參《乍浦志》。三十三年,裁水艍船一隻。三十五年,參將王作賓因水、陸汛務不同,詳請裁去兼轄字樣,專管水師。四十七年,裁改養廉公糧兵一百三名,實兵四百九十七名,内水戰兵一百七十三名,水守兵三百二十四名。平湖王《志》。續奉裁兵七名。道光二十三年,巡撫劉韻珂籌議海疆善後事宜,奏請陞參將爲副將,增兵五百一十名,實共戰守兵一千名。兵部議覆:浙江巡撫劉韻珂奏稱浙西止乍浦一營,額設外海水師四百九十名,以參將統領。查乍浦界居江、浙兩省之中,上爲江蘇藩籬,下爲杭州保障,且距定海不遠,亦有犄角之勢,原設兵丁甚少,參將體制亦屬欠崇,應添設外海水師五百十名,與原設之兵共成一千名,並將參將陞爲副將,庶軍威壯盛,戰守有備。並稱巡撫每年冬間親赴乍浦、澉浦,將水師校閱一次,俾有考核等語。應如所奏辦理。奉旨:依議。同治六年,總督英桂等奏浙省裁兵增餉一案,奉裁左營把總一員,右營外委一員,兵丁四百名。現在營制副將一員,左營守備一員,千總一員,把總一員,外委三名,右營守備一員,千總一員,把總二員,外委三名,兵丁六百名,內水戰兵二百五名,水守兵三百九十五名。以三百五十名出洋巡緝,餘兵分撥各汛操防調換。

乍浦原設巡洋兵船,咸豐十一年,粵匪之擾,燬失無存。現奉飭撥廣艇船一隻,釣船二隻,巡緝木洋分配大轉輪砲二位,小轉輪砲二位,邊砲四位,銅砲二位,鐵砲十位,其不敷兵船尚待興造。

乍浦所水汛　其海汛則有大羊山、小羊山、大小羊山相倚,中隔一港,三四里許江南交界,東南屬定標,北屬崇明鎮,西南屬乍浦營,距灘山一百二十里,內有秀才礜巡檢插竹礜,北有巫姑門礁、灘山、許山屬乍浦營。灘山在羊山之西,至許山六十里,距彩旗門一百六十里。許山西北距黃盤洋一百五十里、魚腥腦南屬定標,北屬乍浦營,在羊山西南,至灘山一百八十里,距彩旗門三百里、黃盤四嶼山東南屬定標,西北屬乍浦營,距彩旗門一百八十里。野黃盤山。屬乍浦營,距金山五十里,在四嶼山東北。　案:以上外洋。金山、與江南交界,西北屬乍浦營,距彩旗門九十五里。菜薺門、乍浦境,即彩旗門,距乍浦一十五里,在金山之西。白塔山、巫子山、並澉浦境,與嘉協左營交界。白塔山在彩旗門西,巫子東。巫子山距乍浦五十里,在舜山東北,白塔西南。舜山、南屬鎮海營,西屬錢塘水師營,東北屬乍浦營,在餘姚縣境巫子南。笑杯山、逼近塗面,無停泊船隻,在餘姚縣境,距彩旗門三百四十里,東北至舜山六十里。西霍山、七姊妹山。並鎮海營界,北屬乍浦營。　案:以上內洋。

《乍浦志》:凡乍浦海口一帶塘以上屬嘉協右營管轄,塘以下海面屬乍浦水師營管轄,官兵船隻兩月一輪,更換出洋。

乍浦水師營教場　凡二,一在惹山,離乍浦城五里,計二十一畝二分。官廳三間,圈柵、旗臺、照牆各一座,雍正八年建;今燬一在乍浦南門外,雍正二年建。《浙江通志》。

平湖王《志》:水師大教場在龍王堂側,其在南門外者爲小教場,即舊乍浦所教場。《乍浦志》載周圍二百五十丈,廣六十三畝八分。嘉靖間,署知縣殷廷蘭置義冢於此。雍正間,畫一隅爲教場,餘建營房。

乍浦水師軍器火藥二局　並在北門內,舊倉基各六間,雍正八年建。又火藥房在南門內城下,凡六間。《乍浦志》。　火藥先在此房碓碎,然後運貯局內。咸豐十一年燬。同治六年重建,共五間。

乍浦水師營房　雍正二年原建一百間,在乍浦南門外。教場官地一百間,在城內兵備道舊署東。十年,將城內營房亦改建南門外,教場官地又增建三百間,共五百間。《通志》。乾隆二十年,添設一百間,在陸家橋及塘口。《乍浦志》。今俱燬。

軍工廠　在湯山西修造戰船器械處,官廳三間,耳房四間,後房三間,貯料草廠三座,炊爨廠一座,土地祠三間,工作所九間。平湖王《志》。今燬。

澉浦所外海水師營隸乍浦協管轄。　道光二十三年,浙江巡撫劉韻珂會籌海疆善後事宜,奏請添設澉浦水師營,駐劄都司一員,千總一員,把總一員,兵丁三百名,內水戰兵九十名,水守兵二百一十名,大小船十一雙,輪班巡緝。兵部議覆浙江巡撫劉韻珂奏稱,海鹽地處海濱,所轄之澉浦緊接乍浦,勢同脣齒,該處建有城垣一座,惟汛兵寥寥,海鹽有警待援於乍浦,乍浦有警該處與海鹽無兵應援,殊失輔車之勢,且由乍浦至海寧之尖山,必由該處經過,該處既無專營,設海寇由乍浦而犯尖山,中間別無牽制,可以揚帆直入於近省重地,關係匪輕。應於澉浦專設一營,駐劄都司一員,千總、把總各一員,兵丁三百名,作爲外海水師,責令在海寧、海鹽兩州縣洋面巡防,仍歸乍浦協統轄,並稱溫州大荊營裁都司一員,湖州安吉營裁千總一員,嘉興協裁把總一員,移撥至澉浦安設分駐等語。應如所奏辦理。奉旨：依議。同治六年，總督英桂等奏浙省裁兵增餉一案，奉裁兵丁一百二十名，現在實兵一百八十名，內水戰兵五十四名，水守兵一百二十六名。以一百三十二名出洋巡緝，餘兵分撥各汛操防調換。

澉浦營原設兵船，咸豐十一年粵匪之擾，燬失無存。同治九年，奉撥釣船二隻，現在分配鐵砲各四位，派兵巡緝，其不敷兵船尚待造辦。

澉浦水師營房、演武廳及軍器火藥局向設澉城南門外，咸豐十一年燬於匪，現在尚待興建。

乍澉水師營現定軍餉　大建月水戰兵每名除扣朋銀外，實支兵餉銀二兩四錢三分，水守兵每名除扣朋銀外，實支一兩四錢六分，米各三斗。　小建月水戰兵每名除扣朋銀外，實支兵餉銀二兩三錢四分六釐七毫，水守兵每名除扣朋銀外，實支一兩四錢一分，米各二斗九升。

乍澉兩營現設砲位

天后宮砲臺安設平夷砲二位，紅衣砲二位，洋砲二位，鐵砲三位，銅砲一位。

保安城砲臺安設洋砲二位，紅衣砲二位，銅砲二位，鐵砲六位。

陳山嘴砲臺安設洋砲四位，鐵砲一位。

長牆山嘴砲臺安設鐵砲三位，銅砲二位。

青山汛安設鐵砲一位。葫蘆山汛安設銅砲一位。

敵樓附。　嘉靖三十三年，倭變，巡撫胡宗憲、僉事王詢、侍郎趙文華議建，知府劉愨、劉《志》作宋治。知縣張烈文董其成，於海鹽塘築一座，白芒堰。名鎮海，於漢、魏二塘築二座，會龍二橋。於秀水杉青閘築三座，名上青、中青、下青。天啟二年，知縣湯齊、范文若修築。袁《志》。　案：明嘉靖中，以倭寇猝發，築敵樓六座，樓址石甃下通大門，內穴牆為廚、溷、溷并具全。其上樓三層，四面皆磚壘穿堞，最上用堞如城，總可容兵數百人。每里僉取鄉兵一名把守，共五百八十一名。海鹽、石門城外亦置敵樓各二座，據險扼要，以為外捍。至隆慶三年，鄉兵以漸裁革，兵虛而樓亦廢矣。

海塘防兵營隸杭屬海防營管轄。　雍正十一年，題設海防左營千總一員，駐海鹽，外委、把總駐白馬廟，俱屬兵備道標下，經管海塘。又題設海防左營澉浦汛把總一員，專管海塘工程，南自澉浦汛交界湯家鋪起，北至平湖縣交界行素菴止，共三十九里，額設兵丁八十一名，內外委一員，馬兵二名，戰兵十名，守兵六十八名，字識二名。《海鹽續圖經》。乾隆十九年，裁改堡夫，內海鹽、平湖共一百一十七名，嗣後又改堡夫為塘兵一十七名。乾隆二十八年，督撫奏準鹽平海塘堡夫一百名，一併改復守餉塘兵。乾隆二十七年，總督楊廷璋、巡撫熊學鵬奏，浙省海防營官兵自乾隆十九年裁後，改設堡夫四百名，分段修防，內海鹽、平湖二縣改設堡夫一百一十七名，迨至二十四、二十六等年兩次奏請復設海防營官兵，於鹽、平二縣境內分撥把總、外委各一員，將該省堡夫改充守餉塘兵一十七名，又撥仁、寧二汛內塘兵三名，共二十名，同堡夫一百名，分段在塘力作。但查鹽、平二縣境內石土塘工共長一萬七千六百八十餘丈，計程一百一十七里，工甚綿長，地亦衝要，是以初設官兵時設立澉、鹽、平三汛，駐劄千總一員，把總二員，帶兵二百一十四名，責成防守。今所設兵、堡共一百二十名，較前僅止得半。本年七月內猝遇風潮，潑卸鹽邑境內石塘七百八十六丈二尺，內除估修工長七百一十六丈二尺外，經兵、堡修砌工長七十丈。又二縣境內土塘及附土工長一千九百八十五丈有零，內除估修六百八十四丈外，經兵、堡挑修一千三百一十丈五尺，節省經費甚多。并因寧邑老鹽倉鑲修柴塘及填築尖山壩上石塊，各汛塘兵不敷力役，將鹽、平二汛內兵、堡一併發往幫工。是堡夫之在塘力作，與仁、寧二汛復設之塘兵搶築、鑲修、理砌等項，初無二致。再鹽、平二縣石塘工程全藉附土高堅，以資後韋，每遇風潮，如附土完固者雖間有潑卸，塘石尚覺無多，而附土低殘者，石塘孤立，一經潮衝浪激，坍塌倍多。臣等於查海寧塘工後俱順途至鹽、平二縣，見沿海石塘工餞間段矬陷，殘缺一線，危堤屹立，殊少後輩，兼之逐日潮浪循石縫罅隙，晝夜抽掣，更多坍卸，非隨時填補，難期石塘鞏固。然若概行動項填補，工段長而經費不贍，帑項何堪糜費。惟責令在塘兵丁日逐挑填，俾塘身得有後輩，石工庶不致過於坍卸，實可省費固工。惟是從前裁兵改夫，因工程平穩，祇給工食以資防守，今則須日事工作，其工食銀兩雖與守餉相等，而無糧米支領，難勉其枵腹急工，向隅堪憫，似應一體改復守餉塘兵，使其專力修防，別無顧慮，將通塘附土隨掣隨填，則工倍而省費，石塘得有後輩，可期永固金湯。查改設塘兵增給糧米事關國家經費，臣等何敢率議更張，但該二汛堡夫人數少而工段綿長，且修防本汛之外，尚須撥赴仁、寧工次協幫力作，實爲繁重，與塘兵無分勞逸。至所需糧米有原裁糧米可以給支，毋庸額外加增，致滋糜費，事屬易籌，臣等與海防道永德再三商酌，應請將鹽、平二汛堡夫一百名一併改復守餉塘兵，每月每名除工食餉銀原與守兵均係一兩外，祇須加給米三斗，俾得資其飽騰，勤加力作，即令澉、乍二汛把總、外委實力督率，於搶修工段之外，即將前項附土隨時陸續加高培厚，一律堅實，不許稍有殘缺。在平時既省歲修之費，即遇風潮亦不致塌卸過多，糜幣之患。設仁、寧二汛有緊要工程，即撥赴協幫修砌，於帑項工程實爲兩有裨益。所有堡房作爲營房以資棲止，毋庸另建。至看塘守兵一百名應需衣帽弓箭之類，容俟奉準改設之日於收支公糧項下動支製給，其現在堡夫果否均係熟諳修防，飭令海防道永德確查，詳議辦理。奉旨：依議。嗣又陸續裁改，現在額設鹽平汛把總一員，駐海鹽帶領外委一員，額外一員，兵丁七十名，內戰兵二十五名，守兵四十五名，分防鹽、平兩邑海塘，南自談仙嶺起，迤北至湯家鋪平湖行素菴，東至江南金山縣交界止，總共經管石塘六千六百八十二丈四尺，土塘一萬九百九十八丈二尺。案：沿海築塘設兵雖以防水，亦以防寇，惟前項兵丁均歸兵備道轄，不隸嘉協，前志附嘉協海防似欠明晰，茲另立一條。

　　留防水師　同治三年，官軍收復西浙，粵逆盪平，嘉、湖地處澤國，汉港紛歧，酌留水師舢板四板各船統以營官，每船八人六人不等，在於城鄉各鎮節節駐泊，常川防守，居民商賈賴以安集，奏明俟內河水師定制後再行裁撤，雖屬權宜，而事關武備，因記於此。

歷代兵事附

　　周敬王二十四年，吳伐越。越子句踐禦之，陳於檇李。《春秋左傳》。

　　敬王二十六年，吳王夫差敗越於夫椒，報檇李也。《春秋左傳》。

　　顯王三十五年，越王無彊伐楚，楚人大敗之，乘勝盡取吳故地，東至於浙江，越以此散。越初都會稽，其境北至於檇兒，不能全有漢會稽一郡地。及其滅吳，始并有吳地，今楚取其地，至於浙江，則檇兒亦入於楚矣。《資治通鑑》。

　　漢元封元年，漢兵入東越境，東越素發兵距險，使徇北將軍守武林，樓船將軍卒錢塘轅終古斬徇北將軍。故越衍侯吳陽以其邑七百人返攻越軍於漢陽，越建成侯敖與繇王居股殺餘善，以其衆降，上封終古爲檇兒侯。《資治通鑑》。

　　東漢建安四年，烏程鄒佗、錢銅及嘉興王晟等各聚衆萬餘或數千人，不附孫策。策引兵撲討，皆破之。《資治通鑑》。

　　三國吳永安七年秋七月，海賊破海鹽，殺司鹽校尉駱秀。《吳書》。

　　晉咸和三年，蘇峻遣其黨管商進攻吳郡，焚吳縣、海鹽、嘉興，後賊平，詔復縣租稅三年。《晉書》。

　　隆安五年三月，孫恩北出海鹽。恩本琅琊人，家會稽，世奉五斗米道，叔父泰得祕術，誑誘百姓被誅。恩逃入海，聚亡命作亂，初自海攻上虞，襲據會稽，後復逃入海。《晉書》。

　　宋高祖前將軍劉牢之以高祖參府軍事。孫恩出海鹽，高祖自勾章追之，築城海鹽故治。賊攻城,高祖慮兵寡不敵,選敢死士脫甲冑,執短兵,鼓噪出,因其震懼奔之,斬賊帥姚盛。後一夕忽偃旗匿衆,若已遁者。明晨開門,使羸疾數人登城。賊遙問之,曰:夜已走矣。因率衆大上,乘其懈怠,復奮擊,大破之。恩走,高祖棄城追焉。海鹽令鮑陋遣子嗣之帥吳兵一千,請爲前驅。高祖曰:"賊兵甚精,吳兵不習戰,可且在後爲聲援。"不從。高祖多設伏兵,兼置旗鼓。明日,恩率衆萬餘迎戰,前驅既交,諸伏舉旗鳴鼓皆出,賊引退。嗣之追奔,爲所没。高祖且戰且退,死傷且盡。至向伏兵處,乃止,令左右脫取死人衣,賊疑猶有伏,不敢逼而去。高祖徐歸。恩進,向滬瀆,殺内史袁山松。高祖追破之於婁縣,又破於丹徒。恩狼狽還船,浮海北走鬱洲。高祖領水軍追破之鬱洲。恩沿海還南,高祖亦循海要截,追於滬瀆,及海鹽,又破之。三戰,並大獲,俘馘以萬計。恩自是奔迸臨海,後爲太守辛景所破,沉海死。《宋書》。

泰始五年,臨海賊帥田流自稱東海王,剽掠海鹽。《資治通鑑》。

梁太清三年,侯景寇東境,没吳郡。遣將宋子仙進攻錢塘,會海鹽人陸黯舉義,有衆數千人,夜出襲郡,殺僞太守蘇單于,推吳人度支尚書陸襄行郡事。時淮南太守文成侯蕭寧逃入吳,襄迎寧爲盟主,遣黯及兄子映公帥衆拒子仙。子仙聞兵起,乃退還,與黯等戰於松江,黯敗走。吳下軍聞之,亦各奔散。《梁書》。

承聖元年,侯景敗走,趙伯超據錢塘拒之。侯景進至嘉興,聞伯超叛之,乃退據吳。侯瑱追及景於松江。《資治通鑑》。

紹泰元年,陳霸先使將軍黃他攻王僧智於吳郡,不克,霸先使寧遠將軍裴忌助之。忌選所部精兵輕行倍道,自錢塘直趣吳郡,夜[1],至城下,鼓噪薄之。僧智以爲大軍至,輕舟奔吳興。忌入據吳郡,因以忌爲太守。《資治通鑑》。

唐乾寧二年,楊行密遣寧國節度使田頵、潤州團練使安仁義攻杭州,以救董昌。昌使湖州將徐淑會淮南將魏約共圍嘉興,錢鏐遣武勇都指揮使顧全武救嘉興,破烏墩、光福二寨。四年,全武將兵三千自海道救嘉興,至城下,擊淮南兵,大破之。《資治通鑑》。

宋宣和中,睦寇方臘作亂,橫行州邑。來攻秀州,去城南一舍而陣,衆號十萬。前統軍王子武白太守曰:'今日之政,公職守,子武職戰,請背城借一以報國。'乃下令簡精銳,選五百人,長兵在前,短兵在後,弓矢分左右翼夾射,遂啟門鼓噪而出。太守復率百姓登陴搖鼓,發喊以助之,屋瓦皆震。戰士勇氣百倍,以一當百,賊大駭,奔潰,追奔數十里,斬首五千級,築京觀以表其功。賊遂退據臨安。《兩浙名賢録》。

建炎初,杭賊陳通作亂。辛道宗奉詔討賊,軍行至鎮江府,守臣趙子崧犒賜甚厚。道宗掩有之,行次嘉興,始給軍士人五百錢。衆怒,潰去者六百人。道宗奔還鎮江,衆擁高勝爲首。勝,舊爲太行山盜,名高托天。亂兵攻秀州,守臣、龍圖閣趙叔近城守。人遺以綺四縑,賊乃北趨平江府,叔近招降之。《資治通鑑》。

建炎二年五月己酉,秀州卒徐明等作亂,執守臣朱芾,迎前守臣趙叔近復領州事。詔命御營中軍張俊討之。乙丑,張俊至秀州,殺趙叔近,執徐明斬之。《宋史紀事本末》。

建炎三年,金兵南渡,據臨安。十二月,遣騎二百,自黃灣至海鹽諭降,時朝議主和,吏民遷避,有賈機宜潰卒,遇之於彰慶館前,碎碑石爲礫以拒之。明年,金兵還,攻破秀州,邑尉朱良禦之境上,力戰死。《海鹽圖經》。

建炎四年,金人破秀州。先是,兩浙宣撫使周望在平江,有言敵自越州還金陵者。望素不嚴斥堠，但以傳聞之語爲信，乃遣統制官陳思恭、張俊統兵入杭，以規收復之功。思恭至秀州，偵知傳言之妄，間道走湖州之烏墩鎮以觀變。至是金宗弼過秀州，通直郎、權州事鄧根留武翼郎、本部兵馬都監趙士醫乘城拒敵。城破，士醫爲流矢所中而死，後贈武翼大夫。望聞金師至崇德縣，調太湖舟千艘，赴吳江禦之。《續資治通鑑》。

元至元十二年，伯顏分軍爲三取臨安，其東一軍，沿江循海，趣許浦、澉浦以至浙江，董文炳率之。十三年正月次乍浦，進至海鹽，澉浦統制及縣令皆降。《海鹽圖經》。

至元十四年，盜發澉浦，行省檄趙賁亨爲招討使，率兵討平之。《元史》。

至元十八年正月，命阿列罕等征日本，以拔都、張珪、李庭留後。十一月，詔以征東留後軍分鎮慶元、臨海、澉浦三處海口。《元史》。　《圖經》云：時方有事於倭，恐倭來犯，故海上設重防。

至正十六年，平江既陷，嘉興地當衝要，有司告急，驛使不絕於道。江浙丞相達實特穆爾兵少，策無所出，檄苗軍帥楊鄂勒哲來守嘉興。鄂勒哲取道自杭，以兵劫達實特穆爾，使陞己爲本省參知政事，達實特穆爾遂填募民入粟空名告身予之。楊鄂勒哲以數萬衆屯嘉興，先鋒吕才以七千衆屯王江涇，商旅不行，軍容甚盛。張士德遂不敢取道嘉興，乃自平望、烏墩直搗杭州。江浙丞相達實特穆爾，恃鄂勒哲兵强，漫不爲備。寇至，城遂陷。鄂勒哲乃以苗軍及官軍分爲三路，蔣英從大麻、塘棲，董旺從硤石、長安，身率劉震、朱誠，從海鹽、黃灣而進。吕才、吕昇屯守嘉興。士德知鄂勒哲分路而來，遂應接不暇，一敗於皋亭，再敗於謝村，三敗於央城巷，賊水從德清，陸從海鹽遁去，遂復杭州。張士誠將史文炳以水師數萬攻嘉興，楊鄂勒哲以大軍四伏，使小舟數百十艘餌之。賊檣艣蔽天，排江而下，追至杉青，東西岸多積葦以待。適南風大作，岸上舉火，賊舟焚燎至四十里不止，死者甚衆。遂捨舟登陸，進逼城下，戰於冬瓜堰。大破之，斬首萬千級，俘者數千。張士信以伏水遁還。然鄂勒哲凶肆，掠人財貨婦女，部曲驕橫，民間謠曰：死不怨泰州張，生不謝寶慶楊。《續資治通鑑》。

至正十六年，張士誠弟士德攻海鹽，乍浦鍾氏拒之，時苗兵過州境，民大擾。徐泰《志》。

張士誠侵攻嘉興，元兵力不能守，江浙行中書省丞相達識貼睦爾以便宜調楊完者兵來禦。即鄂勒哲。完者陰鷙酷烈，多權詐，有苗黨千餘，皆趫捷拳勇，能赴湯火，號曰答剌罕，屢敗張軍，嘉興獲全。因恃功脅丞相陞己本省參知政事，署官屬淫穢彰聞，後敗還杭，竟以酷自滅，而嘉興郡邑亦陷於張氏。《海鹽圖經》。

嘉興通守繆思恭，當張氏來攻嘉興，楊完者令典火攻，遂大捷。既而張氏歸命，因大城武林，檄繆統所屬工徒以赴其役。張陰屬其弟士信乘此戮辱之，衆皆爲寒心。繆不介意。繆治西北面數十百丈，以松江路工徒屬之。每事作則先人，止則後人，勞來督刾，殊得衆心，視他所作益堅好，士信亦無可奈何。一日巡功，謂繆曰："別駕好將息，念及杉青火攻時，猶使人肉跳不已。"《樂郊私語》。

至正二十六年，吳左丞華雲龍率兵攻嘉興，張士誠將宋興以城降。《續資治通鑑》。

明正統八年，倭夷始寇台州、海寧、乍浦諸處。倭夷即日本，歷朝入貢。至嘉靖二十七年，御史周亮上疏，請改浙江巡撫爲巡視。不置巡撫者四年，海禁弛，倭遂肆。大奸若汪直、徐海、陳東、麻葉輩悉逸入海島，爲倭謀主，誘之入寇，倭患日劇。於是廷議復設巡撫，而勢已不可撲滅。三十二年三月，汪直勾諸倭大舉入寇，海濱數千里同時告警，破昌國衛。四月，破太倉、上海，攻海鹽，至海寧衛，把總馬呈圖，指揮采煉，百户王相、姜楫、吕鳳、姚岑，千户王繼隆，百户楊臣、康綏皆歿於陣。五月，破乍浦所，百戶陳綏、指揮陳善道、冠帶哨旗張儒死之。三十三年三月，賊首蕭顯流突海鹽，官兵敗於二十里亭。九月，攻嘉興，官兵追之，與戰於孟家堰，指揮李元律、千戶薛絅、宋應瀾死焉。既而賊走嘉善，奔百家山，走沈家河，參將張欽、百戶趙軒、梁瑜、都指揮周應楨等戰死。十月，攻乍浦所。十一月，賊入嘉善，遂至湖州。十二月，賊復入嘉善，百戶賴榮華中礮死。賊還屯柘林，縱橫來往，若入無人之境。帝命兵部尚書張經總督軍務，乃大徵兵，四方協力進剿。是時，倭以川沙窪柘林為巢，抄掠四出。三十四年正月，賊奪舟犯乍浦、海寧，陷崇德，轉掠塘棲、新市等處。五月朔，突犯嘉興，經遣參將盧鏜督保靖兵，援以俞大猷督永順兵，由泖湖趨平望，以湯克寬引舟師由中路擊之，合戰於王江涇，斬賊首一千九百餘級，焚溺死者甚眾，自軍興來稱戰功第一。時帝遣工部侍郎趙文華督察軍情，文華貪婪，顛倒功罪，當倭寇嘉興，巡按胡宗憲中以毒酒，死數百人，及經破王江涇，宗憲與有力，文華盡掩經功歸宗憲，經遂得罪棄市，即超擢宗憲代之。賊尋犯平湖。十一月，賊登犯海鹽，知縣鄭茂、指揮徐行健即日討平之。三十五年，宗憲見倭勢日甚，與文華定招撫計，乃令客蔣洲、陳可願諭日本國王，遇汪直養子漵於五島，邀使見直。宗憲與直同鄉里，本欲招致之，釋直母妻於金華獄，給資甚厚。洲等諭宗憲旨，直心動，令洲諭各島而遣漵護可願還。宗憲厚遇漵，令立功，漵遂破倭舟山，再破之列表。亡何，徐海偕陳東、麻葉引萬餘人攻乍浦，過海鹽，指揮徐行健死之。四月，攻嘉興，指揮程祿死之。時宗憲壁塘棲，與巡撫阮鶚相犄角，會海趨阜林，鶚遣游擊宗禮擊海於崇德三里橋，三戰三捷，既而敗死。鶚走桐鄉，賊乘勝圍之，宗憲遂還杭州，遣指揮夏正等持漵書，邀海降。時海病創，意頗動，正曰："陳東已他有約，所慮獨公耳。"海遂遣使來謝，索財物，宗憲報如其請，海乃歸俘二百人，解桐鄉圍。復巢乍浦，以弟洪來質，宗憲厚遇洪，諭海縛陳東、麻葉，許以世爵，海果縛葉以獻。宗憲解其縛，令以書致東圖海，而陰泄其書於海。海怒。海妾受宗憲賂，亦說海。於是海復以計縛東來獻，帥其眾五百人去乍浦，別營梁莊。官軍焚乍浦巢，海遂刻日請降，先期猝至，留甲士平湖城外，率酋長百餘，冑而入，叩首伏罪。宗憲摩海頂，慰諭之。海自擇沈莊屯其眾。沈莊者東西各一，以河為塹。宗憲居海東莊，以西莊處東黨，令東致書其黨曰："督府檄海，夕擒若屬矣。"東黨懼，乘夜將攻海。海挾兩妾走，間道中稍。明日，官軍圍之，海投水死。會盧鏜亦擒辛五郎至，辛五郎者，大隅島主弟也。遂俘洪、東、葉、五郎及海首獻京師。餘黨奔舟山。俞大猷雪夜焚其柵，盡死。浙倭遂平。《明史》。參《籌海圖編》《海國圖志》。

　　嘉靖三十二年，倭入境，百戶徐東瀛統軍至，申號令，明賞罰，選屯之餘夫，為請兵甲。倭畏撻，乃令百人習棍，曰打手。三十四年夏，倭復至，眾議守，東瀛曰：倭未知地利，且狃前役必小吾，當乘其不備擊之。薄暮，秣馬飽士，四鼓至石墩焚倭營，倭死傷無算。黎明伏兵葛嶺，自殿而還，無一人傷者。既倭圍漵，以木作舟形，舁百餘眾，戴之掘城。東瀛與典史李茂戮力捍禦，以大石從堞下之，斃倭甚眾，圍四旬乃解。三十五年，倭猝至，東瀛以請糧他往。東瀛子雨川集所部奮擊殺賊五六百人，溺死尤眾。次夕，倭復至攻城，雨川已預為防禦，發礮殲賊三千餘人。時雨川方弱冠，奉獎賞辭之，特為屯之餘夫殺賊有功請給口糧，謂餘夫聚之無食，散之可惜也。總制胡宗憲允其請，漵兵之設，由雨川請也。《漵浦詩話》。

　　劉存義令平湖，時倭急攻城，城上懸燈，患風雨吹爛，且苦燭寡，乃令作薄鐵版，斲薪木，以瀝青灌其上，為長鈎墜城腰上，置木版遮覆，瀝青遇風雨益熾，不添燭而火光亙長夜，且城上望城下如晝，城下望城上如漆。平湖程《志》。

　　國朝順治二年閏六月,嘉興民揭竿起者數千人,戕秀水知縣胡之臣,遂踞城。推前翰林屠象美主其事,前都督僉事陳梧爲帥,前吏部郎中錢棅助餉。大兵在杭聞報,遣數百騎襲諸三塔灣,大敗之。象美出走,爲亂民所殺。棅集躂大兵於震澤,兵返戰,衆潰被殺。先是,三塔灣之敗,生員鄭宗彝祖背呼市上,集者復千人,城守十六日,餉竭,宗彝與弟宗琦俱死。前吏部尚書徐石麒時出城召募扁舟,宿水次,城將破,呼於城下曰:“吾大臣,不可野死,當與城俱。”縋之上。老僕徐成欲先登,少僕徐錦止之,曰:“君老矣。”成怒曰:“童子何知,謂我老邪?”俱縋入。城陷,石麒朝服自經死,成與錦從死城外。二僕祖敏、李升聞之亦死。同時死者,前薊遼守備項嘉謨與二子一妾,投天星河死。諸生張翃、錢應金俱死。《小腆紀年》。

　　順治二年六月,嘉興李毓新等謀矯稱奉潞王監國起兵,平湖、海鹽皆應之水北。盜王有虔率衆二千餘人來附,橫行市中,參將周一誠擒斬之。嗣民薙髮歸命,澉浦訛傳一誠請兵將屠澉。八月,澉人二千餘入海鹽城,焚參將署,一誠遇害。《續圖經》。

　　順治三年,明魯攝餘姚縣事王正中率衆犯澉浦。《小腆紀年》。

　　順治四年,海寇登掠,白馬廟駐防副將黑光玉擊卻之。九年,海舟四十八艘犯龍王塘,泊教場沙上,游擊吳光斗自嘉興將兵赴援,海舟引去。十一年,海寇泊白塔山,登犯藍田浦,海鹽知縣郭尚信輕騎赴之,爲寇所圍,馳射突圍出,賊引去。《續圖經》。

　　道光十九年,粵東海釁開。二十年六月,英夷陷定海,踞之。是月二十四日,夷船犯乍浦,駛至彩旗門,礮擊葫蘆城,傷滿兵二人,碎天后宮石碑。官兵回礮擊卻之。節相伊里布來浙視師,議歸所俘夷酋女,易定海城以歆之。已而,兩江總督裕謙來浙,議戰。二十一年二月,誘護夷酋喂㖊㖊嘸磔而暴其皮於寧波城,以其筋爲鞭,夷遂揚言復仇。八月,陷鎮海及寧波。十月,揚威將軍奕經、參贊大臣文蔚繼至浙。二十二年四月初七日,夷輪船二十四隻再入彩旗門,官兵方扼天后宮、葫蘆城、觀山寨各要隘,奸民導夷分兵,乘商船舢板船由陳山左右海灘於初八日夜渡登岸。初九日,夷船礮擊天后宮、葫蘆城而登陸之,夷兵潛走金家灣,繞唐家灣以撲乍城。時陝甘援軍陣於唐家灣山北,夷從龍湫山東偏徑掩至,戰失利,觀山官兵不支,城遂陷,乍浦副都統長喜、海防同知韋逢甲等死之。初十日,犯平湖,至虹霓汛,河狹不得進。十一日,由海塘犯海鹽,至白馬廟,夷酋墜馬死,仍回乍浦,土人謂廟中白沃使君顯靈所致。後經巡撫劉韻珂奏入祀典。十五日,夷退,復乍浦城。二十三年,籌辦海疆善後事宜,於海、平各要隘建築礮臺,增設外海水師,俱詳載各條。

　　咸豐十年立春前一日,嘉興官僚迎春,方出東城,土牛忽崩坼,人以爲不祥。至夏四月二十六日,果失守。是年正月,江南賊由寧國直犯杭、湖,遂陷杭州,復棄杭以回,攻我金陵大營。閏三月十四日,大營潰。二十八日,江督何桂清棄常州城走。四月初六日,常州失守。十三日,蘇州陷。二十六日,賊撲嘉興,提督江長貴之兵潰於平望,知府張玉藻聞警走,府訓導張詠題絕命詞於壁,投泮池死,教授蔡兆輅自經死,城遂陷。張玉良收集潰勇萬二千人,編列成軍,以圖嘉興,紮營三塔灣白衣菴,肉薄城根。七月十七日,轟破南門垜口,城賊半逃,旋因阻水不能入。二十四日,潮勇通,賊陣自亂,各營目畫船繡幕,攜眷舟居者護眷先奔,河狹舟爭,水軍亦亂,參將張天禄引火藥自焚死。張玉良至,石門縣令李宗謨迎於河干,請守石門。張佯諾,夜半走,天明賊至,李宗謨死之。是時嘉善已於七月十二日失守,平湖於十五日失,桐鄉於二十六日失。至石門既失,越日復之,旋爲賊踞,將城池折毀,改作營壘,平湖亦越日復之。八月初五日,又失又復之。至十一年二月二十七日,槍船土匪勾賊破海鹽。二十九日,復之。三月八日,復失。明日,破乍浦,都統錫齡阿死之,遂破平湖,於是嘉興惟澉浦城孤存一角。賊方結巢璵城,義民沈掌大集衆數萬,持扁擔塗石灰爲號。五月十三日,與澉浦把總陳長瑞合兵進剿,抵勾塍橋,遇賊擊之,勝。援賊至,遂敗,長瑞陣亡,兵民死者甚衆。次日,賊赴澉大掠,掌大被執遇害。當蘇州既失,署撫薛煥駐滬上。平湖三泖與滬通,十年秋七月至十一年春二月,嘉興之正道雖梗,而鹽、澉、平、乍四城未失,浙江之軍書猶可由海寧繞此以達於滬,其守鹽、平者有革提米興朝革將張威邦、副將黃金友、水師提督曾秉忠及其弟守忠,以保此偏隅。而乍浦滿營亦苦戰卻敵,故嘉興由漢塘一路賊不能竟撲平湖。至是土匪導從旁襲,黃金友力戰陣亡,而浙滬之路斷矣。賊踞嘉興,大造僞府,費用不貲,皆剝取之民間而爲之,剝削者大抵槍船博徒居多。槍船者,以兩頭尖小輕船,架槍其上,作奸犯科,無所不至,海寧及鹽、平、乍浦四城之破,皆此類所爲也。節錄《談浙》。

同治元年四月,今節相合肥李鴻章以延建邵遺缺道署蘇撫,率程學啓諸軍由輪船渡江至上海,陶汰羸卒,會商外洋,收復柘林、奉賢。五月,復南滙、川沙。六月,復金山衛。七月,復青浦。九月,復嘉定。十月,復常熟、昭文。二年三月,復太倉州。四月,復崑山、新陽。六月,復吳江、震澤,進攻蘇州并分圖嘉興。七月,翰林院編修劉秉璋、常鎮道潘鼎新攻克嘉善縣之楓涇、西塘鎮,總兵張遇春、副將楊鼎勳會進水師曾守忠克茜涇。二十一日,破干窰。嘉善城東之張涇滙,爲平湖達嘉善之衝。十月二十日,劉秉璋由楓涇往攻不利,參將王玉林死之。十一月初四日,復攻克之。初六日,進屯廣陳、新埭、鍾埭以圖平湖。初七日,水師偪城,賊酋迎降。初八日,收復平湖,乍浦賊酋亦乞降。十二日,收乍浦城。十三日,收降海鹽。十四日,收降澉浦。十五日,擊璵城,賊走之。二十八日,收降嘉善縣城,潘鼎新之軍攻克沈蕩、新豐鎮。同治三年正月,諸軍偪嘉興。十九日,程學啓壘於北門,劉秉璋駐朝陽廟及七里店、會龍橋。二十三日,潘鼎新率師來會,時東北賊壘尤多,議以學啓軍與淮揚太湖水師分攻城北杉青閘、御花園、端平橋,李昭慶攻秋涇橋,秉璋、鼎新攻城東吳涇橋、東塔寺,吳毓芬攻合歡橋,皆克。湖州賊酋來援,水軍屢擊走之。二十八日,炸礮壞城垣十餘丈,學啓令總兵何安泰、劉士奇率千人踰河乘城,自率陳忠德、王永勝繼之,賊然火藥傾而下,不克登,何安泰中槍死之,副將郭興發陣亡,水師李助發、周正林、趙三德俱重創,軍士死者數百,城賊守禦甚力,官軍多傷。二月既望,學啓夜督軍士於城下端平橋,築月牆護礮,分門擊之。十七日,部將劉玉龍教練洋人,備雷發大炸礮,毀城上礮臺二十餘座,壞城垣百餘丈,賊爭負土堵禦,我軍夜成浮橋。十八日,學啓促將士梯北城而登,死者相枕藉,學啓憤躍踰浮橋,肉薄登城,槍子中左腦,昏絕,舁歸營。越二日,至蘇州傷亡。其下益裹創冒死爭進,炸礮中賊火藥,鎗聲驟沸,潘鼎新、劉秉璋、李朝斌水陸咸登城,城遂破,擊斬五六千級,賊由西門遁,復截殺之靡遺,礮斃賊酋劉得功,獲廖發受於井,斬之,嘉興以復。時兵部員外郎秀水張清泰、江蘇知縣桐鄉陸費森等支應程學啓軍,隨同進勤,實著勤勞,此蘇軍克復嘉善、平湖、乍浦、海鹽、澉浦,進攻府城情形也。同治二年冬,浙軍圍杭州未下,浙藩蔣益灃由蕭山之小泗渡渡江,降海寧賊酋。三年正月,遂由海寧偪桐鄉,前寧紹台道張景渠、直隸州知州李邦達、都司謝茂勝暨葉炳忠所部俱進,賊降。初八日,復桐鄉縣城。二月,湖州賊自烏鎮鑪頭三里街、陡壘雙橋連營數十里,復撲桐鄉,我軍禦賊甚力。十五日,同知楊道洽分攻鑪頭鎮三里街,張景渠遣張其光、陳紹助剿,平其壘。十八日,力攻,陡壘克之。三月初五日,我師進偪石門,賊降,收復石門縣城。二城既降,嘉屬全清,浙軍遂與蘇軍合以圖湖州,此浙軍收復石、桐情形也。

【校注】

　　[1] 夜:原作"下",據《資治通鑑》卷一六六《梁紀》二十二改。

附録:外國交涉事務二則

　　同治五年四月,英國商人怡和行以通事黄姓出名,在嘉邑餘賢埭買地建造洋房,開張繭行。查條約,外國人賃房開棧,僅可在通商口岸。嘉興係屬内地,並非口岸,由知府許瑶光、知縣臧均之飭令拆除停止。奉通商大臣札,由地方官另示招本地華民置房,雇覓烘繭之人承辦,俾洋商投行收買。據定海廳監生蔣塈呈請,在餘賢埭買地造屋開行,議准給帖完案,現在所造棧房業已全毀,自行拆去。

　　同治七年七月,美國長老會惠志道派令教民華人來郡,租賃薦橋直街房屋傳耶蘇教。此屋係胡姓之産,朱姓盜租與教民,旋經胡姓查知報官,經嘉興縣臧均之飭令遷讓。乃駐滬美國總領事西華謂爲驅逐教民,有違和約,疊次照會查辦,並有布國斯米德自稱公使、英國姜闒理、美國惠志道、葛蓮來郡面論,經府、縣折之以理,係房主令其遷讓,并未簽差驅遂,通稟上司。嗣奉通商大臣馬新貽札飭上海道,轉覆美領事以租屋傳教必先報明地方官酌辦,且斯米德等四人未奉領事飭派,逕至嘉興面見府、縣,妄稱公使,甚屬悖謬,應作罷論,就此結案。

　　案:絲茶互市,以羈外藩,西城傳教,屢興口實,前二事均干涉通商和約之件,處之不慎,動啟爭端,故附之兵事。

嘉興府志卷三十二

農　桑

生民之利莫大於農桑。嘉興，吳時野稻自生，是自古有年，農夫之慶也。宋時，濮院爲織錦地，是匹婦蠶之，五十可以衣帛也。民用充，而國用乃足，吳秔以供白糧，貢絲以實筐篚，民事固可緩乎。志《農桑》。

嘉興之民終歲勤動者，餉給於國，而尺寸之土必耕；衣被他邦，而機軸之聲不絶。柳《志》。

秔、秫皆謂之稻。正月釀土窖糞，二月治春岸，三月選種，立夏蒔秧，四月刈麻麥，遂墾田或牛犁，已而插青，用桔橰灌田，旱入潦出。自四月至七月，皆爲農忙月，富農倩備耕，曰長工、曰短工；佃家通力耦犁，曰伴工。端陽前後插青畢，釀金賽田畯，濁醪瓦缶，酣呼相勞苦，謂之青苗會。是後耘耔、糞溉各以時。處暑苗行根，綻穗苦旱。白露花開苦風。秋分稻秀苦雨。八月二十四日爲稿生日，尤忌雨。九月刈禾，無敢過霜降。亦有早稻先一月熟。是月藝麥豆，栽桑築場，子婦竭作，亦謂之忙月。十月礱米，富農高廩，蓋藏稍貯，額賦供官，佃農輸租，田主貯其餘，以備春作。袁《志》。　參嘉興何《志》、秀水任《志》。

案：嘉禾農事，嘉興、秀水大略相同。至嘉善、平湖，或用牛犁、牛車，海鹽亦間以牛戽水，石門、桐鄉二邑不甚相遠，蓋土壤稍殊，事力各異。舊志所載，特言其略而已。

海鹽地方高仰，潮汐之至，非有山谷隄防，而人居以安。其土黃壤，其井泉甘。溝澮之水不可瀦蓄，故民皆服田力穡，勤於農務，利於早熟。宋李正民《儒學碑記》。

凡種稻，先擇種。立夏糞秧田，浸種，浸五日始秧，撒之秧田，又五日，秧始齊。芒種後夏至前爲黴，時多雨，墾田平之，又磟之，且糞之，乃拔秧栽之。無雨則斛水爲之，用桔橰。其糞也，以豬灰，以豆餅，或以草入之河泥，爛而用之。栽秧二十日乃盪，盪以木板，叢釘於上，柄以長竹，以疏苗之行，令根易行也。又五六日乃耘，耘者，去草也，爬苗之肋，置所去草於下，助糞力也。耘凡三，再耘爲下，農一之多弗矣。耘之服，曰馬，曰盪胸，曰臂籠，曰指籤，皆以竹爲之。苗葉利，懼傷膚也。跪而耘，膝故無蔽，多傷矣。稻，水種也，天澤未易，常微桔橰力居多。惟立秋前十日宜稍乾之，令根固，餘日水晝夜不得乏絶。收穫多寡壹視斛水勤惰。凡稻，處暑而胎，白露而秀，秋分而秀齊，寒露而盡實，霜降而黃，立冬盡刈矣。刈稻有鎌，形如鈎，稍濶。打稻有牀，以竹爲櫺，取其易落。磨稻有礱，用木或用土而齒之，輕則不能去殼，重則懼傷米也。凡田一畝，用種七升或八升，顆六爲肋，肋八爲籆，畝穫稻爲籆者三百六十，上農豐歲，籆可得米七合，畝可得米二石五斗也。近水者，單車；水稍遠者，雙車，悉用人力。高阜者，斛水間用牛車，而耕仍用人云。《海鹽圖經》。　國朝洪景皓《農》詩："楝樹花開大麥黃，村村擎耒墾斜陽。桔橰聲間山歌響，撿歷明朝好撒秧。""婦插青田男溇田，勤偏居後嬾居前。藍裙黑袴青衫襖，不怕朝朝泥水濺。""月落雞鳴星漸稀，趁涼芸草露沾衣。指籤臂籠騎秧馬，惱殺蚊蠅撲面飛。""西南風喝陣雲蒸，掣電鞭雷勢欲崩。雨脚未收斜日漏，負鋤人徧歷溝塍。"

平湖田，高不磽确，卑不沮洳，得沃瘠之中。畝收以石米爲準，其加勸雞斗麥者，稱最上産。農勤則倍收，産戶不得過而問焉。穀賤加徵，農不任咎，故務本者衆。平湖朱《志》。

凡種田，初春鍬溝、春岸，入夏刈麥，遂墾田，或以牛犁，戽水亦多用牛。浸穀蒔秧，秧既齊，乃拔而插之。繼以盪，又再三耘，水常不斷。暑旱，生蟲，灑油而掃之。婦女饁餉，亦拔秧、戽水，與男子均勞。田時官罷追呼，謂之停忙。九月刈稻，十月輸租，既穫，墾爲稜，種豆麥。平湖張《志》。

種田之法，不在乎早，本處土薄，早種每患生蟲。若其年有水，種田則芒種前後插蒔爲上；若旱年車水，種田便到夏至也不妨。只要倒平田底，停當生活，以候雨到。雨不到則車種，須要一日車水，次日削平田底，第三日插秧，使土中熱氣散盡，後無蟲蛀之患矣。凡種田，總不出“糞多力勤”四字，而墊底尤爲緊要。墊底多，則雖遇水大，而苗肯參長浮面，不至渰没。遇旱年，雖種遲，易於發作。其插種之法，行欲稀，須間七寸，段欲密，容盪足矣。平底之時，有草須去盡，如削不能盡，必拔去而後平底。蓋插下須二十日方可下田拔草，倘插時先有宿草，得肥驟興，秧未見活而草已滿，拔甚費力。此俗所謂“畝三工”。若插時拔草先净，則草未出而苗已長，不須二十日便可拔草，草少工省，此俗所謂“工三畝”。只此兩語，豈不較然？況又有水旱不時，車戽不暇，須預喚月工，多喚短工。攙先做起，頭番做得乾净，後番次次省力。今日拔草，明日即要橫鋤，所謂“頭番不要早，二番不要遲”，當使草常無處著脚。兩鋤須要將土翻箇轉身，不徒移動場屋。計小暑後到立秋，不過三十餘日，鋤、盪、耘四番生活鋤二、盪一、耘一，均匀排雲定。總之不可免，落得上前爲愈也。立秋邊，或盪乾，或耘乾，必要田乾縫裂方好。古人“六月不乾田，無米莫怨天”。惟此一乾，則根派深遠，苗幹蒼老，結秀成實，水旱不能爲患矣。乾在立秋前，便多乾幾日不妨；乾在立秋後，纔裂縫便要車水。蓋處暑正做胎，此時不可缺水。古云：“處暑根頭白，農夫喫一嚇。”下接力，須在處暑後。苗做胎時，在苗色正黄之時。如苗色不黄，斷不可下接力，到底不黄，到底不可下也。若苗茂密，度其力短，俟抽穗之後，每畝下餅三斗，自足接其力。切不可未黄先下，致好苗而無好稻。蓋田上生活百凡容易，只有接力一壅須相其時候，察其顏色，爲農家最要緊機關。無力之家既苦少壅薄收，糞多之家每患過肥穀秕，究其根源，總爲壅嫩苗之故。而扼要之法，一在墾倒極深。深則肥氣深入土中，徐徐討力，且根派深遠，苗幹必壯實，可耐水旱，縱接力薄，而原來壅力可以支持。即再多壅，譬如健人善飯量高，多飲亦不害事。此爲第一著。一在多下墊底。墊底多，插下便興旺，到了立秋，苗已長足，壅力已盡，幹必老，色必黄，接力愈多愈好。一在六月内乾過一番，則土實根牢，苗身堅老，堪勝壅力而無傾倒之患。但自立秋以後，斷斷不可缺水，水少即車，直至斫稻方止。俗云：“稻如鶯色紅，全得水來供。”若值天氣驟寒，霜早，凡田中有水，霜不損稻；無水之田，稻即秕矣。先農有言：“飽水足穀。”此之謂也。《沈氏農書》。　國朝王庭《田家》詩：“仲夏興農工，主人戒僮僕。連年有饑荒，今秋願成熟。墾畦莫若深，灌水莫若沃。及時不芟除，稂莠纏嘉穀。人生貴衣食，勤勉豈云獨。向夕倚柴門，牛羊待歸牧。”

凡農器不可不完好，不可不多備，以防忙時意外之需，糞桶尤甚。諸項繩索及簑笠、斧鋸、竹木之類，田家一闕，廢工失時，往往因小害大。崇禎庚辰五月十三日，水没田疇，十二以前種者，水退無患，十三以後，則全荒矣。有一人以簑笠未具，不克種田，以致饑困。俗云：“爲了一錢，餓倒一家。”簑衣、笠帽一副，價貴不過一錢。《書》云：“唯事事，乃其有備，有備無患。”推此可戒其餘。世人多金以備玩器，而惜小費以治田器，豈非惑之甚乎？張氏《補農書》。

農器自耒耜外，戽水有車。宋蘇軾《水車》詩："翻翻聯聯銜尾鴉，犖犖確確脱骨蛇。分疇翠浪走雲陣，刺水緑鍼抽稻芽。"取泥有罱。國朝錢載《罱泥》詩："昨夜看天色，共説今朝晴。我船篷已卸，雖雨擔罱行。兩竹手分握，力與河底争。曲腰箝且拔，泥草無聲並。罱如蜆殼閉，張吐船隨盈。小休柳陰飯，煙氣船梢横。吴田要培壅，賴此糞可成。楊園補農書，先事宜清明。"芟草有搨，築場有軸，刈稻有鎌，曝稻有□，擊稻有牀，翻穀有爬，脱穀有礱，去粃有篩，扇粟有車，擊屑有枷，削槁有豁。《烏青文獻》。

正月：宜墾田；種桑秧；敲菜麥溝；倒地；罱泥；下地壅；脩桑刮蟥；倒芋艿田；澆菜麥；載壅；撒蠶草秧界繩；編蠶簾蠶簀；窖垃圾；磨路；置鐵扒、鋤頭、桑翦；買糞；買柴炭、鍬蒲、簑衣、箬帽；糴豆泥。二月：宜倒地、刮蟥；下菜壅；倒田；鍬溝；澆菜秧；罱泥；刓溝；倒秧田；做塍脩發；脩圩岸；撍地攤；鋸車扉；載壅；綑桑繩；架山繩；撒柴；接桑樹；下瓜、葡子；排韭；沉麻子；唤工翦桑；僱忙月人工；脩好筐篣；换炭；買糊篣紙。三月：宜刓地；沉梅豆、晚豆；墾花草田；澆桑秧；罱泥；倒田；種芋艿；削豆阪；窖花草；做秧田；刮二蟥；鋸車扉；載壅；把桑繩；僱匠做車扉鶴膝；修蠶具車仗、絲車；種瓜秧；並豆、萄；浸種穀；買水梡。四月：宜刓地；謝桑；倒花草田；壓桑秧；種茄；倒地；翦桑；澆桑秧；沉晚豆；看三蟥；收菜麥；種芋艿秧；做秧田；下種穀；拆麥崙；窖蠶沙梗；甩麥；下田；窖蠶豆拇；看秧水；架瓜豆棚；澆瓜茄；並豆、萄秧。沉赤豆；雨後看地溝；桑秧；買牛壅磨路。五月：宜刓地；澆桑秧；澆瓜茄秧；並豆、萄等，惟夏至後半月，不可澆灌。拔地草；挑草泥；斫地攤；幷塍脚。下田；拔秧；種田；打菜油；扳桑附枝；幷匀葉。糴大麥；買麻苧布。六月：宜刓地；拔梅豆；墾倒種菜地；揑頭蟥；鋤田；刓晚豆；斫黄麻梗；收藏種子；蠶豆、梅豆，大小穜麥。定枯桑葉。七月：宜刓地；盪田；耘田；揑二蟥；修桑；把桑；載壅；下接力；下麥秧；幷胡蘿蔔。種葱；下菜秧；買羊草。八月：宜刓地；做泥磚；倒地；下地壅；挑河泥；罱泥；删胡蘿蔔；下白蘿蔔；撒菜秧；種菜；斫地攤蘆草；罱地梗泥；絞簥簽；押簾繩；翻千年久去根；捉蛀蟲；抹車油；押簾；修船；沉蠶豆；地攤。撒花草子；下寒豆；田塍。線雞；買稻鋏；幷鐮刀。買篩籃；合酒麴。九月：宜墾地；斫早稻；沉蠶豆；墾麥崙；罱泥；勒葉；拔晚豆；做稻場；打稻巴；載壅；絞繩索；捉蛀蟲；鋤竹地；挑稻稈泥；做絮；買牛壅；買絮骨；箍臼。十月：宜斫稻；墾麥崙；沉麥、種菜。澆菜麥；及蘿蔔菜。曬穀；墾地；甩稻；做米；斫蘆；縛囤；絞繩索；罱泥；拔赤晚豆；種芥菜、青菜；起芋藏種；買枯葉；買草柴；買牛壅；租窖；做酒。十月白。十一月：宜墾菜崙；種菜。提菜麥溝；種大小麥；曬穀；墾地；罱泥；做米；打米；絞繩索；縛囤；截桑傀儡；刮蟥；提溝；載壅；斫芊芠；載羊葉；挑稻稈泥；藏種穀；租窖。十二月：宜下地壅；墾阪田；刮頭蟥；澆菜；罱泥；載壅；修桑；打米；絞繩索；了田；菜麥田賸下者。斫樹枝；削地攤；塍脚。編籬笆；車池潭；换灰糞；買過地韭秧；做好酒。《沈氏農書》。

正月凡春當和而反寒，必多雨。諺云："春寒多雨水。"初八日夜觀參星，占水旱，又卜元夕之陰晴。諺云："初八夜不見參星，月半夜不見紅燈。"上元日晴，春水少。諺云："上元無雨多春旱，清明無雨少黄梅。夏至晴，三伏熱。重陽無雨一冬晴。"雨水後陰，多主少水，高下大熟。諺云："正目罌坑好種田。"案《月令廣義》：正月上旬二日，得辛，禾蠶收。三日四日，主田蠶全收。五日六日，麻、粟、麥、蠶全收。七日八日，得辛，絲貴。二月二日有雨，宜蠶桑，柘賤。十二日夜宜晴，可折十二日夜雨，二月最怕夜雨。若此夜晴，雖雨多亦無所妨。十夜以上雨水，鄉人盡叫苦。三月清明，午前晴，早蠶熟；午後晴，晚蠶熟。諺云："雨打紙錢頭，麻麥不見收。雨打墓頭錢，今年好種田。"若清明前後有水而渾，主高低田禾大熟，四時雨水調。案《檇李詩繫》：十一日麥生日，宜晴，此月無雨，麥有秋。諺云："三月溝底白，莎草變成麥"，言無雨則有收。穀雨前一兩朝霜，主大旱。是日雨則魚生，必主多雨，二麥紅腐。案《雜五行書》：欲知鹽美惡，常以三月三日天陰無日不見雨，鹽主大善。四月，必作寒數日，謂之麥秀寒。月中看魚散子占水。黃梅時，水邊草上看散子高低，以卜水增止。立夏日夜雨損麥。諺云："二麥不怕神與鬼，只怕四月入夜雨。"又云："麥看四月四，稻看八月八。"皆宜晴。大抵立夏後夜雨多，便損麥。蓋麥花夜吐，雨多花損，故麥粒浮粃。案：是月育鹽，曰鹽月。諺云：做天難做四月天，鹽要温和麥要寒，麻要日頭秧要雨，看鹽娘又要無雨勿晴天。五月，諺云："初一雨落井泉浮，初二雨落井泉枯，初三雨落連太湖。"又云："一日晴，一年豐；一日雨，一年歉。重午日雨，絲綿貴。"《風土記》云：夏至前，芒種後，雨爲黃梅雨。田家初插秧，謂之發黃梅。芒種後半月內西南風，諺云："梅裏西南，時裏潭潭。"但此風連吹兩日，雨立至。立梅日早雨，謂之迎梅雨，主旱。諺云"雨打梅頭，一去不回頭。"至後半月爲三時，諺云："時雨西南，老龍奔潭。"又云："朝西暮東風，正是旱天公。"夏至日雨落，謂淋時雨，主久雨，其年必豐。二十日爲分龍，無雨而有雷，謂之銷龍門。諺云："二十分龍廿一雨，破車閣在衖堂裏。二十分龍廿一鸞，拔起黃秧便種豆。"六月蓋夾被，田裏不生米。諺云："六月不熱，五穀不結。"初三日雨難稿稻。諺云："六月初三晴，山篠盡枯零。六月初三一陣雨，上晝芸苗下晝睡。"小暑日雷雨，名倒黃梅。諺云："小暑一聲雷，翻轉做黃梅。"三伏中稿稻，天氣又當下壅時，最要晴熱。夏秋之交，稿稻還水後喜雨。七月立秋日，雷損晚稻。諺云："秋霹靂，損晚穀。"案《檇李詩繫》又云："秋字鹿，損萬斛。"大抵秋後雷多，晚稻少收。非但忌此日，喜西南風，主田禾倍收。諺云："三日三石，四日四石。"八月早禾怕北風，晚禾怕南風。凡朔要晴，唯此月要雨，好種麥。白露雨，爲苦雨，稻禾霑之則白颭，蔬菜霑之則味苦。蓋稻花見日吐出，陰雨則收，正吐之時，暴雨忽來，卒不能收，遂致白颭之患。秋分要微雨，或陰天最妙，主來年高低田大熟。喜雨，諺云"麥秀風搖，稻秀雨澆"。畏旱，諺云"田怕秋旱，人怕老窮"。案：十二、十三兩日爲鹽鹵日，皆宜晴。二十四日爲稻稿生日，雨則稿腐。俗云"是日上午雨，則甕上荒"，言米貴也。"下午雨，則甕下荒"，言薪貴也。寒露忌西北風。諺云"寒露三朝西北風，十個箚籃九個空"。九月九日及十三日晴，主一冬無雨。諺云"重陽無雨一冬晴"。又云"九月十三晴，釘鞋掛斷繩"。十月立冬，晴則一冬多晴，雨則一冬多雨，並陰寒。立冬日，西北風，主來年旱，天熱。十六爲寒婆生日，晴，主冬暖。冬前霜多，主來年旱。冬後多，晚禾好。冬初和暖，謂之小春，又謂之曬糯穀天。小雪日見雪，主米賤。十一月冬至，古語云"明正暗至"。諺云："乾冬濕年，坐了種田。"又云："冬至雨，年必晴。冬至晴，年必雨。"月內雪多，主冬春米賤。有雷，主春米貴。冬至前，米價長，後必賤，落則反貴。十二月立春，主冬煖。諺云："兩春夾一冬，無被煖烘烘。"至後第三戌爲臘，臘前三兩番雪，謂之臘前三白，大宜菜麥。諺云："若要麥，見三白。"又主來年豐稔，諺云："一月見三白，田翁笑嚇嚇。"又主殺蝗子。冰結後水落，主來年旱。冰結後水漲，名上水冰。主水。《農政全書》。

稻種，以早白稻爲上，只肥壅不易調停。少壅不長，多壅又損苗。但喜其米粒粗硬而多飯，所宜多種。黃稻能耐水旱，多壅不害，只怕霜早，米不圓滿。其餘稻色，好歹不同，總無如黃、白二種。所宜對半均種，以便次第收斫，不致忙促。先農嘗卜其吉者而多種之。《沈氏農書》。　稻種，詳見《物產》。

農叟有言："禾歷三時，故稈三節；麥歷四時，故稈四節。"種稻必使三時氣足，種麥必使四時氣足，則收成厚。吾鄉種田，多在夏至後，秋盡而收，所歷二時而已。種麥多在立冬後，至夏至而收，所歷三時而已。惟有下秧極早，可補事力之不逮。穀雨浸種，立夏前下穀，稍備春氣。至插青之日,秧老而苗易長,且耐風日,所謂"秧好半年田"也。中秋前,下麥子於高地,穫稻畢,移秧於田,使備秋氣。雖遇霖雨妨場功,過小雪以種無傷也。人但知夏前秧子好,而不知所以好之故在得春氣,備三時也;知種麥之多收,而不知所以得收之故在得秋氣,備四時也。湖州無春熟,種田早,收穫遲,即米多於吾鄉。北方無水田,麥即廣熟,非獨地燥,歷時多能盡其性也。

天只一氣。地氣百里之內即有不同,吾鄉田宜黃稻,早黃、晚黃皆歲稔,白稻惟早糯歲稔,粳白稻遇水^[1]即死。然自烏鎮北、漣市西即不然,蓋土性別也。耕種之法,惟當急於赴時。同此工力、肥壅,而遲早相去數日,其收成懸絕者,及時不及時之別也。俗曰:"早薹、早田為第一。"下鄉田低,無春花,故利遲。吾鄉春花之利居半,若蠶豆、小麥遲,俱薄收也。田家忌三小:小滿薹,小暑田,小雪麥,其收較薄,故皆宜早。惟赤秈一種稻色,尤為早熟,今田家皆有。或云江西秈,或云泰州秈,人皆欲芟去之,終不能盡。以上張氏《補農書》。

【校注】
　[1]水:據張履祥《楊園先生全集》卷五十《補農書下》作"霧",當作"霧"。

秧田最忌稗子。先將面泥刮去寸許,掃淨去之,然後墾倒。臨時罱泥鋪面,而後撒種。舊規每秧一畝,壅餅一片,細舂,與種同撒,即以灰蓋之,取其根鬆易拔。今人密密布種,曰:"恐草從間生耳。"果能刮盡面泥,草種已絕,不妨少疏,欲其粗壯。若秧色太嫩,不妨閣乾,使其蒼老。所謂"秧好半年田",謂其本壯,易發生耳。若亢旱之年,又不可早將秧壅興,恐插蒔遲而秧藁敗也。凡人家種田十畝,須下秧十三畝,以防不足,且備租田。俗云:"二月清明多下種,三月清明少撒秧。"屢試之亦驗。國朝錢載《插秧》詩:"妾坐秧田拔,郎立田中插。沒腳濕到裙,披簑浬到胛。隨意千科分,趁勢兩指夾。傴僂四角邊,徧滿中秧恰。方方棊枰綠,密密僧衣法。鍼鍼水面出,女手亦留捱。斜日日兩竿,白雨雨一霎。田頭飛鷺鷥,林際叫鵯鵊。"

水鄉,每多水患。嘗見沒後復種,苗秧俱大,收穫比前倍好。皆潦沒之後,天即久晴,人得車戽,苗肯長發。今後不幸萬一遭此,須設法早車,買苗速種。其買苗必到山中,燥田內黃色老苗為上,下船不令蒸壞,入土易發生。切不可買翠色微嫩之苗,尤不可買東鄉水田之苗,種下不易活,生發既遲,卒遇霜早,終成秕穗耳。立秋前可種。若遇天氣老晴,熱氣尚盛,便過立秋幾日尚可種。種下只要無草,不可多做生活,尤不可下壅。下壅工多,則苗貪肥長枝,枝多穗晚,有稻無穀,戒之戒之。故大水之年,未種而水至,則以車救為主,不救則以復種為主。大凡潦沒之時,人情洶洶,必有阻惑。人言勿聽,而斷為之可也。以上《沈氏農書》

脩築圩岸,增高界壠,預防水患,各自車戽,此禦災捍患之至計。歲奉功令,無容怠緩,至於腳塍,亦要年年做一番,不惟便於挑泥、挑壅、挑稻,一切損苗之蟲生子,每在腳塍地壢之內。冬間刬削草根,另添新土,亦殺蟲護苗之一法。

農之時,芒種後拔秧,洗根去泥,揀出稗草,趁天陰時急忙蒔插,約六莖為一叢,六棵為一行,棵行宜直,以便耘撈。淺插則易發稗,與秧宜辨。葉上光滑,色微黑者為稗;葉有鋒芒,色微黃者為秧。稻初發,用揚杷於棵行中,搜鬆稻根,則易旺;揚斷橫根,則根直生向下。五六日後耘去稗草,再停五六日又耘一次。諺云"一粥一飯餓不殺,一耘一揚荒不殺。"糞不可太早,太早而後力不接,交秋多縮而不秀。春初先罱河泥,以草罨而腐之,臨種,擔以作底,其力雖慢而長伏。暑時稍下灰或豆餅，亦有用菜餅、麻餅者。其力慢而不迅疾。立秋後始下大肥壅，則力倍而穗長矣。計值與藁相當，否則收必薄也。以上《烏青文獻》。

耘苗之法，其凡有四，第一次曰撮苗，第二次曰布，第三次曰擁，第四次復。一功不至，則稂莠之害，秕糠之雜入之矣。《種蒔直說》。

場功既竣，遂於田中起稜，蓺麥開溝以洩水，打潭下子，不時揪溝，以泥覆根。麥之名有大麥，即䴬麥，早熟而粒大，漬之可爲餳；小麥，磨爲麪，亦名來，有赤白二種；穬麥，即穬麥，無芒，色黃，可作飯及餅餌，蒸之成燒酒，味最烈。三者率雜種之，明年並菜豆俱收，總呼爲春花。諺云"春花熟，半年足"。國朝錢載《春花好》詩："鄉農入郡喜云云，菜豆先收已十分。鹽熟底妨桑葉貴，麥香行覺稻花聞。種田㟁水民恒業，平糶寬租歲聖君。疊布詔恩蒼昊答，慎司能不體憂勤。"自注：吳諺以鹽麥及菜豆子多收謂之春花好。

歲既穫，即播菜、麥，春中則摘菜薹以爲蔬，仲夏春菜子以爲油，刈菜其以爲薪，磨麥穗以爲麪，雜以鹽豆，並名曰春熟。自是耕以蓺稻，至秋乃登，周而復始，訖無暇日。亦有不治春熟，而種蓆草、蘘草者，其利倍於春熟，其稻減於春田，亦略相當也。以上《烏青文獻》。　國朝錢載《打麥》詩："火王割來䴬，江村週六月。隨風稻㹴㹴，並舍絲車歇。連枷亦競擊，颷籃互篷勃。稈輕穎顆金，芒凈纖纖核。有雀四驅嚇，爾把再欣揭。婦姑畢場功，喚答在林樾。彭彭復魄魄，掃取乾與䴬。來朝便相曬，莫叫雞頭鶻。"

墾麥㟁。惟乾田最好，如爛田，須墾過幾日，待㟁背乾燥方可沉種。倘時候已遲，先浸種發芽，以候㟁乾。切不可帶溼踏實。菜麥不能行根，春天必萎死，即不死亦永不長旺。沈麥，蓋潭要滿，撒要勻，不可惜工而令婦女小廝苟且生活。麥更澆子，菜要澆花。麥沉下澆一次，春天澆一次，太肥反無收。大麥、穬麥則不厭肥，又要肥在後半。若八月初先下麥種，候冬墾田移種。每顆十五、六根，照式澆兩次，又撒牛壅，鍬溝蓋之，則稈壯麥粗，倍獲厚收。菜比麥倍澆，又或垃圾、牛糞，鍬溝再澆煞花，即有滿石收成。種田不須墊底，凡菜、麥鍬溝之後，候乾再到一番，每畝不過半工。而泥鬆碎，易討力，且不起草，又可挨麥，不患風倒。《沈氏農書》。

種麥有幾善。墾溝、揪溝便於早，早則脫水而㟁燥，力暇而溝深，溝益深則土益厚；早則經霜雪而土疏，麥根深而勝壅，根益深則苗益肥，收成必倍。㟁燥、土疏、根深，又爲將來種稻之利。凡事利必兼利，害必兼害。惰農苦種麥之勞，耽撮子之逸，甘心薄收，甚至失時，春花絕望，愚矣哉。

壅麥之法，略與梅豆相似。但豆只需撒灰，麥則灰、糞兼用。麥根直下而淺，灰、糞俱要著根，而早壅方有益。壅泥亦然。墾溝、揪溝亦宜早，俗謂冬至墾爲"金溝"，大寒前墾爲"銀溝"，立春後墾爲"水溝"。揪至兩遍更好，溝深則㟁土厚而脫水盡，田底亦愈熟故也。余至紹興，見彼中俱壅菜餅，每畝用餅末十勔，俟麥出齊，每科撮少許，遇雨一次，長一次。吾鄉有壅豆餅屑者，更有力。每麥一升，入餅屑二升，法與麥子同撒。但麥子須浸，芽出者爲妙；若乾麥，則豆速腐而並腐麥子。近年人工既貴，偷惰復多，澆糞不得法，則不若用餅之工、糞兩省。但撮餅屑須要潭深而蓋土厚，否則慮有鳥雀之害。惟田近民居，則防雞損。及種麥秧，則不得已而用糞耳。鄉居稻場及豬欄前空地，歲加新泥而刮面上浮土，以壅菜、蓋麥，最肥有力。

秀水北區，常於八、九月鬮泥壅田中菜。此法最好，日長而工閒，土肥而糞省，農人不勞而菜茂，來年禾復易長。油菜防盜取，以牛糞入潭作爛燒之，則菜臭而人不偷矣。以上張氏《補農書》。

種田地，肥壅最爲要緊。人糞力旺，牛糞力長，不可偏廢。租窖乃根本之事，但近來糞價貴，人工貴，載取費力，偷竊弊多，不能全靠租窖，則養豬羊尤爲簡便。古人云："種田不養豬，秀才不讀書。"必無成功。則養豬羊，乃作家第一著。計羊一歲所食，取足於羊毛、小羊而足，所費不過墊草，晏然多得肥壅。養豬，舊規虧折豬本，若兼養母豬，即以所賺者抵之，原自無虧。若羊，必須僱人斫草，則冬春工閒，誠糜廩糈。若豬，必須買餅，容有貴賤不時。今羊尚喫枯葉、枯草，豬尚喫糟麥，則燒酒又獲贏息。有盈無虧，白落肥壅，又省載取人工，何不爲也！但養豬母[1]苦生病，病必在春夏，以受暴寒盛熱鬱蒸而成。欄前須空闊，通風日，夏不甚熱，冬護其寒。窠不厭穢，槽須潔淨，自然無害。

　　羊壅宜於地，豬壅宜於田。灰忌壅地，爲其剝肥。灰宜壅田，取其鬆泛。若平望買豬灰，及城鎮買坑灰，於田未倒之前，稜層之際，每畝撒十餘擔，然後鋤倒，徹底鬆泛，極益田脚。又取撒於花草田中，一取鬆田，二取護草。然積瘦之田，泥土堅硬，利用灰與牛壅。若素肥之田，又忌太鬆而不耐旱，不結實。壅須間雜而下，如草泥、豬壅墊底，則以牛壅接之；如牛壅墊底，則以豆泥、豆餅接之。然墾田果能二層起深，雖過深無害。花草畝不過三升，自己收子，價不甚值，一畝草可壅三畝田，今時肥壅艱難，此項最屬便利。

【校注】

　　[1] 母：《沈氏農書》作"每"，當作"每"。

　　覓壅，則平望一路是其出産。磨路、豬灰最宜田壅。在四月、十月農忙之時，糞多價賤，當並工多買。其人糞，必往杭州。切不可在壩上買滿載，當在五道前買半載，次早押到門外，過壩也有五六成糞，且新糞更肥。

　　田地生活，上前有功。除種田要看時候，其餘各色俱以早爲貴。假如到地，未草先到，以後草不即起，到又省工。假如拔草，早則"工三畝"，遲則"畝三工"。又如捏蟛，捏頭蟛一，省捏二蟛百。至於沉豆、麥，尤以早爲貴。春三月內多喚短工，預喚翦桑工、種田工、忙月工。生活次第得法，仍舊省工，未嘗多費廩食也。

　　墾地。須在冬至之前，取其冬月嚴寒，風日凍曬。必照墾田法，二、三層起深。桑之細根，斷亦無害，只要稜層空敞。若倒地，則春天雨水正多，地面又要犁平，使不滯水，背後脚跡，盡數踩平。冬天墾地，草根翻在上；春天墾地，草根翻在下。先農所謂"寒則浪，熱則藏"也。墾地、倒地，非天色極晴不可。若倒下不曬一日，即便逢雨，不如不倒爲愈。至於到地，尤要大晴，尤要草未生而先到。夏天約二十日一到，未草先到，二十日尚未起草；草多而到，不十日草已茂矣。一樣用此工夫，常在草頭做去，孰若攙先做上，頭番做得乾淨，永不易起草。"一年計在春"，正此謂也。西鄉只倒不到，本處只到不倒，也須到深二三寸，雖大陣雨，不將浮泥衝淋入水。若止於刮草，畝面上浮下實，一逢大雨，盡將面泥淋剝。計一年剮泥，所增幾何，堪此浚削？論來只宜抹倒，不必徇俗也。況發葉時，未必日日晴，未免踏實，此時決宜趁晴倒曬，則黃黴不易起草。黃黴久雨，不能到倒，若草盛，宜拔去之，或鍬去之。地溝必開濬卸水，但到倒一番，未免有泥塊落溝壅滯，遇大雨後，必處處看瞭，有水即開濬之。雨一番，看一番可也。以上《沈氏農書》。

　　往時穀既登，富農供唯正，外得高廩蓋藏，以備凶荒；佃農輸租，大家稍貯，以給春作。近來佃農姦頑，將田中稻穀先時糶春，或趁時貴糶，或投典賤質，妄希貿易以搏利，甚且不安分以圖事。又或於春夏時告貸富室，謂之生米。得之則生，不得則死，故名還之最早。又有他方商客投牙放米，謂之行帳。獨租米遷延日月，藉口歲歉收薄，冬盡以罱頭曬穀，約略半償。官司催科甚急，告追每置不問。於是田主稱貸，糶米上厰，而田主病佃户貸米，以延須臾之死，質糶以作不急之務。其後貿易折閱，息利倍加，自此逋負益積，逃亡隨之，而佃丁又病。諺云："汁出賴賴，強如做債。"賴賴，淋漓貌，言禾半熟而汁出淋漓者，刈而食之，猶勝舉債也。兩者交病，在當事者立法以導之也。《烏青文獻》。

　賃田以耕之，佃户向時人尚謹，願除實租外，照田根立券者曰虛租，有預議折實米數不論水旱者，曰實租。視豐歉為盈縮。年來奸猾成風，順成之歲，且圖短少。小涉旱澇，動輒連圩結甲，私議納數，或演劇以齊衆心，或立券以為信約。偵有溢額者，黠者遂羣噪其家，責其抗衆，否則陰中以禍，是國家以旱澇為憂，而奸佃反因以為利也。懲薙此風，則公私並受其福矣。《烏青鎮志》。

　本府農桑八萬八千四十四株，科絲七百五十六觔二兩六錢一分，折絹六百三十三疋一丈七尺二分五釐。官桑四萬五千一百八十四株，科絲六百七十五觔四兩三錢九分，折絹五百七十四疋一丈七尺八寸二分五釐。民桑四萬二千八百六十株，科絲八十觔一十四兩一錢一分，折絹六十八疋一丈二尺九寸。嘉興縣宣德五年，除分秀水、嘉善不計外，實在桑絲一百四十五觔一十兩一錢一分，折絹一百二十九疋一丈五尺五寸七分。秀水額桑五千二百一十二株，科絲一百七觔二兩五錢七分，每絲一十八兩折絹一疋，共折絹九十五疋七尺七寸一分。嘉善縣官桑三千一百六十三株，科絲五十九觔八兩三錢四分。民桑二百八十株，科絲十觔一兩六錢九分。海鹽縣額桑九百八十八株，科絲四十七觔一十一兩三錢，每絲二十兩折絹一疋，共折絹三十八疋五尺三寸。平湖縣抄没桑一千四百七十四株，科絲六十三觔二兩，折絹五十疋一丈五尺。崇德縣農桑四萬一千六百八十九株，科絲五百二十五兩三錢三分，折絹三十一疋八尺，抄没桑二萬七千八百三十三株，該絲四千五百三兩八錢七分，折絹二百二十五疋三尺七寸五釐。桐鄉縣農桑計三萬四百零二株，該稅絲一千八百三十三兩三錢五分，折絹九十疋二丈七尺四寸五釐，官桑九千五十一株，科絲一千五百三兩六錢七分，折絹七十四疋五丈七尺八寸五釐。民桑二萬一千三百五十一株，科絲三百一十九兩六錢八分五釐，折絹一十五疋二丈九尺六寸。柳《志》。

案：《烏青文獻》：明洪武初平江南，即命康茂才為營田使，勸督農桑。三十七年奉旨，天下百姓務要栽桑，有司通報某州縣鄉栽過若干株。宣德間，巡撫周忱立農桑法，則時報官桑若干株，此勸農重本之意也。

　吾郡蠶絲之利亞於湖州。就七邑中，石門、桐鄉育蠶最多。次則海鹽，又次嘉興、秀州。若嘉善、平湖，此事罕及。案平湖張《志》：西鄉青蓮等莊，間有栽桑浴蠶者。非關地利，亦由人功之不習也。至元《嘉禾志》云：是郡"絲綿絹帛，視苧雪次之"，則俗尚蠶織，舊矣。《橫山紀略》。

　鹽邑素不習於蠶。近三四十年中，蠶利始興，今則桑柘遍野，無人不習蠶矣。飼蠶法多學之吳興。《海鹽圖經》。

　鹽邑地狹人衆，力耕不足餬口，比户養蠶為急務。蠶出火一觔，食葉百觔；作繭十觔，繅絲一觔，此大略也。牆隙田旁悉樹桑，桑葉千觔，養蠶十觔，謂之本分。蠶蠶多葉，少為空頭。蠶必買葉飼之，輕舠飛棹，四出遠買，雖百里外一晝夜必達，遲則葉蒸而爛，不堪餵蠶矣。男不盥，女不櫛，間以罱泥、割麥、撒秧諸事，是為忙月。蠶或不登者，舉家聚哭，蓋農家全恃蠶以為耕耘之資。蠶荒則田蕪，揭債鬻子，慘不免矣。蠶有家種，有客種。向祇有家種，十餘年來，有自餘杭、湖州帶歸者，食葉甚猛，每盭一勵，食葉較家種多十數勵。繰絲亦重數兩，愚民利其多絲，竟棄家種而養客種，究竟因人財運爲豐歉，儻有一紙平剖，而此成絲，彼無繭者。鄉人狡滑者往唐棲、西溪諸處販之，沿村放賣，其利不貲。販者益衆，彼處苦無以應，反向吾邑收取綿繭生子，以界販夫。販夫以賤值持歸，仍昂價以紿鄉愚，其貽害非淺也。《海鹽續圖經》。

石邑六鄉官民及抄没桑共計六萬九千四百餘株，邇來四郊無警，休養生息，民皆力農重鹽，闢治荒穢，樹桑不可以株數計。國朝朱彝尊《櫂歌》："輕船三板過南亭，蠶女提籠兩岸經。曲罷殘陽人不見，陰陰桑柘石門青。"自注：崇德，古南亭。

石邑田地相埒，故田收僅足支民間八個月之食，其餘月類易米以供，公私仰給，惟鹽息是賴，故鹽務最重。以上石門郎《志》。　明王穉登《石門曲》："採桑復採桑，蠶長桑葉齊。妾住石門東，郎住石門西。""蠶成桑葉空，門前苧長。一半織郎衣，一半結魚網。""賣絲家復貧，哭解紅羅襦。將絲貰妾淚，可得作明珠。"

桐鄉田地相匹，鹽桑利厚。東而嘉善、平湖、海鹽，西而歸安、烏程，俱田多地少。農事隨鄉地之利爲博，多種田不如多治地。蓋吾鄉田不宜牛耕，用人力最難。又田壅多，工亦多，地工省，壅亦省；田工俱忙，地工俱閒；田赴時急，地赴時緩；田憂水旱，地不憂水旱。俗云"千日田頭，一日地頭"是已。況田極熟，米每畝三石，春花一石有半，然間有之，大約共三石爲常耳。下路湖田，有畝收四、五石，田寬而土滋也。吾鄉田溢土淺，故止收此。地得葉，盛者一畝可養蠶十數筐，少亦四、五筐，最下二、三筐。若二、三筐者，即有豆二熟。米賤絲貴時，則蠶一筐即可當一畝之息矣。米甚貴，絲甚賤，尚足與田相準。雖久荒之地，收梅豆一石、晚豆一石，近來豆貴，亦抵田息。而工費之省，不啻倍之，況又稍稍有葉乎？但田荒一年熟，地荒三年熟，人情欲速，治地多不盡力。其或地遠者，力有所不及耳。俗云："種桑三年，採葉一世。"未嘗不一勞永逸也。張氏《補農書》。

壅地。果能一年四壅，罱泥兩番，深墾到净，不荒不蟒，每畝採桑八、九十箇二十勵爲一箇，斷然必有。比中地一畝採四、五十者，豈非一畝兼二畝之息？而功力、錢糧、地本，仍只一畝。孰若以二畝之壅力合併於一畝者之事半功倍也？老農云："三擔也是田，兩擔也是田，石五也是田。多種不如少種好，又省氣力又省田。"作農家第一要勤耕多壅，少種多收，第二要寬恤租户，不敢退佃。不幸遇水旱之年，度力量不能徧及者，只須棄半救半，不可眷戀兩廢也。

春天壅地，垃圾必得三、四十擔。在立春左右，揀天色老晴，土色乾燥，方可倒入。地面要平，使不受水。溝不要深，則不走肥，隨罱泥蓋土，雖遇久雨，亦無害。惟未春先下壅，令肥氣浸灌土中，一行根便討力。桑眼飽綻，個個有頭，葉必倍多。清明邊再澆人糞，謂之"撮桑"，澆一錢，多二錢之葉。剪桑畢，再澆人糞，謂之"謝桑"，澆一錢，多一錢之葉，毫不虧本，落得葉好。謝桑尤是要緊工夫，切不可因循。謝桑於小滿邊蠶事忙迫之日，只在近鎮買坐坑糞，上午去買，下午即澆更好。

古人云："家不興，少心齊；桑不興，少河泥。"罱泥第一要緊事，不惟一歲雨淋土剥藉以補益，正由罱泥之地，土堅而又鬆，雨過便乾。桑惟喜燥，易於茂旺。若不罱泥之地，經雨則土爛如腐，嫩根不行，老根必露，縱有肥壅，亦不全盛。每年春間罱一番，或云罱泥固好，挑稻稈泥亦可省工。八月罱一番，每番須六工。做溝之人，也不可用搭頭，恐溝扒泥不及，罱手亦停候矣。晴天罱在大地，陰天罱在埂地，雨天罱在潭裹。候乾挑在遠地，泥乾趁晴倒剉，曬曝如菱殼樣，敲碎如粉方肥。以上《沈氏農書》。

桑之類，有密眼青、白皮桑、荷葉桑、雞脚桑、扯皮桑、尖葉桑、晚青桑、火桑、山桑、紅頭桑、槐頭青、雞窠桑、木竹青、烏桑、紫藤桑、望海桑，凡十有六。其鬻之，也於冬之杪、春之初。遠近負而至，大者株以二釐，其長八尺，所謂大種桑也。密眼青亞之。《烏青文獻》。

　　種桑，以荷葉桑、黃頭桑、木竹青爲上，取其枝幹堅實，不易朽，眼眼發頭，有勦兩。其五頭桑，大葉密眼次之，細葉密眼爲最下。又有一種火桑，較別種早五六日，可養早蠶。凡過二月清明，其年葉必發遲。候桑下蠶，蠶恐後期，屋前後種百餘株，備用可也。國朝沈翼《種桑》詩："種法宜師郭橐馳，《齊民要術》不須多。兔園册子今刪盡，抄得流郎地毋歌。"

　　種桑以希爲貴，縱橫各七尺，每畝約二百株。株株茂盛，葉便滿百，不須多也。內地年前、春初皆可種，外地患盜者，清明前種。年前種，桑秧以大爲貴；清明邊種，桑秧以細爲貴。以大桑到清明，頭眼已發，根眼已盲，細桑則根眼尚綻故也。根不必多，刷盡毛根，止留線根數條。四方排穩，漸漸下泥築實，清水糞時澆灌，引出新根。黃黴尤宜澆灌，澆法不宜著幹，當離尺許，繞圍周帀，使新根向肥遠去。發葉之後，不時要看，若見損葉，必有地蟲，亟搜殺之。如遇大雨一止，必逐株踏看，如被泥水淰眼，速宜挑開，否即死矣。雨一番，看一番，不可忽也。以上《沈氏農書》。　國朝錢載《種桑秧》詩："雨晴昏旦變，土脈鬆何如。後園惜多曠，深草久不鋤。鄉人擔桑至，剝啄適餉魚。分將五十本，高可三尺餘。惻惻呼短僮，出我鴉觜鋤。屋頭雲淰淰，畦畔風徐徐。我桑不求美，貴在補厥初。已成幸相保，摧折寧當虛。鄰翁笑來助，我術遂弗疏。夕陽功告畢，休立潛歆歔。老桑念始種，我髮母手梳。養蠶作兒衣，無年手拮据。小桑念即補，母逝不倚閭。蠶絲乃自計，擢髮傷居諸。小桑豈必大，亦賴荒穢除。老桑尤待糞，僮力難償渠。清明葉齊白，瘦地憐獨紓。勤能償廢壞，隙可容瓜蔬。此身無遠大，敢冀煩憂袪。烹魚酌二僮，簷溜方漸沏。"

　　畜蠶之家，先在栽桑。耨地而糞之，截其枝，謂之嫁。留近本之幹尺餘許深埋之，出土也寸焉，倍而高之以泄水。墨其瘢，或覆以螺殼，或塗以蠟而封之，是防梅雨之所浸。糞其周圍，使其根四達，若直灌其本，則蠧而死矣。不可灌水，灌以和水之糞，二年盛，又必月一鋤焉。其起翻也須尺許，灌以純糞，遍沃於桑之地，使及其根之引者，禁損其枝之奮者。桑之下，厥草不留，遇午日不可以鋤。蠶之時，其摘也必潔淨，遂翦焉必於交湊處，空其幹焉則來年條滋而葉厚。禁原蠶之飼，飼則來年枝纖而葉薄。其壅也以糞，以蠶沙，以稻草之灰，以溝地之泥，以肥土，初春修去其枝之枯者、樹之低小者。凡擇桑也，皺皮者葉必小而薄，白皮節疏芽大者，葉必大而厚。又有撒子而種者，五月收桑椹，水淘之，少曬焉。二月撒子，留長尺許。糞壅，冬月燒去其梢，以草蓋之。來春發出，留旺者一枝，餘皆芟去。明年鋤熟地，寬栽之行，不可正對。其壓也，春初以長枝，攀下淫土，則條爛；燥土壓之，則根深。其接也，春擇桑大如臂者，約去地二三尺以刀剔起樹皮，取柔枝大如筯長一尺者，削如馬耳，插入皮中，即以桑皮纏定，糞土包縛，令不泄氣即活。穀雨接桑也，其葉肥大，勿用雞脚之桑，其葉薄。若葉生而黃皺者，木將就槁，名曰金桑，蠶則不食。先椹而後葉者，其葉必少，有柘蠶是食柘而早繭，其青桑無子而葉不甚厚者，是宜初蠶。望海之桑種之法，與白桑同。是皆臘月開塘而加糞，即壅以土泥。紫藤桑其種高大，其葉厚大，宜遺於竈屋，不必壅糞，稺小時於臘月稍壅之，爲桑之害，有桑牛尋其穴，桐油抹之即死。或以蒲母草，草之狀如竹葉，桑之癩也，亦以草汁沃之。桑之下可以萩蔬，不可以植楊，楊多楊甲蟲，食桑皮，而子化其中，則蟲之族滋生而爲蠧。《蠶經》。參《烏青文獻》。

　　桑條貴翦，初種翦其幹，獨膡根而糞之，令其發生。如是三年而後留其幹，採葉後又翦其長條，否則葉不暢茂，故曰條桑。其不翦者曰高桑，翦而禿者曰鼓椎桑。《烏青鎮志》桑法，縱不能如西鄉樓子樣，亦斷不可如東鄉拳頭樣。試看拳頭桑，桑釘眼多，身如枯柴，一年缺壅，便不能發眼，即行悶死矣。密眼桑留半寸許，五頭、黃頭留二寸許，寧可有油瓶嘴，另日修翦可也。嫩桑不必多頭傀儡,須盡截去。古云:"孝順種竹,忤逆翦桑。"乃一件正經事,不甚費忙工夫,約一年要修四番。二葉初勻時,不可多打葉屑,致嫩條頓折。此時須防損抑,不免多留。種田畢,細看一番,但多留嫩條及新發叢葉,盡情裁去。到七月縛桑之際,凡根下細條及丫襠陰枝,又一切去之。至冬春修截之時,又看細小不堪及蔭下繁密者,又一切去之。到翦桑畢,又看以前礙鋸而截不盡傀儡及老枝不成器者,又一切去之。其老油瓶嘴,晴時堅硬難翦,不論冬春,凡遇久雨之後,雨一止即群出修翦,其餘净盡。設有癰桑,即番去之,不可愛惜,使其纏染,皆緣翦時刀上傳過。一癰,再無醫法,斷不可留者。漢人頌刺史德政曰:"桑無附枝",甚言修桑為重事也。《沈氏農書》。

桑必接而後大,吾鄉所種之桑多接過,謂之家桑。未接者,謂之野桑。家桑子大而少,野桑子多而小,子名葚可啖,飼蠶之家甚不樂乎有子也。《烏青鎮志》。　國朝朱彝尊《櫂歌》:"姑惡飛鳴觸曉煙,紅蠶四月已三眠。白花滿把蒸成露,紫葚盈筐不取錢。"

桑鋸須買木匠生鐵鋸,桑翦須在石門鎮買,五分一把。其刮蟻也須三番,冬春看頭蟻,清明前看二蟻,翦桑畢看三蟻。一株上百顆盡刮,若遺剩一顆,亦足蟻。盡必如此三番四覆,亦料不能净盡。又要六月内捏頭蟻,七月内捏二蟻,而頭蟻尤宜細看。留頭蟻一,則二蟻便有百。此時田功甚忙,人每忽略不上緊,不知葉一經蟻,縱有肥壅,有功力,亦不易救,決宜早早用心。農家惟此項最辛苦,功夫最難稽考,不得不多下功力。分地各任,庶可責成耳。其捉蛀也須三番,春分邊捉出屑蛀,秋分邊捉條丫蛀,翦桑畢,或九月細看細捉。又有一等包捉之人,故留大蛀不捉,以待冬間出痘之家,規取厚利。須時時照瞭,隨見隨捉,或自備線鑿,為不時之需。《沈氏農書》。

治地必宜壓桑秧。蓋桑秧出自已有,則易選擇,而根幹枝柯相似,隨起隨種,無不活者,又省一項急銀。買來種者,百枝只可活四、五十枝。蓋百凡樹木,根俱不耐凍,風霜一觸,生意即傷也。若天色或遇雨雪,或人工不湊,更不可知。一枝不活,即又遲一年之葉,且來年所種,能保必活乎?其法宜新填地,或近水地埂,冬天挑稻稈泥一次,採葉之時,即留所欲壓之條,使近乎地,俟葉頭向上而新條長,即埋入土中。黃黴澆糞一次。若以羊垃圾鋪上更妙。六月澆一次,八月澆一次,可以斷其母而新根自長。每地一分,可得桑秧數百枝,葉復不少,得利厚而力又不費。歲壓三、五分以供家用,必不可少。桑蟲捉不盡,恐因捉損桑,則用爆杖藥線入蛀穴,以火燒之,蟲聞即死。亦是一法。張氏《補農書》。

占葉之貴賤,以正月之上旬,木在一日,則為蠶食一葉,為甚貴。木在九日,則為蠶食九葉,為甚賤。按《道腴堂初編》,清明時桑葉如雀口,其年蠶絲必盛。又以三月三日有雨則貴,四日尤貴。諺云:"三日猶可,四日殺我。陰而不雨,則蠶大善。"《烏青文獻》。

蠶月陰雨,見育蠶者乏乾鮮之葉,男子勞於外,婦女憂於内,蓋晝夜皇皇也。因思育蠶之家,宜預作木架如松棚式,廣一丈四尺,深亦如之,其高過於桑,上織竹作蓋。於蠶初收時,即張之茂桑之上,若樹桑室中然。或一日而移,或兩日、三日而移,量飼蠶之多寡而斟酌焉。朝暮可避露,晴可避日,陰可避雨,葉時時乾鮮,既省人工,又不生蠶病。至大眠後可輟。大眠後葉老,越宿經日猶鮮,且又可以加水。事易集而功用多,一架可備數年之用。予裹蠶桑之利,厚於稼穡,公私賴焉。蠶不稔,則公私俱困,為苦百倍。然大約蠶之疾,半在人,半在天。人之失恒於惰,惰則失飼而蠶飢,飢則首亮;惰則失替而蠶熱,熱則體焦,皆不稔之徵也。天之患恒於風、雨、霧、露,即烈日亦有不宜,以乾鮮之葉難得也。蠶食熱葉,則繭浮鬆不可絲,其害淺。食溼葉,則潰死;食溼熱葉,則僵死;食霧露葉,則痿死。葉染風沙則不食,葉宿則不食,而仍飢,其害深。知戒人之失,而不知備天之患,未爲全策也。張氏《補農書》。　國朝朱昆田《采桑女》詩:"采桑女,清且妍。盈盈纔十五,鬟髮初覆肩。生長村舍中,不識黛與鉛。新春買得流年圖,把蠶最好惟小姑。吴蠶三眠復三起,紫山看火屋角呼。采桑女,采桑宜及時。采多畏葉乾,采少憂蠶飢。蠶不飢,齊上簇。三日山頭繭如犢。小繭作絲光比銀,大繭作緜輭勝茵。城中美人學歌舞,羅綺成堆視如土。霜風臘臘十月寒,采桑女兒衣仍單。"

畜蠶者或自家桑葉不足,則預定别姓之桑,俗曰梢葉。凡蠶一觔,用葉八個。梢者,先期約用銀四錢。謂之現梢。既收繭而償者,約用銀五錢,雜費五分。謂之賒梢。葉價隨時高下,倏忽懸絶。諺云"仙人難斷葉價。"其時必有小鳥連叫,曰撒山看火。蠶室用火育者倦極,常有失火,鳥蓋警之也。俗云"三叫半把"。其聲清徹可聽,或云叫"葉之貴賤"。蠶畢即止,餘地無之。或云戴勝鳥,即此。故栽桑與稍葉最爲穩當,不者謂之看空頭蠶。葉貴,極以白米粉糝上,餌之,絲更光白。葉而細。又一法,先於隔年采青葉,曬乾爲細末,置燥處,時遇雨葉溼,則以乾末糝葉上,均其水氣,兼乾葉易飽難飢。出《烏程縣志》,未嘗試也。《湧幢小品》。參《烏青文獻》。　國朝譚吉璁《櫂歌》:"楝子花疏過雨聲,紫山看火樹頭鳴。鄰船兩槳買桑葉,南抵餘城北渚城。"

葉賤之年,餵蠶實少,便四分、五分一箇,只該採賣。斷不可嫌賤貪貴,留養在桑。嫩桑猶可,老桑留一年頭葉,根本衰壞,後雖培壅,終歸朽敗,萬萬不宜留養。餵蠶之家,須早晚留心,審時度勢,多買出火蠶,不拘一熟兩熟。消磨桑葉,雖薄薄收成,亦勝養葉多矣。如買蠶又不及,賣葉又無人買,不得已而留,則採畢仍舊翦光,清糞連澆兩番,自然嫩枝長茂。明春加厚壅之,葉仍不少,斷不可仍留老條,致桑朽壞,此屢試明驗,斷在勿疑。《沈氏農書》。

鄉人不曰桑而直曰葉,立夏三日采桑貿葉,名葉市。蠶有頭蠶、二蠶,即《周禮·原蠶》。故目葉曰頭葉、二葉云。二葉須老農善採者留其條,爲來歲生葉之地,若頭葉則盡採乃已。

育蠶必有其具。蠶之初生,用篩置之烏,滿則用籧,籧必紙糊其縫,兩眠出薙,盛之用筐,或用籧器之大者,可以容蠶之多也。伊《志》。　案《通俗編·閣》:蠶筐有架,今稱蠶柱,即《禮記》所謂植也。蠶室中必用簾薦以圍之,簾以蘆編,薦以草織,皆取其蔽風寒也。其采桑有桑翦,有桑篰。伊《志》。　案《齊民要術》:採桑須長梯。　國朝吴之振《課蠶詞》:"下路桑枝著地低,杭城都用採桑梯。算來總是三吴地,物土相宜已不齊。"飼小蠶而切葉也有草墩。時或陰雨而寒,則用火盆。伊《志》。　案《農書》:上蠶治蠶簇。繅絲則用絲車。國朝翟灝《繅絲行》:"老蠶老去辭筐筥,寸腸宛轉絲千縷。鼎湯初熟蟹珠繁,繅絲車上煙如雨。一縷未斷一縷連,一聲既往一聲還。鎖星鼓動環繩轉,幽窗軋軋吟新蟬。綿延脃緒引未極,佳人撒筋長太息。吴儂一月廢佳眠,養得蠶成幾金直。臨晨剥繭赴繅盆,身灸手烹勤作力。下車收控雪絲絢,鳴機不待蟲催織。可憐用盡細工夫,紈絹何曾自光飾。"　朱彝尊《櫂歌》:"五月新絲滿市廛,繅車鳴徹斗門邊。沿流直下羔羊堰,雙櫓迎來販客船。"　譚吉璁《櫂歌》:"盪槳繅車載女師,繅絲繅得合羅絲。最憐箔上同功繭,看得飛蛾逐對兒。"迨水缸鍋竈畢備,而其具全矣。以上《烏青鎮志》。

切葉之刀宜闊而利。方筐之制,縱八尺,廣六尺。圓箔之造,在盤門張公橋。價十五文,有火箱。蠶之自蟻而三眠也用之。《蠶經》。

養蠶之法,以清涼乾燥爲主,以潮溼鬱蒸爲忌;以西北風爲貴,以南風爲忌。蠶房固宜邃密,尤宜疎爽。晴天北風,切宜開闢牕牖,以通風日,以舒鬱氣。下用地板者最佳,否則用蘆蓆墊鋪,使溼不上行。四壁用草簣圍襯,收潮溼。大寒則重幃障之,别用火缸取火氣以解寒冷,此易易耳。惟暴熱則外逼内蒸,暑氣無所歸,則蠶身受之。或體換不時,餵飼略後,久堆亂積,遠擲高拋,致病之源皆在乎此。古云:"風以散之",則蠶室固要避風,尤不可不通風也。俗忌生人者,或帶酒男子,或經行婦人,濁氣衝之,立能致變,豈神爲祟乎? 若能調其寒熱,時其飼哺,一一如法,自足豐收。農家以耕織爲業,自己育蠶,雖亂絲薄繭,均足入經緯而獲價值,所宜多養。若細細計之,蠶一筐,火前喫葉一箇,火後喫葉一箇,大眠後喫葉六箇。此外,蠶炭一錢,盤費一錢。每筐收絲一觔,纔足抵本;所贏者,止同功、繭黃,提起不彀二錢之數。若收成十分以下,便不足償葉本矣。況小民親身經歷,不算工力、盤費則可:若假手下人,採桑者鼠竊狗偷,餵蠶者杯盤狼籍,多費工力,墮落農務。此又當照自己力量,不可一例論也。《沈氏農書》。

　　育蠶須預擇靜室,於穀雨前後取蠶連包而護之,以衣衾覆之,置腹背以煖之,候蟻全生,和蟻秤連計分兩多少,是爲生蟻。伊《志》。案:《月令廣義》:蟻一名蟋黑,當慎其涼煖。蟻生足,以薔薇葉焙燥,碎糁之,蟻上,聞香而集於上,乃以鵝毛拂之,卻稱空連,便知蠶分兩多少,是爲攤烏。其既食也,乃熾炭於筐下,幷其四周到桑葉如縷者而謹飼之。又上下抽翻,晝夜巡視,火不可烈,葉不可缺。如火烈葉缺,則蠶飢而傷火,致病之原也。又不可太緩,緩者有漫澁不齊之患,勿食水葉,食則放白水而死。雨中所采,必拭而乾之,或風戾之,編蘆曰蠶薦,用以圍火,恐其氣之散。束秸曰葉墩,用以承刀,惡其聲之著也,是爲看火。食三四日而眠,眠則摘眠,一二日而起,起則餧,是爲初眠。自初眠而之二、之三,其法盡同,而用力益勞,爲務益廣,是爲出火。蓋自此蠶離於火,而葉不資於刀矣。又四五日爲大起,大起則薙,薙則分箔。薙早,則足傷,而絲不光瑩;薙遲,則氣蒸,而蠶多溫疾。又六七日爲熟巧,爲登簇。巧以葉蓋,曰貼巧,驗其猶食者也;簇以藁覆,曰冒山,屬其作緝之未成者也。其在簇而有雷,則以退紙覆之,以護其畏風雨。而寒則貯火其下,曰炙山,晴暖則否。三日關戶,曰亮山;五日而去藉,曰除托;七日而采緬,爲落山矣。《湧幢小品》。參《烏青文獻》。　國朝曹爾堪《養蠶詞》:"清明洗箔出蠶子,細子如鍼黑如蟻。綠鬟不理翦嫩桑,半月辛苦一寸長。二眠起後筋筐滿,羅敷陌頭愁日短。不寒不燠四月天,薪炭何曾費一錢。銀釵換魚衫換肉,清還直待頭蠶熟。頭蠶已熟圍蛾早,今年郭外繅車少。鼙鼓頻驚成亂絲,養蠶那得如往時。"　吳之振《課蠶詞》:"孤虛旺相驗蠶符,浴種還嫌風色麤。記取東南蠶室利,算來把火是三姑。""三日清和兩日陰,初生蠶子細如鍼。家家禁忌行人絶,吠犬鳴雞亦斷音。""三起三眠日夜忙,早蠶將熟恰清涼。爭傳葉價俄騰貴,兩槳如飛去買桑。""香暖薔薇簇簇花,沿村比戶響繅車。辛勤一月離妝鏡,也折斜枝插鬢鴉。"

　　蠶事始於清明節,此日雖男之遠適、女之歸寧者,亦必聚於家室。越十餘日,收上年所布紙上之子,以帕裹之,置熏籠一宿,隨貼胸取煖,謂之護種。伊《志》。　案《農政全書》:蠶火類也,宜用火以養之,則繁育。率以穀雨爲期。諺云"穀雨勿藏蠶。"至脫卵而出,以桃棗火炙之,蠕蠕微動,謂之蠶烏。烏有火種,有曬種。用鵝毛刷之於筐中,能食則飼以絲條之葉,稀即補之。烏密處,以細竹筯撥勻。稍飢,謂之斷絲腸。如是三四日,夜定而不食,謂之眠。將眠時,不勤食,曰紅嬾思。又有青嬾思,亦曰攬絲,言口中吐絲也。朝見,則晚眠矣。初眠鄉人謂之頭眠。仍以筯細細分開,去其殘葉,不致傷於淫熱。再一日夜,蠶口有脫殼者眠而起,飼細葉如前。又三四日而二眠,飼如前。又三四日而三眠,謂之出火。《天香樓偶得》:俗以第三眠爲出火。不列諸眠之中,因以末眠幷頭、二眠,爲三眠三起,實則四眠四起也。蠶自二眠後,餧完葉,過三眠,餧連枝葉,出火後不事竹筯,用手一一取下秤定,一一分攤筐中。閱四五夜,爲大眠,復手取秤過分筐。其曰食孃者,言他蠶盡眠,而此猶食葉也。曰起孃者,言既眠而起也。伊《志》。　案湖州胡《志》:又有將熟,而先欲作繭者,爲繚孃。起而初食曰飼,又有復生小蠶,爲長孃。至是蠶益麤,而筐不勝盛。於是掃地,藉以蘆薦,散葉其上,如在筐中，更歷三晝夜，將蠶翻過，謂之起薪。每日一起薪，迄五六晝夜，不眠不食，口中吐絲繚繞，至胚節瑩徹，則熟矣。先以葦箔作架，平鋪截禾，稈如帚，長尺有咫，大可一握，散而登蠶其上，謂之上山。遇天氣薄寒，蓺炭山棚下，曰蓺火，使熱上升，則乘此縈絲作繭。過三日，徹火開戶，去蔽令風燥透，繭易於繅絲。否則纇多難繅，而虧折寡勛兩矣。《烏青鎮志》。　國朝洪景皓《蠶》詩："清明時節柳毿毿，姊妹相逢訪浴蠶。約去采花好撒綠，喜神今日在東南。""穀雨蠶身細似絲，家家門外插花枝。禁他鄰里間來徙，還戒兒童簫管吹。""陰晴冷暖總天時，底事吳娘皺著眉。昨夜貪眠愁失曉，蠶飢叵耐雨如絲。""花蠶立夏恰三眠，一月禁人聲寂然。遮滿村兒也解事，暫呼春筍作鑽天。""采山須避鶴神方，落繭盈箱復莫筐。揀出乾圓留作種，明年依舊十分強。"

近年以來，吾鄉多養三眠蠶，以其食葉麤猛，而飼養較易爲力，蓋以本山蠶種也。然其絲則不如四眠蠶之圓緊而厚，絲賈一見，即能辨之。《橫山紀略》。

蠶畢擇繭之堅厚者爲種蠶。越日，蛾破繭而出，視雌雄而聯之，使交。用桑皮紙，每方廣尺許爲一幅，引蛾布子其上，收起透風，防他蟲侵蝕與浥黦。來春，出曬屋瓦上，七日取下，俟清明後乃護焉。《烏青鎮志》。

蛾之生也，約半月，交五月節，梅風吹之，則深。取其同時者擇而對焉。自辰而亥乃拆，厥氣乃全。其放子也必覆而暗之，見光則其子遊散。蛾之放子也，一夜而止，否則生蟻也不齊。其爲連必桑皮紙，或以布。母蛾之覆四五日，厥氣乃固。沃以絲之湯則子不落，貫以桑皮，忌麻苧之線，懸於涼處，忌煙熏日炙。端午以蒲艾和井水浸，少時爲去其尿也，大約留種繭十勛，可得三眠之蠶四十勛。擇繭之尖細堅厚者、腰小者雄也，腰大者雌也，相兼而收。至臘月十二日浸之於鹽滷，則利於繅絲，或於是日用桑柴灰，或草灰，或石灰，覆於連上，而露於天，以冒雨雪，而後收之，則耐養。並至二十四日而出，用河水滌去其灰。二月十二日又浴焉，以菜花、韭花、桃花、白豆花揉其中而浴之，留種之法於是全矣。《蠶經》。參《烏青文獻》。　國朝吳之振《課蠶詞》："出繭新蛾勝粉搓，翩躚接翅鬥雙蛾。小姑偷向旁人問，贏得房櫳笑語多。"

繭之細長瑩白者繅細絲，二蛾三蛾者，謂之同功。繅麤絲或作綿，皆捇去其蒙戎之衣，不可日曬。日曬者，絲爛而難抽。不可焚香，焚香則蛆穴而難抽。其繅之不及也，甕而泥之。每大甕用鹽四兩，荷葉包之，甕口又塞實荷葉。至七日而蛾死，有少罅，則蛾生。其爲綿也，蛾口爲上，上岸次之，蠶衣者爲下。蛾口者，出蛾之蠶。上岸者，繅絲無緒，撈而出者也。蠶衣蠶外之蒙戎，蠶初作蠶而經營者也。《蠶經》。

絲頭蠶爲上，有經絲、緯絲、細絲、肥光等名。蠶之不中爲絲者，剝爲綿。綿以頭蠶、同功繭者佳，兩蠶共成一繭，故名同功。蛾口次之。若繅絲未盡之繭，曰頓繭，綿之最下者也。又有黃繭，緒麤，不織染，別繅爲絲，縛至繭衣，合之成絮，名小絮，亦可納被中禦寒。《烏青鎮志》。　國朝吳之振《課蠶詞》："並頭纖纖兩綢繆，繭出同功各篚收。雪白緜輕且煖，禦寒不羨紫貂裘。"

蠶時多禁忌，雖比戶不相往來。《西吳枝乘》："四月爲蠶月，家家閉戶，官府勾攝徵收，及里閈往來慶弔，俱罷不行，謂之蠶禁。"宋范成大詩云"采桑時節暫相逢"，風俗由來久矣。湖州胡《志》。

蠶不可受油鑊氣、煤氣。不可焚香，亦不可佩香，否則焦黃而死。不可入生人，否則遊走而不安箔。蠶室不可食薑，暨蠶豆上簇無火，繅必不净。蠶婦之手不可摘苦蕒，否則令蠶青爛。《蠶經》。

蠶初生，屋内忌掃塵，忌煎煿魚肉，忌煙火紙，忌側近舂擣，忌敲擊門窗槌箔及有聲之物，忌哭泣叫喚。未滿月產婦不宜作蠶母，忌帶酒人切桑飼蠶，忌煙熏，不得放刀竈箔上，忌產婦孝子入家，忌燒皮毛亂髮，忌酒醋、五辛、羶辛、麝香等物。《務本新書》。

蠶之性喜溫和惡寒熱。大寒則悶而加火，太熱則疏而受風。蠶房宜卑，卑則溫。蠶簇宜高，高則爽。又其收種時，須在清明後、穀雨前。大起須在立夏前，過此不宜也。桑葉宜乾，而忌溫，少則布挹之，多則箔晞之，能節其寒暖。時其飢飽，調其氣息，常使先不踰時，後不失期，而舉無不宜。一時任事諸女僕又相興起，率厲咸精其能，故所收常倍。《湧幢小品》。

蠶性子宜寒，成蟻後三眠皆宜溫。又防先眠之蠶淫熱久蒸已，食冷葉、淫葉，忌倉卒開門，暗值賊風，忌外來人衝不潔人，其事甚於海鹽、石門、桐鄉，而嘉、秀次之。古禁原蠶，原，再也，俗稱"晚蠶"，一曰"二蠶"，養者亦少。袁《志》。參秀水任《志》。

近年夏葉竟無稍主，不得不少養幾筐二蠶，以防二桑葉丟空。但值插種之時，墮悞忙工，以小妨大，斷斷不宜養，即養亦斷不宜多。《沈氏農書》。

原蠶爲二蠶所從出，在頭蠶之前，亦四眠。伊《志》。　案《蠶經》：一種二蠶出子，即爲三蠶。三蠶出子，即爲四蠶。總爲五蠶，相續不絕。其成繭略薄，舊以繰絲多纇，故稍輕之。今則盛種幾於頭蠶矣。石門鄺《志》。

夏蠶自蟻至老，俱宜亮[1]，忌蠅蟲。伊《志》案：二蠶三蠶，總謂之夏蠶。秋蠶初宜涼，漸漸宜暖。伊《志》案：今俗謂之四蠶、五蠶。與養春蠶正相反，簇與繰絲法同春蠶。《士農必用》。　國朝沈機《五蠶歌》："濃霜已滿地，落葉如飄篷。路逢摘桑嫗，攜筐逐西風。問渠摘何爲，餵取五蠶叢。異哉春所育，蠢蠢生秋冬。雪戶鳴繰車，冰山搜繭蟲。十月勤杼柚，村村辛苦同。辛苦奚足惜，瞥眼雙手空。連年兒號寒，聊以救荒凶。況乃官斂繁，追呼迫窮農。乃知機上錦，一絲一淚紅。胡爲市中人，紈綺被僕僮。爰作《五蠶歌》，願言達九重。"

【校注】
　[1] 亮：據《農政全書》卷三十一《蠶桑》，"亮"是"涼"之誤。

蠶神，俗呼曰"蠶姑"。其占爲：一姑把蠶則葉賤，二姑把蠶則葉貴，三姑把蠶則條賤條貴。《吳興掌故》所稱"馬頭孃"，今佛寺中亦有塑像，婦飾而乘馬，稱馬鳴王菩薩。鄉人多祀之。湖州胡《志》。　國朝李兆鉉《蠶婦》詩："村南少婦理新妝，女伴相攜過上方。要卜今年蠶事好，來朝先祭馬頭孃。"

嘉興府志卷三十三

物　産

《周官·司徒》:"以土會之法辨五地之物生:二曰川津,其動物宜鱗物,其植物宜膏物。五曰原隰,其動物宜贏物,其植物宜叢物。"嘉興之地,實川津、原隰也,其物固可知矣。舊志或不疏出處,或濫加箋釋,至伊《志》始取有典要者録之,善矣。兹仍其舊。志《物産》。

穀　類

嘉禾　黄龍三年夏,由拳野稻自生,改禾興縣。《三國·吴志》。成化九年秋八月,嘉禾生。明楊繼宗《嘉禾記》:成化九年秋八月,秀水縣時清、北都暨象賢十二、思賢三十二等都,嘉禾盛生,遠近咸有。郡人范俊等以盆植之,馳獻於府,每莖離根二節,節間又生三莖,秀三穗或生四莖、五莖,秀四、五穗者亦有之,但不如二穗、三穗之夥,竟畝計之,一莖三穗者,或一二百莖;一莖二穗者,或數千百莖。本府經歷司蓮缸内栽稻二本,亦如野外生莖秀穗。考《嘉禾志》:"吴黄龍三年,由拳南都野稻自生,改名禾興,志瑞也。赤烏五年,因立太子和,改爲嘉興,避諱也。"自黄龍三年距今癸巳歲千二百六十有七年,而嘉禾復生,乃氣運循環使然也。用附於志,以記歲月云。

秔　嘉興物産:秔有香秔、早花、中秋晚花、黄秈、白芒、赤芒、香稻、烏稻、八月白、鐵稈青、蘆花白。秀水物産:秔有箭子稻、香秔稻、大秈、小秈、早白稻、晚白稻、赤芒、白芒、旱稻、烏稻、大烏芒、小烏芒、烏鬚、烏兔、灰稻、大黄稻、小黄稻、青頭光、青芒稻、馬鬃烏、鵞脚黄、靠山青、麻子烏、赤秈晚、陳小白稻、雪裏揀、了青田、雀不知、紅稑、黄稉秈、閃西風、百日赤、三朝齊、八月白、中秋稻、六十日稻、再熟稻、靠離望、救公饑。嘉善物産:香秔、烏稻、香稻、早白稻、早中秋、黄芒、野稻、黄秈、黄穲、中秋稻、六月紅、銀杏白、寄子稻、鐵稈青、靠塘青、晚白稻、山白稻、周家稻、雀勿知。平湖物産:香稉稻又名紅蓮稻、紫芒稻紫殻,白粒、雪裏揀色白粒大,稈軟而有芒、蘆花白即晚白稻、早白稻、揀選稻、雀不知秋初早熟。石門物産:早稻、廣稻、晚稻、黄稻、旱稻、將軍稻、秋分稻、三穗千、烏龍稻、香稉稻、雞骨黄、木樨黄、蠶磨子、綿環稻。《欽定授時通考》。

赤米　江西種,或云江北泰州種,晚植早熟,惟桐鄉有之。《楊園集》。　國朝張履祥《赤米記》:吾邑四平,無山陵,川澤之間,土滋田沃,宜黄白稻。民間所植,秫一而稉十,其大較也。然每穫,輒有米雜於其間,雖歲去之,來年復如故,越境即否。竊嘗疑之,以問農叟,叟嘆曰:"此須公遺愛也。"予曰:"如何?"曰:"萬曆戊申夏五月,大雨,田疇淹且盡。民以溢告,公撫慰之,勸以力救,不得已,則棄田之已種者而存秧。浹日雨不止,度其勢不遺種,乃豫遣典史賫庫金若干,夙夜進告,糴種於江西,而己則行水勸諭,且請於三臺御史,乞疏免今年田租以安民心。十餘日,穀歸,分四境糶之,教民爲再植計。月餘水落,而秧已長,民猶疑之,將種黄赤豆以接食。公曰:'無爲棄穀也。'益勸民樹穀。其秋,穀大熟。賦復減十之七,民以是得全其生者甚衆,他郡邑勿及也。是穀晚植早熟,不刈,則隨落。後雖他植,厥種恒在田間,歲復歲不絶。"予聞而德之,不可以無述。因書其事,而論之曰:公既去,民作祠祠公矣。其官於朝也,民之以役至京師者,莫不謁公。其歸華亭也,民之過其里者,亦莫不謁公,公待以鄉人之禮,歡然道舊。父兄子弟,至今述之以爲美。子嘗拜公祠,考其碑志,凡公之蒞吾邑者,期月而已,乃其德之入人若此深哉,豈非親上之誠本乎天性?長民者,苟以如保赤子之心臨之,則雖聞其聲,瞻其容貌,猶將没世不忘,况乎公於我民,不啻起道殣而樂利之也,後之美田疇,長子孫,孰非公之賜?宜其遺澤之長久而不息也。不然三歲貫女,莫我肯穀,《碩鼠》之詩,風人致怨,豈徒然乎?須公名之彦，南直隸人。萬曆間進士，累官光禄卿，卒於家。

糯　嘉興物産：糯有白殼、烏篗、雞脚、蝦鬚、蟹爪、香糯、陳糯、蘆花糯、羊脂糯、蒲子糯。秀水物産：糯有金釵糯、珠子糯、硃砂糯、胭脂糯、佛手糯、竈王糯、西洋糯、麻筋糯、羊脂糯、烏鬚糯、芝麻糯、榧子糯、趕陳糯、羊鬚糯、鐵梗糯、閃西風、香糯、晚糯。嘉善物産：趕陳糯、羊鬚糯、羊脂糯、蒲子糯、觀音糯、榧子糯、茄子糯、蟹爪糯、蘆花糯、菊花糯。平湖物産：金釵糯，粒長。鵞脂糯、一名羊脂糯。虎皮緰、色斑。十月熟、馬鬖糯、榧子糯、西洋糯、羊鬚糯、蘆花糯。

麥　平湖物産：有赤剝麥、無芒殼。

豆　石門物産：有梅豆、含豆、香珠豆、裙帶豆、一茶匙、眉莢豆、僧衣豆。桐鄉物産：有舜隆豆。以上《欽定授時通考》。梅豆，獨産於桐鄉。下種於清明後，成熟於大暑前，相去百日耳，得利亦最速。豆葉、豆萁頭及泥入田俱極肥。以梅豆壅田，力最長而不損苗。每畝三斗，出米必倍。但民食宜深愛惜，不忍用耳。《補農書》。

粟　有彎粟，穗莖如勾，故名。其實與高粱同。藁稭亦可代薪。《增訂教稼書》。

蔬　類

菘　箭幹者，色白，味輕而脆。扁者，色青，味重而腴，四時可用，而冬月旨蓄，其用尤尚。《倦圃蒔植記》。

芥　芥多種，以春不老爲第一。國朝譚吉璁《鴛鴦湖櫂歌》："罋菜但攜春不老。"

雲薹　各縣出，冬種春生，收子，搗作油，民利之一。《大清一統志》。國朝屠廷楩《薹菜》詩："晚菘未著花，早菘初作羹。田家春雨餘，盈筐更盈絨。節取旨蓄計，但勿撥根荄。蹂踏非輕凌，燥濕因時栽。吳鹽什一之，塞墐充瓶罍。火食亦生茹，山厨可常開。吾歌《伐檀》章，飲食必程材。饗殽寄盆糒，舍此孰與偕。粱肉豈不甘，君子審所來。願言保歲寒，相守無嫌猜。"

荼　甜菜。至元《志》。荼與甜通，因其味也。《本草綱目》。葉青，莖白，狀類白菜，但差小耳。陸放翁云："吳地四時常足菜，一番雨過一番生。"《北墅抱罋錄》。

苦蕒　苦采即苦蕒，春初生苗，有赤莖、白莖二種。莖中空而脆，折之有白汁。葉綠，開黃花，如初綻野菊。《本草綱目》。案：苦蕒，一種，至元《志》、柳《志》有之，劉《志》删去，後人亦鮮識。所謂苦菜者矣，伏讀高宗純皇帝御製《月令·苦菜秀》詩注：《顏氏家訓》："苦菜生於寒秋，更冬歷春，得夏乃成。今中原苦菜如此。"又，"江南別有苦采，葉似酸漿，子大如珠，或赤或黑。今河北謂之龍葵，世以此當苦菜，乃大誤也。"幾餘辨物，以正千古訛傳，可知苦菜以味得名，南北正自相同。許氏《説文》以爲吳人呼爲苦蕒是也。禾《志》舊有此名，今恭録御製詩注，附訂於此。

白苣　生菜。至元《志》。白苣不可烹煮，宜生挼去汁，鹽、醋拌食，故稱生菜。《本草綱目》。

蔓菁　四時皆有，又謂之諸葛菜。《通雅》。居芥、菘之間，而佳處在根爲多。北方攜種，吾土可植。

蒿　頓美帶香，與菠菜相上下。以上《倦圃蒔植記》。

蔥　平湖種，香細過於太湖龘種，又一種名龍爪蔥。《浙江通志》。明彭孫貽《龍爪蔥》詩："青蒵傳奇種，春尖笑女如。雨工涇女揢，草聖右軍書。薤露探珠得，胡葖攫電餘。麻姑休狡獪，指爪漫踟躕。"

薑　五月生苗，如嫩蘆。秋社前後，新芽若指，名紫芽薑，采食無筋膜，秋分後采者次之，經霜乃老。分湖稻蟹極肥，搗薑薦之。《北墅抱罋錄》。案：蒔薑法，冬日窖藏其種，以火烘之，及春插種。嘉興、海鹽、平湖三縣閒人多業此。秋後新薑頗堪致遠。至元《志》、柳《志》未載，劉《志》始列於目，殆明季而蒔者爲多歟。

茭白　亦名雕胡，性宜水，河泥壅根，逐年移之，則心不黑。

芋　紫梗者佳，一種名波羅芋，香甜益人。

山藥　本地所產，只當食品，不堪入藥。以上《倦圃蒔植記》。

百合　白花者，味甘而有清香，其色如玉，服之極清肺。《濮川紀略》。百合根既美，花復芳潔。《補農書》。

筍　燕來筍，味甚鮮。春社燕來乃出，較他筍獨早，故名。繼此者，名哺雞筍矣。《濮川紀略》古橫山筍香，號蘭花筍。《澉浦詩話》。　明貝瓊《遊山記》："爰山巨竹千挺。醢筍而食，肉雖美不能過也。"　國朝李良年《咏筍·尾犯》詞："竹風春尾。聽捎簹剩有，去年疏翠。園官笑指，輕雷後進，新泥斜碎。籬邊乍見，又穿過、隣牆背。記先嘗、最是江南，果然燕子來未。　猶憶曉垞煙際。山童擔，向水市。正採桑時候，除了蠶娘，更無人諱。花乳甌香，朱櫻樹晚，相逢長是。待何日、玉版開尋，青鞵重訪蕭寺。"　吳龍輔《憶古橫山蘭花筍》詩："最愛古衡筍，春來發嫩芽。珍羞配松韭，香味逼蘭花。一自離鄉久，徒爲遠客夸。瓦鐺和露煮，羨殺近山家。"

蕈　松花蕈，山之有松者皆產，惟陳山東麓爲多。三月間，松花入土，至四、五月，經雨後即生，至八、九月又生。鮮肥滑嫩，素品之上味也。他如玉蕈、松蕈、雷蕈、胭脂蕈，味皆不及。《九山志》。

馬蘭　氣香，性涼，嫩時可食。《倦圃蒔植記》。　國朝屠廷楫《馬蘭》詩："馬蘭不擇地，叢生偏原麓。碧葉緣紫莖，二月春雨足。呼兒競采擷，盈掬更盈掬。微湯涌蟹眼，辛去甘自復。吳鹽點輕膏，異品共虀熟。物儉人不争，因得騁所欲。不聞膠西守，飽餐賦杞菊。洵美草木滋，可以廢粱肉。"

匏　地蒲出嘉興。又一種屋蒲可以爲匏。

瓜　嘉興有甜瓜，一名香瓜，小者名金鵝蛋。以上《浙江通志》。

南瓜　愈老愈佳。少水，緩火煮，令極熟，味甘膩，且極香。《北墅抱甕錄》。

絲瓜　香者最勝。《倦圃蒔植記》。

茄　一名落蘇。《本草拾遺》。　國朝屠廷楫《蒸茄》詩："雨長新茄冠圃蔬，蒸來淡味稱雕胡。吳鹽細點流匙滑，合喚東坡爲甚酥。"自注：吳人呼茄爲酪酥。

枲　類

苧　每歲可三刈，取其皮，治以爲縷，擇最細者以爲苧衫。《北墅抱甕錄》。

麻　東路田皆種，無桑者亦種之。《補農書》。

木棉　地產木棉花甚少，而紡之爲紗、織之爲布者，家户習爲恒業，不止鄉落，雖城中亦然。往往商賈從旁郡販棉花列肆吾土，小民以紡織所成，或紗或布，侵晨入市，易棉花以歸，仍治而紡織之，明且復持以易，無頃刻閒。紡者日可得紗四五兩，織者日成布一疋。糜脂夜作，男婦或通宵不寐。田家收穫，輸官償債外，卒歲室廬已空，其衣食全賴此。《湧幢小品》。　案：《海鹽圖經》引此，以爲禾雪情形大抵相似，故備錄其說。

木　類

桑詳《農桑》。　白桑，有花無實。黑桑，有實無花。飼蠶須種白桑，欲收紫葚爲藥，明目延年，則黑桑亦可種十分之二也。《倦圃蒔植記》。

柘　柘湖中小山生柘樹，因以爲名。《聞窗括異志》。

梓　吳王好起宮室，天生神木一雙，陽爲文梓，陰爲楩柟。《吳越春秋》。

烏臼　嘉興種者極多。樹大或收子二三石。可壓取油。《農政全書》。

楓　爛溪夾岸多楓，亦名楓江。《新溪雜咏》。　案：楓、臼二物，嘉善章《志》、嘉興湯《志》，誤合爲一，今訂正之。

梧桐　梧桐鄉因夾岸皆桐林，故名。《嘉禾百咏注》。

松　夋山稚松萬株，環合無路。《清江集》。

柏　檇李亭在西郭二十七里外，亭背古柏，皆十有八，夾路擁腫如畫。姚綬《本覺寺記》横山草堂中雙樹，蓋二百年物也，東一樹開花不實，西一樹不花而實，實如串珠，著蒂一顆，紅紫可食，鳥亦爭之其上。一顆青碧色，在樹便出根荄，墮地抽長成樹，婆娑虬曲，蒼翠鬱盤。《湧幢小品》以爲陰陽柏云。崔培元《横山草堂集》。　互見《古蹟》。

槐　城南真如寺有老槐，夭矯若龍，陰覆一庭。《味水軒日記》。

楝　楝樹花開，摑眼勿開。禾諺。

樬　城東北隅有樬子樹，傳自西竺來者。《狷石居詩》注。

檉　一名西河柳，嘉興産。《本草》。

果　類

檇李　徐園李甘脆異常，而核之半菽無仁。園丁用石壓其根，使旁出而分治之。一樹結實止三十餘枚，相傳即檇李也。《紫桃軒雜綴》。净相寺産檇李，每顆有西施爪痕。《鴛鴦湖櫂歌注》。俗名潘園李，大如羌桃，至熟猶青，核最細，味極佳。《春秋》：“越敗吳於檇李。”在石門、桐鄉之間，遺種至今不絶。《烏青文獻》。　國朝朱彝尊《賦并序》：“嘉興，古之檇李也。檇，遵爲切。許慎《説文解字》：‘從木，有所擣。’賈思勰《嫁李法》：‘臘月中，以杖微打歧間，正月復打之，足子。’殆擣之義歟？府治西南二十里，舊有檇李城，今蕪没。李，惟縣東二十里净相寺有之，近苦官吏需索，寺僧多伐去，將來慮無存矣。考之圖經，俱不載。因體物成篇，辭曰：植物有李兮，應玉衡之星精。受命南國兮，特以檇名。産維揚吳會之交兮，載於魯《春秋》之經。既殊河沂之黃建兮，亦不類房陵之縹青。凤傳九標之稱，允宜五沃之土。自空城之蕪没，遷净相之梵宇。獲寶術於《齊民》，授靈方於老圃。甄著樹以分歧，犁不耕而用拊。當其温風始至，法苑徐開，井上勿遺蠨食，林間恰有禽來。價方高乎朱仲，種不讓夫顔回。果熟偏肇，枝低易拜。漿均玉乳之梨，品勝紅雲之柰。相珍美之離核，縣弱縷而虛中。異懷仁之桃杏，必待嫁而分叢。宜登玉盤，宜沉冰水。雪素藕而並存，配甘瓜而兩美。傳諸故老，一事矜奇。遇入吳之西子，臙脂之匯舟移。經纖指之一掐，量心賞之在斯。何造物之工巧兮，化千億於來兹？雖彼美之云亡兮，髣髴若或覦。人情重故鄉兮，雖小物而增慕。知俊味之得嘗兮，信土産之有素。恨圖經未之及兮，迺宜亳州而作賦。”　宋張堯同《净相佳李》詩：“地重因名果，如分沉溜漿。因思吳越戰，未敢盡情嘗。”　國朝曹溶詩：“滮水蟠根奕葉長，筵前冰齒得仙漿。上林嘉種休相借，驗取夷光到甲香。”“膚如奈子能加脆，液較楊梅特去酸。江北江南無此品，傾城傾國借人看。”“水晶簾敞緑成陰，結子春回報好音。徐納晚涼湘簟裏，一杯冰雪試浮沈。”“微物何堪鼎鼐陳，公家宣索薦時新。年來無復街頭賣，愁殺文園病渴人。”“青綃圓轉密交枝，邊蒂中縣玉一絲。莫怪幾回停食指，傷心吳越被兵時。”“宣公封事烈於霜，夏果流甘近密房。臣誼自來羞進奉，祇將苦口愛君王。”　朱彝尊詩：“佳果先秋熟，來禽也不如。瑤光珠斗散，青簡素王書。瘦地翻宜嫁，柔條亦易舒。最防黃霧塞，務使緑雲疏。暑喝漿偏潤，風吹粉未除。豐肌須小摘，纖核乃中虛。銷夏吾鄉好，分甘佛寺初。曾留西子掐，當日轉憐渠。”　諸錦詩：“檇李爾何始？爾登素王書，爾産仁王寺。盧橘楊梅未足肩，側生旁挺差堪擬。火符一下不敢嘗，違者鞭笞幾至死。有時風雨抱樹號，一物之尤珍若此。嗚呼此物何足奇。麋鹿臺上游，稻蟹種不遺。荒城古蕩遍秋草，夕陽一片眠狐狸。尚想吳王夫差西家施，登盤蠣渴連理枝。偶然留指掐，乃與楊家一捻之紅爭傳之。嗚呼此物何足奇，浮江何處尋鴟夷。五湖茫茫沼范蠡，至今餘波及僧彌。"

奈　嘉興錦帶河旁多栽李、奈果子名巷，取"果珍李奈"之義。鄒《志》。

梨　語兒梨初號斤梨，其大者重至一斤。陳振謂語兒當作禦兒，蓋地名，梨所從出也。《曲洧舊聞》。梨處處皆有，而種類殊別，如禦兒梨之類甚多。《圖經本草》。禦兒梨即玉乳梨之訛，或云禦兒一作語兒，地名也，在蘇州嘉興縣，見《漢書注》。《本草綱目》。　宋陸峻《題醜梨詩并序》："醜梨出邑之東，貌雖惡，而風味絕勝，聞嘗進御，因賦五言。　灰貌凝清古，霜津溢胞甜。面嫌湯後白，心慰邑中黔。美實鍾寒谷，珍嘗近御奩。彼姝徒冠玉，爭得似無鹽。"　國朝朱彝尊《鴛鴦湖櫂歌》："木犀花落搗成泥，霜後新橙配作齏。猶恐夜深妨酒渴，教添玉乳禦兒梨。"

棗　鹽官棗，出海鹽，紫色，味佳。《打棗譜》。正德間，崇德民蔣輗，素事鍾、呂，好植果木。一日，有老人過門曰："我有棗枝可種也。"蔣受而植之，明年即生佳棗，肉且離核，墜地即碎，至今存焉。人以爲仙種。《七脩類藁》。

桃　桃多佳實，金桃、墨桃、水密桃，悉名品也。《倦圃蒔植記》。聞溪即王江涇。多矮桃，長不盈尺，結實甚巨而佳。《有穀堂詩注》。

柿　自新塍至王江涇，俱屬柿林鄉，以產佳柿名。《新溪雜咏》。

香櫞　周寅所居，舍旁植櫞樹，極盛。《續魏唐紀勝》。

楊梅　惟黃沙隝、邵灣植之。《再續澉水志》。

石榴子　五代吳越王錢鏐改石榴爲金罌。《本草綱目》。

銀杏　屠氏太和堂，即南宋潘師旦故園，堂極宏敞，今蕪廢久矣，猶存銀杏一樹，垂蔭畝許。陳興公詩教戲作《大樹請封表》，略云："老幹參天，敢曰武侯遺柏。濃陰市地，竊分召伯甘棠。雖春日催花，難憑羯鼓；而秋風課實，堪佐吳筐。"《桐葉偶書》。

葡萄　東塔朱買臣墓有瑣瑣葡萄。《紫桃軒雜綴》。

栗　疌山僧舍北窗，灌木一林，葉未黃落。寺僧擩新栗以進，猶帶芒蝟，取其實嘗之，味若巖桂之始花。《曝書亭集》。

藕　花白者勝。《倦圃蒔植記》。　國朝譚吉璁《鴛鴦湖櫂歌》："檇李城南范蠡湖，野桃花落點春蕪。湖中種得楊池藕，得似西施臂也無？"

菱　兩角而彎者爲菱，四角而芒者爲芰。吾地小青菱被水而生，味甘美，熟之可代殽飯，其花鮮白幽香，與蘋蓼同時，正所謂芰也。此物，東不至魏塘，西不踰斗門，南不及半路，北不過平望，週遮止百里內耳。《紫桃軒雜綴》。哥窰蕩菱與水紅菱相似，而大倍之，味極鮮美，中秋後始有。《烏青文獻》。平湖菱出馬漬者爲上，有大小二種。《北墅抱甕錄》。南湖產小青菱，別是一種。漁洋先生曾以之入詩，禾人呼爲南蕩菱。《雪泥鴻爪錄》。　國朝李符《咏菱·夢橫塘》詞："鏡花晝合，絲蔓秋肥，角尖涼觸波底。一道香繩，早攔絕、半塘秋水。斷浦歌沉，夕陽人遠，采殘煙際。喚雙橈並撥，就賣湖邊，船頭載、蘋風起。　蟾蜍股疊晶盤，付尊前素手，輕擘紅碎。嫩玉分嘗，便雪藕、也輸甜胞。過重九、吳娃都散，蝶葉參差膩寒翠。更煮浮根，鼎娥傳送，當園蔬銷醉。"

芡　雞頭，大而糯者佳，杭州綠芡種，傳於吾土也。《倦圃蒔植記》。

花　類

嘉蓮　嘉定癸酉，郡學池蓮並蒂。至元《志》。康熙丁丑六月，舍南池上紅蓮作並頭花。時太守、廣寧黃公治其廨。彝尊以公嘉績之所召也，遂以花奉公。齊江淹《蓮賦》曰：一爲道珍，一爲世瑞。因以道珍名堂，爲文紀之云。《曝書亭集》。　宋潘友德《嘉蓮圖記》：“物之自形色於天地間者，豈求知於人哉！自連理之木，合穎之禾，人指爲瑞物，亦以瑞應之。天人相與之機，果在是乎？柳子厚賀嘉蓮有表，蓮之瑞始著。近世以來，證爲休祥，形諸贊咏，蓋不一二數也。歲在癸酉，禾興鄉校池蓮並蒂，子衿動色相慶，且圖之以需其驗。予謂此邦實唐宣公父母之國，今天光密邇，上德薰陶。寺丞商公又以儒術治郡，作成教養之餘，土宜自奮，安知無論諫仁義，不負所學者繼踵而出乎？賓興賢能，適時也，諸君勉之。”　國朝郡守黃家遴《凝香亭瑞蓮詩序》：“予治禾之二年，有蓮並蒂開前竹垞太史家。余搆堂適成，太史持以相贈，爲作《道珍堂記》。明年六月，凝香亭蓮花大開，有一花結子矣。復從子間吐花，子十有六，花如其數，燦然蓮房之上。賦詩者紛然，遂爲一時盛事。”

千葉蓮　石門錢林村證聖院前有池，種千葉蓮。《浙江通志》。

野蓮　永安湖中央有土方數畝，高出如臺，産紅、白蓮、蘋花芡，實類皆野生。《續澉水志》。

牡丹　北地牡丹，種無高大者。余在嘉興所見，乃有丈餘者，開三五百朵。他方未嘗有也。《五雜組》。元吳逸豁，名性誼，所居城廬，植牡丹一本，久而未花。是歲臘月，忽作一花，顔色鮮美，無異春時。士大夫來觀者，其門如市。來秋延祐丁巳，吳領鄉薦，邦人榮之，以爲此花之徵在是。《廣客談》。

芍藥　雖無佳種，惟培溉有方，花亦頗大，有紅、白、紫數色。《北墅抱甕錄》。

梅　嘉興江梅最多，綠萼爲佳，又有紅梅、玉疊諸種。《浙江通志》。

黃梅　沉香湖之南，丁氏世居，有古黃梅一樹。《魏塘紀勝》。　國朝曹庭棟詩：“寒林別釀一盤香，四百年來飽雪霜。老幹槎枒橫水畔，花光與月共昏黃。”

玉蘭　五代時南湖中建煙雨樓。樓前玉蘭花瑩潔清麗，與翠柏相掩映，挺出樓外。《群芳譜》。

山茶　沈銓部白生監稅荆州，移滇茶一株植家園，作高齋對之。《六硏齋筆記》。東塔思林僧房山茶七幹交挺，皆大如栱柱，五百年以上物也。每春時著花萬餘，望如錦堆。《味水軒日記》。

海棠　白苧村顔氏有西府海棠四株，極高大，著名禾郡。花時，士女游觀甚多。《檇李詩繫》。　國朝王庭《題顔氏海棠》詩：“顔家主人有奇趣，疏林小隱城之隅。春風東來發芳樹，其中海棠開數株。顔家海棠實難得，不獨天生好顔色。千年老幹今作圍，百屈繁枝下成黑。花開照耀十歐紅，滿前爛漫一望同。紛紛開落了未歇，一月二月春濛濛。往來觀者行不斷，留將佳句書題滿。主人愛此無厭煩，我亦欣然那辭嬾。賦君之花爲君娛，何須買醉一傾壺。問奇我土愧無穢，但看顔家海棠絶世無。”

桂　巖桂，俗名木犀。黃色者爲銀木犀，赭黃色者爲金木犀，四時有花者爲四季木犀，其花層節生枝間者爲角犀，聚生枝頭者爲毬犀。節候至此，重又暄和，謂之木犀蒸。上聲。吾地桂之大者，屠氏二桂，今在西關外，蔭映可畝許。次者，錢氏四本亦在西關外，包氏四本在南湖上。諸花止一放，獨桂再放，或有三放者，故以先放者爲頭木犀，續放者爲二木犀。《桐葉偶書》。吾郡東南莊曹圩有四桂，相傳元時物，今不存矣。康熙辛酉，淄川唐豹岩夢賚南游，猶及見之，有詞見《志雅堂集》。《柚堂續筆談》。　國朝唐夢賚《題四桂·哨遍》詞：“童背錦囊，壺貯旛杯，小艇無塵累。問前村、金粟正飄香，道采菱、和歌鄉是。叩蓽門，綠天釀成香國，秦松醒醐皆孩稚。憐玉樹音停，瓊花觀菱，目中僅見如此。似杏衫女冠閉雙扉。又翠羽釵頭碎鶯飛。占斷秋光，約住名園，差強客意。　從月姊奔來，靈根親種遺凡世。除作和玉鼎，人間無此佳味。曾舞罷霓裳，搖殘免魄，通身玉露銀河水。囑公等休去，虹橋呎尺，吾將自此仙矣。　有同游抵掌話昔時。道湖上輞川試訪之。見槎枒、歲年難計。天風亂落金屑，快飲稱豪事。更探東郭，柴家綠幄，踠地無緣共醉。一秋好事盡看花，謝鴛湖、我已觀止。”

菊　其品最繁，嘉善袁顥，號菊泉，繞池種菊，凡八十餘種，孫子奕所種至一百六十種，今所見惟三十餘種耳。嘉善章《志》。濠股塔院主僧道吾所植菊皆秘種，若玉甲西施、披金紫絨者，尤其所秘也。《味水軒日記》。甲辰閏九月，在箕城，有李汝耕者，以手茸菊十餘本見貽。爲立佳號，歸藝家圃。白者：笑雪窩、玉瑣瑣、鷺頂。黃者：黃鶴仙、金瑣瑣。紫者：步障嬌、紅雲朵、臙脂頰。粉色者：文君頰、玉環醉。赭者：晴霞幔。《紫桃軒雜綴》。

蘭　秦蘭，出秦駐山，其種絕貴。《再續澉水志》。

蕙　一名九節蘭，花有餘香，實不足。《倦圃蒔植記》。

樹蘭　葉類桃，四月開花大如珠，其口如瓶，旁有四小葉，色淺綠，今海鹽有之。《澉浦詩話》。

玫瑰　近得一種，高二丈，花作重臺，大如芍藥。《倦圃蒔植記》。

紫藤　城南西板橋至項襄毅墓下，紫藤花最盛。伊《志》。　國朝譚吉璁《鴛鴦湖櫂歌》：「板橋南畔更西去，一路青林絡紫藤。」

凌霄　郡城城隍廟清逸房，凌霄一本，緣大梓而上，扶疏蔭蓋，花極繁茂。相傳宋初時物。《醉里耳餘錄》。

錦帶　嘉興錦帶河民居有營錦帶軒者，傍植錦帶花，多名人題咏。《浙江通志》。

鷺鷥菊　一名露水菊，實則野花也。葉尖，不似菊花，小叢瓣，色香，並似菊。秋初即開，最久。《掃庵詩注》。

蜀葵　有單瓣、千葉之別，有深紅、淺紅、紫白色，種種奇異。紫黑者名墨葵，最貴。

秋葵　黃花，綠葉，紫蒂，檀心，與芙蓉前後開放，枝葉亦復相似。以上《北墅抱甕錄》。

萱　草花，有金萱、蜜萱。《六研齋二筆》。

石竹　千葉者，名洛陽花。《花譜》。

雞冠　水墨色一種爲最奇。張雍敬《雞冠花譜》。

罌粟　禾中產罌粟。相傳八月十五夜，俾女郎解衣播種，則花倍繁。《鴛鴦湖櫂歌注》。

伊《志》按：草木種類甚多，見於秀水李《志》者，有夜落金錢、水木犀、漢宮秋、老少年。見於嘉興湯《志》者，有金盞花、翦春羅、翦秋羅、僧鞵菊。見於《六研齋二筆》《竹嬾草花帖》者，有迎春淡竹、番菊、線穿牡丹、纏枝牡丹、六月雪、紫花地丁、白花地丁、金絲梅、柳穿魚、金絲荷。見於嘉興何《志》者，有萬壽菊、西番蓮、佛座蓮、秋蝴蝶。見於《松桂堂詩集》者，有小青西施夢、鳳毛龍膽、雞嗉牡丹、八仙鳥絨。見於《北墅抱甕錄》者，有秋牡丹、雙鷺菊、紫鈴。名目各殊，形狀不一。又遠方他卉而吾土可植者，《倦圃蒔植記》有含笑龍頭、紅蕉藤本、紅繡球等類。今總記於此。

草　類

藍　俗名青，每年於二三月間下子佈種。《海鹽續圖經》。

茜　嘉善茜溪出茜草，故名。《名勝志》。

荷花紫草　草生田中，花開如茵，可坐臥，遊人藉此泥飲。《鴛鴦湖櫂歌注》。

淡巴菰　其性辣而驅寒，向產於閩、廣，今嘉郡多知樹煙，鄉城區圩，佈種森立。不惟供土著之需，抑且比閩、廣之所產矣。《海鹽續圖經》。

茅　白茅，春生芽，布地如鍼，俗謂之茅鍼。

菅　一種長八九尺不等，初生時牛喜食之，葉甚快利，傷人如鋒刃，其稈如指大者可爲織壁編籬之用。以上《本草》。

粵蕉　有蕉而花者，綠葉、朱英、玄實，始生若青荔。本粵產。張履祥《粵蕉記》。

菖蒲　書室中小盆菖蒲,忽見花五六穗,如水蓼之狀,而蒼碧色,其花蒙茸。應劭《風俗通》以爲菖蒲花難得見,人得食之長年,此亦奇矣。《味水軒日記》。

半枝蓮　産雲岫庵後,可治蛇螫。諺云"識得半枝蓮,可與毒蛇眠"。《再續澉水志》。

蘆　蘆場二千餘畝,歲得薪五萬餘束。王希呂《精嚴寺記》以嘉興蘆地賜西安王。《元史·文宗紀》。

荻　邑中諸湖,惟鸂鶒湖與貫湖爲大,橫湖、長湖差小,岸曲彌望,生荻葦,深秋白花雪映,水色蕭遠。《海鹽圖經》。

竹

雙竹　宋政和甲午,嘉興縣尉舍東有竹,其幹合生。《東堂集》。

筮竹　吾郡風物極佳者,四村筮竹筍。《紫桃軒雜綴》。

鳳尾竹　長不盈尺,纖柯婀娜,翠葉森發。《北墅抱甕錄》。

方竹　遠來之種爲奇,此土可植。筍雖微苦,而過熟仍甘。《倦圃蒔植記》。

羽　類

五色鳥　郡城東鳳凰洲,隆興元年,有五色鳥飲啄其上。《嘉禾百咏注》。

鴛鴦　宋聞人滋《南湖草堂記》曰:橋李東南皆陂湖,而南湖尤大,其禽多鴛鴦,故名鴛鴦湖。《名勝志》。

鶴　嘉善縣鶴湖中,舊嘗産鶴。《明一統志》。

鸛　似鶴,有灰、白二色。《魏塘紀勝》。

錦鳧　夅山下有三湖,青渟黛蓄,與天一色,錦鳧往來可畫。《清江集》。

鴨　嘉興人養鴨兒,因作《阿子歌》。《樂府注》。

鵝　北蕩有南宋高尚書鵝鴨池。《留素堂集》。

鷗　南湖百二十頃,其禽則鷗鷺、春鉏。聞人滋《南湖草堂記》。

雞　八月線雞,九月伏雞。《補農書》。

鴿　内府藏本《鴿譜》,自鴿房録出,其名自嘉興花臂破玉至臥泥挾翅,共九十四種。《讀書敏求記》。

黃雀　海邊小魚所化。《吳地記》。雅山之北有紫蕩,皆黃茅白葦,秋間,黃雀不知其何來,飛集其間。至夜深,土人以網張四圍,逐得之。有二種,一名蘆雀,味少劣。乍浦《九山補志》。吾鄉稻熟時,張羅以捕黃雀,北則陶莊,南則馬瞳,所產獨肥。喻物者比之披縣,朵頤者侈爲珍饌。《小丹邱客談》。

秋鳥　八月中,乘西北風起,迎風而來,成羣飛下,土人網取之。一網可得兩隻者名畫鶥,四隻者名花雞,八隻者名鑽籬。乍浦《九山補志》。吾鄉屠康僖墓在乍浦陳山,山濱海,山木蓊鬱。每西風起,有鳥自海外來,集於樹。土人張羅,持竿捕之,大者曰畫鶥,中者曰花雞,小者曰鑽籬。剖其腹,有青椒。其骨甚脆,號爲秋鳥。《靜志居詩話》。　明沈懋嘉《秋鳥》詩:"陳山西麓海東頭,細網長竿帶綠轕。買得山禽如粉胞,屠墦十里稻花秋。"　國朝宋犖《高江邨饋乍浦秋鳥》詩:"吳越食品風味饞,當筵往往羅珍錯。歲晏齋廚有餼遺,園官菜把嫌淡泊。江邨先生真好事,方物遠貽資大嚼。乍浦秋鳥信一奇,瓦甀泥封驚剙獲。書言此鳥產海外,朔風吹向屠墦落。黏竿巧取送飲流,腹腴項臠皆可卻。欲證注疏失羽毛,但憐觜爪同鋒鍔。輪囷不數載毛鷹,肥澤殊勝披綿雀。深杯屢倒慰老饕,燈下盤空臘糟粕。新詩乍始賦了哥,險句今還續鐵脚。毋煩使者火急催,此際枯腸幾回索。"

札山看火　鳴,則桑葉貴。《狷石居詩注》。

烏　元至正七年,嘉禾城西有烏數千,營巢於地,圍八尺,崇五尺,吳僧本誠著《烏城志》,五百餘言。《宋學士全集》。

毛　類

豬　正德中,禁天下養豬,一時埋棄俱盡。嘉善縣民陳姓穴地養之,遂傳其種。《浙江通志》。

貓　蠶時畏鼠盜食,家必畜貓。《小化書》。　國朝沈岸登《蠶貓》詩:"桑柘陰陰泊網船,買魚歸去柳條穿。狸奴將子貪眠食,又費先生糴米錢。"

獺　水居,食魚他處。獺祭魚,則四方陳之。惟嘉善近河多小廟,獺必進魚於廟祭之。《浙江通志》。

鱗　類

金魚　秀水縣月波樓下爲金魚池,唐刺史于延贊得金鯽於此,後爲放生池。《名勝志》。隱真院在城東南,昔有方士於此修煉,化去。中有一池生魚,多異色。《狷石居詩注》。

鰱　有花、白二種,白者佳。《再續澉水志》。

河魨　正月貴河魨,往時人罕食者,今則珍爲名饌。《見只編》。　國朝朱彝尊《鴛鴦湖櫂歌》:"聽說河魨新入市,蔞蒿荻筍急須拈。"

斑魚　似河魨而小,怒則腹脹如鼓,色斑有點,味亦美,肺尤佳。前人有詩云:"忽憶夏湖風味美,斑魚黃雀寄來無。"《浙江通志》。　伊《志》案:夏湖在嘉善縣。

銀魚　吾鄉風物極佳者,相湖銀絲魚。《紫桃軒雜綴》。

菜花魚　一名土附。伊《志》。　國朝錢載《菜花魚歌》:"一湖南北兩湖長,水網牽還岸網張。燕子飛來山筍出,菜花魚上菜花黃。""巨口細鱗香比鱸,也名七步出西湖。貓頭筍更松花蕈,宋嫂羹湯定是輸。"　王焯《菜花魚》詩:"吾鄉風味重水族,菜花鱸魚味簇簇。正當油菜花開時,艇子瓜支榜溪曲。此魚引隊出花間,一笑牽絲罣筈籠。嵌珠如露高點眼,孕子如萍肥滿腹。重脣兩顆雪翻鱠,纖鱗頓骨花映肉。已勝越水垂腥涎,真似吳淞切香玉。越水吳淞未足誇,春江更比秋江綠。花開花落釣船歸,所喜年豐鮭菜熟。日斜醉倒菜花涇,醒來還抱一竿竹。"

鱨　亦作鯗,春初肥美。《狷石居詩注》。

鯔　鮅食土,名曰"蕩鮅",并不必撈草。池小則畜鮅魚。《補農書》。

石首魚　海鹽出。《大清一統志》。

鮆　海鮆,最稱上品,但一二見,不能與江產爭多。《見只編》。

鱘鰉　產海中,重至一二百斤者,可作鮓,味極美,然不多有。《再續澉水志》。

鯊　犁頭燕尾,有齒無鱗,周身裹沙,齒鋒利。又有虎頭鯊,身黑尾尖,得之惟堪炙油,不中食。

鱄　唼雄,白殊勝腹子者。以上《見只編》。

跳魚　蘆瀝巡檢范廉卿長騎射,雖海塗上跳魚、子蟹之細,捷射之,百不失一。《樂郊私語》。

介　類

龜　萬曆辛丑,平湖金某於南門外獲白龜,有角。吳《志》。

鼈　康熙辛巳,嘉興人買鼈二枚,一腹微紅,斷其首,尾間忽出蛇頭,長尺餘,蓋是蛇所化。食者不可不慎。《述異記》。

蟹　分湖出。《大清一統志》分湖產紫鬚蟹。《魏塘紀勝》東西爛溪,稻熟時蟹最肥美,霜後者更佳。《烏青文獻》。

鰕　桃花里鹽時顿殼鰕極佳。《紫桃軒雜綴》嘉善祥符蕩中產朱頂鰕。《檇李詩繫》。　明宋嘉賓《朱頂鰕》詩:“月色平鋪映碧流,孤村寂寞冷煙秋。偏憐澤國長鬚侶,也占朱衣一點頭。”

螺　范蠡湖有西施妝臺,池產異螺,陰雨輒舒五采。《鴛鴦湖櫂歌注》。

蜆　梅家蕩者佳。新纂。　明朱國祚《梅家蕩櫂歌》:“梅家蕩口蜆子黃,瓜皮罾船七尺長。翦取東園白頭韭,蛤蜊風味勝橫塘。”

蛤　海有白蛤、黃蛤。

海鰕　白鰕,以朱腦菊花心見稱,蓋子在腹間,如黃粟然。青鰕,隻有重三四兩者,臘之曰對鰕。

白蜆　生沙塗中,殼如蛤而薄,惟春月肉圓肥無沙。

蝤蛑　即黃甲,兩螯極大,得即緊縛,蒸食,美。緩縱則介裏腥水,較勝明州殼中黃實也。以上《見只編》。

沙虎　小蟹也。殼顿薄,穴沙中,掘深數尺,始得。產高公山南、獨山塘側。《九山志》。沙虎惟秦駐隖有之,形小如錢,而殼甚顿,以鹽、酒漬之,鮮美可愛。《再續澉水志》。　國朝吳龍輔《憶秦駐隖沙虎》詩:“《爾雅》有遺品,佳名補食經。芳鮮能醒酒,顿美乍開瓶。已吸脂膏盡,仍完郭索形。家人憐癖好,封寄載吳舲。”　沈修齡《咏沙虎·玉人歌》詞:“漁蠻集。有海蠢行沙,悄尋蹤跡。簽筐攜卻,纖瑣最難得。生來也抱無腸恨,入甕休相逼。笑何人、唤作於莬,惧驚沙隙。　慣惹酒邊憶。撒蘆瀝晶鹽,更和米汁。一樣膏凝,螯肬不須擘。綺筵洗盞還重飣,俊味能留客。記年時、就買獨山塘側。”

土蚨　自八月至九月不復食泥,吐白脂晶瑩塗上,比他月稍佳。《見只編》。

蟲　類

蠶詳《農桑》。禾呼天蠶,謂成敗衣食憑之,關乎天命,因有以天蟲作蠶字,蚕音腆,乃蚯蚓名,不可以代蠶字。《小化書》。　伊《志》案:《廣雅》蝺地蠶注云:世人作蠶字,如蚕或蚕,並失之。《廣雅音解》係隋曹憲撰,則隋世已以蚕字代蠶字。

蜀　禾呼桑蟲,大如指,似蠶。《小化書》。桑蟲即桑蠧蟲。別録、日華、蜀本、藏器、時珍,俱收載。但未言其治痘、痘疹諸書從未有用之者。案:桑蟲能驅風而走竄經絡,故能發痘。然起發不由根本原氣,爲毒所傷。今人治痘,無不用之,其爲害不知若干人矣。《本草從新》。

蜘蛛　長脚者,俗呼爲喜子,禾呼喜珠。又有一種,禾呼壁嬉,亦呼壁蟹,酷似小蟹。又一種跳躍捕蠅,尾長,曳一絲,捕得,即以縛之,禾呼蠅虎。《小化書》。

蟋蟀　嚴將軍墓每年産一促織,爲冠。里人爭往取之,佳者,名紫金翅。《狷石居詩注》。

莎雞　禾呼麻蚱,亦呼紡績娘,即所謂絡緯也。其小而赤者,名織絹娘。

蚱蜢　善跳,不鳴,視麻蚱殊小。在田禾中往來,翼小,不飛,跳亦不遠者,禾呼蚱蜢。與麻蚱皆腹無多子,不害稼,非北地之螽也。

蝦蟆　禾呼蛤把,亦呼嗄平聲嘛,子名蝌斗。

蟾蜍　大者,禾呼癩師。以上《小化書》。

藥　類

蛇床子　蘇州貢蛇床子三升。《元和郡縣圖志》。

枸杞　甘州者良,而吾土可植。《倦圃蒔植記》府治子城舊有枸杞一本,數百年物也。人初不之異,一日風雨,晝暝,子城西北一隅疑若龍掛,即而視之,惟見此枸杞夭矯如龍,作鱗而欲舞狀,人因以龍形枸杞目之。《醉里耳餘録》。

菝蕑　今人藥用,多以蘇州者爲勝,故謂之吳菝蕑。《本草》。

紫蘇　海鹽者佳。至元《志》。

茱萸　吳茱萸,禾郡土産。《鴛鴦湖櫂歌注》。

五加皮　籬用枳橘,雜以五加皮、枸杞。三物有刺,可禦暴客。又五加皮春摘其芽,香美可食,冬取其根,入酒尤妙。《補農書》。

秦椒　枝葉盡綠,高一二尺,開白花,結子長二寸許。深秋色紅,磊磊可喜。味之辛,烈過於薑、桂。《北墅抱甕録》。

龍骨　秀水縣復禮鄉小律原,距太湖可六七十里。村民耕田,往往得龍骨而未識也。永樂間,一漁者始識之,持之售於蘇州藥肆中,歲以爲常。豈其地爲龍所窟,而潛蛻其中歟?《湧幢小品》。

布帛類

棉布　龍潭布細密,服久不裂。《濮川紀略》。

苧布　澉浦俗善績苧,更以織苧布爲業。《海鹽圖經》。

絲　吳郡貢絲。《唐書》。絲,各縣出。《大清一統志》。

絲紬　有素紬、花紬、綾地花紬、輕光紬、王店紬數種。《大清一統志》。濮院所産紡紬,練絲熟净,組織亦工。《浙江通志》。

綾　秀州土貢綾一千匹。《元豐九域志》。綾,各縣出,唐宋俱土貢。《大清一統志》。

克絲　語溪有克絲。崇德洪《志》。　伊《志》案:宋,克絲始見《咸淳臨安志》,有花、素二種。《淳祐語溪志》亦云有之。至元《志》有其名,然已久能織者矣。

綿　大環綿,以頭繭造成,白如雪,如弓形,甚韌,他處所不及。《烏青文獻》。

綿紬　有斜紋木犀之名。石門鄺《志》。綿紬出青鎮。《烏青鎮志》。

飲食類

茶　鷹窠山樹皆合抱,產類武夷。《清江集》。吾地無山,鮮業茶者。昔年白苧陳翁號五洲者,其茅亭前、籬腳下皆植茶,每春晚,手摘,焙斤餘,藏以自飲,間出供客之清勝者,風韻良妙。《味水軒日記》。湯山產茶僅數株,烹點亦頗佳。《九山志》。禾城北徐偃王祠後產茶,地小,不多得。《强恕齋詩鈔》。海鹽木山產茶,號雲霧茶。《春星草堂詩集》。

酒　月波,秀州酒名。《天下名酒記》。蘇秀道中,有地名五木,出佳酒。《嬾真子》。清若空,秀州酒名。《武林遺事》。劉延仲寓居秀州,見道人過門,疑其異,延坐。良久,曰:"今日適無酒,可以爲樂,奈何?"道人笑曰:"牀頭真珠泉一尊,何吝也!"《夷堅志》。

鹽　海濱廣斥,鹽田相望,即海鹽與鹽官之地同也。《太平寰宇記》嘉屬產鹽最廣,如西路鮑郎等場,其色多白。海沙、蘆瀝等場,其色多青。青者粒麤,且凝成冰塊,其味最鹹。吳郡造醬者多利此,取其質重而味厚也。《浙江通志》。　《見只編》:凡煮鹽,俗曰趁海,一則謂趁潮可瀘,一則謂趁天晴可曬也。趁海先佃海場。場一丁,其橫九弓,長倍之,開潭貯潮,鑿溝築塍爲界。分場爲上、中、下三節。近海爲下場,以潮水時浸不易,乘日曬也;其中爲中場,以潮至即退,夏秋皆恒受日,易成鹽也;遠於海,爲上場,潮小至所不及,必擔水灑灌,方可曬也。凡潮汛,上半月以十三日爲起水,至十八日止;下半月以二十七日爲起水,初二日止。潮各以此六日大滿,故當潮大,三場皆沒。自初二、十八已後,潮勢日減,先曬上場,次曬中場,最後下場,故上、中每月得曬二場,下場,或僅得其一也。凡曬鹽,俗曰曬灰,言其土之細如灰也。侵曉先合力用削刀削灰,使鬆,隨以碌扒碌碎,更用篠竿攪,使極細極平,方擔潭中海水,以木瓢瀟潑如雨,使之勻透。曬至晡時,仍以削刀收邊,用板推夾灰,成一長埂,以防夜雨。明朝仍用翻扒,推埂使平,更用碌扒碌之,篠竿潑水,夾板推聚如前。盛夏二日或三日,秋冬四日,曬力方足,冬則西北風尤勝日曬也。先此,周築土圈如櫃,長八九尺,濶五六尺,高二尺,深三尺,名曰溜。溜旁即開一井,深八尺,溜底用短木數段平鋪,木上更鋪細竹數十根,復覆之以柴,冒以草灰。然後取場灰填實,溜中用足踏實,再以稻草覆灰,仍挑潭中海水,多潑草上,使緩緩潛滲入井中,成鹽滷可汲煎矣。大約一溜之滷,可得二十餘擔。滷之上者,視水百斤加重斤三十,上滷沉下,次漸在上,以石蓮子最重者一粒,次重一粒,又次重一粒,擲滷中驗之。上滷則最重者浮,否則最重者沉,次重者浮也。煎法:用大鑊二具,中鑊一具,中鑊遠於火,停頓冷滷使熱,逐漸添入大鑊,取惜薪也。俗呼滷二大鑊爲一盪,用滷六擔,可得鹽百四十斤云。大較鹽之盈縮繫乎雨暘,貴賤視乎薪價,晴久得鹽多,雨久得鹽少,薪貴鹽價貴,薪賤鹽價賤,必然之數矣。削刀,長一尺五寸,濶三寸,一面口薄如刀,用方木一塊鑿口,含刀木上,著六尺竹柄,用以削泥。碌扒,頭長二尺,著齒十四,柄長六尺,用以碌泥。篠竿,用細石竹爲之。夾扒,用杉木板,長七尺,濶七尺,裝一木鏑子,一人用力持鏑,一人用繩捉夾,使成灰埂。木瓢,用以挹滷。弔子,用竹爲柄,以汲滷。大鐵鑊,用以鑱鹽鑊。

半邏糕　臘月用四春白糯米置大缸中,以水結冰凍之。至春暖,冰泮取出,磨粉炊糕,異常鬆美。《六研齋三筆》。

春餅　食之品,有春餅。鄒《志》。

鴨餛飩　方回《竹枝》詩:"跳上岸頭須記取,秀州門外鴨餛飩。"《癸辛雜識》。　國朝朱彝尊《鴨餛飩》詩:"禾俗養鴨兒,樂府歌阿子。一雄挾五雌,累百唉長水。方春鷇將出,生意不可止。要術啄菢宜,帀月雛定起。淺夫計欲速,火攻迓運徒。半體形已呈,忽焉混沌死。他邦盡棄擲,吾黨獨見喜。銅鎗屑椒桂,竈妾洗毛髓。色湆黃白斑,候歆漿汁滓。鴨簽哂東京,鴨臘屏南史。既免治刀砧,兼勿齕牙齒。以之號餛飩,莫審所自始。得非飲食人,桐江方萬里。記取秀州門,竹杖挑入市。至今七十坊,饌法傳伍氏。物爲愛憎殊,留賓姑舍是。二子下箸貪,謂足勝羊豕。作詩賞逸味,虛谷同一揆。不知天地間,何者真好美。試問廚煙生,曾否動食指。"

澹牛乳　澉浦民家能作淡牛乳。《味水軒日記》。

魚鮓　合路居民繁夥，賣鮓者尤衆。《入蜀記》。

烘鰕　海鰕自四月至九月爲盛，人家烘貯，以飣盤案。

酒發鰕　白鰕用椒酒烹，口咋肉脱。以上《見只編》。

糟鵝蛋　府城有之。伊《志》。　國朝鮑鉁詩："陽羡籠中化，香槽醖釀成。蠶于魚乍壓，俊比蟹微生。混沌含真味，胚胎享盛名。不圖重下箸，當食倍關情。"

器用類

金粟箋　金粟寺有藏經千軸，用硬黄繭紙，內外皆蠟磨光瑩，以紅絲闌界之，書法端楷而肥，卷卷如出一手。墨尤黝澤如髹漆，可鑒紙背。每幅有紅印，曰金粟山藏經紙。後好事者剥取爲裝潢之用，稱爲宋箋，徧行宇內，所存無幾。有言此紙當是唐藏，蓋以其製測之。然據董穀以爲紙上間有元豐年號，則其爲宋藏無疑矣。《見只編》。

由拳紙　嘉興故由拳縣，其處出好紙。《太平寰宇記》　案《寰宇記》又云：餘杭縣由拳村出藤紙。米芾《卜紙說》作油拳紙。《書史》亦稱爲杭油，是由拳紙，爲杭産矣。然《寰宇記》既云嘉興出好紙，則宋時禾産亦有之，特今不傳其造法耳。　國朝朱彝尊詩："穀皮素紙産油拳，不數成都十樣箋。題就相思八行字，好憑蒼雁寄天邊。"

梅里箋　里中顧仲清中村製。《梅里志》。

畫絹　密機絹，極勻净厚密。出嘉興。趙松雪、盛子昭多用此絹作畫。《格古論》。

墨　嘉禾人沈珪往來黄山，有教之爲墨者。以意用膠，一出便有聲稱。後又出意取古松煤，雜用脂漆滓，澆[1]之得煙極精黑，名爲漆煙。每云韋仲將法，止用五兩之膠，至李氏渡江，始用對膠，而秘不傳，爲可恨。一日與張處厚於居彦實家造墨，而出灰池失早，墨皆斷裂。彦實以所用墨料精佳，惜不忍棄，遂蒸浸以出故膠，再以新膠和之，墨成，其堅如玉石。因悟對膠法，每視烟料而煎膠，膠成和墨，無一滴多寡。故其墨銘云"沈珪對膠，十年如石，一點如漆。"此最佳者也。滕令畆監嘉禾酒時，延致珪甚厚，令盡其藝。既成即取小丸磨試，而忽失所在。後二年瀋池得之，其堅緻如故。因謂珪曰："幸多自愛，雖二李復生，亦不能遠過也。"《春渚紀聞》。

筆　杭、秀間，有曹用筆見稱於世。《嵩山集》。　宋晁説之《贈筆處士曹忠》詩："葦管予何愛，輕圓稱白毫。固知今獨妙，舊數浙西曹。"

香　合香帶、梅花笑、蘭衣香。鄒《志》。

薔薇露　嘉興最多野薔薇，開白花，田家籬落間處處有之，蒸成香露，可以澤髮。《鴛鴦湖櫂歌注》。

髹器　嘉興斜塘楊匯髹工鎗去聲。金、鎗銀法，黑漆爲地，以鍼刻畫山水樹石、花竹翎毛、亭臺屋宇、人物故事。鎗金，調雌黄。鎗銀，調鉛粉。以金箔或銀箔傅之。《輟耕錄》。剔犀器皿，元嘉興西塘楊匯作者，雖重數多，剔得深峻。剔紅器皿，元時西塘張成、楊茂最得名。戧金器皿，元時西塘有彭君寶者，甚得名。戧山水、人物、亭觀、花木、鳥獸，種種精妙。《格古要論》。古剔犀器，以滑地紫犀爲貴。底如仰瓦，光澤而堅，薄色如膠棗，曰棗兒犀，元時禾郡西塘楊滙所作。《香祖筆記》。嘉興烘漆，以漆器名家。《夢憶》。

銀槎　朱碧山所製槎杯，有古篆二十八字云："欲度明河隔上闌，時人浪説貫銀灣。如何不覓天孫錦,只帶支機片石還。"《妮古錄》。元朱碧山鍛銀器最有名。孫侍郎承澤北海、宋按察琬荔裳皆藏銀槎一,上有仙人,欵曰"朱碧山製"。康熙辛亥、壬子間,予兄弟與荔裳在京師,同施侍讀閏章愚山、沈文恪荃繹堂輩爲詩社。酒次嘗出此槎勸醻,因屬賦,皆張騫事。予亦云:"窮源通大夏,鑿空取通侯"。蓋本宗懍《荆楚歲時記》之説,然其仙人羽衣幅巾,似取"太乙仙人蓮葉舟"之意。又,《拾遺記》:堯時有巨槎浮四海,十二月周天,名貫月槎、掛星槎,羽仙棲息其上。當詠此事爲合。《居易錄》。宋荔裳琬觀察藏元人所造銀槎最奇古,腹有文曰"至正壬寅,吳門朱華玉甫製"。華玉號碧山,武塘人。《池北偶談》。元時虞、揭二公各令碧山製槎爲壽。杯首有"岳壽無疆"四字,左朱華玉造,右至正乙酉年。杯底"槎杯"二字,杯尾詩云云。與《妮古錄》同,二十八字。圖書"碧山"二字,皆小篆也。《苑西集》。　國朝朱彝尊《朱碧山銀槎歌孫少宰席上賦》:"高堂宴客客未醉,主人愛客期開顏。羽觴玉爵詎足算,勸我鑿落重三鍰。槎材老樹幾千載,霜皮剝削枝柯删。陰崖自遭鬼斧劈,積雨暗蝕苔紋斑。尋源之使出想像,高踞兩膝頂禿髚。觀其傲岸意獨得,髯鬖歸自明河灣。流傳河畔逢織女,所恨尚少雙煙鬟。剖中鄉衡入其腹,未解刀削何由彎。傳之四座叫奇絶,有如白鳥飛翩翩。細看欵識刻至正,問誰爲此朱碧山。良工名盛心益苦,顧茲毋乃經營艱。主人博搜金石文,向我更話天曆間。丹邱先生愛奇古,命製芝菌如初攀。當時虞揭相獻酢,是物亦得留人寰。自從闖賊躪燕市,大掠金帛仍西還。紛紛入肆尋鍛冶,否亦道半委榛菅。聞之不覺三歎息,可憐雙鐶今成鰥。吾鄉藝事稱絶倫,奇巧不數古輪班。張銅黄錫近乃出,未若此老技最嫺。殊方促坐且酪酊,莫遣酒醒懷鄉關。"　曹爾堪《古銀槎歌贈荔裳》:"長安伏日赤如火,曲檻虛亭門不鎖。宋公召我園林游,河朔冰盤浸瓜果。山雨忽收賓客至,出示酒鎗異恒窠。枯槎怪石坐神仙,周彜漢卣應無二。元季巧匠朱碧山,市隱皋橋稱絶藝。倪黄山水吳興書,幾與古人争位置。群賢驚詫手摩娑,神刀鬼斧曾琢磨。西郵好貯葡萄酒,南海空秋鸚鵡螺。至正年間遭殺僇,野火燒天煙萬斛。内府珍裘裂雉頭,舊家寶瑟焚蛇腹。獨此古物在人間,感慨乾坤同轉轂。秘器偕藏埒球貝,波斯問價昂珠玉。三百年來貴有徵,請檢拓家輟耕錄。嘔呼從者傾郫筒,恢拓智勇開心胸。爲慶遭逢落公手,甃盎況出隉醫宮。兩美相兼且觴月,干將莫邪亦神物。枕蛇騎虎安足愁,讀罷長歌歎奇絶。宋公本是神仙才,文筆不從人間來。何妨跳入銀槎裏,御風萬里游蓬萊。"

　　匏樽　巢孝廉鳴盛端明繞屋種匏,凡十餘種。長如鶴脛,纖若蜂腰。杯杓之外,室中所需器皿,莫非匏者。遠邇争效之,檇李匏樽不脛而走海内。《静志居詩話》。邑人周五峰製匏杯,近日鄉人多用之。秀水任《志》。　國朝巢鳴盛《題匏樽》詩:"回也資瓢飲,悠然見古風。剖心香自發,刮垢力須攻。不識金銀氣,何如陶冶工。尼山疏水意,樂亦在其中。"　曹溶《匏杯歌》:"郡中攻[2]匏始王氏,其後模倣紛然多。各能推擇尚堅樸,八月九月留霜柯。宣武平生逍形似,精微已往皆消訛。石佛羣僧稱紗手,工惟急就虧揩磨。流傳空復遍燕粵,賤售衹辱幽人薦。東郊周生最晚出,家無尺帛顏常酡。窮思莽蒼得其竅,盡刷怪詭還中和。終年黯慘與神遇,欵起奏刀如擲梭。不規而成紗天質,因物纖鉅無偏頗。餅疊滿眼總適用,譬若聖教陳四科。其間卓絶首觴豆,琴軒書榻光相摩。捧之宜俟偓佺輩,侍坐可斥妖秦娥。愚也好古徹骨髓,周生之室曾經過。持贈不惜倒筐篋,皛若片月來煙蘿。南滯闖堧北沙塞,廛坌夏擊催沉痾。糟丘已隳歎伯怨,不飲奈此匏者何。"　李良年《詠匏巵·古傾杯詞》:"徑惹風絲,畦翻露葉,誰種茅茨下。吾家六樣,銷沉後、解事猶傳僧舍。平添一架花陰,垂垂滿夏。霜鑱旋剖,酒巵紛把,松子試剥,淡著淺香微赭。閒摒擋、蔬筵堪亞。　念只有、盆攜老瓦。記秀水流傳,碧山槎古,從此雙論價。輕衘最好,飲伴何處。但白帕宜尋,朱門定訝。歲歲共汝,竹溪蓮社。"

　　黄錫　里中黄元吉冶錫爲壺,極精緻。《鴛鴦湖櫂歌注》。

　　沈錫　沈存周字鷺雛,所製最雅馴,有壺以給茶具,有斗以飲酒,有盂以貯水,爲筆墨所相須,其酒壺以僧伽帽爲上,次蓮花,又次桃核。《范湖文鈔》。

　　銅爐　里有張鳴歧,製銅爲薰鑪,聞於時。《鴛鴦湖櫂歌注》。

　　泥孩　曹王廟在縣東南三十里,民居環廟爲市,所出泥孩,遠近貨之。《醉里耳餘錄》。　國朝譚吉璁《鴛鴦湖櫂歌》："碧瓦珠光火一丸,綠楊絲挂采旛乾。泥孩縱説鄜延好,不及曹王廟上看。"

　　銅　吴東有海鹽章山之銅。《漢書·食貨志》。

　　鐵　雅山本産鐵,烹冶者以不當爐鞴費,幸免傷鑿。

　　石　豐山産,色黄而堅,土人採爲甃築用。以上《浙江通志》。殳、史二山産浮石,或云出史山者則浮,出殳山者不然。嵌崎磊落,丹赭滿山,山人採之,以售村民牆垣之用,大小不一,而石之所蘊特多,細竅若蜂房。然以其質輕,能浮於水上,遂呼爲浮石。《聽雪齋集》。

　　陶　磚瓦,出嘉善張涇窰者曰東窰,出干家窰者曰北窰。東窰,土高窰大火足,故堅完可用。北窰地卑,取土他所,又窰小悶熟者,故脆而易壞。

　　冶　桐鄉縣鑪頭村居民以冶鑄爲業,爐火不絕。以上《浙江通志》。

【校注】

　　[1] 澆:何薳《春渚紀聞》卷八作"燒"。當作"燒"。

　　[2] 攻:原作"玫",據曹溶《静惕堂詩集》卷十四《後匏杯歌》改。

嘉興府志卷三十四

風　俗

前人謂吳越古尚勇，至永嘉衣冠南渡，而文采始盛，是殆不然。夫會稽有夏禹勤儉之風，吳中循泰伯揖讓之習，知斯民猶三代也。國家一道同風，家不殊俗矣。第沿襲所致，若或有方隅之限，增其美，釋其回，是在有主持風化之責者。志《風俗》。

嘉興府嘉興、秀水二縣附

楚越，飯稻羹魚，或火耕而水耨，果隋蠃蛤，不待賈而足，地勢饒食，無饑饉之患。《史記》。

吳、越之君尚勇，故其民輕死易發。漢興，高祖王兄子濞於吳，招致天下之娛游子弟，枚乘、鄒陽、嚴夫子之徒顯於文、景之際。淮南王亦招賓客著書，而嚴助、朱買臣貴顯漢朝，文辭竝發。《漢書·地理志》。

信鬼神，多淫祀。川澤沃衍，有海陸之饒，珍異所聚，故商賈竝湊。《隋書·地理志》。

嘉禾一穰，江淮爲之康；嘉禾一歉，江淮爲之儉。唐李翰《嘉興屯田政績紀》。

永嘉以後，衣冠之族多渡江而南，藝文儒術於斯爲盛。杜氏《通典》。

地有魚鹽、布帛、秔稻之產。人性柔慧，尚浮屠之教。厚於滋味，善進取，急圖利，而奇技之巧出焉。《宋史·地理志》。

土膏沃饒，風俗淳秀。文賢人物之盛，前後相望。百工技藝，與蘇、杭等。《方輿勝覽》。

吳之風，其俗操束太急，廉隅失中。《文獻通考》。

嘉禾今三輔郡，奇才秀士輩出。四方逢掖，遠走是邦，輻輳鱗集。宋張鎮《增建府學記》。

叙《禾郡志》者曰：有泰伯辭讓之遺風。志會稽郡者曰：有夏禹勤儉之餘習。

罕習軍旅，尤慕文儒，不憂凍餒，頗勤農事。以上至元《志》。

秀在宋爲人物之邦，至今士多興於學，處廛者亦類皆鴻生碩彥。元楊維楨《聚桂軒記》。

嘉興，澤國也，土膏沃饒，風俗淳秀，生齒繁而貨財阜，爲浙右最。元金吾《重修嘉興路總管府記》。

慕文儒，勤農務，風俗淳秀。信巫鬼，重淫祀。素誘魚鹽之利，人性柔慧，民俗殷富。《明一統志》。

嘉禾之俗，人士好文而崇學，衣冠文物，煥然可觀。柳《志》。

地大而民物日以繁滋，教之使禮展樂具，豈非富庶之區耶。趙《圖記》。

春秋時，檇李當吳、越之交。自越王甲粢乙黍丙菽丁粟，非夫人之織不衣，而農桑重；吳王鑄山煮海，而鹽鐵重。務本節用，寖以富強。顧富者田連阡陌，貧者無立錐之地。昏嫁死喪，競爲侈麗，此則霸國之餘習也。

聲明文物，冠裳濟濟。逡巡揖讓，無少惰容。秉禮之家，斤斤自好，不越矩矱。以上劉《志》。

嘉興地獨坦衍，饒水，稻禾鹽桑，組繡工作之技，衣食海內。明王世貞《檇李往哲列傳序》。

城郭森羅,市廛錯列,高門納駟,甲第連雲。紅粟流衍,禮樂孔殷。明李貞開《煙雨樓賦》。

嘉興據湖海之交,平田曲澮,饒稻粱,有魚鹽、蓏果之利。士重廉節,恥馳競。齊民勤耕織,務蓋藏,故嘉興易治。明鄭曉《嘉興府題名記》。

富商大賈,長桅巨舶,夷蟟海錯,魚鹽米布之屬,輻湊成市,居民富饒,市邑繁盛。明蔣静《黄田港閘記》。

邑人士多饒秀,嫻文章,接斆傳圭,弁冕吳越。明黄洪憲《秀水縣志序》。

秀水始基,民居若晨星。城中多有隙地,都人士斤斤自好,以孝弟力田爲本務。閭巷編户較纖嗇,治生椎而不自炫。其後,民物漸繁,文明日啟。鄉都風尚,在處有異,春波門其俗彬彬好文,然競尚侈麗,列肆者多江淮巨賈,月有畫船花酒之費。望吳門其俗鄙俚,尚氣力。通越門則京省巨津,其俗椎魯少文,好逐舟楫之利。澄海門其俗褊急多戾,喜居積云。秀水李《志》。

賦税日增,生齒日盛;才傑輩出,爲時名卿。陸無險巇,樹藝得食其膏;水無衝激,艅艎得以走集。明李日華《秀水百詠序》。

浙西近澤,故文秀而失之靡。其間婚葬之儀,服飾之具,採風以獻,去奢示儉,安見習尚不古。《浙江通志》。

五湖間,其人輕心好游蕩。郡介蘇、杭間,獨能秉禮義,務耕織,異物不貴,此《周禮》所謂本俗也。近頗即於浮,狂瀾砥柱,在乎率之而已。袁《志》。

郡號靡麗,而能崇節儉,勤力作,每不能自給,待食於轉輸者十之三。吳《志》。

陸有鹽桑麻麥秔稻之利,水有菱藕魚蟹之租。行者乘船户外,居者織機宵中。鄉之士大夫好讀書,雖三家之村,必儲經籍,恥爲胥吏,罕習武事。其俗少陰狡,訟者始躁而終柔,有辜恩而不滋怨毒,故易與爲治。《曝書亭集·佟太守述德詩序》。

俗境奢靡,張筵設席,務崇多品,餽遺牲果饌蔬,盈箱疊架。近士大夫居古道者,譙止五簋,餽不靡物,亦崇儉救奢之一端也。嘉興何《志》。

嘉善縣

士慕文儒,沃土腴壤,民不勸而耕,樂從乎上,視他邑固易易也。然信巫鬼,崇異教,豈舊習未革歟。柳《志》。

邑民無子,多不立後,而贅壻,塯生子,即隨其姓。業文之士,近多浮薄,少前輩之風。民質粗鄙,好販私鹽。近湖蕩者,習漁業。田肥瘠相半,民亦易治。嘉善倪《志》。

嘉善膏腴之壤,平鋪如席,無高山大澤。賦税户口,最爲繁盛。明錢福《水利成功碑記》。

邑之俊造,皆師古好學,其民淳樸易治。明胡潔《表賢録序》。

嘉善東近華亭,婦女勤杼柚,士夫好誇詐。南近平湖、海鹽,帶星鬻鹾,輕命軌法。西鄉之習有二,近嘉興者健,近秀水者馴。北近蘇,其民不浮,訟益鮮。然知禮者近於固,不知禮者近於靡。嘉善章《志》。

魏塘,忠孝節義甲於嘉禾,理學科名聲高東國。麟麟炳炳,自昔攸聞,謂非教育涵養者深歟!國朝莫大勳《重修儒學碑記》。

樂田畝,重興作。嘉善戈《志》。

海鹽縣

魚鹽之利既溥，民皆服田力穡。市廛編户，家給人足，喜教其子弟以詩書。士大夫之裔，亦各世守其業。地既斗絕一隅，舟楫人跡罕至，無奇貨異產動其耳目，故能安習而不遷。宋李正民《儒學碑記》。

海鹽素習魚鹽之利，俗樸而好文。儉而知義，安土而不樂商賈。士大夫喪葬率用古禮，閭閻多化之。柳《志》。

鹽邑僻臨大海，斥鹵之民率多煑海爲鹽，田圃之間所產者禾、麥、麻、枲而已。其他多資之旁邑，易之商旅。海鹽陳《志》。

面山襟海，古稱望縣。漢以來，顧、陸風流未泯，女子勤事，雖富貴，不務容飾，士恥趨競，故仕者尚勇退。海鹽徐《志》。

士人學務宏博，文擅典雅，詞章書翰，皆有師法。田野小民，生理頗裕，皆知教子孫以讀書爲事，文物衣冠，爲東南之望。海鹽仇《志》。

紡織不止鄉落，雖城中亦然。小民紡織所成，或紗或布，侵晨入市，易木棉以歸，明旦復持以易。紡者日可得紗四五兩，織者日成布一疋，爇脂夜作，或通宵不寐，田家收穫，輸官償息外，其衣食全賴此。《海鹽圖經》。

男勝耕，悉課農圃；女勝機，悉課蠶織。《許氏貽謀》。

不事生產，無倉廩儲蓄，好侈靡。喜樓閣。惟招接海南諸貨，販運浙西諸邦。網羅海内諸物以養生。水鹹，地溼，俗僭。《澉水志》。

自海禁築城，不見異物，亦無外慕。男惟力穡耕漁，女則緝纑井臼，雖以貧見擯於諸方，實以拙自成於樂土。董穀《續澉水志》。

平湖縣

平湖多秀民，天性巧慧。重文學而尚節氣。其居田野者夫耕婦織，最爲勤苦。然信巫鬼，重淫祠，習奢侈，挾智興訟者往往有之。數年來文教漸盛，而風俗亦漸移易矣。柳《志》。

湖邑大海迴環。生其地者，多鍾九峰、三泖之秀，以故名臣輩出，科名甲七邑。明朱維熊《義學碑記》。

邑既僻處東偏，工作無他技巧，枲多於桑，布浮於帛，士大夫家勤女工猶什之七。

士尚制舉，業科名，盛於旁邑。素封家亦四壁圖史，三昧生涯，雅有先進風。以上平湖程《志》。

邑閨範素稱嚴肅，織紝井臼而外，錦文絮詠，曾不概見。平湖朱《志》。

比户勤紡織，婦女爇脂夜作，成紗線及布，積有羨餘，挾纊賴此，餬口亦賴此。平湖張《志》。

石門縣

稻蟹之利，轉徙數郡。宋沈括《儒學記》。

士美民秀,夙稱多賢。<small>元朱德潤《鄉賢祠記》。</small>

俗質而尚文。<small>明貝瓊《郭生傳》。</small>

邑境密邇於杭。自宋南渡,士大夫游處,舊多文儒。士習禮義,自羅變故。俗與習遷,射利競華,信鬼重巫。雖未盡革,然民以蠶桑爲恒業,務稼穡,勤織紡,變而歸厚,不難矣。<small>柳《志》。</small>

崇故良邑,以易治稱。<small>崇德陳《志》。</small>

禦兒故稱饒庶。<small>明陳允堅《學田記》。</small>

石邑接壤杭、湖,士大夫尚文學,習禮義,然射利競華,信鬼重巫,習未盡革也。至重蠶桑,務稼穡,大約淳樸居多。<small>石門酈《志》。</small>

桐鄉縣

青鎮介湖、秀之間,水陸輻輳,生齒日繁,富家大姓甲於浙右。<small>宋莫光朝《青鎮徙役記》。</small>

俗務農而習樸,高原樹桑麻,下隰種禾稼,勤身而樂業,信巫鬼,重淫祠。<small>柳《志》。</small>

桐邑古吳越之疆,泰伯辭讓,夏禹勤儉,兼而有之。慕文儒,尚農務,然多舊染。豪家巨室,往往殖貨相高。<small>桐鄉徐《志》。</small>

桐鄉之地土沃人稠,男服耕桑,女尚蠶織,易致富實。<small>《張楊園文集》。</small>

冠婚喪祭

男子十六始冠,亦有婚而冠者。女子于歸乃笄。<small>袁《志》。</small>

男子五尺以長,始勝冠,聚族張筵。女將笄,先期澡。長年爲鑷面彤,曰開面,亦聚族張筵如冠儀。凡冠笄,皆炊糕,餽遺姻好,名上頭糕。<small>秀水李《志》。</small>

婚禮,納采納徵,委禽親迎多遵古道。惟議姻時先通名曰求吉,旋致幣曰謝允。女家答幣,曰允吉。既行,納采禮,將婚請期曰准日。將嫁,以酒醮女,曰待嫁。先期致奩具,曰送裝。及期,壻親迎,奠雁於婦家,以綵輿迎。婦至門,鼓樂導入,行合卺禮,司儀致語,以果四投,曰撒帳。厥明,婦拜舅姑及諸姻婭,必具贄,曰上見。越二日,進腶脩,曰三朝盤。踰月歸寧,曰對月。<small>吳《志》。參秀水李《志》。</small>

或有父母病,倉卒婚嫁,曰見喜,此變禮也。近世有嫁索采、娶索奩者,甚或以此生勃谿,君子非之。<small>秀水李《志》。</small>

里俗嫁娶,務以華靡相高。有爲子聘婦,嫁女治奩而鬻産者。<small>嘉興湯《志》。</small>

議婚不純,重門楣,兼主命卜,女家量力裝送,無厚嫁之失,故俗不溺女。<small>嘉善章《志》。</small>

婚姻不論門第,惟從目前富貴六禮之外,有知節跨鞍、牽綵換寶、坐牀喫糖等目,特爲煩猥。<small>《海鹽圖經》。</small>

定婚用幣,飾茗果,納徵以紅箋,大簡致書,曰禮書。合卺有換寶參寵、索絲交拜、迎花燭、坐牀撒帳等文。新婦謁家廟,曰上幡,逾月歸寧,曰回門。<small>平湖王《志》。</small>

始卒,以《六輪經》辨生肖所忌,曰批書。鄉里親友以纘帛襚之,曰上襄。三日成服,男免女髽,遷尸於中堂,殮用縗及帛,設木主銘旌,帷幕始弔奠,每七作佛事,七終謝弔者,衰服拜其門。

將葬,裂帛告殯期,或請顯者署其栗主,曰題主。姻友咸送至墓,所餞具方相明器,梵音仙吹,雜遝道路,葬後三日,子姓至墓所祭,曰覆墓。袁《志》。參吳《志》。

有以古禮傳家者,不採《六輪經》,不作佛事。吳《志》。

初死,然燈誦經,曰伴靈。將葬,請顯者二人,一題主,一祠土,務極華觀焉。嘉興湯《志》。

三日成服,設銘旌帷堂,客始弔,儀用香楮,或以幣設奠拜,男答拜,婦哭於帷中。將葬,姻友咸送,或設路祭。至用優劇爲戲,非禮也。窶戶多火葬,拾骨以瘞,毫不知痛。士大夫泥青烏家言,術士眩以禍福,至數十年不葬者,則惑之甚矣。秀水李《志》。

有喪之家,陰陽生以《六輪經》辨死者生肖所忌,算其回煞之日,爲批書,殯殮擇日辰。辨生者生肖所忌,使悉避回煞之日,避忌亦如之。擇日受弔,曰開喪,延戚族陪賓,曰邀喪。平湖王《志》。

疾病專事祈禱,至破產不悔。《海鹽圖經》。

初喪設位,朝夕哭臨,三年服除。遷主於祠,自士大夫逮庶人,皆祀。高、曾祖禰,吉凶事告廟,歲時伏臘,忌辰皆家祭。儀用三獻,惟清明則墓祭,挂紙錢,灑麥飯,以寄哀思。亦有於十月朔再舉者。袁《志》。參嘉興湯《志》。

祭,先類用俗節,然三獻諸儀,通邑遵焉。若麟溪之沈、丁宅之丁則建祠,備器時,物必薦,郁乎盛矣。嘉善章《志》。

僧寺自占人戶,謂之門徒。歲時印經疏,書人祖先姓名其上,與之焚化,以資冥福。《海鹽圖經》。

清明、十月朔掃墓,用牲儀、冥資,繫紙毬於穴,謂之招魂。石門鄔《志》。

祭祀無家廟者,逢節忌,即陳設於家庭,望空遙拜,但俗尚巫卜,非其鬼而祭之者不少。桐鄉徐《志》。

四時俗尚

立春前一日,官府迎春於東塔寺,居人競以米豆撒春牛背,曰打春。立春日,有司率諸執事祭芒神,各執綵仗,鞭土牛,曰鞭春。嘉興湯《志》。

立春前一夜,鄉人圍土作塍,分東西塘,縱橫皆丈餘,揮秧其中,以占水旱豐嗇,名種春田,甚驗。崇德靳《志》。

立春日,延客用春餅,即古辛盤遺意。秀水李《志》。

元旦夙興,聲爆竹啟戶,主人蕭衣冠,懸祖像於中堂,羣子姓旅拜畢,以次稱賀,焚道路香,禁掃地。鄰里親知,相過賀歲,曰拜節。嘉興湯《志》。參秀水李《志》。

元旦不炊,多食除夕預炊者,曰隔年飯。嘉善章《志》。

三日爲小年朝,四日設粉餌祀竈,曰接竈。劉《志》。

八日,鄉人蟻舟集徐王廟,爲賽神之會。其地爲北高豐。朱彝尊詩"不待上元燈火夜,徐王廟下鼓鼕鼕"是也。《曝書亭集》注:"徐王廟在府城東北,每歲穀日,拏舟擊鼓,士女往觀。"十三日,復集南偃王廟,爲南高豐。伊《志》。

自元旦至十二日,以瓶汲水,日準其輕重,定十二月之水旱,重爲水,輕爲旱。海鹽仇《志》。

汪孟鋗《秤水》詩：“歲事寧關水，平心爲乞靈。静來常中準，分處只争星。”

元宵前後三日，街市張燈，放烟火，合金鼓游行於市，曰迎燈。屑米爲丸食之，曰燈圓。嘉興湯《志》。參秀水李《志》。

上元前後，里中年少合金鼓管絃爲樂，曰鬧元宵。初，城北天妃祠有鼇山燈，甚盛。山前立一臺，結錦綺爲行棚，歌舞其上。從西關外設祭禮，花燈火樹導之，赴祠下作鬧元宵樂，名曰太平鼓。游人往觀，遠近畢集。後廢。海鹽仇《志》。

元宵前，鄉人束芻木末，颺以緋帛，夜擊金鼓，焚之，侑以祀詞，曰“燒田蠶”。蓋祈年也。劉《志》。

二月二日下瓜、茄諸菜種。嘉興湯《志》。是日戴蓬草，以辟頭風。桐鄉徐《志》。

十二日爲花朝，俗稱百花生日。嘉興湯《志》。花朝日晴，則百果多實。伊《志》。　諺云“有利無利，但看二月十二。”見《檇李詩繫》。

春分後戊日，爲春社。田家醸錢，爲會牲醴賽神，以祈豐稔。平湖王《志》。

是月，婦女多出游，曰踏青，兒童競放紙鳶。諺曰：“楊栁青，放風筝。”嘉興湯《志》。參桐鄉徐《志》。

三月三日，聞蛙鳴，米賤。劉《志》。　唐人詩云“田家無五行，水旱卜蛙聲。”是日競往小武當進香。嘉興湯《志》。　《鴛鴦湖櫂歌詩注》：“城北十五里有真武廟，號小武當。”譚吉璁詩：“小武當山紅袖香。”

三日戴薺菜花，入夏頭不暈。平湖王《志》。是日婦女出避於外，曰避青。晚食螺螄，曰挑青。桐鄉徐《志》。　錢載詩：“已過挑青節，垂楊冷不飛。”

清明祭墓，挂紙毯先塋，曰標墓。時王店市河及薦涇有摇快船之戲。嘉興湯《志》。是日奉城隍神，詣厲壇。七月十五日、十月朔日亦如之。

清明夜，各撒螺螄殼於屋上，謂之除瓦剌。以上伊《志》。

清明，各折栁枝插簷户。是日，沈蕩有龍舟之戲。《海鹽圖經》。

立夏，噉青梅、朱櫻、蠶豆，以百草芽揉粉爲餅，相餽遺。嘉興湯《志》。　明李日華《雜記》：“村民競採草木嫩黃，揉粉製餅。時梅已如彈朱櫻，的皪可愛。陰森中風來，作百和香，戴勝、黃鸝，咿啞遠近，亦歲時佳候也。庚午立夏日，在白苧村莊喫筍飯，書此。”

四月四日，爲城隍誕辰，各備牲醴廟獻，有醸金迎賽，舉城隍會者。嘉興湯《志》。八日，浮屠作浴佛會，男女茹素者咸集。《海鹽圖經》。

小滿動三車，絲車、油車、水車也。嘉興湯《志》。

五月爲惡月，家懸神符，禁諸不祥事。秀水李《志》。

端午收藥草，食角黍。諺云：“未喫端午糉，布襖不可送。”見《陸游詩注》。飲雄黃、菖蒲酒，瓶插桃榴葵艾，以禳毒氣。婦女翦黃白繭爲花，裂五色繒，肖人形，曰健人，佩之。幼者繫綵索於臂，以雄黃抹其頂，曰能免災疾。嘉興湯《志》。參吳《志》《海鹽圖經》。

端午，東湖陳龍舟水嬉。平湖王《志》。

芒種後，逢壬日立霉，賽神蒔秧。夏至後，逢庚日斷霉。又三日爲頭時。或作黴。又五日爲中時。又七日爲末時。禁土木、浣濯等事。劉《志》。家貯梅水。吳《志》。　王又曾詩：“烹茶水功六，天泉占其兩。梅雨醇而白，品争雪水上。五月簷溜纇，丁玘幾旬響。貧家無長物，差喜足甕盎。”

六月六日，曝衣，食餛飩，洗六畜。嘉興湯《志》。是月合醬，蟲不爲蛀。石門郟《志》。　汪孟鋗《合醬》詩：“醬能主百味，處内本非賤。炒黃得舊方，乃用豆合麯。徽鹺百物壞，兹獨取色變。多曝早得嘗，密頓久可擅。古稱百日成，未若近今便。”

六月十九日，福業院爲觀音大士會，禱賽者咸集。《海鹽圖經》。

七夕，婦女結綵縷，穿鍼月下。陳瓜果，祀牛女星，曰乞巧。搗金鳳花，染指甲。嘉興湯《志》。

女子於月下穿鍼，三穿而過者，謂之得巧。嘉興倪《志》。

陳果於庭，有蟢子網於瓜，爲得巧。女尼鏤粉爲花，及茄餅餽遺，曰送巧。平湖王《志》。

中元，素食祀先，曰鬼節。僧舍作盂蘭盆會，施水燈。晦日，爲地藏王誕辰，兒童競以香屑和油膏，燃之地。又甃瓦爲塔，燃燈，羅拜之，謂地藏開眼。小盡，謂不開眼。嘉興湯《志》。參平湖王《志》。

秋分後戊日爲秋社，醵錢爲會，牲醴賽神，以報豐稔。平湖王《志》。

中秋，以百果作餅，肖月形，曰月餅。相餽遺，取團圓之義。前後三日，開燕賞月，或設酒舟中，集澂湖歌吹，絲竹之聲徹夜。嘉興湯《志》。女郎於是夜種罌粟花。伊《志》。朱彝尊詩："怕解羅衣種罌粟，月明如水浸中庭。"注見《物產》。

是日，田家祀先農，醵錢爲會，曰青苗會。《海鹽圖經》。

重陽登高寺塔，飲菊花酒，家用栗糕，標彩旗，祀竈。嘉興湯《志》。

季秋九日，里人以粉作糕共食，曰重陽糕。士人登塔賦詩。嘉善章《志》。

是日，兒童鬬促織爲戲，曰秋興。以嚴將軍墓產者佳。伊《志》。譚吉璁詩："莎雞動股羽纖纖，秋興毬場紅白粘。宣德盆中茭米潔，嚴將軍墓紫金尖。"

立冬日，以菊花、金銀花、香草煎湯沐浴，曰掃疥。嘉興湯《志》。

孟冬朔日，食米團，祀祖先，間有墓祭者，曰開爐節。嘉善戈《志》。

十月風信頻作，謂之五風信，日漸短，必須夜作。諺云"十月無工，祇有梳頭喫飯工。"《農政全書》。

冬至，祀先，冠蓋相賀，如元旦儀。吳《志》。

大寒，逢戌爲立臘，凡伐木動土，俱無禁。秀水李《志》。

十二月八日，爲臘八，以果蔬諸物煑粥，曰臘八粥。平湖王《志》。

臘月醸秫作酒，煑而藏之，曰煑酒。先期用白麵作麴，并白米白水爲之，曰三白酒。春糧，藏之倉廩，或藁囷中，經歲不蛀，曰冬春米。劉《志》。金華吳孺子每喜喫吾鄉冬米，曰："此檀香粒也。"見李日華《六研齋筆記》。

臘月，乞兒以朱墨塗面，跳舞於市，行古儺禮。劉《志》。

二十四日爲小年夜，掃屋塵。汪孟鋗《掃塵》詩："素衣元自潔，敝帚徑須供。野馬空飛影，伊威定絕蹤。嚴風能滌蕩，且與畢殘冬。"用花糖粉團祀竈，曰送竈。嘉興湯《志》。

送竈用糖粉團，以竈神朝天言人過失，用糖取膠牙意。《海鹽圖經》。

除夕宜静。吳中諺云"除夕犬不吠，新年無疫癘"。《檇李詩繫》。

除夕更桃符、門神、春帖，插芝麻梗於簷端，束炭立戶右，曰"將軍炭"。炒白豆，分食之，曰漏湊。一作湊投。且食且祝，彼此交納，曰漏湊漏湊。井磑俱封，入夜聲爆竹，設歲饌，長幼聚飲，坐以待旦，曰守歲。劉《志》。參各縣《志》。

嘉興府志卷三十五

祥　異

　　郡名禾興，固以祥著也。自漢而後，其歷見於五行、符瑞志者，史不絕書，蓋祥異之作，以表吉凶，此理昭昭，不可誣也。故裒而書之，俾驗人事而迓天庥者知所感召焉。志《祥異》。

漢

　　文帝十二年，吳地有馬生角。干寶《搜神記》。

　　建平二年二月，彗星出牽牛七十餘日。《漢書·天文志》。

　　永建六年十二月壬申，客星芒長二尺餘，色白，在牽牛六度。《後漢書·天文志》。

三國吳

　　黃龍三年夏，由拳野稻自生。《冊府元龜》。

　　赤烏五年三月，海鹽黃龍見井中二。《宋書·符瑞志》。

晉

　　永興二年，白烏見海鹽。《宋書·符瑞志》。

　　永嘉五年，嘉興張林狗人言曰：“天下人餓死。”後兵荒相尋。舊《浙江通志》。

　　太興三年三月，海鹽雨雹。《晉書·五行志》。

　　隆安五年三月甲寅，流星赤色，衆多，西行，經牽牛。《晉書·天文志》。

　　太和六年六月，吳郡大水，稻稼蕩沒，黎庶饑饉。《晉書·五行志》。

宋

　　元嘉十一年六月，海鹽獲白烏以獻。《宋書·符瑞志》。

　　二十三年，嘉興、鹽官野稻自生三十許種。《冊府元龜》。

　　二十四年四月，白雀產吳郡鹽官民家，太守劉楨以獻。《宋書·符瑞志》。

齊

　　永明元年，鹽官內樂村木連理。

七年六月,鹽官縣獲白雀。以上《南齊書·祥瑞志》。

九年,石浦有海魚乘潮來,水退不得去,長三十餘丈,聲如牛。《南齊書·五行志》。

唐

武德二年七月戊寅,月犯牽牛。

永徽三年正月壬戌,太白犯牽牛。以上《唐書·天文志》。

景雲二年秋,秀水新城鎮夜聞異香襲人,有聲如冰雹。及旦,泥沙中多金,里人翁嵐因建雨金嶽宮。明呂懋有記。劉《志》。

天寶十四載,天有聲於浙西。《唐書·玄宗本記》。

大曆二年秋,浙西水。

貞元六年,浙西大旱,井泉竭。

寶曆元年秋,浙西旱。

太和七年秋,浙西水害稼。以上《唐書·五行志》。

中和二年,嘉興馬生角。《文獻通考》。

三年三月,浙西天鳴,聲如轉磨。《唐書·五行志》。

天復三年,浙西大雪,平地二尺餘。《唐書·天文志》。

宋

天禧元年二月,兩浙蝗蝻。《宋史·五行志》。

乾興元年二月,湖、秀州雨壞民田。《文獻通考》六月,秀州湖田生聖米,居民取食。《宋史·五行志》。

皇祐二年十一月丁酉夜,秀州地震,有聲自西北起,如雷。《文獻通考》。

嘉祐六年,兩浙雨,為災。

八年三月,鹽官縣地產物如珠,可食;水菜如菌,可為菹,饑民賴之。以上《宋史·五行志》。　伊《志》案:吳《志》作熙寧八年,誤。

熙寧元年,秀州蝗。趙《圖記》。

元豐六年正月,大雨。至六月,太湖泛溢,蘇、湖、秀等州城市並遭水浸,田不佈種,廬舍漂蕩,民棄田賣牛,散去乞食。宋范祖禹《論浙西賑恤狀》。

八年,秀州人家屋瓦上冰紋,皆成花,以紙搨之,無異石刻。

元祐五年,秀州數千人訴風災。吏以為有訴水旱而無訴風災,閉拒不納。老幼相踐踏,死者十一人。以上袁《志》。

八年,海溢,壞民田。

紹聖元年秋,湖、秀等州海溢,壞田。以上《宋史·五行志》。

四年夏,兩浙旱。《文獻通考》。

元符二年六月,久雨。是歲,兩浙湖、秀等州尤罹水患。《宋史·五行志》。

崇寧四年九月壬辰,日中有黑子。是歲,秀州水。袁《志》。

政和五年八月,蘇、湖、常、秀諸郡水災。《文獻通考》。

宣和二年秋九月吳《志》作八月。戊午夜,秀州語兒鄉雞數十里同時鳴。明年,睦賊方臘來寇。趙《圖記》。

四年,鹽官海溢。方勺《泊宅編》。

五年,秀州春旱。禱精嚴寺觀音,有驗。

六年秋,秀州大水。以上袁《志》。

建炎元年秋,斗牛間有紫氣。十月戊申,嘉興縣丞趙子偁生子於官舍,紅光燭天,後爲孝宗。劉《志》。

紹興二年春,兩浙饑,斗米千錢。

四年四月,霖雨。至於五月,浙東西郡縣壞圩田,害蠶麥蔬種。以上《文獻通考》。

五年閏月朔,雨、雹、雪。十月丁未夜,秀州大風、電、雨、雹。袁《志》。

二十年十月丁未,秀州華亭風雷、雨雹,激射如箭彈,覆舟壞屋。是日,海鹽縣有巨鰍作聲,群鰕從之。偃臥沙壖,揚鬐撥刺,高齊縣譙。其長百丈,民臠其肉,轉鬻,壓死十數人。頷骨長二丈五尺。十一月戊辰,秀州大雨雹。

二十四年,浙東、西旱。《宋史·五行志》。大饑,斗米千錢,道殣相望。以上趙《圖記》。

二十八年,浙東、西沿江海郡縣大風水,湖、秀爲甚。《宋史·五行志》。

二十九年秋,旱。袁《志》。

三十年秋,浙郡國旱。十月,浙郡國螟蝗。《宋史·五行志》。

三十二年六月,浙西大霖雨。舊《浙江通志》。

隆興元年,浙東、西郡國螟害穀。八月,大風、水。越、蘇、湖及崇縣爲甚。《文獻通考》。

二年,湖、秀州大水,浸城郭,壞廬舍、圩田。《宋史·五行志》。

乾道元年春,紹興,湖、秀州大饑。《文獻通考》。

三年八月,湖、秀州水壞田廬,積潦至九月,禾稼皆腐。

六年五月,湖、秀州大水。冬,太平、湖、秀皆饑。

七年,秀、婺州皆旱。

淳熙元年,秀州民呂氏冰瓦有紋,樓觀、車馬、人物、芙蓉、牡丹、萱草、藤蘿之屬,經日不釋。以上《宋史·五行志》。是年,旱。嘉興知縣李時習以《太平廣記》有攪龍事,於景德禪院龍潭行之,果得雨。劉《志》。

三年八月癸未,大雨水,壞德勝、江漲、北新三橋及錢塘、仁和田,流入湖、秀州,害稼。《宋史·五行志》。

五年,浙西旱。《文獻通考》。七月,大風駕潮害稼。《西園雜記》。

六年秋,溫、台、湖、秀州等皆水,壞圩田。

七年,秀州大旱。袁《志》。浙郡縣皆饑。

十四年夏五月,臨安,嚴、常、湖、秀皆旱。以上《宋史·五行志》。七月,秀州饑。《文獻通考》。

十五年,崇德縣民張氏家麥化爲蜨。崇德靳《志》。

紹熙五年春,浙東、西郡縣自去冬不雨,至於夏秋,冬無麥苗,浙東、西皆饑。《宋史·五行志》。

慶元二年十一月二十日夜半,月出如望,太史奏當大稔。其冬無雪,明春無雨,詔祈禱,中夏雨足。趙《圖記》。

三年秋,婺州,山陰、蕭山、富陽、鹽官、淳安縣,嘉興府皆螟。《宋史·五行志》。

嘉泰元年,浙西郡國洊饑,嘉興爲甚。《文獻通考》。

二年,秀州蝗。春旱,至於夏秋。袁《志》。

開禧元年夏,浙東西不雨百餘日。《宋史·五行志》。

三年,夏、秋大旱,穜稑絕種。劉《志》。

嘉定元年夏五月,旱,大蝗。

二年夏四月,旱,至七月乃雨。以上趙《圖記》。

六年六月,杭、嘉、嚴大水。舊《浙江通志》。

十二年,鹽官海潮衝平野二十餘里。

十六年五月,浙江、淮、荊屬郡縣水,平江府、湖、常、秀、池、鄂、楚、太平州,廣德軍爲甚,漂民廬,害稼,圮城郭、隄防,溺死甚衆。

十七年,海溢,壞堤。以上《宋史·五行志》。

寶祐三年五月,浙東西大水。《宋史·理崇本紀》。

元

至元七年,秀州饑。袁《志》。

二十五年三月,浙西大水,杭、秀、湖三州壞稼。《續文獻通考》。

二十九年,嘉興、湖州、紹興等路水。《元史·五行志》。

大德五年,海鹽大饑,人相食。《西園雜記》。

六年六月,杭州、嘉興、湖州、紹興、慶元、婺州等郡饑。

九年八月,東安、海鹽等州蝗。

十年五月,嘉興水害稼。以上《元史·五行志》。

延祐元年,鹽官州海溢,壞民居,陷地三十餘里。袁《志》。

四年,崇德州學泮池產瑞蓮,一莖二花。是年,俞鎮鄉舉第一人。崇德靳《志》。

泰定元年十二月,鹽官州海溢,隄壞,侵城郭,以石囤木櫃扞之,不止。

三年,鹽官州大風,海溢,壞隄,廣三十餘里,袤三十里,徙民居以避之。

四年正月,鹽官州潮水大溢,壞隄二千餘步。四月,又壞隄十九里。發丁夫二萬餘人,以木栅、竹落、磚石塞,不止。

致和元年三月,鹽官海隄復壞,益發軍民塞之,置石囤二十九里。

天曆元年八月,杭州、嘉興、湖州水,淹沒民田數千頃。

至順元年閏七月,嘉興、湖州二路大水,壞田三萬六千六百餘頃。以上《元史·五行志》。被災者四十萬五百餘戶。袁《志》。

二年二月,嘉興郡饑。《元史·五行志》。

至正四年,郡境產苜蓿。

七年冬，郡城西有烏數千，營巢於地，圍八尺，崇五尺，晝夜不休，若有程督之者。已而大盜蜂起，江淮驛騷。詔州郡築城，自嘉興始。以上趙《圖記》。

十一年，嘉興儒學閣人陶氏磨木肘，發青條，開白花。舊《浙江通志》。

十五年七月，檇李城東馬橋有白龍挂，盲風怪雨，天昏黑如深夜，大木盡拔，壞民居百餘所。《續文獻通考》。龍過北麗橋，入太湖去。後值苗軍亂，龍所過處，悉爲蓁莽。《輟耕錄》。

十六年正月，嘉興楓涇鎮戴君實門首柳樹若牛吼。寒食日，海鹽趙初心率子姓掃墓，聞柏樹作老鶴夏夏聲。明年，苗軍亂，郡遭兵燹，二家皆遇禍。劉《志》。

十七年三月，日晡時，天昏黃若霾霧，有兩日交鬭，開且合者千百遍。《海鹽圖經》。

十九年，海鹽屠人張氏猪腸迸地，蜿蜒如蛇，走一里許，遇海而止。趙《圖記》。

明

洪武四年，嘉興縣崇玄道院產靈芝。趙《圖記》。

六年五月，嘉興雨雹。

七年五月十九日，嘉興縣民李甲妻一產三男。以上袁《志》。

八年，嘉興、蘇、湖、松江、杭州俱水。《明史·五行志》。

九年，水。

十三年，嘉禾大疫。以上袁《志》。

十九年四月己亥，熒惑留斗宿。七月辛巳、八月丙戌，熒惑皆犯斗宿。《明史》。

二十二年六月辛巳，彗星現紫微，俱在牛度九十分，有白光，長丈餘，自東南指西北行。袁《志》。

二十三年七月，海溢，松江、海鹽溺死竈丁各二萬餘人。《湧幢小品》。

永樂元年，水。袁《志》。

二年六月，蘇、松、嘉、湖俱水，饑。《明史·五行志》。

三年，水。袁《志》。

四年夏，水，民饑。袁《志》。七月，海鹽縣霖雨，風潮決隄。《明史》。

洪熙元年夏，蘇、松、嘉、湖積雨傷稼。《明史·五行志》。

宣德九年，大水，無秋。袁《志》。

十年秋，大風，潮暴湧，海岸盡崩。《海鹽圖經》。

正統七年，大水。《明史·五行志》。

八年八月，大風雨，害稼。袁《志》。

九年，嘉興、湖州、台州，俱大水。《明史·五行志》。嘉興、湖州，江湖泛溢，隄防衝決，潯沒禾稼。《明英宗實錄》。

十一年五月，大水。

十四年夏，大水。以上袁《志》。

景泰元年正月，大雪，二旬不止，間有黑花，凝積丈許，民多饑死，鳥雀幾盡。夏霪雨，傷稼，大饑。趙《圖記》。

二年夏，旱，道殣相望。袁《志》。

五年，杭、嘉、湖大雨，傷苗。六旬不止。《明史·五行志》。二月大雪，四十日，覆壓民廬，溪蕩皆冰。

六年，大疫，死者相枕藉。

天順元年，大旱，運河竭。以上趙《圖記》。七月，杭州、嘉興蝗。《明史·五行志》。

二年，海鹽海溢，溺死男女萬餘人。趙《圖記》。

四年，杭州、嘉興、湖州、寧波等郡，四五月陰雨連綿，江湖泛溢，麥禾俱傷。《明史》。

成化二年，海溢，大水敗稼。

三年，海溢，溺萬人。以上吳《志》。

六年正月，大水，無麥。五月，大水傷禾。袁《志》。

七年閏九月，杭、嘉、湖、紹四府，俱海溢，湆田、宅、人、畜無算。《明史·五行志》。

九年四月，嘉興、湖州水災。《明史》。秋八月，嘉禾生。趙《圖記》。

十二年九月二十九日，地震。十二月，冰凝踰月，舟楫不通。袁《志》。

十三年正月，震雷，大雪。海鹽海溢，溺居民。

十四年八月二十日夜，嘉興南方有聲，如運磨達旦。十二月，龍現於南方以十數。

十五年九月二十日，地震，自申至酉始定。以上趙《圖記》。

十七年夏，旱。秋，大水害禾。袁《志》。

十八年春，大水，民饑。趙《圖記》。

二十一年，嘉善民鄒亮妻初乳生三子，再乳生四子，三乳生六子。《明史·五行志》。

二十二年春，黑眚見，月餘始熄。

二十三年秋，大旱，禾盡槁。

弘治元年十二月夜，虹現，大雷電，雨水四日。

二年夏，秀州儒學後圃產靈芝，連莖並蒂，玉尖紫色。以上趙《圖記》。

四年夏六月，大水，傷禾。

五年五月，大水，民多流移，大疫。

七年五月，大雨，水漲。秋水湆田禾。以上袁《志》。嘉禾橫塘有杭人李碩，妻臨產，腹欲裂，生一鼈，而手足則人。《七修類稿》。

八年，蘇、松、嘉、湖四府饑。《明史·五行志》。

十一年，郡境河、港、池、井皆騰沸，高二三尺，有至丈許者，至暮始平。

十二年六月旱。十六日，諸河小魚皆浮兩岸，至暮方散。

十四年十一月，恒寒，冰堅半月，河蕩皆可徒行。以上袁《志》。

十八年九月十八日夜，地大震，久之，屋瓦皆鳴。次日，地見白毛。劉《志》。

十九年，蝗蔽天，稻如剪。《續澉水志》。

正德二年十月十一日，小雪節，疾雷震天，電火迅發。二十八日，有虹見，雷大發聲。是冬，桃李花，蜂蝶集。

三年六月，雨雹。以上袁《志》。

四年七月七日，驟雨如注，至十月不霽。禾腐爛，民大饑。

五年五月，大水害稼，民饑，流移者半。冬十月，梧桐鄉蔫有虎入縣境，居民驚怖。縣令張絃爲文遣之，虎不復見。以上劉《志》。

六年五月，大疫，死者相枕藉。趙《圖記》。

七年，嘉興、金華、溫州、台、寧、紹六府乏食。《明史·五行志》。四月，胥山鄉麥秀兩歧。袁《志》。

八年十二月五日，崇德縣霜凝樹枝，狀如垂露，味甘如飴。劉《志》。

九年七月，崇德縣蝗，不害稼。已而嘉禾生，有一本數穗者。

十年六月十八日夜，暴雨，水漲，頃刻丈許，淹民居，害稼。以上趙《圖記》。

十一年秋冬，旱。袁《志》。

十二年，蘇、松、常、鎮、嘉、湖大雨，殺麥禾。《明史·五行志》。二月二十三日，雷電。雨雹，小者如彈丸，大者如馬首，傷麥。十一月，雷震，大雪。至十二月乃止。

十三年正月十六日，天色昏晦。十七日寅刻，月食。比旦，天復昏暗。至未申時，日光相盪，與月色皆如臙脂，雨黃沙。十八日大雪。夏秋，大水。

十四年夏，旱。秋，大水，禾爛。

十六年秋冬，旱。

嘉靖元年七月二十五日，自辰至酉，大風拔木，壞廬舍。太湖水溢丈餘，没田禾。以上袁《志》。

二年春夏，大饑，任山家產羊，六角。

三年二月十五日夜，地震。夏秋，米騰貴。九月十四日，雷，雨雹。是年，魏塘民家有母雞抱卵，忽化爲雄，毛羽爛然，遂棄其卵。

四年秋，蟊蟲食禾根。以上劉《志》。

六年三月，海鹽有大魚乘潮來，潮退，陷於沮洳。長十七丈，高二丈餘，口廣半之，膚綠，無鱗，有長鬣，甚勁。海民競刲其肉，聲如虎哮，蓋海鰍也。海鹽仇《志》。

七月十一月十二日夜，地震。袁《志》。是年，胥五都民家母豕產一豕，身、面如人，惟四足類豕。魏塘民家產一豕，亦人足。遷西區民家產一羔，三足，前二後一。嘉善于《志》。

八年秋，蝗，不傷禾。大水，傷稼。袁《志》。

十二年十月八日四更，星鬬，唧唧有聲，俄，隕如雨。

十三年夏，旱。秋，大水傷稼。

十六年夏，大水，民多饑死。以上劉《志》。

十八年夏，飛蝗蔽日，蟲蟊害稼，有全畝不吐花而幹縮者，鄉農謂之蹲稻。嘉善于《志》。是年七月十日，雷、雨、雹。末旬，有星晝見日旁。九月八日，西塘民家生子，僅二月，忽作言索食，尋死。十五日，大霧。日高丈許，黑，日食之幾盡。

十九年春，大饑，雜草芽、木皮爲食，婦女多鬻於外境。六月八日晡時，飛蝗蔽天，所集處，蘆葦、竹葉無遺。以上劉《志》。

二十年五月，大雨連日，蝗赴水死。袁《志》。

二十一年七月朔，日食，既，晝晦，星見。九月四日霜降，是夕雷電交作，如方春時。

二十二年夏，霪雨。秋，大水傷稼，大饑。以上劉《志》。

二十三年，熒惑犯南斗。夏秋大旱，禾稼不登。袁《志》。

二十四年，杭、嘉、湖三府旱。《明史·五行志》。十二月二十日，日輪外有黑氣如盤，與日往來,摩盪者七日。袁《志》。

二十五年夏,疫,尸浮河者,不可勝計。劉《志》。

二十六年秋冬,旱。自二十三年至是年,春冬皆無雨雪。嘉善于《志》。

二十七年正月二十六日,有虎入海鹽,至劉家墳,莫知所往。海鹽仇《志》。夏旱。十一月十一日丑時,雷電,大雨,虹見。袁《志》。

二十八年夏,大水,傷稼。

二十九年三月二十一日午刻,大風揚沙,雨黑,霾者三日。李樹生王瓜。諺云:"李樹生王瓜,百姓無人家。"已而倭亂。

三十一年二月,晝望見秦駐山軍馬縱橫,金戈閃爍。迫而視之,無有也。至八月亦然,海上見之尤明,如是數次。秋末日晴,時西方有赤氣亘天,至暝不散。如是百餘日。明年倭亂。

三十三年九月八日未、申時,天有青紫黑色,如日狀者數十,與日相盪。俄而數百千萬,彌天者半,逾時向西北散去。以上劉《志》。是歲,有大魚浮海至乍浦,身高於城,數日不去,巡按胡宗憲為文祭之,遂乘潮逝。平湖程《志》。

三十四年春,嘉興縣白鵲生。平湖縣地生白毛,又有黑者,形如亂髮。劉《志》。十月二十日,天鼓鳴於西北。袁《志》。

三十九年四月,嘉興、湖州地震,屋廬搖動如帆,河水撞激,魚皆躍起。《續文獻通考》。

四十年,西門外王四家有血,從地濺起,井水俱赤。四月七日,雨冰雹。閏五月,霪雨,大水壞田禾。至十一月,水弗退,民大饑。

四十一年三月十二日,有黃、白二龍合股,由太湖而來。一青龍隨之,自陡門至硤石東南入海。屋宇傷者千數,隨雨雹。以上劉《志》。

四十二年四月,海鹽有海馬萬數,沿海行二十餘里。其一最巨,高如樓。《明史·五行志》。復入海,響振非常。《海鹽圖經》。

四十三年七月十七、十八日,太白晝見。十一月十一日戌時,雷電,大震,龍見。十二月朔,雷鳴,夜大風。八日,狂風終日,拔木揚沙,舟楫不行。袁《志》。

四十四年,嘉興縣羊產女。劉《志》。

四十五年十一月十五日四更,有大星夜隕,羣星數百隨之。袁《志》。

隆慶元年三月,崇德鄉甘露降。石門鄺《志》。

二年元旦,大風飛沙,白晝晦冥。

三年五月,大雨。十一月二十日,地震。

六年,嘉興縣嘉禾生。以上袁《志》。 伊《志》案:《省志》作七年,誤。

萬曆元年,海鹽縣有鳥自東來,巨如舟,翅如車輪,翹首掉尾,空中作風雨聲。袁《志》。海大溢,死者數千人。

三年六月,杭、嘉、寧、紹四府海湧數丈,沒戰船、廬舍、人畜不計其數。以上《明史·五行志》。是年五月三十日夜,大風,海潮湧入海鹽城,平地水深三尺。德政、海鹽、甘泉三鄉,水丈餘。人民廬舍漂沒數萬,大饑。《海鹽圖經》。

五年九月二十七日,彗星見西方,光芒竟天,月餘始滅。袁《志》。

六年正月六日夜,有大星如日西移,眾星隨之,秋螽害稼。嘉興湯《志》。

七年四月,大水。十二月,冬至前一日,大雷,虹見。袁《志》。

九年,嘉興、湖州大水。《浙江通志》。

十年四月二十六日,黑霓,自坤至艮。七月十三日、十四日,大風雨,拔木。湖水嘯湧。嘉興湯《志》。

十一年夏,旱。

十三年秋,大水。

十四年秋,大水害稼。以上袁《志》。

十五年五月,浙江大水。杭、嘉、湖、應天、太平五府,江湖泛溢,平地水深丈餘。七月中,颶風大作,環數百里,一望成湖。《明史·五行志》。秀水思賢鄉有大鳥,人頭鳥身,頷下有白鬚,集於樹竟日。是年,水災。秀水李《志》。秋,有龍起於城西河畔三塔寺,塔上鐵頂各重數千觔,一時吸去三十里外,置之陡門。嘉興湯《志》。

十六年,大水,復大疫。米石一兩八錢,餓殍盈野。七月,地震。平湖縣有白龍騰海上,紅光半天。修撰沈懋孝見龍首半垂,兩角間有金冠紫衣之神仗劍而立,長尺餘,龍吐頷下珠,光團圞,大如斗。袁《志》。

十七年,浙江海沸,嘉屬縣廨宇多圮。《明史·五行志》。夏,大旱,民食樹皮。疫,死者無算。八月己卯,海鹽見紅光一道,地震,有聲。《海鹽圖經》。

十九年秋,大水。袁《志》。

二十年正月十九日旱,地震。嘉興湯《志》。

二十二年元旦,雷雨。六月十日,崇德龍見。是歲春夜,平湖遍野皆火,人聲喧雜,月餘乃息。有大星隕於新倉,化爲石,聲聞數十里。

二十三年元旦,雷。春,大雪帀月,鳥雀多死。十二月,地震。以上袁《志》。

二十四年,杭、嘉、湖三府,五月不雨,至七月八日雨如注,狂風交作,經數日夜不息。山洪暴發,廬舍傾圮,圩岸崩頹,郊原皆成巨浸。《續文獻通考》。

二十五年二月二日,雨黑水。

二十六年冬,大雷。以上袁《志》。

二十七年五月二十五日,怪風拔木。嘉興湯《志》。

二十八年十二月,運河冰。袁《志》。

二十九年春夏,蘇、松、嘉、湖霪雨,傷麥。《明史·五行志》。平湖南門人獲白黿,有角。又一鼈,背紋成字。平湖程《志》。

三十一年秋,瘧疫盛行,腹腫則死。

三十二年十一月九日,地震。

三十三年六月,大旱。

三十四年夏,大旱,傷稼。以上袁《志》。平湖學宮前,平地湧出醴泉,清芬不竭。平湖程《志》。

三十五年四月四日,有黑光如日數十,與日相盪。六月十九日,坤方大星,飛至乾方墜。是歲,大有年。袁《志》。平湖有三虎,不知從何來,居高宮山之坳。平湖朱《志》。

三十六年五月二十四日,黑赤光與日鬭者數合。二十七日,黑赤日復鬭。大雨浸淫,累月不止。

三十九年六月十三日夜，東塔放金光，若流星四散。以上袁《志》。

四十年夏，大疫。嘉興湯《志》。

四十二年秋，旱。袁《志》。

四十四年十二月七日，天鼓鳴。以上袁《志》。嘉善慈雲寺殿產芝三本。是科，錢士升狀元及第。嘉善楊《志》。海鹽西郊起蜃，從小柵橋出，水涌丈餘。《海鹽圖經》。

四十六年十月夜，東北方有白光一道，直衝西南，亙數十丈，形如劒鋩，天明方隱，如是經月。袁《志》。

四十八年十一月十六日，月食，既昏黑，踰時。嘉興湯《志》。

天啟元年夏，熒惑直據南斗中，光燄噴射。

二年二月二十四日，飛沙蔽天，聚成堆，其氣腥，日出無色。以上袁《志》。

三年十二月二十二日申刻，地大震，生白毛數日。宣公橋大火。嘉興湯《志》。

四年正月十一日，雨色黑。是年大水。二月十六日夜戌時，月食，十分二秒，凡三四刻方吐光。三月，各村夜半見空中火光，若甲馬馳驟，隱隱有戈戟聲。袁《志》。冬，平湖南城彭姓殺雞，腹中有如人頭者，口鼻宛然。平湖程《志》。

五年，旱，傷稼。八月一日，白晝星見日旁。

六年七月一日，大風拔木，霆雨如注，室廬俱害，兩晝夜方息。以上袁《志》。八月，海潮溢，自海寧入，一夕水漲三尺餘。河流皆鹹[1]，汲井池以飲。《張楊園文集·桐鄉災異記》。

七年，彗星見。十二月十四日，大雪，至二十七日止。嘉興何《志》。

崇禎元年七月壬午，杭、嘉、紹三府海嘯，壞民居數萬間，溺數萬人。《明史·五行志》。郡學前夜靜，有甲馬聲。嘉興何《志》。

四年三月，太微垣有星大如月，磨盪不定。又有飛星自南而北，長一二丈，若爆分爲東西，長四五尺，數時乃滅。袁《志》。是冬，有虎自平湖至，營兵捕之，傷數人，至十八里橋，獲之以獻。嘉興湯《志》。

五年，杭、嘉、湖三府自八月至十月，七旬不雨。《明史·五行志》。十月二十七日，埃霧四塞，日赤無光。十一月十四日酉刻，有黑氣如虹，自坤達艮，長竟天，數刻始盡。袁《志》。嘉善有虎入南鄉，躪禾稼，爲農人所斃。嘉善楊《志》。

六年六月二十五日，龍見，風大作，發屋拔木，石牌坊表飛去數武，覆舟無數。蝱傷稼。

七年秋，蝱作。

八年二月朔，日出，無光。秋，蝱。

九年，大有年。六月五日，太白晝見。以上袁《志》。

十一年春某[2]日，將暮，有火數萬，大如瓜，小如卵，空行，有聲如暴風雨，去地丈餘，着物不焦。自邑西南境，歷城郭，越運河、爐鎮而東北，不知所止。《張楊園文集·桐鄉災異記》。

十二年五月六日，大雨，連日夜。十有三日，平地水溢數尺，舟行於陸。《張楊園文集》。夏六月，飛蝗蔽天。十二月九日午刻，東方異雲如鸞。秀水任《志》。

十三年，大水。七月，旱，蝗。袁《志》。海鹽有虎入藍田廟。《海鹽圖經》。

十四年春正月二十六日，夜，大雨，城裂。三月三日，雨沙竟日。六月二十九日，飛蝗滿天，食禾殆盡。袁《志》。

十五年,大饑,斗米四錢。人食草木,路殍相望。袁《志》。思賢鄉有異鳥集樹,人頭鳥身,竟日飛去。嘉興何《志》。

十六年十一月十四日,夜,城哭。袁《志》。

【校注】
　　[1] 鹹:原作"鹽",據張履祥《楊園先生全集》卷十七《桐鄉災異記》改。
　　[2] 某:原作"每",據張履祥《楊園先生全集》卷十七《桐鄉災異記》改。

國　朝

順治三年,冬至前三日,鳳凰自海鹽至海寧,向西北去,萬鳥隨之。《棗林雜俎》。

八年,自春至夏,大雨。斗米四錢五分。

九年夏,大旱。

十年七月,大水。以上袁《志》。

十一年七月,石門學泮池並頭蓮生。是科,鍾朗鄉薦第一。石門鄺《志》。冬,大雪,十日不解。

十二年六月,大水。以上袁《志》。

康熙元年,大旱。七月二十九日,二龍起海中,赤龍在前,青龍在後,鱗甲火發,自龍君祠北登岸,過柴家埭,倒屋百餘間。《海鹽續圖經》。

三年七月五日,颶風作,拔木飛瓦。

四年冬十月十二日,卯時,星隕如雨。

六年正月二十五日至二十八日,夜,長星竟天。六月十七日戌時,地震。越三日,地生白毛,太白晝見。

七年十月二十日,雨冰。

八年四月二十四日,雨浹三旬,田禾盡没。六月十一日,烈風霆雨,晝夜不息,壞民舍。

九年六月,大旱,饑。

十年八月,大雨,螽食稻。以上袁《志》。

十一年七月,飛蝗自西北來,食草根、木葉殆盡,獨不食稻,農人歡呼,目爲瑞蟲。嘉興何《志》。

十二年,大有年。斗米四分。嘉興楊《志》。

十八年十一月朔,彗星起西方,色蒼白,漸長,占吳越有咎。袁《志》。

十九年,雅山裂石,起蛟,大雨,水溢。平湖朱《志》。

二十一年秋七月,秀水縣治沼中生並蒂蓮數莖。是年大穫。秀水任《志》。

二十七年六月十八日,未時,日旁有五色雲環繞。俄頃即散,遠近喧傳日華。平湖朱《志》。

二十九年秋八月十三日,秀城北水天庵前水面現五色文,自辰至午,觀者甚衆。吳《志》。

三十一年正月二日,嘉善縣甘露降。嘉善戈《志》。

三十二年,自春至秋,大旱,禾盡槁。

三十五年七月二十三日,颶風作,飛瓦拔木。

四十六年夏六月,大旱。

四十七年五月,大雨三日,水溢,田禾盡淹。以上吳《志》。

四十八年,禾中洊饑,多疫疾。

五十四年八月,秀水思賢鄉甘露降,禾生雙穗,歲大有。桐鄉玉溪東北禾生雙穗。

五十五年五月,霪雨,苗腐。

六十一年,旱,疫,大饑。

雍正元年秋,旱,民饑。以上伊《志》。

二年夏,旱。七月十八、十九日,大風雨,海鹽海溢,塘圮。《浙江通志》。平湖同時被水。平湖王《志》。

四年八月初旬,杭、嘉、湖三府大雨。《浙江通志》。

五年,大有年,嘉禾生。伊《志》。穀有一莖兩穗、三穗者。平湖王《志》。

七年正月二十二日,嘉善甘露降。嘉善戈《志》。

八年,雨水害稼。伊《志》。三月,嘉善清水兜醴泉出。嘉善戈《志》。十一月二十八日,地震。

九年秋,蝱傷稼。以上伊《志》。

十年七月,蝱復傷稼。平湖王《志》。

十一年,雨、雹,傷麥。伊《志》。

乾隆元年,冬,有異鳥百數,如鶩,自平湖至海鹽。平湖王《志》。

二年九月二十六日,平湖新倉監生徐士穀妻張氏一產三男。平湖王《志》。

三年三月十二日,秀水村民葛漢文妻徐氏一產三男。伊《志》。

九年,大有年。伊《志》。

十年除夕,嘉善縣甘露降。伊《志》。

十三年五月,亢旱,米價騰貴。平湖王《志》。

十六年秋九月二十七日,雨、雹。

十七年四月初四日卯時,地震。

十九年八月十三日,大風雨,雷電交作,水淹禾稼。

二十年夏,大旱,河竭。海鹽有虎自海上來,至蓮社庵,斃之。冬十二月初二日,地震。是歲,禾將實,蟲傷禾稼,毘連數郡。

二十一年春夏,大饑,米價踴貴,疫氣盛行。

二十二年二月,雹,不爲災。

二十三年六月,秀水新塍鎮馮姓家手植盆荷,開六花,皆紅白中分。

二十四年秋,螟,傷稼。

二十六年三月十一日,地震,有聲。

二十七年七月十三日,海鹽潮溢,塘圮,水入城三四尺,漂溺民居。

二十八年元旦,日月合璧。

二十九年正月五日亥時,地震,屋瓦有聲。

三十年秋,蝱,傷稼。

三十二年,海鹽有贔屭乘潮至,漁戶獲以獻縣。

三十三年夏,旱。嘉善四北區麥秀兩歧。以上伊《志》。

三十七年八月十一日,大雨,自辰至午,水驟長丈餘。

三十八年七月二十二日,大風雨,有物自空中東南來,穿城迤西北去,所過發屋拔木。以上平湖王《志》。

三十九年,大有年。

四十三年春,無麥。夏,大旱。冬暖,桃李俱華。

四十六年正月八日,嘉善甘露降。以上伊《志》。六月十八日,颶風陡作,大雨竟夜,海潮逾入湖,漂蕩民居無算。平湖王《志》。

五十年,大旱,歉收。伊《志》。支河叉港皆涸。

五十一年,米價騰貴。

五十二年,大有年。桐鄉縣治東南數里,禾有一莖兩穗至四、五穗者。

五十四年春三月十七日,地震,自北而南。夏四月,大雨、雹,傷麥。

五十六年夏,霪雨四旬。

五十八年正月至四月,恒雨。七月七日,海鹽潮溢,壞民居。

五十九年正月,海鹽甘露降。嘉興生員錢清履家產芝三本。

嘉慶元年正月九日,大風,雪,寒甚,冰凝不解。秋,大有年。

二年夏,闔郡麥大熟。海鹽禄里山下產瑞麥,一莖二穗。山下趙氏,至今有櫝藏之者。

三年,大有年。海鹽通元里復產瑞麥,里人胡氏藏之。十月二十八日夜,眾星交流如織。以上伊《志》。

四年秋,大有年。

五年春正月十六日,大雪,平地三尺餘。

六年春正月十一日,海潮一日三至。

七年秋,大有年。嘉興里仁鄉產嘉禾一莖數穗。冬十二月中旬,平湖雅山有虎,鄉民斃之。

八年秋八月,螟。以上于《志》。

九年夏五月,霪雨,苗壞。大暑後種,秋有年,產嘉禾多三穗者。《乍浦備志》。

十年三月,恒雨,傷麥。

十三年五月。大雨,水。

十四年,大有年。

十六年秋七月,長星見。

十七年春,霪雨傷麥。秋,有年。

十九年夏,大旱,米貴,斗米五百餘錢。饑。

二十年夏,麥大熟。秋,大有年。

二十四年夏四月十日,戌時,平湖雨、雹,麥無損傷。六月,天旱。

二十五年冬,時疫流行。

道光元年夏四月朔日,卯時,日月合璧,五星聯珠。

二年夏,旱。六月十一日,乍浦南門外木場火災,延燒兩晝夜。

三年,大雨,水災。以上于《志》。

七年六月二十八日夜,有星隕平湖城中韓家帶李氏庭,紅光閃爍。《當湖外志》。

十一年,大雨,水,歉收。

十二年,旱。

十八年,大有年。

十九年秋九月六日,地微震。以上于《志》。

二十一年十月,田禾未畢收,有似野鴨者千萬成群,自北而南,偶下,一集田中,孑無遺穗。《當湖外志》。十一月,大雪,高積丈許,壓圮屋宇,傷人甚多。《冷廬雜識》。

二十六年三月二十三日,平湖海濱來一大魚,其聲如牛,長六丈七尺,徑一丈四尺,高一丈六尺,闊六尺七寸,爲人臠割而盡。夏,平湖人家畜雞多被妖人翦羽,且翦人辮。八月朔,平湖城來鴒鳥無數。初四日,城鳴如鳥,啾啾不已。《當湖外志》。

二十九年,大水,禾田淹没無存。《新塍瑣志》。

咸豐元年元旦,平湖河干,有物蠕動,自東而西,形類馬蝗而狹,腹旁足極多。其行也,頭下尾上。

三年三月初七夜,地震,後屢震不已。平湖南網船浜農家忽見赤點,如灑血。

五年十一月十九日,平湖新倉黃姓一產四女一男。以上《當湖外志》。

六年夏,大旱,地生白毛。《新塍瑣志》。六月,平湖金山門一魚死海濱,取得一齒,形如鈎,重十三觔。又,廣陳民家豕產一豕八足。《當湖外志》。

八年秋,地震。《雪門詩鈔》。嘉興縣學宮柏樹枝葉拳曲成毬。是秋,徐錦發解。新纂。

十年夏,一大星自西北移入東南,隆隆有聲,光如匹練,橫亘天際,片時始滅。九月,桃李花。

十一年秋,平湖有鯉魚數十頭,從空中飛過。冬有驪龍與白龍鬪於海。以上《當湖外志》。

同治三年六月十二日,大風拔木。《雪門詩鈔》。

四年,秀水新塍陳姓婦產四鼠。《新塍瑣志》。秋田青蟲似蠶,喙黑,卷葉作網,蓋螣屬也。《雪門詩鈔》。

六年二月,平湖有鬼燐無數,自東而西,有刀槍、旗幟、人馬之影。《當湖外志》。

九年四月十三日,大風毀屋。《雪門詩鈔》。黃山之東,劚得一物,形如小犬,其聲似豬,目尚未開。《述異記》云:此物名媼,又名糤弗迷,在地中食死人腦,以柏葉鞭之,立死。《當湖外志》。

十一年三月十一日,大雨,雹,大者十七觔。八月十九日,地震,由西而東。《雪門詩鈔》。十二月初五日,狂風大作。平湖新倉有米船三,被風揭在田中。又平湖亭子橋一龜兩頭,乍浦一犬六足。《當湖外志》。

十二年九月,田生蟲,食根,象黑蟻,蜂腰,六足,有鬚,蓋蝨類也。《雪門詩鈔》。

光緒二年夏,有妖人翦辮或翦衣角,并訛言有妖魘人。七月有星晝見於鶉火之次。

三年五月二十三日,大風。後,海鹽潮水不至者數日。秋,有蝗入境。以上新纂。

嘉興府志卷三十六

官師〔表〕一

前志無表，至伊《志》始爲表。且云：秦漢置郡縣，祇有由拳、海鹽二令。五代，析置崇德令，設秀州刺史，始有專轄。宋升州爲郡，爲府，爲軍。元爲路。境土無異，而官制漸繁。明以一府領七縣，僚屬尤多。我國家參酌舊制，稍有變易。兹以旁行衷上之法，各繫以年，詳而明矣。而于《志》删之，何哉？設官有制，題名有碑，胥此意也。表《官師》。

嘉興府

案五代時吳越國王奏置秀州，刺史僚屬無考。宋初爲秀州軍事，置知州一員。《宋史·職官志》：宋初，分命朝臣，出守列郡，號權知軍州事。諸府置知府事一人，州軍監亦如之。慶元元年，升爲嘉興府，稱知軍府事，其僚佐則有通判、推官，其幕屬則有録事參軍、户曹參軍、司法參軍、司理參軍，其學職則有教授。俱見《宋史·職官志》。元初，升爲嘉興路總管府，置達魯花赤一員，總管一員，其僚佐則有同知、治中、判官、推官，其幕職則有經歷、知事、照磨兼承發架閣、提控案牘、司獄，其學職則有教授、學正、學録。俱見《元史·百官志》。　案達魯花赤乃監郡掌印之官，列衙在總管上，秩俱正三品。舊志以達魯花赤歸入參軍、經歷之間，蓋未考《元史》也。又，元之郡僚、學職，舊志所載僅數人。今悉據碑刻，采拾三十餘人，稍見元人官制。明初，仍爲嘉興府，置知府、同知、通判、推官、經歷、知事、照磨、檢校司獄、驛丞、税課司大使、倉大使、河泊所大使、遞運所大使，其學職則教授、一員。訓導、四員。俱見《明史·職官志》。國朝，嘉興府知府一員。海防總捕同知一員，康熙五十六年移駐乍浦，五十九年加海防銜。乍浦理事同知一員，雍正六年設。總捕通判一員，雍正十三年，題設總捕同知一員，駐劄王江涇。乾隆七年改爲通判。推官一員，康熙六年裁。儒學教授、訓導各一員。舊有訓導二員，康熙四年並裁。十五年復設一員。經歷、照磨、司獄各一員，西水驛丞一員，税課司大使一員。後裁。舊有織染局使一員，倉大使一員，裁。見《浙江通志》。

五代吳越	州　刺　史					
天福年	錢元弼三年任。					
乾德年	錢郁忠獻王子。					
開寶年	丁延贊吳《志》引至元《志》增。					
太平興國年	元秀文吳《志》引《姓苑》增。吳越納土時任。案趙、劉、袁《志》，刺史惟錢元弼一人。吳《志》增錢郁、元秀文。又有薛元，在天寶中，爲嘉興州刺史，誤。					

宋	知州軍事 知軍府事	判 官[1]	推 官		參 軍	學 職	
開寶年	王恕饒陽人。按秀州時未入宋,疑史誤[2]。						
太平興國年	安德裕						
雍熙年	宋坦從至元《志》增。		解九皋 袁、吳《志》誤入熙寧。今從至元《志》改。				
至道年	黃震[3] 王炳中[4] 柳植[5] 真州進士。						
咸平年	元玘						
景德年	劉師道東明進士 羅拯[6] 祥符進士。	李餘慶[7] 連江人。					
大中祥符年	耿肱揚州人。 龐籍武成進士。劉《志》誤列紹熙。[8] 葛宮[9] 江陰進士。	錢藻[10] 和州人。劉《志》誤作知州。					
天聖年	葉清臣[11] 長洲進士。 張幾聖 吳《志》姓強,誤。						
景祐年		卓祐之[12]					
慶曆年	張德甫[13] 錢失名,字集仙[14]。吳《志》引至元《志》《重開顧會浦記》增。案此記,作于慶曆二年壬午。而文中稱禾興郡,又稱府公集仙錢侯。在政和七年賜郡名之前,存疑。						
皇祐年	令狐挺 聶厚載	謝郁 王世昌 許州人。					
至和年	向宗良字景弱[15]。	楊惇					
嘉祐年	葉道鄉						
熙寧年	周邠字開祖,錢塘人[16]。 吳司文 吳安世從《浙江通志》增。 劉寧止[17] 歸安進士。	林希字子中,福州人。趙《志》誤作知州,今據《宋史》本傳改。	李定劉《志》誤作判官[18]。		丁銳會稽人,司戶參軍。 王覿如皋進士,司戶參軍。 孫洙[19] 廣陵人,法曹參軍。		

續　表

宋	知州軍事 知軍府事	判 官	推 官		參 軍	學 職	
元豐年	韓瓘開封人。	張先[20]烏程人。					
元祐年	沈括錢塘進士。 李常 張復						
崇寧年	錢遹浦江人。 章綽浦城人。						
大觀年		周壽案《澂水志》載,通判軍府周壽《題金粟寺》詩,知縣徐嘉言《和韻》,乃大觀間人。吳《志》列淳祐,誤。					
政和年	毛滂江山人。 姚憲[21]嵊縣人。				劉子翼	夏襄吳《志》引至元《志》增。	
宣和年	樓异奉化人[22]。 宋昭年	章綜[23]綽弟,見《宋史·章棨傳》			洪皓鄱陽進士,司錄參軍。		
靖康年	孫覿晉陵人。進士。知秀州。從《萬姓統譜》增。						
建炎年	趙叔近 朱芾見趙《志》。 蔡宷[24] 程俱衢州開化人。案《宋史》本傳,俱以太常少卿知秀州。吳《志》又增程少卿,誤。 鄧根昭武進士[25]						
紹興年	方滋桐廬人。 蕭祀 曾統 王禔 趙霈 秦梓 劉阜民 王安道 李孟堅[26] 林衡吳《志》引至元《志》增。 趙子晝	史魏憲 林千之平陽人。 趙師夔 程有功浮梁人。瑀孫,宏濟子。見《渭南文集》,劉《志》列嘉祐,誤。	朱任 胡沂餘姚進士。			詹元鼎任教授。	
隆興年	張瑜案《通志》有林蔵,恐是徐蔵之誤。						

宋	知州軍事 知軍府事	判官	推官		參軍	學職	
乾道年	孫大雅見《宋史·河渠志》，今從《大清一統志》增。 邱密字宗卿，江陰進士。 陳騤[27]字叔達，臨海人。 徐葳吳縣進士。 汪義端[28]黟縣進士。 黃大卿吳《志》引元《志·崇德縣衙記》增。案至元《志》，無此人。	鄭伯英永嘉進士。劉《志》誤知州。	趙彥肅字子欽，太祖之後，居嚴州。第進士。由寧國軍掌書記調授，見《經義考》所載《復齋行實》。				
淳熙年	呂正己陳平人[29]。 案：呂正己守郡見淳熙四年呂祖謙撰《宣公祠記》中。趙、劉《志》俱誤列紹熙，袁《志》及吳《志·名宦傳》俱誤列嘉定。 韓彥質 張元成毘陵人。 趙善悉一作善恣 趙彥逾一作彥瑜 孫夢觀[30]慈谿人。 唐璘[31]古田進士。 陳揚善天台人。	趙汝寔 趙汝藥 袁似道[32] 趙汝談[33]					
紹熙年	俞豐	洪秉哲[34]				尚朴教授，四年任，劉《志》誤列咸淳。	
慶元年	張琯[35]見《渭南文集》。袁《志》誤列隆興。 喬行簡東陽進士。 趙不迹[36] 王介[37]金華進士。 糜失名[38] 俞烈 王補之澶淵人。						
開禧年	程卓吳《志》引《樓攻媿集》增。						
嘉定年	趙希道元年在任。劉、袁、吳《志》俱誤列慶元。 商逸卿六年以寺丞任。 岳珂彰德人。 鄭定劉《志》誤作趙定。 倪祖常[39] 朱煥 潘師旦[40] 劉漢弻[41]上虞進士。	程失名。通判嘉興軍府。史失名。簽書嘉興軍節度判官廳公事。彭欽	魏失名。嘉興軍節度推官。趙失名。嘉興府觀察推官。案《桯史》，魏、趙四人俱見嘉定十二年《景德禪院復十方事剳子》中，名俱未詳。		趙與衮案與衮於嘉定八年以司户參軍權崇德縣事，見《刻漏圖銘》。劉、袁、吳《志》誤列太平興國中。	陳光遠從陸某《府學田記》增。陸某係生王、益王府教授。吳《志》以爲府教授，自作《學田記》者誤。劉《志》以陳光遠列咸淳年，亦誤。 蕭杞任教授。 吳杜任教授。	袁鎮任直學。 沈應時任學諭。

續　表

宋	知州軍事 知軍府事	判官	推官		參軍	學職	
寶慶年		李宗勉					
紹定年	莫叔益 吳潛 朱士麟 林艮[42] 鄭穎[43] 黃壯猷 俞淛[44] 謝子強永嘉人。 趙孟善 潛説友[45]縉雲人。 王鑄	陳塤從周伯琦《宣公祠記》增。				黃夢高任教授。有《覬頤堂記》。	
端平年	趙與篚二年任。 何處久三年任，從《改建城隍廟碑記》增。						
嘉熙年	劉炳[46] 史宅之元年夏在任。劉、袁《志》誤列嘉定。 吳昌裔中江人，從《浙江通志》增。 方岳 王起宗	林輝					
淳祐年	趙與訔						
寶祐年	王懌二年任，從《永昌院記》增。 謝坐天臺人。坐，即堂字。柳《志》作塋，誤。 張失名由寺丞任[47]，見趙《志》。	陳造從《永昌院記》增。 陳周士[48]			張助 趙崇催[49]案張、趙二人俱幕寮，見張鎮《府學記》。劉《志》誤作判官。	周應三山人。 沈夢龍二人從張鎮《府學記》增。 石正傑新昌人。見[50]《石氏家乘》增。	
景定年	皮龍榮醴泉人[51]。 陳塤[52]鄞縣人。 陳著奉化人。 謝弈燾見至元《志》。 潘墀見《癸辛雜志》。 陳誊天台人。從《景定漏壺圖》增。	邵約			陳斗孫		
咸淳年	趙景緯於潛人。 陳肖孫奉化人，三年任[53]。劉《志》誤列嘉定。 王失名。字佘齋[54]。 文及翁綿州人，五年任。劉、袁、吳《志》誤列德祐。 余安裕吳《志》姓金。		王持屋[55]從《推廳記》增。			林霝任教授。 方恢任教授。 沈失名，任學正。 婁拱辰任學錄。 馬發任學錄。	

續　表

宋	知州軍事 知軍府事	判　官	推　官		參　軍	學　職	
德祐年	劉漢傑 案趙《志》《唐璘傳》云，劾奏丞相李鳴復，不報，七疏，丐外，知嘉興。《浙江通志》於嘉興府末添李鳴復，恐有誤。又案至元《志·州城》：德祐元年，守臣余安裕重修，諮議劉漢傑董其役。則是時漢傑官諮議，非州守也。姑兩存之。		向公明[56]			吳春 管寅午見葉隆禮《進士題名碑》。袁《志》分爲管寅、管午兩人，誤。 胡舜陟 俞舜茲以上五人，劉《志》俱列咸淳年教授。	

【校注】

　　[1] 按：上文已經指出"其僚佐則有通判、推官，其幕屬則有録事參軍、户曹參軍、司法參軍、司理參軍，其學職則有教授"，而此處所列條目則爲"判官"，而細考之，則本欄中所收録諸人有任通判者，有任判官者，而這本是兩種不同的官職。通判，是宋代新設置的官職，據《宋史·職官志》："通判　宋初懲五代藩鎮之弊，乾德初，下湖南，始置諸州通判，命刑部郎中賈玼等充。"而判官則出現在唐代，爲宋代所繼承：據《文獻通考》卷六二《職官考十六·總論州佐·推判官》："推、判官。唐天寶後有判官之名。未見品秩。"本表中可考爲通判者有：李餘慶、林希、章綜、程有功、袁似道、趙汝談、洪秉哲、陳造、陳塤、周壽、程失名等；爲判官者有：史失名、卓祐之等。

　　[2] 按：《宋史》卷三〇四《王濟傳》："王濟，字巨川……父恕，後唐時童子及第，開寶中，知秀州。"乾隆《饒陽縣志》卷下《選舉上》："五代　王恕，卿子。後唐童子及第。宋開寶中知秀州。"而李燾《續資治通鑑長編》卷二六太宗雍熙二年十二月條下："開寶中，賊攻繡州，知州饒陽王恕死焉。"據史樂爲主編《中國歷史地名大辭典》（下）第 2262 頁：繡州，唐武德六年（623）改林州置，治所在常林縣（今廣西桂平市西南下灣鎮）。天寶元年（742），改爲常林郡。乾元元年（758）複爲繡州，轄境相當今桂平市、平南縣南部地。北宋開寶六年（973）廢。且如前文所示，開寶間，秀州尚屬吳越，非宋之州。故"秀州"當是"繡州"之誤。

　　[3] 按：洪武《蘇州府志》卷十八《牧守題名》："黄震，字伯起，建州浦城人。以太常博士大中祥符元年十一月自知秀州移蘇，五月二日署衙作承奉郎，守尚書屯田員外郎，知蘇州兼管内堤堰勸農事，賜緋衣袋。"《宋史》卷三〇三《黄震傳》、光緒《重修浦城縣志》卷二十一《政績》均未言及黄震知秀州事。而至道（995~997）至大中祥符（1008~1016），相隔十餘年，故黄震至道間知秀州有疑。今人李之亮著《宋兩浙路郡守年表》十五《秀州嘉興府》作："大中祥符元年　黄震。"

　　[4] 按：嘉泰《會稽志》卷二："太守　王柄，淳化四年四月，以職方員外郎知，至道元年四月移秀州。"萬曆《紹興府志》卷二六《郡守》："王柄　淳化四年。"故疑至道間知秀州的是"王柄"，非"王炳中"。然《北宋經撫年表》卷四："淳化四年四月　王炳以職方員外郎知越州。"《續資治通鑑長編》卷三九："至道二年，祠部員外郎主判都省郎官事王炳上言。"《宋史》卷一六八《職官志》八："至道二年，祠部員外郎主判都省郎官事王炳上言。"由此，是王柄，還是王炳，尚待考。

　　[5] 按：《宋史·柳植傳》："柳植字子春，真州人。舉進士甲科，爲大理評事，通判滁州，遷著作郎、直集賢院，知秀州，除三司度支判官，出知宣州。"嘉慶《寧國府志》卷二《守臣題名》："柳植……天聖九年，由三司度支判官任宣州。"至道，宋太宗年號（995~997）；天聖，宋仁宗年號（1023~1032）。柳植知宣州在知秀州後不久，故疑柳植知秀州的時間亦在"天聖"，非"至道"。李之亮《宋兩浙路郡守年表》十五《秀州嘉興府》作："天聖七年　柳植。"

　　[6] 按：《宋會要輯稿》食貨七之一五：“嘉祐五年五月，知秀州羅拯言：‘昨差往兩浙路，相度均定茶租。竊見諸處系官湖廣並運河邊田土，多被權要之家請射及鄰近鄉民侵佔汙澱，種作成田，或量出租課入官，其實微薄。卻致湖塘漸成湮廢，有妨灌溉民田，並運河因茲淺澀，阻滯官司舟船。’”故疑羅拯知秀州，時在“嘉祐五年”，非“景德”。嘉祐，宋仁宗年號（1056～1063）。景德，宋真宗年號（1004～1007）。據《宋史·羅拯傳》：“徙知永興軍、青潁秦三州，卒，年六十五。”《續資治通鑑長編》卷三〇六神宗元豐三年條：“壬午，上批：‘知秦州羅拯自春以來，頻在病假，形體癯瘁，精力耗昏，邊務浩繁，慮難倚辦，可下轉運司體量以聞。’拯尋卒於秦州。”拯卒在八月一日，今并書。”羅拯卒於元豐三年（1080），享年六十五，則生於 1016 年（大中祥符九年），不可能在景德中爲秀州知州，故羅拯知秀州，時在“嘉祐五年”，非“景德”。

　　[7] 按：王安石《朝奉郎守國子博士知常州李公墓誌銘》：“公李氏，諱餘慶，字昌宗。年四十四，官止國子博士、知常州以卒，葬于橫山。公始以叔父任，起家應天府法曹參軍。遇事輒爭之，留守者不能奪也，卒薦公改太常寺太祝，知湖州歸安縣。其後通判秀州。……既葬之二十三年，至和元年，余銘其墓。”《續資治通鑑長編》卷一〇四：“天聖四年十一月甲子，以太子中舍李餘慶爲殿中丞。餘慶同判秀州，請置海鹽、華亭兩縣鹽場，至是，歲收緡錢七十八萬七千，特遷之。”乾隆《連江縣志》卷七《人物·先憲》：“宋李餘慶，字昌宗。爲國子博士，出判秀州。後遷知常州。”康熙《常州府志》卷二十一《名宦》：“李餘慶，天聖中知常州。”由《墓誌》及《長編》，知《墓誌》撰于至和元年（1054），墓主李餘慶卒於此前二十三年，時年四十四，則生於太宗端拱元年（988），卒于仁宗天聖九年（1031）。其間，天聖四年（1026）時已“同判秀州”，隨之又於“天聖中”知常州。故“景德年”（1004～1005）判秀州誤。

　　[8] 按：《宋史·龐籍傳》：“龐籍字醇之，單州成武人。及進士第……預修《天聖編敕》，爲刑部詳覆官，擢群牧判官。久之，出知秀州。”司馬光《太子太保龐公墓誌銘》：“明道中，召入爲殿中侍御史。”（《司馬光文集》卷七六）龐籍“預修《天聖編敕》”，當在天聖年間（1024～1032）。後又任二官，且于明道中（1032～1033）中“召入爲殿中侍御史”，由此知龐籍於天聖末年知秀州合乎情理。故“大中祥符年”（1008～1016）知秀州誤。另，《宋史》卷三一一《龐籍傳》：“龐籍，字醇之，單州成武人。”司馬光《太子太保龐公墓誌銘》：“公諱某，字醇之。其先出於周之畢公，因邑名氏。近世自鄆徙居單之成武。”（《司馬光文集》卷七六）。故“武成”當作“成武”。

　　[9] 按：《宋史·葛宮傳》：“葛宮字公雅，江陰人……知南劍州，徙知滁、秀州……熙寧五年卒，年八十一。”同治《延平府志》卷二二《職官·知府》：“皇祐年　葛宮。”知南劍州（延平府）在其前，知秀州在其後。故葛宮知秀州，時在“至和”後的“嘉祐”，非“大中祥符”。李之亮《宋兩淮郡守易替考》亦列葛宮知滁州時間爲皇祐五年至至和二年（1053～1055）。

　　[10] 按：《宋史》卷三一七《錢藻傳》：“錢藻字醇老，明逸之從子也。第進士，又中賢良方正科，爲秘閣校理。同修起居注、知制誥。加樞密直學士、知開封府。數求退，改翰林侍讀學士，知審官東院。卒，年六十一。”《續資治通鑑長編》卷三二二神宗元豐五年條：“庚寅，翰林侍讀學士、知審官東院錢藻卒。”則錢藻卒于元豐五年（1082），年六十一，則生於 1022 年（乾興元年），不可能在大中祥符（1008～1016）時即判秀州。

　　[11] 按：葉清臣出守秀州時，石延年、范仲淹等十六人有《餞葉道卿題名》。明道二年（1033）書，慶元元年刻，位於月牙山龍隱岩。文曰：長城、葆光、高平、希文、師古、潁川天經、太原子融、子野、陳留商叟、天水元甫、子淵、滎陽天休、清河子思、昌黎稚圭、廣平子京、河東伯垂，餞南陽道卿出守嘉興。於鉅鹿介之北軒。明道二年六月十七日曼卿書。此作正書，111 釐米×150 釐米。今收藏於桂林市桂海碑林博物館。宋祁《秀州重修鼓角樓記》：“景祐元年（1034）夏四月，嘉興郡新作臺門，書時，且言功也。越翌日，掾屬邦人從二千石南陽葉君道卿，陟降而達觀之，醼瀝大會以修葺……歲直癸酉，今上躬攬威柄，用甘露黃龍故事，高選牧守，嘉靖方國。於是太守九江龐君醇之以治有異等入視行馬內事，而以君代之。”由此，葉清臣知秀州，時在明道二年（1033），非天聖年（1023～1031）。

　　[12] 按：萬曆《福州府志》卷十六《選舉·進士》：“景祐元年（1034）甲戌張唐卿榜　（閩縣）卓祐之，字長吉，歷秀州判官。生而正直，自謂死當爲神。及卒，果著靈異。里人即其居祀之。今閩山廟尚存。”景德在其前（1004～1007），卓祐之尚在幼年，不可能判秀州。景祐共四年（1034～1037），此時卓祐之中了進士，有機會任“秀州判官”。故“景德”是“景祐”之誤。

［13］按：蘇轍《張琬知秀州制》（元祐二年制）："敕某：有司進退多士，和以資考爲之銓次。爾入官是久，而法當爲邑。擢守嘉禾，出於異恩。其克臨民以寬，勿爲苛亟；馭吏以嚴，勿爲姑息，思所以答獎用之意。可。"（《欒城集》卷三〇）"正德《嘉興志補》卷七録沈括《浩燕堂》詩，序云："嘉興太守番陽張侯德甫重新西堂，太守以重名宿學敎治綏輯，民樂其政。歲以大穰，時引故人賓客燕於是堂，而屬括名之。括請名曰浩燕，而爲詩一篇，以見太守所以禮賓樂美登之意。據《宋史·沈括傳》："括以夏人襲綏德，先往救之，不能援永樂，坐謫均州團練副使。元祐初，徙秀州。"由此知張德甫與沈括元祐年間同時在嘉興任官，這樣，張德甫即張琬無疑。地方志《官師》篇列名，一般用正名，不以字號稱。故"張德甫"應改"張琬"，其知秀州時亦應在元祐年間，非慶曆年。

［14］按：《續資治通鑑長編》卷一四七："（慶曆四年三月）癸酉，祠部郎中、集賢校理錢仙芝貸命決配沙門島，坐知秀州受枉法贓罪當死，特貸之。"至元《嘉禾志》卷二十《碑碣》：《重開顧會浦記》："明年春，由青龍睨江瀾所來，圖上其狀，遂以議白府，會府公集仙錢侯蒞藩之初，鋭於振舉。周覽風俗，憫時薦凶，期於順成，刻意溝瀆，樂聞期議，然深其請。……慶曆二年（1042）歲在壬午四月二十九日章嶼記。"故此失名秀州守即錢仙芝。錢仙芝，字集仙。

［15］按：《宋史》卷四六四《外戚中·向傳範傳》附："向宗良，字景弼。歷秀州刺史、利州觀察使……宣和中卒，年六十六，贈少保。"宣和（1119～1125），上推65年，其生年當在（1054～1060），即至和元年到嘉祐五年間。如果至和年任秀州刺史，則向氏尚屬幼童，可能性較小。《續資治通鑑長編》卷三九一："（元祐元年十一月壬申），秀州刺史、提舉醴泉觀向宗良爲京東西路鈐轄，從所乞也。"元祐元年，即1086年，向氏33—39歲，年齡相稱。故向宗良任秀州刺史可能在元豐後期至元祐元年初，而不可能在至和年。另，宋代的刺史官爲武臣寄禄官，無職掌，無定員，與主要由文官擔任的知某州事不同。

［16］按：蘇軾《次韻周邠寄〈雁蕩山圖〉二首》，其二"西湖三載與君同"句，引王注堯卿曰："公通守杭州時，開祖知錢塘縣。"潘猛補《周邠生平及任職樂清考略》引查慎行注云："按先生倅杭時，周邠爲錢塘令。施氏原注以爲錢塘人者，訛。"宋代地方官任職的地域迴避較爲嚴格，不准本地人在本地當官，故疑周邠不是錢塘籍（2016年9月《溫州大學學報》社科版）。潘氏推猜周邠可能是常州人，但最終也未考得究竟是何地人。

［17］按：至元《嘉禾志》卷十《寺院》："延恩報德院 在府西五里。宋紹興甲寅，律師元偉即接待舊址爲之。守臣劉徽制請於朝，賜今額。"《宋史》卷三七八《劉寧止傳》："（劉）寧止，字無虞，登宣和進士甲科，除太學録、校書郎。建炎初，爲浙西安撫大使司參議，改兩浙轉運判官。……除吏部侍郎，進徽猷閣直學士、知秀州。升顯謨閣，提舉太平觀，卒。"徽制爲徽猷閣待制的簡稱，史言劉寧止官徽猷閣直學士，不言其任徽猷閣待制，亦或其系由徽猷閣待制升任徽猷閣直學士，故稱劉徽制。劉寧止知秀州時在"紹興（1131～1162）"，紹興甲寅，即紹興四年（1134），此時，劉寧止已在秀州守任上。

［18］按：《宋史·李定傳》："李定，字資深，揚州人。少受學於王安石。登進士第，爲定遠尉、秀州判官。熙寧二年，孫覺薦之，召至京師。拜太子中允、監察御史裏行。"《宋史·神宗紀》："前秀州軍事判官李定爲太子中允、監察御史裏行。"則李定曾任秀州軍事判官，非"推官"。劉《志》不誤。

［19］按：《宋史·孫洙傳》："孫洙字巨源，廣陵人。羈丱能文，未冠擢進士。包拯、歐陽脩、吳奎舉應制科，進策五十篇，指陳政體，明白剴切。韓琦讀之，太息曰：'慟哭流涕，極論天下事，今之賈誼也。'再遷集賢校理、知太常禮院。治平中求言，以洙應詔疏時弊要務十七事後多施行，兼史館檢討、同知諫院，乞增諫員以廣言路。"則孫洙在治平（1064～1067）前已經中進士，並已升任京朝官。嘉靖《惟揚志》卷十九《人物·進士》："皇祐己丑馮京榜 孫洙，儀真人。"卷二二《人物二》："孫洙，字巨源。十九擢進士第，補秀州法曹。喪母，服除，調於潛令。"皇祐己丑，即皇祐二年（1050）。故孫洙"補秀州法曹"，時在"皇祐二年"，稱"熙寧年"（1068～1077）誤。

［20］按：夏承燾《張子野年譜》："張先字子野，烏程人。天聖八年（1030）登進士。明道元年（1032）爲宿州掾。康定元年（1040），以秘書丞知吳江縣。慶曆元年（1041），爲嘉禾判官。"其定張先慶曆元年判嘉禾，引梅堯臣《送簽判張秘書丞赴秀州》詩爲據。梅堯臣《宛陵集》詩以年編，此詩編入卷八《弔石曼卿》後，曼卿卒於康定二年（1041）。由此，夏承燾言明"子野卒於元豐元年，府志誤"。故張先判嘉禾，時在慶曆年，不在元豐年。

[21] 按：至元《嘉禾志》卷十二《宮觀》："五龍王堂　在縣南城外三里。隆興元年，更創祠宇。服色、坐位出於俚俗，不復討論，禱而未應。夏襄以《文選·郭景純〈遊仙詩〉》言五龍事上之州，知州姚憲從之。遂改正其服位，繼而響應。"《續資治通鑑》卷一三八："（隆興二年九月己丑），時江浙水利不修，知秀州姚憲乞開圍田，濬港瀆。甲午，詔秀州委曾惜措置。"由此，姚憲知秀州，時在南宋紹興末、隆興初（1162~1164），不可能在北宋政和年（1111~1118）。如此，同一行學職"夏襄"亦應移列"紹興"末、"隆興"初。

[22] 按：《宋史·樓异傳》："樓异字試可，明州奉化人。進士高第……除直秘閣，知秀州。政和末，知隨州。"光緒《鄞縣志》卷二六《人物傳一》言明樓异"除直秘閣，知秀州。政和七年知隨州"。"政和"在"宣和"前，故樓异知秀州，時在"政和"，非"宣和"。

[23] 按：孫覿《宋故左朝奉大夫龍圖閣章公墓誌銘》言及章綡弟"章綡，字子上，元祐二年試國子監，中第一……通判秀州，實大觀三年也"（《鴻慶居士集》卷三三）。故章綡通判秀州應在"大觀三年（1109）"，非宣和年（1119~1125）。

[24] 按：《續資治通鑑》卷九三："（重和元年三月丁酉），知建昌軍陳並等改建神霄宮，不虔及決科道士，詔並勒停。"《宋史·黃葆光傳》："方作神霄萬壽宮，葆光遂疏建昌軍陳並、秀州蔡寀、岳州傅惟肖、祁門令葛長卿，不即奉行制書……遂悉坐停廢。"《宋史·蔡寀傳》："蔡寀者，京族子也……宣和中，卒。"這裏，依次是政和、重和、宣和、靖康、建炎。故蔡寀守秀州在"政和"，不可能在"建炎年"。

[25] 按：嘉靖《邵武府志》卷八《選舉·進士》："重和元年王昂榜　鄧根，邵武人。"邵武，府名。秦屬閩中郡，漢屬會稽郡，宋置邵武軍。治所在邵武縣（今屬福建省）。昭武，縣名。漢置，晉改臨澤，北魏廢。故城在今甘肅張掖縣西北。當時不屬南宋地。故"昭武"是"邵武"之誤。

[26] 按：寶慶《會稽續志》卷五《人物》："李孟堅，字文通。少以果毅力學見稱于里之先輩……檜死，始復故官，爲常州晉陵丞。葉衡力薦於朝，有旨就差知無錫縣。甫及歲，諸司以治績聞。孝宗命詔赴行在，堅入對，上問及家世，又以治效之美形之襃語。即除知秀州，遷提舉淮東常平茶鹽事。乾道五年卒。"《宋會要輯稿》職官七一之二三："（乾道五年）八月十八日，詔淮東提舉李孟堅放罷。昨知秀州日，妄費官錢，爲臣僚所倫列故也。"至元《嘉禾志》卷九《樓閣》："月波樓，在郡治西北二里城上，下瞰金魚池。乾道己丑，知州李孟堅重修，未落成間，李解綬去。"乾道己丑，即乾道五年（1169）。李孟堅知秀州在宋孝宗"詔赴行在，堅入對"後，"紹興"乃宋高宗年號，在宋孝宗前，故李孟堅知秀州當在"乾道"，非"紹興（1131~1162）"。

[27] 按：《南宋館閣續錄》卷七《官聯上》："陳騤字叔晉，天臺人。張孝祥榜進士出身……乾道九年十月知贛州……淳熙三年移秀州。"《宋會要輯稿》六二之五一《職官》："淳熙三年四月八日，新知秀州陳騤言：……"故陳騤知秀州應在"淳熙三年（1176）"，非"乾道（1165~1173）"。

[28] 按：弘治《徽州府志》卷八《人物二·宦績·汪作屬》："乾道五年，子義榮、義端同登第。義端，字克之。甫弱冠，遂登第，廷對第三人。授奉國軍節度推官。丁內艱，服闋，充南外宗學教授，未赴，除太學博士，遷樞密院編修、太常丞，權吏部郎，改工部，知溫州。期年，兩易嚴州，主管沖佑觀。起知秀州。"淳熙《嚴州圖經》卷一《守題名》："汪義端　淳熙十年八月十六日，以宣教郎權發遣，十一年三月初二日宮祠。"汪義端於淳熙十一年三月主管仲佑觀，其後起知秀州，故汪義端知秀州在淳熙，非乾道。

[29] 按：至元《嘉禾志》卷十六收呂祖謙《唐相陸宣公祠堂記》："郡學故有公祠，今郡守、直顯謨閣、東平呂侯正己復緝而新之。"本《志》卷四十二《名宦》："呂正己，字穆叔，東平人。守嘉興。民好訟，正己教以善言，諭之，由是感悟。"陳平，無此地名。"陳平"當是"東平"之誤。

[30] 按：《後村大全集》卷六一《孫夢觀知嘉興府制》，淳祐六年制。則孫夢觀守嘉興當在"淳祐（1241~1252）"，非"淳熙（1174~1189）"。

[31] 按：《宋史·唐璘傳》："唐璘，字伯玉，古田人。遊太學。嘉定十年舉進士……擢監察御史。……璘感激知遇，自是彈擊無所避，再疏：鄭清之妄庸誤國……力丐外，疏七上。授廣西運判，改知嘉興府，尋改江東運判。尋升直華文閣，知廣州。"《續資治通鑑》卷一六八理宗端平三年條："唐璘疏劾鄭清之妄庸誤國……"《建康志》："唐璘，朝散郎、直秘閣、運判。嘉熙元年四月十三日到任，二年七月直華文閣，知廣州。"唐璘"知嘉興府"，處於"力丐外，疏七上。授廣西運判"與"改江東運判"之間，即端平三年（1236）與嘉熙元年（1237）之間，可知唐璘"知嘉興府"當在嘉熙，非淳熙。

[32] 按：袁桷《西山阡表》："我大父嚴州，宋寶祐五年丁巳六月七日庚寅即世，年六十有七。初補承

務郎,監無爲縣襄安鎮。紹定四年,授江南東路安撫司幹辦公事。端平二年,充沿海制置司機宜文字。淳祐七年,通判嘉興。十一年知嚴州。積官至中散大夫、鄞縣開國子。聚書至數萬卷,圖書鼎彝,鑒裁得源委。大父諱似道,字子淵。"(《清容居士集》卷三三)故袁似道"通判秀州"時在淳祐七年(1247),非淳熙年。

[33]按:《宋史·趙汝談傳》:"趙汝談,字履常。年十五,以大父恩補將仕郎。登淳熙十一年進士。……添差通判嘉興府,與郡守王介志合。改知無爲軍。"嘉慶《無爲州志》卷十二《職官·知州》:"趙汝談,浚儀人。嘉定間任。"由下文王介"知嘉興"在嘉定間,趙汝談"添差通判嘉興府,與郡守王介志合",故其"判嘉興"亦應在"嘉定間(1208~1224)",非淳熙。其"知無爲軍"在"判嘉興"後,且也在嘉定間,更能證明其"判嘉興"沒有延續至嘉定年以後。

[34]按:至順《鎮江志》卷十九:"洪秉哲,字晦叔,丹陽人。嘉泰二年進士,授歸安主簿,調監真州鹽倉。端平初除架閣,遷武學博士,出爲嘉興通判。又除直寶章閣,主管成都玉局觀。卒年八十六。"此人第進士已在紹熙後,"除架閣"已在端平初。其後爲"嘉熙"年號,抑或即在此時"出爲嘉興通判"。

[35]按:《宋會要輯稿》七四之一五《職官》:"(嘉泰四年五月)十二日,知嘉興張琯與宮觀。"陸游《朝奉大夫直秘閣張公墓誌銘》:"公諱琯,字子律,寧州真寧縣人。……主管官告院,進將作監主簿、太府寺丞。力請去,乃知嘉興府。改主管建寧府武夷山沖佑觀……感疾,遂卒,享年六十有四。以開禧元年八月丙申葬公於袁州宜春縣歸化鄉宜化里大富嶺趙家衝之原。"(《渭南文集》卷三十八)張琯以開禧元年(1205)卒,其"主管建寧府武夷山沖佑觀"在"知嘉興府"後,且不久即"感疾,卒",故張琯"知嘉興府",當在嘉泰間(1201~1204),非慶元(1195~1200)。

[36]按:至元《嘉禾志》卷二十四收龔頤正《顯濟廟記》:"(紹熙三年)四月,郡守趙不迹,以梅雨愆期,親作文以禱,其應立至。"嘉泰《吳興志》卷十四《郡守題名》:"趙不迹,紹熙三年六月到。次年正月準省劄,除都大提點坑冶鑄錢局。"故趙不迹"守嘉興"在紹熙(1190~1194),非慶元。

[37]按:《永樂大典》卷二三九《中興東宮官寮題名》:"(王介)嘉定元年閏四月,以吏部郎官兼舍人……三年二月,除宗正少卿,升兼右諭德……八月,除右文殿修撰,知嘉興府。"《宋史·王介傳》:"王介字元石,婺州金華人……以右文殿修撰知嘉興府。歲餘,升集英殿修撰、知襄陽府、京西安撫使……嘉定六年八月卒,年五十六。"乾隆《襄陽府志》卷十八《職官·京西安撫使》:"王介字元石,婺州金華人。寧宗嘉定間任,兼知襄陽府。"道光《金華縣志》卷七《列傳一》:"王介字元石,紹熙元年進士……疏奏乞補外,以左文殿修撰知嘉興府,歲餘升集英殿知襄陽府、京西安撫使。"故王介知嘉興府,時在"嘉定(1208~1224)",非"慶元(1195~1200)"。

[38]按:《南宋館閣續錄》卷八《官聯下》:"糜師旦,字周卿,吳縣人。紹興十八年王佐榜進士出身,治《詩》,紹熙二年八月除(秘書郎),四年三月知秀州。"至元《嘉禾志》卷十六收尚樸《府學承置柴蕩記》:"(紹熙四年九月丁卯),傳檄遝至,太守、郎中糜公徐爲正之。"《古今圖書集成》卷四六《明倫彙編》(氏族典):"糜師旦字周卿。紹熙三年權刑曹郎官。四年知秀州,賑恤荒災,民不告病。慶元初以尚書右司郎中召。"《善餘堂筆乘》:"慶元乙卯夏,淮浙疫大作,嘉興城內浹日死百餘人,蘇輪爲善樂施,濟邑以錢米,賴以安者極多。郡守糜師旦周卿聞而喜曰:'此亦不易。'"故此失名郡守是糜師旦。慶元乙卯,即慶元元年(1195)。其知秀州時在紹熙四年(1193)至慶元元年(1195)間。

[39]按:至元《嘉禾志》卷二《坊巷》:"聯魁坊在倪家橋。名義,舊名褒孝。以宋嘉定十一年,里人有陳四者,剖心藥親之疾,特立此,以褒其孝。壬寅冬,郡守倪祖常改是名。"壬寅,應爲淳祐二年(1242),非嘉定(1208~1224),且相距較遠。

[40]按:光緒《嘉興縣志》卷九《園宅》:"潘師旦宅　在縣東一里。司《志》案趙《圖記》:郡守潘師旦列名於陳肖孫前。劉《志》、袁《志》俱以爲嘉定間守。吳《志》又以爲紹定間守,皆誤。《集古錄跋尾》謂近時有尚書郎潘師旦以官帖私自模刻於家,今世所傳《絳帖》是也。王佐云,宋尚書潘師旦以淳化閣帖重模刻於絳州。曹士冕云,潘師旦尚哲宗秦國公主,故又名潘駙馬帖。考《宋史·公主列傳》,哲宗女秦國公主出降潘正夫,官至少傅,封和國公。建炎初避地婺州,至紹興二十二年卒。此與曹士冕所言皆合。師旦者,殆其字也。然史不言其知秀州,後爲尚書。而趙孟頫則云宋尚書潘師旦初知秀州,後遂卜居於禾,或史文闕略,未可知。且孟頫稱師旦構亭名曰會景。而至元《志》載有陸蒙老、周邠二詩,皆宣和間人。師旦守郡似當在宣和以前,恐非嘉定間也。"

　　[41] 按：《宋史·劉漢弼傳》："劉漢弼字正甫，上虞人。嘉定九年舉進士……歷江西安撫司幹官，監南嶽廟、浙西提舉茶鹽司幹官……升著作郎，知嘉興府兼兵部員外郎，改兼考功。尋爲考功員外郎兼崇政殿説書、編修國史、檢討實録，擢監察御史。"《宋史全文》卷三三："淳祐二年四月丙子，考功郎劉漢弼言事。"《永樂大典》卷一四六二七《吏部條法》："淳祐三年九月　日，考功郎官劉漢弼奏事。"程公許《宋户部侍郎劉忠公墓誌銘》（淳祐六年十一月）："公諱漢弼，字正甫。嘉定丙子鄉貢，明年奉召南省，庭策甲科第七人。調吉州教授……差充讀册官，以更迭乞補外，知嘉興府。召還著廷，兼兵部郎，改兼考功。……乙巳正月三日，卒於臺治之正寢，年五十八。"（光緒《上虞縣志》卷四八）嘉興丙子，即嘉定九年（1216）。乙巳，即淳祐五年（1245）。故劉漢弼知嘉興府，在"兼考功"前，時間在淳祐初，非"嘉定"。

　　[42] 按：《宋會要輯稿》七三之四六《職官》："（嘉定六年）二月一日，新除知大宗正丞林良與宮觀。以臣僚言，其向守嘉興，專事培克，自奉其私，親舊餽送，多支公幣。"光緒《黄巖縣志》卷十四《選舉·甲科》："淳熙十一年甲辰衛涇榜　林良，字良叔。歷知嘉興府、太宗正丞，終朝奉郎。"嘉定《赤城志》卷三十三《人物·仕進》："林良，黄巖人，字良叔，歷軍器監主簿，太府寺丞兼金部郎官，知嘉興府。大宗正丞兼尚右郎官，終朝奉郎，主管沖佑觀。"均作"林良"，非"林艮"。林艮可能是"林良"之誤。林良"守嘉興"既在官大宗正丞前，而"嘉定"又早於"紹定"，則可知林良知嘉興府，可能在嘉定六年（1213）或稍前，但不可能在"紹定（1228～1233）"。

　　[43] 按：萬曆《壽昌縣志》卷七《仕宦》："鄭穎字茂叔，六都高橋人。登嘉定十年（1217）進士第。宦轍所至，俱以最聞。時相開邊，薦參謀官知政事，公抗論政府非賞功之地，遂寢。守嘉禾，以理卿召，言者沮之，且逮吏，稽在任出納，摘其疵，無所得，私嘆服之。後其子璹爲大理評事，會時相以意嫉邊守，下之大理，公謂璹曰：'殺人以苟容，如天理何？'璹奉法如公教，竟以忤歸。公笑曰：'是足爲吾子矣。'自嘉禾歸，闢一室，號志齋。十五年，竟不復仕。"據《（弘治）徽州府志》卷四，鄭穎由大理評事差知休寧縣，紹定四年六月到，六年八月任滿，而鄭穎又"自嘉禾歸，闢一室，號志齋。十五年，竟不復仕"，則鄭穎不可能在紹定間知嘉興府。

　　[44] 按：《萬姓統譜》卷十二："俞浙，字季淵，新昌人。開慶己未進士。德祐乙亥，除太常丞，辭不赴，除監察御史。"至元《嘉禾志》卷九《樓閣》："敬信節愛之堂，在郡治公廳後。考證：舊名清香堂，宋守俞浙改是名。"俞浙是開慶己未（1259）進士，不可能在此前三十餘年的紹定年（1228～1233）即"知嘉興府"。其任嘉興知府的時間可能在德祐前的咸淳年（1265～1274）。

　　[45] 按：道光《縉雲縣志》卷十《宦績》："潛説友字君高，淳祐辛丑進士，歷官知南康軍、浙東安撫使、兩浙運使，知臨安府。……以户部郎權尚書，至端明殿學士，封縉雲郡開國男，出知平江府。"不言知嘉興府。其于淳祐辛丑即淳祐元年（1241）中進士。不可能於紹定年（1228～1233）也就是考中進士前八年就知嘉興府。故疑潛説友紹定間知嘉興府有誤。崇禎《嘉興縣志》卷十一《官師》："潛説友字君高，縉雲人，咸淳間令嘉興，以惠愛及民，爲宰輔所賞，歷遷福州宣撫司副使。後爲亂賊統軍李雄所殺。"頗疑潛説友只是咸淳間曾任嘉興縣令，本《志》誤爲嘉興知府。

　　[46] 按：崇禎《嘉興縣志》卷六《祠廟》："城隍廟在城集慶坊，即天慶觀故址……宋端平三年，知府劉炳病其湫隘，移建府治西招提寺側。"端平三年，即 1236 年。至元《嘉禾志》卷十七《改建城隍廟碑記》："越端平二襖，今沿海制垣趙公與籌被命作牧，歲□屢豐。嘉興邦人列神之功，力請於朝。會公以召歸，繼之者何公處久，頗經紀之。且閲歲而炳實來假守……嘉熙改元，歲在丁酉正月初吉日，中奉大夫、知嘉興軍府事兼管内勸農使、節制澉浦金山水軍劉炳記。"故劉炳初知嘉興府在端平三年，嘉熙（1237～1240）年間續任。

　　[47] 按：《宋史·文苑七》："張即之字温夫，參知政事孝伯之子。以父恩授承務郎，銓中兩浙轉運司進士舉。歷監平江府糧料院……添差通判揚州，改鎮江，又改嘉興，將作監簿，軍器監丞，司農寺丞，知嘉興，未赴，以言者罷。"乾隆《鄞縣志》卷一三《人物》："張即之，字温夫，孝伯之子。中兩浙轉運司進士舉。歷臨安府樓店務、軍器監丞、司農寺丞，知嘉興府，未赴，以言者罷，丐祠，主管雲臺觀。"《萬姓統譜》卷三十九："張即之，官至司農丞，知嘉興。因屢訾，降授朝請郎。"故疑此"張□□"即"張即之"。

　　[48] 按：疑与前陳造是同一人。崇禎《嘉興縣志》卷七收許應龍《嘉興縣重建永昌院記》，末云："寶祐甲寅五月五日……承議郎、通判嘉興軍府、兼管内勸農事陳造書。"周密《齊東野語》卷九《陳周士》："陳周士造，直齋侍郎振孫之長子，登第爲嘉禾倅，攝郡。一日，宴客於月波樓。有周監酒者勇爵，代庖於此，乃

趙與𥰴德淵之隸。是日，適以小舟載客薄游，初不知郡將之在樓也。周士適顧見，周急艤棹趨避。周士令詢之，知爲周也，怒形於色曰：'某不材，望輕，遂爲一卒相侮如此。'乃捃摭其數事，作書達之於趙，備言贓濫過惡。時趙守吳，即日遣逮，決脊編置，仍押至嘉禾示衆。時方炎暑，周士乃裸而暴之烈日中，瘡血臭腐，數日而死。臨危嘆曰：'陳通判屈打殺我，當訴之陰府矣。'時寶祐丙辰季夏也。是歲十二月，周士疽發背而殂。"由"陳周士造"知陳造，字周士。陳造，陳周士實是同一人，此處"陳周士"當删。

[49] 趙崇催：至元《嘉禾志》卷十六收張鎮《增建府學記》，有句"屬役幕寮張助、趙崇催、學職沈夢龍闢大門於廟西偏，更造廟門，疏鑿潢池，增創講堂。"作"趙崇催"。

[50] 見：據上下文體例，當作"從"。

[51] 按：《南宋館閣續錄》卷八《官聯中》："皮龍榮字季遠，貫潭州，習《春秋》，甲辰進士。寶祐元年正月以諸王宫大小學教授兼資善堂直講除，兼職依舊；二年二月，以秘書郎兼資善堂直講除，兼職依舊；六月除兼兵部郎官，七月知嘉興府。"《宋史·皮龍榮傳》："景定元年四月，拜端明殿學士、簽書樞密院，進封伯。權參知政事兼太子賓客。二年，拜參知政事。"故皮龍榮知嘉興府，時在"寶祐二年（1254）七月"，非"景定（1260～1264）"。又，同治《醴陵縣志》卷八《選舉·進士》："淳祐四年留夢炎榜　皮龍榮，中書、參政。有傳。"卷九《人物·宦業》："皮龍榮，字起霖，一字季遠。淳祐四年進士。主管吏部架閣文字，歷宗學諭、諸王宫教授、資善堂直講。兼兵部郎，知嘉興府。召赴闕，遷右侍郎……"醴泉縣，在今陝西咸陽市一帶，當時不在南宋版圖内。故皮龍榮當是醴陵人，非"醴泉"。

[52] 按：《宋史·陳塤傳》："陳塤，字和仲，慶元府鄞人。嘉定十年登進士第，調黄州教授，部注處州教授以去。與郡守高似孫不合，去，歸奉其母。召爲太學錄，踰年始至。遷太學博士，主宗正寺簿。遷太常博士。力丐去，添差通判嘉興府。彌遠卒，召爲樞密院編修官。"所言"通判嘉興府"，本《志》本卷"紹定年"已題名，卷八《學校》"宣公書院"條書及"紹定中，通判陳塤建祠于柳氏園"，可證不誤。然本《志》卷六《公署》明言："景定四年癸亥，知軍陳塤葺樵樓、左右垛樓、府門。"卷四十二《名宦》："陳塤，字和仲，鄞人。試省、部皆第一，爲太常博士。娶史彌鋈女，而不附彌遠，出爲郡守。彌遠死，詔爲樞密院編修。"史彌遠卒於紹定六年（1233），此時，陳塤可能還在"嘉興府通判"任上，"葺樵樓、左右垛樓、府門"的是"通判"陳塤，非"知府"陳塤。故陳塤"知嘉興府"尚有疑問，待考。

[53] 按：袁桷《海陵陳處士墓誌銘》："咸淳元二間，吾里陳公肖孫以善政事驟用，由大理寺丞知嘉興。輔郡未幾，兼浙西提點刑獄。踰年，兼度支郎官。人謂且大用矣。會旁郡山寇起，罷歸。不數月，疾卒。"（《袁桷集校注》卷二九）至元《嘉禾志》卷十六收陳肖孫《免解陞甲記》，有句："皇帝嗣登大寶之三載，命臣肖孫出守嘉禾郡。越明年丁卯，有詔賓興，懼亡以稱上旨。"由此，陳肖孫是丁卯年的上一年丙寅年，即咸淳二年（1266）"知嘉興府"的。故"咸淳三年任"不確。

[54] 按：指王持垕。至元《嘉禾志》卷十六收方恢《府學重建小學置田記》，有句："會余齋先生王公自民部郎來守……至有樂相其事者，得四百六拾六畝有畸，又撥没官田七畝三分，歲斂租米石共一百六十六餘。咸淳五年己巳三月望日。"本《志》卷七《公署二》收王持垕《嘉興府節推廳碑記》（咸淳己巳三月朔日），兩者時間吻合。故此失名知府即王持垕。

[55] 按：上注已指出咸淳知府王即王持垕，所引方恢《府學重建小學置田記》，言明"會余齋先生王公自民部郎來守"，是任"知府"，非"推官"。其《嘉興府節推廳碑記》，亦不類"嘉興府推官"的口吻，故此處可删。

[56] 按：周密《癸辛雜識》"向氏書畫"條："吳興向氏，后族也。其家三世好古，多收法書、名畫、古物……其一名公明者，駿而誕。長城人劉瑄，字困道，多能而狡獪，登賈師憲之門。聞其家多珍玩，因結交，首有重遺。向喜過望，大設席以宴之，所陳莫非奇品。酒酣，劉索觀書、畫，則出畫目二大籍，示之，劉喜甚，因假之歸，盡録其副。言之賈公，賈大喜，因遣劉誘以利禄，遂按圖索駿，凡百餘品皆六朝神品。遂酹以異姓將仕郎一澤公明，稛載之，以爲謝焉。後爲嘉興推官，以贓敗而死，其家遂蕩然無子遺矣。"賈似道字師憲，據《宋史·賈似道傳》，賈於德祐元年（1275）二月被免職，八月被殺，而向公明是依賈似道得官，故其任嘉興推官，似應稍早於德祐年，抑或在咸淳中後期。

元	達魯花赤總管	同知	治中	判官	推官	學職	
至元年	孟琪[1]符離人。案《元史》本傳：江南平，伯顏奏琪功，授嘉興路總管，首以興學爲務。舊志誤作萬户，入武秩。今補正。 趙若秀二十年任總管，兼府尹。 劉傑萊山人。二十五年任總管。見至元《志》。劉、袁《志》俱誤列泰定。 紹古兒[2]任達魯花赤，見《浙江通志》。		高仁字壽之。 袁似衢[3]		翟汝弼字良佐。見至元《志》。劉《志》列延祐，袁、吳《志》列泰定，俱誤。	陳紹在案至元《志》云：至元丙戌，四明陳紹在分教是邦。劉、袁《志》皆作總管，誤。 徐碩 唐林 趙由晙 何覨俱教授。 張嗣震 范華國 方惟賢 張炑俱學正。 顧失名。 丁廉孫 吳端孫俱學録。	吳雷發 劉龍友 翟俊發 闕 孫俱直學。案唐林以下十人，吳雷發以下四人，俱從何覨《正禮堂記》增。
大德年	撒剌兒字仲文，大中大夫、達魯花赤。二年任。 辛仲寶字仲和，彰德人。中憲大夫、總管。二年任。趙、劉、袁《志》作辛仲賫，誤。 海答兒達魯花赤，八年任。 石承慶雒陽人。總管，八年任。 高睿河西人。總管。	李衎字仲賓，朝議大夫，同知嘉興路總管府事[4]。劉、袁《志》作副總管，誤。		岳兀魯赤承信校尉。	燕允賢承務郎。 劉鐸承事郎。	傅光龍 孔照劉《志》誤作孔明。 沈天祐俱教授。 朱天珍 邢果俱學正。 方午薦承勉俱學録。 吳雷發 吳躍龍俱賓序。 馬文光 蕭漢傑俱小學教諭。 郁斗文 周困俱講書。 趙由僑學正。 沈德華學録。 俞天民教授。	婁蘭孫 唐興能 馬天祺 趙良盛俱實學[5]。 案沈天祐《免役記》、金吾《復田記》所列學職，以教授、學正、學録、賓序、小學教諭、講書、直學爲次。而吳《志》謂賓序在學録、學正上，講書在小學教諭上，蓋不解古人銜名，自下而上也。 方應龍 王子正俱直學。
至大年	杜浦總管[6]。	朱緒奉正大夫，四年任。從趙若源《永安湖碑記》增，當是同知[7]。吳《志》列總管。	李禄兒				
延祐年	徐傑之東平人。刑部侍郎，四年任，總管。吳《志》缺名。 王伯常總管。	桑哥釋里奉議，四年任。	孫文清信武，四年任。 貢師泰宣城人[8]，見趙《志》。	大都驢承事郎，四年任。 王鑄	梁元[9]承直郎。 裴堅承直郎。案陳良弼〈記〉有承直裴堅而吳《志》列郡直裴某一條，蓋未細辨碑字，以承直爲郡直耳。 鄭大中 李椿	陳應翔教授。 陳良弼教授。劉《志》列至正，誤。 程榮秀教授。 余元第學録。 祖周旰教授。	

續　表

元	達魯花赤總管	同　知	治　中	判　官	推　官	學　職	
泰定年			褚不華字君實。				
至順年	八札中大夫,達魯花赤,二年任[10]。劉、袁、吳《志》俱誤作八札崇。	別蕭臺中憲大夫,二年任。李元白	李新武德將軍,二年任。	童童奉直大夫,二年任。	金德潤承務郎。王勛承務郎,俱二年任。	朱謙教授。孟良貴學正。董珪學錄。	
後至元年	和元昇字仲德,東平人。總管,二年任[11]。也列不干中大夫,達魯花赤。法忽魯丁嘉議大夫,總管,五年任。	閭兒中順大夫。	馬合馬朝列大夫。	小雲失海牙承德郎。	劉好禮承務郎。趙、劉、袁、吳《志》俱誤作孝禮。今依韓璵《總管府記》改。陳惟一承德郎。	強可仕字行之,錫山人。教授。劉、袁、吳《志》誤列前至元。今從張采《尊經閣記》改。	
至正年	禿堅阿董良臣總管,五年任。劉貞海岱人[12],總管,十四年任。陳宗義字子方,河南人。見徐一夔《路學記》。劉、袁《志》列前至元。淩師德趙《志》又作淩師節。劉、袁《志》作劉思節。吳《志》作淩思德,《浙江通志》作二人。葉德新張士誠偽官。	繆思恭二十年任[13]。李復南陽人,葬秀水。十六年與陳宗義禦張士誠之亂。見趙《志》。劉《志》誤列延祐。		朱思明	陳春 方道叡淳安人。	高瑢孫教授。申我同學正。梅實學錄。曹睿 孫文煥 朱失名,學正。應才 卓成大 范子楚 洪欽 湯屋 方子京 潘著字澤民。俱教授。唐蕭山陰人,學正。	徐璋直學。張惟仁直學。

【校注】

　　[1] 按:《元史》卷一六〇《孟祺傳》:"孟祺,字德卿,宿州符離人……江南平,伯顏奏祺前後功多,且言祺可任重。有旨褒升,授少中大夫、嘉興路總管,佩虎符。祺至,首以興學爲務,創立規制。在官未久,竟以疾解官,歸東平。"故孟琪是孟祺之誤。

　　[2] 按:《元史》卷一二三:"紹古兒,麥裏吉台氏。事太祖,命同飲班朱尼河之水,扈從親征。……歲辛亥,卒。子拜都襲。拜都卒,子忽都虎襲……十一年,從丞相伯顏渡江,有戰功。又從參政董文炳沿海出征,還,鎮嘉興,行安撫事。十二年,加昭勇大將軍,職如故。十四年,授嘉興路總管府達魯花赤,尋升鎮國上將軍、黃州路宣慰使。"由此,紹古兒,卒于南宋淳祐十一年(1251)辛亥。其後,于"至元十四年(1277),授嘉興路總管府達魯花赤"的是紹古兒之孫"忽都虎",非"紹古兒"。且任"嘉興路總管府達魯花赤"時,距嘉興知府劉漢傑於德祐二年(1276)以城降元不久,故"忽都虎"可能是元代嘉興路總管府達魯花赤的第一任官員,應移至孟祺前,或與孟祺同時,才符合情理。

　　[3] 按:此名見《宋元地方志叢刊》所收據道光本影印的《至元嘉禾志》郭晦《序》:"猶記袁似衢爲郡治中,其家富有古書,江浙圖書無不備,獨禾興闕。"我室點校該《志》時,參照嘉興圖書館所藏《至元嘉禾

志》精鈔本天頭所録沈曾植校本作“道”，對照袁桷《西山阡表》，改“衢”爲“道”。袁似道（1191～1257），袁桷《清容居士集》卷三三《西山阡表》：“我大父嚴州，宋寶祐五年丁巳六月七日庚寅即世，年六十有七。初補承務郎，監無爲縣襄安鎮。紹定四年，授江南東路安撫司幹辦公事。端平二年，充沿海制置司機宜文字。淳祐七年，通判嘉興。十一年知嚴州。積官至中散大夫、鄞縣開國子。聚書至數萬卷，圖書鼎彝，鑒裁得源委。大父諱似道，字子淵。”道，舊時寫成“衟”，與“衢”形近，道光本《至元嘉禾志》可能由此而將“袁似衢（道）”誤刻成了“袁似衢”。“袁似道”其人，已在本卷宋淳熙（祐）年列名，且此人卒於宋寶祐五年（1257），不當再在元至元間列名，此處當删。

　　[4] 按：蘇天爵《故集賢大學士光禄大夫李文簡公神道碑》：“公享年七十有六，以延祐七年十月二十四日卒於維揚，葬江都縣某鄉某原。後二十二年，其孫希閔請於朝，始贈公翰林學士承旨、柱國，追封薊國公，諡文簡。公諱衎，仲賓字也。世爲燕人。公起家將仕佐郎、太常太祝兼奉禮郎。尋又命兼檢討。久之，遷承務郎、淮東道宣慰使司都事。至元十九年，轉江浙行省左右司員外郎。二十四年，改江淮行省員外郎。二十八年，遷承直郎、都功德使司經歷。三十一年，世祖賓天，成宗繼序。擢拜公朝請大夫、禮部侍郎……元貞改元九月，公偕使者入覲，錫賞蕃渥。明年，公請補外，除同知嘉興路總管府事，再遷婺州，佐兩郡凡十年。”（《滋溪文稿》卷十）由此，李衎元貞二年（1296）“除同知嘉興路總管府事”，非大德年（1297～1307）“同知嘉興路總管府事”。

　　[5] 實學：由該條原案，是“直學”之誤。

　　[6] 按：張士觀《贈嘉議大夫追封京兆郡侯杜公神道碑銘》：“延祐三年正月，制贈嘉興路總管兼管内勸農事杜溥大父璵亞中大夫、東昌路總管、輕車都尉，考楨嘉議大夫、濟南路總管、上輕車都尉，爵皆京兆郡侯。……公子五人，次溥，由尚書省掾出典郡邑，以儒術飾吏事，能持廉名。入拜監察御史，遷河南行中書省左右司郎中，改江南諸道行御史臺都事，轉福建閩海道肅静政廉訪副使，擢嘉興路總管。”（《全元文》二十二册第 395 頁）由此，杜浦是“杜溥”之誤。

　　[7] 按：趙若源《復永安湖碑記》：“海鹽本嘉興屬邑，州南四十五里有湖曰永安，周圍十二里，瀦水灌溉。歸附初，至元丁丑，澉浦鎮守王招討熔假軍權而淫毒縱己欲，以誅求力侕鄉夫圍湖成田三頃八十畞，令駱興立户，每秋輪糧三十八石。至元己丑，歸之楊招討思諒。未幾，瀕湖居民效尤，盡欲決而田之。是以三村屢經旱患，民食不給，多流徙四方者。大德己亥，里人王仁狀具於州，幸賴澉浦寓居宣威將軍、前南寧州安撫使王君濟勇於爲義，聞之朝廷。由是臺省委官公同莅政，目擊斯害，昭然孔彰。大德乙巳秋七月，浙江行省平章政事徹里荣禄偕都水監官及本路本州官親臨糾惡，廉明公正，遂令疏濬爲湖，開除元立佃米，一改而正之。於是，狼於虎噬之徒爲之斂跡，斯湖得以復舊。至大四年二月日，前權東坡書院山長趙若源撰，從事郎、鮑郎場鹽司令金汝礪書，承務郎、嘉興路同知海鹽州事趙泰篆，奉政大夫、嘉興路兼勸農事朱緒立石。”（光緒《海鹽縣志》卷六《水利》）由此，以立碑之年作爲朱緒到官之年似不確。從大德乙巳（1305）秋七月，省、路、州官“親臨糾惡”，朱緒是否已在場，尚不可知。到至大四年（1311）工竣立碑，前後六年。故可删去“四年任”三字。

　　[8] 按：趙文華《嘉興府圖記》卷十《官師·人文一》：“貢師道，字道甫，宣城人。舉茂才，累國史院編修。會修宋、遼、金史，忤當事者，出爲府治中。上下憚其廉明。時凌師德爲總管，貪鄙，然以文章、政事自居，同官莫能抗，師道每諫切之。凌媿恨，稍裁檢。部使者賢師道，交薦之。久不調，尋卒。”故疑任“路治中”的是“貢師道”，非“貢師泰”。且凌師德是至正間總管，疑貢師道有機會“諫切”凌師德，亦應在“至正間（1341～1368）”，非“延祐年（1314～1320）”。

　　[9] 按：陳良弼《重修廟學記》：“本路官同知奉議桑哥釋里，治中信武孫文清，府判承事大都驢，推官承直梁□元，承直裴堅，經歷承事焦鈞，知事將仕葛元英，照磨石珍，皆同宣協恭也。”（《全元文》四十八册第 1 頁）稱録自光緒《兩浙金石志》卷一九，但查《續修四庫全書》第九一一册《兩浙金石志》卷一九，並無“□”，未詳何故不同。

　　[10] 按：張采《嘉興路重建廟學記》：“至順二年八月十有五日記。中大夫、嘉興路總管府達魯花赤兼管内勸農事八孔……等立石。”文末説明：此中大夫八孔暨部使者霍巡割俸葺廟，而張采記之也。八孔，舊志作“八札”。（《兩浙金石志》卷十六，《續修四庫全書》第九一一册）故疑“八札”是“八孔”之誤。

　　[11] 按：蘇天爵《元故奉議大夫河南行省員外郎致仕，贈嘉議大夫、真定路總管和公墓碑銘》：“和氏

占數東平陽穀縣,世葬縣西六里之原。有因官家濟州任城者,既卒,歸葬於鄉,其子兵部尚書元昇徵文,以表諸墓。公諱洽,字伯川。至元十年,起家試西夏中興路勸農司掾。久之,擢屯田丞,遷濟州判官。大德初,轉益都高苑縣尹,歷尹濟之沛、單之單父二縣。延祐元年,以河南行中書省左右司員外郎致仕。又三年,卒。……公仕四十餘年,官五轉而至六品,階六遷而至奉正大夫,享年七十有二,卒以延祐三年三月十有六日,營葬以是年四月某日……子男五人:元謙……;元昇,歷應奉翰林文字、翰林司直,知趙州、德州,同知真定路事,河南、嘉興、安慶三路總管,進拜尚書,正議大夫致仕。"(《滋溪文稿》卷十七)由此,和洽於延祐三年(1316)去世并營葬時,其子元昇已"進拜尚書,正議大夫致仕"。和元昇"守嘉興"當在"延祐三年"前,不可能在其後的"後至元二年(1336)"。

[12] 按:貢師泰《故中奉大夫江南諸道行御史臺治書侍御史劉公壙志銘》:"公諱貞,字廷幹,號晦叟,本彭城人。曾大父諱賢佐,金末舉進士,監支桃園屯戍軍馬糧草使,始居益都,遂爲益都人。……出爲嘉興路總管,海道都漕運萬户、浙東廉訪使,時年幾七十。"故疑"海岱"是"益都"之誤。海岱,今山東渤海至泰山之間的地帶。益都,今山東青州。

[13] 按:卓説《淮揚路總管繆思恭墓誌銘》:"明年己亥,徵海運糧儲……是歲,公陞嘉興路同知,興學校,勸農桑,百廢俱舉,庶績咸熙。辛丑調除杭州路同知,政聲益著。壬寅陞淮揚路總管,軍民咸有所恃賴焉。公諱思恭,號菊坡,德謙其字也,諡忠義。卒於至正甲辰二月二十二日。"(《全元文》五十八册第200頁)由此,繆思恭任嘉興路總管府同知,時在元至正己亥,即至正十九年(1359),非二十年。

明	知　府	同　知		通　判	推官	教授	訓　導
洪武年	吕文燧永康人。 謝節 字士毅。 劉《志》又載謝士毅。 祝亞中 謝森 蔡楣[1] 李庸 薛祥無爲州人。 石失名。 吕仲名 涂節進賢人。 沈子敏 殷峻德 衛仲禮 何敏中廣信人。 夏璇 廖仁壽 陳失名。 劉尚志 潘宋署。 李應瑞署。 沈仕明宿松監生。 楊希孟同宫監生。	普仲淵溧陽人。 馮伯初吴《志》增。 楊以智 劉澤民陞任。 尚質柳《志》作尚智。 王思吴堡監生。 朱敬行 魏質夫 蘇忠 方仲容劉《志》作方仲春。 胡元輕吴《志》作輊。 王慎思 葛子和 孫通 陳廷傑		劉澤民江西人。 趙視遠 馬植 劉貴 鄭允 馮景福 婁得春 龐安 熊思質 史仲鉉 蔣廷瓚	潘義 劉德茂 李士宗 熊誼 林文彬萍鄉監生。 王繼文 黃惟政 原智 胡原保	張翼 周暾鄱陽監生。 金穎伯 孫作江陰人。	錢鈞 顧孟時 沈繼宗 楊公藝
建文年	李顒[2] 李伯華滁州人,賢良。 劉觀			劉德 趙豫 唐魁			

續　表

明	知　府	同　知		通　判	推官	教　授	訓　導
永樂年	楊得安宜興監生。 劉嗣宗 熊瓚 趙《志》作熊讚。 曾惟道 胡勉 劉燾太和人。	曾詠 武全 王政 劉《志》誤入通判。 賈義 姜濤 董翥 馬勝 孟迪		李徽曲周監生。 陳原祐建安進士。 于本金壇人。柳《志》作泰。 舒容忠州舉人。柳《志》誤入同知。 湛清鄞都監生。 宋紋江陰監生。 秦簠	何宏道 韓佐 劉清 張璡 張璉 趙檜 包訥		李進 徐軾金谿舉人。 張得義海門人，楷書貢。 王彥文華亭人。
洪熙年	馬載						
宣德年	齊政山陽進士。趙、劉《志》俱誤列永樂中。今從王直《題名記》改正。	劉紹淮安人。		魏敏 劉靖 畢昂 李興	王綸 潘興	張魁新淦人。 邱九思延平舉人。 張萬選 陳立見胡桼文。	戴昺鄱陽人。劉《志》誤列永樂。今從王直記改正。
正統年	黃懋真定進士。 舒敬靖安進士。	張本 王應清江陵監生。		張璿趙《志》作濬，誤。 王蕭 趙壽	王貞南昌監生。	向明永昌舉人。 李孜沔陽人。	陳琥建寧監生。 李大鏞吉水人。
景泰年	秦應延祥大興監生。	侯康遠弋陽人。		龐端吉水舉人。 鄧鏞臨川監生。 韓礪夏邑監生。	方潤 傅恭 莫暹襄陽監生。趙《志》作董暹。		章瑤會稽人。 康鑑 張琳
天順年		劉玉簡遠監生。 楊冠欽州監生。		鄭昇山陽監生。	李巽宛平監生。 王坤望江監生。		趙箴延平監生。
成化年	楊繼宗陽城人，後再任。 張岫河東進士。 李聰順德進士。 葉贄山陽進士。 徐源巢縣進士。 徐霖金谿進士。	趙哲餘干監生。 李恟 程鶴鄢陵監生。 孫程泰和進士。		張永祥符監生。 陳寶武昌衛監生。 鄭寶潮陽監生。 易海巴陵監生。 王祺婺源舉人。 王珍滑縣舉人。	宋澄嘉祥監生。 曹玉江寧進士。 陳璟眉州監生。	徐文昌羅山舉人。	朱啟 蕭箴廬陵監生。
弘治年	柳琰儀真進士。 佟珍遼東人。 周東卓城進士。 楊奇壺關進士。 于鳳崌萊陽進士。	林茂堅懷安舉人。 李性陵縣舉人。 鄭循歙縣舉人。 周導長洲進士。		陳祺高安舉人。 蹇庭巴縣進士。 熊忠南昌舉人。 宋錫 陳員 曹鐸嘉祥舉人。 李紳高平舉人。 車明理從程《修學記》增。	張尚武山陽舉人。 李永亨句容舉人。 劉崇南昌舉人。	鄒鑑巴陵舉人。 蕭子鵬新淦人，由懷才抱德任。 何鑑湖廣舉人。	甘應奎江寧監生。 王節靖江監生。 范佑鄱陽舉人。 賈稷揚州監生。 張貫四川舉人。 王續祖德興舉人。 鄭緯江西舉人。

續　表

明	知　府	同　知		通　判	推官	教授	訓　導
				李守經汝陽舉人。 趙弸湖廣舉人。 朱文奎莆田舉人。 馬湘徐州舉人。 陳瓚莆田舉人。 邵有道南昌舉人。 張奇商河人。 王翔寶坻舉人。			
正德年	劉昭廬陵人。 梁材大城人。 陳琳莆田人。 吳《志》作張琳，誤。 羅玹扶溝進士。 王倫扶風進士。 李伸三原進士。 徐盈貴溪進士。	陳琳 伍文定嵩滋人。 張龍上海進士。 劉守達開州進士。 孟津信陽進士。 徐吉貞蘄水舉人。 齊雲新野舉人。		賈昊崞縣監生。 楊和安陸舉人。 梅霄黃陂舉人。 韓士賢洪洞舉人。 任彬陽曲舉人。 王繼昌會同舉人。 蒲輪慶州舉人。 林大昇莆田舉人。 賈秉直南溪舉人。 焦鵬洛陽舉人。 尹達太和監生。 馬暹威縣舉人。	傅汝舟巢縣舉人。 俞璋太倉進士。 胡松績溪進士。 南金洪洞舉人。趙《志》作南全。	趙遷湖廣舉人。 張頌蘄州舉人。 陳貴桂林舉人。 章蕃度撫州舉人。	趙思勉漳德監生。 韋鑾廣西舉人。 呂南無錫監生。 夏理南昌監生。 周翔嵩明州舉人。 閔蕭鄱陽監生。 李曉建陽監生。 張璧長葛監生。 李泮宜興監生。 戚瑤滁州監生。
嘉靖年	蕭世賢泰和進士。吳《志》作桐城人。 鄭登高莆田進士。 何祉進賢人。 司馬泰錦州衛進士。 鄭綱懷安進士。 王學孔安福進士。 郭應奎泰和進士。 趙瀛三原進士。 畢竟容江西人。 劉愬萬安進士。 宋治臨淮人。 王有爲湖廣人。 侯東萊掖縣人。 張鳴瑞瀘州人。 蘇繼壽光人。 徐必進六合人。	王大化儀真進士。 王東儒濟陽進士。 趙珩餘干進士。 高仲嗣祥符進士。 林鳴鷥揭陽舉人。 劉邦寀安福舉人。 張邦學桂林舉人。 任希祖 李棟 張任嘉定人。 羅拱辰松陽人。 范鵬四川人。 陳仕陘。		曹璽黃岡舉人。 董琦恩縣舉人。 李源閩縣人。 賈蘭臨穎舉人。 張佩永州衛舉人。 田貢蘄水舉人。 海瑞瓊山舉人。 馬大儒河內舉人。 王煥長洲舉人。 晉憲崑山進士。 王納言信陽衛進士。 陳文昌彰德監生。 張欽歙縣監生。 張本潔景陵人。 陳嘉猷番禺舉人。 辛紹佐順德人。 董繼麻城監生。 周仁南城舉人。 胡汝霖綿州進士。 趙鈺武定監生。 郭顯文泰和舉人。 杜坤郿州舉人。 陳守義德化舉人。 毛汝清瀏陽舉人。 閭大祥贛州舉人。 汪伊歙縣進士。 侯賓 賀謹端	余鈞德興進士。 魏煥長沙衛進士。 張遜高郵進士。 嚴光治興國舉人。 汪景南陵舉人。 錢文爵無錫舉人。 姜文序玉山舉人。 殷廷蘭廣東人。 甕蕙 黃鶴 張國謙 蔡廷臣江西人。	邵良滁州監生。 聶義新建舉人。 潘鈇婺源舉人。吳《志》作潘鈇。 莫晦宜興舉人。 朱幸長洲監生。 蔣鐘 冉性 裔璜 陳德純 曾遷 王球 任維賢 曹恬	王仁閩縣監生。 王宗智曲阜監生。 羅遂廬陵監生。 倪鑒安仁監生。 宋綱南京留守衛監生。 鍾材高安監生。 陳堪南陵監生。 劉琚永豐監生。 鄭遷潮陽監生。 史銑溧陽監生。 吳國泰章宜監生。 李邦範增城監生。 謝明德高安舉人。 黃良玉羅源監生。 廖楨萬安監生。 葉升桂洲監生。 柯文炯仙遊監生。 陳翰詵 陸鼇 盧新 黃璋 周嘉相 吳鳳岐 文彭 韓孟宣 尹直之 湯道 劉琛

明	知府	同知		通判	推官	教授	訓導
				鄧遷 林愛民 陰鳳麟 顧昊 劉亮 韓應嶽 張九戬 孟紹祖 萬木 沈東 陳仕 徐守 周遠			游錡立 張秉學 文應魯 周天爵
隆慶年	嚴鎡豐潤人。 李橡豐城人。	蔡民望		鄭佶 劉璣 劉守恒 陸穗	汪在前 張克家	李之曄 李賓	王一化 李行可 蘇九成 王廷桂 黃甲 李尚賢 劉汝教
萬曆年	黃希憲金谿人才。 崔行可四川人。 王以修 龔勉無錫人。 王貽德全州人。 吳攄謙江西人。 傅國珍建陽人。 曹代蕭歸德進士。 張似良富順進士。 劉應鉌安成進士。 車大任邵陽進士。 蔡承植福建人。 宋師程 吳國仕歙縣進士。 莊祖誨成都進士。	賀爵 黃清 梁棟 方楊歙縣人。 顧連璧 曾惟倫樂安人。 張時脩 陳文焯 朱邦喜 熊秉衡 關驥南海人。 劉可訓		胡宗洵 張繼芳 楊守一 高殿 高珍 步希武 楊瀧 周植長沙人。 曾之省廣陵人。 劉應台成都人。 王以萃 方玘 谷球 范鳴鳳 陳秉浩 楊繼韶 劉鹿鳴 張廷相 官希稷 宋大有 陳應龍 曹維藩 傅之仕 林應奎 尹紹皋 陳陽和 孫光前 韓嘉善 方以直 劉慎 張嘉允 方失名。 談自省	張瑀 陳文炅江西人。 李膺 俞咨禹漳南人。 詹全覺 徐大紳 王養俊 曹光德黃州人。 沈維昆 歐從雲惠安進士。 段璞金壇進士。 習孔化廬陵進士。	范從義 官寅 耿慎動 尤仁策 周廷材 孟輅 趙子文 耿字 劉在科 魏詔蒲圻進士。 許光祚 魏浣初常熟進士。	蔡誠 薛希唐 黃應會 徐安 丁良知 盛儼 胡敬 紀鴻 高尚賓 丁行可 范德教 方補德 盧元耕 吳三樂 彭宦 文應辰 張仕 段逢吉 應明德 寧國徵 董應庚 鞠英儒 杜天祐 王宏 姚之臣

續 表

明	知 府	同 知		通 判	推 官	教 授	訓 導
天啟年	顧起鳳江寧進士。高士望 詹應鵬宣城進士。	陳此心光山進士。晏日曙臨江舉人。		余正發官生。楊大名廣東舉人。譚任道四川貢生。韓如玉貴州貢生。	姚鈿長寧進士。楊希旦保寧進士。	吳道盛宜興歲貢。蔡璿蘄水進士。李霖處州歲貢。	張助明烏程歲貢。趙嘉慶廣平歲貢。王修平陽歲貢。鄒廷鷗南昌歲貢。聞善信仁和歲貢。張啟勳揚州歲貢。朱嗣文江西歲貢。
崇禎年	李仕亨晉江進士。李化民興化進士。鄭瑄侯官進士。王宮臻齊河進士。江元兆婺源進士。唐士鑅無錫進士。鍾鼎臣新會進士。	湯道衡丹陽進士。楊起鳳寶雞舉人。顧允光華亭舉人。聶允結五河貢生。朱議滃南昌藩府舉人。		鄭元偉江寧貢生。張治統涿州舉人。房楠綿州衛進士。麥倫廣東舉人。李國光蔚州選貢。魏仕清南昌官生。陶明刑黎平人。連金漳州官生。王士龍曹縣選貢。林志道江西選貢。孔問檀曲阜舉人。呂休輝縣舉人。李位卿平江拔貢。	方士亮歙縣歲貢。文德翼德化進士。孫昌祖侯官進士。	皇甫廉河南歲貢。陸奮飛宿遷進士。周一松新淦進士。趙雲龍廣州歲貢。王應華東筦進士。臧道範長興歲貢。虞時雨德清歲貢。程其惠湖州歲貢。祝大生西安歲貢。張得侍諸暨歲貢。駱道遠金華歲貢。	溫忠訓湖州歲貢。金鏡吳江歲貢。陳守約江西歲貢。王如春杭州歲貢。王本寧武進歲貢。禹貢餘姚歲貢。邵承宗桃源歲貢。劉登第萊州歲貢。吳祖穆興龍衛歲貢。梅鼎賢雲和歲貢。張文明雲南歲貢。閔聿修湖州歲貢。李均

【校注】

[1] 按：崇禎《嘉興縣志》卷十一《職官·知縣》："洪武戊寅 蔡楫。"洪武戊寅，即洪武三十一年（1398）。同卷《官師》："蔡楫字汝濟，直隸沛縣人，舉孝廉。洪武三十一年爲嘉興縣知縣。永樂三年正月，擢爲監察御史。陞浙江僉事。"嘉慶《嘉興府志》卷三十六《官師一·知府》："洪武年 蔡楫。"卷四十二《名宦二·嘉興縣》："蔡楫字汝濟，沛縣人。洪武三十一年知嘉興。案：吳《志》以蔡楫誤作嘉興府知府，今訂正。"本《志》卷三十七《邑職·嘉興縣》已收"蔡楫字汝濟，沛縣人，舉孝廉"，列于洪武末。當以嘉慶《嘉興府志》卷四十二按語爲是。

[2] 按：本《志》卷十《壇廟》："社稷壇 明洪武十五年，知府李顯建。""風雲雷雨山川壇 明洪武十五年，知府李顯建。""厲壇 （洪武）十五年，知府李顯建。"李顯究竟何年任嘉興府知府，上下文不一致。故此處有疑，待考。

國 朝	知 府	同 知	理事同知	通 判	推 官	教 授	訓 導
順治二年	鍾鼎臣新會進士。	洪秉銓仁和官生。蔡國僑河南官生。			嚴正矩	龔則悅錢塘歲貢。	

續 表

國 朝	知 府	同 知	理事同知	通 判	推 官	教 授	訓 導
三年	汪爾翼 南樂舉人。	張世臣 遼東貢生。		張建高 廣寧貢生。	胡貞開 杭州舉人。		蔡璪 河南貢生。 安國裕 廣寧貢生。
四年		張世榮 華亭恩貢。		白芬 武安舉人。	韓充美 即墨進士。		黃鶴隨 宿州恩貢。
五年						祝君祚 海鹽歲貢。	
六年	李國棟 錦州人。			楊樹聲 侯官貢生。			
七年					彭舜齡 夏邑進士。		
八年		朱家柱 沛縣貢生。		韓範 宣府拔貢。			
九年						沈洪瑞 仁和恩貢。	葉仍華 慈溪歲貢。 徐光時 永康歲貢。 葉郁然 雲和歲貢。
十年						周一甲 蕭山歲貢。	
十一年	楊士美 蓋州人。						
十二年	史載 蘭陽進士。				尹從王	王允穎 西安恩貢。	
十三年		楊日昇 陝西舉人。 許文耀 字月卿,翼城舉人。		張文星 字煥辰,柏鄉貢生。			
十四年	許煥 太倉進士。			姜維新 陝西貢生。		何淳如 義烏歲貢。	
十五年		冀應熊 輝縣舉人。		歐陽世逢 黃陂拔貢。			潘可選 景寧歲貢。
十六年						水有岳 鄆縣歲貢。	汪之鯨 淳安歲貢。
十七年	劉啟復 遼陽人。	吳奮庸 大興拔貢。		丁時昌 臨潼拔貢。		葉蕣 慈溪進士。	
十八年				呂光燦 永寧貢生。			
康熙元年	張漢傑 海州貢生。						
二年				殷作霖 竹山恩貢。			
三年	王鑌 深澤拔貢。				湯學尹 興化舉人。		
六年						孫先梅 餘姚舉人。	

國　朝	知　府	同　知	理事同知	通　判	推　官	教　授	訓　導
九年	王師虁南城舉人。					姜廷櫸會稽舉人。	
十年		朱士毅遼東廩生。		文鋐山西拔貢。			
十一年		張作礪					
十二年	王章錦州廩生。			宋德深婺源貢生。			
十三年	周時盛遼東貢生。						
十四年	盧崇興廣寧廩生。						
十五年							范光燮鄞縣恩貢。
十七年	袁國梓字丹叔,松江進士。	[1]					
十八年				董天榮鑲藍旗人。			
二十年		孫明忠正紅旗廩生。		周濂江南全椒貢生。		潘廣福歸安經魁。	
二十二年	劉理大興歲貢。						
二十三年				桑日知榆次官監。			
二十五年	佟世俊正藍旗廩生。	張起鵾承德例監。				邵嗣英慈溪舉人。	王欽楷會稽歲貢。
二十六年							葉光耀新城歲貢。
二十七年	張思齊鑲藍旗監生。						
二十八年	閻若琛字沛仲,太原進士。			李淑亢正藍旗廩生。			
二十九年		李先登澤州例監。					孟士模會稽歲貢。
三十一年	徐崇禮鑲白旗人。						
三十四年		董興祚正白旗監生。					
三十五年	黃家遴鑲白旗舉人。						
三十七年						屠樹聲仁和歲貢。	
三十八年	佟賦偉正藍旗人。						明德裕鄞縣歲貢。
四十一年							朱澐歸安歲貢。

國　朝	知　府	同　知	理事同知	通　判	推　官	教　授	訓　導
四十二年	張鳳翔鑲紅旗恩監。			項鍾巖漢陽歲貢。			
四十五年	臧憲祖正紅旗監生。	張含章鑲紅旗歲貢。					
四十七年						盛振英山陰歲貢。	
四十九年	秦邦英宛平例監。					費源烏程進士。	
五十年				黃肇南奉天正紅旗監生。			
五十一年		楊奕輔河南歲貢。					
五十二年	何鼎靖州舉人。						
五十三年		王嵩長山歲貢。					
五十四年	吳永芳正黃旗官生。						
五十五年						何景雲仁和進士。	
五十六年		王沛聞睢州監生。					
五十七年		李天植山東監生。紹興通判署。					
五十九年		黃肇南					
六十年		王以和奉天正白旗監生,石門知縣署。					
六十一年		曹秉仁富平監生。					
雍正元年	王以和護理。						
二年	江承炌字訒庵,歙縣人。蘇稷正紅旗漢軍,處州知府署。			王慎行			
四年	靳樹德衢州知府署。喬世臣字丹葵,滋陽進士。曹秉仁同知署。			廖坤江州監生。		胡其濚義烏舉人。	

續表

國朝	知府	同知	理事同知	通判	推官	教授	訓導
五年	閻堯熙字涑陽，夏縣進士。	廖坤通判署。				翁亢孫餘姚舉人。	方引禕淳安歲貢。
六年		白環平定監生。					趙豐安吉歲貢[2]。
七年		趙德望大興貢生。杭州通判署。 張若震桐城副貢。	鄂善筆帖式。	汪亮卿歙縣監生。			
九年	汪亮卿通判署。 閻堯熙再任。	成貴理事同知兼署。 盧承綸奉天鑲黄旗監生。	成貴鑲白旗舉人。				
十二年	盧承綸同知署。 姚淮字導山，桐城監生。	張昌國奉天鑲白旗監生，通判署。					
乾隆元年		富紳理事同知兼署。	富紳正藍旗筆帖式。				
二年	郭廷翥即墨舉人。					屠宸升會稽舉人。	
三年		何熼監生，東防同知署。 林緒光閩縣舉人。					
四年	楊景雲字繼伯，江都蔭生。						
五年	閻沛年嘉興知縣護理。 楊景雲回任。 張景澍温州同知署。 趙世燕		蘇彰阿正黄旗筆帖式。				
六年	德希壽杭嘉湖道兼攝。 郭廷翥再任。			吴炳河南貢生。			
七年		宋雲會膠州進士，杭通判署。		戴鵬候補運判署。			
八年		陳同善三原舉人，杭通判署。		趙預嘉興知縣署。		沈廷標仁和進士。	
九年				張開第秀水知縣署。			
十年				閻公銚嘉興知縣署。 黄爲荃儀徵監生。			葉祺金華歲貢。

國朝	知府	同知	理事同知	通判	推官	教授	訓導
十一年		高國楹字襄臣,奉天鑲紅旗監生。		陳柱大興監生,候補運判署。			
十二年		鮑鈐字西岡,奉天貢生,署。		胡天界太谷貢生。			
十三年	張鐸字綸宣,青縣人,草塘通判署。馬淇理	葉齊馬平貢生署。	同德正白旗人,內閣中書。	楊承綜嘉興知縣署。			
十四年	項喻漢陽人,草塘通判署。李清時	宋紹彝漢陽進士。	博周正黃旗筆帖式。				鄭瑞鳳宣平歲貢。
十六年	德文兼攝。俞文漪					任元文蕭山進士。	
十七年	訥興安杭府理事同知署。湯任		松柏鑲白旗署。				
十八年	查延掌紹興同知署。張昭乘磁州生員[3]。	李星曜銅山貢生,署。	靈保正白旗筆帖式。	范全秀如皋監生,候補運判署。			
十九年		宮去奢高密貢生。	舒瞻字雲亭,滿洲鑲黃旗進士,署。	傅械奉天鑲黃旗生員。嚴正身署。			
二十年	傅靖杭嘉湖道兼攝。保全李星曜						
二十一年	湯任再任。曾曰理號栗巖,南昌人。	傅械通判署。宮去奢回任。	明禄署。				韓修鳳黃巖拔貢。
二十二年			圖善正白旗筆帖式。	郭繼儀候補運副署。		淩樹屏烏程進士。	
二十四年		明禄滿州鑲藍旗筆帖式。		李保候補運副署。祖承佑商邱監生。			
二十五年	永德杭嘉湖道兼攝。史尚廉		富鈿滿洲鑲黃旗,內閣中書。	曾曰理本府兼署。朱國華候補通判署。			
二十六年	高象震奉天鑲藍旗,杭捕同知署。張鎮海豐貢生。	張誥瀘州貢生,署。明禄回任。		王燧如皋監生,候補運判署。			

國　朝	知　府	同　知	理事同知	通　判	推　官	教　授	訓　導
二十七年	孫爾周秀水知縣護理。甘士瑞漢軍正藍旗人。	富鈿理事同知署。高象震署。		吳省三候補通判署。			
二十八年	張鎮再任。	富鈿再署。					張淇圖浦江例貢。
二十九年		高象震回任。		朱琨候補運判署。毛毓芳山陽監生。趙堂布照磨署。			
三十年	鄒應元金匱進士。	陳虞盛漢陽監生。蔣志鐸奉天正紅旗人,署。					
三十一年	馮章宿代州人。	雙福納理事同知署。圖倫滿洲鑲白旗鳴贊生。	雙福納正紅旗覺羅,內閣中書。	汪啟渭歙縣監生,候補運副署。江伍圖按察司照磨署。			
三十二年		雙福納再署。圖倫回任。雙福納再署。陳燮螯屋監生署。		商文超河南舉人,試用知縣署。			
三十三年	瑪明阿	圖倫回任。陳燮再署。圖倫回任。韓本晉山西進士、海鹽知縣署。		劉鳳鳴廣東舉人,試用知縣署。			
三十四年	李允升長安進士。	陳燮再署。舒希忠大興舉人。					
三十五年	墨琛署。滿泰鑲紅旗人,杭同知署。梁珏署。陳夢說署。	楊承志螯屋舉人。于汝照金壇舉人,署。舒希忠回任。		王士澣嘉興知縣兼署。于汝照天津舉人,試用知縣署。梁珏本府兼署理。		沈梓德清進士。	
三十六年	李慶棻奉天人。陳夢說	張圖南安徽舉人,秀水知縣署。		清泰滿洲鑲黃旗人,內閣中書。陳夢說本府兼署。			

續　表

國　朝	知　府	同　知	理事同知	通　判	推　官	教　授	訓　導
三十七年	李慶菜 陳夢説	舒希忠回任。王士瀚嘉興知縣兼署。王良棟太原舉人,署。舒希忠回任。	伍林養正白旗鳴贊生。	邵孔照試用知縣署。		范永澄鄞縣進士。	
三十八年	張紹元	張圖南 舒希忠回任。		董鈞河南貢生,平湖知縣署。			
三十九年	王燧署。		瑺亨正黃旗筆帖式。	張圖南署。			
四十年		張廷相順興監生[4],署。舒希忠回任。高模歷城貢生。		朱璋大興貢生,候補運副署。		錢廷謨仁和進士。	
四十一年		梁森順德監生署。石朗正白旗漢軍筆帖式署。高模回任。					
四十二年	高模同知署。張紹元回任。	張圖南再署。高模回任。梁森再署。					
四十三年	陳虞盛 王燧 陳虞盛回任。	高模回任。梁森再署。	吉靈阿正白旗筆帖式。	張寅武進監生,候補知縣署。			
四十四年		高模回任。					崔棩雋歸安例貢。
四十五年	張登書大興貢生。	梁森再署。高模回任。愛山滿洲鑲白旗義學生,湖州通判署。		王如金華亭監生,候補通判署。			
四十六年	楊成龍寧武貢生署。楊仁譽江南貢生署。	楊基嘉應州舉人,署。陳河圖嵩明州舉人,署。高模回任。		張力行湘潭監生,海鹽知縣署。方求巽桐城人。			
四十七年	方體泰正白旗筆帖式。楊成龍再署。恒甯鑲黃旗貢生。	佛永理事同知兼署。高模回任。趙思恭肅甯監生。	佛永滿洲鑲黃旗筆帖式。				
四十九年	黃符綵大興進士署。		阜柱蒙古監生。				

續 表

國 朝	知 府	同 知	理事同知	通 判	推 官	教 授	訓 導
五十年	方林字雲亭，吳橋進士。						
五十一年	陳鍾琛臨桂舉人。鄭交泰香山貢生。	方受疇桐城監生。陶章淦寧都監生。	伍爾恭阿鑲藍旗生員。	曹光鑰按察司經歷署。馬樫介休監生，候補同知署。			戴殿海浦江例貢。
五十二年		方受疇回任。王恒平湖縣知縣署。方受疇回任。		鄧曰治嘉興知縣署。			葉炳璣太平歲貢。
五十三年	陳鍾琛再署。鄭交泰回任。	王恒再署。馬樫署。方受疇回任。		楊生芝咸陽舉人，候補知縣署。			
五十四年	陳鍾琛調任。孝順阿蒙古鑲白旗，難廳守備，改補文秩陞任。	王恒再署。葉世倬上元舉人。王恒再署。葉世倬回任。					周陳璋松陽歲貢。
五十五年	鄧汝敏署。劉嘉會正黃旗貢生。	王恒再署。葉世倬回任。	本善正白旗筆帖式。				
五十六年		本善理事同知兼署。					林敷英永嘉拔貢。
五十七年		舒慶雲淳安監生。		查秀歙縣監生。候補布政司經歷署。			方至淳安歲貢。
五十八年	李坦長壽貢生署。邢璵涇陽貢生。	本善兼署。舒慶雲回任。黃嵩齡江西進士，平胡知縣兼署。		劉嘉會本府兼署。			
五十九年		舒慶雲回任。任澤和息縣舉人[5]，海鹽知縣兼署。邢璵本府兼署。任澤和兼署。	特通阿蒙古鑲藍旗拔貢。	張會太			倪紹岳餘姚例貢。
六十年		盧又紳如皋舉人。					
嘉慶元年	伊湯安字小尹，滿洲正白旗舉人，處州府調任。	吳士英定遠貢生署。郭文銛閩縣舉人，署。		盧又紳同知署。張子誠介休貢生，布政司經歷署。			

續表

國朝	知府	同知	理事同知	通判	推官	教授	訓導
二年		劉大慧江陵貢生，署。 鄧雲龍堂邑貢生。 張震清泉舉人，署。	甯泰鑲白旗覺羅筆帖式。	陳世傑新津舉人，寧海知縣署。			
三年		張子誠署。 鄧雲龍回任。		司能任嘉興知縣署。 魏王宮伊陽舉人，署。			
四年		陳萬吉商邱監生，署。		伊湯安本府兼署。		蔡廷弼德清貢生，署。	
五年	王績著武清舉人，處州知府署。 伊湯安回任。	鄧雲龍回任。		鄒曰瑞廣東人。 譚大經新會進士。		周墀仁和舉人。	
六年		楊兆鶴郿縣人，署。	崇福鑲黃旗人。				
七年	李賡芸[6]同知署。	李賡芸嘉定進士。 楊兆鶴復署。 李賡芸回任。 楊兆鶴復署。				包敬堂烏程廩貢。	
八年	姚鳴庭	李賡芸回任。 崇福署。				汪本杭州進士。 陸宗嶽烏程舉人。	
九年		李賡芸回任。 崇福復署。 李賡芸回任。				湯械杭州進士。	
十年	李賡芸復署。	路鐏署任。 劉星萃四川貢生。	希昌阿正藍旗人。	蔡河正白旗人。		倪紹岳餘姚廩貢。	
十一年						車宸英德清進士。	
十四年	定育署。 任澤和河南進士。 宋如林漢軍舉人。						
十六年	李昉任邱監生。	周鎬金匱舉人。		瞿應謙署。 蔡河回任。			
十七年		希昌阿署。 周鎬回任。					童鳳翔蘭溪舉人。

國朝	知 府	同 知	理事同知	通 判	推 官	教 授	訓 導
十八年		希昌阿復署。周鎬回任。					車雲鵬會稽舉人。
十九年	周鎬同知署。鍾崇儼江西附貢。			萬光箕陳豐福建監生。			
二十一年			烏明阿正白旗人。	吳某江西監生。蔡河回任。			
二十二年				呂樹梅安徽監生。			
二十四年	吳光悅署。袁渭鍾丹徒拔貢。	楊魯生陽湖監生，署。周鎬回任。熊濬江南監生。					
二十五年		周鎬回任。					
道光元年	王鳳生通判署。張存漢軍監生。		常謙正紅旗人。德亮鑲黃人。	王鳳生安徽監生。吳秉中廣東監生。			
二年	李宗傳桐城舉人。	何太青廣東進士。常謙署。何太青回任。					
三年	羅尹孚歙縣進士。	畢紹棠天津監生，署。		費源江蘇監生。		王應鍾烏程廩貢。	
四年		劉榮玠廣東進士。王鳳生婺源監生。				鄭謙鎮海進士。	
五年	劉榮玠陽春進士。徐鏞桐城進士。	胡述文湖北進士。愛昇阿鑲黃旗監生，署。劉榮玠再任。		蔣恩銘睢州監生。			
六年		愛昇阿復署。德亮署。					
七年	方秉桐城貢生。胡國英吳縣進士。	愛昇阿復署。德豫劉榮玠再任。	愛昇阿德豫正白旗舉人。吉泰正藍旗監生。	王授絳州監生。			
九年			明楓鑲白旗人。	林文敬晉江廩生。			葉樹勳紹興舉人。
十年		竇榮昌安徽監生。					黃際春德清廩貢。

國朝	知府	同知	理事同知	通判	推官	教授	訓導
十一年	胡元熙黟縣舉人。	明楓 劉榮玠回任。					
十二年	克興額鑲白旗進士。 胡元熙復署。 敬文鑲白旗人。	張恒堅安徽附貢,署。	公福鑲紅旗人。	李玉典鹽山舉人。			
十三年	瑞元正黃旗舉人。	劉榮玠回任。		劉震江西監生。		童復繡餘姚舉人。 張光壽仁和進士。	程夢麟代理。
十四年		公福					陳紹芸義烏貢生。 孫頤仁和廩貢。
十五年	伊克精額滿洲筆帖式。 瑞元回任。	吳方文山東進士。	華耀宗鑲藍旗人。 公福回任。	丁廷鈺			
十六年	張洵海豐進士。 王壽昌江蘇廩生。			湯世勳寶應監生。 志曾漢軍筆帖式。			
十七年			陳耀正白旗人。	丁人慶江蘇監生。			
十八年		周召棠雲南監生。	德慶正黃旗人。	李汝霖嘉興兼理。 毓秀嘉興兼理。		孫頤訓導兼。 王慶瀾定海舉人。 周栻諸暨進士。	
十九年	于尚齡金壇進士,署。		陳天瑞正白旗人。	朱濤安徽人,署。			
二十年	福克精額正白旗人。						
二十一年	劉榮熙貴築進士。						
二十二年	楊鶴書歐寧進士,署。 王壽昌再任。	韋逢甲山東進士。夷擾殉難。 胡培荃平湖縣代。 桂林滿洲人,署。 戴堅江蘇人,署。					
二十三年	陳遇隆順德進士,署。 徐敬金谿人。	龍光甸臨桂人。					
二十四年		楊裕深平越進士,署。					

國　朝	知　府	同　知	理事同知	通　判	推　官	教　授	訓　導
二十五年		陳遇隆署。					
二十六年		龍光甸回任。	廣瑞				
二十七年	陳之驥上元進士,署。 徐瀛黃陂進士,署。	李枝青福寧舉人署。 達晉滿洲人署。					
二十八年	張印塘豐潤舉人,署。	顧貽綬金匱人署。 石麟瑞					
二十九年	余士璟鳳臺進士。	廣瑞理事同知代理。					阮斯馨於潛舉人。
三十年	方秉再任。 覺羅常恩正白旗人,署。	邢吉甫上元監生。平湖知縣兼署。		嚴家紹江蘇人。			丁洪疇山陰舉人。 沈鳳藻仁和優貢。 以上三人任年無考。
咸豐元年	鍾裕鑲黃旗進士。	白讓卿順天通州進士。					
四年				吉靈阿滿洲人。			謝崧上虞附貢。
五年	李祥麟監利舉人。 李鵬揚遼陽人,代。						
六年	馬昂霄吳縣舉人,署。	邢吉甫復署。		潘紹詒江蘇監生,署。			
七年		白讓卿回任。		福寬滿洲人。			
八年	何紹祺道州舉人,署。					欽陞良長興人,署。	
九年	瑞秀正白旗人。					蔡兆輅建德進士。十年殉難。	胡寶鑅山陰舉人,署。
十年	張玉藻光州舉人。 邢吉甫上元監生。	馬桂林江寧人,署。 楊炳新城監生,署。		毓失名。			張詠錢塘附貢生。殉難。
同治三年	李甫田濱州拔貢,署。 許瑤光善化拔貢,先署旋實。	范義馭桂陽廩生,署。		汪穀黃岡監生。		蔣錦瀾會稽舉人,署。 謝寶樹署。	謝寶樹錢塘進士,署。 盧正珩東陽優貢,署。
四年		吳中傑吳縣供事。	慶隆滿洲鑲藍旗人。	方傑上元附生。		陶鈞會稽舉人。	謝寶樹 陶鈞兼理。 胡姚瑞安歲貢署。
五年				汪穀復署。			

續　表

國　朝	知　府	同　知	理事同知	通　判	推　官	教　授	訓　導
六年				鄭彤書上元舉人。			邵鎮山寧海增貢,署。
七年						莊振英府訓導兼。徐炳上虞恩貢,署。	莊振英鎮海附貢。
八年			佟增榮滿洲人。志文滿洲正藍旗人。			何汝枚仁和舉人。	
九年		邢守道平湖縣兼。徐皋黔西州舉人。				莊振英兼理。姚櫼仁和舉人,署。	
十年			岳齡杭理事兼。志文回任。			章夏謨仁和舉人,署。	
十一年						嚴嘉榮山陰舉人。	
十二年	宗源瀚上元監生,嚴州調署。許瑤光引見,回任。	陶鴻翊湖南人,署。徐皋回任。	宗山杭理事兼。志文回任。				
十三年			宗山署。				
光緒元年		褚調元吳縣監生,代。徐皋回任。	佟增榮署。廷俊滿洲人。				
二年				唐勛滿洲監生,署。			
三年				蕭福清吳江監生。			

【校注】

[1] 按:此處疑漏記"季舜有"一人。本《志》卷四十二《名宦一》:"季舜有,揚州人。監生。康熙戊午任同知。發奸摘伏,積弊盡革,所決多疑獄,人奉爲神明。祀名宦。"康熙戊午,即康熙十七年(1678)。嘉興煙雨樓北牆外側尚嵌"嘉興郡馬季公清廉正直萬民去思碑"一塊。郡馬,即府同知。本《志》卷二十八《郵傳·石門縣》"皁林驛"條:"康熙十九年,同知季舜有攝縣事,重新。"下錄季舜有《重建皁林驛記》。

[2] 按:本《志》卷四十二《名宦一》:"趙澧,安吉人。歲貢生。雍正六年,任嘉興府訓導。"光緒《安吉縣志》卷十《選舉·歲貢》:"康熙五十四年乙未　趙澧,字右扶。嘉興府訓導。"故"趙豐"是"趙澧"之誤。

[3] 按:本《志》卷六十一《桐鄉孝義》:"陳之煌,字旦明。孝於親,友於弟。弟歿,遺婦馬,力存恤之,賴以安節。舉鄉飲。郡守張照乘贈'年高德劭'額。"本《志》卷八十六《金石·嘉興縣》:"重建嘉興縣儒學明倫堂碑記乾隆閼逢閹茂皋月,知府、磁州張照乘記并書。知縣、中州張元文篆額。"光緒《桐鄉縣志》卷十五《孝義》

"陳之煌"條也作:"乾隆十八年,嘉守張照乘贈'年高德劭'額。"光緒《重修廣平府志》卷十二《選舉表四·國朝五貢》:"磁州張照乘,雍正己酉拔貢,江西饒州同知。"由此,"張昭乘"是"張照乘"之誤。

[4] 按:清代無順興縣。光緒《平湖縣志》卷十《職官·海防同知》:"(乾隆)張廷相福建順昌人,監生,四十年署。"民國《順昌縣志》卷十七《選舉》:"張廷相,浙江金華府通判,歷陞湖北宜昌府、浙江溫州府玉環同知。俸滿,部議以知府調任,候陞。"當作"順昌"。

[5] 按:本卷《知府》:"嘉慶十四年　任澤和,河南進士。"光緒《嘉善縣志》卷十四《職官·知縣》:"乾隆五十八年　任澤和,息縣進士。"光緒《續修息縣志》卷一《仕賢》:"任澤和,字介子,號惠堂。世居東鄉。年十八爲諸生,後成進士,選浙江新昌令。旋權嘉善令,移海鹽令。修蔚文書院以育才,浚城河及永安湖,以利舟楫,且溉田。累官至嚴州知府,移守嘉興,俾屬縣多善政焉。未幾歸里,卒年七十。"故"舉人"是"進士"之誤。

[6] 按:阮元《福建布政使良吏李君傳》:"李賡芸,字生甫。江蘇嘉定人。乾隆庚戌,以二甲進士用知縣,發補浙江孝豐縣。五十九年,調德清縣。嘉慶元年,調平湖縣。二年,卓異候陞。三年冬,九卿中有密薦君者,特旨問巡撫阮元,元以'賡芸爲浙省第一賢員,守潔才優'覆奏。奉旨送部,引見,以同知用。尋陞處州府同知,調嘉興府海防同知。八年三月,奏委署台州府知府,奉硃批'此人可用'。閏六月,陞授嘉興府知府。十四年,丁繼母憂歸。十六年,服闋,補福建汀州府知府。十九年,調漳州府知府。秋,擢汀漳龍道。二十年,擢福建按察使,署布政使。十二月,卸事陞見,回閩。九月,旋擢福建布政使。"由此,李賡芸"陞授嘉興府知府",時在嘉慶八年。

元	經　歷	知　事	照　磨	提控案牘			
至元年	單慶						
大德年	趙昇從仕郎。從金吾《總管府記》增。張良佐從沈天佑《免役記》增。	薛亨將仕佐郎。白失名。		韓昱邊汝翼二人從金吾《記》增。			
延祐年	焦鈞承事郎。	葛元英將仕郎。	石珍				
至順年	劉巨源承事郎。	邵元振登仕郎。從張采《路學記》增。	程茂				
後至元年	項文質承事郎,從韓璵《總管府記》增。	馬皋將仕佐郎。從韓璵《記》增。		馬原道將仕郎。兼照磨承發架閣。從韓璵《記》增。			
至正年[1]	茅毅						

【校注】

[1] 按:鮑恂《嘉興路總管府經歷司題名記》碑尚列至正年"經歷"六人:韓執庸、張溥、阮德明、鄭元、毛世雄、徐天麒。鮑恂碑尚存,現嵌嘉興攬秀園東走廊。此碑立于元至正十五年七月望日,碑上所列姓名,除韓執庸、張溥及照磨李必失兀外,均是後人增刻。另:鮑恂碑尚列至正年"知事"五人:党晉、王瑢、阮德明、徐天麒、徐惟貞;列至正年"照磨"四人:李必失兀、邵安仲、梅□□、易謙;列弘治年"照磨"一人:陶聰;列"檢校"多人:王克仁、鍾文榮、楊文忠、錢興宗、賀本中、王□元、計顯宗、盛德明、錢侃、高宏、陳著、夏衡、應偉、戴珍、吳迪、方圓、郎天錫、歐陽文祺、詹性誠、王和、錢士鴻、楊宜、陳士良、王懋德、李仁至。

明	經歷	知事	照磨	檢校	司獄	驛丞	
洪武年	劉師中	李暘	淩雲				
宣德年	張恭沂州人。 尹道光	。					
天順年			張乾				
成化年	李炫 尹進 郝敏大城監生	劉綱昌邑人。 盧明 李恂 鄭浩					
弘治年	袁鼎 趙廷玉 閔軒 陳覲	劉綱案趙《圖記》有劉剛,列弘治。劉《志》于成化、弘治兩見劉綱。 熊飛 沈鯨劉《志》作經歷。今從趙《圖記》。	劉禎海州監生。 張桓	韓杲			
正德年	王瑢 蘇淙 黎福 丁標 廖宣	周慰劉《志》誤作同知。 徐傑 牛應辰	薛魁 雷時	曹輔 陳良謨 許儒後裁缺。		徐祥霸州人。 程宏滕縣人。	
嘉靖年	王正 王錦 廖仲義 張南儒 朱木孝 錢潮	陳大經 程炫 張炯然 孫琮 汪伸 康瑚 萬真 朱浩	閻讓 李鑾 榮滋 帥賓				
萬曆年	樊天爵 侯康 王佩韋 張思敬 陳司江 趙應鳳	陳伯儀 胡偓 王家仕 李琮 惠連後裁缺。	潘士業 黃仕龍 楊其清 梁喬梧 盧崞 成俊士 史世富			李忠 李景 傅寧 吳琪	
天啟年	員密平陸監生。		侯溫鳳衡陽吏員。			高容	
崇禎年	陳愛民汀州貢生。 顧來聘 戴華秀浮梁貢生。 寧先覺青陽貢生。 柯萬春青陽人。 盧士迴永定貢生。 李愈芳固原貢生。 戴文寧建昌貢生。		汪起雲長洲監生。 龍尚夔荔浦監生。 陳璸漳州進士。 孫宏前海州衛貢生。 衛拱辰韓城人。	潘萬章 章佾 李暢 謝以達 歐興 趙惟容 廖成美 以上七人見劉《志》,年代無考。	惠生 程鏞 上官和 郭鏞 王鈇 李堂 黃永 以上十二人見吳《志》,年代無考。		

國　朝	經　歷		照　磨		司　獄	驛　丞	
順治三年	黃錡 黃岡監生。						
四年	廖國泰 寧都吏員。		張文瀺 貴池監生。		周順 儒士。		
五年			謝恩 黃岡監生。				
八年			劉萬象 江西監生。				
九年					范懋斌 大興吏員。		
十一年	劉奇瑜 巴陵吏員。						
十二年					陳聖道 華州吏員。		
十六年					周維新 三河吏員。		
十八年	馮陛 遵化吏員。		于治賦 大興監生。				
康熙四年						魯頌功 定遠吏員。	
五年	劉斌德 巴陵吏員。						
六年			鄭淑友 莆田吏員。				
十四年			吳進金 滄州吏員。				
十五年					劉之鉉 漢陽吏員。		
十八年					孫元宗 宛平吏員。		
十九年	曹逢吉 武進供事。		王煜 高郵供事。				
二十一年	吉大徵 曲沃吏員。						
二十九年						李之梅 邢臺吏員。	
三十一年	嚴文炳 盧龍吏員。				趙昌時 邢臺吏員。		
三十二年			吳廷標 侯官吏員。		路義 陝州吏員。		
三十三年	程廷佑 亳州吏員。					秦國祥 天津吏員。	
三十七年			向文教 鄂縣吏員。		嚴國柱 延慶吏員。		

續　表

國　朝	經　歷		照　磨		司　獄	驛　丞	
三十八年						唐漢英 莊浪吏員。	
四十三年						李耀元 華州吏員。	
四十四年	柴暹 天津衛吏員。						
四十七年					白錦 延慶人。		
五十年			陳珺 澤州監生。				
五十一年						馬必達 宛平吏員。	
五十二年			俞賚 南陵吏員。				
五十五年	徐治遠 大興增生。		沈王瑜 通州吏員。		熊國璽 大興吏員。		
雍正三年						何濟世 涼州吏員。	
七年	蔣毓元						
乾隆元年	王居仁					曹宏 益陽吏員。	
三年						劉純 武清吏員。	
七年	錢毓崧 丹徒人。						
八年			朱衣客 大興供事。				
十年					傅如岳 洛陽吏員。		
十六年						呂育萃 興國吏員。	
十七年						葛鋐 大興吏員。	
十八年			陳晉琇 絳州人。				
十九年	安泰 代州舉人。						
二十二年					沈欽 夏縣人。		
二十三年						薛淳 通州監生。	
二十四年					曾自立 長寧吏員。		

國朝	經歷		照磨		司獄	驛丞	
二十五年					劉元魁江西人。	周朝晃桐城監生。	
二十六年	鮑鳴鳳青陽供事。					張作朝四川監生。	
二十七年					張文耀成都監生。		
二十九年						李寶善滿洲人。	
三十年	歐煥棠樂昌監生。		顧錫圭吳縣人。				
三十一年			段廷楷城固吏員。				
三十二年						牛士魁濟源監生。	
三十五年	元兆良		李正立石埭人。		陈兆瑶安徽人。		
三十六年			張昶大興人。				
三十七年			江吉徽州人。				
三十八年	王念典雎州舉人。						
四十年			王性愷臨汾監生。				
四十一年					張介禊浮山貢生。	吳鴻溧水監生。	
四十二年	湯懋脩雎州監生。						
四十三年			劉淑甘泉供事。				
四十四年			呂公烈河南人。		張學紹嘉應監生。		
四十五年	劉大吕		朱士長洲監生。				
四十六年			陳代鴻吳縣人。				
四十七年			吳承煜華陽人。				
四十八年	范橝介休監生。		項韜福建人。				
四十九年			魯澤江西人。				
五十年			田承謨				
五十一年			黃憲度長寧監生。			牛士魁再任。	

國　朝	經　歷		照　磨		司　獄	驛　丞	
五十二年			黃學温黃梅監生。				
五十三年					邱開泰福建監生。		
五十四年					夏智遂歷城監生。		
五十六年	鍾琪宛平附監。						
五十八年					陳宗禮大興人,議敍。		
六十年			謝燦宛平人,考職。				
嘉慶元年						李其焜大興監生。	
四年	劉世斌署。						
五年	張颺漢軍鑲紅旗人。						
七年			王裕基順天監生。				
八年	金思元太湖人。						
十一年			王文燦金匱監生。				
十二年						蔡觀瀾金匱縣人。	
十三年					池文芳綦江監生。		
十四年	楊僎林大興人。				張爲炯山東監生。		
十七年	陳堯臣趙昌南豐人。張颺復任。						
十八年	陳塽寧夏監生。						
十九年	陳從嘉大興人。唐汝淳廣東人。		陳塽			李初白大興人。	
二十年	何茗深侯官人。陳從嘉回任。		黃文燦回任。張爲炯山東監生。陳浩江西監生。		陳青選海豐貢生。		

國　朝	經　歷		照　磨		司　獄	驛　丞	
二十一年			謝廷鐸江西監生。		張文海石埭人。		
二十三年			陶夢璜江西監生。 謝廷鐸回任。		李仙根太和監生。 李焜石埭人。		
二十四年						武廷杰大興人。	
二十五年						李初白回任。	
道光元年	趙希曾 張文海		高延昌陝西監生。				
二年	宋允恭大興人。				李初白驛丞兼署。 臧宸棟諸城監生。 宋允恭大興人。 王重遠安徽監生。		
四年			叢步鼇江蘇貢生。			江楣江寧人。 王重遠司獄兼。 呂明修貴池人。	
五年	唐允模當塗人。 宋允恭回任。		羅應垣廣東監生。		徐埠安徽人。 王重遠回任。		
六年			唐允模安徽監生。 孫應昭安徽監生。 李治平山東監生。				
七年	王重遠司獄兼。 陳增寧夏監生。 顧文承元和人。						
八年	李增輝臨清人。				蔣銓吳縣人。 張壽承如皋貢生。	巫佐瓊大興人。 胡庚吉長洲人。 唐應奎大興人。	
九年	巫佐瓊大興人。 黃銓通州人。						

續　表

國　朝	經　歷		照　磨		司　獄	驛　丞	
十年	殷兆基_{南鄭}人。 巫佐瓊 薛文西_{秦州副貢}。					于學泉_{文登監生}。	
十一年	劉玉衡_{大興人}。					王重遠_{回任}。	
十四年						張衍祚_{景州監生}。 唐應奎_{回任}。	
十五年			李琪_{山東監生}。 李九鼎_{甘肅監生}。			石景濬_{大興人}。 王重遠_{復兼}。 馬桂林_{大興人,署}。	
十六年			袁士傑_{湖北監生}。 姚廷樺_{武進監生}。			葛廷賢_{滁州人}。	
十七年			宋昭綸_{廣東監生}。 顧光照_{直隸監生}。		李逢春_{宛平人}。 張勤節_{大興人}。		
十八年					劉玉衡_{經歷代}。 彭念祖_{江蘇監生}。		
十九年					尹嘉謨_{四川監生}。		
二十二年						陳佩玉_{秀水典史兼理}。 萬建廷_{江西人,署}。	
二十三年	顧湛_{江蘇人,代}。 祝銘模_署。					孫長齡_{績溪議敘}。	
二十四年	劉玉衡_{回任}。						
二十五年			鄔澍_{漢陽人}。				
二十六年	徐對_{吳縣監生,代}。 秦恒久_署。						
二十八年	張家縉_{三河供事}。						
二十九年	徐延勳_署。					王壽徵_{山東監生,署}。	

國 朝	經 歷		照 磨		司 獄	驛 丞	
三十年	顧雲路 長洲監生,代。饒際隆 江西監生,署。					尹家謨 本府司獄兼。徐漣 江西監生,署。	
咸豐元年	洪承棟 歙縣監生。					高卿培 貴池監生。洪承棟 經歷兼理。沈元高 長洲監生,署。	
二年	徐對 代。洪承棟 回任。					張埔 長安議敘。十年殉難。	
五年	余廷菜 興化人,代。洪承棟 回任。						
七年	劉紹宗 貴州監生。				余廷菜代。		
七年					孫恩長 江蘇人。		
九年					周其泉 鎮江人,代。賴其勳 廣東人,署。		
同治三年	鄧壽仁 奉新監生。		周建封 桂東軍功。		俞贊 陽湖監生。姚宜慶 桐城監生,署。	朱桂楹 上元監生,署。	
四年					陳裔德 郡陽軍功。	黃賡颺 商城供事。鄧壽仁兼理。范先綸 上元監生,署。	
五年			程龍光 長洲監生,署。				
六年			俞志訓 金匱監生。			李寵桂 古田監生。	
十年	胡藻 涇縣監生,代。徐宗翰 江夏監生,署。						
十一年	左兆薇 桐城監生。						

嘉興府志卷三十七

官師表二

嘉興縣

	令	丞			簿	尉
晉永和年	王胡之遷吳郡太守,見陳與義《法帖釋文》。					
宋元嘉年	沈演之字臺貞,武康人。					
梁	陸敞之吳人,見《陳書·陸子隆傳》。					
唐長安年	楊廷玉見張鷟《朝野簽載》。					
神龍年	唐嗣華休璟從子。					
開元年	陸棣象先弟。					
天寶年	李元琰嶠從孫。				李漸嶠從孫,壽王記室輯子。	
寶應年	李湯見贊寧《高僧贊》。					
大曆年		李顔宗室,簿王惲五世孫[1]。《通志》作海鹽縣丞。			陸士脩見《妙喜寺碑》,與顔真卿、陸羽有《石罅聯句》。 薛珂仁貴元孫,嵩孫。	
貞元年	李汾絳諸父。					
長慶年	許失名。桐廬人,方干有《贈嘉興許明府》詩。					
大中年	盧君襲范陽人,見釋貞幹傳					
咸通年	吳士季見《太平廣記》《録異傳》。					

【校注】

　[1] 按：崇禎《嘉興縣志》卷十一《職官·丞》："李顔宗室,蔣王惲五世孫。《通志》作'海鹽縣丞',豈嘉、鹽轉調

耶!"《舊唐書》卷七十六《太宗諸子》:"蔣王惲,太宗第七子也。"故"簿王"是"蔣王"之誤。本《志》卷三十八《職官表·海鹽丞》:"李顏長慶中任。"

宋	令	丞	學職		簿	尉
景德年	鄭穎 蘇在	周源深				
慶曆年	劉黃中河中人。周沉字子貞,益都人,著作郎。				王存字正仲,丹陽進士。	解晉慶曆中爲秀州嘉興尉,管青龍鎮事,見《青瑣高議》
皇祐年	蘇袞武功人。				韓晉卿字伯脩,安邱人,《宋史·循吏》有傳。	胡楚材字公喬,壽昌進士。
嘉祐年	錢穌					
熙寧年	陶豢				高覿字會之,宿州蘄人,進士。《宋史》有傳。	呂溫卿
元豐年					張統蘇舜卿有《送張統尉嘉禾》詩。	胡簿修常州人。
元祐年[1]		高元常字復明,符離恩生。				
紹聖年			陳顯仁字藏用,仙遊人,古田尉,除教授。			
宣和年	陸元光字蒙老,歸安人。	趙子俌太祖六世孫,生孝宗,封秀王。				
建炎年						錢世昭吳越王裔,見《錢氏私志》。
紹興年	陳昱	周源深吳縣人。	充堯叟任學正。		林乂字材臣,姑蘇貢士,特奏名。	
隆興年				張瑄秀王祠奉祠。		
乾道年	黃度字文叔,新昌進士。					
淳熙年	李時習毘陵人。李陟字允昇,內黃進士。				魏任紹興中縣尉陞。	
紹熙年		趙公迓鹽官進士。				
慶元年	奚士達 徐彥明餘姚人,仕武原鹽倉官,陞嘉興縣令。					

續　表

宋	令	丞	學　職		簿	尉
寶慶年	莫子文[2]字武仲,吳江進士。					
嘉熙年					黃逢時長溪人。嘉熙二年特奏名。	
淳祐年						陳德元字元善,福安進士。
寶祐年	陸屋見《永昌寺記》。					
景定年	葉惢佐見《宋三朝政要》。				施僖子迪功郎,見《施府君廟行移》。	
咸淳年	潛說友字君高,縉雲人。段浚見張汴《申狀》,又《癸辛雜誌》。高塈潛見湯《志》,誤。張抃劉《志》作丞。[3]鄭保咸淳間知嘉興州,見元王磐撰《董文炳碑》,疑有誤。	林應申福清人,己丑進士。吳思齊字子善,麗水舉人。		張夢吉主學。李唐天麟義塾師。		易偉字成大,崑山人。	

【校注】

　　[1] 按:元祐五年十一月,岑象求《劾秀州嘉興縣守令奏》:“秀州嘉興縣民數千詣縣訴水災,知縣王岐、主簿王瓶不爲收接,因此百姓喧鬧,致蹈殺四十七人。本州又減數申監司,仍庇護令佐,歸罪百姓。”(《續資治通鑑長編》卷四五〇)則知縣欄應有王岐,“主簿”欄亦應有“王瓶”其人。

　　[2] 按:莫子文《自撰墓誌》:“先君五子,子文居長。生於癸丑,光宗紹熙四年。丙戌,理宗寶慶二年叨甲科。是年公試入等,升內舍生,授迪功郎、瑞州教授。乙未,理宗端平二年秋,堂差建康教授,考舉及格。壬寅,理宗淳祐二年,班改宣教郎。辟知武康縣事。乙巳,淳祐五年,部授嘉興府嘉興縣。通理考滿候代間,奉使王疇迎合當路意,峻行括田之令,欲以嘉興縣管下上供經界苗田,強抑本縣供括,作殿司天荒蕩圍田,以爲己功。子文謂此事欺君害民,斷不敢從。文移到縣,一切不行。疇即姜斐于田使,以子文抗拒朝命,降授宣義郎,時丁未十一月也。辛亥,淳祐十一年六月,准告復元官。”“寶慶”是“淳祐”之誤,莫子文其人應移入“淳祐年”。

　　[3] 按:崇禎《嘉興縣志》卷十一《官師》:“張汴,咸淳五年,以迪功郎知嘉興縣,主管勸農公事兼本府安撫司僉廳……後文天祥辟爲幕僚。永豐空坑之敗,同天祥子女闔門死焉。”《宋史》卷四五四《忠義傳》:“張汴,字朝宗,一字次山。蜀人……繼文天祥起兵,辟爲秘閣修撰,領廣東提舉、督府參謀。空坑兵敗,爲亂兵所殺。”“張抃”是“張汴”之誤。

元	達魯花赤、縣尹	丞	學職		主簿	尉
至元年	藏吉達魯花赤。王伯敬尹。	饒峪 趙汝弼	徐碩學正,陞本路教授。汪首教諭。胡安普藍山人,教諭。	徐碩宣公書院山長。	那海 謝天錫字純甫,吳興人。陳允	
大德年				趙曾宣公書院山長。王玭本縣人,宣公書院山長。黃正孫義塾師。		
至大年	董阿揭里迷失達魯花赤。阿敦達實同上。顧士良尹。				馬速忽	潘明之
延祐年			寅午辰教授。			趙良弼字君卿,東平人。
至治年	白失名,尹,見《輟耕錄》。	沈允信				
天曆年					愛納沙見張雨《跋》。	
至順年			沈謙字伯讓,教諭。			
元統年			厲一鶚教授,東陽人。			
後至元年	相家世禮達魯花赤。楊森德尹。	愛納沙簿陞。	王昌言名綸,以字行。本縣人,學正。			
至正年	陳伯顏尹,字大有,睢州人。王恕尹,瀏陽人。壬午鄉貢。石光著尹,字仲明,海陵人。咬住達魯花赤。張綱尹。尹性尹。雅山達魯花赤,一作鴉山。張也先不花尹。香山奴達魯花赤。段友人尹。	善慶 朱文郁 徐天錫字士良。蔣元昌 善慶再任。	蕭逌四川人。朱玉存 唐肅字處敬,山陰人。俱學正。潘庭堅字叔聞,太平人。卓成大本縣人任。俱教諭。	張維仁 陸光祖俱直學。周茱四明人。常貞本縣人。周致堯本縣人。案:周茱,字致堯,四明人,徙崇德。見高巽志《廣福寺遊記》,湯《志》分為二人,誤。黃玠字伯成,義塾師。	鹿元麟 常文回 李大英 王逢時 張巖 汪逢辰字虞卿,歙縣人。案黃虞稷《書目》作姓江,任崇德教授。劉景泰 韓元道	

明	知縣	縣丞	教諭	訓導	主簿	典史
洪武年	傅霖貴溪人。趙緯 張雲人材。王友 袁茂 宋文 劉楨 涂節進賢人，人材。譚義存 張允山東人。周璧 汪善 徐本字復初，江西人。喻曉政 梁克隱 夏綜澤州人。趙本 吳禮德化監生，金華縣調。孫敏 龍昇東安歲貢。趙世昌內黃貢生。王彬晉江人。趙良永州人。蔡楫字汝濟，沛縣人，舉孝廉。	魏誠河東人。馬驥磁州人。張進字公迪，金壇人。	沈弦字鼎臣，號曲江，錢塘人。鄭深道字元文，龍溪舉人。		張士銘 謝天錫吳江人。楊彥聰貴溪人，人材。李伯沖吉水人，乙丑進士。馬駿山陽歲貢。	張克溫見陳彥博《陸宣公祠堂記》。楊貞南靖歲貢。
建文年	蔡禪					蕭福閩縣儒士。
永樂年	張輝 薛繼祖 李鑑見《實錄》。袁溥 李縉 楊榮永川進士。李哲 郭三觀	廖永 胡雋 張璉字宗器，襄城舉人。夏英	林森字廷茂，連江舉人。	王彥文華亭人。李孟璿字南莊，海鹽明經。	張暉鄞縣舉人。趙文祿 王潮用 張觀桃源歲貢。	鄭瑛侯官人。趙緯字大經，以浙江按察副使讁。
洪熙年	陳亮					
宣德年	厲肅見《實錄》。趙良字良夫。楊森海門貢生。	林傑徐聞貢生。潘敏性 傅霖貴溪吏材。	龍驤望江歲貢。楊瓛吳縣舉人。陳和太湖歲貢。		黃香 劉珌桃源監生。何崇永州貢生。	
正統年	陳還遠石首舉人。龔譽海昌舉人。費烋 李鑑安化進士。張聰 張惠吉州進士。陳真材長泰貢生。王錦	陳子純海康吏員。蔡茂陝西監生。趙恭見《實錄》。湯雷瑞金進士[1]。張整	歐陽克常彬州舉人。周秩字公邑，安鄉人。	顧儼字廷望，吳縣人。		

明	知縣	縣丞	教諭	訓導	主簿	典史
景泰年	關忠 張晟	蘇茂泰安州歲貢。 劉溟曲江監生。		杜倫淮安歲貢。		
天順年	楊文貴 李勉東平州監生。 張雲字從龍。	沈讓江都監生。 林敏惠安貢生。 楊觀字景鑑,順昌貢生。	雍熙清水舉人。 鄭繼興化舉人。 杜思信景州人。	沈存字元讓,崑山舉人。	張敏趙州貢生。	
成化年	蒙遜龍南歲貢。 王崇之字守節,滑縣進士。 陳璧字瑞卿,太原衞籍,高郵州進士。 郭資字逢源,上杭進士。	吳秉用銅陵人。 彭澣莆田人。 李器萍鄉貢生。 謝盈海門歲貢。		朱啟 傅綬南京豹韜衞舉人。		
弘治年	張鏞字洪鳴,麻城舉人。 黃澤字文敷,泰和舉人。 何天衢字道亨,道州進士。 洪範字邦正,金溪進士。	張宏魏縣監生。 孫拱辰六安州歲貢。袁《志》作張拱辰。 陳宏述莆田吏員。 許福棲霞人。 李器袁州府人。 謝盛 黃鉞字用威,萬全都司貢生。 迲宇萍鄉人。 劉淇	蕭珣泰和舉人。 張叔厚永福舉人。 魯敏懷寧舉人。	殷溥宿松舉人。 秦珍桂林舉人。 甘應奎江寧貢生。 井顯建德歲貢。 薛誼 郭貞 朱子方字若矩,莆田舉人。 耿光丹徒貢生。	羅全寧化人。 顧瀾案劉《志》,列嘉靖四年,袁《志》在弘治十五年。縣志兩載,恐必有誤。	鄺寧濟陽吏員。 喬睿淩邑人。 吉廷相
正德年	于範字覺甫,郾城進士。 杜淡京山舉人。劉《志》作莆田,誤。 蔣達字文孚,寄江都籍進士。 王瑄江淮衞舉人。 韓坤字德原,蒲城進士。劉《志》作莆田。 林茂竹字仲脩,莆田進士。 蔡經字廷彝,侯官進士。	陳憲河南人。 張謹紳 劉清 吳聰字克敏,休寧歲貢。 周鷺 曹綸 秦潮桐城人。 孔繼宗字述之,舒城歲貢。 淩霄潁上歲貢。 楊壽成步人。	張材內江舉人。 張魁字萬選,新淦舉人。 錢文上元舉人。	莫文臨桂舉人。 劉資膠州貢生。 楊儀貴溪貢生。 吳大本莆田舉人。 鄭復字一陽,龍溪舉人。	唐洪朔州監生。 李銘故城監生。 陳策 黃銘 黃鉞字肅之,開平衞貢生。 段真貴州監生。	
嘉靖年	龍欽字則敬,茶陵州進士。 喬祺字景福,涿州進士。	陳世珍長樂人。 韓德清新城人。 朱世臣九溪衞貢生。	鄭矛莆田舉人。 王頤華亭貢生。 徐九皋景陵舉人。 胡來賓儀封貢生。	梁文重東莞貢生。 李樹番禺貢生。 李聰東鄉貢生。 鍾材肇慶貢生。	顧瀾通州監生。見前。 李進元城監生。 毛鳳上饒人。	梁珍 田得時 王崑 童憒貴溪吏員。

續　表

明	知　縣	縣　丞	教　諭	訓　導	主　簿	典　史
	黃訓字學古，歙縣進士。 黃獻可字堯俞，莆田進士。 盧梗字木伯，常熟進士。 李時行字少偕，番禺進士。 張嵐字雲少，歷城進士。 金縈字子儀，婺源舉人。劉《志》作榮。 張師載字以道，潛江進士。 張烈文字元煥，蒙化衞進士。 郭東字仁府，高平進士。 何源字仲深，廣昌進士。 李寅賓字子暘，婺源進士。 范崙字子大，丹徒進士。	張雲翔莒州人。 安邦直 胡子亞廬陵人。 張霑石樓人。 顏重禮字尚儀，號東隅，曲阜歲貢。 程儆永豐人。一作嶼。 黃文卓休寧監生。 楊綏進賢人。 靳崇儒獲嘉人。 宮卿冠縣人。 胡得化祁州人。 朱明善高安人。 黃美上高監生。 丁盛時興化監生。 楊邦徵 翟光 李逢春字仁卿，巢縣歲貢。 劉壇 劉鑑字廷光，蕭縣監生。 鄧祿 馮時元 于澐字夢泉，金壇監生。劉《志》作俞澐。 金輝廬江貢生。 李逢春 劉談吳縣人。 趙詰	周鑛青州宣慰司舉人。 葛覃常熟貢生。 鄭鑰閩縣舉人。 李士龍字應明，嘉定貢生。 許道金壇貢生。 周鶴年南海舉人。 曹存句容舉人。 劉魁更名毅，萬安舉人。 黎恕番禺舉人。 吳懋仙遊舉人。 計善浮梁歲貢。	傅華金溪貢生。 張鉞潮州貢生。 蕭甕嘉魚貢生。 鄭鑾江都貢生。 王遜賢固始貢生。 李祖壽寧貢生。 黃疇華亭歲貢。 吳漢武進歲貢。 陸之裘太倉歲貢。 梁任高要歲貢。 陳文禮安福歲貢。 陳延吳縣歲貢。 鄭全閩縣歲貢。	王家相天長監生。 李永立安定人。 林保民延平選貢。 蔣苞鳳 周全 殷炯 王復臨川吏員。 係綬一作系綬。	陳治 蔣世鏗劉《志》作世亨，袁《志》作世鑑。 張應璧 喬失名。
隆慶年	龔勉字子勤，無錫進士。 羅星字拱北，劍川州籍，太和進士。	柯一鵬 顧守愛 蔣自淑全州吏員。 陰惟翰	王泮常熟歲貢。 溫良鍾祥舉人。 劉宗周永新歲貢。	錢惟馨靖江歲貢。 陳獻可漳平歲貢。 陶逮	曲從繩 潘昂	束偲劉《志》作束思無。 許若金華亭吏員。 趙柏
萬曆年	張問達字德孚，內江進士。 顧雲程字務遠，常熟進士。 陳汝麟字仁夫，徐州進士。	吳銳夷陵州監生。 胡一鵠 胡士產 高尚德靈璧人。 顧希顏南通州人。	劉芳南豐歲貢。 劉汝大高安舉人。 陳棟昌化歲貢。 司馬暐會稽舉人。 周官寧鄉人。	姚浦柳州歲貢。 楊烈當塗恩貢。 王顯光崇寧選貢。 俞楠餘姚歲貢。 章喬宣平歲貢。	王法池州人； 熊一鶚湖廣人。 朱世臣澧川監生。 鄭文樞閩縣人。	陳月積 劉洗清河人。 林克亮福清人。 余偕豐城人。

續　表

明	知縣	縣丞	教諭	訓導	主簿	典史
	何汝岱字宗卿,普安衛籍,當塗進士。 蔡肇慶字以祥,詔安進士。 何矛字平甫,番禺進士。 朱道相字佐卿,萬安進士。 陳儒字子明,高安進士。 管橘字彥懷,南陵進士。 鄭振先字太初,武進進士。 顏欲章字伯闇,安福進士。 譚世講字學甫,汭陽州進士。 陸獻明字君謨,太倉州進士。 劉餘祐字申徵,濱州籍宛平進士。 蔣允儀字詔賓,宜興進士。	陳文炳 周遵誼恭城人。 朱塗 陳詔 王天民 鄒東魯兗州貢生。 光文和祁門監生。 裴延賓貴溪監生。 胡楚嵋 滿朝翰麻陽貢生。 嵇士仁金壇選貢。 金士丰上海監生。 楊禎華亭監生。 葛師虁蕪湖貢生。 熊銳金溪吏員。 程懋卿歙縣監生。 葉一樹祁門監生。 翁伯光永豐吏員。 吳廷植南昌監生。 王一奇靈山選貢。 汪夢尹弋陽歲貢。	張勳字成湖,常熟歲貢。 高座臨安歲貢。 周以敬本姓胡,字問仁,新建舉人。 王恩從臨淮歲貢。 管象韶安福選貢。 湯欽止蘇州選貢。 諸元道餘姚舉人。 徐有德繁昌歲貢。 周健西安恩貢。 張大受字鴻所,常熟舉人。 李一貫永壽舉人。 孫天祥海寧舉人。	孫一桂定海歲貢。 沈如松 林祥鳳龍川人。 王希貢涇陽人。 湯夢鯉永豐人。 王汝賢太倉歲貢。 王之屏安吉州歲貢。 郭養心沁水歲貢。 何希虁東流歲貢。 陳羽達長興恩貢。 吳宗魯南靖歲貢。 王文英永嘉歲貢。 祝子陞廬州歲貢。 王大綬瑞安歲貢。 陸定上虞歲貢。 章希舉蘭溪歲貢。 諸萬傑山陰歲貢。	趙令應天府人。 李思文高淳監生。 徐子成銅陵人。 周孔昭吳縣監生。 郭日疆晉江監生。 王而組安福歲貢。 田舜耕汾州貢生。 虞廷賓安淳人。 郭達材莆田人。 杜俊六安州人。 洪泓涇縣吏員。 莊光祖吳縣吏員。 羅鳳鳴宣城人。	陳相龍 董梅天長人。 蔡準壽州人。 胡文字歙縣人。 朱文寀弋陽人。 吳應時 李繼美 王和中 顏日超
天啟年	湯齊字齊賢,武進進士。創修《縣志》。 顧國寶字元善,通州進士。 康元穗安福進士。	滕九萇徐州吏員。 何憲章六安州吏員。 王俊英朝邑恩貢。 賴大受永安歲貢。 王朝綱晉江人。 俞二蕪湖人。	李洞瓚義烏舉人。	胡其禎建德歲貢。 張永年青田歲貢。	吳佐和莆田人。 程自和歙縣監生。 黃永清上思州歲貢。 梁煌宿遷人。	林士藩 尚耀宗宜陽吏員。 賴文瑞定南吏員。 游英才字樂吾,當陽吏員。
崇禎年	駱天閑字仲翰,南平進士。 王驥字翼超,丹徒進士。 張鳳翼字儀明,宿松進士。 羅炌字然明,歙縣進士。修《志》刊行。 杜渭陽沔陽進士。 林之蕃字涵齋,蜀縣進士。	陳體豫南直通州人。 熊文輝益陽人。 何天衢字雲軒,筠連貢。 陳道化蒼梧貢生。 房有之蒲城貢生。 陳嗣泰蘇州人。	費二宏字念之,湖州舉人。 徐公變字壽朋,江陰舉人。 趙景和杭州舉人。 龔用圓嘉定舉人。	徐鳴珊號海洋,嚴州歲貢。 孫筆元字叔原,武康歲貢。 羅之廷字升父,新城歲貢。 徐懋官嚴州貢生。 俞孟春寧波人。 史長春	江萬里南昌人。 陳士黌南昌人。 徐錫鼎字定千,常熟監生。 黃起麒莆田人。 董政濟寧人。 許延上元人。	沈國賢字明宇,長州人。 劉志夔字賓虞,崇仁人。 陳士禎字恒宇,大興吏員。 周允升江西吏員。 艾同芳江西吏員。 梁克勤蒼梧吏員。 林傅三水人。

【校注】

① 按:光緒《嘉興縣志》卷十七《官師表‧縣丞》:"(正統)湯雷瑞金歲貢,九年任。許《志》作'進士'。"嘉靖《瑞金縣志》卷四《人物‧歲貢》:"湯雷,浮鄉一里人,任浙江嘉興縣丞。"故當作"瑞金歲貢"。

國朝	知縣	縣丞	教諭	訓導	主簿	典史
順治二年	林楚福建生員。李熙鶉杭州生員。	史畢新仁和生員。	曹宏度錢塘歲貢。楊華玉武進選貢。	魏一介錢塘拔貢。		何化錢塘人。
三年	俎如蘭字含馥，武定進士。王允陟遼東貢生。師若瑋安肅進士。	施濟眾孝感監生。				
四年				潘汝奇武康拔貢。		黃振先金溪吏員。
六年				陶秉禮會稽舉人。		
八年	潘必鏡字湛明，延慶衛進士。					
九年		劉道子大興拔貢。			尚九重封邱貢生。案：四年裁缺，是年復設。	
十年	張厥修字樂天，任邱進士。					
十一年				毛之觀遂安歲貢。		
十二年						李翰墨清豐吏員。
十三年					曹宗周榆林衛人。	
十四年	高登雲黃岡副貢。	廖綦文奉新貢生。	梁國成仁和舉人。			
十五年						張解行唐吏員。
十六年		王典通州貢生。			孫紹祚池州人。	
十七年	金式玉正白旗進士。案袁《志》作玉式。	李楫富順生員。				
十八年	齊象錫字珍如，蒙陰歲貢。			盧懋蘊東陽歲貢。此缺於乙巳年裁去。		田繼元饒陽吏員。
康熙二年					陳明梓龍溪人。	
三年	林逵莆田舉人。					
四年	金鏞滁州官監。			王維新歙縣歲貢。		
五年		劉士俊				
七年					朱鼎江陵監生。	黃元禧東昌衛吏員。

國　朝	知　縣	縣　丞	教　諭	訓　導	主　簿	典　史
十年	梁沖霄龍安舉人。					
十一年		金朝選奉天官監。	蔡新佑德清舉人。			
十二年						王耀祖延安吏員。
十三年		劉方直保定貢監。				
十四年			金葭紹興舉人。		趙充美樂昌廩監。	
十五年					俞允悌彭城衛吏員。	
十六年			陳捷字穎侯，蕭山拔貢，同修《縣志》。			滕師顔固安吏員。
十八年	何銕字子昭，鞏昌府鐵番衛拔貢。重修《縣志》。					
十九年			王六鼇字子魚，分水舉人，同修《縣志》。			王之傑昌平州吏員。
二十一年		李侗興國州大冶附監。				
二十四年			沈九如字初山，錢塘歲貢，同修《縣志》			
二十五年					王國相順天例貢。	
二十七年	樊咸修字子章，三原進士。	馬御仟字起田，蓬萊縣貢監。				
二十九年	莫大勳宜興人。			郭之偉西安歲貢。		
三十年	許肇起山陽進士。					單世彰南城例監。吳《志》作國彰。
三十一年			吳若成德清舉人。		魏廷樞東河監生。	
三十二年		張呈祥江陵監生。			潘希賢大興監生。	
三十四年						袁德名宛平吏員。
三十六年	張璧平遠衛監生。					

續　表

國　朝	知　縣	縣　丞	教　諭	訓　導	主　簿	典　史
三十七年					劉瑞安陽監生。	劉昌運內黃吏員。
三十八年	陳大宏新城監生。					
三十九年						胡珍肥城吏員。
四十一年					樂逢泰宛平吏員。	
四十三年			趙嘉茂山陰歲貢。	沈紹法山陰歲貢。	潘希賢見前。	
四十七年	惠博蘭陽舉人。					
四十八年	張起隆鑲白旗監生。		潘舜江會稽舉人。	戴謨錢塘歲貢。		
四十九年						任廷樞考城吏員。
五十一年	唐時雍漢陽貢生。					
五十二年						趙爾爵鄂縣吏員。
五十四年	徐岱普定舉人。					
五十五年			商洵美嵊縣舉人。			
五十六年		王琰漳浦監生。				
五十七年	白豐				潘魯石埭吏員。	錢國棟鄒縣吏員。
五十八年	卞咸和江都進士。					
五十九年			王毅烏程舉人。			
六十年						莫國泰順天吏員。
雍正元年	王以和署。李夏盛			韓名溥		
三年	陳充禮					
四年	劉德寰				湯之梀	
五年	戈鳴岐景州人。				沈銓	
七年		郭承錫			章光大	
九年	連茹張珽	李士秀		李綏枋縉雲歲貢。		
十年	湯友信				林永菁潊縣典史。	

國　朝	知　縣	縣　丞	教　諭	訓　導	主　簿	典　史
十一年	方以恭					
十二年			孫龍 歸安舉人。			
十三年		蔣溥 潭世選				
乾隆元年	閻沛年					
六年	張鐸 趙預					
七年					金黿	
八年	查延掌 鮑珍[1] 字安之，奉天人。				李慧	
九年			馮士宏	諸葛秀		
十年	閻公銑 昌黎進士。	周定方	王立黿 鄞縣舉人。			
十二年	伍鉞 大興監生。					
十三年	楊承綜 廣濟拔貢。		沈莫尚 餘姚舉人。			
十六年	石山鹽 通判署。 張愉陽 曲阜舉人。				瞿敬賢	呂育萃
十七年	魯克恭 秀令兼署。					
十八年	張元文 寧陵副榜。 胡天界 通判署。					
二十年				董王錫 歸安廩生。		許文煥
二十一年		陳虞盛				
二十二年	陳行義署。			方墾淳 安廩貢。		
二十四年	孫文元 漢軍舉人，署。 吳振域 甘泉進士。	熊泗 馬廷楸	許曰聰 德清舉人。			章廷倫
二十五年		馮武臣				
二十六年	李化 永城副貢。	張亮熊		黃家許 太平歲貢。		
二十七年					李繼學	
二十八年		王啟建署。				劉元魁署。
二十九年	王士瀚 咸寧貢生。			王錫纓 仙居歲貢。		葉萬根

續　表

國朝	知縣	縣丞	教諭	訓導	主簿	典史
三十年			陳宣錢塘舉人。 朱奕曾錢塘舉人。			
三十二年		李國楷	張楷諸暨舉人。			
三十五年	徐尚文署。	歐煥棠樂昌人。			俞翰香平遠人。	
三十七年	王士瀚					牛士魁
三十八年	王燧如皋監生。					李大成
三十九年	梁森順德監生。			阮培元黃巖舉人。		張成塽
四十年		沈積純署。			龔先堯	
四十一年	劉佑銅山吏員署。	歐煥棠	潘瑛仁和舉人。			
四十二年			汪大寰錢塘貢生署。			
四十三年			繆景僑錢塘舉人。		蕭文鉅	
四十四年	金仁通州廩貢。					
四十六年	張敦本浮山附貢,署。 永慶覺羅舉人,署。					
四十七年	劉田諸城舉人,署。					
四十八年	嵩福鑲白旗筆帖式。					
四十九年						董文雋
五十年	程嘉纘績溪監生,署。 鄧日治英德拔貢。	李干霄				
五十一年					宋藩	
五十二年		范檀			郭璸江西人。	
五十三年		黃敬修	謝肇澍山陰舉人。 車向榮仁和舉人。		齊泰年 伍士鵬	孫元淵署。
五十四年					張維清 宋喆	
五十五年	陳昶宛平舉人。桐鄉知縣調署。 李見心臨川舉人,永康知縣署。	盧光璐			王文德	

國　朝	知　縣	縣　丞	教　諭	訓　導	主　簿	典　史
五十六年	王士鑑 楚雄拔貢,教習。			王鋑 鄞縣廩貢,肄業議敘署。	趙成	
五十七年				張邦偉 浦江歲貢。 王炳 金華舉人署。 姜岱 金華拔貢署。	謝用澄	
五十八年	伍士備 新興舉人。 鄭裕國 正白旗漢軍舉人,署。 徐雙桂 正藍旗漢軍舉人。	韓勝禄 李簡德 朝邑拔貢。		洪鼎煊 臨海拔貢,署。 龔大鋭 西安歲貢。		伍士鵬 見前。
五十九年					八十九 鑲黃旗漢軍舉人,考職。	
六十年	李峰 德慶州舉人,署。		曾鏞 泰順拔貢署。			桂兆熊署。
嘉慶元年	司能任 汾陽拔貢。		車向榮 回任。			葉承澍署。
二年					陳士驗署。	劉仁方署。 楊毓麟 懷寧監生。
三年	劉雲署,秀水知縣兼署。			吳鴻逵 仁和舉人,署。	陳思朝 高颺	
四年	楊時翔 雲南舉人署。 司能任 回任。	張鵬程 高敏英 曹鎬 新建監生。		李承烈 鄞縣廩貢。		
六年	鄧雲龍 山東拔貢。			金孝枚 仁和廩貢。 李承烈 回任。		
七年	趙黻 滿城舉人。					
十一年	彭志傑 湖北舉人。					孔廣文 長樂人。
十二年	陸玉書 六合舉人。			朱綱 鄞縣舉人。 柴崇高 錢塘舉人。		
十三年		路泰 直隸增生。			陳宗禮 大興人。	
十五年	趙黻 回任。					
十六年					姚綖安 泰和監生。	
十七年			孫啟震 武康廩貢。 汪日茨 錢塘舉人。		陳宗禮 回任。	

國　朝	知　縣	縣　丞	教　諭	訓　導	主　簿	典　史
十八年		黃鈞 湖南附貢。				
十九年	宣麟 吉林恩貢。					陳克安 宛平人。
二十年	趙黻 回任。					
二十一年	鄧必五 奉新監生。 趙黻 回任。					
二十二年						猶以槯 貴州附貢。
二十三年	朱點周 武進人。 趙黻 回任。				程光俊 安徽監生。	
二十四年						王如琮 廬陵監生。
二十五年		王霖 宛平監生。				
道光元年	王維堉 章邱監生。	陸鴻 廣西舉人。 程光俊 安徽監生。				
二年		陳若森 江蘇廩生。 張壽承 如皋附監。				程光俊 主簿兼署。 蔣銓 吳縣人。 馬蘊琚 東光監生。
三年		徐墀 靈璧附監。	葉道春 錢塘廩貢。 楊承烈 錢塘舉人。			
四年	張邦棟 武昌進士。 王維堉 回任。					
五年	畢紹棠 天津監生。 王維堉 回任。			金士魁 定海廩貢。		
六年				程夢麟 德清廩貢。		金勇 順天議敘。 王昌慈 大興監生。
七年					蔣銓 吳縣人。 孫應翔 上元監生。	
八年		蔣銓 吳縣人，署。 張壽承 復署。 徐墀 回任。				
九年	黃錫祚 閩縣進士。				段懷忠 大興人。 伍鳳儀 四川監生。 劉秩 長安人。	謝紹光 湖南監生。

國 朝	知 縣	縣 丞	教 諭	訓 導	主 簿	典 史
十年	王世棠宛平進士。 黃錫祚回任。	熊象伊四川監生。	薛維清會稽廩貢。			
十一年		巫佐瓊大興監生。 徐墀回任。	胡元杲錢塘舉人。			
十二年	宋璜溧陽廩貢。					
十三年	朱浩安徽議敘。					
十四年					李琪山東監生。	
十五年	江思濬四川拔貢。					
十七年	劉禮章秀令兼署。 李汝霖聊城進士。	劉榮勳安徽監生。 祝謨明江西附貢。		洪鼎元錢塘舉人。 錢炊上虞舉人。		
十八年	毓秀鑲黃旗人。	王協卜				
十九年	徐榮廣東駐防漢軍進士。	龔慶五長洲監生。 溫應棠大興監生。				馮光周湖北監生。 張衍祚景州監生。
二十年	楊裕深貴築進士。					魏應南沐陽貢生。 戴春年江蘇人。
二十一年		趙洙太平附貢。				
二十二年	李汝霖回任。	王朝佐黟縣監生署。				
二十三年	胡德璐秀水縣丞代。 仲來	劉季淳奉新監生。				
二十四年						張潤祚四川人。
二十五年	楊炳新城議敘。	賀崇榘歷城供事。				
二十六年	張銘鼎山東人,署。	謝榮光華陽監生。				孫惠洪江蘇人,署。
二十七年	德成漢軍人,署。					惲塏武進監生。
二十八年	葉堃閩縣監生。 朱緒曾上元進士。					吳慎輝安徽人,署。
二十九年				徐國楨		賀仲衢河南人,署。 戴琦常州人,署。

國朝	知縣	縣丞	教諭	訓導	主簿	典史
三十年	楊炳再署。		胡九定建德舉人。阮斯馨於潛舉人。以上二人任年無考。	陳日章慈溪人。沈有瀾定海人。以上三人任年無考。		王嘉瑞懷寧監生署。劉秉鈞大興監生。
咸豐二年	李枝青福寧舉人。		何鎮揚山陰舉人。		顧雲路江蘇人，署。	
三年	楊炳再署。	李家煒長沙監生，署，十年殉難。			朱旭照迪化吏員。	
四年	薛時雨全椒進士。					陳世彥山東人。
五年				孫失名,歸安廩貢。		
六年	顧錕蘇州監生。顧準常州監生。	朱旭照迪化吏員。		汪繩武錢塘附貢。	沈廉	
七年	余祚馨武陵舉人。					
九年	彭祖壽蘇州人署。	瞿綬章婁縣監生,十年殉難。				畢永濂鎮洋監生。
同治三年	王晉玉溧陽附生,署。	湯慶洹安陽監生,署。		陳烈新諸暨貢生,署。	張桂芳含山監生,署。	李世型大興監生,署。王澍歙縣監生,署。汪履吉懷寧軍功。
四年		莫巖江浦監生,署。王嘉章建昌軍功,署。	蔡欽堯諸暨附貢,署。			
五年	臧均之諸城廩貢。	李家瑞侯官監生,署。周建封桂東軍功。	范樾鄞縣舉人。	汪繩武錢塘附貢。	秦炳宿無錫監生。馬玉麟成都監生。	
七年				范樾兼理。洪炳煒淳安歲貢,署。鄭顯熛慈溪增生。		
八年					汪履吉兼理。馬玉麟回任。	
九年					徐宗翰江夏監生,署。	

國朝	知縣	縣丞	教諭	訓導	主簿	典史
十年	陳謨江西安仁進士,署。		鄭顯燦兼理。蔡鼎昌錢塘廩貢,署。查耀乘海寧舉人。		黃紹奎吳縣監生。	
十一年		祝壽頤元和監生,代。王錫昌江都監生,署。				
十二年	黃兆槐秀令兼理。史致馴陽湖監生,署。	沈桐震澤監生。				
十三年	羅子森南海舉人。			查耀乘兼理。蔡石棠歸安附生,署。王震元仁和附貢。		
光緒二年	張彝仁壽舉人。					
三年	臧均之再任。					

【校注】

[1] 按：本《志》卷四十二《名宦一》：“鮑鉁,字安之,奉天人。自康熙丁亥,至乾隆壬戌間,凡三任長興令。有廉名,遷鹽運分司。乾隆八年,以鐫級改令嘉興。儉約彌甚,官廚至燃糠代薪。與邑人接,恂恂有儒者風。顧性亢直,於上官無所唯阿。踰年,調任海寧。”而光緒《嘉興縣志》卷十七《官師表·知縣》：“（乾隆）鮑鉁字安之,奉天人,八年任。許《志》作珍。”故“鮑珍”是“鮑鉁”之誤。

秀水縣

明	知縣	縣丞	教諭	訓導	主簿	典史
宣德年	趙忠 喻義	張斂泰和進士,御史謫。	徐哲 周轅泰和明經。			
正統年	關忠無爲州人。黃憲萍鄉人。	陳先延平貢生。高謨	黃維絢福州貢生。李伯璵上海舉人。	韓啟嵊縣人,薦辟。	姚本深漢川人,薦辟。高謹 薛宗鑄南京貢生。	
景泰年	童暉	王失名。	楊浩無錫舉人。周失名。		夏璃太平人。申失名。	李失名。
天順年	莊澈江寧進士。	林失名。		林憲興化舉人。		
成化年	汪奎婺源進士。李暉閩縣進士。郭琪閩縣人。李賢安定舉人。	陶忠全椒監生。劉俊建德監生。邵敏郯城監生。	方繹興化舉人。	張宏道 侯顯	劉玉豐城人。	藍容即墨貢士。

續　表

明	知縣	縣丞	教諭	訓導	主簿	典史
弘治年	梁偉柘縣進士。韓旭長安舉人。譚溥銅梁進士。賈傑大興舉人。	馬驤宣州監生。王和元陵監生。方全都司衛監生。王灝解州監生。陳敏信陽州監生。劉景寧國貢生。程紳句容監生。孫源安邑監生。周維善合肥人。	王成憲崑山人。鄒璣雲夢舉人。	張時泰上海監生。楊渤莆田監生。伍常順德舉人。	戴珣無錫吏員。景昭遷安貢士。	王旦吉水吏員。李敬甫莆田舉人，教職左遷。
正德年	孫樂福山人。蘇恩華亭人。周懋文崑山進士。劉夢陽臨清人。陳世用淮安舉人。	李倫大寧監生。嚴倫高郵貢士。高賢定遠監生。劉璟宣城監生。潘廣舒城吏員。史臣鳳陽監生。丁龍彭澤監生。	楊鰲臨桂進士。鄒希賢華容舉人。陳淳呈貢舉人。李元素安寧舉人。	陳貴歸善監生。劉傑全州舉人。許溥江陰監生。許祖武海陽監生。陳紀進賢貢士。	开鵬汴人，監生。許瑛當塗人。趙文博峃嵐監生。	陳德閩縣人。鄭瑤莆田人。彭珊黃崗吏員。
嘉靖年	趙章合州人。陳价汝陽進士。周顯宗濮州進士。林應亮侯官進士。阮復初華陽舉人。徐亮江陰進士。洪遇歷城人。方祥浮梁進士。王應顯漳浦人。陳松青州人。張學古南宮進士。張翰翔溧陽進士。潘民謨蒲圻進士。程實甌寧進士。	王槐延津監生。張鉞魚臺監生。蔡玉成吉水貢生。倪清大興序班外補。曾文奎京山人，序班外補。吳大賁南昌監生。蕭儒吳縣貢士。劉淳大同人。丁隆蒲圻吏員。孫椿臨安衛貢士。劉詡如皋監生。應鑄山陽貢士。梁機濰縣貢士。張濟世平陽監生。許遷監生。謝逵監生。盧文德南昌監生。柯楫池州監生。劉基漳浦監生。馬仲興漳浦監生。馮詔潼州監生。朱龍山陽吏員。張基賁圻貢生。宗伊江都貢士。蕭儀六合貢士。饒承敬蒲圻舉人。沈宗范石埭監生。鄧以昌永興監生。	翁泳莆田舉人。蔡廷春福建舉人。呂翊江西貢士。嚴仁分宜貢士。何星南陵貢士。邱雲霄崇安貢士。沈臺蕪湖貢士。王諷祁門解元。張來鳳南京府京衛舉人。李廷輔趙州貢士。	丁鳳泰州貢生。廖倫尤溪貢士。劉璧萬安舉人。鄧驥新會貢生。吳昇福建貢士。吳尚仁河南人。金鐘應天貢士。廖魁茶陵州貢士。錢鏜松江貢士。段錦洛陽貢士。姜性南昌貢士。吳渭高安貢士。容文科陽江貢士。丁汶彭澤貢士。王駱句容貢士。俞山華亭貢士。錢良臣江都貢士。	馮經米脂監生。張文歙縣人。張秉彝汲縣監生。李和吉水吏員。張奇監生。李瓊監生。王用中泉州監生。徐浙監生。許泰吉安監生。李時脩漢中府監生。呂相合肥監生。陳益清淳貢士。高紀貴池監生。程仲軾婺源監生。楊準鎮奉貢士。朱榮高郵監生。周季吉安監生。	李玉雲南人。周木汀州人。陳文蒲圻人。許昌高淳人。張守信歙縣人。朱王用吳縣人。歐學平陽人。鍾和南雄人。錢泰歸化人。屠可教華亭人。韓鎣鳳陽人。田相泉州人。夏楠廬江人。彭英鳳陽人。周誠餘干人。

明	知　縣	縣　丞	教　諭	訓　導	主　簿	典　史
隆慶年	唐裔 無錫進士。張道 湖口人。由禮門 杞縣進士。	陳廷策 歸化監生。	吳炫 邵武貢士。謝成賢 宣化舉人。謝孟之 巴陵貢士。	張綸 汶上貢士。曾介 句容貢士。楊晏 盧溪貢士。	周弘狄 福清貢士。丁楫 上海監生。	王大玉 豐城人。鄔英 麻城人。
萬曆年	朱來遠 廬江人。陳九德 漳浦人,劉《志》作鎮海人。郭如川 順人。李培 利津進士,始纂《縣志》。鄧渼 新城進士。陳于廷 宜興進士,《明史》有傳。史樹德 金壇進士。吳其貴 進士。林聞詔 長樂進士。湯齊 武進進士。	馬懋 樂安貢士。周讜 江都貢士。何嶺 東莞舉人。張愛 泰州貢士。封嘉誥 重慶貢士。孔輔泰 和監生。張訽 蒲圻貢士。劉《志》作炯。黃如桂 龍里衛貢士。熊濂 南昌人,知印。鄧承孟 利津貢士。張可大 太和監生。殷嘉謨 宿松貢士。戴宗伊 黃光相 周一貫 惲華卿 李儉 程夢麟 彭澤人。	張嘉熙 桂林舉人。閔德慶 烏程貢生。葉于僉 閩縣舉人。高宏越 龍泉貢士。伍表世 全州舉人。周允 山陰舉人。汪文璧 休寧舉人。譚奇 黃琚 孫淼 汪文明 周允 山陰舉人。	舒勛 鄮縣貢士。柳東作 武陵貢士。徐萬松 李爲 姚璧 石首貢士。秦懋台 臨海貢士。陸一德 太倉貢士。陳嘉謨 緝雲貢士。張嘉祥 均州貢士。許桂 翁源貢士。徐一鳳 李曉 楊維綱	楊尚文 宿州貢士。袁廷瑞 武昌監生。易象 衞陽貢士。孫應溪 郭興人。方文質 婺源監生。任一清 鳳陽吏員。熊孚吉 沂水儒員。楊乾 寧國監生。柯之蔭 貴池監生。許梗 福清吏員。	王金含 山人。唐時化 揚州人。江夢熊 歙縣人。王悌 霍邱人。李文邦 高淳人。戴君寵 臨州人。姚一揚 江都人,劉《志》作一陽。仇善 蕪湖吏員。陳失名,陽羨人。
天啟年	范文若 上海進士。莊尹長 晉江進士[1]。	戴朝薦	青失名,山東人。沈失名。李葵 舉人。	陸希宣 融縣人。		
崇禎年	張叔鎧 新淦進士。田見龍 隨州進士。王養正 泗州進士。張治統 通判署。傅汝爲 江陵進士。羅心樸 營山進士。張士楚 績溪進士。李向中 鍾祥進士。方學聖 貴池進士。	周大志 滿應泰 荔波貢生。陳勷泰 天長監生。	蔣失名 貴州舉人。林有揚 閩縣歲貢。沈勳 北直舉人。姚啟明 董用圓 一作童,嘉定人,乙酉赴水死。	吳君鳳 鄭至和 邵志登 象山歲貢。嚴爾行 安吉州貢生。何君鳳 舊《志》均載,與吳君鳳同名,疑有訛。郝垣		

國朝	知縣	縣丞	教諭	訓導	主簿	典史
順治二年		鄧起鯤貴池監生。	馮來章仁和貢生。			
四年	周之桂咸寧進士。					杜應舉茂名人。
五年				汪四宗烏程歲貢。		仇憲仲新安人。
七年	黃繼儒遼東人。					
八年			曹洪度仁和人。何爾紀分水貢生。			
九年	劉尚智廣寧貢生。		謝重暉上虞舉人。		楊槙案:四年裁缺,是年復設。	
十年	孫節大興拔貢。			王鹿鳴孝豐歲貢。	羅萬象豐城吏員。	
十一年		丁仁定新建貢生。				周維屏富平吏員。
十二年	賈曾無錫進士。					
十四年		王梅和任邱人。			解春魁寶坻吏員。	
十五年			方繼卿淳安歲貢。			
十七年	王廷機岐山進士。			姜應珪天台歲貢。		井自瑞華州吏員。
十八年		俞文宰臨湘恩貢,《縣志》作之宰。	傅希哲浦江貢士。			
康熙二年		張振通許貢生。			張光恩閩縣儒士。	
四年						温國輔華州吏員。
五年		范國棟大谷貢生。				
六年		錢緝直隸監生。鄭廷俊奉天恩陰。	周甸新城舉人。			
七年	李見龍蒙陰進士。					薛明禮吳縣吏員。
九年			管文華海寧拔貢。			
十一年					陳正和大興監生。	
十四年	于珽奉天蔭生。	夏祝聖定遠生員。				

國朝	知縣	縣丞	教諭	訓導	主簿	典史
十六年			范正輅鄞縣舉人。			
十七年				袁日華天台歲貢。案：三年裁缺，是年復設。		
二十年		王在豐順天人。			傅斌順天監生。	
二十一年						喻鳳業順天人。
二十二年	任之鼎石樓貢生，重修《縣志》。					
二十五年				汪洪裔仁和歲貢。		
二十六年			王克遵仁和恩貢。		杜連捷順天監生。	
二十七年			周盛雅山陰舉人。			
二十八年		張光祖滿洲監生。				
三十二年		王羐順天貢生。				
三十四年				程隆基錢塘歲貢。		
三十五年	陳綷猗氏進士。					
三十七年	蔡祖煥休縣舉人[2]。				霍成珍順天監生。	
三十九年	于勛吳江監生。					
四十五年		林沛澄州貢生。	管宏淳海寧舉人。			
四十六年	陳邦華江都吏員。		支瑤旬仁和舉人。			
四十八年		陳繼祖滿洲監生。			姚孔鑒安慶貢生。	
四十九年	吳階芝儀真舉人。					
五十一年				查朂錢塘歲貢。		
五十五年	王大業澧縣舉人。					
五十六年	丁兆啟海康舉人。			龔汝賓山陰歲貢。		
五十八年	張鳴宰順德舉人。					
五十九年	安定枚滿洲監生。		張珠仁和舉人。		孫麟順天監生。	

續　表

國朝	知縣	縣丞	教諭	訓導	主簿	典史
六十年	閔汶鄱陽舉人。					王秉信
雍正二年	程世恂順昌舉人。					
三年				葉煒天台歲貢。		
五年						沈希忠
六年	魏大德		何玉機杭州舉人。			
八年	王定鼎	李模				
九年	董懿禄勸恩貢。	張士正 潘魯署。	陳宏訓山陰進士。	郎業泓		
十年		張士正回任。				
十一年				戴王祥浦江廩貢。		
乾隆元年					吴方將	
二年			劉掞山陰舉人。			梅雲景
四年		丁如松署。 張元善				
七年	華麟趾宿州監生，金華府通判署。					
八年	張開第					
九年						戴紹奎
十年	羅守仁 朱輝璘平陰生員。				張裕爌	
十二年	陳柱大興監生。 伍鉽大興監生。					
十三年	魯克恭豐潤舉人。	王光啟				
十四年		郭蓮辰署。	張超英平陽舉人。			
十五年		王光啟回任。				
十七年	朱濬 符大紀涇陽進士。					錢毓崧
十八年	崔錫海鹽縣丞署。					乜應武
十九年	李肯文番禺進士。 何元鼎候補運判署。 方觀木桐城附監。	盧炯漢軍考職議敘。	張縉分水舉人。	方卓然淳安拔貢。		

國　朝	知　縣	縣　丞	教　諭	訓　導	主　簿	典　史
二十年			吳鏞錢塘舉人。		佟繁漢軍監生。	趙良臣
二十一年	舒瞻滿洲進士。李化楠羅江進士。				盧炯署。	郭瑞麟安平吏員。
二十二年	楊國華固安舉人署。					
二十四年			王淳山陰舉人。			
二十五年	雷士銓			陸勸菜烏程廩貢。		
二十六年	孫爾周					盧炯楊肇鍾
二十七年	韓本晉太原進士。		陶世鳳會稽舉人。		蕭思鳳泰和附貢。	歐陽琦
二十八年			陳全治烏程舉人。			高洪江寧貢生。
二十九年		梁森順德監生。				
三十年	馮坽				張炳照膠州監生。	
三十一年						張梗
三十二年	徐朝亮		酈組綬山陰舉人。			
三十三年	劉佑銅山人。					
三十四年	鮑鳳鳴平湖縣丞署。張圖南婺源舉人。				羅奇俊	鮑文烈貴池供事。
三十五年		牛士魁署。				
三十六年		張炳照		潘敏舉人。		
三十七年		白久潤謝鉉			余翰香	
三十八年		程兆璠		葉庠榴杭州府人。		葉長發
三十九年	潘安智江西新城貢生,署。張圖南回任。	田邦寧		何愷仁和舉人。		
四十年					胡映棠署。	
四十一年	汪廷樞武進貢生。	張大綸署。			鄧悅仁	
四十二年	潘安智復任。	劉能權			張大綸署。趙世藻署。	

國　朝	知　縣	縣　丞	教　諭	訓　導	主　簿	典　史
四十三年			潘廷壽 山陰廩貢。			
四十四年	安汛 江夏監生。				孫天錦 署。	王彥林
四十五年						顧學元
四十六年		葉萬根 署。 曾自槐 署。			吳治安	
四十七年	汪甫旌 德附貢。 謝昕 華陽舉人。	劉奇 署。	王日桂 仁和舉人。			
四十八年	王希曾 天津舉人。 紀有堂 膠州舉人。					
四十九年		楊兆鼎				
五十年		郭璜			郭琳 署。	
五十一年					田灝 署。	
五十二年	朱鍾麒 永寧州進士。				齊泰年 署。 王銓	田灝
五十三年		張學紹			王瑛 署。	
五十五年	戰效曾 寧津舉人。					
五十六年		鄒日瑞				毛林鴻
五十七年	王士鑑 楚雄拔貢,署。 戰效曾 回任。	成履觀 朱大年			牛士魁 署。 何元淳 署。	黃學溫
五十八年		劉其凝			張椿 戚文魁 署。	
五十九年		鄭喬年 查秀 署。 王濤 署。			陳士驗 署。	
六十年	李見心 臨川舉人,台州同知署。 姚鳴庭 鉅野附生,議敘通判署。	吳元涵 署。				陳士驗
嘉慶元年	鞏懿修 定襄進士。	鄭喬年 回任。		胡舉 餘姚舉人。		
二年	何際昌 南鄭舉人。				鄭喬年 署。	劉暉 署。 謝燦 署。
三年	劉雲 長沙吏員,慈溪縣丞署。	李其焜 署。			高文炳 署。	
四年	游朝佐 樂安舉人。		李鋰 武康歲貢署。 丁元采 歸安舉人。		侯定光 廬陵監生。	王思敬 署。

國　朝	知　縣	縣　丞	教　諭	訓　導	主　簿	典　史
五年	林鳴岡 侯官舉人，署。	鄭喬年 回任。	閔思瑞 烏程舉人。 董宗海 歸安廩貢。			張世泰 天津吏員署。 鄭鈺 署。
六年	嚴昕 江蘇舉人。 張友伯 宛平舉人。		何美濬 鄞縣舉人。			
七年	嚴昕 回任。					
八年	趙黻 嘉興兼理。 鄒沺寧 四川舉人。	鄧必玉 江西監生。				
九年	張友柏 回任。		王應鍾 烏程廩貢。 龔繩正 仁和廩貢。	朱瑞金 署。 秋學禮 山陰舉人。		
十一年					尚之溥 江蘇監生。	
十三年	吳觀樂 閩縣舉人。					
十四年	張友柏 回任。 李品鎬 江西舉人。					
十六年	曹塈 新建人。				李長清 溧陽人。	楊達 貴州監生。
十七年					楊兆環 江西附生。	謝永福 甘泉議敘。
十八年	陳銘 四川進士。 黃兆台 江夏舉人。					
十九年	陳銘 回任。					
二十年						葛湘舟 宛平議敘。 謝永福 回任。
二十一年				魏正名 錢塘舉人。		
二十二年				周錦 烏程廩貢。 章煒 紹興舉人。	李景瀚 大興人。	劉宗雲 江西監生。 謝永福 回任。
二十三年	陳從嘉 大興監生。 李品鎬 回任。				孫應昭 安徽監生。	曾庭 江西貢生。 萬杰 湖南監生。 曹佩蘭 安徽監生。
二十四年	鄭鴻文 廣東舉人。 李品鎬 回任。					

續　表

國　朝	知　縣	縣　丞	教　諭	訓　導	主　簿	典　史
二十五年						劉宗雲署。曹佩蘭回任。
道光元年	劉炳然安徽舉人。				段懷忠大興人。	張文海安徽監生。謝楨江西監生。楊兆清江西監生。
二年					熊象伊四川監生。	
三年	徐起渭貴州拔貢。			潘國徵永康舉人。		
四年		張文海安徽監生。			張謙洛大興監生。	
五年	呂延慶山東進士。	焦廷魁安徽監生。				
六年					李錫恩山東監生。	庾樓安徽監生。楊兆清回任。
七年						巫佐瓊大興監生。楊兆清回任。唐允謨安徽監生。王希孟安徽監生。楊兆清回任。
八年	蔣祥堡湖北廩貢。呂延慶回任。	巫佐瓊大興人。				巫佐瓊署。王靜波安徽監生。
九年	姚肇仁旌德進士。			陳遇春永嘉廩貢。孫光照烏程廩貢。	汪裕光安徽監生。	楊兆清回任。
十年	陸模鎮洋舉人。	石景濬大興人。孫應昭大興人。				劉春臺直隸監生。楊兆清回任。
十一年	陳徵芝閩縣進士[3]。	陳華直隸訓導。		陳掄英山陰舉人。		
十二年	沈皋宛平監生。陳徵芝回任。					巫佐瓊署。胡兆麟上元人。
十三年					陳嗣衡四川監生。	陳錫元大興議敘。
十四年	劉秩陝西議敘。劉禮章廬江進士。					

國　朝	知　縣	縣　丞	教　諭	訓　導	主　簿	典　史
十五年		方銘正大興人。				
十六年					胡德璐婺源貢生。	
十七年	李汝霖聊城進士。熊兆麟江西舉人。					
十八年	毓秀鑲黃旗人。劉紹錡萬安舉人。					林俊順天監生。邱家炘宛平監生。
十九年	王丕顯五臺貢生。	胡德璐婺源貢生。			陳殿邦侯官監生。	陳佩玉石埭附貢。
二十年					萬方清南昌監生。	
二十一年	殷焯逡貴州附生。		童光淳紹興舉人。			
二十二年	余士琛鳳臺進士。					
二十三年	劉灼山東舉人。章德布滿洲進士。					
二十四年	翟維本 傅延濤廣東舉人。					徐對江蘇人代。
二十五年		李文彪代。胡德璐回任。				徐桂銑吳縣人。
二十六年	張銘志湖北廩貢。賈椿麟					
二十七年	王承楷江蘇舉人。			林廷翰鄞縣廩貢。		
二十八年	戴嵩年昆明監生。			陳康吉義烏增貢。湯煦金華拔貢。		顧雲璐代。席學海三河人署。
二十九年	朱緒曾嘉令兼理。江忠源新寧舉人。			高文禄湖州拔貢。章丙湖州廩貢。		
三十年	丁溥江蘇監生。			周林一紹興廩貢。以上六人任年無考。		曾傳保江夏人,署。
咸豐元年	龔振麟福建監生。				方準大興吏員。	

國　朝	知　縣	縣　丞	教　諭	訓　導	主　簿	典　史
二年	楊炳新城議敘。				郭昌頤署。	張積善甘肅人。
三年		方儁南昌人署。		孫仁淵杭州廩貢,署。		鄭國均江蘇人,代。
四年	劉書田河南舉人。	傅汝梅高安人。	張應奎紹興廩貢。	潘華海寧廩貢。十年殉難。		張映川江西人。
五年	馬桂林江蘇監生。				卜詢長洲監生。	
六年	卜詢主簿代理。楊炳再署。					
七年	張致高太和舉人。		吳鑑瀛山陰舉人,署。		秦宗武江寧附生。	
八年	顧煒連平州附生。		宋斤義烏舉人,署。			
九年			孫道復紹興廩貢,署。		王家起天津監生。	
十年						熊士龍清河人,署,殉難。
同治三年	王嘉瑞懷寧監生,署。	汪兆圻崑山監生,署。	俞時學慈溪廩貢,署。蔡欽堯代。汪繩武錢塘附貢,署。	許家清天台廩生,署。	周清獻上元監生,署。	徐漣金谿監生,代。武瑞良鄉監生。周焜金匱監生,署。
四年					韋餘慶高郵監生,署。	
五年	翁以巽上元監生。	錢家謨元和監生。	許家清兼理。蔡欽堯諸暨附生,署。	蔡盛儔龍泉廩貢。湯炳奎仁和舉人,任。		張世泰無錫監生,署。
六年	廖安之桂臨監生,代。張致高太和舉人,署。		方炯林桐廬歲貢,署。		劉念祖崇陽附生。龐恭壽吳縣監生,代。蔡忠溥監利監生,署。	孔文光涿州監生。
七年	郭恩觀濰縣舉人。		譚廷獻仁和舉人,署。		汪承貴鎮洋監生。	
八年				惠芬元和監生。		錢錫庚吳縣監生,代。儲鴻勳荊溪監生,署。
九年	袁續慶陽湖附貢,代。丁紹德丹徒廩貢,署。		蔡釗臨海附生,署。			沈步雲石埭監生,署。

國　朝	知　縣	縣　丞	教　諭	訓　導	主　簿	典　史
十年	黄兆槐新城進士。		方彩星鎮海廩貢,署。			朱立勳江寧監生。
十一年			戴景麟遂安廩貢,署。			
十二年	潘駿武進附貢,代。黄兆槐回任。					汪鑄武進監生,代。
十三年			洪誥建德歲貢,署。魏焜棟錢塘舉人。	莊振英府訓導兼理。孫信垚奉化廩貢,署。魏焜棟兼理。湯鼎熺蕭山舉人,署。張書訓歸安增貢。		曾繼賢江夏監生,署。高炳塑貴池監生,代。徐桂生長洲監生。
光緒元年	徐傅冕豐城進士,署。沈寶恒元和貢生,署。					
三年	黄兆槐回任。				徐桂生典史代。	

【校注】

　　[1] 按：康熙《秀水縣志》卷四《官師·知縣》:"（天啟）莊尹辰晉江人,進士,乙丑任。"道光《晉江縣志》卷三十《選舉·進士》:"天啟五年乙丑余煌榜　莊尹辰,德化籍,知府。歷官廣東副使。"故"莊尹長"當是"莊尹辰"之誤。

　　[2] 按：本《志》卷四十二《名宦一》:"蔡祖煐,湖廣人。康熙舉人,知秀水縣,廉介有幹才……卒於官,貧不能還,邑人輪賻,歸其喪。"我國地理版圖上無"休縣"。查《中國歷史地名大辭典》,前一字帶"休"的縣有"休寧縣""休吉縣""休陽縣""休納縣""休屠縣"。明代以後,除"休寧縣"尚存外,其餘四個縣至元末前均已廢。而休寧縣雖至今尚存,但清代並不在湖廣範圍內。且查道光《休寧縣志》卷九《選舉·舉人》,無"蔡祖煐"其人。故此人是何地人,不詳。

　　[3] 按：光緒《平湖縣志》卷十《職官·知縣》:"（嘉慶）陳徵之福建閩縣人,進士。十七年任。"民國《閩侯縣志》卷四十二《選舉·清進士》:"（嘉慶七年）陳徵之,嘉興府秀水知縣。"故"陳徵芝"當是"陳徵之"之誤。

嘉興府志卷三十八

官師表三

嘉善縣

明	知縣	縣丞	教諭	訓導	主簿	典史
宣德年	鄭時沂江歲貢。	陳源潛江人。 蘇長友晉江人。 詹茂亮玉山人。 宋斌光山人。 趙恭昌黎人，掾考。	王益太平舉人。 楊寧江都舉人。	林勤莆田舉人。 萬智餘干舉人。	劉崇	楊謙廣平人。 劉朝節江西人。 聶如斌豐城人。
正統年	李遜南豐進士。	楊材桐城歲貢。 胡春涇縣歲貢。 彭正奇麻城人，掾考。 何順宣城人，掾考。	邊寧臨川舉人。	陳勛宜興舉人。	鍾昇 吳信晉江人，掾考。 趙陞蓬萊歲貢。	朱克昭
景泰年	林宏龍溪監生。	趙瑾沙河人。 石瑛甘泉人。	徐牧崑山人。 曾勛	沈律崑山舉人。 曾瓊泰和舉人。	洪深茂名人，掾考。	張昂南昌人。
天順年	盧雲字從龍，潁州歲貢。	傅鎰南昌人，掾考。 梁覿東平舉人，御史左遷。	王紱句容舉人。 曾師孔惠安舉人。	吳自周南昌舉人。 彭高泰和貢生。	秦思宗泗水人，掾考。	李彪濟寧人。 郝滋商河人。 秦端河內人。
成化年	畢紳高平舉人。 汪貴字良貴，歙縣進士。	王瑀闇中歲貢。 周郁安福歲貢。 郝璡安平歲貢。 李政歲貢。 苟伯剛簡縣歲貢。 孫璉安東歲貢。 張緯歲貢。 英孜郟城歲貢。 吳秉用銅陵歲貢。 何永馥道州人，掾考。 趙祥遷安歲貢。	謝俊高安舉人。 蕭時泰和舉人。	楊益永新貢生。 陸鑾興化舉人。 薛宗鑄南平歲貢。 李鏽豐城舉人。	雷失名，澄邁歲貢。 成性泰安人，掾考。 陰鍾肥城歲貢。 李弘璉[1]龍溪人。 張維禹城歲貢。	劉浩濟寧人。 楊瑩合肥人。 葉琪江西人。
弘治年	吳傑滁州舉人。 劉子屬字克溫，安福進士。 藍郁字國馨，鹽城進士。	黃泰龍溪歲貢。 楊存經巴縣歲貢。 主明樂安歲貢。 耿亮昌樂歲貢。 魏偉廣昌歲貢。 宋琪乾州歲貢。	吳濟蘄水舉人。 詹祥靈川舉人。 王雄樂平貢生。 梅寧歸德衛舉人。	張鎧軍衛監生。 陶勝閩縣貢生。 王緒樂平舉人。 劉汝瞻宣平貢生。	張昱遂平歲貢。 甄希韓麟遊人，蔭敘。 吳木常熟人，廕敘。	劉銘孟縣人。 林長潤莆田人。 陳華甫莆田人。

明	知縣	縣丞	教諭	訓導	主簿	典史
		徐循修武歲貢。潘瑜隆慶衞藉，龍溪監生。朱陳高郵監生。葉秀睢州人，據考。朱厚洛陽歲貢。李源臨漳歲貢。				
正德年	區越字文廣，新會進士。胡潔字汝清，曲靖進士。王德明字宗周，清苑進士。張焕字奎光，振武衞籍，莨州舉人。郭田字汝耕，長安進士。	李隆石州監生。朱袞永州進士。張允夏邑監生。鄒馭麻城歲貢。董威贛榆歲貢。王錫興縣歲貢。倪璣字公在，咸寧進士，由諫垣謫。楊瑞南城監生。莫逸貴縣歲貢。王紀字理卿，泰州人，由吉事中[3]左遷。	徐濟華容舉人。劉伯善莆田舉人。王化襄陽貢生。	牛良潞安舉人。余洛莆田舉人。沈霆華亭貢生。郝達英山貢生。呂屏太倉貢生。	李錫字天佑，登封監生，以討賊死。閻輔撫寧歲貢。王濬濟寧歲貢。	張咸華亭人。朱珣茌平人[2]。楊文襄陽人。
嘉靖年	李調元字化卿，息縣進士。戴梧字鳳卿，襄陽進士。徐榮字仁卿，晉江進士。何天啟字義占，貴溪進士。谷汝喬字伯遷，衡陽舉人。朱熙載字懋勳，平山衞進士。于業字建公，金壇進士。陳道基字以忠，同安進士。鄧植字立齋，金壇舉人。王察言字師舜，馬邑進士。左鈞[6]唐縣進士。黃樞字翊卿，南昌進士。周寀字濟甫，安福進士。許磁字國器，石屏進士。	蔡元吉金谿監生。劉公泰鄂縣歲貢。蔣偉丹陽監生。單朝陽神木監生。唐有春麻城人，據考。梁國器桂平歲貢。章彥臨川人，據考。李時正新安歲貢。何榹[4]貴池歲貢。董邦寧南唐州[5]選貢。湯池灌縣選貢。張儀鳳大同監生。孫善繼惠安監生。戴萬春深州監生。李祖光吳縣監生。	陳釗侯官舉人。盧金潤東莞舉人。楊祢武陵舉人。葉縷萬年貢生。蔡焕同安舉人。郭麟德化貢生。曾綽番禺貢生。張襘弋陽貢生。蔡懋昭上海舉人。吳鳳昂宜春貢生。吳佐長洲舉人。	凌雲歸善貢生。陳大夏郴州貢生。王珍廣德州監生。閔與宜興貢生。陳大韶嵩明貢生。張廷荊門貢生。胡岳南城貢生。吳槐丹徒貢生。林文坡侯官貢生。朱廷弼江都貢生。吳一揚華亭貢生。王朝華亭貢生。藍鈺萬載貢生。盧守約滁州貢生。葉麟壽寧貢生。謝顧江寧貢生。張傑江都貢生。盛于唐華亭貢生。傅汝肖進賢貢生。	徐環鄖城歲貢。丁同丹徒監生。王珍廣德州監生。周懋憲莆田監生。董鎧北除州歲貢。李紀沁州歲貢。王臣忠青州歲貢。胡鵬當塗人。魏世鰲宣城監生。楊恩三原人，知印。金鐸崇安人。謝亨廬陵人，據考。劉夔綿竹監生。	余暉鉛山人。喬世隆襄陽人。陳達莆田人。李廷秀貴溪人。仇文學江都人。辜明莆田人。曹三山雲夢人。汪陸當塗人。王文晃饒州人。

續　表

明	知縣	縣丞	教諭	訓導	主簿	典史
隆慶年	史朝鉉字貫之，晉江進士。	李廷臣新泰歲貢。 倪以和樂平貢生。	陳文彬陸川舉人。 淩廷錫遂安貢生。	黃利見漳浦貢生。 高善貴池貢生。	孫光啟當塗監生。 于士鯉恩縣監生。	李佢豐城人。 唐瑋侯官人。
萬曆年	李仕華字邦憲，宜賓進士[7]。 金和字元節，長洲進士。 王三陽字乾甫，晉江進士。 蔡彭字敦賢，晉江進士。 章士雅字循之，吳縣進士。 余心純字純明[8]，黃岡進士。 謝應祥字鳳皐，安福進士。 詹爾達字起鵬，樂安進士。 徐儀世字詔陛，宜興人。 吳道昌字旭如，江陵進士。	李藹蘄縣監生。 寧永和建寧選貢。 李樹敏江都監生。 羅塤巴陵選貢。 黃黿荊門歲貢。 劉順甫安福監生。 王承惠泰安選貢。 李思莊永定選貢。 黃應鐘高安選貢。 朱與立信豐選貢。 胡恂	梅調鼎宣城貢生。 黎來王順德舉人。 徐廷接慈谿恩貢。 張勳常熟貢生。 葉茂元西安貢生。 薛藩順德舉人，己丑進士。 祝彥會稽舉人。 李白春平陽選貢。 王芮 薛三台定海舉人，登己未進士。 任大治鄞縣舉人，登己未會魁。	胡士安南昌貢生。 金鯤太醫院籍貢生。 王鉞吳縣貢生。 趙世顯侯官舉人。 吳士遇宜興恩貢。 李必恭龍泉選貢。 沈櫟仁和貢生。 何九功新昌貢生。 房棟興化貢生。 郭希古東陽貢生。 朱煥北直大河衛貢生。 趙繼 呂建中涇縣貢生。 王養蒙 謝景員雲南歲貢。	居學北徐州監生。 胡仲仁星子選貢。 周文奎四川行都司軍籍選貢。 胡彝簡會昌選貢。 張邦靖羅田歲貢。 吳汝賢北通州監生。 趙克念冠縣選貢。 徐潢安慶監生。 方一寀黃岡監生。 陸經宣城監生。 李自厚清平選貢。 吳仲儒 趙鶴年	徐仲伸南陵人。 周守信永豐人。 鮑應祖當塗人。 周守信補任。 陳儒林泰和人。 黃茂懷莆田人。 葉仕朝新建人。 黃敬巴陵人。 力章莆晉江人。 張希賢直隸人。 章瀚饒州人。
天啟年	康元穗字味澹，安福進士。 林先春字狷庵，閩縣進士。	陳允陛長洲人，掾考。	稽相琦德清舉人。 許聯樞仁和舉人。	朱國杞建德人。	吳廷鉉	邵朝元泉州人。
崇禎年	蔡鵬霄字培自，晉江進士。 馬成名字駿如，溧陽進士。 李陳玉字謙庵，吉水進士。 劉大啟字儆庵，新會進士。 詹承忠字確庵，篛連進士。	黃道泰掾考。 吳之謨湖廣選貢。 張重任騰越副貢。 羅連第肇慶選貢。	徐肇律武康舉人。 李盛世會稽舉人。 張聖運山陰舉人。 秦世銓無錫舉人。	陳鶴鳴慈谿歲貢。 周鳴岐富陽歲貢。 趙士元掖縣貢生。 蘭永芳山西歲貢。 瞿河斗東莞歲貢。 徐良儒湖廣恩貢。 馮時雨杭州歲貢。 林嘉志永嘉歲貢。 徐觀治湖州歲貢。 錢一選臨海歲貢。	蔣彥選貢。 焦守充太平府人，掾考。	陳應祿福建人。 張文耀福建人。 傅士彥江西人。

【校注】

［1］按：光緒《嘉善縣志》卷十四《職官·典史》：“李弘璉福建龍溪人。許《府志》誤列主簿，今更正。”萬曆《嘉興府志》卷十《邑職一·嘉善縣》：“成化 李弘璉典史”。故“李弘璉”應改列“典史”。

［2］按：光緒《嘉善縣志》卷十四《職官·典史》“朱珣”條作“山東茌平人”。查《中國歷史地名大辭典》：“東漢改茬平縣置。”當作“茌平”。

［3］按：光緒《嘉善縣志》卷十四《職官·縣丞》：“王紀，字理卿。南直泰州人。進士。給事中左遷，陞武邑知縣，官至陝西僉事。”歷代官職中無“吉事中”之名，故“吉事中”是“給事中”之誤。

［4］按：光緒《嘉善縣志》卷十四《職官·縣丞》：“柯楫 南直貴池人，歲貢。”光緒《貴池縣志》卷十八《選舉·明貢生》：“（嘉靖十年）柯楫 附貢，秀水縣丞。”故“何楫”是“柯楫”之誤。

［5］按：光緒《嘉善縣志》卷十四《職官·縣丞》：“董邦寧 山東高唐州人，選貢，卒於官。”查《中國歷史地名大辭典》：“高唐州，蒙古至元七年（1270）置。治所在今高唐縣。轄今山東高唐、夏津、武城三縣。明洪武初省入州，屬東昌府。1913年改高唐縣。”今屬聊城市。而歷史上無南唐州。故“南唐州”是“高唐州”之誤。

［6］按：光緒《嘉善縣志》卷十四《職官·知縣》：“左鈞 北直唐縣進士，以贓被追論法。”查《明清進士題名碑錄索引》：“左鈞，直隸唐縣人，明嘉靖三十五年三甲第一百五十五名進士。”故“左釣”是“左鈞”之誤。

［7］按：光緒《嘉善縣志》卷十四《職官·知縣》：“（萬曆二年）李仕華字邦憲，四川宜賓人，進士。遷鳳陽府通判。”嘉慶《宜賓縣志》卷三十五《選舉·進士》：“李士華 隆慶戊辰。任通判。”故“宜寶”是“宜賓”之誤。

［8］按：光緒《嘉善縣志》卷十四《職官·知縣》：“余心純，字葵明。”朱彝尊《經義考》卷一四五《禮記八》：“余氏心純《禮經搜義》二十八卷，存。顧湄曰：‘心純，字葵明，黃岡人。萬曆壬辰進士。授懷寧知縣，再補嘉善知縣，卒。’”由此，“字純明”是“字葵明”之誤。

國 朝	知 縣	縣 丞	教 諭	訓 導	主 簿	典 史
順治元年		羅聯第				
二年			皇甫禧 錢塘副貢。	郭外城 仁和生員。	焦守充	
三年	劉肅之 安陽舉人。					韓邦錄 廣德人。
四年		李文萃 遼陽貢生。	王士宏 句容歲貢。			
五年	曾以省 京山人，掾考。					
六年			錢金生 麗水舉人。			
八年	劉天爵 廣寧人。					
九年	賈錫男 黃縣拔貢。			孫鑣 山陰歲貢。		
十年		傅皇猷 新樂歲貢。	裴問禮 富陽恩貢。		張銘閣 息縣人。	
十二年	方舟 蘄州拔貢。	董崇嗣 長清拔貢。	姚夢熊 上虞歲貢。			沈福成 華州人。
十三年				趙韞瑜 封邱人。		

國　朝	知　縣	縣　丞	教　諭	訓　導	主　簿	典　史
十四年		張垣大興人。	楊大佐台州歲貢。	盧吉雲縉雲歲貢。		
十五年	郭真儒洛陽拔貢。		張以光開化歲貢。	胡之翰義烏歲貢,康熙四年裁缺,十七年復設。		章文標大興人。
十七年	張于廷沈邱恩貢。				趙完璧陝西貢生。	韓鍾秀湖廣人。
康熙元年	鄒度竑新建歲貢。					
二年					薛三德延安人,掾考。	
三年	葉蘊信陽拔貢。	李金枝丹徒拔貢。				蔣世卿南通州人。
五年	闕振字翼公,永定舉人。		任雲蛟蕭山舉人。		周經才大興人,掾考。	
八年	莫大勳宜興進士。					
十一年		盧燦字孟輝,海州監生。				王應舉天津衛人,掾考。
十三年		吳渠懷來歲貢。				
十四年	楊廉遼陽籍,永平人,正白旗廩生。		邵庭章[1]建德舉人。			
十五年						郭爾度字方憲,南陽拔貢。
十七年	沈虬吳江貢生。			鄭觀光臨安貢生。		
十八年						張維本鹽山人。
十九年					壽廷標清平人,掾考。	
二十一年	崔維華奉天監生。					
二十二年		張玉齡廣安籍,范縣監生。	盧宜定海經魁。			黃琜即墨人[2]。
二十五年	嚴宏祖正定貢生。		閔元賞烏程舉人。			
二十六年	李之藻武定監生。					
二十八年						孫瑞聘吳縣人。
二十九年	徐現麟奉天監生。					

國朝	知　縣	縣　丞	教　諭	訓　導	主　簿	典　史
三十一年				趙汝旭 新城廪貢。		
三十二年						秦得璽 晉寧人。
三十三年					楊鴻 大興監生。	
三十七年	范宏毅 奉天貢生。			趙天吉 黃巖廪貢。		
三十八年		康珪 榮澤廪生。				張志榮 考城人。
四十年					許易 常熟貢生。	
四十一年	毛兆夢 榮澤舉人。					
四十二年	于舜枚 金壇副貢。					
四十三年			錢廷範 諸暨舉人。			
四十四年	李夢昺 大同籍，江都庶吉士。				周宗達 大興貢生，嘉善戈《志》作山西山陰人。	陸咸 宛平人。
四十八年	佟鎔 奉天監生。					
四十九年						朱懋煌 良鄉人。
五十一年	梁文火彪 奉天監生。					
五十二年			金璠 瑞安經魁。			
五十四年			沈雲鴻 海寧籍，仁和經魁。			
五十五年		王璟 陽城監生。				
五十六年	孫錦 奉天監生。					
五十八年	雷滋 蒲城監生。					
五十九年	彭憲祖 曲周舉人。					周定栗 順義人。
六十年				沈紹曾 歸安附貢。		
六十一年					胡文燈 永清籍，紹興監生。	
雍正元年	張鏞 無錫進士。					
四年	李天桂 大興貢生。				高經世 歷城貢生。	
五年	周嘉梓 武進監生。 楊世禄 郜煜 登封舉人。		周楷 定海籍，鄞縣舉人。	許振麟 孝豐歲貢。		

國朝	知縣	縣丞	教諭	訓導	主簿	典史
六年		閻紹祖滋陽貢生。			曹廷基上元監生。	
七年				陳廷栻德清歲貢。		
九年	楊繩祖山陽舉人。	郝良彩祥符附監。				鄧宗吉永定人。
十年	戈鳴歧景州舉人。嘉興縣知縣卓異,題管本縣事。					
十一年	羅緒閬中舉人。	黃道中萊陽貢生。				
十二年	丁聲蜚建寧進士。		邵祥雲鄞縣舉人。	沈廷機孝豐歲貢。		
十三年		李方恒通許歲貢。				
乾隆元年	張聖訓奉天鑲白旗庶吉士。		邵家默永嘉舉人。			
三年	張士正大興人。陳以剛天長進士。	姬永澤幸州拔貢[3]。				劉純武清人。
六年	倪琯成都舉人。					
七年	張鐸清苑監生[4],州判署。	馬起蟄漢軍正白旗生員。			熊安清江拔貢,縣丞借補。	
八年	陳以剛				張鼎新泰興人。	
九年				汪家駒昌化歲貢。		陶學楠南城人。
十年					呂明應城拔貢,截取州判借補。	
十一年	饒萬鑑長沙廩貢。				孫奇三河人。	蕭正國貴州人。
十二年			阮趨德清舉人。			
十三年	汪化龍安東監生。吳繼元如皋舉人署。黃正學儀徵舉人。					蔣惟熙宛平人。
十五年				姚廷珩雲和歲貢。		袁爾成大興人。
十六年		李俁香山人。	趙驥諸暨舉人。			
十七年	崔錫漢軍拔貢。候選直隸州判署。張瑚三原進士。					

國朝	知　縣	縣　丞	教　諭	訓　導	主　簿	典　史
二十年	舒瞻 正白旗進士。	高大澤 漢軍鑲黃旗監生。				楊三錫 浮山人。
二十一年	羅鳴鑾 揭陽監生。 楊國華 滿州舉人。				廖相瑋 崇義增生。	
二十二年	梁徽介 休舉人。				邵于枏 富陽歲貢。	
二十三年			孫際期 慈谿舉人。			
二十四年		張璞 武清人,鴻臚寺序班選授。	郭瑞齡 蘭谿舉人。			
二十六年					何士錫 漢軍監生。	徐十治 大興人。
二十八年	劉臻 諸城舉人,署。				崔治 定州吏員考職。	
二十九年			陳宣 錢塘舉人。			
三十年						丁觀堯 宛平監生。
三十一年	李學李 三原舉人。 孫震 漢軍正紅旗舉人,署。 劉佑 銅山人,縣丞署。	吳超 休寧監生。				
三十二年	倪維客 萊陽舉人。 黃宗伊 大興舉人,署。 董鈞 武陟監生。		諸克任 錢塘舉人。		劉廷榆 蒲城人。	
三十三年						陳邦仁 長樂監生。
三十四年				黃璋 餘姚舉人。		
三十五年	徐朝亮 文登舉人,署。 戰效曾 寧津舉人,署。					
三十六年	周樽 昆明舉人。					溫頌德 慶人。
三十七年	王燧 如皋人,運判攝理。					
三十八年	周樽 回任。					
三十九年	李際亨 聊城舉人。					
四十年						江吉歆 縣監生。

國朝	知縣	縣丞	教諭	訓導	主簿	典史
四十一年				周墀仁和舉人。	亢鳳鳴崞縣貢生。	
四十二年	劉臻捐復題補。					
四十四年			丁發瑜仁和舉人。	周鼎諸暨歲貢。		
四十五年		姜宗發元和人署。			溫頌	李際華嘉應州人。
四十六年	程開源歙縣監生,鹽大使署。	葉世華宛平監生。				郭琳介休監生。
四十七年	恒明滿洲舉人。					
四十八年						王用霑富平人。
五十年					張椿如皋貢生。	
五十二年		方維翰大興監生,議敘布經歷借補。		徐瑞元西安歲貢。		鄔鏞大興附監。
五十三年	李秉鏞漢軍舉人。		洪枰臨海舉人。			
五十四年		何元淳大興廩生,議敘布經歷借補。查秀休寧人。				
五十五年	王士鑑楚雄拔貢,署。			倪象占象山優貢。		
五十六年	舒泰然宣化舉人,任。熊言孔大興進士,署。	方維翰回任。路泰曲周增生。				靳光朝大興人。
五十七年	舒泰然回任。	鄭喬年淮安人,掾考署。路泰回任。			成履觀文水人,掾考。	
五十八年	任澤和息縣進士。宋如林漢軍舉人。		王炳金華舉人。		鄭喬年	
五十九年	王蘊渠靈璧生員,署。岱毓漢軍鑲黃旗舉人,鹽大使陞補。				金琯宛平人,掾考。	
嘉慶元年	萬相賓德化舉人,大挑一等題補。					
四年			李承烈嘉興訓導兼署。		楊毓蓮桐梓貢生,縣丞借補。	

國 朝	知 縣	縣 丞	教 諭	訓 導	主 簿	典 史
五年	莫景瑞 廣東舉人,署。		費文燾 武康廩貢,署。 林敷英 永嘉解元。			
六年	王奭武 貴州舉人。					
七年			姚樟 山陰人。	胡熙績 淳安舉人。	黃浩 長洲議敘。	
八年	張青選 廣東舉人。					
九年						覃光斗 武陵貢生。
十一年			張鉉 蘭溪舉人。	陳豐 錢塘舉人。		
十三年	喬澼 山西貢生。	魯蘭棟 江西監生。				
十五年	周楷 東臺舉人。 吳觀樂 閩縣舉人。	蕭蔚源 天門進士。				
十六年	王維堉 章邱人。					
十九年	趙球 江陰人署。	李國柄 桐城人。			孫熙祖 善化人。	郭維翰 湘潭監生。 顏承勳 江蘇議敘。
二十年	殷思尹 江陰人。					
二十一年				陶如淵 黃巖舉人。		
二十二年		叢步鼇 如皋附貢。				柯希侗 甘肅監生。
二十三年		胡遠之 廣東廩貢。				
二十四年	王維堉 回任。					
二十五年				汪光誥 蕭山舉人。		
道光元年	張邦棟 武昌進士。					謝元鎮 南昌人。
二年	鄧鳴謙 湖南舉人。					
三年	惲敷 陽湖舉人。	張樹棠 銅山監生。		沈金淮 錢塘舉人。	齊光裕 陝西議敘。	
四年	黨金衡 武功舉人。		徐培仁 和舉人。			
五年	李錫恩 惠民人。 張久照 長洲監生。					

續　表

國　朝	知　縣	縣　丞	教　諭	訓　導	主　簿	典　史
六年	黃錫祚閩縣進士。					
七年			胡元杲錢塘廩貢。			
八年	劉邦彥漢陽監生。					
九年	張如梧江西舉人。		陳栴蕭山舉人。汪能蕭山陰舉人。		唐允模當塗人。	
十一年	李東育湖南拔貢。					
十五年						錢榮第大興議敘。
十六年	劉紹錡萬安舉人。				李楨寧遠州人。	
十七年	舒恭受江西進士。			朱錫元餘姚廩貢。徐仁本德清舉人。		
十八年	賴晉四川貢生。					
十九年	劉秩陝西議敘。					
二十一年	張化南			王良洪署。		
二十二年	李培基雲南拔貢。劉旭			陳熊占	徐廣緒沐陽人。	
二十三年	李盤洋縣舉人。					
二十四年	范鏞			莫元勳山陰廩貢。		
二十五年	陳元謙灊氏優貢。	單发桂	邱登仁和舉人[5]。			
二十六年	汪文煥劉秀鈺	端木奎照陸世烜				
二十七年	張樹棠縣丞代理。繆步瀛舉人。	瑞麟陳人傑				
二十八年	馮翊江蘇監生。	歐陽治以上六人籍貫、出身、任年均無考。			徐士珪吳縣監生。	
二十九年			張錫戊蕭山舉人。			沈繼高大興人。
三十年	顧準無錫監生。					謝元鎮徐緒周濂唐楷以上四人籍貫、出身、任年均無考。

續 表

國 朝	知 縣	縣 丞	教 諭	訓 導	主 簿	典 史
咸豐元年	林鈞 松江監生。					
三年	顧準 復任。				劉達揆 武進監生。	
四年	馬桂林 江蘇監生。				張學廣 大興供事。	
五年	湯成烈 陽湖舉人。					華殿臣 代。 沈繼高 復任,十年殉難。
六年	王祖望 金壇監生。			胡寶鏐 山陰舉人。 王淦 山陰附貢。		
七年	曹以爟 山東舉人[6]。			周承謨 仁和舉人。 章朱紱 仁和附貢。		
八年	薛時雨 全淑進士[7]。		湯昇 歸安廩貢署。 徐士駿 仁和舉人。		秦宗武 江寧附生。	
九年	傅斯懌 聊城進士。					
十年	張樹松 崇慶州監生。	丁維庚 廬江監生。				
同治元年	湯成烈 復署。 傅斯懌 復任。			章朱紱 仁和附貢。		
二年		羅良佐 溧陽監生,署。			張廷萱 平定州附貢。	徐漣 金谿監生,署。
四年		楊炳焜 浦城供事署。	周和 鎮海舉人,署。			
五年	王晉玉 溧陽附生署。 范基棟 和州舉人。	徐漣 典史代理。 陳懋綏 建昌監生署。 章元煦 績溪附監。				王直養 江寧監生署。
六年	梁匡國 臨桂舉人,代。 凌卿雲 光州進士。		朱寶慈 山陰廩生,署。			劉謨 如皋監生。
七年	陶雲升 天津進士,署。		胡錦椿 西安恩貢,署。 汪繩武 錢塘附貢。		徐嘉楨 吳縣監生,代。 廖宇慶 華亭監生,署。	
八年					彭光藻 溧陽監生,代。 李鋼 宛平監生,代。 周學濂 丹陽供事。	

續　表

國朝	知縣	縣丞	教諭	訓導	主簿	典史
九年	王景彝 江夏舉人。			汪繩武 教諭兼理。		
十年				何炳榮 山陰廩貢,署。 來之杰 蕭山舉人。		
十一年	陳鍾英 衡山舉人,署。			陳鈞 景寧附生,署。 張鼎元 仁和附貢。		徐縉 金匱監生,署。
十二年	丁紹德 丹徒廩貢,署。	葉維燾 吳縣監生,代。 高元鑑 武進監生。 胡玉琅 博平附貢。				劉謨回任。
十三年	史致馴 陽湖監生,署。				沈銘 常熟監生,署。	
光緒元年					戴爔 休寧監生,署。	
二年	梁琛 河内進士。				周學濂回任。	鄭彭齡代理。 朱杲 吳江監生,署。
三年						孫曾祐 宣城監生,署。 馬潤生 吳縣監生。

【校注】

　　[1] 按:本《志》卷九《學校》:"康熙十八年,教諭邵廷章修學門。"光緒《嘉善縣志》卷十四《職官·教諭》"(康熙十四年)邵廷章"。故"邵庭章"是"邵廷章"之誤。

　　[2] 按:光緒《嘉善縣志》卷十四《職官·典史》:"黃琛,即墨人。"《中國歷史地名大辭典》:"即墨縣,隋開皇十六年(596)置,屬萊州,治所即今山東即墨市。明初屬青州府,洪武二年(1369)改屬膠州。清屬萊州府。1989年改設即墨市。"中國歷史上無即黑縣。故"即黑"是"即墨"之誤。

　　[3] 按:光緒《嘉善縣志》卷十四《職官·縣丞》:"(乾隆三年)姬永澤字霖川,陝西華州人。拔貢,卒於任。"《中國歷史地名大辭典》:"華州,西魏廢帝三年(554)改東雍州置,治所在華山郡原鄭縣城(今陝西華縣西)。明屬西安府,清屬同州府。1913年改爲華縣。"歷史上無幸州。故"幸州"是"華州"之誤。

　　[4] 按:光緒《嘉善縣志》卷十四《職官·知縣》:"(乾隆七年)張鐸直隸清縣人,監生,捐州判,委署。"本《志》卷三十六《職官表·知府》:"(乾隆十三年)張鐸字綸宣,青縣人,草塘通判署。"此兩次兼署,疑是同一人,但其籍貫究竟是"清縣"、"青縣"還是"清苑縣",且存疑于此,待考。

　　[5] 按:光緒《嘉善縣志》卷十四《職官·教諭》:"邱登字穀泉,仁和人。丙戌進士,任廣西藤縣,改教。"丙戌,即道光六年(1826)。《明清進士題名碑錄索引》:"邱登,浙江仁和人。道光六年三甲第七十七名進士。"故"舉人"是"進士"之誤。

　　[6] 按:光緒《嘉善縣志》卷十四《職官·知縣》:"曹以燫字芸軒。山東人,進士。"《明清進士題名碑名錄索引》:"曹以燫,山東定陶人。咸豐三年三甲第九十九名進士。"民國《定陶縣志》卷五《選舉·進士》:"曹以燫,咸豐癸丑進士。官浙江知縣,陞知府。"卷六《宦績》:"曹以燫,字映遐,登咸豐癸丑進士。以知縣官浙江,初任桐

廬,調鎮海,檄委嘉善。敍知府。決志引去。明年全浙陷,人服其燭幾。"故"舉人"是"進士"之誤。

　　[7] 按:光緒《嘉善縣志》卷十五《名宦》:"薛時雨,字慰農。安徽全椒縣人。咸豐癸丑進士,戊午由嘉興令調嘉善。禾中士民相率走送……"《明清進士題名碑錄索引》:"薛時雨,安徽全椒人。咸豐三年二甲第九十四名進士。"《中國歷史地名大辭典》:"全椒縣,西漢置,屬九江郡,治所即今安徽全椒縣,屬滁州。"故"全淑"是"全椒"之誤。

海鹽縣

	令	丞				尉	
漢	白沃史君 順帝永建三年任,見《括異志》。 陸穆 樂安人。 褚盛 河南陽翟人。						
三國	步騭 淮陰人。 孫誼 吳人。 葛公 失名,丹陽人。						
晉	鮑陋 隆安時任。 祖撫 見《隋書·經籍志》。						
宋	王孚 臨沂人,大明中任。						
齊	王思規 長沙人,或作王規。 王靈慶 孔僉 山陰人。 周顒 汝南安城人。						
梁	孔滔 山陰人。 蕭特 齊高帝曾孫子雲之子。 劉霽 平原人。 顧野王 海鹽人,梁末監本縣事。						
陳	徐份 陵之子。						
唐	劉長卿 河間人,至德中任。 姚南仲 下邽人,大曆中任。 李諤 長慶中任。 徐芳 見李直養《題名壁記》。	陸懇 象先四世孫,見史傳。乾元中任。 李顏 長慶中任。					韋濟 乾元中任。 孫公冑 乾元中任,見海鹽仇《志》。	
五代	任煥 龍德中任,卒,葬海鹽。						

宋	以前稱縣令，宋始稱知縣。	丞	學 職		主 簿	尉	雜 僚
太平興國年	黃郎中失名，或云名道，宋初任。				石知一明經任,攝縣事。		
咸平年	魯宗道亳州進士,官至參政。						
景德年	翁緯有修學碑。				張孝愷見吳《志》。	張永丕 劉如愚見吳《志》。	
祥符年	吳舜 田濟川 張顏 彌楚 解沖見仇《志》。						
天禧年	王文正 薛坦 楊儀						
天聖年	張元迪 伍佑 趙時 趙襄 張埕						
景祐年	陳淑《圖經》作陳淑景,今依海鹽仇《志》及劉《志》。 蔡希顏						
康定年	李絾 王愈						
慶曆年	程廊 趙慎微仇《志》、劉《志》俱作趙慎徽。 翁頂						
皇祐年	劉勳 任浩						
嘉祐年	李惟幾河內人。 楊諷 褚珵						
治平年	陳伯倫						
熙寧年	范世京吳人。 董倚 王震 富翹						
元豐年	錢伯熊 張元忠						

宋	以前稱縣令，宋始稱知縣。	丞	學職		主簿	尉	雜僚
元祐年	何執中 龍泉進士。 吳充 方師顏	王仲升 見何執中傳。					
紹聖年	謝戩 閭建						
元符年	胡忠寧						
建中靖國年	沈彥升						
崇寧年	王本						
大觀年	劉知至 王懋 徐嘉言 西安人。				趙昌宗 管勾學事。	吳遷 管勾學事。	
政和年	喬大臨 徐浩						
宣和年	方鐸 徐盤 陳能千						
靖康年						黃唐傑	
建炎年	吳孝立 歐陽延世				毛失名，任澉浦巡檢。	朱良 吳郡人，四年殉難。	
紹興年	李憲 施玒 祝師龍 伊《志》作沈，今從仇《志》。 向子昌 陳深 兗堯叟 伊《志》作衰，今從仇《志》。 徐光 實晉江進士。 余衍 祝閎 黃昱 林仰 陳璘 徐玉老	王裳 董旻 王良約 趙《圖記》作良珣。 張轔 章靖 李益 周橐 錢南 姚憲 鄞人。 丁安義 以上二人見吳《志》。 龐溫孺 從《海鹽圖經》、仇《志》及吳《志》增。 錢載 馬希言 陳敏行 竇顏曾					
隆興年	劉銓 樂清進士。						

宋	以前稱縣令，宋始稱知縣。	丞	學　職		主　簿	尉	雜　僚
乾道年	魏汝功 黃綸 李大亍 邢銖	李壽松 巫明允 詹宗堯 趙汝謙					
淳熙年	蔣行簡永嘉進士。 石若樸 趙汝愚與趙沂公同姓名，見《圖經》。 林槐 史彌逈從吳《志》增。 周宗文 魏沖 鄭緯 陳祖求	俞直方 陳襄 王邁 張澤 陳祖求是年九月改知縣事。 李直養紹熙元年改知縣事。	陳震之			趙善沛 方瑜從吳《志》增。	
紹熙年	李直養	聞近 汪稽中見《圖經》，仇《志》、伊《志》作任稽中，誤。	施茉見《小學記》。 朱沆見《小學記》。攷題名碑係李直養聘主小學。伊《志》列太平興國，誤。今更正。	吳天民			
嘉泰年		陳仲微高安人，嘉泰中進士。					
嘉定年					李仁表吳興人。		
紹定年	趙希姚江人。 丘耒常熟人，元年任，見《福業院碑》。 李仁端 李謐以上四人並見《法喜寺碑》。 何三壽						汪元圭婺源人。
淳祐年					張思湛澉浦巡檢。		
寶祐年						朱甯炎良五世孫。	
德祐年	王興賢[1]《圖經》作王與賢。						

【校注】

　　［1］按：天啟《海鹽縣圖經》卷九《官師·令》：“《元史》：‘世祖十三年，伯顏伐宋，董文炳軍次乍浦，宋統制官劉英以本軍降。軍至海鹽，知縣事王與賢及澉浦鎮統制胡全，福建路馬步軍總管沈世隆皆降。’”光緒《海鹽縣志》卷二《職官表上·知縣》：“（德祐）王與賢二年降元。”王磐《藥城令董文炳遺愛碑》：“次海鹽州，知州王與賢、澉浦鎮統制胡全、總管沈世隆等俱來降。”故“王興賢”是“王與賢”之誤。

元	達魯花赤 縣尹 知州元貞 升州改設。	丞 同知	主簿 判官	學職		巡檢	尉 吏名
至元年	王澤以下縣尹。 梅戭宣城人。 顧泳汴人。						
大德年				邱世良以下教授。			
皇慶年	朱維禎知州。			徐思敬			
延祐年				鄧文翁			
至治年	李蘭奚達魯花赤。 李仲彬以下知州。						
泰定年	王協中	張遷同知。 趙泰同知。	陳徵判官。 趙士元判官。				
至元年	趙孟貫黃巖人。 賈禧宛邱人。			吕德裕單父人。			
至正年	陳失名。 葉彥中松陽人。 也花不花[1]達魯花赤。 陸德中知州。 楊維楨調知州，未任。			陳錫翁一作陽翁，見海鹽學宮題名碑及《圖經》，黃潛人[2]。 劉恂陳留人，學正。		范廉卿蘆瀝巡檢。	

【校注】

　　［1］按：天啟《海鹽縣圖經》卷九《官師·達魯花赤》：“也先不花，至正初任，後官至參知政事。”楊維楨《海鹽州重修學宮記》：“至正六年夏六月，松陽葉侯縣守令重選爲海鹽州。下車之三日，率僚吏及校官弟子員詣學行釋奠禮，顧瞻學宮，循就圮壞……於是與校官史役議其所當葺理者，捐金爲之。經始於是年之七月，四閱月而訖工。侯名彥中，字大中。助成者，同僚達魯花赤也先不花、同知劉塔夫、徐晟，判官牛世安、栗興祖，教授黃棟也。”“也花不花”是“也先不花”之誤。

　　［2］按：歷史上並無黃潛縣。本《志》卷九《學校二·海鹽縣》：“至正元年，知州陳某作大成樂。”卷八十二收黃潛《新成大成樂記》：“至正元年夏四月，陳侯某來知是州，首務興舉學政……君乃爲考其數度齊量，範金爲鍾，而協以古律管，彼此適均，吹其律而鍾自應。至於琴瑟，亦率自製。惟笙磬之屬，擇善工，使

受指畫而爲之。集諸生三十二人，教之肄習，而以明年春二月上丁合奏焉。於是教授陳陽翁以狀來，屬予書於麗牲之石，用垂永久。"故"黃潛人"是"黃潛記"之誤。

明	知縣	縣丞 永樂三年設治農縣丞。嘉靖二十三年增設三倉縣丞。隆慶元年始復治農縣丞。	教諭	訓導	主簿	巡檢	典史
洪武年	劉朝英 王文 張篦 趙公著 祝用宏一作周宏。 郎時祥 淡成	郭卣濟南人。	孫復初山陽人。 胡龍臣	潘原嘉興人。 劉貞真定人，仇《志》作真。	羅先源進賢人。見吳《志》及《圖經》，伊《志》作教諭，誤。	祁倫伽奴任乍浦。 張觀音奴任乍浦。 辛克明任白沙。 王德遷澉浦巡檢。 愛顏澉浦巡檢。 樊人如海口巡檢。	秦貞以教諭左遷。 郭卣升縣丞。
建文年	龐曷博興進士。						張佑金壇人。
永樂年	厲蕭 畢瑗 上官廉南豐舉人。 陳諤番禺舉人。 宋義方膠州人。	袁維善贛州人。	李惠甌寧人。 楊謙長洲舉人。	邢貴瓊山人。	吳復閩縣人。		
洪熙年	葉壽鄱陽監生。						
宣德年	曾良閩縣監生。	李芳潁上進士。	袁議長洲舉人。	鄭理劇閩縣舉人。《海鹽圖經》列正統中，今依仇《志》。	蔡智		
正統年	左璿安福舉人。 史昱唐縣監生。 曾昌新化監生。 王端河間監生。	安然邯鄲人。 翁裕見仇《志》。 曾顯龍陽吏員。 林雍福建舉人。 魯誠新建吏員。 張懋 馬驥 韓瓚	黃楚章豐城歲貢。 王恭吳江舉人。	孫芳沐陽舉人。 王崇武進舉人。	姚本		郭禮蒲州人。

明	知　縣	縣　丞 永樂三年設治農縣丞。嘉靖二十三年增設三倉縣丞。隆慶元年始復治農縣丞。	教　諭	訓　導	主　簿	巡　檢	典　史
景泰年	莫震 吳江進士。	封圭 莒州監生。 周普 披縣監生。	蔡嵩 潼浦監生[1]。	范琮 沐陽監生。			徐能 李貴 霍邱吏員。
天順年	盧潤 安陸監生。 江傑 江寧舉人。	郭爵 萬安人。 黃忠厚 新喻吏員。	陳銓 鳳陽監生。 彭失名, 安福儒士。	郇靖 汝州舉人。	樊公佐 進賢人。 謝鑑 陳重 安仁人。		田寬 徐州人。
成化年	周灝 邵武舉人。 楊克敬 真定監生。 孫昊 南林人[2]。 朱贊 進賢進士。 李雲 分宜進士。 謝萬貫 華容舉人。 徐樸[3] 羅田舉人。 譚秀 龍泉舉人。	袁綬 信豐監生。 王璘 崇仁人。 湯安 衡陽人。 吳彝 武陵人。 李瓊 雞澤監生。 王昇 冠縣監生。 張宗載 東平監生。 鄺觀政 任邱監生。 何暹 遂寧監生。 胡鏡 高安人。 陳紳 長汀監生。 徐謹 江陰人。	林榮 閩縣舉人。 陳良 莆田舉人。 歐澄 彬州舉人。 陳暹 莆田舉人。	詹鉉 邵武監生。 蘇疇 安溪監生。 劉顥 長汀監生。 邱隅 莆田監生。 伍復 將樂監生。	李永宣 道州吏員。 張理 信陽監生。 苟濬 營山監生。		孟紀 河南人。 柳訓 肥鄉人。 孫通 鳳陽吏員。 劉肇 封邱吏員。
弘治年	王璽 廬陵進士。 李頎 考城舉人。	段文彤 安仁監生。 濮讓 當塗人。 崔鐸 同州人。 王相 萬全都司人。 姜樸 南昌人。	蕭韶 晉江監生。 葉葵 浮梁舉人。 龔澤 閩縣舉人。	傅克寬 廬陵舉人。 劉瑤 安福監生。 佘崇鳳 柳州舉人。 陳塤 固安監生。	郭文 解州人。 董讓 真定人。		劉綸 泰州人。 周灌 贛州人。 羅元 泰和人。 趙靖 歷城人。 趙宏 江都人, 從仇《志》增。
正德年	稽鋼 安東舉人。 吳尚志 祥符舉人。 辛九齡 蘄州舉人。 朱實昌 高安進士。 李學 沙縣舉人。 張濂 薊州進士。	洪顯 金溪人。 王裕 旌德人。 鄭寅 金溪人。 馮勤 徐州人。 蕭源 泰和人。 汪玉 涇縣人。 路平 汶上人。 張時中 真定人。 呂湯民 河東人。	俞徹 應天舉人。 鄭元吉 懷安人。 李時蕃 蒼梧監生。 廖輕 崇仁舉人。	李倬 進賢吏員。 洪紹儒 宿松監生。 李祥 南丹舉人。 王文郁 豐城監生。	周璿 真定人。 黃顯 鼇山衛人。 王華 鉛山人。 劉爵 德化人。		

續　表

明	知縣	縣丞 永樂三年設治農縣丞。嘉靖二十三年增設三倉縣丞。隆慶元年始復治農縣丞。	教諭	訓導	主簿	巡檢	典史
嘉靖年	劉桂 黃岡進士。 曾用 攸縣舉人。 張穟 泰興進士。 夏浚 玉山進士。 董珆 涇縣進士。 魏廷璽 成都舉人。 李華 魯祥符進士。 張載陽 浮梁舉人。 鄭茂 莆田進士。 楊進道 曲周進士。 何思進 莒州進士。 王宗載 京山進士。 李薦佳 穎川進士。	鄭允珪 閩縣人。 詹岳 貴溪人。 許勳 蕪湖人。 劉敵 德安監生。 劉岊 懷遠監生。 沈繼美 四川進士，給事左遷。 陳九德 五河監生。 劉大用 浮梁吏員，見仇《志》增。 黃謙 休寧監生。 戚袞 宣城選貢。 鄒庶 無錫監生。 任寶 江寧監生。 楊瓛 青城監生。 施漸 無錫選貢。 張衿 江陵歲貢。 林士儀 瓊山歲貢。 楊鑑 廉山歲貢。 朱光裕 蕭縣歲貢。 黃鶴 清流歲貢。 劉鑰 膚施選貢。 李玟 遂寧吏員。 尹鶴 太和歲貢。 卓立 茂名歲貢。 梅説良 宿州衛歲貢。 黃叙 莆田人。	連桂 連江監生。 童崇 歐寧監生。 龔以文 富順舉人。 劉賓 進賢議敘。 孫瑤 南京水軍衛歲貢。 吳應徵 莆田舉人。 黃儲 廬陵貢。 鄭天瑞 浮梁舉人。 陳智樂 連城歲貢。 姚廷鳳 句容歲貢。 劉守謙 安福舉人。	李清 武平監生。 陳瑄 莆田人。 黃嘉績 莆田監生。 林宏器 永福監生。 陳棠 泗州歲貢。 楊佶 安義歲貢。 陸麟 武進歲貢。 張鑑 江都歲貢。 姜琳 巢縣歲貢。 周魁 豐城歲貢。 歐陽延 泰和歲貢。 許道 金壇歲貢。 龐增 增城歲貢。 林鳳 賓州歲貢。 潘溥 廣德州歲貢。 劉瀹 清江歲貢。 葉世雍 華亭歲貢。 栢鳴鳳 句容歲貢。 以上教諭、訓導，攷學宮題名碑所載與仇《志》同。	陸德 無錫人。 李應昌 章邱人。 金玥 杜汝松 張濩 貴州人。 羅廷傅 崇義歲貢。 張瀛 溧水監生。 楊繼蘭 瀘溪歲貢。 陳鍊 五河歲貢。 裴陳猷 豐縣歲貢。 陳鳳 永豐吏員。 李棟 合肥歲貢。		陳文高 南海人。 胡時亮 舒城人。 胡山 進賢人。 史允隆 江西人。 田世威 清豐吏員。 曹作 句容吏員。 李茂 南昌吏員。 傅烈 進賢吏員。 漆偉 彭山吏員。 朱昱 盱眙吏員。

明	知縣	縣丞 永樂三年設治農縣丞。嘉靖二十三年增設三倉縣丞。隆慶元年始復治農縣丞。	教諭	訓導	主簿	巡檢	典史
嘉靖年		丁應時盧州監生。鄧佑宜山歲貢。陳表上海歲貢。何希周新寧監生。					
隆慶年	鄭昊順德進士。范梅豐城進士。	吳維金宜興監生。陳化碭山監生。舊《志》列萬曆中，今依海鹽仇《志》更正。陳闈高安歲貢。	周廷詔安義歲貢。盛德丹徒歲貢。	吳慶餘長汀歲貢。高梓貴池歲貢。王如鼎泰和歲貢。	王奠新都歲貢。胡慎言太和監生。		陳柯當塗吏員。舊《志》列萬曆中，今從海鹽仇《志》。
萬曆年	饒廷錫進賢進士。蔡逢時寧國進士。黃之俊清江進士。謝吉卿晉江進士。于天經冠縣進士。王臨亨崑山進士。李當泰泗州進士。杜士全上海進士。濮陽春宣城進士。喬拱璧上海進士。何杲[4]懷寧進士。縣《志》作何早。樊維城黃岡進士。	江鴻漸黟縣歲貢。李一夔泗州衛人。談繼先。謝希周歙縣人。黃用中歙縣人。黃文明懷寧選貢。曾一鳴進賢人。魏漢宣城人。余時崇仁人。張汝翼景州歲貢。吳堡登州衛人。程應忠歙縣人。周之光湘潭歲貢。查櫃涇縣人。于化鵬昌樂人。成斐然海門選貢。龍希夔永新監生。楊德愛都昌人。	吳純德新城歲貢。漆元中斯昌舉人。周思文餘姚舉人。許宗仁黟縣歲貢。吳自修南海縣人。張應元餘姚歲貢。葉梗慈谿舉人。陳九級新昌舉人。胡光組長洲舉人。潘復化新昌舉人。裴紹中海寧舉人。吳尚文武康舉人。	詹梅芳桂林衛歲貢。黃仁儉福清人。案：《圖經》誤作仁俊，今依題名碑更正。蘇必達泰和舉人。吳從周歐寧人。吳式餘姚人。姚喬齡桐廬人。林集鳳莆田人。樊經德縉雲人。姚惠永豐人。屠俊初鄞縣人。翁恒吉壽昌人。吳志仁安吉州人。仲言序寶應人。劉汝勤無爲州人。俞世推蕭山人。趙國藩仁和人。	彭藩廬陵人。何士淳太和人。湯希言四川人。姜伯禮休寧人。劉朝恩山東人。蒯喬安陸人。汪沛六安州人。徐可度興化人。曹應元蕪湖人。方麟桐城人。李樸莒州人。陳汝升華亭人。白應麒威縣人。王應張玉山人。羅宗耀沙縣人。羅周彥歙縣人。呂容宣城人。林實卿德化人。謝瑞卿古田人。		胡世用德興人。蔡會莆田人。蔡道勉福清人。陳潤潔。解安禄大足人。劉鵬霖廣安人。陳日新英德人。黃時聘龍溪人。鄭應星莆田人。陳其學。賴良士歐寧人。陳爾祖新昌人。陳夢垣上元人。

續　表

明	知縣	縣丞 永樂三年設治農縣丞。嘉靖二十三年增設三倉縣丞。隆慶元年始復治農縣丞。	教諭	訓導	主簿	巡檢	典史
		朱大桐静江人。錢可賢桐城選貢。		駱從寰武康人。苗新宜山人。	陳汝泰龍泉人。		
萬曆年		龔三台進賢人。郭倫黃岡人。林萬瀾尤溪人。蔡煥程鄉人。蔡伸瓊山人。陶化龍綏寧人。張邦吉阜平人。李世德隆安人。趙允中南城人。李徵問南海人。沈嘉謨涇縣人。		徐清源黟縣人。楊承憲仁和人。羅材新城人。齊士英博平人。章時新昌人。			
泰昌年				周日新西安歲貢。			
天啟年	羅兆魁邁縣舉人。田升年昌樂進士。	李宗惠洪洞人。楊四知安邑人。	周鎮沭陽貢生。謝國柱會稽舉人。	游士進懷寧歲貢。謝九德於潛貢生。	謝堯通州人。黃汝璉李時用豐城人。	周秉忠長洲人，海口巡檢。柯芬大田人，澉浦巡檢。	周晉階常熟吏員。趙相南昌人。
崇禎年	李希揆南寧進士。李應熊浮梁進士。謝錫賢新寧進士。劉堯珍鎮雄進士。張岳莆田進士。	史可旌沅陵貢生。尹天民宜興監生。	何其暉義烏貢生，三年任，見題名碑增。柴世埏仁和舉人。邊維寧諸暨舉人。李大英本學訓導升任。	阮振中富順貢生。沈朝榜廣德州貢生。何其暉義烏人。孫世頒滁州貢生。陳若志吳江貢生。李大英錢塘貢生。馬士偉錢塘貢生。			趙澄 許應魁

【校注】

　　[1] 按：天啟《海鹽縣圖經》卷九《官師·學職》：“蔡嵩，漳浦人，監生，景泰中。”光緒《海鹽縣志》卷二

《職官表上·教諭》："（景泰）蔡嵩漳浦監生,教諭,七年任。"中國歷史上無"潼浦縣"。故"潼浦"是"漳浦"之誤。

[2] 按：萬曆《嘉興府志》卷十《邑職一·海鹽縣》："（成化辛卯）孫昊令,南陵人。"光緒《海鹽縣志》卷二《職官表上·知縣》："（成化）孫昊南陵人。"中國歷史上無"南林縣"。故"南林"是"南陵"之誤。

[3] 按：天啟《海鹽縣圖經》卷九《官師·知縣》："徐朴,字尚質,羅田人,舉人,成化十九年任,二十三年改安溪。"光緒《海鹽縣志》卷十四《職官》："（成化）徐朴羅田舉人,十九年任。"萬曆《嘉興府志》卷十《邑職一·海鹽縣》："（成化癸卯）徐朴令,羅田。"嘉靖《羅田縣志》卷四《人物·科貢》："乙酉科　徐朴,本縣平湖人,授海鹽知縣。"故"徐樸"是"徐朴"之誤。

[4] 按：天啟《海鹽縣圖經》卷九《官師·知縣》："何早,字白夫。懷寧人。進士,萬曆四十一年任。"光緒《海鹽縣志》卷十四《名宦錄》："（萬曆）何早懷寧進士,四十一年任。"民國《懷寧縣志》卷十五《選舉表·進士》："（萬曆癸丑）何早,浙江海鹽知縣。鞫獄、捕盜,具有吏才。權南臺御史,巡視下江,璫李明遵督淮漕,建議民運。早條其不便,疏爭之。崇禎初,革職閒住。"故"何杲"是"何早"之誤。

國　朝	知　縣	縣　丞	教　諭	訓　導	主　簿	典　史	
順治二年	陳之杰	朱運隆宿松吏員。	鄭壽昌錢塘歲貢。	潘濱烏林貢生[1]。 朱之椅海寧貢生[2]。	包鼎新寧國人。	李省啟仁和吏員。	
三年	白芬本府通判署。 馬調江寧舉人。					劉文祥渭南吏員。	
四年	愈應武松山生員。						
五年	張世榮本府同知署。	張大器蒲縣拔貢。		高五鳳宿遷貢生。			
六年	程進		安國裕廣寧貢生。 章函貞孝豐舉人。				
七年	郭尚信遼東貢生。						
九年		陳文俊同安人。		程昌期休寧貢生。	呂宏中安定恩貢。		
十年			李夢龍宣平歲貢。				
十一年	何孔學按察司經歷署。 孫奕煥鹽運司經歷署。 李焞本縣教諭署。	黃道運江陵歲貢。	李焞東陽恩貢。			林應文南豐吏員。	
十二年	毛一駿湖廣舉人。						
十三年			潘宏仁歸安舉人。		陳世勳龍溪吏員。		

國　朝	知　縣	縣　丞	教　諭	訓　導	主　簿	典　史	
十六年	丁昌時本府通判署。	何呈瑞陝西歲貢。		鄔鳳彩奉化貢生，一作鄞縣。		王自康大同吏員。	
十七年	潘宏仁本縣教諭署。馮陞本府經歷署。雷騰龍三原拔貢。						
康熙元年	吳震龍平湖縣丞署。					池芳邠州吏員。	
二年	王守唐郃陽舉人。			楊宏仁永安歲貢。			
三年		廖調元程鄉歲貢。					
五年	殷作霖本府通判署。湯其升南豐進士。		張文鴻錢塘舉人。				
六年				黃學孝大興吏員。			
七年		田毓蕆臨潼貢生。					
八年	田毓蕆本縣縣丞署。張素仁遼陽廩生。						
九年						彭士成儀真吏員。	
十三年						樓可觀大興吏員。	
十四年		徐俟來池州吏員。					
十五年			‧			張經景州例監。	
十六年				陳俊英西安恩貢。			
十七年				胡宏銘錢塘貢生。			
十八年			潘爾宏歸安舉人。				
十九年	季舜有本府同知署。						
二十年	侯文燦無錫貢生。	何鳳歧大興拔貢，御史降補。					

續　表

國朝	知縣	縣丞	教諭	訓導	主簿	典史	
二十一年					章以奏 樂亭吏員。	趙怡 安塞吏員。	
二十二年	李侗 嘉興縣丞署。 陳鈍 修武舉人。			呂鉅烈 餘姚歲貢。			
二十五年	何鳳歧 本縣縣丞署。 蔡珣 正白旗監生。					陳大捷 通州吏員。	
二十六年	賈澡 蒲州廩貢,布政司理問署。 朱維熊 保州舉人,平湖知縣署。 毛之林 臨桂舉人。						
二十七年			金燾 山陰舉人。				
二十八年	李之藻 武定貢生,嘉善知縣署。 傅以履 聊城歲貢,石門知縣署。 連璧 潁州貢生,台州府同知署。						
二十九年	董佩笈 武進進士。						
三一年	李鍵 正黃旗監生。	林夢鼇 福清監生。					
三十三年					李珍 館閣例監。按:三十九年裁缺。		
三十四年	徐現麟 正白旗監生,嘉善知縣署。	楊文運 蒲州吏員。					
三十六年	李淑沆 正藍旗監生,本府通判署。					洪基 順義吏員。	
三十七年	張玉齡 范縣監生,嘉善縣丞署。 關國俊 南海歲貢。	姜應麟 安陽貢生。		朱錫聰 仙居歲貢。			
三十八年			呂鉅烈 府學訓導升。				

續　表

國　朝	知　縣	縣　丞	教　諭	訓　導	主　簿	典　史	
四十年				徐士璋蘭溪貢生。			
四十一年	劉鍠江津進士, 桐鄉知縣署。		李日焜蕭山舉人。			孟時發天津吏員。	
四十二年	尹之逵東莞舉人。						
四十三年	陳悅旦高淳進士, 杭州府同知署。						
四十四年	趙世禄鑲紅旗歲貢。						
四十五年	莫文煥平樂舉人。劉鍠是年復署。						
四十六年				朱尚德仁和貢生。			
四十七年	張含章鑲紅旗貢生, 本府同知署。					龔逢年大興吏員。	
四十八年	王瀛彦南陵歲貢。						
四十九年		莫夢生上海監生。		史義高海寧貢生。			
五十二年	莫夢生本縣縣丞署。					李讓承德吏員。	
五十三年						蔣國相大興吏員。	
五十四年	韓麒趾沁水舉人, 石門知縣署。張若霈桐城人, 嚴州府同知署。楊天裕正白旗監生。						
五十六年	趙善昌蒲城進士, 蕭山知縣署。	屈世昌寧州貢生。					
五十七年	梁澤順德舉人。						
五十九年				沈純智歸安舉人。			

國　朝	知　縣	縣　丞	教　諭	訓　導	主　簿	典　史	
六十年	王以和正白旗監生,石門知縣署。 李儀太康舉人。						
六十一年	屈世昌本縣縣丞署。 介孝璿解州舉人。						
雍正元年	佘山江都歲貢。						
二年	陳充禮富平監生,富陽縣丞署。 王仕正鑲黃旗監生。					王致和江夏供事。	
三年		李憑渭南監生。					
四年				邵士鳳淳安貢生。			
九年				何昌淳安貢生。			
十一年	許藎臣侯官舉人,署。		金兆瓏山陰舉人。				
十二年	張如鐸鄭州監生,平湖縣丞署。 方以恭祥符吏員署。						
十三年	劉起禧咸寧監生。						
乾隆元年	崔龍雲太平增生,諸暨知縣署。 王楠黃平廩生,署。	張克勤武陟監生,署。					
二年	潘重康濟寧監生。			余廷英淳安貢生。		濮標 羅遂大興吏員。	
三年		翁晟江陰監生,署。					
四年	王紱河南舉人。 劉漢儒大興監生,海防同知署。	朱騰龍	馮孫龍歸安舉人。				

續表

國朝	知縣	縣丞	教諭	訓導	主簿	典史	
五年	李秀鑲白旗監生，杭州府通判署。方以恭是年復署。						
六年	周宣猷長沙進士。			俞起蛟寧波歲貢。			
七年	殷翥正白旗監生，湖州府同知署。	翁晟				任鈜海署。	
八年	王如珪宛平歲貢。	周元禮署。				李元茹合水吏员。	
十年		王昶三水監生。		吴志刚			
十二年			駱志適諸暨舉人。				
十三年	胡天畀太谷貢生，候補通判署。						
十四年	熊安清江拔貢。	朱衣客				孫俊奇	
十六年	舒瞻正白旗進士，署。	崔錫				趙模署。	
十七年	陳滋武進監生，署。						
十八年	張元文寧陵副貢，署。	黄本中署。				季漢鼎	
十九年	蔣祖培雲南進士，翰林改官。						
二十一年	張學洙三原舉人，署。方璁封邱舉人，署。舒瞻回任。	雷廷鉽穀城監生。	李恭寬鄞縣舉人。			楊誥	
二十二年	朱綬貴州進士，署。傅棫鑲黄旗筆帖式，署。王寅陽武舉人。			章瑚湖州廩貢。			
二十四年	魏治江南監生，署。陳譩融縣舉人。						
二十五年	李青廷桂東監生，署。		陳士珖仁和舉人。				

續 表

國朝	知縣	縣丞	教諭	訓導	主簿	典史	
二十六年	沈全達如皋貢生。 王燧如皋監生。						
三十年	雷廷鉽本縣縣丞署。 韓本晉太原進士。	石雲鵬署。		徐猷龍游歲貢。		尹貴唐	
三十一年			劉三善紹興舉人。				
三十四年	陳燮陝西貢生，署。	雷廷鉽回任。					
三十五年	鮑鳴鳳青陽供事。		吴錦章湖州廩貢。			張燦文	
三十七年	舒鵬山陽人，署。						
三十八年	何肇灝歐寧拔貢。			江琛仁和舉人。			
四十年	張力行湘潭監生。	李梁何肇灝《廟學記》、張力行《蔚文書院記》碑尾均有李梁之名，伊《志》列乾隆十年，誤。					
四十四年	吴鉞長沙監生，署。 張九華新安舉人。		張洪圖浦江廩生。				
四十五年	張敦本山西貢生，署。						
四十六年	王奉曾宛平監生。					徐佩蘭	
四十七年	程開源歙縣監生，署。 趙應鈞吉水廩生。						
五十年	羅君祚漢軍，署。						
五十一年	楊聯榜長汀進士，署。			蔡毓坤黄巖廩貢，署。		陳士驗	
五十二年	金仁通州廩貢。 王士鑑楚雄拔貢，署。		高家駿仁和舉人，署。	姚墀臨安廩貢。			
五十三年	恒明鑲白旗舉人。		包慶長會稽舉人。	金澐仁和舉人。			

續　表

國朝	知縣	縣丞	教諭	訓導	主簿	典史
五十七年	趙域 順天舉人,署。	李麟運 山陽監生,署。				李麟運 本縣縣丞兼署。
五十八年	任澤和 息縣進士。	李華 江西人。攷李華於五十九年署知縣,其任縣丞當必不遠。伊《志》列在乾隆十年,誤也。今姑附此。				
五十九年	李華 本縣縣丞署。					黃學溫 黃梅監生。
六十年	張震 湖南舉人,署。					
嘉慶元年		伍士鵬 大興監生。李永觀 新安增生。				
三年	李永觀 本縣增生,署。					路泰署。
四年	嚴昕 清河舉人,署。葉世華 宛平監生,桐廬縣丞署。					
五年		徐埠 靈璧附貢。王淳	何承燕 錢塘副貢,署。	馮至 諸暨舉人。吳克用 武康歲貢。		
七年	趙鍾醇 四川舉人。張宗軾 湖北舉人。			翟元 仁和舉人。		
八年						王淳 大興人。
十一年	路錞署。	張世輔 鑲黃旗人。		孫度 山陰廩貢。		
十二年	賈超署。			周璠 浦江歲貢。		
十三年	馬蘊愷 直隸舉人。	王崇禮 江西監生。		諸葛憕 蘭谿廩貢。章光曾 烏程舉人。		
十六年		方士傑 四川人。				
十七年		張鳳翀 陝西監生。				
十八年	瑞麟 正白旗人。					

國朝	知縣	縣丞	教諭	訓導	主簿	典史	
十九年	吳鼎輔光州人,署。楊德恒鑲黃旗人。吳裕中福建舉人。					單正水山東監生。	
二十年	朱點周武進人。						
二十一年						韓鍾驥順天監生。	
二十四年	饒芝廣東進士。	叢步鼇如皋附貢。					
二十五年		王丹璧直隸監生。	褚運鯤餘姚稟貢。張燮鄞縣舉人。			劉春臺直隸監生。孫王潞江蘇附監。	
道光元年	汪仲洋成都舉人。	汪慶階湖北監生。		顧均仁和廩貢。			
二年			褚運鯤回任。任一桂永嘉舉人。	陳昌齡開化舉人。		汪慶階署。賴受圖福建監生。	
三年			褚运鯤復署。			高燦貴池人。	
四年	劉榮玠廣東進士。楊國翰雲南進士。	牛晟順天監生。王丹璧回任。	徐品三山陰舉人。顧均仁和廩貢。				
五年		張文海安徽監生。	包樹棠錢塘舉人。				
六年		沙心培江蘇監生。					
七年	孫巖上元進士。	程光俊安徽監生。	吳淵安吉舉人。				
八年	王重遠潛山監生。鄧鳴謙湖南舉人。			章均餘姚廩貢。來清曙蕭山舉人。			
十年	段懷忠大興人。盧昆鑾萬載進士。	汪慶階復署。					
十一		郭帶汾山西監生。					
十二年		何自蕃廣東監生。				汪毓塈黟縣人。陳佩玉安徽附貢。	

國朝	知縣	縣丞	教諭	訓導	主簿	典史	
十三年	江思濬 四川拔貢。	劉梅開 福建監生。 祝謨明 江西附貢。				宋鈁 江蘇監生。	
十四年	李東育 鄭州拔貢。	劉秩 長安人。					
十五年	侯承誥 四川進士。	吳汝杰 清苑人,署。					
十六年	王燕堂 山西進士。 陳文治 雲南舉人。	彭念祖 江蘇監生。					
十七年		張夢齡 陝西監生。	王應鐘 烏程廩貢。			王德潤 任邱吏員。	
十八年	楊鶴鳴 侯官舉人。	柯光裕 署。 劉秩 回任。	王瑩 鄞縣舉人。				
十九年	李玉典 鹽山舉人。	楊因增					
二十一年	何煦綸 山西監生。						
二十二年			陳祥犧 諸暨舉人。				
二十三年	王清照 江蘇監生。 李仙根 雲南監生。						
二十四年	李道融 河南進士。						
二十五年	吳春棠 大興舉人。						
二十六年	史致瀛 江蘇廩貢。 吳春棠 回任。	汪慶階					
二十七年	鄧輝珍 江西供事。						
二十八年	段光清 安徽舉人。						
三十年	陳文範 江西舉人。					龔金門	
咸豐元年	趙景銘 常熟監生。						
二年	洪承棟 歙縣監生。	彭芝田		洪樹椿 杭州人。			
三年	張致高 太和舉人。	張勤節 直隸監生。		孫仁淵 杭州廩貢。		瞿曉會	

續　表

國朝	知縣	縣丞	教諭	訓導	主簿	典史	
四年	吳榮楷湘鄉進士。			潘坤厚烏程附貢，十一年殉難。			
五年			何汝枚仁和舉人。				
六年	李鵬揚奉天優貢。					丁文炳	
七年	張勤節縣丞署。						
八年	顏煃連平州附貢。	蔣春棠					
九年	黃機廣東監生。	蔣霖常州監生。				王同澤山東新城監生。	
十年	吳兆祥安徽監生。黃機回任。	朱失名，上元人。					
同治二年	趙濟川合肥人，署。						
三年	申祐正白旗漢軍監生，署。張蕙圃高苑進士。	黃廷智長沙監生，署。	楊蔭華青田貢生，署。毛金和奉化恩貢，署。	秦恩溥錢塘附貢，署。		朱家灝華亭監生，署。	
四年		李傳薪新陽附貢，署。朱家灝典史兼理。錢嘉謨元和監生，署。	許文琳臨海恩貢，署。			周振華寧鄉監生。	
五年		姚宜慶桐城監生，署。	毛金和復署。				
六年	虞慶瀾陽湖供事署。	王熙荊溪監生，署。苗貢珍山陽吏員。	杜濂訓導兼理。何汝枚仁和舉人。	杜濂青田恩貢。陸同元歸安廩貢。		許銘恩江陰監生，署。	
七年	沈起鶚石埭供事。					林洪鈞太平監生，署。朱有光武進監生。	
八年			管勳烏程增貢，署。傅賚予蕭山舉人。				
九年	汪榮棠無錫監生，署。					陳鍾沂新會監生，署。	
十年	陳文彬長樂附生，代。丁紹德丹徒廩貢，署。		陸同元訓導兼理。陳鈞景寧附生，署。傅賚予回任。				

續　表

國朝	知縣	縣丞	教諭	訓導	主簿	典史	
十一年	沈寶恒 元和貢生。					韓謨 望江供事。	
十二年	申祜復署。						
十三年	王彬 閩縣舉人,署。			傅賷予 教諭兼理。 王世杰 餘姚舉人,署。			
光緒二年				周澗東 嵊縣廩貢,署。		周聽鈞 江寧附貢,署。	
三年	司開先 長葛舉人。			陳書 浦江附貢。		陳鴻鼎 吳縣監生。	

【校注】

〔1〕按：光緒《海鹽縣志》卷二《職官表上·訓導》：“（崇禎）潘濱烏程貢生,十五年任。”乾隆《烏程縣志》卷四《選舉·貢生》：“（崇禎）潘濱,字四石,海鹽教諭。”查明代縣級以上行政區域名無烏林之名,故“烏林”是“烏程”之誤,且“潘濱”應改列“崇禎”欄。

〔2〕按：光緒《海鹽縣志》卷二《職官表上·訓導》：“（崇禎）朱之禰海寧貢生,十五年任。”民國《海寧州志稿》卷二十七《選舉表上·監貢》：“（崇禎十一年）朱之祒(歲貢)字其璣,官海鹽訓導十二年。”故“朱之禰”是“朱之祒”之誤,且“朱之祒”應改列“崇禎”欄。

嘉興府志卷三十九

官師表四

平湖縣

明	知縣	縣丞	教諭	訓導	主簿	巡檢	典史
宣德年	王簡慶雲監生。羅榮鄱陽監生。	周濂旌德人。徐義孫華		章儀常熟舉人。胡永通銅陵人。艾善弋陽舉人。	温和		
正統年	繆庸星子監生。高翔龍溪監生。李義高郵舉人。徐韶豐城監生。	周亭柳《志》作亨。趙《圖記》於弘治朝作周亨,誤。					
景泰年	郭欽江西龍泉監生。王失名,巴陵監生。		李永常海門舉人。				
天順年	馮韺浮梁進士。張寧歐寧舉人。						李璿南鄭人,吏員。
成化年	李壽東光監生。郝文傑陽曲舉人。李智柏鄉進士。朱德豐城舉人。楊冠欽州人,本府同知署。	李縉壽光監生。梅清大足監生。郭禎魏縣人。楊茫高安監生。汪洲衡陽監生。田仁《志》作文,南直通州監生。夏忠餘干監生。張輔商河監生。陶傑應天監生。柳潤潞城監生。	周時樂吉水舉人。詹穆上杭人。方繹莆田舉人。黃泰莆田歲貢。林光東莞舉人。	夏瑜樂平舉人。袁溥丹徒歲貢。周澤太倉舉人。鄭琅閩縣舉人。	陳善彬州監生。石崑趙州監生。程《志》作昆,誤。王業裕州監生。孫廉貴州宣慰司監生。		戴升監生。袁復武岡監生。董誠武寧吏員。程《志》作"成"。
弘治年	林奇浦城舉人。胡雍臨縣進士。熊卓豐城進士。寧浦陝西山陽進士。	王詠長山監生。傅茂長垣監生。李春齊東監生林伯濬閩縣吏員。苗滋海州監生,柳《志》作鎡。夏宣全椒監生。張振樂亭監生。傅松南昌吏員。王聚陝西乾州吏員。翟賢開封監生。范禮平陽監生。王琳昌邑監生。石宗德州監生。	王寧宛平儒士。辛銘無錫舉人。莊科晉江舉人。	李璟江陵監生,程《志》作景。成天章無錫歲貢。黃夢行武進舉人。謝瑞蘇州衛歲貢。	朱璘六合監生。翟麟臨淄監生。		

明	知縣	縣丞	教諭	訓導	主簿	巡檢	典史
正德年	陳翀銅梁進士。王璽江西安福進士。王龍山三原舉人。郭天錫登州舉人。	何用賢隴西監生。陳榮閩縣吏員。王欽山西平陽監生。喻坤程《志》作俞坤,信豐監生。甘惟仁桂平監生。鄒文邵武監生。姜謐文登監生。金橘懷遠吏員。王杲泰州監生。楊綱瀘溪監生。	金綸崑山舉人。何璉南寧舉人。	劉葬羅山舉人。張玠南充舉人。余義晉江舉人。戴倫長汀歲貢。吳騰歙縣歲貢。洪熊南安舉人。	王岫陳州監生。鄒榮柳《志》作鄧榮,合州監生。冀才曲阜監生。吳淳石城監生。		何順 邵恭
嘉靖年	鄭瑚潁州進士。陶珪黃岡進士。林承訓長樂進士。周仕廬陵進士。程《志》作舉人。黎循典華容舉人。張煌南安進士。曾曙全州舉人。李僑山東長清進士。楊挺高金鄉進士。殷廷蘭廣東進士,本府推官署。胡松績溪進士,本府推官署[1]。劉存義襄陽進士。陳一謙鬱林進士。顧廷對泰州進士。丁應賓龍陽進士。	徐朝陽巴陵吏員。孫鳳袁州監生。石威亳州監生。王相丹徒監生。楊銘亳州吏員。賈宗華延安監生。謝憲無爲監生。曹忠鎮江監生。羅廷相吉水監生。王琨玉山監生。程《志》作崑。于躍淵禹城監生。盧儒 韓僎 王文治河南監生。葛萱泰州監生。蔡鳳南昌吏員。黎璉 徐瓚江都人。孫昆德興吏員。閻銳五臺監生。舒鵬安慶監生。以上丞職,俱從趙《圖記》校正。郭亨 湯槃 楊希富 鄧景武 陳儒相 李承烈 吳瀾 陳寵 曾貴 詹袞 陳善 高詔	劉謙弋陽舉人。梁時通順德歲貢。戴鍊婺源舉人。陳朝紀南海歲貢。任賣江寧監生。韋鑾德化歲貢。陳綸永豐歲貢。馮瑄平湖朱《志》作官,南充歲貢。曾士彥桂林舉人。法鎧丹徒舉人。丁玉川訓導陞。	費寵鉛山歲貢。楊達濮州歲貢。江鏊南城歲貢。程批歙縣歲貢。范奇蕙太倉歲貢。石鐘華亭歲貢。朱恩泰和歲貢。葉蓁麻城歲貢。劉寅九江歲貢。葛傅桂林歲貢。程伯達徽州歲貢。劉文耀歲貢。蔡㑽澧州歲貢。丁玉川 李德明廣西歲貢。趙書桐城歲貢。	劉子忠樂亭監生。胡巍歙縣監生。于禎永平監生。陳蒲宣城監生。鄒庶無錫監生。周傑六安歲貢。陸憲溧陽監生。以上簿職俱從趙《圖記》校正。孫宋 張拱 劉文煥 楊拱 龔浩		謝美 齊璋 魏驥 李文泮 蔣仁 李堅 喬登延津吏員。鄭表 蘇有秋

明	知縣	縣丞	教諭	訓導	主簿	巡檢	典史
隆慶年	謝良弼泗州進士。	廖亨 沈宏恩平湖程《志》作思。 陳宣	羅文煒盧陵舉人。 李哲臨江歲貢。	郭崟承天歲貢。案：舊《志》作四川，誤。 俞玠應天歲貢。			
萬曆年	李實瀘州進士。 劉士璵江西安福進士。 朱星曜貴溪進士。 江環漳浦進士。 黃焰商城進士。 吳文英進賢進士。 朱邦喜臨川人，本府同知署。 林夢琦晉江進士。 王義民江陰進士。 曹光德黃州人，本府推官署。 蕭鳴甲漢陽進士，有傳。 喬失名署。 朱欽相邦喜子，進士。 羅尚忠青陽進士。 沈鳴韶通判署。 陳熙昌南海進士。	湯滌宣城人。 何昇河源人。 茅溉 于世延 邢世望 儲一敬 陸翹枝 連有孚大田吏員。 梁建侯廣東靈山吏員。 黎民敏樂至選貢。 汪修齡休寧監生。平湖朱《志》作江修齡。 趙文炳德化吏員。 何繼讓北直南陵監生。 陳鴻烈六合歲貢。 汪柏 孫紹宗 茅鍾秀 范來誠豐城人。 姜邦賢武進監生。 羅曰侃南昌監生。 陳仕傑臨川監生。平湖張《志》作士傑。 劉士懋枝江監生。 吳夢蘭英德吏員。 李日茂江西永新監生。 趙育涇縣吏員。 章美中隨州歲貢。 葉茂軻同安歲貢。 郁允復武進吏員。 甘侃豐城選貢。 任達澤州吏員。 魏俊麟游選貢。平湖程《志》傳內作洪洞人。	曾學孔建昌舉人。 余淵江陵歲貢。 洪敷文臨桂解元。 顧汝紳上海歲貢。 秦國儒大同歲貢。 毛鳳鳴餘姚舉人。 史迪甫仙居舉人。 王之璽蕪湖歲貢。 林維暹晉江人。 葉滋蘭溪歲貢。 李奇逢海門舉人。 裴紹中海寧舉人。 張蔚然仁和舉人。 張賡晉江舉人。平湖程《志》傳內作溫陵人，誤。	顏子學廣西歲貢。 李坫歸德歲貢。 王九棘重慶歲貢。 梁遇肇慶歲貢。 張大本湖廣歲貢。案：舊《志》作安吉。考《明史·地理志》，止有安仁、安化，疑誤。 王啟疆金壇歲貢。 周冠吳縣歲貢。 史明良山陰歲貢。 徐樞江都歲貢。 李禤清樂衞歲貢。平湖張《志》作愷。 陳時熙溫江歲貢。 張行中高郵歲貢。 吳維翰青田歲貢。 毛一鷺遂安歲貢。 戚良允金華歲貢。 許汝達崑山歲貢。 嵇汝淇德清歲貢。 朱國英錢塘歲貢。 吳鋪泰州歲貢。 張元愷浦江歲貢。 聞人武康歲貢。	徐純極 孫廷佐高郵人。 田稷耕 蔣怡然 徐閔 王三俊 萬民服 洪一鵬南直建德選貢。 濮陽業廣德監生。 邵部滁州監生。 朱邦卿仙遊貢。 黃之裳休寧吏員。 張汝明 黃元亨 周崇文金谿吏員。 張嵐南城吏員。 陳嘉誼海澄吏員。 方郭敬歙縣吏員。 田既藩江陵吏員。	褚貞 李紀 雷騰 吳鐙 張良 王之民 陸泰 高紳 吳繼曾 李金 劉文耀 宗樞一作宋，誤。 以上十二人，俱任作浦，年代無考。 黃羆 沈宜 陳校 吳繼芳 劉用 劉榮 彭翔 馮潔 高失名。 鮑福貴 尹思佑 辜文理 李熊 錢閔一作罔，誤。 以上十四人俱任白沙，年代無考，並附見於此。	章大順涇縣人。 林一謬 袁汝賢 黃源 黃以魁 高桂芳永寧衞吏員。 張尚邦瑞金吏員。 李世攀石埭吏員。 董元泰臨川吏員。 李珍 羅麒仙遊吏員。 曾祥卿莆田吏員。 胡士泰袁《志》作世泰，繁昌吏員。 單九高江西泰和吏員。 沈自修霍山吏員。

續　表

明	知　縣	縣　丞	教　諭	訓　導	主　簿	巡　檢	典　史
泰昌年			李文選龍游歲貢。				
天啟年	顧國寶南直通州進士。程楷合肥進士。	謝國寶海陽歲貢。	施大夏烏程舉人。孫啟文九江舉員署。楊僑卿烏程舉人署。	韓炯奉化歲貢。劉應魁松陽人。趙廷桂江山歲貢。徐行健歲貢。胡士端仁和歲貢。平湖朱《志》作士瑞,誤。	殷之銘		呂國泰
崇禎年	賴垓德化進士。陶嘉祉武進進士。黃士藻晉江進士。李懷玉一作李陳玉,吉水進士,嘉善知縣署。吳春枝宜興進士。陳台孫山陽進士。龐霢吳江進士。	沈鳴遠臨湘監生。張應冬德州吏員。楊鳳林通道選貢。張秉謙旌德選貢。林道昌晉江貢生。劉文舉北直貢生。何兆復彭澤吏員。	方允昌諸暨舉人。柴世皋仁和舉人。陳琛武進舉人。葉咏黃巖舉人。	任默然仁和歲貢。張問善五河歲貢。錢兆騰烏程歲貢。吳用賢武康歲貢。夏元麒德清歲貢。呂曾蟠新昌歲貢。	陳應魁江浦吏員。方來貢永新吏員。項學易太平吏員,省分無考。周泰穎貴州永豐歲貢。張元貞歙縣吏員。		謝啟謨高明吏員。郝一貴平度吏員。黎光德山東新城吏員。葉朝永福建寧德吏員。戴應光廬陵人。余復性涇縣吏員。

國朝	知　縣	縣　丞	教　諭	訓　導	主　簿	巡　檢	典　史
順治二年	朱圖龍仁和舉人署。馮麒錢塘生員,署。袁建高章邱舉人。	劉文舉以獻印題授。	吳大珍錢塘貢生,署。	鄒德沛錢塘生員,署。			
四年	李時蓁滄州進士。			饒有章潁上歲貢。			
六年	劉秉鈞奉天正紅旗人,平湖朱《志》作北直大興人。						
八年					楊春芳福建貢生。		
九年			陳光前永嘉歲貢。				藍可易吏員。
十年		王家彥山東貢生。					文愈賢河南貢生。
十一年	陳顯無錫拔貢。						黎文開吏員。

續　表

國朝	知　縣	縣　丞	教　諭	訓　導	主　簿	巡　檢	典　史
十三年	朱之翰上元進士。		張應麟鄞縣舉人。				
十四年	金鍛奉天人,平湖朱《志》作錦州人。						王曰智陝西吏員。
十五年		吳震龍環縣恩貢。		陳文高金華歲貢。			
十六年				凌可賢新城歲貢。		蒙光生富平吏員,任白沙。	
十八年			董奇齡餘姚舉人。 陳泰來富陽歲貢。		周文蘄水監生。		閭中謐陝西吏員。
康熙元年	倪適懷寧進士。		陶鑄烏程舉人。				母重華華州吏員。
二年		童養心太原恩貢。					
四年					余司韜宛平吏員。	陳景星宛平吏員,任乍浦。	
五年		張效鍊蘄州歲貢。					
六年			王召烏程舉人。				
七年						姜一科郯縣吏員,任白沙。	查德培貴池吏員。
九年	陳孚宸涇縣進士。						
十一年			任雨蛟蕭山歲貢。				
十三年		樊明儒陝西拔貢。				何俊公閩縣吏員,任乍浦。	
十四年		顧乃西贛州例監。			劉芳學寧津貢生。		
十五年	景貞運大興舉人。						
十六年			趙嘉暹會稽舉人。	王凝遠蕭山副貢。		張萬里華州吏員,任乍浦。	
十七年					高樞鳳陽例監。	黃阮省《志》作阮,真定吏員,任乍浦。	
十八年	朱祥麟烏程丞署。 張鳴遠黃岡例監。						鄭九鼎滑縣吏員。

國朝	知縣	縣丞	教諭	訓導	主簿	巡檢	典史
十九年				王邦濟會稽恩貢。			韓泰黎城吏員。
二十年	陳時夏富平貢生。						
二十二年		張維紀直隸潾縣人。		謝師昌鎮海歲貢。		程瑞鼎邠州吏員,任白沙。	
二十三年					李曜龍天津監生。		
二十四年			姚淳熙歸安舉人。				
二十五年	王遇富平監生,石門丞署。	李太初太原貢生。					任一得直隸通州吏目。
二十七年	朱維熊從平湖朱《志》增。	高雲生奉天官生。					
三十年	陳允錫晉江例監。						
三十一年	吕猶龍奉天正紅旗監生。		李日曜蕭山舉人。			董義南皮吏員,任白沙。	
三十三年	徐現麟正白旗例監,嘉善知縣署。		宋景祁建德教習。				
三十四年	王瑋武進進士。	張玉麟范縣監生,嘉善縣丞署。					
三十八年				趙世成山陰歲貢。	劉鼎富平吏員。		
三十九年	王國英奉天生員。		劉敦吉慈谿拔貢。	婁賦會山陰廪貢。	項惟善平谷吏員。		
四十年		陳鎮鑲黃旗歲貢。					
四十二年		徐勉桐城監生。					
四十四年			方元亮淳安舉人。				
四十五年	李夢昂大同進士,嘉善知縣署。 董天眷奉天歲貢。	陳允侃晉江例監。					
四十六年							劉雲路泰州吏員。
四十七年						張茂先饒陽吏員,任白沙。	

國朝	知縣	縣丞	教諭	訓導	主簿	巡檢	典史
四十九年						陳耀祖宛平吏員,任白沙。	
五十年						胡文博宛平人,任乍浦。	
五十一年	袁孟淵曹縣拔貢。				顧之翰太倉監生。		
五十二年		李心衡青城監生。					
五十三年	金尚志大興監生,杭州同知署。						茹廷宷直隸梁城所吏員。
五十四年	朱文龍信陽進士。 王成巳封邱歲貢,台州同知署。						
五十五年	于文奎鑲黃旗官監,金華通判署。 繆廷奏大興監生。				郎熙采江寧監生。	李琰大興供事,任乍浦。	
五十七年	劉汝梅鑲黃旗人,金華同知署。 韓麒趾沁水舉人,石門知縣署。 繆之弼崇仁舉人,處州同知署。						
五十八年	李斯恂長山歲貢。						程雲遠大興吏員。
五十九年	潘兆夔歙縣歲貢。	李琰乍浦巡檢署。					
六十年	林緒光閩縣舉人。	張萬銓鑲紅旗例監。			朱桂馨新建監生。		
六十一年	蔡毓秀年分無考。		陶鑄烏程舉人,年分無考,縣《志》作康熙初任。	余汝蕭山陰廩貢。			
雍正元年	陳獻德鑲紅旗貢生,烏程知縣署。 楊克慧忻州進士。						
二年			張昌言仁和歲貢。			范國鑑宛平吏員,任乍浦。 湯之棟長洲吏員,任白沙。	

續　表

國朝	知縣	縣丞	教諭	訓導	主簿	巡檢	典史
三年			趙瀚 仁和舉人。				施約 宛平吏員。
五年		張綽 臨汾貢生。 萬濟清 晉江貢生。					王之瑾 宛平吏員,任乍浦。 賈培 大興供事,任白沙。	
六年	白環 平定監生,本府同知署。	張如鐸 鄭州例監。						
七年	趙德望 大興歲貢,杭州通判署。 方以恭 大同前衛吏員署。		葉邰 臨海拔貢。					
八年					龐掄 曲阜吏員。		杜宏信 絳州供事。
九年						關靜世 太平供事,任乍浦。 劉餲 洪洞吏員,任白沙。	
十年	郜煜 登封舉人。		嚴瑞隆 奉化舉人。					
十一年				沈時發 德清廩貢。				
十三年	王之琪 儀真監生。	王愷 大興吏員。					任鈺海 大興吏員,任乍浦。	
乾隆二年				柳衣 天台廩生。	趙國正 寶坻吏員。		
三年						陳朝達 宛平供事,任白沙。	
五年	方以恭 復任。	汪之淞 歙縣監生。						
六年	董懿 祿勸恩貢,秀水知縣署。	孫象治 休寧監生。						
七年	高國楗 奉天監生。							
八年				沈世隆 蕭山歲貢。				
九年					張鼎新 泰新監生[3]。		
十一年	舒瞻 滿洲進士。							
十二年	閻公銑 昌黎進士。						徐坦 天長吏員,任乍浦。	

續 表

國朝	知縣	縣丞	教諭	訓導	主簿	巡檢	典史
十三年						于良臣玉田吏員,任白沙。	
十五年				鄭嘉禹開化歲貢。			李焕文蔚州監生。
十六年	翟天翺饒陽進士。						
十七年	孫象治縣丞署。						
十八年	楊兆槐金匱監生,仁和縣丞署。	羅鳴鑾揭陽監生。					
二十一年	陸廷鉽蘆瀝場大使署。				孫右翼鉅野吏員。		
二十二年	李化楠縣竹進士,秀水知縣署。 李納璧蔚州舉人。			李芑縉雲歲貢。			
二十三年		高永大興吏員。	鍾嶷海寧舉人。			譚芳華衡山監生,任乍浦。 江盤永新吏員,任白沙。	許文焕大興吏員。
二十四年	高永縣丞署。						
二十五年	劉純煒諸城進士。	王士澣咸寧貢生。	吴錦章歸安廩貢。				周澤江寧吏員。
二十六年			周大樞山陰舉人。				
二十七年	劉國烜奉天正白旗監生。					胥瀚射洪監生,任白沙。 許光宗直隸通州倉書,任白沙。	徐鯨標大興監生。
二十八年		張承積桐城監生。		沈揚武康歲貢。		周元龍宛平監生,任白沙。	
二十九年	劉開燾上猶貢生署。	孫惠豐城貢生署。					
三十年		鮑鳴鳳青陽供事。					
三十一年						王汝安大興監生,任乍浦。	
三十二年	陳聯拔峽江進士,景寧知縣署。 周昭仔湘潭舉人。					孫右翼本縣主簿署乍浦。	

續　表

國朝	知縣	縣丞	教諭	訓導	主簿	巡檢	典史
三十三年	梁森廣東順德人，秀水縣丞署。						
三十四年		黃正義安徽人，大興籍監生，署。張《志》作王正義，誤。吳炤宛平供事署。		詹國瑞山陰舉人。		黃國琰潛江武生，任乍浦。	
三十五年	鮑鳴鳳海鹽知縣署。胡師亮湘潭舉人，署。	孫嘉棟大興監生，署。梁安永高安貢生。		陳孔揮義烏拔貢。			
三十六年	董鈞武陟監生。		時吳莘仁和舉人，署。程兆鑑[2]永康舉人。				
三十七年						孫右翼署乍浦。	
三十八年	陳虞盛漢陽監生，東防同知署。				張咏大興監生，本府照磨署。	江盤復任白沙。	張炳照膠州監生，秀水主簿署。潘贊南海吏員。
三十九年					姚興濙桐城貢生。		
四十年	劉雁題光山進士。				梁文永縣丞署。王元弼宛平監生署。朱元椿儀徵監生。	韓曰煌齊東監生，署白沙。	周士堅大興監生，署。鄔鏞大興監生。
四十一年			徐志升武康廩貢，署。			楊玉書武安監生，署白沙。郭履祥廬陵貢生，任白沙。	
四十二年			周玉器上虞舉人。方元錢塘舉人。				
四十三年		程成謙吳縣貢生，署。					
四十四年	張力行湘潭監生，海鹽知縣署。				陸卿雲吳縣監生，署。	桑俠榆次吏員，署乍浦。	
四十五年					汪際會六安監生，署。		

續 表

國朝	知縣	縣丞	教諭	訓導	主簿	巡檢	典史
四十六年	嵩福滿洲筆帖式，武康知縣署。						
四十八年	張福敏常熟監生，富陽知縣署。						
四十九年			蔡廷弼德清廩貢，署。 何蕙山陰舉人。				
五十年	王恒遵義舉人。						
五十一年		李榣濟陽貢生，署。					
五十二年				陳焯烏程廩貢，署。		蔣大經署白沙。 張大成榆林倉書，任白沙。	王用霑富平吏員。
五十三年	歐煥棠廣東樂昌監生，嘉興縣丞署。			陳海慈溪歲貢。			
五十四年		姚鳴庭鉅野監生，署。					
五十五年	劉雲長沙吏員署。			王國儀仁和歲貢，署。	路泰曲周監生，署。	邱開泰上杭監生，任乍浦。	
五十六年	黄嵩齡江西新城進士。			孫宗潞仁和舉人。	管濤金壇供事。	張洽長沙監生，任白沙。	
五十七年		郭璸江西新城貢生，署。					
五十八年		曠大平衡山監生。		王鎂鄞縣廩貢，署。	夏淩雲宣城吏員。		
五十九年				淩象山烏程優貢。			
六十年		方維翰大興監生，布政司經歷借補。 鄭錫川温縣舉人，署。			王濤宛平附生。	邱永安迪化州吏員，任乍浦。	李簡德嘉興縣丞署。 鮑士彬青陽供事署。 項慎植大興供事。
嘉慶元年	岱毓漢軍舉人。 楊鑅合州舉人，署。 李賡芸嘉定進士。	方維翰回任。					

續　表

國朝	知縣	縣丞	教諭	訓導	主簿	巡檢	典史
二年	劉雲慈溪縣丞署。	王濤主簿兼署。 宋喆			宋喆甕安拔貢。 項慎植典史兼署。		
三年	李廣芸回任。 張鵬程昭化拔貢，歸安縣丞代。	項慎植典史兼署。 陳士驗石埭供事署。			王濤回任。 陳士驗署。	張大成坐補白沙，復任。	
四年		金琯大興吏員。					
五年	譚大經本府通判署。					張懋蒞資陽人，署白沙。	
六年	路鐸漢陽監生。				譚增上元人。 陳聖沼順德監生。	仇文魁歙縣監生，任白沙。 張爲炯山東人，署白沙。	陳士驗署。 金琯縣丞署。 項慎植回任。
七年		陳聖沼署。 謝燦宛平人。			譚增回任。	張恕懷寧人，任白沙。	
八年	八十九鑲黃旗人。 路鐸回任。	龔球貴溪監生。 謝燦回任。				郭光紳萬載人，任乍浦。 邱永安回乍浦任。	
十年				王世纓淳安廩貢。			
十一年	劉炳大興舉人。		金梁仁和舉人。	徐元聲常山舉人。			
十二年	張世輔漢軍筆帖式。 劉炳回任。		毛元坤江山舉人。		涂拱福署。	叢步鼇如皋附貢，署白沙。	张恕署。 項慎植回任。
十三年	崔之煒太平舉人。 劉炳回任。				譚增回任。	張恕回白沙任。	
十四年	崔之煒再署。 易鳳庭靈川進士。				楊兆環湖口附貢。		
十五年	劉炳回任。						
十六年	周楷東臺舉人。					周省祥符人，任乍浦。	江楫江寧人。
十七年	陳徵芝閩縣進士[4]。	萬珍安義人。			李長清溧陽監生。	李枝陰蔚州人，任乍浦。	項慎植回任。 萬珍縣丞署。 王重遠潛山監生。
十八年	李宗傅桐城舉人。 陳徵芝回任。	曾庭長寧附貢。					錢書成武進人。

國朝	知縣	縣丞	教諭	訓導	主簿	巡檢	典史
十九年	鄧必玉奉新監生。 王鳳生婺源監生。	萬珍回任。		周之翰			
二十年				程夢麟德清歲貢。			
二十一年	趙球江陰監生。 李宗傳回任。		余鍔仁和廩貢。				
二十二年	劉肇紳洪洞監生。		章鈞沐歸安舉人。			李傳煃臨川人，署白沙。 李揚清江陵人，署乍浦。	
二十三年	王鳳生回任。 萬珍 王鳳生回任。 劉肇紳再任。	張文海署。 萬珍回任。			王祖望金壇人，署。	李枝蔭回乍浦任。 方箴武進人，任白沙。	
二十四年				丁仁咸歸安廩貢。	李長清回任。		方箴白沙巡檢兼理。 錢書成回任。
二十五年		蔣傳志吳縣監生。		方球昌化廩貢。			
道光元年	畢紹棠天津監生。 胡述文江夏進士。	祁鎬清苑監生。 李長清署。 蕭方杞宿遷附監。					
二年		祁鎬回任。					
三年					祁鎬縣丞署。 陳蓁泰吳縣附監。	祁鎬署乍浦。 胡次耕宜賓人，署乍浦。 陳錫光石泉附監，任乍浦。	
四年					林樹錦大興監生。		林樹錦主簿署。 錢書成回任。
五年	王霈宛平監生。 胡述文回任。				李楨寧遠監生。	王重遠署乍浦。 陳錫光回乍浦任。 李楨署乍浦。 萬杰桃源人，署乍浦。	牛晟署。 錢書成回任。
六年					林樹錦回任。	伊定湘寧化人，任乍浦。	

國朝	知縣	縣丞	教諭	訓導	主簿	巡檢	典史
七年	吳嵊 常熟廩生。 胡述文 回任。		張慧 鄞縣副貢。 張迎煦 仁和議敘。 陳春華 錢塘舉人。				
八年	王霈 再署。 胡述文 回任。					巫佐瓊 署乍浦。 伊定湘 回任乍浦。	
九年							方箴 復署。 錢書成 回任。
十年							祁鎬 縣丞署。 錢書成 回任。
十一年	楊遇升 平越進士。					徐濱 懷寧人,署乍浦。 伊定湘 回乍浦任。 方塈毓 大興人,署白沙。 方箴 回白沙任。	
十二年	汪士瀾 旌德監生。 楊遇升 回任。			王樹棠 山陰廩貢。 趙泰 錢塘舉人。		程培光 漢陽人,署乍浦。	
十三年	沈逢恩 閩縣進士。					李志銘 聊城人,任乍浦。	
十四年	鄭錦聲 閩縣舉人。 王錫周 盱眙監生。 鄭錦聲 回任。						祁鎬 復署。 劉汝樾 嘉應州人。
十五年		林樹錦 主簿署。 劉榮勳 懷寧監生。				王希璧 懷寧附貢,署乍浦。	張衍祚 景州人。 汪寶瑞 大興人。
十六年	侯承詒 營山進士。	張淑亭 壽州監生。			吳汝杰 清苑人。	李志銘 回乍浦任。	
十七年	朱煌 青縣舉人。	韓錞 汾陽監生。 喻克勤 南昌監生。			丁溥 丹陽監生。 王重遠 潛山監生。		
十八年	王鼎勳 江寧舉人。	韓錞 回任。	孫有元 仁和舉人。	沈丹書 歸安舉人。			
十九年	陶春元 新建進士。					王重遠 主簿署乍浦。 謝俊 崇慶人,署乍浦。	

續　表

國朝	知縣	縣丞	教諭	訓導	主簿	巡檢	典史
二十年	胡培荃 光州監生。			邱聖祥 龍游廩貢。		袁脩瑾 華亭人,任白沙。	
二十二年				周煒 東陽廩貢,署。			
二十三年			許乃裕 仁和舉人。	洪時濟署。	李文彪	吉鳳 山西人,任白沙。	
二十四年	宋琛 直隸舉人。			吳汝霖 建德舉人。		顧雲路 吳縣人,署白沙。	
二十五年	翟棽 固原舉人。	陳鳳桐正任。					
二十六年	楊炳奎 陝西舉人。	余廷芬署。				丁壽宸 武進人,署白沙。	
二十七年	葉堲 閩縣吏員。	李傅署。					
二十八年	高樑材 順德監生。	李廷樑署。				張偉 陝西人。	
二十九年		趙廷韶正任。蔣兆駱正任。以上六人籍貫、出身、任年均無考。		謝采 上虞舉人。樊芝生 仁和廩貢。	張琪 直隸供事。	佛智 四川人代。端木奎照 上元附生。以上五人,均乍浦,任年無考。	朱朝式
三十年	邢吉甫 上元監生,署。						
咸豐元年		龔炳麟				何顯 靈石人,署白沙。吉鳳回任。	
二年						馬國興 歷城人,任乍浦。	
四年						周其泉 嘉定人,署白沙。曾傳保 江夏人,署白沙。	
五年	達晉 滿洲人。						
六年	李澍 直隸監生。				方澧 安徽監生。	王道明 任白沙。	秦炳彪署。
七年	楊炳 新城監生。				張璜署。	華秉鉞 代乍浦。	
八年	明德 滿洲鑲紅旗舉人。				戴椿年 江蘇監生。	高維琳 江西人任乍浦。熊培元 任白沙。	沈榮恩 涇縣供事。
九年	汪元祥 樂平優貢。					周維楨 安福人,任乍浦,十一年殉難。李瑩 署白沙。	溫以烜 廣東人。余琯起

國朝	知縣	縣丞	教諭	訓導	主簿	巡檢	典史
十年							黄敬忠嘉應州人。
同治三年	明德再任。	程發奉賢監生,署。	嚴嘉榮山陰舉人。		楊慶華陽湖監生,署。	黄培廣連平監生,署乍浦。牛桂芬大興監生,署乍浦。程曰炳婺源監生,署白沙。	劉承恩上元監生,署。葉信中桐城監生,署。
四年				盧正珩署。汪儒玉海寧增貢。	阮祥藻奉賢附貢,署。		蔡埠吳縣監生,署。龔鳳衢江陰監生。
五年	郭惇典濰縣舉人,署,更名恩覲。	鄒士傑無錫監生,署。			姚慶鏞昭文附監。	姚錫恩婁縣監生,署乍浦。余紹堃陽湖監生,署白沙。黎樹幹平南監生,任白沙。	
六年		趙祖賢陽湖監生,署。				蔣有淦歙縣供事,署乍浦。	
七年	潘玉璿順德舉人,署。	金振聲大興監生,署。				周濟源上元監生,署乍浦。	
八年	邢守道封邱進士。	張沛吳縣監生,署。			龔鳳衢典史兼理。唐欽明南匯監生,署。	勇知方江陰監生,署乍浦。	
九年		李昌泰湘潭監生。			費文郁吳縣監生。	鄧爾琴江寧監生,任乍浦。	
十年		戴晉芳崑山監生,署。					
十一年			何增榮蕭山舉人。				
十二年		錢應晉華亭監生,署。	汪儒玉訓導兼理。姚潛常山陰廩貢署。			費文郁主簿兼理白沙。黎樹幹回任。	
十三年	姚光宇溧陽附監,署。	周學濂丹陽供事署。	傅商霖西安舉人。				
光緒二年	許嘉德華亭監生,署。	阮宗沅上元軍功署。		傅商霖兼理。		沈承敬吳江監生,代白沙。	
三年	彭潤章黄平進士。	楊壽煜吳江附生,署。				高祥貴池監生,署白沙。葉維燾吳縣監生,代白沙。姜紹高元和監生,署白沙。蔣廷弼上元軍功。	

【校注】

［1］按：本《志》卷三十六《職官・推官》："正德年　胡松，績溪進士。"光緒《平湖縣志》卷十二《宦績・文秩》："胡松，字茂卿，號承菴，南直績溪人。正德甲戌（1514）進士，嘉興推官，繼殷廷蘭後署縣事。時議築城，詣幕府曰：'民難與慮始，請縛松置軍禦倭，民受松恩，情必相急，乃可舉事。'從之，不數月城成，累官工部尚書。府吴《志》參《湧幢小品》。"查嘉慶《績溪縣志》卷十《人物・經濟》："胡松，字茂卿。市東人。正德甲戌進士，由嘉興推官擢山東監察御史。"則胡松署官應在正德年間。

［2］按：光緒《平湖縣志》卷十《職官・教諭》："（乾隆）程兆鏗字坦泉，永康人，舉人，三十六年任。"光緒《永康縣志》卷六《選舉・舉人》："（乾隆三十五年庚寅恩科）程兆鏗，見文苑。"卷八《文苑》："程兆鏗，字又籛。庚寅舉於鄉。歷平湖、山陰縣學教諭。訓諸生先器識而後文藝。博聞強識，爲文汪洋浩瀚，不可測其涯涘，而卒合於矩矱。"程兆鑑當作"程兆鏗"。

［3］按：光緒《平湖縣志》卷十《職官・主簿》："（康熙）張鼎新江蘇泰興監生，九年任。"查無泰新之名，當作"泰興"。

［4］按：光緒《平湖縣志》卷十《職官・知縣》："（嘉慶）陳徵之福建閩縣人，進士。十七年任。"民國《閩侯縣志》卷四十二《選舉・清進士》："（嘉慶七年）陳徵之，嘉興府秀水知縣。"故"陳徵芝"是"陳徵之"之誤。

石門縣

宋	令	丞	學職	主簿	尉	杂僚	
景祐年	李嵩叟						
至和年	衛淇華亭人，袁《志》作華州人。						
嘉祐年	楊約						
治平年	劉獻臣趙《圖記》作憲臣。 陸長愈						
熙寧年	周邠錢塘人，吴《志》作周郊，誤。 王延年 褚籍						
元豐年	尹宏 章術 吴伯舉				左惟温劉《志》誤入嘉定間，攷《名宦傳》，仍在元豐間。		
紹聖年	周之祥袁《志》作紹興，誤。						
建炎年	鄧根 胡禧			時檄劉《志》註令字，誤。		張子修監石門酒庫，劉《志》作嘉定任，誤。	

續　表

宋	令	丞	學　職	主　簿	尉	杂　僚	
紹興年	趙煥之 木楹袁《志》 列建炎年,誤。 周廣譽 褚亮趙《圖記》於褚下有褚藉重見。 吳道夫 呂謙中 黃揚	張公秀劉《志》註令。		冷世脩案:世脩與知州張瑜同時,當在紹興、隆興之間。	李球 王石 潘觀國 朱鼎 周大椿案劉《志》以周大椿、商份入隆興間,今從崇德靳《志》。 商份		
隆興年	趙上之劉《志》作山之。案趙《圖記》,以下六人入隆興間,吳《志》改入紹興間。蓋隆興止二年,不應有此六七人也。 林善章趙《圖記》作善同。 趙師正 范彤袁《志》作彤。 吳翼大 何僑 呂晝問						
乾道年	葛邲趙《圖記》作珌,袁《志》作郏。 趙偉之案趙《圖記》,以下五人入淳熙間,劉《志》改入乾道間,袁、吳二《志》同。 汪量 章箴劉《志》姓童。 韋潛心 黃庸				路祥 蔣若 林琰		
淳熙年	應袞 朱軹 王藝 王迪簡 湯涓 范機			陳炳 莫柯 唐茉	楊商老 曹觀 李甲石門酆《志》作申。 陳琪 愈應符錢塘人。		
紹熙年	李江袁《志》列慶元間,誤。			秦珀 程德友劉《志》入慶元間。袁《志》作慶元任,姓陳。	蔡師仲劉《志》入淳熙間。袁《志》作師中,又入紹興,誤。 白仲暘劉《志》作仲賜。		

宋	令	丞	學職	主簿	尉	杂僚	
慶元年	奚士達宣城人。李耆明 李瓦趙《圖記》作祀。李梗柳《志》作便。		木曇任主學。	曾樵	張元亨 趙希表	黃幹監石門酒庫。劉《志》列嘉定,誤。	
嘉泰年	傅崿劉《志》作嚴。王墀			趙善視	唐士表 吳檜		
開禧年	黃泰			王焞劉《志》列嘉泰間。張衡劉《志》列嘉定間,在茹彧後。			
嘉定年	趙與俊柳《志》作典俊,誤。李伯壽柳《志》列秦鎰後。秦鎰柳《志》作鑑。劉景雲 林應龍 徐起宗 侯垚袁《志》作堯。周顧行		輔廣任主學。	趙汝痕袁《志》作辰。茹彧 趙師愻 丁璹 錢孝溥趙《圖記》作孝浦。	黃正邦趙《圖記》作正卯,誤。劉《志》入開禧間。徐鳳劉《志》作夙。林嗣老吳人。趙希札 曾燠贛州人,袁《志》作煥,誤。李謐 丁時昭 徐元長		
寶慶年	樓演			趙汝遂	俞迪		
紹定年	徐茹趙《圖記》作筍。施秉 方澄 林夢齡	郭舜元武林人。趙必鼎 聞士貴 錢通		朱槩 盧宗顯 趙希怡	趙希諮趙《圖記》作希詻。徐瀾 楊定		
端平年	趙宗誼 趙師規劉《志》作現。案:柳《志》以劉景雲列師規後。			周儒文			
嘉熙年	錢釋之 吳潔	邊用訓 袁槖		呂彬年	趙宗皦 沈松		
淳祐年	趙希魯 臧元士 葛文龍 汪屋 蔣昺 黃元直柳《志》作姓夏。	萬樞 潘驊作宗巙,誤。時元中 許必達 張千之		柳補之浦江人。趙崇巘 趙必誼劉《志》作宣。屠雷發 張華 張得之	葉直之 顏如玉 張思正 湯應發		
景定年	張端本						
咸淳年	家之柄						

元	達魯花赤、縣尹 知州元貞升州改設。	丞 同知	主簿 判官	學職			尉 吏目
大德年				勞原誠本州人,任學録,趙《圖記》作原誠,入宋時。 鄧文原綿州人,任教授。			
延祐年	楊伯要兀歹任知州。	羅毅 趙承宣	姚夔 高亨				
至順年	盧禮任知州,《明一統志》作祥。						
至正年	王雍任知州。	曾彦魯 夏失名,周致堯有《送夏同知》詩。 蔣失名,號將山,見俞鎮詩。袁《志》作判官,誤。		秦約崇明人,任學正。 朱志道本州儒士,辟任傳貽書院山長。 徐夢吉於潛人,任傳貽書院山長。 俞鈞本州人,任主學。以上三人代無考。			

明	知縣	縣丞	教諭	訓導	主簿	典史	雜僚
吳元年	伍祥任知州,改知縣。	謝大本長沙人,州同知改縣丞,袁《志》作知縣,誤。 張釗以下七人,趙《圖記》俱無年次,從劉《志》補。			夏鋪以下二十二人,趙《圖記》俱無年次,從劉《志》補。		
洪武年	梁宣 溫伯恭 田慶原劉《志》作慶原,崇德靳《志》作慶元。 崔汝霖 涂節 趙觀 何谷才 周子治 李旭 畢輝 黃仲彬 萬方彥 姚子英	武亮 張誠 程鵬進 晁方正 賈宏義劉《志》作宏毅。 祝得生 齊搏 陳妙相以下十九人,趙《圖記》無年次,從劉《志》補。 鄭顯 孫有常	陸宗學字熙之,本縣儒士辟任。	黃彝本縣明經任。以下五人,趙《圖記》俱無年次,從劉《志》補。 陳士桂本縣儒士辟任,袁《志》作明經。 朱養晦本縣明經辟任,袁《志》作儒士。 顧元凱本縣儒士辟任。 高岳本縣儒士。	周佐 周守敬 高素 張淵 范禮 蘇鈞 譚如德 趙庸	朱思道以下至王德成,崇德靳《志》無年次,從劉《志》補。 朱英 王添孫 李隆。	徐仲溫任稅庫局大使。

明	知　縣	縣　丞	教　諭	訓　導	主　簿	典　史	雜　僚
	宮志宏趙《圖記》在蔣仁後，袁《志》姓官，今從劉《志》。 蔣仁 蔣伯温案柳《志》有蔣仁，在李存名後。趙《圖記》在姚子英後。崇德靳《志》有蔣伯温，在姚子英後。袁《志》在萬方彥後，又有蔣仁在宮志宏後，未審是一人，是二人？ 李存名 胡伯愚 王禮						
永樂年	劉真趙《圖記》作貞。 余生劉《志》姓俞。 時貴 陳暹柳《志》作進。 涂順建昌人。	王志剛 喬誠 馬善	李敬華亭舉人。		劉巨濟 鄧青一作清。	趙琰 羅觀	
宣德年	王盤劉《志》作槃。 霍泰陝州人。 史進 辛耀萊州人。 董禮 趙中	李安 汪順 韓敏 鄭謙 熊以文		錢浩華亭解元。	馬良 楊諒一作源。 其福	國用 李員 龔讓 華誠 陳亮	
正統年	鍾興 焦寬葉縣人。 孫強	劉志道一作志通。 左禮	張失名，鎮江人。	桂失名。	崔懋	苗春吏員。 黃進	
景泰年	盛怡 劉羽吉水舉人。 郁綸德州人。		李昌吳縣舉人。	王正安福薦舉。	張郁	李儀 張能	
天順年	祁禎監生。	危福趙《圖記》列成化間。	嚴倫泰和舉人。	林敦閩縣舉人。 李盛 陳戴宏江西監生。 吳寧應天監生。	徐昱 徐旭		

續　表

明	知　縣	縣　丞	教　諭	訓　導	主　簿	典　史	雜　僚
成化年	王輿巢縣人。陰壂舉人。劉仲輷麻城舉人。劉《志》作中埼。張超趙希賢高邑舉人。	蕭本茂高浚張惢沈讓江都監生。史朴郭銘陳觀福建人。彭禧崇安人。周彬案：陳觀及周彬以下八人，趙《圖記》無年次，從劉《志》補。李義楊憲楊榮張頤王曇張本温周福趙《圖記》列弘治間許貴後。	鄒儀鄢縣舉人。鄭紀莆田舉人。劉存德東莞舉人。	陳孟稠莆田舉人。李英松陰舉人。許純雅莆田舉人。吳紳鎮江監生。袁端新淦舉人。	賈元昌平監生。案劉《志》，重出夏鏞。崇德靳《志》亦列夏鏞於賈元後。陳鋼黃元吉	孫善張福	王輔遷安監生，稅課司大使。董貴通州吏員，河泊所大使。
弘治年	吳浚德興進士。李學涉縣舉人。湯沐江陰進士。梅珂蕪湖進士。劉《志》作柯。李瑋劉《志》作偉，南縣縣人[1]。	許貴通州監生。施易監生。吳賓高郵監生。韓君夢湖廣監生。文澤安陸監生。劉鏜監生。楊敦新鄉監生。趙理臨城監生。	李禎應天舉人。	李旎威遠監生，劉《志》作丞，誤。陳世顯莆田舉人。謝時億安慶監生。陸冕鎮江監生，劉《志》姓逵。周全玉山監生。李桀番禺監生。	林岳游理孫賓高郵吏員。陳伸杞縣監生。	計旺王德成	
正德年	歐陽瓊鉛山進士，以主事左遷。崔冕蘇州舉人。陳伯良[2]劉《志》作伯亮。張浤延津監生。洪異龍溪舉人。陳相洛陽進士。	秦養浩廬州恩生。黃鳳鳳陽吏員。丁森衢州監生。吳淮臨湘監生。劉漢麻城舉人，知縣降。伍鳳寧化監生。齊之鸞趙《圖記》作姓徐，桐城進士，吏科給事中謫。廖雄南海監生。	錢廷嘉東莞舉人。蔣軹山陽監生。	董承秀劉《志》作承方，高郵監生。于昇壽州監生。吳嶧臨川監生。賴吉寧都監生。陳世美侯官舉人。張槳閩縣舉人。	宋大用仁壽吏員。楊經廬州監生。紀勳沙河監生。	薛大德李滋	蔡溥汝陽監生，河泊所大使。詹遠莆田吏員，河泊所大使。

續表

明	知縣	縣丞	教諭	訓導	主簿	典史	雜僚
嘉靖年	葉瑞瑞安進士。崇德靳《志》作臨安人。 程洪政樂平舉人。 許繹閩縣進士。 張守約華容進士。 俞沖麻城舉人。 彭喬廬陵舉人。 劉巍任邱縣人，劉《志》作魏。 阮高天寧都司進士，員外郎降補。 周應祿貴溪舉人。 邱岳綿州舉人。 蔡端本閩縣士。 崔近思濱州進士。 劉宗武貴縣舉人。 陳憲萊縣進士[3]。 朱潤	許綮貴池監生。 周爽來臨監生。 韓盛南曲吏員。 丁欽南城監生。 寧時用黃陂監生。 徐正倫銅陵監生。 喬時敘宣府監生。 周熊壽州監生。 湯佐丹陽監生。 銀金原武監生。 湯珍長洲監生。 季璋盱胎監生，劉《志》姓李。 馮世寶英山監生。 張昇休寧人，知印。劉《志》作弁。 劉鈞儀真人。 劉大綬黃岡吏員。 易頤南昌吏員。 董繼寶上海監生。	吳裡莆田舉人。 鄭泰長洲監生。 鄧楷訓導陞任。 張澄晉州監生。 雷震濟寧舉人。 童承祐沔陽監生。石門廊《志》姓童。 李蓁綿州監生。劉《志》作臻。 趙頤吉內江人。 孫芹清江人。 金鸞應天舉人。劉《志》作鑾。 徐經贛榆人。 方惟一桂林舉人。劉《志》列入隆慶，誤。	林琥龍巖人。 李璁南城人。 鄧楷南城監生。 甘果崇仁監生。 盧如岡莆田監生。 周璟應天監生。 林仕福清監生。 邱山連江監生。 藍堯則萍鄉監生。 張承恩六合監生。 呂吉星子人。 夏若水豐城人。 王嘉會清流人。 張顯臨桂人。 周尚賓羅山人。 樊桓南昌人。 陳仕武昌人。 葛文獻績溪人。	閻宗皋臨清監生。 謝珩弋陽監生。 宋聚奎泗水監生。 魏鳳京山監生。 李紀天成監生。 宋慈河南監生，劉《志》作以慈。 梁崇茶陵監生。卒於王事。 王表青城監生。 彭應祥河間歲貢。 王府鄭縣監生。	王禭豐城監生，吳《志》作襟。 寇湘廣濟人。 馮善順德人。 王道六合人。 饒尚樂進賢人。 高松仙遊人。 吳旻歷城人。 趙鉞華亭人。 吳欽當塗人。 胡鏞懷遠人。 劉琨龍溪人。 侯潛直隸人，劉《志》作治。 程冠合肥人。 龐世寶黃陂人。 甘本泰豐城人。	丌恒弟 王載 張栗 葉經 曹元吉 滕寶 張仁 魏仲然 吳恭 郭汝梅 徐繼賢 黃鶯 以上十二人俱卓林驛丞。案袁《志》，有弋其卿任嘉興遞運所大使，不應入此，今刪去。
隆慶年	艾鼇新建舉人。 蔡貴易同安進士。	陳文舉宣城監生。	時化成吳縣監生。	蔡循周泗水人。 楊士基濟寧人，劉《志》姓陽。 劉焯興國州人。	王襘宜興監生。 高橋貴池歲貢。	佘正莆田人。 韋邦舉武掾人。	陶玳劉《志》作岱。 邵登劉《志》作恩。 以上二人俱隆慶間卓林驛丞，崇德靳《志》入萬曆間，誤。
萬曆年	張源邠州舉人。 陳履廣東進士。 李上馨番禺進士。 朱維京萬安進士。 孫承謨侯官進士。 黃全初歙縣進士。 王述古禹州進士。 周應秋 薛近兗武進士。 陳允堅長洲進士。 徐穆臨川進士。 唐汝脩興業舉人。 張廷相 韓嘉善例貢。	鄧仕瑞金歲貢。 王爵臨淮貢員，因解銀中途卒於盜。 王聘巳江夏恩貢。 朱邦儁吳縣監生。 朱邦奇句容恩貢。 馬承科潁上貢。 黃澗邠武人。 夏烈六合監生。 翟柱涇縣監生。 秦茂臨淮吏員。劉《志》作成。 譚尚思仁化監生。 朱祚永蘄州監生。	石鍾湖口監生。 王時輔臨川舉人。 姚柏武康人。 劉良春晉江舉人。 熊文華 武瀛海州人。 鄧寀石門人。 陳繼祖 李養重錢塘舉人。 溫子傳烏程人。 汪元齡黟縣人。 趙賢左東陽舉人。 張鯨震鄞縣舉人。	洪霽龍巖人。 何如貫通州人。 郭忠貞宣城人。 陳應禮宣化恩貢。 白珩錢塘人。 朱應元烏程人。 張學書修仁人。 葉夢龍蘭溪人。 王大觀郾縣人。 姚希賢武康人。 賴君錫翁源人。 余鼎仙居人。 紀三策膠州人。 劉章印江人。 張鍔烏程人。 姚之臣太倉人。 陳鈇全椒人。 趙汝審常山人。	徐士亨長洲監生。 施宏珍惠安歲貢。 廖廷萬安監生。 紀澄都陽選貢。 何其旋易州選貢。 陳應雷溧陽監生。 袁學詩贛縣選貢。 嚴有敬宣城人。 王夢龍華亭監生。 黃守正隆安選貢。 周可録太平人。 湯來舉零陵監生。 鮑應聘徽州人。	雷楫楚城人。 趙寵上高人。 劉香德化人。 章繼學當塗人。 鄧一鑑邠人。 鍾玘泰和人，劉《志》作玘。 程世良歙縣人。 林鐸龍溪人。 李志孝仙遊人。 王禹斗萬安人。 沈承思吳縣人。 楊茂榮宣城人，石門廊《志》姓湯。 俞崇禮桐城人。 黃家榮 吳世儁 汪康允徽州人。	李條以下十五人俱任卓林驛丞，入劉《志》缺六人。 王忠賢劉《志》作思賢。 謝表劉《志》作謝文進。 耿登 王鷹 周繼芳 湯允中吳縣人。 金天爵會稽人。 王子連臨海人。 李時行 周慎衡水人。 衛明杜常熟人。 章世恩錢塘人。 徐善揚海寧人。 李國銑南昌人。

續　表

明	知縣	縣丞	教諭	訓導	主簿	典史	雜僚
	蔡廷臣 汪在前 方玗 以上五人據靳《志》增。 靳一派海澄舉人。 程道章休寧舉人。 汪文偉宿松舉人。石門鄺《志》作文煒。 陳心得永定衛舉人。	謝宗文興國選貢。 顧起明監生。 宋家棟新淦吏員。 揭洪卿吉水監生。					
天啟年	陳宗湯漳浦人。 鄧漢臣麻城人。 高士選長樂舉人。 王一凱黃陂舉人。	孫彥登青陽選貢。	陸元徵山陰舉人。 王之詔舉人，石門鄺《志》作貢生。	施承芳貢士。 翁振宗龍游士。石門鄺《志》列崇禎間。 方承訓貢士。	汪在賢江南人。 陶春芳合肥人。 鮑善章休寧人。	季士陶通州監生。 官星顯江西人。 林泉福建人。	
崇禎年	龔本立常熟舉人[4]。 鄭湆 林翀霄 呂孝升新會舉人，石門鄺《志》作昇。 趙虁澩縣舉人。 劉國會 舒宏惠全州舉人。 解學周興化貢生。 謝時揚湖廣舉人。	何獎賢 李琯 嚴思學 王慎行 郭之翰四川貢士。 徐逢時歙縣廩監。	王曰臏貢士選授。 黃有年福建貢士。 王騰程太倉舉人。 吳世用歸安舉人。 張陸秀仁和舉人。 沈選烏程舉人。 廖繼淵貢士。 孫肇元	馬夢夔貢士。 馮端仕貢士。 來紹會蕭山貢士。 蒲祚慶寧國貢士。 胡問策貢士。 徐中度仁和貢士。 王國瑞歸安貢士。 黃儆若福建貢生。 楊嘉迪鳳陽人。	曾應玉福建人。 張士元婺源人。 姚光祚長洲人。 汪國濱寧國人。	高申金壇人。 林尚馨福建人。	華如錦任卓林驛丞。

【校注】

[1] 按：光緒《石門縣志》卷六《文職表·知縣》：“（弘治）李瑋劉《府志》作偉，南縣舉人。”故“南縣縣人”是“南縣舉人”之誤。

[2] 按：光緒《石門縣志》卷六《文職表·知縣》：“（正德六年）陳伯諒有傳。”同卷《名宦》：“陳伯諒，字執之，福清進士。正德六年知縣事，明敏果決，政尚簡嚴，抑豪強，禁健訟，痛繩黠胥，任三載，凡學校、公署、教場，皆修建焉。擢河南道監察御史。”乾隆《福清縣志》卷十三《風槩傳》：“陳伯諒，字執之，遵義里人。登正德戊辰進士。知富陽縣，調崇德。廉仁兼著，以最入爲監察御史，多所建白，糾中官劉瑾，疏三上，不報，中外蕭然。提督兩京學政，首拔狀元楊維聰，擢四川提學副使，未上，卒。所著有《東漈出山文稿》。”故“陳伯良”是“陳伯諒”之誤。

[3] 按：光緒《石門縣志》卷六《文職表·知縣》：“（嘉靖）陳憲，萊陽進士。”民國《萊陽縣志》卷三《人事

志·科第》:"陳憲　葉家莊人。乙卯舉人,壬戌(進士)。"查無"萊縣"之名,故"萊縣"是"萊陽縣"之誤。

　　[4]按:本《志》卷七十七《石門節婦》:"生員胡秉忠妻鍾氏……邑令龔立本、學博陳祖法俱給額表之。"康熙《常熟縣志》卷十一《選舉表·舉人》:"(萬曆四十三年乙卯)龔立本,南禮部主事。傳見《邑人》。"卷十八《邑人》:"龔立本,字淵孟。萬曆乙卯舉人。授太平府教授,遷知福安縣。調繁知崇德縣。遷南京刑部主事……拂衣而歸。"故"龔本立"是"龔立本"之誤。

國朝	知縣	縣丞	教諭	訓導	主簿	典史	雜僚
順治三年	程佺蘭陽進士。鄧國棟大興人。		鮑之高長興舉人。	楊禎陝西貢士。			
四年			周有亮嶧縣恩貢。劉邦遇松江貢士。	盛夢龍於潛貢士。			
六年		熊士沐黃岡貢生。					
七年				崇勳江山恩貢。			
九年	陳邦奇完縣廩生。						
十年				金德俊義烏歲貢。			
十一年		馮焜陽和衛恩貢。					
十二年	易象兌海門進士。					馬鈺陽城吏員。吳《志》云,四年奉裁缺。	
十四年	李震洵陽籍,吉水官監生。		陳祖法餘姚舉人。			黃三省富平吏員,一作河間人。	
十五年		徐恂如新城恩貢。				李逢時柏鄉吏員,一作太平人。	
十六年				葉光晉青田歲貢。案:康熙四年裁缺,訓導缺,十五年復設。		紀文達涇陽吏員。	宋文翰豐潤人。案:以下俱任皁林驛丞。
十八年	張鎡陳留拔貢。						
康熙元年	韓文鋒長安進士。	李芷江陰進士,由主事降。					
三年	謝元瀛饒平進士。					喬陞良鄉吏員,一作大興人。	張調甌三原吏員。

續　表

國朝	知縣	縣丞	教諭	訓導	主簿	典史	雜僚
四年	劉允楷清豐廩生。						
五年					潘科大興吏員。		
六年							張文英大興吏員。
八年	杜森懷柔拔貢。	徐兆齡大興監生。					
十一年			管鳳來蕭山歲貢。				王永錫富平吏員。
十二年[1]						潘匯潤陽曲吏員。吳《志》作匯瀾。	
十三年	李灼文安進士。						
十二年	酈世培臨武恩貢,教習,修《縣志》。						
十六年			沈謨顯錢塘貢士。			紀憲西安吏員。	
十八年	劉佐明棗陽拔貢。		徐元薦錢塘舉人。		王畿宛平生員。		
十九年	徐原歙縣例監。		高日乾臨安歲貢。				
二十年		王遇富平例監。			杭文秀江都吏員。		
二十一年						何斗焰東鄉吏員。	
二十二年						趙士謙撫寧吏員。	
二十五年	劉正輔湖廣恩貢。						
二十六年		張鳳翥西華貢生。					
二十七年			沈龍垣仁和舉人。	蔡詔來德清歲貢。	藍飛鶴閩縣例監。	馮禄膚施吏員。	
二十八年	傅以履聊城歲貢。					謝起鵬河内吏員。	
三十一年	金輝江都監生。	樊士奇鑲白旗監生,是年裁缺。				王鈇天津衛吏員。	
三十三年			章駮脩會稽教習。				

國朝	知縣	縣丞	教諭	訓導	主簿	典史	雜僚
三十四年					史詠宛平吏員。		
三十五年				吳世良錢塘廩貢。			
三十六年							任以時邱縣吏員。
三十七年				沈楷仁和歲貢。			
三十八年	張廷采滿洲監生。		馬浩持錢塘舉人。				
三十九年							李長祚綏德州吏員。
四十一年			周雲杼烏程歲貢。			唐景鳴富平吏員。	
四十四年					丁應榮大興吏員。		
四十八年			汪麒孫錢塘舉人。				
五十一年	韓麟趾沁水舉人。						
五十二年			張孝友山陰舉人。				
五十四年				邵匡時餘杭廩貢。			
五十八年			史廣颺歸安舉人。		杜天鑑華亭監生。		
五十九年	王以和滿洲監生。						
六十年						賈文斗華州吏員。	
雍正元年					周紹文		
二年	艾理民鄞縣丞署。楊世照				賈文斗典史署。		
四年	呂廷鑄			王兆坤	任起侯		
七年						諸謙	
八年	盧承綸署。		戴一鴻山陰舉人。			張駱雄鍾祥吏員。	陳之炘故城吏員。
十年	劉漢儒清查通判署。						
十一年	謝國棟						

國朝	知縣	縣丞	教諭	訓導	主簿	典史	雜僚
十二年	黃圖珌同知署。						
十三年	孫翼				俞承祖東安吏員。		
乾隆元年	倪琯成都舉人，餘杭縣調補。			臧吉甫長興歲貢。			
五年					倪琯兼署。俞承祖兼署。		
六年				俞承祖回任。李濂清鎮巡檢署。	張駱雄兼署。		
七年					王廷詔韓城吏員。		劉士義普定吏員。
八年			臧吉甫兼署。				
九年			沈廷桂錢塘舉人，由中書改授。臧吉甫兼署。				
十年			吳迪琛會稽舉人。			劉士義兼署。	
十一年						呂宏佑大興供事。	
十三年	張愉陽曲舉人，鹽大使題補。				呂宏佑兼署。王廷詔回任。		
十五年	劉廷本奉化縣丞署。張愉回任。				呂宏佑兼署。黃純熙上元監生，安吉吏目任。		羅鳴鑾桐鄉縣丞署。
十六年	倪琯候補知縣署。				黃純熙兼署。熊象賢青鎮巡檢署。	趙良臣白沙巡檢署。朱衣客本府照磨署。朱進賢大興吏員。	
十七年	倪萬仞鹽經歷署理。倪琯回任。				朱進賢卓林驛丞署。	殷西鳳武進吏員，驛丞陞。	
十八年	謝琯即倪琯，復本姓。羅鳴鑾平湖縣丞署。謝琯回任。			吳迪琛兼署。	李世藝敘水廳優貢，歸安主簿調。		李世藝兼署。

國朝	知縣	縣丞	教諭	訓導	主簿	典史	雜僚
十九年	景穆署。王彥櫠[2]合山舉人,教習。		任文元本府教授署。吳迪埰回任。	鄒灝桐鄉教諭署。張繡浦江歲貢。	段西鳳兼署。羅錦桂東吏員,錢塘主簿調。田維崑兼署。		田維崑富平吏員。二十一年三月奉文裁缺。
二十年	汪昊杭州通判署。				羅錦回任。		
二十一年	李納璧蔚州舉人,教習。						
二十二年	黃紹署。梁徵署。劉光汾署。周鼎金溪進士。		張繡兼署。			陳晉琇本府照磨署。	
二十三年			吳鏞秀水教諭署。韓修鳳本府訓導署。邵灝永嘉舉人。	吳鏞兼署。韓修鳳署。	王兆熊署。汪廷梅署。	汪鋐監長洲吏員。	
二十四年	雷廷弒海鹽縣丞署。周鼎回任。				李世藝再任。	李世藝兼署。孫超署。	
二十五年	王以式上元舉人。			程士瑛金華廩貢。		淩溁平遠監生。	
二十六年	夏文廣思安舉人。						
二十七年	李世藝署。夏文廣回任。						
二一八年	鮑祖幹江寧貢生,通判借補。		程士瑛兼署。陳應觀山陰舉人。				
二一九年				陳應觀兼署。			
三十年						朱從龍上元吏員。	
三十一年				杜正藹東陽優貢。			
三十二年			杜正藹兼署。				
三十三年			陳存矩海寧舉人,方略館議敘。				
三十四年	吳廷藩署。黃楷漢軍進士。				石雲鵬宿松監生,歸安主簿調。	李世藝兼署。石雲鵬兼署。	

續　表

國朝	知縣	縣丞	教諭	訓導	主簿	典史	雜僚
三十五年	梁文承平湖丞署。黃楷回任。					朱從龍回任。	
三十六年	歐煥棠嘉興縣丞署。黃楷回任。				歐煥棠兼署。吳鍾靈署。應廷瑞寧都監生。		
三十七年				金利川舉人署。	夏智遠署。應廷瑞回任。		
三十八年				張守愚烏程舉人。	吳鴻署。		
三十九年	斐述文奉化縣丞署。鄧中美上杭舉人。				應廷瑞回任。	周振宗揀發主簿。鹿宗文潼關廳監生。	
四十年	程易候補運副署。張曾敩桐城舉人,教習。徐朝亮東陽知縣署。				張慎修署。	董敦禮	
四十一年	張曾敩回任。				應廷瑞回任。	劉祝三上元監生。陳曾楣易州監生,鎮海典史調。	
四十二年	紀有堂膠州舉人,安吉縣調。				藍景清署。		
四十三年	安汛署。席維世鎮海縣丞署。				劉燗漢軍監生,德清主簿調。		
四十四年					曠大劻署。		
四十五年	邵孔詔都昌舉人,壽昌知縣調。顏光照常山縣丞署。邵孔詔回任。			徐志升署。	劉燗回任。		
四十六年	朱麟徵宜興舉人,浦江知縣調。			陸時茂鎮海歲貢。		戴文選署。羅昭漢陽監生,吏目借補。	
四十七年			陸時茂兼署。		劉醇署。		
四十八年	吳鴻署。金仁署。		費震仁和舉人。		劉燗回任。	饒甸萬署。羅永佩署。	

國朝	知縣	縣丞	教諭	訓導	主簿	典史	雜僚
四十九年	朱麟徵回任。繆緗錢塘縣丞署。					顧鑿署。淩湟再任。	
五十年	俞上運鄞縣丞署。				于士英署。李麟運署。劉炯回任。		
五十一年	王元弼宛平監生,麗水縣丞署。				黃兆隆署。劉炯回任。		
五十三年	朱麟徵回任。			許椿署。	八十九署。劉炯回任。		
五十四年	王元弼再署。		堵蘭署。	吳運焜烏程廩貢。	鍾拔元署。		
五十五年	彭澤濂平湖縣丞署。王元弼再署。		黃合漠山陰舉人。		劉炯回任。		
五十六年	鄭德莊東江場大使署。張怡熊山陰知縣署。王元弼由縣丞陞授。						
五十八年	王蘊渠桐鄉縣丞署。						
五十九年	孫鳳鳴會稽知縣。鄧雲龍署。王蘊渠再署。			胡如澄署。			
六十年	葉世華桐廬縣丞署。			方塈淳安廩貢。		劉炯兼署。吳鑑泉石埭供事。	
嘉慶元年	成履咸文水副貢,松陽知縣調。		翁照署。柳超山陰舉人。	孫鵬翮署。			
二年	師象瓚永嘉場大使署。丁光劍雲化舉人,建德知縣調。			章光謙歸安歲貢。			
三年	方維翰大興監生,布政司經歷借補,平湖縣丞署。葉世華再署。					陳士驗秀水典史署。金宗夏上元供事,按察司司獄陞。	
四年	方維翰卓異陞授。				吳鑑泉兼署。		

續　表

國朝	知縣	縣丞	教諭	訓導	主簿	典史	雜僚
六年	鄒世榮署。謝世犖						
八年	李庭輝署。嵇承烈			毛鳳五遂安拔貢。			
九年	曹鎬署。						
十年	德豫署。宋詰						
十一年	洪鍾傑			孫鴻飛會稽廩生。	萬珍安義人。		
十二年	羅德營署。洪鍾傑回任。						
十三年	張飍鑲紅旗人。王椿年署。殷起瀛江陰副榜。				姚履端輝縣人。		
十四年	張飍復署。			孫祺錢塘廩貢。			
十五年	耿維祜新城進士。					梁登禧[3]嘉應州人。	
十八年	榮錫鵬署。耿維祜回任。		關樹棻仁和舉人。				
十九年					孫人伸安邱人。		
二十年					余登四川人。	葛湘舟順天人。余登署。	
二十二年	劉鎔署。耿維祜回任。張今榮廣西舉人。						
二十三年	耿維祜回任。						
二十四年	行映輝署。耿維祜			董普之孝豐舉人。			
道光元年	鄧廷彩崇慶監生。		褚運鯤餘杭廩生。	孫有元署。褚運鯤署。鮑上觀			
二年			周之翰海寧廩貢。王逢舜錢塘廩生。				

續 表

國朝	知縣	縣丞	教諭	訓導	主簿	典史	雜僚
三年					梁恩鴻嘉應州人。 沈皋順天監生。		
四年	羅升培廣東進士。					楊禮衡順天人。	
五年	宋允恭大興人。 羅升培回任。				潘度歙縣人。 沈皋回任。		
七年	盧昆鑾萬載進士。						
八年	段洪恩四川監生。 盧昆鑾回任。				汪慶階江夏人。		
九年					齊光裕陝西監生。	牛晟順天人。 李鉽鄒平人。	
十年	王鼎銘黄陂進士。 王暉吉署。			王世勳常山舉人。			
十一年	李世珍安徽進士。 吴方文文登進士。						
十二年						楊曙渠四川人。	
十三年	齊雙進樂平舉人。		范元煒錢塘舉人。			張淳武巴縣人。	
十四年	賀萬年署。 齊雙進回任。						
十五年					方楫桐城人。		
十六年					何自蕃香山人。		
十七年	余士璪署。 齊雙進回任。		宋成勳仁和舉人。		徐知鏡順天人。 熊應華蓬溪人。	猶以榧貴州人。	
十八年	王重遠潛江人。 黄爵綬宜黄舉人。 侯萬福漢軍進士。				張安邦署。	張安邦順天人。	
十九年	阮應奎武原舉人。				楊尚煐江華人署。 張方澄福山人。	顧光照交河人署。 王宗銓青陽人。	

續　表

國朝	知縣	縣丞	教諭	訓導	主簿	典史	雜僚
二十一年	于鳳韶						
二十三年				邱失名衢州廩貢。			
二十四年	李芬四川進士。			曹嗣融錢塘舉人。			
二十五年	戴瑞松 胡德璐秀縣丞代。 劉旭署。				王德潤任邱吏員。		
二十六年	楊恩黻代。 劉玉衡府經歷代。 徐嘉禾宛平副貢。					高廷爕安徽人。 金居敬	
二十七年	熊光煦署。					龔開翰	
二十八年	陳之棟江蘇人署。					張浩	
二十九年	胡德璐代。 李槃洋縣舉人。					蘇有昆 葉德生。 以上六人，籍貫、出身、任年均無考。	
三十年	張家緝三河監生。 周冕代。			鄭失名，嚴州廩貢。 張應奎上虞廩貢。			
咸豐元年	謝榮光代。						
二年	胡德璐代。 王錫周江蘇人署。						
三年	胡德璐代。 馬桂林江蘇監生。						
四年	丁昌穀江蘇監生。		許檢身仁和廩貢。				
五年	丁溥江蘇監生。		單春潮山陰舉人。				
六年	丁昌穀回任。			葉失名，寧波廩貢。			
七年	洪承棟府經歷代。 葉瓛署。			董枚慈谿歲貢。			
八年	李宗謨安化舉人，十年殉難。						

國朝	知縣	縣丞	教諭	訓導	主簿	典史	雜僚
十年	王德潤主簿代。 馮翊代。 張家縉復署。						
同治三年	張家縉再署。 劉焞上元監生署。 楊恩澍湘潭監生署。		韓鳳岐蕭山廩貢署。		王貽慶金山監生署。	翟雄飛涇縣監生署。 潘承德江寧監生。	
四年			董文堉鄞縣附貢署。 閔希濂歸安舉人。	董文堉兼理。 閔希濂兼理。 葉大芳松陽廩貢署。			
五年			宋斤義烏舉人署。	曹水郎縉雲歲貢。 閔希濂兼理。 曹水郎回任。	楊純禮大名附生署。	王貽慶主簿兼理。 楊方勖陽湖議敘署。	
六年	史致煒溧陽廩貢。		葉之蕃慈谿恩貢署。 高學治仁和附貢。	張侃仁和廩生,署。		金枚吳江監生,代。 柳啟燦長沙供事署。 程惟仁懷寧供事。	
七年	陳謨江西安仁進士。			駱金藻諸暨附生,署。		楊馥上元監生,署。	
八年						裘雲章新建監生,署。 蕭昌墀懷寧監生。	
九年	袁績慶陽湖附貢,署。			趙仕楨金華廩貢,署。			
十年	吳鈴南通州優貢,署。			徐汝銓永康歲貢,署。			
十一年	余麗元婺源舉人。			陳書浦江附貢,署。			
十二年				范多福鎮海恩貢。			
十三年				高學治教諭兼理。			
光緒元年				黃林宴浦江附貢,署。 馬捷先餘姚副貢。			
三年				孫葆樅震澤監生,代。 許玉書泰州監生,署。			

【校注】

[1] 按：光緒《石門縣志》卷六《文職表·知縣》（康熙十二年）尚有"張作礪有傳"。同卷《名宦》："張作礪，字石齋，玉田人。……"本《志》卷四十二《名宦》亦有傳，故本卷應增列其名。

[2] 按：光緒《石門縣志》卷六《文職表·知縣》："（乾隆十九年）王善橚含山舉人，教習，有傳。"同卷《名宦》："王善橚，字令梴，含山舉人。……"光緒《直隸和州志》卷十四《選舉表·舉人（含山縣）》："（乾隆九年甲子）王善橚北榜，石門縣知縣。"故"王彥橚"是"王善橚"之誤。

[3] 按：本《志》卷六《公署》："嘉慶十六年，典史梁登縉（重修）。"光緒《嘉應州志》卷二十一《仕宦表》："（豐順司屬）梁登縉　浙江石門縣典史。"故"梁登褔"是"梁登縉"之誤。

嘉興府志卷四十

官師表五

桐鄉縣

明	知縣	縣丞	教諭	訓導	主簿	巡檢	典史
宣德年	生用和蓬萊監生。 趙中代州監生。	戴孟楨華亭監生。 官于孚光澤監生。	翁瑛字玉脩，莆田舉人。	徐浩蒲圻舉人。	竇斌丹徒監生。 張善清河監生。 曹良能蕪湖人材。	[1]	邵福昌邑人，由人材任。 方祖閩縣吏員。
正統年	范宣大冶監生。 田玉禮潤，內江監生。 林瞳晉江監生。 田玉復任。	王安葉縣吏員。 夏時洋縣監生。 周全泰興監生。 伍宇林江西新昌監生。 龔遂慈利監生。 徐志南昌監生。 黃中美閩縣監生。	丁侃字拙安，江西豐城舉人。 范敏丹徒舉人。	周敬永豐監生。	王輔德化監生。 李昉南直通州監生。		王敬高郵州吏員。 王琳東平州吏員。 彭悅光山吏員。 朱貴鹽城吏員。 武振輝縣吏員。
景泰年	張泰字見爲，樂亭監生。	鄒浩雲夢監生。 馬昌琅琊監生[2]。 鄧玭順昌監生。	王紱句容舉人。	蔡紳武進舉人。 田良貴攸縣舉人。 林域福清舉人。	余富英山吏員。		王禮丹徒吏員。 馬旺內鄉吏員。
天順年	王哲金鄉舉人。	陳昭四會人。 李經廬陵人。 傅殷靖江吏員。	危山字立峰，南直懷寧舉人。 歐陽宗廬陵貢生。		于瑾豐城監生。 陳璧賀縣監生。		
成化年	左源汲縣進士，由御史左遷。 孟俊字世傑，咸寧舉人。 張鞏雲南中衛進士。 梁敬字杏園，高要進士。	楊福建水監生。 王安江西南城監生。 崔讓商縣監生。 馬振鳳陽監生。 朱鐸禹城監生。 齊克寬廣陵監生。 薛良代州監生。 王瑛臨川吏員。	黃瓚巴陵人。 劉武侯官舉人。 黃淵河間監生。 朱璠字國用，莆田舉人。	姜琦廣西永安監生。 舒廷貴黟縣監生。 黃尚禮舊《志》作王，祁門舉人。 饒恕晉江監生。	梁楫嵐縣監生。 胡憲酈城監生。 李欽汶上監生。 曹正大同監生。		王瑜沂水吏員。
弘治年	王昊字汝欽，衡陽進士。 李廷梧字仲楊，莆田進士。 陸節字亭甫，武進進士。	熊瀍建昌監生。 孔公潤曲阜監生。 馬驥宣城監生。 陳詔安仁貢生。 秦銘北直趙州監生。	鄭元吉淮安舉人。	譚濟武昌監生。 袁義鳳陽監生。 林潤樂清監生。 范秀夫弋陽監生。	李珣慶陽衛監生。 高傑靈璧吏員。 李智靖江監生。 孫鸞衡水監生。		朱雲高唐吏員。 鄭璜南直山陽吏員。 甘王環麻城吏員。 孟順霸州吏員。

續　表

明	知縣	縣丞	教諭	訓導	主簿	巡檢	典史
		徐珪應城吏員。戴讓上饒監生。吳晟任縣監生。陳斌茌平監生。					
正德年	張紘字文儀,上海進士。楊璨字仲玉,華亭進士。任洛字仲伊,鈞州進士。陳汝朔崑山人,卒於官。蔣琪字信國,溧陽進士。	劉瓆字朝重,四川會州衛進士,行人司降任。王秀深州監生。宋泰光化監生。李才建水監生。黃亮字克明,遂溪監生。管文舉字時英,宣城貢生。	田琳江寧監生。陳良猷字廷弼,晉江舉人。	陳潤字以清,嘉定歲貢。羅友義高平舉人。林秀晉江歲貢。丁信西平監生。	鄧順廣安州人。李昭字孔明,漢中衛監生。		張韶廣東順德吏員。林瑞莆田貢生。
嘉靖年	董鈜溧縣進士。王宸瓊山舉人。范來賢字昌國,常熟進士。方克字維力,桐城進士。溫學舜字憲統,晉江進士。朱尚質字宗商,句容進士。孫宏軾資縣人。李長盛字宗裕,莆田進士。徐行可江陵進士。徐麒字應文,泰州舉人。周槐華容人。金燕字尚賓,潛山進士。陳應詔泰州人。萬禾嘉興通判署。曾士彥字環山,桂林舉人。李羔建寧貢生。	楊鴻漸南京留守衛監生。李廷英平定州監生。譚紹堯。李大方茌平監生。閭繼祖武定州監生。崔棠沛縣監生。張偉沭陽監生。袁位。吳子高。陳日昭。郭東嘉。曾國榮。程廷楷績溪吏員。仇誥歙縣監生。張振朝。楊顯。張賓。高宗顯。戴澤。	聞弸。錢淵建平舉人。袁《志》作廣德人。陳翼。謝明德。張四維高郵州監生。朱朴桐城舉人。楊昌。方懋。王國賓。林士杲。李德望。	王瞻洛陽監生。朱健江西安義監生。楊世芳。楊緣貴州監生。賡宗舜。楊際會。張蘭。張賚一作張鼇。伍世儒。周國正。朱瓚。韓銳。張鏡鉛山監生。許珏句容貢生。	鄧時修南溪監生。程煜深州監生。顧準太倉監生。林福生。樂有律。倪鎮。謝文安。	張九奎。孫珦。劉汝霖。高琪。高鳴陽。舒得用。趙廷玉。孫脩業。張秀。黃崇。郭學堯。陳相。陳貫南海吏員。	陳貫南海吏員。王馨。鄭文海。郭昊。戴星。蔡梓宏。彭由周。郭尚和。汲春。
隆慶年	賴治廣昌貢生。江萬和黟縣舉人。濮陽棻廣德州貢。	石徐麒南直清河貢生。姜宷。顧顯。	文應魁。陳延吳縣歲貢。李德望。	曹魯。鄧敦。李詩字志齋,常熟人。	江以同貴溪人。李思敬。黃觀民。	孫官。徐元會。秦邦。張齡。	林熊。馬驦。

明	知縣	縣丞	教諭	訓導	主簿	巡檢	典史
萬曆年	蔡時鼎字和雨,漳浦進士。 高梅内江進士。 薛喬登晉江貢生。 李學曹廣東順德人。 陸枝字培吾,常熟人。 謝諫字聖俞,歙縣進士。 楊日森貴池進士。 須之彦字君美,嘉定進士。 藍應斗景陵舉人。 胡舜允餘干進士。 蔣允儀字來賓,宜興進士。 譚承詔東莞舉人。	曹鳳來 戴元緯 羅敷 向世學 舒吾素 吳元周 朱一鳳 龍子麟 陰陽調 吳邦仁徽州吏員。 潘廷猷福建選貢。 伊堯稷福建吏員,署本縣印。 田春芳	方義壯 李九標江西舉人。 吳鉞宜黃恩貢生。 吳省 楊鳳鳴 章俊傑 蔣本盛陞國子監博士。 韓士元號奕山,松江貢生。 潘鸞 周敬元會稽舉人。 袁顯卿江陰舉人。 范遇	陳煜 趙璲一作燧。 李倫吳江人。 金階 應詔 方天霖 王承訪 金殿江寧貢生。 鄭栻臨海貢生。 盛適 鐘天元歸安歲貢。 張汝誥烏程歲貢。 盧嘉賓 趙士朝 魯志謙江山歲貢。 盧學周	張治教 陶顏 佘倞 周恩 林世華 陳梧 鄭仕京 劉大本 陳一柱 李穸 郭萬綬	王稷 壽一鳳 張崟 阮大選 卓子成 傅錢餘干人。 金鱗角淮安人。 袁三級合肥人。 張鳳翼 錢大耀吳江人。 朱天禄 曾咸偉汀州人。 徐鴻功南昌人。 李元甫丹徒人。 溫聖言廣東人。 蔡廉 俞之蕃莆田人。	賀國材 李嘉楨 秦林 周德京 高邁 秦遜
天啟年	王應期六合舉人。 張定志字石叟,宜興人。 楊兆升字升之,常州進士。 宋應昇字巖孔,江西舉人。 王士鑠字元冶,金壇進士。 馬子驌雲南舉人。 盧國柱江陵舉人。 黃徽允字吉臣,晉江進士。 劉廷憲字秋岳,同安舉人。	吳邦仁徽州吏員。 潘廷猷福建選貢。 伊堯稷福建吏員,署本縣印。 田春芳 廖應楨南直監生。 孫維義徽州吏員。 韋懋德兗州吏員。 葉正英安慶生員。 龔應雷陝西吏員。 周之昌湖廣貢生。 李之美南直山陽監生。	俞叔晟湖州歲貢。 湯孫説湖廣歲貢。 陳瑛歸安舉人。 嵇之楚字倉梧,德清舉人。 李碩錢塘舉人。 應信遇嵊縣歲貢。 程其惠錢塘歲貢。 胡其驤無錫舉人。 沈延慶遼東貢生,甲辰三月[3],都城失守,不食而死。	李宜春山東歲貢。 方可正字瑞甫,歲貢。 史諫貴池歲貢。 張爾陸太原恩貢。 程啟祚南直華亭歲貢。 葛士奇海寧歲貢。 湯洗心江陰歲貢。 王志召孝豐歲貢。 謝廷訓天台歲貢。 沈之瀾歸安歲貢。 羊世昌海寧歲貢。 祝汝樽山陰歲貢。 許先甲杭州人。	林守充福建吏員。 熊文焰江西吏員。 吳以敦盧陵監生。 陳良駒福建監生。 鍾士暹南昌監生。 江之廣旌德吏員。 黎夔武宜貢生。 周元輔臨川吏員。 胡順龍建昌吏員。 郭館賢湖廣吏員。 陳鳳雛四川貢生。 許應期四川貢生。		盧敬曜 鄒諸言江西人。 舒敬江西人。 黃以標福建人。 王學謨嘉定人。 萬國春南昌人。 林士登福建人。 陳一經南靖人。 連應星莆田人。 王允昇晉江人。 夏文燦西安人。 陳文魁福安人。 鄒洪功廣東人。 吳名巒莆田人。 周光祚廣東人。 袁受聘松江人。 以上前《志》任年俱無考。

【校注】

[1] 按："巡檢"一欄,本卷明代嘉靖前未列,據光緒《桐鄉縣志》卷八《職官表·巡檢》補列於下:宣德年至弘治年有孫繼先、胡孚、劉俊、姜貴、鄭復、劉英、王稢、周斌、張清、楊斌、傅楫、宋翱、常顯、趙通、魏振、姚雄、胡源、吉聰、宋宏、楊盤、張政、周沖、陰連、魏海、吳旺。正德年有紀明、冉銘。

[2] 按:光緒《桐鄉縣志》卷八《職官表·縣丞》:"(景泰二年)馬昌雲南琅穹人,監生。"乾隆"浪穹縣志"卷八"選舉·歲貢":"(明)馬昌。"查《中國歷史地名大詞典》,無琅穹,應爲浪穹。

[3] 按:光緒《桐鄉縣志》卷十《名宦》:"沈公延慶,遼東人,貢生。崇禎壬午任教諭,慷慨有志節。甲申三月,都城失守,痛哭,不食而死。"沈延慶於崇禎十五年(壬午)任桐鄉教諭,至十七年(甲申)"都城失守,痛哭,不食而死。",故"甲辰"是"甲申"之誤。

國朝	知縣	縣丞	教諭	訓導	主簿	巡檢	典史
順治二年	張如戴字琅石,閩中舉人。		汪章錢塘選貢。		黃錡黃崗吏員。		
三年	楊晙字冬可,曲周舉人。	伍履吉長洲例監。			孫明位徽州吏員。史永鯤歸德貢生。是年裁缺,九年復設。		
五年			王仲字子駿,會稽舉人。				
六年	張鳳羽字瑞寰,撫順人,正紅旗貢生。						
八年		崔斗望平陽恩貢。		鮑坤順麗水歲貢。			
十一年	劉永吉字岷雪,光山拔貢。						
十二年	谷萬方真定貢生。						白啟秀大興吏員。
十三年	王好仁字玉樞,蓋州進士。		郭宗儀字仲星,海寧舉人。	徐化時永康歲貢。康熙五年裁缺去任。十六年復設。			王道華大興人。張國祚江都人。蓋毓隆富平人。
十六年		馬秉震固安恩貢。俞思德順天監生。			康文禮兗州吏員。李承銓江寧吏員。		周經才大興人。以上任年俱無考。
康熙元年							候拱極韓城人。王忠字丹一,渭南吏員。
三年	李向旭鐵嶺蔭生。	向明相大冶歲貢。黃輅儁大同拔貢。					

國朝	知縣	縣丞	教諭	訓導	主簿	巡檢	典史
四年					吳霖 大興吏員。	王業儒 吳縣吏員。	
五年			関圻申 烏程舉人。				
七年	余芝 字眉仙，績溪拔貢。						
八年			許風 字德遠，仁和舉人。				
十年	路一龍 澄城歲貢。		馮勸 字屏山，諸暨舉人。			路印開 濬縣吏員。	
十一年	季德鄰 宛平貢生。						吳尊越 韓城人。 方錫 懷寧吏員。
十二年	孫郁 字雪崖，元城人。					張宗遺 涇陽吏員。	
十三年	徐秉元 字子一，遼東蔭生。						徐欽爵 保定人。
十四年		李春芳 陝西歲貢。			何士寵 萊州增監。		
十五年					丁元樞 字瑞鳴，宛平吏員。	吳廣靈吏員。	
十六年		呂夢楨 字靖江，溧陽例監。					
十七年				吳賓文 字禹敷，仁和例貢。			朱承德 大興人。
十八年	杜汝綸 字維常，鑲白旗貢生。	盛履昇 字子寮，定遠拔貢。				任候薛 陽曲人。	
二十年	何金藺 字相如，丹徒人，傳臚，由中書改授。				楊咸亨 山西人。		
二十一年			鄭言士 字有章，仁和舉人。		馬炳 字郎坤，安邱貢生。		王明進 順天吏員。
二十二年				趙嘉茂 字滋園，山陰歲貢。		張孟芳 壽陽人。	
二十五年	張承位 蘄州舉人。				張熙瑞 長洲吏員。		饒光祖 大興吏員。
二十八年	李濂 任邱舉人。	劉玉樹 桐城例監。				田茂春 岐山監生。	
三十一年	林謙光 字芝眉，長樂副貢。 郭金湯 鑲黃旗人。				胡綸 桐城監生。		任道民 良鄉吏員。

續　表

國朝	知縣	縣丞	教諭	訓導	主簿	巡檢	典史
三十四年				朱澧歸安歲貢。			
三十五年		錢大德孟縣貢生。					
三十六年			方運昌字鳴五,淳安歲貢。			凌岳濟南衛人,三十年移駐青鎮。	
三十七年	劉鎧字屏山,江津進士。吳枚臣字卜功,籍貫、年月無攷。			沈禔字範九,烏程歲貢。			
三十八年					孫禮榮滁州吏員。案:二十九年裁缺。		
四十年							劉永祥正定吏員。
四十一年			毛文山陰舉人。				
四十二年			程戀昭永康歲貢。				
四十四年							林脩霄費縣吏員。
四十六年				張焯歸安歲貢。			
四十九年						吳爔望江人。	薛自祿安定吏員。
五十年	魯城大興歲貢。						
五十一年			嵇承顯德清舉人。				
五十三年		趙謨合江歲貢。					
五十四年	姚述虞字無山,大興舉人。						
五十六年			高日時新城舉人。				
五十七年						童克倫桐城人。	
五十八年	徐必泰字峙東,當塗舉人。	鮮大生蘆山歲貢。		姜公鎬會稽歲貢。			
五十九年	金泰漢軍正白旗監生。黃召南正紅旗監生,本府通判署。					趙元佐大興人。	

國朝	知縣	縣丞	教諭	訓導	主簿	巡檢	典史
六十一年	陳大慶字頤伯,黃岡進士。						
雍正二年		劉璧		朱振基會稽歲貢。			
三年	王輅生字淳山,廬陵人。					馬治新直隷新安人。	
五年	蔡可遠字致甫,漳浦舉人。						
六年	王以和署。					胡明德	
九年		黃錫蒲					
十年			汪楷錢塘人。				
十一年			王兆坤石門訓導署。				
十二年		佟淳儒字一州,正黃旗副貢。	張廷機寧波人。	吳昌祺字載揚,海寧廩貢。		李濂字溪先,宛平人。	
乾隆二年			沈廷桂湖州舉人。				
四年	余必夔思南副榜。						楊時泰字廣生,三原吏員。
五年			傅士虓字鶴亭,山陰舉人。				
六年			孔繼洙西安廩貢。				
七年	華麟趾宿州監生,金華通判署。 李華松慶符進士。						
八年	倪琯成都舉人署。 魏儀雲南寧州舉人。	錢毓松本府經歷署。 李乾元商水廩貢。					管鴻盤武進吏員。
十年	吳士鶴滄州監生,鄞縣縣丞署。 舒瞻字雲亭,滿洲鑲黃旗進士。	張鼎新泰興監生,平湖主簿署。 羅鳴鑾字韻村,揭陽人。					王廷昭韓城人,石門主簿署。 尤昭理曲阜人。 呂祚競字維三,旌德吏員。
十一年	張治開化縣丞署。						
十二年	趙選安化舉人。						

續　表

國朝	知縣	縣丞	教諭	訓導	主簿	巡檢	典史
十四年		劉玉樹字南邨,桐城例監。					
十五年	李輔德夏邑舉人,卒於官。				張熙瑞字詩宜,長洲吏員。		
十六年					胡綸桐城例監。	熊象賢武平人。	
十七年	左維憲貴州舉人。 范全孝如皋例監。 王瑄字荆玉,華陽拔貢。						
十八年		孟衍泗亳州拔貢。 雷士佺沔陽州監生。	邵瀚餘杭舉人。				
二十年	舒瞻嘉善知縣署。			沈世隆字遠邨,蕭山廩貢。		曹慊字其慎,貴池人。	徐坦天長吏員。 黨浩德韓城吏員。
二十一年	謝光鐘字震嶠,監利進士。 施仁義崇明貢生。	李永泰字東候,繁時拔貢。					
二十二年	陳虞盛字際唐,漢川監生,嘉興縣縣丞署。						
二十三年	韓本晉字桐嶧,太原進士。						
二十四年	孫霈正紅旗舉人,德清知縣署。 李化永城副榜,試用知縣署。 梁豎校平陸進士。	李青廷桂東監生。				朱瑞麟字兆生,盧龍人。	
二十五年	陳虞盛	蕭應鎧平遠貢生。					朱世錫江夏監生。
二十六年		梅可遴黄梅監生。					
二十七年		葉萬根大興監生,試用吏目署。		王錫纓仙居歲貢,嘉興縣訓導署。			
二十八年	王士瀚咸寧貢生,平湖縣縣丞署。	劉廷榆浦城監生,試用主簿署。					

國朝	知　縣	縣　丞	教　諭	訓　導	主　簿	巡　檢	典　史
二十九年		李燦吉水監生。	張洪圖浦江人,本府訓導署。				
三十年	雷士佺字全人,沔陽州監生。		張良柱字石臣,鄞縣舉人,婁縣知縣改授。	馮夢蘭字香谷,會稽歲貢。			
三十二年	李天錫東安舉人。	董疊緝萬全舉人。				吳粵麟興寧監生,試用州同署。	
三十三年	鮑祖幹歙縣人,石門知縣任。 陳步月南靖舉人。 潘安智字曉窗,江西新城貢生。					于世浩商河監生,試用從九品署。 吳安楨長洲監生。	
三十四年			王宏道分水舉人。			姜寶善奉天鑲白旗監生。	
三十五年		王華大興監生。					
三十六年				時吳莘仁和舉人。			繆之灃如皋監生,署。
三十七年							耿昭絳州供事。
三十九年	李季亨聊城舉人,署。						劉遇榮宜春監生,署。
四十年		李奉珽奉天正藍旗人,試用從九品署。				于磬宜大興生員,試用從九品署。	方貽德貴池儒士,試用從九品署。
四十一年	劉鳳鳴廣東順德舉人,富陽知縣署。 王泰曾宛平附監。	湯懋脩雎州監生,試用經歷署。 山榮杰三臺監生。				韓榍武城生員署。 謝仲奎漢陽監生,試用吏目署。	
四十二年		柏本大江夏監生。				羅新敏湘潭人。	
四十三年	楊先儀字文溪,湘陰舉人。	戚文魁安徽太湖監生,試用,未入流。					
四十四年	李銓丹徒舉人。	馮國璋華陽監生。				藍景清彭縣監生,試用吏目署。	
四十五年	汪甫旌德附貢,試用知州署。	牟焜正白旗監生署。		許椿錢塘廩貢署。 王友信寧海歲貢。			

續　表

國朝	知　縣	縣　丞	教　諭	訓　導	主　簿	巡　檢	典　史
四十六年		劉三梧什邡監生。					藍景清彭縣監生。
四十七年	李元位大興舉人，遂昌縣知縣署。李成璠臨桂舉人。						唐尌陽田監生。
四十八年	鍾德溥舒城蔭生，寧海知縣署。徐延翰和平拔貢，仙居知縣署。唐文昭字敬安，犍爲舉人。	徐瑤江蘇廩貢。	葉驥歸安舉人，禄豐知縣改授。	周人英字孟巖，海寧廩貢。		張文琛汾陽監生，試用吏目署。劉醇正定附生，試用主簿署。	
四十九年		于世第金壇附監署。宋騰飛旌德儒士署。裴述文曲沃貢生。					
五十年		劉雲宛平吏員署。					
五十一年	喬萃榮平定州舉人，泰順縣知縣署。朱鍾麒貴州安順府進士，署。	張申祐分宜監生，署。鄧必玉奉新監生，署。郭淳字澤寓，天津人，是年奉按察司檄駐青鎮。				常成崑甘泉監生，署。	
五十二年	彭起鵑昆明舉人，遂昌縣知縣署。陳昶字春墟，宛平舉人。	韋協恭蕪湖附監，署。					葉承澍樂縣監生，署。田星謨江寧監生。
五十三年	王士鑑字鏡湖，楚雄拔貢。					王濤宛平附監生，署。	
五十四年	郭文銘字書屏，閩縣舉人，署。王士鑑回任。		陸澂錢塘舉人，署。			孫元淵許州監生，署。	田正開永寧監生，署。
五十五年	黃成益陽舉人。		王繼曾字魯齋，仁和舉人。				易元曜字曉山，湘鄉監生。
五十六年	呂爾熺[1]字皆孚，武進舉人。	查秀字芝三，休寧監生，試用布經歷署。					

國朝	知縣	縣丞	教諭	訓導	主簿	巡檢	典史
五十七年	鄭裕國正白旗舉人，蘭溪縣知縣署。呂爾熺回任。	程英來安東監生，署。王蘊渠[2]靈璧附監。	殷立梧字東夫，錢塘舉人。				
五十八年	戴廷沐元和吏員，衢州府經歷署。李廷輝字立山，合肥南元。	曾毓芑江夏吏員，署。				黃孝將休寧監生。	章駿業嘉定監生。
五十九年	路泰曲周增生，嘉善縣丞署。李廷輝回任。						
六十年	許恂字松巖，臨桂舉人，署。	蔡應霖東莞舉人，試用知縣署。樂鍾叡漢軍鑲白旗人。					鍾琪字耳甫，大興附監生，署。鄧儲字約齋，寧都人，供事。
嘉慶元年	王洪序字五峰，金溪進士，壽昌縣知縣署。王蘊渠字含香，靈璧附監生，鄞縣縣丞署。李廷輝回任。					謝用澄平遠監生。	周萃字伊田，南海貢生，署。鄭棠芬字化南，溫縣監生。
二年	金琯宛平吏員，嘉善主簿署。李廷輝回任。					樂鍾叡署。	
五年						吳復禮如皋監生。薛戴東江蘇人。	
六年		李星耀江西監生。				韓文淮四川監生。汪晿安徽監生。	
八年	張麗鑲紅旗人。王大全寶應舉人。	許大勳江都人，署。					
九年		鄭鴻文直隸附監。		盛埏錢塘廩貢。周灃富陽舉人。		宋梃申安徽監生。	邱家隆江西監生。
十年			余習龍游廩貢。施邦太歸安。				嚴蓮江蘇監生。

國朝	知　縣	縣　丞	教　諭	訓　導	主　簿	巡　檢	典　史
十一年						李景瀚大興人。陳治安福建貢生。	
十二年	張飈復署。王大全回任。	劉嵩齡安徽貢生。					孫人伸安邱人。覃九齡廣西監生。
十三年							楊兆清江西監生。
十四年						白應魁四川監生。	
十五年	徐雲笈署。殷思尹江陰監生。						李景瀚署。艾宗驥四川監生。華煥江蘇附監。
十六年		章存基天津人,署。					
十七年							陳璞菴大興人,署。
十八年		張爲炯山東監生。	章蘋歸安廩貢。			汪泰階湖北監生。	李華年貴州監生。
十九年			宋咸熙仁和舉人。				
二十年	黎恂貴州進士。						
二十一年		林維鶴四川監生。		裘南金錢塘廩貢。夏呈圖青田拔貢。		張文海安徽監生。猶以樞貴州附貢。李簡直隸監生。	
二十三年	劉性源署。黎恂回任。	曾庭江西附貢。孫志道河南監生。				張廷榮濟陽人。	
二十四年	趙瑞璧署。黎恂回任。						李際虞直隸監生。
二十五年	陳從嘉署。徐起渭王鼎銘黃陂進士。						
道光元年				邵鎮餘杭廩貢。趙烺錢塘舉人。			

國朝	知　縣	縣　丞	教　諭	訓　導	主　簿	巡　檢	典　史
二年	畢紹棠 天津監生。	費人騏 清苑人,署。 許繼柏 無錫人。					
三年							謝楨 江西監生。
四年						張文海復署。 馬蘊琚 直隸監生。	
五年	沈逢恩 閩縣進士。 王鼎銘回任。			閩思端 烏程舉人。 褚運鯤 餘杭廩貢。		黃宗鈞 安徽監生。	
六年			張泰泉 仁和廩貢。				張森 桐城人,署。
七年			程希濂 會稽舉人。				
八年	蔣夔署。 王鼎銘回任。						亢澄 吳縣人。 鄧醇 大竹人。
十年	王書城 湖南拔貢。 王鼎銘回任。 王書城復署。	熊第垣 湖北監生。				江秉南 順天議敘。 徐濱 安徽監生。 劉克類 昌邑人,署。	
十一年	黃攀桂 江西舉人。 丁廷鈺 固始監生。 黃攀桂回任。	湯遇恩 廣東監生。 陳文衡 江西監生。					
十二年				葉道春 錢塘歲貢。 陳柟 蕭山舉人。		王世森 順天監生。 黃宗鈞回任。	
十四年	周書選 嵩縣附生。			呂賓三 餘杭舉人。 閔鎔金 烏程舉人。			
十五年	黃攀桂回任。						
十六年	盧琳 泰安進士。	柏書 漢軍生員。	張承福 海寧舉人。				
十七年	榮第 滿洲進士。 盧琳回任。		徐鏞 餘杭廩貢。 陳玢 海寧舉人。				

國朝	知縣	縣丞	教諭	訓導	主簿	巡檢	典史
十八年	高奇偉 山西舉人。						
十九年	王運舒 溫縣廩貢。						
二十年	盧琳 回任。			瞿堇元 蕭山舉人。			
二十一年	張銘鼎 順天舉人。 姚恩書 順天附監。						
二十二年	高振宛 河南進士。	張銘志					邱家炘 直隸人,署。
二十三年	顧光照 府照磨代。 楊茂淳 江西舉人。 劉玉衡 府經歷代。 鄭鏞 福建舉人。 華理 天津拔貢。						朱宗衢 涇縣監生。
二十四年	高毓岱 吳縣舉人。 華理 回任。						陳廷弼 懷寧供事。
二十五年	李烱 山西舉人。	曹濬源 溧陽監生。					陳敬之 江夏監生。
二十六年							陳鵬搏 侯官監生。 張豫 婁縣監生。
二十七年	楊茂淳 復署。						孫鳴岐 直隸吏員。
二十八年	尹嘉謨 府司獄代。 佘以增 興國舉人。 曹濬源 本縣縣丞署。 梁元 廣東舉人。 李烱 回任。	顧兆龍					周信泂 吳縣議敘。
二十九年	張家緝 三河監生。	李榮					
三十年	徐嘉禾 宛平副貢。						

國朝	知縣	縣丞	教諭	訓導	主簿	巡檢	典史
咸豐元年	馬昂霄吳縣舉人。	沈搢元溧陽人。					
二年	崔夢梧江西人。					田馨倬四川監生。	劉文田
三年	李溶沅陵監生。					姚紹煦江夏吏員。	
五年	戴槃丹徒舉人。	汪德裕吳縣監生。				曾孝傳浦江監生。	游運泰
六年			黃永修慈谿廩貢。				
七年	陳謨江西監生。		鐘廷贊蕭山舉人。			王士英山東監生。	姚權
八年	方銓常州供事。	鄭志仁吳縣監生。				方謙江西監生。	
九年		劉焞上元監生。				楊恩培無錫監生。	方謙蘇州監生。
十年	宰鳳翼上元監生。	卜詢江蘇人。				汪如松婺源監生。	
同治三年	王聯元江都監生，署。	蕭江宜賓軍功，署。章元煦績溪附監生，署。	鐘廷贊復任。王啟忠鄞縣附貢。	錢榮光上虞附貢。		史鳳池溧陽附監，署。楊繼曾陽湖監生，署。	楊霖長沙監生，署。錢大昌大興監生，署。文麟滿洲鑲黃旗附生，署。
四年	富拉渾滿洲鑲白旗繙繹生。	尤炳章萬縣監生。				金和節婁縣監生，署。	
五年			鐘廷贊回任。			孫兆齡皋蘭監生。	高長松貴池吏員署。
六年			李懷堯餘杭副貢，署。				楊光熙宜興監生，署。
七年			孫佩蘭天台增貢，署。錢榮光兼理。鐘廷贊回任。				夏家銳署。姚權通州監生。
八年			吳光鎬長興附生，署。石綸藻錢塘舉人。			程宗濂武進監生，代。葛存願嘉定監生，署。	汪長庚崑山附生，代。周榮庚丹徒監生，署。
九年	戴枚丹徒附貢，署。					曹鏞甘泉監生。	李逢春吳縣監生，署。
十年		屈懋功裕州監生，署。	黃藻黃巖歲貢，署。石綸藻回任。				趙之綱婁縣監生。

續　表

國朝	知　縣	縣　丞	教　諭	訓　導	主　簿	巡　檢	典　史
十一年	華學烈金匱 廩監。 盛宇懷武進 附貢,代。 李春和貴築 舉人,署。	王春澤丹徒 監生。	汪運昇常州 拔貢,署。				
十二年	胡曰宣修文 進士,署。		魏熙元仁和 舉人。				
十三年	袁績慶陽湖 附貢,署。						
光緒元年	龔鳳岐義寧 州舉人。 李炳厚崑山 副貢,代。 龔鳳岐回任。			魏熙元兼理。 陳錦藻慈谿 附生,署。 查光華海寧 舉人。			
三年				任位竣永嘉 廩生,署。 查光華回任。			

【校注】

　　[1] 按:光緒《桐鄉縣志》卷八《職官表·知縣》:"(乾隆五十六年)呂爾禧有傳。"卷十《名宦》:"呂爾禧,字滌圃,江蘇武進人。癸卯順天舉人。乾隆間知邑事,才幹英敏,嚴緝奸宄。邑聖廟久不治,首倡捐俸修葺之。徵收銀米,恪遵功令,催科量其緩急,常課外不多索分文,以勞瘁卒於官。"光緒《武進陽湖合志》卷十九《選舉·舉人》:"乾隆四十八年癸卯　(順天)呂爾禧,浙江桐鄉縣知縣。"故"呂爾熺"是"呂爾禧"之誤。

　　[2] 按:本《志》卷七十九《桐鄉節婦》:"李惠時妻吳氏　守節六十年,知縣王蘊蕖表其廬。"光緒《桐鄉縣志》卷八《職官表·知縣》:"(嘉慶二年)王蘊蕖見縣丞。"同卷《職官表·縣丞》:"(乾隆五十七年)王蘊蕖安徽靈璧人,附監生。"故"王蘊渠"是"王蘊蕖"之誤。

鹽　職

	嘉興監 遙領鹽職	司鹽校尉	鮑郎場	砂腰場	蘆瀝場	監澉浦鎮稅	
吳永安年		駱秀烏傷人, 七年海賊破海 鹽,被害。					
唐大曆年	高日倫渤海 人,乾元時有 張滂、王緯,十 年六監,課百 萬至三百萬。						

	嘉興監遙領鹽職	司鹽校尉	鮑郎場	砂腰場	蘆瀝場	監澉浦鎮稅	
貞元年	李伯禽 五年爲嘉興監，徐浦下場羅官。						
長慶年	盧攸 裴宏慶						
宋景祐年	何邈		宋李昌宗《鮑郎場題名記》略：“鮑郎場寖就弛弊，言路上疏，謂眘于兼二之冗。庚辰，詔典銓注顯官，毋與鎮稅事。癸未又詔今後鎮官免以鹽場繫銜。”				
康定年	聞人建 本縣人。						
元祐年	章篆 字質夫。以上三人，吳《志》列都鹽倉官。						
大觀年				晏述 庚寅任，監海鹽，管砂腰海鹽場，煎賣鹽，見東嶽廟碑。			
紹興年						陳南美 以下鮑郎鹽場兼澉浦鎮稅煙火公事。 李格 林極 袁藻 姚廷襄	
乾道年						沈大卿 蔡興世 魏衡	
淳熙年						林楠 趙師名 吳仁表 高文慶 王子洪	
紹熙年				施耒 癸丑任監海鹽縣砂腰催煎場。		葉樾	

	嘉興監遙領鹽職	司鹽校尉	鮑郎場	砂腰場	蘆瀝場	監澉浦鎮稅	
慶元年					陸桂催煎場。	周焯 吳華國 王顯世	
嘉泰年						曾晏	
開禧年						胡從龍 嘉定戊辰刻《澉浦鎮題名記》。	
嘉定年			朱俯 刻《鮑郎場題名記》。以下監鮑郎催煎場。案：鹽場不兼鎮職自俯始。 史彌炳			詹騙 劉三畏 葛挺之 徐之紀 賈岳 朱俊之 以下監澉浦鎮稅兼煙火公事。案：鎮職不兼鹽務自朱俊之始。 史瓚	
寶慶年			應彌明			趙潛夫 張廣年	
紹定年			薛師仁 顧用卿			羅叔韶 張思齊	
端平年						趙沆夫	
嘉熙年			周應旂 趙希槻			曾群	
淳祐年			厲夢龍 施秌 詹元善 俞塤 王九齡			傅明壽 朱嗣立 趙汝泂 張焯 寶祐甲寅刻《澉浦鎮題名記》。	
寶祐年						周之綱	
開慶年						趙孟若	
景定年						胡洙	
咸淳年						徐行祖 李興宗	
元至大年			金汝礪				
皇慶年				江正鹽司丞，元爲海砂場。			
至正年				抹速忽			

明	批驗所大使	鮑郎場大使	海砂場大使	蘆瀝場大使	遞運所大使	稅課司大使	河泊所大使附
		蕭士賢洪武中任。馬出萃天啟中任。	張眉高洪武中任。梅賓國天啟中任。	康達遠洪武中任。錢伯珍	戈其卿洪武中任。	鄭二秀福建人,薦辟,洪武中任。盧昭惠安歲貢,天順中任。張宣 盧璧 楊緒 鄒濂 吳建平 王相 楊禧 周應龍 朱觀 余希湯 劉憲 楊紹 周夢熊 趙仕達 郁遷蘭 謝恩 張宣以下十六人俱見劉《志》。	王輔遷安歲貢。蕭日鼎 徐鳳 劉景鳳 周秉彝 趙榮 王仲 李迎春 袁洲 朱軏 芮湘 易四陽 任文魁 劉克全 羅暨桂 紀裕 蕭日鼎以下十五人,俱見劉《志》,崇禎裁缺,見吳《志》。

國朝	批驗所大使	鮑郎場大使	海砂場大使	蘆瀝場大使	稅課司大使附
順治二年		王嘉校	孫如鳳吏員。		
三年	章萬瑞石埭吏員。				余德遠奉新吏員。
五年	李于霄錢塘吏員。				
六年	何之瀛固原吏員。		杜國用宛平吏員。		
七年	趙廷模江都吏員。				
八年	陳明材蘄水吏員。				
九年	陳逹清苑吏員。			姚繼儒上元吏員。	
十年	蔣兆雲諸暨吏員。				
十一年	童邦憲宛平吏員。		俞化淵吏員。		
十二年	朱麟生萬安監生。顧啟元大興吏員。王廷獻鳳翔吏員。	范士英翼城吏員。	姚啟祚東明吏員。		

國朝	批驗所大使	鮑郎場大使	海砂場大使	蘆瀝場大使	稅課司大使附		
十五年		趙良璧宛平吏員。	段遇時大興吏員。				
十七年	金永儀武進吏員。				李闓章閩縣吏員。		
十八年	孫杲大興吏員。宋之傑濟南吏員。王汝寧信陽吏員。						
康熙二年		王大事博野吏員。					
四年					王文煥西安吏員。		
五年			徐應科大興吏員。				
七年				周成勳涿州吏員。			
十三年		劉啟湘滑縣吏員。					
十四年	劉慎德安定吏員。徐應科順天人。						
十六年	劉德高旂德吏員。						
十七年		李定本韓城吏員。					
十八年	王士鏻大興吏員。		王繼舜密雲吏員。				
十九年				陳國鼎宛平吏員。			
二十二年			王德亨長清吏員。				
二十四年					李遇春三河吏員。		
二十五年		李明良山海衛吏員。		紀宗河間吏員。			
二十八年			陳元化直隸人。				
三十年					李一慎東明吏員。		
三十一年	石明俊溫縣吏員。		彭三泰澄城吏員。				

國朝	批驗所大使	鮑郎場大使	海砂場大使	蘆瀝場大使	稅課司大使附		
三十二年		祝延齡禮泉吏員。					
三十三年					安珍江夏監生。		
三十六年				周煥獲鹿吏員。			
三十九年					葉有桂宛平吏員。		
四十年			朱豐德霸州吏員。				
四十一年		申執中垣曲吏員。					
四十五年	趙茂膚施吏員。						
四十九年		林顯耀通州吏員。					
五十年		馮起銓順天人。		陳尚賓大興吏員。			
五十一年	張安世大興吏員。	唐宏勳陝西吏員。楊自俊宜君吏員。					
五十二年		呂賢臣晉州吏員。					
五十四年			方時騰旌德吏員。				
五十八年					呂于海貴池吏員。		
六十年			程國魁全椒吏員。				
六十一年	劉聖培直隸人。		張振元吏員。				
雍正元年			程國魁				
二年		葉顯臣順天人。					
三年		王一元宛平人。					
四年				宋璽宛平供事。			
六年		劉志仁饒陽舉人。		向上巴縣舉人。			

國朝	批驗所大使	鮑郎場大使	海砂場大使	蘆瀝場大使	稅課司大使附	
七年		倪志本桐城人,協理。	唐治麻城舉人。彭義英常寧舉人。	劉鈫汶上人。		
八年	陳鴻斌		周碩勳湖南舉人。崔宏毅天津歲貢。	魏紀蔚州人。		
十年			孔傳派曲阜監生。楊維和山西廩貢。	徐鳳金谿舉人。		
十一年		汪天來協理。陳式協理。陳光裕錢塘監生,協理。楊遇時協理。				
十二年		張藻宛平監生。陳莘協理。	陳誥章休寧供事。	王昆婁縣人,協理。顧棟禮長洲人,協理。		
十三年		李溶金壇監生,署。俞維塘協理。李溶協理。		盧燮奉天鑲黃旗人。俞維塘錢塘舉人。張銘渭長洲人,協理。		
乾隆元年		莊楚寶武進監生。石山宿松監生,協理。李世球協理。	張仕秀漢陽監生。	張瑄長洲人。		
二年		鄧曰漣荊門貢生。翁晟協理。	侯日曜南皮拔貢。	田勳昌平人。沈昂海寧拔貢。		
三年		胡儋鎮海舉人,署。朱景襄協理。				
四年		蔣蟾榮協理。	田開德州拔貢。			
五年		張宗善汾陽吏員。				
六年		章堯仁會稽監生,署。				
九年	方超然 王世仁	田開署。		胡儋鎮海舉人。		

續表

國朝	批驗所大使	鮑郎場大使	海砂場大使	蘆瀝場大使	税課司大使附		
十一年	王紹統		王嘉俊興縣拔貢。				
十三年	王述裕	成師灝署。		王坡武安監生。			
十四年	白志圖	王起龍署。					
十五年		王述裕署。		陸廷鉽元和副貢。			
十八年		李興讓雲南舉人。		方從封邱舉人。			
十九年		王文郁兼署。 方瑽署。	王文郁				
二十一年		王錫位貴州舉人。		王世仁上元監生。			
二十二年			王錫位署。				
二十三年		王紹統署。					
二十四年		蔣照常熟監生,署。		王睿貴築舉人。			
二十五年			高其昌署。 李文奎署。				
二十六年	萬象昭仁和優貢。	楊泌署。	俞亦臨				
二十七年		朱成綏長洲監生,署。 湯埈江西舉人,署。					
二十八年		王序端奉天正紅旗舉人。 佟士苞署。	荆培溆浦舉人。 戴文熾金匱人。				
三十一年				梁文蓮廣東舉人。			
三十二年		曹世顯舉人。		廖逢泰龍門舉人。			
三十三年		吴士英上海舉人,署。					
三十四年		盧紹麟漢軍舉人。					
三十五年			史松濤 繆逢泰一作達泰。				

續　表

國朝	批驗所大使	鮑郎場大使	海砂場大使	蘆瀝場大使	稅課司大使附		
三十六年		查涉嘉善監生。沈成元青陽貢生。	華瑞璜無錫人。				
三十八年	王璐諸城監生。	夏朝棟吳縣人，署。		許振仁和附生。			
三十九年		漆洺美新昌監生。四德奉天鑲黃旗舉人，署。	詹紹輔				
四十年		金德厚吳縣監生，署。	雙德滿洲鑲白旗舉人。	張元愷正白旗舉人。			
四十一年	田中原署。閻錫履徐溝附貢。			双德署。			
四十二年				田邦寧奉天正黃旗監生，署。			
四十三年		司馬駿江南監生。	詹紹輔				
四十四年		陸京鎬昭文附監。李名世江西監生，署。	于紹曾				
四十五年		路鐸漢陽監生，署。		羅洋上杭監生，署。			
四十六年		張永銓吳縣監生，署。	于天澤　王蘊球　歐陽蟠	朗永德奉天舉人。常成嵩揚州監生，署。			
四十七年		李浩奉天鑲白旗舉人，署。路鐸復署。	陸費鑒				
四十八年	康傑臨桂監生，署。沈錫爵德清監生，四庫館議敘。	四德復署。	歐陽蟠	馬星燕介休監生，署。			
四十九年		吳焯江陰監生，署。		徐綬奉天正藍旗監生，署。			
五十年		陳德純雄州舉人，署。					
五十一年		徐綬		于飛熊永寧貢生，署。			

續　表

國朝	批驗所大使	鮑郎場大使	海砂場大使	蘆瀝場大使	稅課司大使附		
五十二年				丁名敬上元監生。徐綬再署。			
五十三年	李棟天津附生,署。	張增桐城人,署。	蕭超群 歐陽蟠安福監生。帥象瓚	李堯文奉天舉人。歐陽蟠署。			
五十四年	程元豸如皋監生。			李堯文回任。			
五十五年		孫永祺吳縣監生。	劉武傑				
五十六年	何勳宛平吏員署。	金瑄宛平吏員署。	歐陽蟠	巴哈布奉天正黃旗監生,署。李堯文回任。方春澍桐城監生,署。			
五十七年	范光復介休監生。		明安				
五十八年			沙遵祖 四達寨	李堯文回任。張友柏宛平舉人。			
五十九年	謝鴻謀連平貢生,署。			方春澍再署。			
六十年	陸敵吳縣監生。謝鴻謀復署。托雲奉天監生。	張珩通州貢生,署。	周澄嶍峨監生。蔣大鎔	周澄調任。			
嘉慶元年	巴哈布奉天監生。任紹濂宛平附生。			李一元天津監生。周澄回任。			
二年		沈成均元附附監。	沈彬				
三年	德豫姓姚氏,奉天正白旗舉人。	任紹濂署。張麟經署。董和培奉天鑲白旗舉人,署。		張麟經景州監生。周澄回任。			
四年			周澄署。				
六年				黃宮本			
七年	王殊渥順天舉人。						

國朝	批驗所大使	鮑郎場大使	海砂場大使	蘆瀝場大使	稅課司大使附		
十年		王愉 固始監生。					
十三年				黃晉錫 溧陽監生。			
十五年	程汝熾 山東附監。	楊棠 江西監生。	張翰臣 陝西貢生。				
十六年	姚柯 范樹栢 鑲黃旗人。		蔣大鎔				
十七年	觀文 正黃旗人。	闕光朝 河南舉人。					
十八年	范樹栢回任。			李質英署。 黃晉錫回任。			
十九年	韓延楷署。 范樹栢回任。	李蕙 丹徒附貢。	張綺春 漢軍監生。	鞏泰昌 直隷監生。 黃晉錫回任。			
二十年		明安 正黃旗人。 董荃 桐城監生。					
二十一年			舒庭慶 黟縣人。 舒恒 任邱附貢。				
二十二年		陳尚邵 江西監生。	趙新 江西廩生。 張瑒 順天廩生。	章道基 績溪附貢。			
二十三年			劉詰 大興監生。	黃晉錫回任。			
二十四年	范廷祉 鑲黃旗人。		吳杰 福建監生。	紀鈺 晉州人署。			
二十五年	范樹栢回任。		周荇 宜興監生。	黃晉錫回任。			
道光元年			三福 漢軍舉人。				
二年		趙新 江西優貢。 汪煃 安徽監生。					
三年			安保 漢軍監生。				
五年	姚鼎 山東監生。	姚昀 江西增貢。	李逢牲 湖南增生。	余繼桂 大興監生。 黃晉錫回任。			

國朝	批驗所大使	鮑郎場大使	海砂場大使	蘆瀝場大使	稅課司大使附	
六年	范樹栢回任。					
七年		黃道豫福建監生。				
八年	趙新江西優貢。	章道基安徽附貢。	紀鈺直隸監生。	丁廷楷署。 黃晉錫回任。 張汝燮署。		
九年	范樹栢回任。 張貽謀鑲黃旗人。		春齡正紅旗人。	黃晉錫回任。		
十年	范樹栢回任。					
十一年	仰朝丙署。					
十二年	侯鍾閶 孫管勳安徽貢生。	周日堅太倉監生。				
十三年	石齡		宣國烔含山人,署。 安保回任。			
十四年	孫溥川署。 孫管勳回任。	金宗垾吳江人。				
十五年	孫利賓署。 孫管勳回任。		張承紳河南監生。	吳毓華吳縣監生。		
十六年	金宗垾署。 孫管勳回任。	劉克壯安徽監生。 陳延祺臨桂監生。 金宗垾回任。	段國奎湖北附生。	宋繼輝正黃旗人。		
十七年			施燮三大興監生。			
十八年			朱秉漢山東監生。	龔慶五江蘇監生。 吳毓華回任。		
二十年	龔恩大興監生。		段國奎回任。	周日堅		
二十一年			蔡祺湖南人。	施恩溥江蘇人,署。		
二十二年				呂溥宛平監生。		
二十三年			馮格山東人。			
二十六年	沈裕桂江蘇監生。		沈錦沐安徽人。			
二十七年			陳曜江西人。			

續　表

國朝	批驗所大使	鮑郎場大使	海砂場大使	蘆瀝場大使	稅課司大使附	
二十八年				王邵定 陝西人。		
二十九年		胡樹鏞 丹徒人。	田沛霖 順天人。	呂溥 回任。		
咸豐元年	崇華 順天監生。	徐鍾桂 吳縣人。	鍾光煥 福建貢生。 高彦升 順天人。			
二年			徐振甲			
四年			張聰緝 安徽人。			
五年			宋亭 江西人。			
六年				陶紹輝 代。 張祖培 署。		
七年		申祜 漢軍監生。				
八年				姜日華		
九年	吳毓錦 吳縣監生,署,十一年殉難。		王紹沂 署。	孫克脩 代。 吳廷政 署。		
十年			彭啟星 安徽人。			
同治三年	蔣霖 大興監生,署。	沈裕桂 如皋監生,署。	阮祥藻 奉賢附貢,署。 傅授訓 大興監生。	阮祥藻 兼理。 葉基奎 太湖廳監生。		
四年	孫慶恩 大興監生。					
五年		雷豐疇 宣化監生,署。 申祜 回任。 謝錫昌 武進監生,署。				
六年	增穎 滿洲義學生,署。 黃步蟾 新淦附貢,署。	劉鳴盛 臨湘軍功,署。				
七年	劉鳴盛 鮑郎兼理。 劉昺南 江都舉人,署。 王毓蘭 大興監生。					

國朝	批驗所大使	鮑郎場大使	海砂場大使	蘆瀝場大使	稅課司大使附		
八年	葉釗 吳縣監生，署。 張兆熙 如皋監生，署。	陸沅 常熟監生，署。 張士錦 遷安附貢。					
九年	朱有筠 武進舉人。		黃鈐 休寧附貢，署。	徐福辰 儀徵舉人。 葉基奎 回任。			
十年			程嶔年 婺源監生。				
十一年		程嶔年 海砂兼理。 張來川 元和附貢，署。					
十二年		陳詩頌 江夏監生。	喻秉彝 武進監生，代。 顏成夫 連平監生，署。	雷豐疇 宣化監生，署。			
十三年			黃文枚 松茲增貢。	沈福祉 華亭附監。			
光緒元年		胡樹屏 宜賓供事。					